中華古籍保護計劃

ZHONG HUA GU JI BAO HU JI HUA CHENG GUO

·成 果·

江西省圖書館古籍普查登記目録（一）

全國古籍普查登記目録

國家圖書館出版社
National Library of China Publishing House

圖書在版編目(CIP)數據

江西省圖書館古籍普查登記目録:全六册/《江西省圖書館古籍普查登記目録》編委會編. —北京:國家圖書館出版社,2022.12

(全國古籍普查登記目録)

ISBN 978-7-5013-7422-9

Ⅰ.①江… Ⅱ.①江… Ⅲ.①公共圖書館—古籍—圖書館目録—江西 Ⅳ.①Z838

中國版本圖書館 CIP 數據核字(2022)第 003654 號

書　　名 江西省圖書館古籍普查登記目録(全六册)

著　　者 《江西省圖書館古籍普查登記目録》編委會　編

責任編輯 許海燕

出版發行 國家圖書館出版社(北京市西城區文津街 7 號　100034)

(原書目文獻出版社 北京圖書館出版社)

010-66114536　63802249　nlcpress@nlc.cn(郵購)

網　　址 http://www.nlcpress.com

排　　版 京荷(北京)科技有限公司

印　　裝 河北三河弘翰印務有限公司

版次印次 2022 年 12 月第 1 版　2022 年 12 月第 1 次印刷

開　　本 787×1092　1/16

印　　張 198.5

字　　數 3000 千字

書　　號 ISBN 978-7-5013-7422-9

定　　價 1800.00 圓

《全國古籍普查登記目録》

工作委員會

主　任： 周和平

副主任： 張永新　詹福瑞　劉小琴　李致忠　張志清

委　員（按姓氏筆畫排序）：

于立仁	王水喬	王　沛	王紅蕾	王筱雯
方自今	尹壽松	包菊香	任　競	全　勤
李西寧	李　彤	李忠昊	李春來	李　培
李曉秋	吴建中	宋志英	努　木	林世田
易向軍	周建文	洪　琰	倪曉建	徐欣禄
徐　蜀	高文華	郭向東	陳荔京	陳紅彦
張　勇	湯旭岩	楊　揚	賈貴榮	趙　嫄
鄭智明	劉洪輝	歷　力	鮑盛華	韓　彬
魏存慶	鍾海珍	謝冬榮	謝　林	應長興

《全國古籍普查登記目録》

序　言

全國古籍普查登記工作是“中華古籍保護計劃”的首要任務，是全面開展古籍搶救、保護和利用工作的基礎，也是有史以來第一次由政府組織、參加收藏單位最多的全國性古籍普查登記工作。

2007年國務院辦公廳發布《關於進一步加强古籍保護工作的意見》（國辦發[2007]6號），明確了古籍保護工作的首要任務是對全國公共圖書館、博物館和教育、宗教、民族、文物等系統的古籍收藏和保護狀況進行全面普查，建立中華古籍聯合目録和古籍數字資源庫。2011年12月，文化部下發《文化部辦公廳關於加快推進全國古籍普查登記工作的通知》（文辦發[2011]518號），進一步落實了全國古籍普查登記工作。根據文化部2011年518號文件精神，國家古籍保護中心擬訂了《全國古籍普查登記工作方案》，進一步規範了古籍普查登記工作的範圍、内容、原則、步驟、辦法、成果和經費。目前進行的全國古籍普查登記工作的中心任務是通過每部古籍的身份證——“古籍普查登記編號”和相關信息，建立古籍總臺賬，全面瞭解全國古籍存藏情況，開展全國古籍保護的基礎性工作，加强各級政府對古籍的管理、保護和利用。

《全國古籍普查登記工作方案》規定了全國古籍普查登記工作的三個主要步驟：一、開展古籍普查登記工作；二、在古籍普查登記基礎上，編纂出版館藏古籍普查登記目録，形成《全國古籍普查登記目録》；三、在古籍普查登記工作基本完成的前提下，由省級古籍保護中心負責編纂出版本省古籍分類聯合目録《中華古籍總目》分省卷，由國家古籍保護中心負責編纂出版《中華古籍總目》統編卷。

在黨和政府領導下，在各地區、各有關部門和全社會共同努力下，古籍普查登記工作得以扎實推進。古籍普查已在除臺、港、澳之外的全國各省級行政區域開展，普查内容除漢文古籍外，還包括各少數民族文字古籍，特别是於2010年分别啓動了新疆古籍保護和西藏古籍保護專項，因地制宜，開展古籍普查登記工作；國家古籍保護中心研製的“全國古籍普查登記平臺”已覆蓋到全國各省級古籍保護中心，并進一步研發了“中華古籍索引庫”，爲及時展現古籍普查成果提供有力支持；截至目前，已有11375部古籍進入《國家珍貴古籍名録》，浙江、江蘇、山東、河北等省公布了省級《珍貴古籍名録》，古籍分級保護機制初步形成。

《全國古籍普查登記目録》是古籍普查工作的階段性成果，旨在摸清家底，揭示館藏，反映古籍的基本信息。原則上每申報單位獨立成册，館藏量少不能獨立成册者，則在本省範圍内幾個館目合并成册。無論獨立成册還是合并成册，均編製獨立的書名筆畫索引附於書後。著録的必填基本項目有：古籍普查登記編號、索書號、題名卷數、著者（含著作方式）、版本、册數及存缺卷數。其他擴展項目有：分類、批校題跋、版式、裝幀形式、叢書子目、書影、破損狀况等。有條件的收藏單位多著録的一些擴展項目，也反映在《全國古籍普查登記目録》上。目録編排按古籍普查登記編號排序，内在順序給予各古籍收藏單位較大自由度，可按分類排列古籍普查登記編號，也可按排架號、按同書名等排列古籍普查登記編號，以反映各館特色。

此次全國古籍普查登記工作，克服了古籍數量多、普查人員少、普查難度大等各種困難，也得到了全國古籍保護工作者的極大支持。在古籍普查登記過程中，國家古籍保護中心、各省古籍保護中心爲此舉辦了多期古籍普查、古籍鑒定、古籍普查目録審校等培訓班，全國共1600餘家單位參加了培訓，爲古籍普查登記工作培養了大量人才。同時在古籍普查登記工作中，也鍛煉了普查員的實踐能力，爲將來古籍保護事業發展奠定了良好的基礎。

《全國古籍普查登記目録》的出版，將摸清我國古籍家底，爲古籍保護和利用工作提供依據，也將是古籍保護長期工作的一個里程碑。

國家古籍保護中心
2013年10月

《全國古籍普查登記目録》

編纂凡例

一、收録範圍爲我國境内各收藏機構或個人所藏，産生於1912年以前，具有文物價值、學術價值和藝術價值的文獻典籍，包括漢文古籍和少數民族文字古籍以及甲骨、簡帛、敦煌遺書、碑帖拓本、古地圖等文獻。其中，部分文獻的收録年限適當延伸。

二、以各收藏機構爲分册依據，篇幅較小者，適當合并出版。

三、一部古籍一條款目，複本亦單獨著録。

四、著録基本要求爲客觀登記、規範描述。

五、著録款目包括古籍普查登記編號、索書號、題名卷數、著者、版本、册數、存缺卷等。古籍普查登記編號的組成方式是：省級行政區劃代碼—單位代碼—古籍普查登記順序號。

六、以古籍普查登記編號順序排序。

《江西省古籍普查登記目録》

工作委員會

主　任：涂安寧

副主任：何振作

委　員（按姓氏筆畫排序）：

王昭勇　王　晴　王曉健　文安元　文興國　孔　彬

周智勇　徐田華　高雪秀　梅小峰　符臣漢　許　婕

張愛君　彭　澍　葉　蓉　萬紅嬌　程學軍　鄒松林

漆德文　劉小靈

《江西省古籍普查登記目録》

序　言

古籍普查登記是“中華古籍保護計劃”的重要内容，是開展古籍保護與利用的基礎工作。

江西省歷史悠久，文化昌盛，保存在贛鄱大地上的豐厚古籍，是先賢留給我們的寶貴財富，是各地歷史文脉的重要見證。將這些珍貴典籍保護好，安全地傳給子孫後代，是我們這一代人義不容辭的責任。古籍保護的前提是開展普查登記，摸清古籍家底。自 2007 年“中華古籍保護計劃”實施以來，在江西省委、省政府的高度重視下，在國家古籍保護中心的大力支持與各古籍收藏單位的共同努力下，江西省古籍普查工作穩步推進。

古籍普查登記工作的中心任務是通過每部古籍的“身份證”——“古籍普查登記編號”和相關信息，建立古籍總臺賬，全面瞭解古籍存藏情况，加强政府對古籍的管理、保護和利用。面對我省古籍藏量豐富、收藏單位衆多、專業人才不足的實際情况，除了舉辦培訓班，加强基層古籍保護人才隊伍建設外，我省古籍保護中心還積極利用人才支持計劃等項目，組織古籍普查骨幹力量，對全省古籍收藏單位開展普查幫扶工作。

隨着普查登記工作的扎實推進，全省古籍分級保護機制也初步形成。目前，江西省圖書館、萍鄉市圖書館、贛州市圖書館、江西省博物館、樂平市圖書館、廬山圖書館、景德鎮市圖書館等 7 家單位被評爲“全國古籍重點保護單位”，全省有 125 部古籍入選第一至五批《國家珍貴古籍名録》。2012 年江西省政府公布《江西省第一批珍貴古籍名録》340 部，江西省古籍重點保護單位 15 家。

《江西省古籍普查登記目録》是我省古籍普查工作的階段性成果，旨在摸清家底，揭示館藏，反映古籍的基本信息。按照《全國古籍普查登記手册》要求，遵循簡明扼要、客觀著録原則，著録的必填項目有：古籍普查登記編號、索書號、題名卷數、著者（含著作方式）、版本、册數及存（缺）卷數。其他擴展項目有：分類號、批校題跋、版式、裝幀形式、叢書子目、書影、破損狀況等。

古籍普查登記是一項專業性和實踐性很强的工作，普查員不僅要有對古代典籍的熱愛之心、對傳統文化的敬畏之心，更要有幾十年如一日的耐心和恒心。《江西省古籍普查登記目録》即將陸續出版，不僅傾注了全省古籍普查員的大量精力和心血，也包含着國家古籍保護中心和江西省古籍保護中心諸位專家爲數據審校所付出的辛勞與汗水，在此向他們表示崇高的敬意和誠摯的感謝。

《江西省古籍普查登記目録》的陸續出版，將全面摸清江西省古籍存藏家底，爲全省古籍保護與利用奠定堅實基礎。

江西省古籍保護中心

2018 年 7 月

《江西省圖書館古籍普查登記目録》

編委會

《江西省圖書館古籍普查登記目録》

前　言

江西省圖書館成立於1920年,1922年正式開館,定名江西省公立圖書館。1927年與江西省通俗圖書館合并,改名江西省立圖書館。1928年選址南昌市百花洲建立新館,1930年百花洲館舍落成。1937年抗日戰争爆發,館藏善本率先轉移,先運至吉安,後移存永新。次年,省立圖書館南遷,總館設立於泰和,其後數年輾轉萬安、泰和、興國。1945年底遷回南昌。館名幾經變更,1955年定名江西省圖書館。1994年,洪都大道館建成開放。2020年,鳳凰洲館建成開放。

自建館以來,通過采購、捐贈、移交、交换、複製等途徑,江西省圖書館館藏古籍積至38萬餘册,先後編纂了《江西省立圖書館圖書目録・百花洲總館圖書之部》(1935年)、《江西省圖書館館藏綫裝古書目録》(1959年)、《江西省圖書館古籍善本書目》(1982年)。

2007年"中華古籍保護計劃"實施以來,江西省圖書館在已有的館藏目録基礎上,對館藏古籍進行全面普查,已編目的古籍重新核查登記,未編目的古籍進行整理編目,并采集書影。基於普查編目數據,江西省圖書館對館藏古籍進行分級管理和保護,先後有117部古籍入選第一至六批《國家珍貴古籍名録》,202部古籍入選《江西省第一批珍貴古籍名録》。2015年,江西省圖書館以入選第一至四批《國家珍貴古籍名録》的館藏古籍爲主體,建成"江西珍貴古籍數字資源庫"。作爲古籍保護的階段性成果,江西省圖書館先後編纂出版了《江西省圖書館館藏珍本古籍圖録》(2010年)、《江西省圖書館館藏古籍珍本叢書》(2010年–)、《國家珍貴古籍江西珍本叢刊》(2015年)、《江西省圖書館古籍善本書目》(2015年)。

《江西省圖書館古籍普查登記目録》是江西省圖書館古籍普查的重要成果,是對館藏古籍的一次整體揭示。本目録收録古籍49274部382445册,凡1912年以前的稿本、抄本、印本皆予以收録,1912年以後的少數著作亦適當收録。著録項目包括普查編號、索書號、題名卷數、著者、版本、册數、存(缺)卷,各著録項中原有缺字或存疑待考者以"□"表示。目録末附書名筆畫索引。

本目録是在前人工作基礎上完成的,是集體合作的成果。2007年以來參加普查登記工作的主要人員有:何振作、程學軍、王昭勇、漆德文、王晴、文興國、危志强、劉景會、饒恩惠、王域鋮、蕭玲，曾經參與普查工作的人員有：虞樂、周丹、吕丹丹、楊豫東。最後的審校由王昭勇、漆德文、王晴、文興國、王域鋮完成，并由文興國進行最終統稿。

本目録之完成歷時既久，成於衆手，闕謬恐多，尚祈方家指正。

江西省圖書館
2022 年 8 月

目　　録

第一册

第二册

第三册

第四册

第五册

第六册

360000－1901－0000001　309500
阿彌陀經疏鈔事義一卷問辯一卷答淨土四十八問一卷淨土疑辯一卷　（明）釋袾宏撰　清光緒十八年（1892）金陵刻經處刻本　一冊

360000－1901－0000002　310210
阿難問事佛吉凶經一卷　（漢）釋安世高譯　清光緒三年（1877）江北刻經處刻本　一冊

360000－1901－0000003　310141
阿毗達磨俱舍論三十卷　（唐）釋玄奘譯　清宣統三年（1911）常州天寧寺刻本　六冊

360000－1901－0000004　306542
阿文成公［阿桂］年譜三十四卷　（清）那彥成撰　（清）王昶勘定　（清）盧蔭溥增修　清嘉慶十八年（1813）刻本　二十八冊　存二十九卷（一、三至十一、十三至十八、二十至三十二）

360000－1901－0000005　417237
挨星秘竅不分卷　（清）蔣平階撰　清道光十四年（1834）刻本　一冊

360000－1901－0000006　800303
藹廷氏課草不分卷　（清）藹廷氏輯　清抄本　二冊

360000－1901－0000007　240743
艾千子先生全稿七卷　（明）艾南英撰　（清）呂留良輯評　清康熙天蓋樓刻江西五家稿本　一冊　存一卷（一）

360000－1901－0000008　414121－1
艾千子先生全稿一卷　（明）艾南英撰　清刻本　三冊

360000－1901－0000009　414122
艾千子先生文鈔一卷　（明）艾南英撰　（清）王步青評　清映旭齋刻本　一冊

360000－1901－0000010　120567
艾學閒譚二十卷　（清）王朝璩撰　清嘉慶八年（1803）刻本　六冊

360000－1901－0000011　415114
艾陽記別一卷　（清）徐農伯輯　清光緒石印本　一冊

360000－1901－0000012　121993
愛廬詩集十四卷首一卷　（清）甘禾撰　清嘉慶四年（1799）詠蘭齋刻本　四冊

360000－1901－0000013　421842
愛秋齋詩稿二卷　（清）鄧錤雲撰　清乾隆六年（1741）刻本　一冊

360000－1901－0000014　402231
安邦志二十卷　（清）□□撰　清刻本　二十冊

360000－1901－0000015　220710
安成復真書院志十卷　（清）王吉輯　清康熙三十二年（1693）刻本　六冊

360000－1901－0000016　401843
安成輿頌四卷　（清）張日昇輯　清道光二年（1822）刻本　二冊

360000－1901－0000017　401844
安成輿頌四卷　（清）張日昇輯　清道光二年（1822）刻本　二冊

360000－1901－0000018　401845
安成輿頌四卷　（清）張日昇輯　清道光二年（1822）刻本　一冊　存二卷（三至四）

360000　1901　0000019　900153
安定書院課藝不分卷　（清）錢振倫評選　清同治十一年（1872）刻本　三冊

360000－1901－0000020　419058
安定堂重訂古文釋義新編八卷　（清）余誠輯　清光緒十七年（1891）安定貴記書局刻本　二冊　存四卷（一至二、五至六）

360000－1901－0000021　901201
安福修復文廟志不分卷　（清）□□纂　清刻本　一冊

360000－1901－0000022　805282
安徽愛國海軍義捐公會章程不分卷　（清）□□撰　清末鉛印本　一冊

360000－1901－0000023　412794

安徽節孝待旌錄六十卷　(清)裕祿主纂　清刻本　一冊　存一卷(八)

360000－1901－0000024　401694
安徽節孝待旌錄六十卷末一卷　(清)裕祿主纂　清光緒木活字印本　一冊　存一卷(七)

360000－1901－0000025　301765
安徽金石畧十卷　(清)趙紹祖撰　清道光十四年(1834)古墨齋刻本　四冊

360000－1901－0000026　805293
安徽清理財政局試辦宣統三年預算報告總冊表一卷　(清)安徽清理財政局編　清宣統三年(1911)蕪湖大馬路啓新印刷所鉛印本　一冊

360000－1901－0000027　901364
安徽試牘不分卷　(清)□□輯　清末石印本　一冊

360000－1901－0000028　805093
安徽試牘不分卷　(清)沈維鐈輯　清刻本　一冊

360000－1901－0000029　805094
安徽試牘不分卷　(清)沈維鐈輯　清刻本　一冊

360000－1901－0000030　414708
安徽試牘立誠編不分卷　(清)汪廷珍輯　清道光元年(1821)刻本　一冊

360000－1901－0000031　705203
安徽試牘立誠編不分卷　(清)汪廷珍輯　清嘉慶二十五年(1820)澹寧精舍刻本　一冊

360000－1901－0000032　901366
安徽試牘立誠編不分卷　(清)汪廷珍輯　清嘉慶九年(1804)刻本　七冊

360000－1901－0000033　901365
安徽試牘立誠編不分卷　(清)汪廷珍輯　清刻本　一冊

360000－1901－0000034　901367
安徽試牘立誠編不分卷　(清)汪廷珍輯　清刻本　三冊

360000－1901－0000035　901368
安徽試牘立誠編不分卷　(清)汪廷珍輯　清刻本　二冊

360000－1901－0000036　404963
安徽司法月報□□期　(清)吳品珩輯　清宣統三年(1911)提法司署鉛印本　六冊　存六期(一、三至七)

360000－1901－0000037　805095
安徽選拔貢卷一卷　(清)□□輯　清刻本　三冊

360000－1901－0000038　603273
安徽選拔貢卷一卷　(清)□□輯　清宣統元年(1909)石印本　一冊

360000－1901－0000039　603273－1
安徽選拔貢卷一卷　(清)□□輯　清宣統元年(1909)石印本　一冊

360000－1901－0000040　603273－10
安徽選拔貢卷一卷　(清)□□輯　清宣統元年(1909)石印本　一冊

360000－1901－0000041　603273－11
安徽選拔貢卷一卷　(清)□□輯　清宣統元年(1909)石印本　一冊

360000－1901－0000042　603273－12
安徽選拔貢卷一卷　(清)□□輯　清宣統元年(1909)石印本　一冊

360000－1901－0000043　603273－2
安徽選拔貢卷一卷　(清)□□輯　清宣統元年(1909)石印本　一冊

360000－1901－0000044　603273－3
安徽選拔貢卷一卷　(清)□□輯　清宣統元年(1909)石印本　一冊

360000－1901－0000045　603273－4
安徽選拔貢卷一卷　(清)□□輯　清宣統元年(1909)石印本　一冊

360000－1901－0000046　603273－5
安徽選拔貢卷一卷　(清)□□輯　清宣統元年(1909)石印本　一冊

360000－1901－0000047　603273－6
安徽選拔貢卷一卷　(清)□□輯　清宣統元年(1909)石印本　一册

360000－1901－0000048　603273－7
安徽選拔貢卷一卷　(清)□□輯　清宣統元年(1909)石印本　一册

360000－1901－0000049　603273－8
安徽選拔貢卷一卷　(清)□□輯　清宣統元年(1909)石印本　一册

360000－1901－0000050　603273－9
安徽選拔貢卷一卷　(清)□□輯　清宣統元年(1909)石印本　一册

360000－1901－0000051　901970
安徽選拔貢卷一卷　(清)董鍾琪撰　清宣統元年(1909)刻本　一册

360000－1901－0000052　901971
安徽選拔貢卷一卷　(清)董鍾琪撰　清宣統元年(1909)刻本　一册

360000－1901－0000053　901972
安徽選拔貢卷一卷　(清)董鍾琪撰　清宣統元年(1909)刻本　一册

360000－1901－0000054　901969
安徽選拔貢卷一卷　(清)胡榮等撰　清光緒八年(1882)刻本　一册

360000－1901－0000055　305425
安徽輿圖表説十卷　(清)□□撰　清光緒二十二年(1896)石印本　二册　存七卷(一至七)

360000－1901－0000056　401694－1
安徽忠義表後編六十卷　(清)王志行纂　清光緒木活字印本　十四册　存三十三卷(七至十、十一下至十二、十四、二十五至二十七、三十六至五十二、五十五至六十)

360000－1901－0000057　401694－2
安徽忠義表後編六十卷　(清)王志行纂　清光緒木活字印本　一册　存四卷(四十三至四十六)

360000－1901－0000058　306164
安靜子集　(清)安致遠撰　清同治二年(1863)自鉏園刻本　二册　存二種

360000－1901－0000059　301770
安陸集一卷　(宋)張先撰　清刻本　一册

360000－1901－0000060　301767
安南志畧二十卷首一卷　(越南)黎崱撰　清光緒十年(1884)上海樂善堂鉛印本　二册　存九卷(一至八、首一卷)

360000－1901－0000061　305424
安南志畧二十卷首一卷　(越南)黎崱撰　清光緒十年(1884)上海樂善堂鉛印本　二册　存十一卷(九至十九)

360000－1901－0000062　805088
安蔬草堂試帖不分卷　(清)李廷芳撰　清刻本　一册

360000－1901－0000063　163638
安玩堂藏藁文一卷賦一卷詩一卷　(清)程昌期撰　清道光十六年(1836)刻本　二册

360000－1901－0000064　405637
安吴包先生硯史序一卷　(清)包世臣撰　清宣統二年(1910)石印本　一册

360000－1901－0000065　150181
安吴四種　(清)包世臣撰　清光緒十四年(1888)刻本　十六册

360000－1901－0000066　901003
安吴四種　(清)包世臣撰　清光緒十四年(1888)刻本　二十册

360000－1901－0000067　150180
安吴四種　(清)包世臣撰　清同治十一年(1872)包誠注經堂刻本　二十册

360000－1901－0000068　415479
安吴四種　(清)包世臣撰　清同治十一年(1872)刻本　十六册

360000－1901－0000069　415480
安吴四種　(清)包世臣撰　清同治十一年(1872)刻本　二十二册

360000－1901－0000070　150179

安吳四種　(清)包世臣撰　清咸豐元年(1851)刻本　二十四冊

360000－1901－0000071　240871

安序堂文鈔二十卷　(清)毛際可撰　(清)林雲銘　(清)嚴允肇評　清康熙二十八年(1689)刻本　六冊

360000－1901－0000072　705205

安序堂文鈔三十卷　(清)毛際可撰　(清)林雲銘　(清)嚴允肇評　清康熙二十八年(1689)刻本　五冊　存二十五卷(一至二十五)

360000－1901－0000073　705204

安雅堂詩鈔□□卷　(清)章槱撰　清刻本　一冊　存二卷(三至四)

360000－1901－0000074　240810

安雅堂詩一卷書啟一卷文集二卷　(清)宋琬撰　清康熙刻本　二冊

360000－1901－0000075　240812

安雅堂未刻稿八卷入蜀集二卷　(清)宋琬撰　清乾隆三十一年(1766)刻本　六冊

360000－1901－0000076　240813

安雅堂未刻稿八卷入蜀集二卷　(清)宋琬撰　清乾隆三十一年(1766)刻本　六冊

360000－1901－0000077　240811

安雅堂文集二卷　(清)宋琬撰　清康熙三十八年(1699)宋思勃刻本　二冊

360000－1901－0000078　240195

安陽集五十卷　(宋)韓琦撰　**別録三卷**　(宋)王巖叟撰　**遺事一卷**　(宋)強至撰　**忠獻韓魏王家傳十卷**　(明)郭樸校　清康熙五十六年(1717)晚香書屋刻乾隆五年(1740)補刻本　七冊　缺五卷(安陽集五十、忠獻韓魏王家傳一至四)

360000－1901－0000079　240196

安陽集五十卷　(宋)韓琦撰　**別録三卷**　(宋)王巖叟撰　**遺事一卷**　(宋)強至撰　**忠獻韓魏王家傳十卷**　(明)郭樸校　清乾隆三十七年(1772)同安黄邦寧刻本　十冊

360000－1901－0000080　240197

安陽集五十卷　(宋)韓琦撰　**別録三卷**　(宋)王巖叟撰　**遺事一卷**　(宋)強至撰　**忠獻韓魏王家傳十卷**　(明)郭樸校　清乾隆三十七年(1772)同安黄邦寧刻本　十冊

360000－1901－0000081　240198

安陽集五十卷　(宋)韓琦撰　**別録三卷**　(宋)王巖叟撰　**遺事一卷**　(宋)強至撰　**忠獻韓魏王家傳十卷**　(明)郭樸校　清乾隆三十七年(1772)同安黄邦寧刻本　四冊　存二十一卷(安陽集一至七、別録三卷、遺事一卷、忠獻韓魏王家傳十卷)

360000－1901－0000082　115144

[道光]吉林外紀十卷　(清)薩英額纂　清光緒二十一年(1895)桐廬袁氏刻漸西村舍彙刊本　四冊

360000－1901－0000083　115159

[道光]陝西志輯要六卷首一卷　(清)王志沂纂　清道光七年(1827)朝坂謝氏賜書堂刻本　六冊

360000－1901－0000084　316362

安陽集五十卷　(宋)韓琦撰　**別録三卷**　(宋)王巖叟撰　**遺事一卷**　(宋)強至撰　**忠獻韓魏王家傳十卷**　(明)郭樸校　清乾隆三十七年(1772)同安黄邦寧刻本　六冊　存四十三卷(八至五十)

360000－1901－0000085　805190

安陽集五十卷　(宋)韓琦撰　**別録三卷**　(宋)王巖叟撰　**遺事一卷**　(宋)強至撰　**忠獻韓魏王家傳十卷**　(明)郭樸校　清乾隆三十七年(1772)同安黄邦寧刻本　十冊

360000－1901－0000086　805191

安陽集五十卷　(宋)韓琦撰　**別録三卷**　(宋)王巖叟撰　**遺事一卷**　(宋)強至撰　**忠獻韓魏王家傳十卷**　(明)郭樸校　清乾隆三十七年(1772)同安黄邦寧刻本　十冊

360000－1901－0000087　317126
安陽集五十卷　(宋)韓琦撰　**别録三卷**　(宋)王巖叟撰　**遺事一卷**　(宋)強至撰　**忠獻韓魏王家傳十卷**　(明)郭樸校　清乾隆四年(1739)陳錫輅刻三十五年(1770)黄邦寧重修咸豐印本　十册

360000－1901－0000088　313951
安陽縣金石録十二卷　(清)武億撰　清嘉慶二十四年(1819)鐵嶺貴泰刻本　四册

360000－1901－0000089　412654
安陽縣金石録十二卷　(清)武億撰　清嘉慶二十四年(1819)鐵嶺貴泰刻本　三册　存九卷(一至九)

360000－1901－0000090　162230
安樂集二卷　(唐)釋道綽撰　清光緒二十三年(1897)金陵刻經處刻本　一册

360000－1901－0000091　302695
桉譜一卷　吳宗濂輯譯　清宣統二年(1910)商務印書館鉛印本　一册

360000－1901－0000092　120938
岸東草堂集四卷　(清)周景崧撰　清嘉慶六年(1801)刻本　四册

360000－1901－0000093　800518
案卷詞稿一卷　(清)□□輯　清嘉慶姑蘇琴園抄本　一册

360000－1901－0000094　404919
案署□□卷　(清)有心人輯　清光緒七年(1881)賓興堂木活字印本　一册　存一卷(一)

360000－1901－0000095　405540
案署□□卷　(清)有心人輯　清光緒七年(1881)賓興堂木活字印本　二册　存二卷(一至二)

360000－1901－0000096　418521
暗室燈二卷　(清)深山居士輯　清嘉慶二十年(1815)新安程氏刻本　一册　存一卷(下)

360000－1901－0000097　418523
暗室燈二卷　(清)深山居士輯　清刻本　一册

360000－1901－0000098　418523－1
暗室燈二卷　(清)深山居士輯　清刻本　一册

360000－1901－0000099　804693
暗室燈二卷　(清)深山居士輯　清刻本　一册

360000－1901－0000100　804694
暗室燈二卷　(清)深山居士輯　清刻本　一册

360000－1901－0000101　418522
暗室燈二卷　(清)深山居士輯　清咸豐刻本　一册

360000－1901－0000102　804691
暗室燈二卷　(清)深山居士輯　清宣統元年(1909)石印本　一册　存一卷(上)

360000－1901－0000103　162810
暗室燈註解二卷　(清)□□撰　清道光二十七年(1847)刻本　一册

360000－1901－0000104　309857
暗室燈註解二卷　(清)□□撰　清道光二十七年(1847)刻本　二册

360000－1901－0000105　309967
暗室燈註解二卷　(清)□□撰　清道光二十四年(1844)刻本　二册

360000－1901－0000106　418517
暗室燈註解二卷　(清)□□撰　清光緒二十七年(1901)上海古香閣石印本　二册

360000－1901－0000107　418517－1
暗室燈註解二卷　(清)□□撰　清光緒二十七年(1901)上海古香閣石印本　二册

360000－1901－0000108　805000
暗室燈註解二卷　(清)□□撰　清光緒二十七年(1901)上海古香閣石印本　一册

360000－1901－0000109　804692

暗室燈註解二卷　(清)□□撰　清末石印本　一册　存一卷(下)

360000－1901－0000110　121464
敖東谷先生遺書　(明)敖英撰　清刻本　六册　存六種

360000－1901－0000111　901229
敖陽三區十一團束修會志二卷　(清)易庸等撰　清光緒二十一年(1895)刻本　一册

360000－1901－0000112　410844
敖陽三事始末一卷　(清)黄鼎彝撰　清道光八年(1828)白沙學圃刻本　一册

360000－1901－0000113　410846
敖陽三賢詩集三卷　(清)黄光岳選　清雍正十二年(1734)刻本　一册

360000－1901－0000114　410846－1
敖陽三賢詩集三卷　(清)黄光岳選　清雍正十二年(1734)刻本　一册

360000－1901－0000115　410846－2
敖陽三賢詩集三卷　(清)黄光岳選　清雍正十二年(1734)刻本　一册

360000－1901－0000116　410845
敖陽重九韻事錄不分卷　(清)彭際盛等撰　清同治三年(1864)刻本　一册

360000－1901－0000117　902136
鰲頭通書大全十卷　(明)熊宗立撰　清燕翼堂刻本　一册　存二卷(一至二)

360000－1901－0000118　902496
鰲溪周先生文集四卷　(元)周聞孫撰　清嘉慶十一年(1806)延慶堂刻本　二册

360000－1901－0000119　901579
鰲洲書院章程圖册不分卷　(清)□□輯　清刻本　一册

360000－1901－0000120　901580
鰲洲書院章程圖册不分卷　(清)□□輯　清刻本　一册

360000－1901－0000121　901583
鰲洲書院章程圖册不分卷　(清)□□輯　清刻本　二册

360000－1901－0000122　250054
八編類纂二百八十五卷圖二卷　(明)陳仁錫輯　**六經圖六卷**　(宋)楊甲撰　明天啓刻本　四十二册

360000－1901－0000123　415191
八大功臣手札八卷　(清)郭慶藩輯　清光緒刻本　一册　存二卷(曾文正公手札一卷、彭宫保手札一卷)

360000－1901－0000124　161418
八大功臣手札八卷　(清)郭慶藩輯　清光緒十六年(1890)文奎堂刻本　一册　存四卷(一至四)

360000－1901－0000125　161419
八大功臣手札八卷　(清)郭慶藩輯　清末石印本　一册　存四卷(五至八)

360000－1901－0000126　414716
八大功臣手札十卷　(清)郭慶藩輯　清刻本　二册　存六卷(五至十)

360000－1901－0000127　241158
八大家文鈔　(明)茅坤編　明崇禎元年(1628)刻本　二十九册

360000－1901－0000128　304232
八代詩選二十卷　王闓運輯　清光緒七年(1881)四川尊經書局刻本　六册

360000－1901－0000129　414703
八代詩選二十卷　王闓運輯　清光緒十六年(1890)江蘇書局刻本　七册　存十七卷(一至十四、十八至二十)

360000－1901－0000130　306693
八代文粹二百二十卷目錄十八卷　(清)簡桑　(清)陳崇哲輯　清光緒十一年(1885)富順敀儁堂刻本　六十册　存二百二十五卷(八至一百一、一百四至二百二十,目錄五至十八)

360000－1901－0000131　304230

八宮圖訣八卷首一卷　(清)洪季子輯　清光緒二十四年(1898)力田力學齋刻本　一冊

360000－1901－0000132　400927
八紘譯史三卷　(清)陸次雲撰　清同治七年(1868)刻本　二冊

360000－1901－0000133　400928
八紘譯史三卷　(清)陸次雲撰　清同治七年(1868)刻本　一冊　存二卷(二至三)

360000－1901－0000134　220780
八紘譯史四卷　(清)陸次雲撰　清康熙蓉江懷古堂刻八紘譯史本　二冊

360000－1901－0000135　604050
八家四六文鈔九卷　(清)吳鼒輯　清嘉慶較經堂刻本　一冊　存三卷(玉芝堂文集一卷、西溪漁隱外集一卷、問字堂外集一卷)

360000－1901－0000136　150085
八家四六文鈔九卷　(清)吳鼒輯　清刻本　六冊

360000－1901－0000137　150086
八家四六文鈔九卷　(清)吳鼒輯　清刻本　四冊　存七卷(小倉山房外集一卷、玉芝堂文集一卷、思補堂文集一卷、儀鄭堂遺集一卷、西溪漁隱外集一卷、問字堂外集一卷、卷施閣文乙集一卷)

360000－1901－0000138　150645
八家四六文鈔九卷　(清)吳鼒輯　清刻本　二冊　存五卷(小倉山房外集一卷、玉芝堂文集一卷、儀鄭堂遺稿一卷、問字堂外集一卷、卷施閣文乙集一卷)

360000－1901－0000139　150676
八家四六文鈔九卷　(清)吳鼒輯　清刻本　一冊　存二卷(西溪漁隱外集一卷、卷施閣文乙集一卷)

360000－1901－0000140　421399
八家四六文鈔九卷　(清)吳鼒輯　清刻本　三冊　存五卷(小倉山房外集一卷、思補堂文集一卷、西溪漁隱外集一卷、問字堂外集一卷、卷施閣文乙集一卷)

360000－1901－0000141　421400
八家四六文鈔九卷　(清)吳鼒輯　清刻本　二冊　存四卷(小倉山房外集一卷、思補堂文集一卷、儀鄭堂遺稿一卷、卷施閣文乙集一卷)

360000－1901－0000142　421401
八家四六文鈔九卷　(清)吳鼒輯　清刻本　二冊　存六卷(小倉山房外集一卷、儀鄭堂遺稿一卷、有正味齋文續集下、西溪漁隱外集一卷、問字堂外集一卷、卷施閣文乙集一卷)

360000－1901－0000143　421402
八家四六文鈔九卷　(清)吳鼒輯　清刻本　三冊　存五卷(小倉山房外集一卷、玉芝堂文集一卷、思補堂文集一卷、西溪漁隱外集一卷、卷施閣文乙集一卷)

360000－1901－0000144　421403－1
八家四六文鈔九卷　(清)吳鼒輯　清刻本　一冊　存一卷(小倉山房外集一卷)

360000－1901－0000145　421403
八家四六文鈔九卷　(清)吳鼒輯　清同治十年(1871)刻本　四冊

360000－1901－0000146　115032
[道光]石城縣志八卷圖一卷　(清)朱一慊修　(清)許瓊等纂　清道光四年(1824)刻本　八冊

360000－1901－0000147　308737
八家四六文註八卷首一卷　(清)吳鼒輯　(清)許貞幹注　清光緒二十四年(1898)上海緯文閣石印本　六冊

360000－1901－0000148　714803
八家四六文註八卷首一卷　(清)吳鼒輯　(清)許貞幹注　清光緒二十四年(1898)上海緯文閣石印本　六冊

360000－1901－0000149　304228
八家四六文註八卷首一卷　(清)吳鼒輯　(清)許貞幹注　**補註一卷**　陳衍撰　清光緒

十八年(1892)上海圖書集成印書局鉛印本　八冊

360000－1901－0000150　306714
八家四六文註八卷首一卷　(清)吳鼒輯　(清)許貞幹注　**補註一卷**　陳衍撰　清光緒十八年(1892)上海圖書集成印書局鉛印本　三冊　存九卷(一至六、八,首一卷,補註一卷)

360000－1901－0000151　309123
八家四六文註八卷首一卷　(清)吳鼒輯　(清)許貞幹注　**補註一卷**　陳衍撰　清光緒十八年(1892)上海圖書集成印書局鉛印本　八冊

360000－1901－0000152　309128
八家四六文註八卷首一卷　(清)吳鼒輯　(清)許貞幹注　**補註一卷**　陳衍撰　清光緒十八年(1892)上海圖書集成印書局鉛印本　八冊

360000－1901－0000153　604052
八家四六文註八卷首一卷　(清)吳鼒輯　(清)許貞幹注　**補註一卷**　陳衍撰　清光緒十八年(1892)上海圖書集成印書局鉛印本　八冊

360000－1901－0000154　714801
八家四六文註八卷首一卷　(清)吳鼒輯　(清)許貞幹注　**補註一卷**　陳衍撰　清光緒十八年(1892)上海圖書集成印書局鉛印本　八冊

360000－1901－0000155　714802
八家四六文註八卷首一卷　(清)吳鼒輯　(清)許貞幹注　**補註一卷**　陳衍撰　清光緒十八年(1892)上海圖書集成印書局鉛印本　四冊

360000－1901－0000156　714804
八家四六文註八卷首一卷　(清)吳鼒輯　(清)許貞幹注　**補註一卷**　陳衍撰　清光緒十八年(1892)上海圖書集成印書局鉛印本　四冊　存四卷(三、七至八,補註一卷)

360000－1901－0000157　722350
八家四六文註八卷首一卷　(清)吳鼒輯　(清)許貞幹注　**補註一卷**　陳衍撰　清光緒十八年(1892)上海圖書集成印書局鉛印本　八冊

360000－1901－0000158　722351
八家四六文註八卷首一卷　(清)吳鼒輯　(清)許貞幹注　**補註一卷**　陳衍撰　清光緒十八年(1892)上海圖書集成印書局鉛印本　八冊

360000－1901－0000159　900313
八科鄉會墨繩不分卷　(清)□□輯　清末石印本　一冊

360000－1901－0000160　414717
八美圖前集二十卷後集二十九卷　(□)□□撰　清刻本　一冊　存十七卷(後集十三至二十九)

360000－1901－0000161　900653
八銘塾鈔不分卷　(清)吳懋政輯　清大文堂刻本　一冊

360000－1901－0000162　900654
八銘塾鈔不分卷　(清)吳懋政輯　清刻本　一冊

360000－1901－0000163　900652
八銘塾鈔初集不分卷　(清)吳懋政輯　清嘉慶十三年(1808)刻本　三冊

360000－1901－0000164　900649
八銘塾鈔初集不分卷二集不分卷　(清)吳懋政輯　清刻本　二冊

360000－1901－0000165　900661
八銘塾鈔二集不分卷　(清)吳懋政輯　清大文堂刻本　五冊

360000－1901－0000166　900648
八銘塾鈔二集不分卷　(清)吳懋政輯　清刻本　一冊

360000－1901－0000167　900656
八銘塾鈔二集不分卷　(清)吳懋政輯　清刻

本　一册　存下孟

360000－1901－0000168　900660
八銘塾鈔二集不分卷　（清）吳懋政輯　清文盛堂刻本　四册

360000－1901－0000169　163047
八銘堂塾鈔初集不分卷二集不分卷　（清）吳懋政輯　清道光十二年(1832)刻本　十册

360000－1901－0000170　603056
八銘堂塾鈔初集五卷　（清）吳懋政輯　清刻本　二册

360000－1901－0000171　603056－1
八銘堂塾鈔初集五卷　（清）吳懋政輯　清刻本　一册　存二卷(上論、下論)

360000－1901－0000172　603056－2
八銘堂塾鈔二集五卷　（清）吳懋政輯　清嘉慶十三年(1808)刻本　一册　存二卷(大學、上論)

360000－1901－0000173　162084
八十日環遊記四卷三十七回　（法國）房朱力士撰　薛紹徽譯　清末經世文社鉛印本　一册　存二卷(一至二)十九回(一至十九)

360000－1901－0000174　801024
八十一歸算學啓蒙四卷　（□）□□撰　清刻本　一册　存一卷(一)

360000－1901－0000175　150083
八史經籍志三十卷　（日本）□□輯　清光緒九年(1883)鎮海張壽榮刻本　十六册

360000－1901－0000176　150084
八史經籍志三十卷　（日本）□□輯　清光緒九年(1883)鎮海張壽榮刻本　十一册　存二十三卷(前漢書藝文志一卷,隋書經籍志四卷,舊唐書經籍志二卷,唐書藝文志一至二,宋史藝文志一至二、四至六,補三史藝文志一卷,元史藝文志四卷,明史藝文志四卷)

360000－1901－0000177　802314
八順探母一卷失金釵記一卷　清抄本　一册

360000－1901－0000178　405733
八賢手札八卷　（清）曾國藩等撰　（清）郭慶藩輯　清末石印本　一册

360000－1901－0000179　805048
八賢手札八卷　（清）曾國藩等撰　（清）郭慶藩輯　清末石印本　二册　存六卷(李肅毅伯手札一卷、曾威毅伯手札一卷、胡文忠公手札一卷、駱文忠公手札一卷、沈文肅公手札一卷、左恪靖侯手札一卷)

360000－1901－0000180　805048－1
八賢手札八卷　（清）曾國藩等撰　（清）郭慶藩輯　清末石印本　一册　存四卷(胡文忠公手札一卷、駱文忠公手札一卷、沈文肅公手札一卷、左恪靖侯手札一卷)

360000－1901－0000181　805048－2
八賢手札八卷　（清）曾國藩等撰　（清）郭慶藩輯　清末石印本　一册　存四卷(胡文忠公手札一卷、駱文忠公手札一卷、沈文肅公手札一卷、左恪靖侯手札一卷)

360000－1901－0000182　805048－3
八賢手札八卷　（清）曾國藩等撰　（清）郭慶藩輯　清末石印本　一册　存四卷(駱文忠公手札一卷、胡文忠公手札一卷、左恪靖侯手札一卷、曾文正公手札一卷)

360000－1901－0000183　805048－4
八賢手札八卷　（清）曾國藩等撰　（清）郭慶藩輯　清末石印本　一册　存四卷(左恪靖侯手札一卷、李肅毅伯手札一卷、曾威毅伯手札一卷、彭大司馬手札一卷)

360000－1901－0000184　414752
八線備旨四卷　（美國）羅密士撰　（美國）潘慎文選譯　清光緒二十四年(1898)求是書局刻本　三册　存三卷(一至二、四)

360000－1901－0000185　317690
八線備旨四卷　（美國）羅密士撰　（美國）潘慎文選譯　清光緒二十四年(1898)上海益智書會石印本　一册

360000－1901－0000186　414750
八線備旨四卷　（美國）羅密士撰　（美國）潘

慎文選譯　清光緒三十二年(1906)上海美華書館鉛印本　一册

360000－1901－0000187　414751

八線備旨四卷　(美國)羅密士撰　(美國)潘慎文選譯　清光緒三十二年(1906)上海美華書館鉛印本　一册

360000－1901－0000188　414751－1

八線備旨四卷　(美國)羅密士撰　(美國)潘慎文選譯　清光緒三十二年(1906)上海美華書館鉛印本　一册

360000－1901－0000189　414751－2

八線備旨四卷　(美國)羅密士撰　(美國)潘慎文選譯　清光緒三十二年(1906)上海美華書館鉛印本　一册

360000－1901－0000190　162096

八線備旨四卷　(美國)羅密士撰　(美國)潘慎文選譯　清光緒三十年(1904)上海美華書館鉛印本　一册

360000－1901－0000191　162097

八線備旨四卷　(美國)羅密士撰　(美國)潘慎文選譯　清光緒三十年(1904)上海美華書館鉛印本　一册

360000－1901－0000192　603057

八線備旨四卷　(美國)羅密士撰　(美國)潘慎文選譯　清光緒三十年(1904)上海美華書館鉛印本　一册

360000－1901－0000193　414755

八線類編三卷　(清)張作楠撰　清嘉慶、道光間金華張氏翠薇山房刻本　二册

360000－1901－0000194　803334

八宅秘書不分卷　(□)□□輯　清抄本　一册

360000－1901－0000195　417301

八宅明鏡二卷　(清)箬冠道人撰　清乾隆五十五年(1790)顧氏樂真堂刻陰陽五要奇書本　一册　存一卷(下)

360000－1901－0000196　804501

八宅明鏡二卷　(清)箬冠道人撰　清乾隆五十五年(1790)顧氏樂真堂刻陰陽五要奇書本　一册　存一卷(上)

360000－1901－0000197　162098

八宅明鏡二卷　(清)箬冠道人撰　清青黎閣刻本　一册

360000－1901－0000198　417316

八宅四書四卷　(明)周繼撰　清刻本　一册　存一卷(一)

360000－1901－0000199　150132

巴山七種　(清)王侃撰　清同治四年(1865)光裕堂刻本　六册

360000－1901－0000200　304139

巴西國地理兵要一卷巴西政治攷一卷　(清)顧厚焜撰　(清)鄭之駿譯　清光緒十五年(1889)鉛印本　一册

360000－1901－0000201　317584

白芙堂算學叢書　(清)丁取忠輯　清光緒二十二年(1896)石印本　八册

360000－1901－0000202　317559

白芙堂算學叢書　(清)丁取忠輯　清光緒二十三年(1897)湖南文運書局石印本　十二册

360000－1901－0000203　400922

白芙堂算學叢書　(清)丁取忠輯　清光緒十四年(1888)龍文書局石印本　一册　存三種

360000－1901－0000204　417395

白芙堂算學叢書　(清)丁取忠輯　清光緒十四年(1888)上海龍文書局石印本　八册

360000－1901－0000205　417394

白芙堂算學叢書　(清)丁取忠輯　清末石印本　七册

360000－1901－0000206　802996

白芙堂算學叢書　(清)丁取忠輯　清末石印本　一册　存四種

360000－1901－0000207　804681

白芙堂算學叢書　(清)丁取忠輯　清末石印本　一册　存四種

360000－1901－0000208　804682
白芙堂算學叢書　(清)丁取忠輯　清末石印本　二冊　存六種

360000－1901－0000209　301444
白芙堂算學叢書　(清)丁取忠輯　清同治、光緒長沙古荷花池精舍刻本　三十五冊

360000－1901－0000210　301445
白芙堂算學叢書　(清)丁取忠輯　清同治、光緒長沙古荷花池精舍刻本　三十二冊

360000－1901－0000211　305275
白芙堂算學叢書　(清)丁取忠輯　清同治、光緒長沙古荷花池精舍刻本　二十七冊

360000－1901－0000212　305277
白芙堂算學叢書　(清)丁取忠輯　清同治、光緒長沙古荷花池精舍刻本　二十四冊

360000－1901－0000213　313809
白芙堂算學叢書　(清)丁取忠輯　清同治、光緒長沙古荷花池精舍刻本　三十二冊

360000－1901－0000214　313816
白芙堂算學叢書　(清)丁取忠輯　清同治、光緒長沙古荷花池精舍刻本　三十九冊

360000－1901－0000215　320129
白芙堂算學叢書　(清)丁取忠輯　清同治、光緒長沙古荷花池精舍刻本　三十冊

360000－1901－0000216　400923
白芙堂算學叢書　(清)丁取忠輯　清同治、光緒長沙古荷花池精舍刻本　二十二冊　存十六種

360000－1901－0000217　417400
白芙堂算學叢書　(清)丁取忠輯　清同治、光緒長沙古荷花池精舍刻本　二十六冊　存十六種

360000－1901－0000218　417401
白芙堂算學叢書　(清)丁取忠輯　清同治、光緒長沙古荷花池精舍刻本　三冊　存四種

360000－1901－0000219　421936
白芙堂算學叢書　(清)丁取忠輯　清同治、光緒長沙古荷花池精舍刻本　五冊　存三種

360000－1901－0000220　804683
白芙堂算學叢書　(清)丁取忠輯　清同治、光緒長沙古荷花池精舍刻本　一冊　存二種

360000－1901－0000221　000989
白谷山人稿□□卷　(清)董黃撰　清刻本　一冊　存二卷(九至十)

360000－1901－0000222　122947
白圭堂詩鈔八卷續鈔六卷　(清)江之紀撰　清嘉慶十七年(1812)刻本　一冊　存四卷(白圭堂詩鈔一至四)

360000－1901－0000223　409710
白圭堂詩鈔八卷續鈔六卷　(清)江之紀撰　清同治三年(1864)刻本　二冊

360000－1901－0000224　409711
白圭堂詩鈔八卷續鈔六卷　(清)江之紀撰　清同治三年(1864)刻本　四冊

360000－1901－0000225　409712
白圭堂詩鈔八卷續鈔六卷　(清)江之紀撰　清同治三年(1864)刻本　三冊

360000－1901－0000226　409712－1
白圭堂詩鈔八卷續鈔六卷　(清)江之紀撰　清同治三年(1864)刻本　二冊　存七卷(白圭堂詩鈔一至四、續鈔四至六)

360000－1901－0000227　120481
白圭堂詩鈔六卷續鈔六卷　(清)江之紀撰　清光緒十九年(1893)刻本　四冊

360000－1901－0000228　120482
白圭堂詩鈔六卷續鈔六卷　(清)江之紀撰　清光緒十九年(1893)刻本　四冊

360000－1901－0000229　120483
白圭堂詩鈔六卷續鈔六卷　(清)江之紀撰　清光緒十九年(1893)刻本　四冊

360000－1901－0000230　301443
白鶴堂文稿不分卷　(清)彭端淑撰　清嘉慶五年(1800)刻本　二冊

360000－1901－0000231　408592
白喉辨症一卷　(清)王裕慶撰　清光緒二十八年(1902)南昌承啓書屋刻本　一册

360000－1901－0000232　162085
白喉全生集一卷　(清)李紀方撰　清光緒十二年(1886)楊氏刻本　一册

360000－1901－0000233　408593
白喉全生集一卷　(清)李紀方撰　清宣統元年(1909)刻本　一册

360000－1901－0000234　164772
白喉治法忌表抉微　(清)徐鄂輯並注　清光緒二十三年(1897)江西書局刻本　一册

360000－1901－0000235　164773
白喉治法忌表抉微　(清)徐鄂輯並注　清光緒二十三年(1897)江西書局刻本　一册

360000－1901－0000236　163635
白湖詩稿八卷　(清)葉燕撰　清嘉慶六年(1801)葉氏又次居刻本　二册

360000－1901－0000237　316149
白湖詩藁八卷　(清)葉燕撰　清嘉慶二十三年(1818)葉氏又次居刻本　二册

360000－1901－0000238　316150
白湖詩藁八卷　(清)葉燕撰　清嘉慶二十三年(1818)葉氏又次居刻本　二册

360000－1901－0000239　163636
白湖文藁八卷　(清)葉燕撰　清嘉慶二十三年(1818)葉氏又次居刻本　二册

360000－1901－0000240　301441
白湖文藁八卷　(清)葉燕撰　清嘉慶二十三年(1818)葉氏又次居刻本　二册

360000－1901－0000241　309665
白湖文藁八卷　(清)葉燕撰　清嘉慶二十三年(1818)葉氏又次居刻本　二册

360000－1901－0000242　309666
白湖文藁八卷　(清)葉燕撰　清嘉慶二十三年(1818)葉氏又次居刻本　二册

360000－1901－0000243　316907
白湖文藁八卷　(清)葉燕撰　清嘉慶二十三年(1818)葉氏又次居刻本　二册

360000－1901－0000244　805244
白湖文藁八卷　(清)葉燕撰　清嘉慶二十三年(1818)葉氏又次居刻本　二册

360000－1901－0000245　164322
白虎通德論二卷　(漢)班固撰　明刻本　二册

360000－1901－0000246　301431
白虎通德論四卷　(漢)班固撰　(明)鍾惺評　明刻本　二册

360000－1901－0000247　301432
白虎通德論四卷　(漢)班固撰　(明)鍾惺評　明刻本　一册

360000－1901－0000248　716831
白虎通德論四卷　(漢)班固撰　(明)鍾惺評　明刻本　二册

360000－1901－0000249　716835
白虎通德論四卷　(漢)班固撰　(明)鍾惺評　明刻本　一册

360000－1901－0000250　716834
白虎通二卷　(漢)班固撰　清康熙七年(1668)新安汪氏據古今逸史刊版重編印秘書廿一種本　二册

360000－1901－0000251　716826
白虎通二卷　(漢)班固撰　清刻本　二册

360000－1901－0000252　716827
白虎通二卷　(漢)班固撰　清刻本　二册

360000－1901－0000253　716828
白虎通二卷　(漢)班固撰　清刻本　一册　存一卷(下)

360000－1901－0000254　716829
白虎通二卷　(漢)班固撰　清刻本　一册　存一卷(下)

360000－1901－0000255　716830

白虎通二卷　(漢)班固撰　清刻本　一册　存一卷(下)

360000－1901－0000256　160403
白虎通疏證十二卷　(清)陳立撰　清光緒元年(1875)淮南書局刻本　四册

360000－1901－0000257　160404
白虎通疏證十二卷　(清)陳立撰　清光緒元年(1875)淮南書局刻本　四册

360000－1901－0000258　160406
白虎通疏證十二卷　(清)陳立撰　清光緒元年(1875)淮南書局刻本　四册

360000－1901－0000259　230386
白虎通四卷　(漢)班固撰　(清)盧文弨校　**附校勘補遺一卷**　(清)盧文弨撰　**攷一卷**　(清)莊述祖撰　**闕文一卷**　(清)莊述祖輯　清乾隆四十九年(1784)餘姚盧氏刻抱經堂叢書本　六册

360000－1901－0000260　716832
白虎通四卷　(漢)班固撰　(清)盧文弨校　**附校勘補遺一卷**　(清)盧文弨撰　**攷一卷**　(清)莊述祖撰　**闕文一卷**　(清)莊述祖輯　清乾隆四十九年(1784)餘姚盧氏刻抱經堂叢書本　四册　存五卷(白虎通四卷、闕文一卷)

360000－1901－0000261　716833
白虎通四卷　(漢)班固撰　(清)盧文弨校　**附校勘補遺一卷**　(清)盧文弨撰　**攷一卷**　(清)莊述祖撰　**闕文一卷**　(清)莊述祖輯　清乾隆四十九年(1784)餘姚盧氏刻抱經堂叢書本　一册　存一卷(白虎通一)

360000－1901－0000262　603258
白虎通四卷　(漢)班固撰　**校勘補遺一卷**　(清)盧文弨撰　**攷一卷**　(清)莊述祖撰　**闕文一卷**　(清)莊述祖輯　清乾隆四十九年(1784)盧氏抱經堂刻抱經堂叢書本　一册　存一卷(白虎通一上)

360000－1901－0000263　409707
白華後稿四十卷年譜一卷　(清)吳省欽撰　清嘉慶十五年(1810)南匯吳氏刻本　四册　存二十四卷(一至十五、二十三至三十,年譜一卷)

360000－1901－0000264　163624
白華絳柎閣詩集十卷　(清)李慈銘撰　清光緒十六年(1890)石印本　六册

360000－1901－0000265　241106
白華前稿六十卷　(清)吳省欽撰　清乾隆四十八年(1783)刻本　十册

360000－1901－0000266　409705
白華前稿六十卷　(清)吳省欽撰　清乾隆四十八年(1783)刻本　八册

360000－1901－0000267　409706
白華前稿六十卷　(清)吳省欽撰　清乾隆四十八年(1783)刻本　七册　存四十三卷(三至十、十八至三十五、三十七至五十三)

360000－1901－0000268　164214
白蓮集十卷　(唐)釋齊己撰　明汲古閣刻本　二册

360000－1901－0000269　163987
白蓮集十卷風騷旨格一卷　(唐)釋齊己撰　清抄本　六册

360000－1901－0000270　220703
白鹿洞書院志十二卷　(明)周偉　(明)戴策獻等纂修　明萬曆二十年(1592)田琯刻本　八册

360000－1901－0000271　123483
白鹿書院志十九卷　(清)毛德琦纂修　清康熙刻光緒九年(1883)遞修本　六册　缺三卷(十二至十四)

360000－1901－0000272　220704
白鹿書院志十九卷　(清)毛德琦纂修　清康熙五十九年(1720)刻本　六册

360000－1901－0000273　220705
白鹿書院志十九卷　(清)毛德琦纂修　清康熙五十九年(1720)刻本　六册

360000－1901－0000274　123484

白鹿書院志十九卷　(清)周兆蘭纂修　清乾隆六十年(1795)刻同治十年(1871)重修本　八册

360000－1901－0000275　220706
白鹿書院志十九卷　(清)周兆蘭纂修　清乾隆六十年(1795)刻同治十年(1871)重修本　八册

360000－1901－0000276　420126
白鹿書院志十九卷　(清)周兆蘭纂修　清乾隆六十年(1795)刻同治十年(1871)重修本　四册　存十一卷(五至十四、十九)

360000－1901－0000277　220707
白鹿書院志十九卷　(清)周兆蘭纂修　清乾隆六十年(1795)刻宣統二年(1910)修補本　八册

360000－1901－0000278　220708
白鹿書院志十九卷　(清)周兆蘭纂修　清乾隆六十年(1795)刻宣統二年(1910)修補本　八册

360000－1901－0000279　220709
白鹿書院志十九卷　(清)周兆蘭纂修　清乾隆六十年(1795)刻宣統二年(1910)修補本　八册

360000－1901－0000280　420127
白鹿書院志十九卷　(清)周兆蘭纂修　清乾隆六十年(1795)刻宣統二年(1910)修補本　七册　存十一卷(一至十、十二)

360000－1901－0000281　123201
白鷺洲書院志八卷首一卷　(清)劉繹纂修　清同治十年(1871)白鷺書院刻本　四册

360000－1901－0000282　123202
白鷺洲書院志八卷首一卷　(清)劉繹纂修　清同治十年(1871)白鷺書院刻本　八册

360000－1901－0000283　301442
白茅堂集四十六卷　(清)顧景星撰　清光緒十三年(1887)刻本　二十册

360000－1901－0000284　410141
白沙子全集六卷首一卷附録一卷　(明)陳獻章撰　(清)何九疇重編　清康熙四十九年(1710)刻本　二册　存二卷(五至六)

360000－1901－0000285　240528
白沙子全集六卷首一卷附録一卷　(明)陳獻章撰　(清)何久疇重編　清康熙四十九年(1710)刻本　六册

360000－1901－0000286　240529
白沙子全集六卷首一卷附録一卷　(明)陳獻章撰　(清)何久疇重編　清康熙四十九年(1710)刻本　四册　缺三卷(五至六、附録一卷)

360000－1901－0000287　240530
白沙子全集十卷古詩教解二卷首一卷末一卷　(明)陳獻章撰　(明)湛若水輯解　清乾隆三十六年(1771)陳氏碧玉樓刻本　十册

360000－1901－0000288　240531
白沙子全集十卷古詩教解二卷首一卷末一卷　(明)陳獻章撰　(明)湛若水輯解　清乾隆三十六年(1771)陳氏碧玉樓刻本　一册　存二卷(古詩教解二卷)

360000－1901－0000289　122780
白石道人歌曲六卷歌詞别集一卷附音樂舉要一卷樂星圖譜一卷　(宋)姜夔撰　清宣統二年(1910)影印本　一册

360000－1901－0000290　250187
白石道人集　(宋)姜夔撰　清乾隆鄱陽姜文龍刻本　四册

360000－1901－0000291　250188
白石道人集　(宋)姜夔撰　清乾隆鄱陽姜文龍刻本　四册

360000－1901－0000292　122779
白石道人四種　(宋)姜夔撰　清同治十年(1871)桂林倪鴻刻本　二册

360000－1901－0000293　418035
白石道人四種　(宋)姜夔撰　清同治十年(1871)桂林倪鴻刻本　四册

360000－1901－0000294　714902
白石林通書一卷　(清)盧萬生選　清光緒二十七年(1901)刻本　一册

360000－1901－0000295　240920
白石山房集二十六卷　(清)李振裕撰　清康熙香雪堂刻本　八册

360000－1901－0000296　240921
白石山房集二十六卷　(清)李振裕撰　清康熙香雪堂刻本　六册

360000－1901－0000297　120478
白石山房集二十七卷　(清)李振裕撰　清樹滋堂木活字印本　八册

360000－1901－0000298　601199
白石山房集二十七卷　(清)李振裕撰　清樹滋堂木活字印本　八册　存二十一卷(一至二十一)

360000－1901－0000299　240391
白石詩集一卷詞集一卷　(宋)姜夔撰　**諸家評論一卷**　清康熙五十七年(1718)曾時燦刻本　一册

360000－1901－0000300　000215
白氏長慶集七十一卷目録二卷附録一卷　(唐)白居易撰　明萬曆三十四年(1606)馬元調刻元白長慶集本　六册

360000－1901－0000301　000215－1
白氏長慶集七十一卷目録二卷附録一卷　(唐)白居易撰　明萬曆三十四年(1606)馬元調刻元白長慶集本　四册　存十三卷(三十一至三十四、三十九至四十四、六十七至六十八,目録上)

360000－1901－0000302　240120
白氏長慶集七十一卷目録二卷附録一卷　(唐)白居易撰　明萬曆三十四年(1606)馬元調刻元白長慶集本　十六册

360000－1901－0000303　240130
白氏文集七十一卷　(唐)白居易撰　明嘉靖十七年(1538)伍忠光龍池草堂刻本　清周靖跋　清白鶴山樵批　十六册

360000－1901－0000304　120475
白水堂詩集二十六卷　(清)張瓊英撰　清刻本　四册

360000－1901－0000305　301439
白蘇齋類集十八卷　(明)袁宗道撰　清光緒七年(1881)公安袁氏繼善堂刻本　四册

360000－1901－0000306　308326
白田草堂存稿二十四卷附録一卷　(清)王懋竑撰　清刻本　五册　存二十二卷(四至二十四、附録一卷)

360000－1901－0000307　240950
白田草堂存稿二十四卷附一卷　(清)王懋竑撰　清乾隆刻本　六册

360000－1901－0000308　240951
白田草堂存稿二十四卷附一卷　(清)王懋竑撰　清乾隆刻本　六册

360000－1901－0000309　301421
白下瑣言十卷　(清)甘熙撰　清光緒十六年(1890)築野堂刻本　四册

360000－1901－0000310　410023
白下愚園題景七十詠二卷　(清)胡恩燮　(清)胡光國撰　清光緒刻本　一册

360000－1901－0000311　801030
白香詞譜箋四卷　(清)舒夢蘭輯　(清)謝朝徵箋　清宣統二年(1910)上海掃葉山房石印本　一册　存一卷(二)

360000－1901－0000312　122781
白香詞譜一卷　(清)舒夢蘭輯　清道光二十四年(1844)萱陰山房刻本　一册

360000－1901－0000313　122784
白香詞譜一卷晚翠軒詞韻一卷　(清)舒夢蘭輯　清嘉慶三年(1798)天香館刻本　一册

360000－1901－0000314　414116
白香詞譜一卷晚翠軒詞韻一卷　(清)舒夢蘭輯　清嘉慶十三年(1808)萱蔭山房刻本　二册

360000－1901－0000315　240121

白香山詩長慶集二十卷後集十七卷别集一卷補遺二卷　(唐)白居易撰　**年譜一卷**　(清)汪立名撰　**年譜舊本一卷**　(宋)陳振孫撰　清康熙四十一年至四十二年(1702－1703)汪立名一隅草堂刻本　十册

360000－1901－0000316　240122

白香山詩長慶集二十卷後集十七卷别集一卷補遺二卷　(唐)白居易撰　**年譜一卷**　(清)汪立名撰　**年譜舊本一卷**　(宋)陳振孫撰　清康熙四十一年至四十二年(1702－1703)汪立名一隅草堂刻本　十册

360000－1901－0000317　240123

白香山詩長慶集二十卷後集十七卷别集一卷補遺二卷　(唐)白居易撰　**年譜一卷**　(清)汪立名撰　**年譜舊本一卷**　(宋)陳振孫撰　清康熙四十一年至四十二年(1702－1703)汪立名一隅草堂刻本　八册

360000－1901－0000318　240124

白香山詩長慶集二十卷後集十七卷别集一卷補遺二卷　(唐)白居易撰　**年譜一卷**　(清)汪立名撰　**年譜舊本一卷**　(宋)陳振孫撰　清康熙四十一年至四十二年(1702－1703)汪立名一隅草堂刻本　十册

360000－1901－0000319　240125

白香山詩長慶集二十卷後集十七卷别集一卷補遺二卷　(唐)白居易撰　**年譜一卷**　(清)汪立名撰　**年譜舊本一卷**　(宋)陳振孫撰　清康熙四十一年至四十二年(1702－1703)汪立名一隅草堂刻本　八册

360000－1901－0000320　240126

白香山詩長慶集二十卷後集十七卷别集一卷補遺二卷　(唐)白居易撰　**年譜一卷**　(清)汪立名撰　**年譜舊本一卷**　(宋)陳振孫撰　清康熙四十一年至四十二年(1702－1703)汪立名一隅草堂刻本　八册

360000－1901－0000321　240127

白香山詩長慶集二十卷後集十七卷别集一卷補遺二卷　(唐)白居易撰　**年譜一卷**　(清)汪立名撰　**年譜舊本一卷**　(宋)陳振孫撰　清康熙四十一年至四十二年(1702－1703)汪立名一隅草堂刻本　十二册

360000－1901－0000322　240128

白香山詩長慶集二十卷後集十七卷别集一卷補遺二卷　(唐)白居易撰　**年譜一卷**　(清)汪立名撰　**年譜舊本一卷**　(宋)陳振孫撰　清康熙四十一年至四十二年(1702－1703)汪立名一隅草堂刻本　十一册　缺四卷(白香山詩長慶集十二至十五)

360000－1901－0000323　240129

白香山詩長慶集二十卷後集十七卷别集一卷補遺二卷　(唐)白居易撰　**年譜一卷**　(清)汪立名撰　**年譜舊本一卷**　(宋)陳振孫撰　清康熙四十一年至四十二年(1702－1703)汪立名一隅草堂刻本　九册　缺五卷(白香山詩長慶集一至五)

360000－1901－0000324　305270

白香山詩長慶集二十卷後集十七卷别集一卷補遺二卷　(唐)白居易撰　**年譜一卷**　(清)汪立名撰　**年譜舊本一卷**　(宋)陳振孫撰　清康熙四十一年至四十二年(1702－1703)汪立名一隅草堂刻本　一册　存十一卷(後集四至八、十四至十七,補遺二卷)

360000－1901－0000325　409506

白香山詩長慶集二十卷後集十七卷别集一卷補遺二卷　(唐)白居易撰　**年譜一卷**　(清)汪立名撰　**年譜舊本一卷**　(宋)陳振孫撰　清康熙四十一年至四十二年(1702－1703)汪立名一隅草堂刻本　七册

360000－1901－0000326　409507

白香山詩長慶集二十卷後集十七卷别集一卷補遺二卷　(唐)白居易撰　**年譜一卷**　(清)汪立名撰　**年譜舊本一卷**　(宋)陳振孫撰　清康熙四十一年至四十二年(1702－1703)汪立名一隅草堂刻本　九册

360000－1901－0000327　409508

白香山詩長慶集二十卷後集十七卷别集一卷補遺二卷　(唐)白居易撰　**年譜一卷**　(清)

汪立名撰　**年譜舊本一卷**　（宋）陳振孫撰　清康熙四十一年至四十二年（1702－1703）汪立名一隅草堂刻本　八冊　缺二卷（白香山詩長慶集一、後集十二）

360000－1901－0000328　409509
白香山詩長慶集二十卷後集十七卷別集一卷補遺二卷　（唐）白居易撰　**年譜一卷**　（清）汪立名撰　**年譜舊本一卷**　（宋）陳振孫撰　清康熙四十一年至四十二年（1702－1703）汪立名一隅草堂刻本　七冊　存三十一卷（白香山詩長慶集三至二十，後集一至六、十一至十五，年譜一卷，年譜舊本一卷）

360000－1901－0000329　409509－1
白香山詩長慶集二十卷後集十七卷別集一卷補遺二卷　（唐）白居易撰　**年譜一卷**　（清）汪立名撰　**年譜舊本一卷**　（宋）陳振孫撰　清康熙四十一年至四十二年（1702－1703）汪立名一隅草堂刻本　七冊　存二十四卷（白香山詩長慶集五至十二、十六至二十，後集一至九，年譜一卷，年譜舊本一卷）

360000－1901－0000330　409509－2
白香山詩長慶集二十卷後集十七卷別集一卷補遺二卷　（唐）白居易撰　**年譜一卷**　（清）汪立名撰　**年譜舊本一卷**　（宋）陳振孫撰　清康熙四十一年至四十二年（1702－1703）汪立名一隅草堂刻本　一冊　存六卷（白香山詩長慶集九至十四）

360000－1901－0000331　409509－3
白香山詩長慶集二十卷後集十七卷別集一卷補遺二卷　（唐）白居易撰　**年譜一卷**　（清）汪立名撰　**年譜舊本一卷**　（宋）陳振孫撰　清康熙四十一年至四十二年（1702－1703）汪立名一隅草堂刻本　一冊　存七卷（白香山詩長慶集八至十四）

360000－1901－0000332　301422
白香山詩長慶集二十卷後集十七卷別集一卷補遺二卷　（唐）白居易撰　**年譜一卷**　（清）汪立名撰　**年譜舊本一卷**　（宋）陳振孫撰　清末會文堂石印本　六冊

360000－1901－0000333　301423
白香山詩長慶集二十卷後集十七卷別集一卷補遺二卷　（唐）白居易撰　**年譜一卷**　（清）汪立名撰　**年譜舊本一卷**　（宋）陳振孫撰　清宣統三年（1911）石印本　十二冊

360000－1901－0000334　410008
白香山詩長慶集二十卷後集十七卷別集一卷補遺二卷　（唐）白居易撰　**年譜一卷**　（清）汪立名撰　**年譜舊本一卷**　（宋）陳振孫撰　清宣統三年（1911）石印本　五冊　存十六卷（白香山詩長慶集五至七，後集四至十、十五至十七，別集一卷，補遺二卷）

360000－1901－0000335　305269
白香亭詩存一卷　（清）鄧輔綸撰　清咸豐七年（1857）洪州東湖行館刻本　一冊

360000－1901－0000336　301425
白香亭詩集三卷　（清）鄧輔綸撰　清光緒二十二年（1896）廣雅書局刻本　二冊

360000－1901－0000337　710284
白香亭詩集三卷　（清）鄧輔綸撰　清光緒二十二年（1896）廣雅書局刻本　一冊　存二卷（二至三）

360000－1901－0000338　710285
白香亭詩集三卷　（清）鄧輔綸撰　清光緒二十二年（1896）廣雅書局刻本　一冊　存二卷（二至三）

360000－1901－0000339　712880
白香亭詩集三卷　（清）鄧輔綸撰　清光緒十九年（1893）東河督署刻本　一冊　存一卷（一）

360000－1901－0000340　800872
白香亭詩集三卷　（清）鄧輔綸撰　清光緒十九年（1893）東河督署刻本　二冊

360000－1901－0000341　410022
白燕倡和集六卷　（清）王之佐輯　清嘉慶二十年（1815）青來草堂刻本　一冊　存四卷（三至六）

360000－1901－0000342　804793
白衣感應觀音經不分卷　清同治十三年(1874)刻本　一册

360000－1901－0000343　240694
白榆集二十八卷　(明)屠隆撰　明萬曆龔堯惠刻本　八册　存八卷(一至八)

360000－1901－0000344　240693
白榆集二十卷　(明)屠隆撰　明刻本　四册　存九卷(一至二、八至九、十三至十七)

360000－1901－0000345　301434
白雲山房文集六卷　(清)張象津撰　清道光十六年(1836)刻本　五册

360000－1901－0000346　414901
白雲山人詩草一卷　(清)陳桂撰　清刻本　一册

360000－1901－0000347　305268
白雲文集五卷詩集二卷續集八卷　(清)陳斌撰　清嘉慶十二年(1807)刻本　五册　缺二卷(續集一至二)

360000－1901－0000348　303979
白雲續集八卷　(清)陳斌撰　清道光三年(1823)刻本　一册　存二卷(一至二)

360000－1901－0000349　405151
白雲謡一卷　(清)文星瑞等撰　清同治七年(1868)刻本　一册

360000－1901－0000350　707665
白柱堂叢臧不分卷　(清)周繪藻撰　清刻朱印本　二册

360000－1901－0000351　240917
百尺梧桐閣詩十六卷文十卷　(清)汪懋麟撰　清康熙刻本　十册

360000－1901－0000352　250152
百川學海　(宋)左圭編　明弘治十四年(1501)無錫華珵刻本　八册　存十八種

360000－1901－0000353　164579
百川學海　(宋)左圭編　清乾隆玉棟讀易樓抄本　一册　存三種

360000－1901－0000354　304959
百二漢鏡齋秘書四種　(清)程芝雲輯　清道光四年(1824)湖邊程氏百二漢鏡齋刻本　二册　存二種

360000－1901－0000355　318124
百二名家序不分卷　(清)俞長城輯　清抄本　二册

360000－1901－0000356　404617
百行最先集桑梓録詩不分卷　(清)王焕奎輯　清刻本　一册

360000－1901－0000357　120554
百繪詩箋一卷　(清)翁繁撰　清刻本　一册

360000－1901－0000358　230448
百家類纂四十卷　(明)沈津輯　明隆慶元年(1567)含山縣儒學刻本　二十八册　存三十卷(一至五、七至十五、十七、十九至二十六、三十一至三十四、三十七至三十八、四十)

360000－1901－0000359　230449
百家類纂四十卷　(明)沈津輯　明隆慶元年(1567)含山縣儒學刻本　三册　存五卷(一、四至五、三十七至三十八)

360000－1901－0000360　220391
百家姓考略一卷　(清)王相撰　(清)徐士業校　清康熙徐氏刻本　一册

360000－1901－0000361　122809
百家姓考畧一卷　(清)王相箋注　清大文堂刻本　一册

360000－1901－0000362　122808
百家姓考畧一卷　(清)王相箋注　清道光三年(1823)觀生閣刻本　一册

360000－1901－0000363　400596
百家姓考畧一卷　(清)王相箋注　清敦仁堂刻徐氏三種本　一册

360000－1901－0000364　603279－2
百家姓考畧一卷　(清)王相箋注　清金閶書業堂刻本　一册

360000－1901－0000365　161678

百家姓考畧一卷　(清)王相箋注　清經國堂刻本　一册

360000－1901－0000366　163863

百家姓考畧一卷　(清)王相箋注　清經國堂刻本　一册

360000－1901－0000367　400594

百家姓考畧一卷　(清)王相箋注　清經綸堂刻徐氏三種本　一册

360000－1901－0000368　400595

百家姓考畧一卷　(清)王相箋注　清經元堂刻徐氏三種本　一册

360000－1901－0000369　400595－1

百家姓考畧一卷　(清)王相箋注　清刻本　一册

360000－1901－0000370　603279

百家姓考畧一卷　(清)王相箋注　清刻本　一册

360000－1901－0000371　400597

百家姓考畧一卷　(清)王相箋注　清刻徐氏三種本　一册

360000－1901－0000372　400598

百家姓考畧一卷　(清)王相箋注　清刻徐氏三種本　一册

360000－1901－0000373　400599

百家姓考畧一卷　(清)王相箋注　清刻徐氏三種本　一册

360000－1901－0000374　400599－1

百家姓考畧一卷　(清)王相箋注　清刻徐氏三種本　一册

360000－1901－0000375　400599－2

百家姓考畧一卷　(清)王相箋注　清刻徐氏三種本　一册

360000－1901－0000376　400599－3

百家姓考畧一卷　(清)王相箋注　清刻徐氏三種本　一册

360000－1901－0000377　400599－4

百家姓考畧一卷　(清)王相箋注　清刻徐氏三種本　一册

360000－1901－0000378　400599－5

百家姓考畧一卷　(清)王相箋注　清刻徐氏三種本　一册

360000－1901－0000379　400599－6

百家姓考畧一卷　(清)王相箋注　清刻徐氏三種本　一册

360000－1901－0000380　400599－7

百家姓考畧一卷　(清)王相箋注　清刻徐氏三種本　一册

360000－1901－0000381　400599－8

百家姓考畧一卷　(清)王相箋注　清刻徐氏三種本　一册

360000－1901－0000382　603279－1

百家姓考畧一卷　(清)王相箋注　清刻徐氏三種本　一册

360000－1901－0000383　122810

百家姓考畧一卷　(清)王相箋注　清兩儀堂刻本　一册

360000－1901－0000384　161677

百家姓考畧一卷　(清)王相箋注　清末李光明莊刻本　一册

360000－1901－0000385　800652

百家纂雋十卷　(明)陸孝錫輯　明萬曆刻本　二册　存二卷(二、八)

360000－1901－0000386　161683

百將圖傳二卷　(清)丁日昌撰　清同治九年(1870)江蘇書局刻本　二册

360000－1901－0000387　712574

百美新詠一卷題詞一卷圖傳一卷　(清)顔希源撰　(清)王翽繪　**集詠一卷**　(清)袁枚撰　清嘉慶九年(1804)刻本　一册　存一卷(圖傳一卷)

360000－1901－0000388　163657

百美新詠一卷題詞一卷圖傳一卷　(清)顔希源撰　(清)王翽繪　**集詠一卷**　(清)袁枚撰

清嘉慶十年(1805)集腋軒刻本　二冊

360000－1901－0000389　720777
百美新詠一卷題詞一卷圖傳一卷　(清)顏希源撰　(清)王翽繪　**集詠一卷**　(清)袁枚撰　清嘉慶十年(1805)集腋軒刻本　二冊　存一卷(圖傳一卷)

360000－1901－0000390　720777－1
百美新詠一卷題詞一卷圖傳一卷　(清)顏希源撰　(清)王翽繪　**集詠一卷**　(清)袁枚撰　清嘉慶十年(1805)集腋軒刻本　一冊　存一卷(圖傳一卷)

360000－1901－0000391　405741
百美新詠一卷題詞一卷圖傳一卷　(清)顏希源撰　(清)王翽繪　**集詠一卷**　(清)袁枚撰　清嘉慶十年(1805)刻本　一冊　存一卷(集詠一卷)

360000－1901－0000392　405741－1
百美新詠一卷題詞一卷圖傳一卷　(清)顏希源撰　(清)王翽繪　**集詠一卷**　(清)袁枚撰　清嘉慶十年(1805)刻本　一冊　存一卷(集詠一卷)

360000－1901－0000393　405953
百美新詠一卷題詞一卷圖傳一卷　(清)顏希源撰　(清)王翽繪　**集詠一卷**　(清)袁枚撰　清同治九年(1870)三益堂刻本　四冊

360000－1901－0000394　405953－1
百美新詠一卷題詞一卷圖傳一卷　(清)顏希源撰　(清)王翽繪　**集詠一卷**　(清)袁枚撰　清同治九年(1870)三益堂刻本　一冊　存一卷(百美新詠一卷)

360000－1901－0000395　163650
百末詞二卷　(清)尤侗撰　(清)曹爾堪　(清)王士祿評　清留松閣刻本　一冊

360000－1901－0000396　163649
百末詞五卷詞餘一卷　(清)尤侗撰　清康熙刻西堂全集本　一冊

360000－1901－0000397　304958
百獸圖說一卷論一卷百鳥圖說一卷　(清)韋門道撰　清光緒八年(1882)益智書會刻本　一冊

360000－1901－0000398　707667
百歲全書輯珠集二卷　(清)芳潤軒輯　清道光十三年(1833)寶善堂刻本　四冊

360000－1901－0000399　803007
百歲修行經不分卷　(□)□□輯　清刻本　一冊

360000－1901－0000400　707664
百孝譜不分卷　(清)陳崐撰　清道光元年(1821)刻本　一冊

360000－1901－0000401　407671
百孝圖說四卷首一卷　(清)俞葆真輯　(清)俞泰繪圖　清同治十年(1871)河間俞氏繪刻本　一冊　存一卷(三)

360000－1901－0000402　308141
百孝圖說四卷首一卷　(清)俞葆真輯　(清)俞泰繪圖　清同治十年(1871)河間俞氏刻本　一冊　存二卷(一至二)

360000－1901－0000403　407675
百孝圖一卷　(清)沈三賢繪像　(清)張吳渼贅詩　清同治六年(1867)遵義堂刻本　一冊

360000－1901－0000404　241077
百一草堂集唐初刻二卷二刻二卷　(清)柴才輯　清乾隆二十五年(1760)百一草堂刻本　三冊

360000－1901－0000405　803976
百一草堂集唐三刻二卷詩餘一卷　(清)柴才撰　清抄本　一冊　存一卷(詩餘一卷)

360000－1901－0000406　315790
百一草堂集唐三刻二卷詩餘一卷　(清)柴才撰　清乾隆二十三年(1758)百一草堂刻本　一冊

360000－1901－0000407　310225
百丈叢林清規證義記九卷首一卷　(唐)釋懷海撰　(清)釋儀潤證義　清同治十年(1871)

海潮寺刻本　六册

360000－1901－0000408　250114

百子金丹十卷　(明)郭偉選注　明崇禎傅夢龍刻清乾隆印本　十册

360000－1901－0000409　303055

柏梘山房文集十六卷續集一卷駢體文二卷詩集十卷續集二卷　(清)梅曾亮撰　清刻本　四册

360000－1901－0000410　303056

柏梘山房文集十六卷續集一卷駢體文二卷詩集十卷續集二卷　(清)梅曾亮撰　清刻本　六册

360000－1901－0000411　410110

柏梘山房文集十六卷續集一卷駢體文二卷詩集十卷續集二卷　(清)梅曾亮撰　清咸豐六年(1856)刻本　六册　缺二卷(駢體文二卷)

360000－1901－0000412　241121

柏梘山房文集一卷詩鈔二卷　(清)梅曾亮撰　(清)楊希閔選注　稿本　二册

360000－1901－0000413　713035

柏澗堂詩四卷　(清)釋教壽撰　清嘉慶二十二年(1817)香山禪院刻本　一册

360000－1901－0000414　410107

柏廬外集四卷　(清)朱用純撰　清光緒八年(1882)津河廣仁堂刻津河廣仁堂所刻書本　二册

360000－1901－0000415　410108

柏廬外集四卷　(清)朱用純撰　清光緒八年(1882)津河廣仁堂刻津河廣仁堂所刻書本　二册

360000－1901－0000416　410109

柏廬外集四卷　(清)朱用純撰　清光緒八年(1882)津河廣仁堂刻津河廣仁堂所刻書本　二册

360000－1901－0000417　163347

柏堂集前編十四卷次編十三卷續編二十二卷後編二十二卷餘編八卷補存三卷外編十二卷　(清)方宗誠撰　清光緒六年(1880)刻柏堂遺書本　十六册

360000－1901－0000418　901022－2

柏堂集前編十四卷次編十三卷續編二十二卷後編二十二卷餘編八卷補存三卷外編十二卷　(清)方宗誠撰　清光緒六年(1880)刻柏堂遺書本　五册　存十九卷(後編四至二十二)

360000－1901－0000419　150256

柏堂遺書　(清)方宗誠撰　清光緒元年至十二年(1875－1886)桐城方氏刻本　四十八册

360000－1901－0000420　901021

柏堂遺書　(清)方宗誠撰　清光緒元年至十二年(1875－1886)桐城方氏刻本　二十四册　存四種

360000－1901－0000421　901022

柏堂遺書　(清)方宗誠撰　清光緒元年至十二年(1875－1886)桐城方氏刻本　十二册　存四種

360000－1901－0000422　901022－1

柏堂遺書　(清)方宗誠撰　清光緒元年至十二年(1875－1886)桐城方氏刻本　十八册　存二種

360000－1901－0000423　305140

拜經樓藏書題跋記五卷附録一卷　(清)吳壽暘撰　清道光二十七年(1847)海寧蔣光煦刻別下齋叢書本　二册　存三卷(二至四)

360000－1901－0000424　210394

拜經日記十二卷　(清)臧庸撰　清抄本　四册

360000－1901－0000425　160710

拜經日記十二卷　(清)臧庸撰　清嘉慶二十四年(1819)武進臧氏拜經堂刻本　四册

360000－1901－0000426　800260

拜梅山房詩鈔一卷　(清)陳松撰　稿本　一册

360000－1901－0000427　150264

拜鴛樓校刻　沈宗畸輯　清光緒、宣統番禺

沈氏刻本　四册　存四種

360000－1901－0000428　413135
稗海　(明)商濬輯　明萬曆會稽商氏半埜堂刻本　七十六册　存七十種

360000－1901－0000429　413136
稗海　(明)商濬輯　明萬曆會稽商氏半埜堂刻本　三十二册　存七十種

360000－1901－0000430　115146
[道光]信豐縣志續編十六卷　(清)許夔修　(清)謝肇漣　(清)張伊纂　清道光四年(1824)刻同治六年(1867)周之鏞補刻民國十年(1921)印本　六册

360000－1901－0000431　250161
稗海　(明)商濬輯　明萬曆商氏半埜堂刻清康熙振鷺堂重編補刻本　八十册　存六十九種

360000－1901－0000432　250162
稗海　(明)商濬輯　明萬曆商氏半埜堂刻清康熙振鷺堂重編補刻本　七十九册　存六十八種

360000－1901－0000433　250163
稗海　(明)商濬輯　明萬曆商氏半埜堂刻清康熙振鷺堂重編補刻本　四十四册　存四十種

360000－1901－0000434　250164
稗海　(明)商濬輯　明萬曆商氏半埜堂刻清康熙振鷺堂重編補刻本　十四册　存十二種

360000－1901－0000435　308061
稗海　(明)商濬輯　清刻本　八十册　存六十三種

360000－1901－0000436　309169
稗海　(明)商濬輯　清刻本　六册　存四種

360000－1901－0000437　310315
稗海　(明)商濬輯　清刻本　一百册　存七十種

360000－1901－0000438　314889
稗海　(明)商濬輯　清刻本　八十册　存七十種

360000－1901－0000439　301533
稗雅四卷　(清)龍彪輯　清嘉慶二十二年(1817)寄南雲齋刻本　四册

360000－1901－0000440　220053
班馬異同三十五卷　(宋)倪思撰　(宋)劉辰翁評　(明)李元陽校　明嘉靖十六年(1537)李元陽刻本　八册

360000－1901－0000441　403857
班馬字類二卷　(宋)婁機撰　清光緒九年(1883)常熟鮑氏後知不足齋刻本　一册　存一卷(上)

360000－1901－0000442　210491
班馬字類二卷　(宋)婁機撰　清乾隆馬曰琯叢書樓刻本　五册

360000－1901－0000443　160816
班馬字類五卷　(宋)婁機撰　清光緒刻本　二册

360000－1901－0000444　163810
班馬字類五卷　(宋)婁機撰　清經鉏堂刻本　六册

360000－1901－0000445　163811
班馬字類五卷　(宋)婁機撰　清經鉏堂刻本　二册

360000－1901－0000446　406736
般若波羅蜜多心經一卷　(唐)釋玄奘譯　**佛説無量壽經二卷**　(三國魏)康僧鎧譯　清同治十年(1871)金陵刻經處刻本　一册

360000－1901－0000447　406730
般若波羅蜜多心經註解一卷　(唐)釋玄奘譯　(明)釋宗泐　(明)釋如玘注　清乾隆二十六年(1761)刻本　一册

360000－1901－0000448　706745
般若波羅蜜心經註解一卷　(唐)釋玄奘譯　(明)釋宗泐　(明)釋如玘注　**金剛般若波羅蜜經註解一卷**　(後秦)釋鳩摩羅什譯　(明)釋宗泐　(明)釋如玘注　清光緒二年(1876)

長沙刻經處刻本　一册

360000－1901－0000449　310128
般若燈論十五卷　(唐)釋波羅頗蜜多羅譯　清光緒二十四年(1898)金陵刻經處刻本　三册

360000－1901－0000450　241547
板橋詞鈔一卷衜情一卷　(清)鄭燮撰　清乾隆八年(1743)司徒文膏刻本　一册

360000－1901－0000451　404114
板橋集六卷　(清)鄭燮撰　清刻本　四册

360000－1901－0000452　404115
板橋集六卷　(清)鄭燮撰　清刻本　二册

360000－1901－0000453　404116
板橋集六卷　(清)鄭燮撰　清刻本　一册
存三卷(一至三)

360000－1901－0000454　404118
板橋集六卷　(清)鄭燮撰　清刻本　二册

360000－1901－0000455　404121
板橋集六卷　(清)鄭燮撰　清刻本　三册
存五卷(二至六)

360000－1901－0000456　805374
板橋集六卷　(清)鄭燮撰　清刻本　二册

360000－1901－0000457　805375
板橋集六卷　(清)鄭燮撰　清刻本　二册

360000－1901－0000458　805377
板橋集六卷　(清)鄭燮撰　清刻本　二册

360000－1901－0000459　316241
板橋集六卷　(清)鄭燮撰　清清暉書屋刻本　四册

360000－1901－0000460　316655
板橋集六卷　(清)鄭燮撰　清清暉書屋刻本　四册

360000－1901－0000461　805376
板橋集六卷　(清)鄭燮撰　清清暉書屋刻本　二册

360000－1901－0000462　404107
板橋集六卷　(清)鄭燮撰　清清暉堂刻本　四册

360000－1901－0000463　404108
板橋集六卷　(清)鄭燮撰　清清暉堂刻本　二册

360000－1901－0000464　404109
板橋集六卷　(清)鄭燮撰　清清暉堂刻本　一册

360000－1901－0000465　404110
板橋集六卷　(清)鄭燮撰　清清暉堂刻本　二册

360000－1901－0000466　404111
板橋集六卷　(清)鄭燮撰　清清暉堂刻本　二册

360000－1901－0000467　404112
板橋集六卷　(清)鄭燮撰　清清暉堂刻本　二册

360000－1901－0000468　404113
板橋集六卷　(清)鄭燮撰　清清暉堂刻本　四册

360000－1901－0000469　404117
板橋集七卷　(清)鄭燮撰　清刻本　二册

360000－1901－0000470　404119
板橋集七卷　(清)鄭燮撰　清刻本　二册

360000－1901－0000471　404122
板橋集七卷　(清)鄭燮撰　清刻本　三册
存五卷(二至六)

360000－1901－0000472　404123
板橋集七卷　(清)鄭燮撰　清刻本　一册
存四卷(三至六)

360000－1901－0000473　404124
板橋集七卷　(清)鄭燮撰　清刻本　二册
存五卷(二至六)

360000－1901－0000474　404125
板橋集七卷　(清)鄭燮撰　清刻本　一册

存四卷(三至六)

360000－1901－0000475　404125－1
板橋集七卷　(清)鄭燮撰　清刻本　一冊　存一卷(四)

360000－1901－0000476　404125－2
板橋集七卷　(清)鄭燮撰　清刻本　二冊　存三卷(二至四)

360000－1901－0000477　241021
板橋集七卷　(清)鄭燮撰　清乾隆刻本　四冊

360000－1901－0000478　241022
板橋集七卷　(清)鄭燮撰　清乾隆四十八年(1783)清暉書屋刻本　二冊

360000－1901－0000479　241023
板橋集七卷　(清)鄭燮撰　清乾隆四十八年(1783)清暉書屋刻本　二冊

360000－1901－0000480　404120
板橋集七卷　(清)鄭燮撰　清同治七年(1868)刻本　四冊

360000－1901－0000481　308151
板橋家書不分卷　(清)鄭燮撰　清刻本　一冊

360000－1901－0000482　405560
板橋題畫一卷　(清)鄭燮撰　清末石印本　一冊

360000－1901－0000483　407705
板橋雜記三卷　(清)余懷撰　清光緒二十七年(1901)晦齋刻本　一冊

360000－1901－0000484　150139
半厂叢書初編　(清)譚獻輯　清同治、光緒仁和譚氏刻本　十六冊　存十種

360000－1901－0000485　220089
半窗史略四十二卷　(清)龍體剛輯　清雍正四年(1726)刻本　十二冊

360000－1901－0000486　220090
半窗史略四十二卷　(清)龍體剛輯　清雍正四年(1726)刻本　八冊

360000－1901－0000487　220091
半窗史略四十二卷　(清)龍體剛輯　清雍正四年(1726)刻本　十七冊　缺六卷(一至五、二十六)

360000－1901－0000488　220092
半窗史略四十二卷　(清)龍體剛輯　清雍正四年(1726)刻本　四冊　存十二卷(十二至十七、三十二至三十七)

360000－1901－0000489　404998
半窗史畧四十二卷　(清)龍體剛輯　清刻本　一冊　存一卷(四十二)

360000－1901－0000490　400756
半窗史畧四十二卷　(清)龍體剛輯　清雍正刻本　十冊

360000－1901－0000491　400757
半窗史畧四十二卷　(清)龍體剛輯　清雍正刻本　八冊

360000－1901－0000492　400758
半窗史畧四十二卷　(清)龍體剛輯　清雍正刻本　十二冊

360000－1901－0000493　400759
半窗史畧四十二卷　(清)龍體剛輯　清雍正刻本　十三冊　存三十六卷(一至七、十至三十三、三十八至四十二)

360000－1901－0000494　400760
半窗史畧四十二卷　(清)龍體剛輯　清雍正刻本　八冊　存二十七卷(三至六、八至十二、十七至二十一、二十四至二十九、三十四至三十六、三十九至四十二)

360000－1901－0000495　400761
半窗史畧四十二卷　(清)龍體剛輯　清雍正刻本　五冊　存十七卷(一至四、十三至十七、三十三至三十六、三十九至四十二)

360000－1901－0000496　400762
半窗史畧四十二卷　(清)龍體剛輯　清雍正刻本　七冊　存二十卷(一至五、十一至十

二、十七至二十二、三十一至三十六、四十二)

360000－1901－0000497　120309
半舫詩存八卷首一卷附駢體文存一卷賦存一卷　(清)游馨撰　清光緒十二年(1886)游氏刻本　六冊

360000－1901－0000498　411154
半舫齋古文八卷　(清)夏之蓉撰　清乾隆三十六年(1771)刻本　一冊　存二卷(三至四)

360000－1901－0000499　241009
半舫齋古文八卷　(清)夏之蓉撰　(清)戴祖啓批點　清乾隆三十六年(1771)刻本　四冊

360000－1901－0000500　241010
半舫齋古文八卷　(清)夏之蓉撰　(清)戴祖啓批點　**編年詩二十卷**　(清)夏之蓉撰　(清)侯學詩批點　清乾隆三十六年(1771)刻本　六冊

360000－1901－0000501　240993
半古樓集三卷　(清)張映斗撰　清乾隆十二年(1747)古香園刻本　二冊

360000－1901－0000502　411156
半間梅花吟一卷春遊紀事詩一卷　(清)釋廣福撰　清乾隆五十二年(1787)刻本　一冊

360000－1901－0000503　300450
半畝園叢書　(清)吳坤修輯　清同治新建吳氏皖城刻本　一冊　存二種

360000－1901－0000504　210296
半農先生春秋説十五卷　(清)惠士奇撰　**附奉直大夫翰林院侍讀學士紀錄二次半農惠公墓誌銘一卷**　(清)楊超撰　清乾隆十四年(1749)吳氏璜川書屋刻本　六冊

360000－1901－0000505　210297
半農先生春秋説十五卷　(清)惠士奇撰　**附奉直大夫翰林院侍讀學士紀錄二次半農惠公墓誌銘一卷**　(清)楊超撰　清乾隆十四年(1749)吳氏璜川書屋刻本　六冊

360000－1901－0000506　210298
半農先生春秋説十五卷　(清)惠士奇撰　**附奉直大夫翰林院侍讀學士紀錄二次半農惠公墓誌銘一卷**　(清)楊超撰　清乾隆十四年(1749)吳氏璜川書屋刻本　八冊

360000－1901－0000507　240839
半蕪園集十五卷　(清)黄石麟撰　**附澄湖集遺文一卷**　(清)黄君聘撰　清雍正元年(1723)臨川本家刻本　四冊

360000－1901－0000508　240840
半蕪園集十五卷　(清)黄石麟撰　**附澄湖集遺文一卷**　(清)黄君聘撰　清雍正元年(1723)臨川本家刻本　六冊

360000－1901－0000509　404368
半園尺牘二十五卷補遺六卷　(清)静福山人撰　清光緒二年(1876)刻本　十八冊　存二十九卷(一至二十、二十二、二十四至二十五,補遺六卷)

360000－1901－0000510　307873
半園尺牘二十五卷補遺六卷　(清)静福山人撰　清刻本　十九冊　存二十九卷(二至十二、十四至二十五,補遺六卷)

360000－1901－0000511　404369
半園尺牘二十五卷補遺六卷　(清)静福山人撰　清刻本　五冊　存十卷(十一至十五、二十、二十二至二十五)

360000－1901－0000512　411155
半齋雜録十四卷　(清)莊厚坤輯　清錢熙同刻本　三冊　存十一卷(四至十四)

360000－1901－0000513　305377
半字集二卷　(清)方東樹撰　清道光十三年(1833)刻本　一冊

360000－1901－0000514　241112
瓣香山房詩集十二卷　(清)曾廷枚撰　清嘉慶刻本　二冊

360000－1901－0000515　241113
瓣香山房詩集十五卷　(清)曾廷枚撰　清嘉慶刻增修本　四冊

360000－1901－0000516　405614

榜牒行移不分卷 （清）黄景翔輯 清抄本 一册

360000－1901－0000517 405133
包長明先生傳稿不分卷 （清）包爾庚撰 清康熙刻本 一册

360000－1901－0000518 241585
包待制陳州糶米雜劇一卷 （明）臧懋循編 明萬曆刻本 一册

360000－1901－0000519 300240
褒節錄一卷 （清）□□編 清光緒十七年（1891）甌江巡署刻本 一册

360000－1901－0000520 405692
褒節錄一卷 （清）□□編 清光緒十七年（1891）甌江巡署刻本 一册

360000－1901－0000521 803388
保病家書檄文不分卷 （□）□□輯 清紹成劉記抄本 一册

360000－1901－0000522 801398
保產機要不分卷 （清）汪欽之撰 （清）柯炌集要 清抄本 一册

360000－1901－0000523 408993
保產金丹四卷 （清）劉文華輯 清光緒十二年（1886）仁壽堂刻本 一册 存一卷（一）

360000－1901－0000524 162491
保產心法全嬰心法一卷附毓蘭居士種痘法 （清）金天基輯 清刻本 一册

360000－1901－0000525 720332
保產要書一卷 （□）□□輯 清光緒二十一年（1895）刻本 一册

360000－1901－0000526 408994
保產要書一卷 （清）亟齋居士撰 清建城石溪誠一堂刻本 一册

360000－1901－0000527 164849
保赤彙編 （清）朱之榛輯 清光緒五年（1879）刻本 四册

360000－1901－0000528 164850
保赤彙編 （清）朱之榛輯 清光緒五年（1879）刻本 四册

360000－1901－0000529 408991
保赤聯珠二卷 （清）莊一夔撰 清光緒十八年（1892）刻本 一册

360000－1901－0000530 408989
保赤全編三卷 （清）莊一夔撰 清光緒三十年（1904）刻本 一册

360000－1901－0000531 801413
保赤一卷 （□）□□撰 清抄本 一册

360000－1901－0000532 309720
保富述要一卷 （英國）布來德撰 （英國）傅蘭雅口譯 （清）徐家寶筆述 清刻本 二册

360000－1901－0000533 301495
保甲書四卷 （清）徐棟輯 清道光二十八年（1848）刻本 三册

360000－1901－0000534 305291
保甲書四卷 （清）徐棟輯 清道光二十八年（1848）刻本 一册 存二卷（一至二）

360000－1901－0000535 164007
保甲書四卷 （清）徐棟輯 清道光十七年（1837）刻本 三册

360000－1901－0000536 413675
保龍全書四集 （清）董兆鳳等輯 清乾隆三十二年（1767）董孝友堂刻本 三册

360000－1901－0000537 413676
保龍全書四集 （清）董兆鳳等輯 清乾隆三十二年（1767）董孝友堂刻本 三册

360000－1901－0000538 413677
保龍全書四集 （清）董兆鳳等輯 清乾隆三十二年（1767）董孝友堂刻本 三册

360000－1901－0000539 220495
保龍全書四卷 （清）婺源縣公衆輯 清乾隆三十三年（1768）刻本 一册 存一卷（一）

360000－1901－0000540 162492
保命秘錄不分卷 （清）李藻輯 清道光二十

三年(1843)刻本　一册

360000－1901－0000541　110710
[道光]重修上高縣志十二卷首一卷末一卷　(清)林元英修　(清)傅祖錫等纂　清道光七年(1827)木活字印本　十二册

360000－1901－0000542　408631－1
保嬰撮要不分卷　(清)□□撰　清刻本　一册

360000－1901－0000543　230274
保嬰撮要二十卷　(明)薛鎧撰　明嘉靖三十五年(1556)薛氏刻清沈元房重修本　十五册

360000－1901－0000544　408884
保嬰撮要二十卷　(明)薛鎧撰　清刻本　四册　存九卷(三、九至十三、十八至二十)

360000－1901－0000545　408885
保嬰撮要二十卷　(明)薛鎧撰　清刻本　四册　存七卷(五、九至十、十五至十六、十九至二十)

360000－1901－0000546　408886
保嬰撮要二十卷　(明)薛鎧撰　清刻本　六册　存十一卷(四至五、八至十二、十四至十五、十九至二十)

360000－1901－0000547　110825
[光緒]丹陽縣志三十六卷首一卷　(清)劉誥　(清)淩焯等修　(清)徐錫麟　(清)姜璘纂　清光緒十一年(1885)鴻鳳書院刻民國十六年(1927)印本　三十册

360000－1901－0000548　802120
保祖續編不分卷　(清)□□撰　清汪均兆抄本　一册

360000－1901－0000549　314015
葆淳閣集二十四卷易說二卷　(清)王杰撰　清嘉慶刻本　一册　存二卷(易說二卷)

360000－1901－0000550　316883
葆淳閣集二十四卷易說二卷　(清)王杰撰　清嘉慶刻本　十册　存二十四卷(葆淳閣集二十四卷)

360000－1901－0000551　411247
葆淳閣集二十四卷易說二卷　(清)王杰撰　清嘉慶刻本　十一册　存二十四卷(葆淳閣集二十四卷)

360000－1901－0000552　413027
葆淳閣集二十四卷易說二卷　(清)王杰撰　清刻本　一册　存二卷(易說二卷)

360000－1901－0000553　162642
堡寨圖式一卷附堡寨章程一卷　清刻本　一册

360000－1901－0000554　305447
寶藏興焉十二卷　(英國)費而奔撰　(英國)傅蘭雅口譯　(清)徐壽筆述　清光緒二十四年(1898)上海書局石印本　五册　存五卷(一至四、六)

360000－1901－0000555　410082
寶藏興焉十二卷　(英國)費而奔撰　(英國)傅蘭雅口譯　(清)徐壽筆述　清光緒江南製造總局刻本　十六册

360000－1901－0000556　317742
寶漢齋印存一卷　(清)寶漢齋主人撰　清光緒三十三年(1907)鈐印本　一册

360000－1901－0000557　311765
寶華山志十五卷首一卷　(清)釋德基輯　(清)劉名芳纂　清釋性宗刻本　四册

360000－1901－0000558　411767
寶經堂綱鑑易知錄九十二卷明鑑易知錄十五卷　(清)吳乘權等輯　清刻本　十六册　存三十八卷(一至十三、三十二至三十六、五十四至五十七、七十四至八十九)

360000－1901－0000559　411767－1
寶經堂綱鑑易知錄九十二卷明鑑易知錄十五卷　(清)吳乘權等輯　清刻本　七册　存三十一卷(六十二至九十二)

360000－1901－0000560　411772
寶經堂綱鑑易知錄九十二卷明鑑易知錄十五卷　(清)吳乘權等輯　清刻本　十册　存二

十二卷(七十一至九十二)

360000－1901－0000561　805434
寶鏡圖一卷　(□)□□輯　清嘉慶八年(1803)刻本　一冊

360000－1901－0000562　800463
寶鏡圖一卷　(□)□□輯　清嘉慶十九年(1814)富春高夢龍豫章官舍刻本　一冊

360000－1901－0000563　417383－1
寶鏡圖一卷　(□)□□輯　清刻本　一冊

360000－1901－0000564　414850
寶鏡圖一卷　(三國蜀)諸葛亮撰　清嘉慶十年(1805)刻本　一冊

360000－1901－0000565　414851
寶鏡圖一卷　(三國蜀)諸葛亮撰　**北極高度表一卷**　(清)劉茂吉撰　清道光四年(1824)刻本　一冊

360000－1901－0000566　162974
寶鏡圖一卷　(三國蜀)諸葛亮撰　**陽宅都天發用全書一卷**　(清)瞿天賚校　清靜思堂刻本　一冊

360000－1901－0000567　150405
寶刻叢編二十卷　(宋)陳思纂　清抄本　五冊　存十四卷(一至三、七至十五、十九至二十)

360000－1901－0000568　316202
寶綸堂外集十二卷　(清)齊召南撰　清宣統三年(1911)掃葉山房石印本　二冊

360000－1901－0000569　316203
寶綸堂外集十二卷　(清)齊召南撰　清宣統三年(1911)掃葉山房石印本　二冊

360000－1901－0000570　409583
寶綸堂文鈔八卷詩鈔六卷　(清)齊召南撰　清嘉慶刻本　六冊

360000－1901－0000571　150566
寶墨齋叢書　(清)余廷誥輯　清光緒二十三年(1897)豐城余氏寶墨齋刻本　十五冊　存九種

360000－1901－0000572　412856
寶山橘話一卷　(清)橘香居主人輯　清光緒二十年(1894)李家園刻本　一冊

360000－1901－0000573　163280
寶宋齋賦抄不分卷　(清)董桂洲撰　清道光二十四年(1844)刻本　一冊

360000－1901－0000574　801150
寶宋齋詩稿六卷拾遺一卷茗香詞一卷　(清)董桂洲撰　清抄本　三冊

360000－1901－0000575　150501
寶韋齋類稿　(清)李桓撰　清光緒六年(1880)武林趙寶墨齋刻本　十六冊　存四種

360000－1901－0000576　150502
寶韋齋類稿　(清)李桓撰　清光緒六年(1880)武林趙寶墨齋刻本　十六冊　存四種

360000－1901－0000577　150503
寶韋齋類稿　(清)李桓撰　清光緒六年(1880)武林趙寶墨齋刻本　十四冊　存四種

360000－1901－0000578　414158
寶韋齋類稿　(清)李桓撰　清光緒六年(1880)武林趙寶墨齋刻本　十一冊　存三種

360000－1901－0000579　413366
寶梧軒詩錄二卷　(清)彭嘉樂撰　清抄本　一冊

360000－1901－0000580　413762
寶訓合編六卷　(清)許振禕輯　清同治十年(1871)奉新許振禕京師刻本　一冊

360000－1901－0000581　713678
寶訓合編六卷　(清)許振禕輯　清同治十年(1871)奉新許振禕京師刻本　一冊

360000－1901－0000582　713679
寶訓合編六卷　(清)許振禕輯　清同治十年(1871)奉新許振禕京師刻本　一冊

360000－1901－0000583　713680
寶訓合編六卷　(清)許振禕輯　清同治十年(1871)奉新許振禕京師刻本　一冊

360000－1901－0000584　713681
寶訓合編六卷　（清）許振禕輯　清同治十年（1871）奉新許振禕京師刻本　一册

360000－1901－0000585　713682
寶訓合編六卷　（清）許振禕輯　清同治十年（1871）奉新許振禕京師刻本　一册

360000－1901－0000586　713683
寶訓合編六卷　（清）許振禕輯　清同治十年（1871）奉新許振禕京師刻本　一册

360000－1901－0000587　713684
寶訓合編六卷　（清）許振禕輯　清同治十年（1871）奉新許振禕京師刻本　一册

360000－1901－0000588　713685
寶訓合編六卷　（清）許振禕輯　清同治十年（1871）奉新許振禕京師刻本　一册

360000－1901－0000589　713686
寶訓合編六卷　（清）許振禕輯　清同治十年（1871）奉新許振禕京師刻本　一册

360000－1901－0000590　713687
寶訓合編六卷　（清）許振禕輯　清同治十年（1871）奉新許振禕京師刻本　一册

360000－1901－0000591　413355
寶崖山館二卷　（清）張寶輝撰　清光緒二十一年（1895）上海袖海山房石印本　一册

360000－1901－0000592　122641
寶研堂集四卷　（清）舒化民撰　清同治三年（1864）刻本　四册

360000－1901－0000593　122642
寶研堂集四卷　（清）舒化民撰　清同治三年（1864）刻本　四册

360000－1901－0000594　122643
寶研堂集四卷　（清）舒化民撰　**舒自菴先生崇祀鄉賢録一卷**　（清）□□輯　清同治三年（1864）刻本　四册

360000－1901－0000595　722087
寶研堂遺稿八卷　（清）潛霽東輯　清嘉慶刻本　二册　存三卷（一至二、四）

360000－1901－0000596　220779
寶顔堂訂正四夷考八卷　（明）葉向高撰　明萬曆沈氏尚白齋刻寶顔堂秘笈本　二册

360000－1901－0000597　150691
寶顔堂祕笈　（明）陳繼儒輯　明末刻本　二册　存六種

360000－1901－0000598　716995
寶顔堂祕笈　（明）陳繼儒輯　明萬曆繡水沈氏刻本　七册　存二十三種

360000－1901－0000599　717930
寶顔堂祕笈　（明）陳繼儒輯　明萬曆繡水沈氏刻本　十五册　存二種

360000－1901－0000600　717931
寶顔堂祕笈　（明）陳繼儒輯　明萬曆繡水沈氏刻本　四册　存二種

360000－1901－0000601　720625
寶顔堂祕笈　（明）陳繼儒輯　明萬曆繡水沈氏刻本　二册　存二種

360000－1901－0000602　240574
寶制堂録二卷　（明）劉節撰　清乾隆十四年（1749）劉斯來刻本　二册

360000－1901－0000603　240575
寶制堂録二卷　（明）劉節撰　清乾隆十四年（1749）劉斯來刻本　二册

360000－1901－0000604　705260
抱犢山房集六卷　（清）嵇永仁撰　清雍正刻本　三册

360000－1901－0000605　150217
抱經堂叢書　（清）盧文弨編　清乾隆、嘉慶刻彙印本　四十一册　存十二種

360000－1901－0000606　303408
抱朴子内篇二十卷　（晉）葛洪撰　清嘉慶十八年（1813）金陵道署刻本　四册

360000－1901－0000607　230634
抱朴子内篇二十卷外篇五十卷　（晉）葛洪撰　明嘉靖四十四年（1565）魯藩承訓書院刻本　十六册

360000－1901－0000608　313940
抱朴子内篇二十卷外篇五十卷　(晉)葛洪撰　清嘉慶二十二年(1817)蘭陵孫氏刻平津館叢書本　二冊　存五十卷(外篇五十卷)

360000－1901－0000609　407195
抱朴子内篇二十卷外篇五十卷　(晉)葛洪撰　清嘉慶十八年(1813)蘭陵孫氏刻平津館叢書本　四冊　存四十五卷(抱朴子内篇一至十三、外篇十九至五十)

360000－1901－0000610　407192
抱朴子内篇二十卷外篇五十卷　(晉)葛洪撰　**附篇十卷**　(清)繼昌等撰　清光緒十一年(1885)吳縣朱氏槐廬家塾刻平津館叢書本　七冊　存五十九卷(抱朴子内篇二十卷,外篇一至二十八、四十至五十)

360000－1901－0000611　407193
抱朴子内篇二十卷外篇五十卷　(晉)葛洪撰　**附篇十卷**　(清)繼昌等撰　清光緒十一年(1885)吳縣朱氏槐廬家塾刻平津館叢書本　六冊

360000－1901－0000612　407194
抱朴子内篇二十卷外篇五十卷　(晉)葛洪撰　**附篇十卷**　(清)繼昌等撰　清光緒十一年(1885)吳縣朱氏槐廬家塾刻平津館叢書本　八冊

360000－1901－0000613　407194－1
抱朴子内篇二十卷外篇五十卷　(晉)葛洪撰　**附篇十卷**　(清)繼昌等撰　清光緒十一年(1885)吳縣朱氏槐廬家塾刻平津館叢書本　一冊　存十四卷(外篇三十七至五十)

360000－1901－0000614　421807
抱朴子内篇二十卷外篇五十卷　(晉)葛洪撰　**附篇十卷**　(清)繼昌等撰　清光緒十一年(1885)吳縣朱氏槐廬家塾刻平津館叢書本　一冊　存十一卷(外篇二十九至三十九)

360000－1901－0000615　316637
抱朴子内篇二十卷外篇五十卷　(晉)葛洪撰　**校勘記一卷内篇佚文一卷外篇佚文一卷**　(清)繼昌等輯　**抱朴子養生論一卷神仙金汋經三卷大丹問答一卷别旨一卷**　清嘉慶十八年(1813)繼昌金陵道署刻本　八冊

360000－1901－0000616　163927
抱朴子内篇四卷外篇四卷　(晉)葛洪撰　清光緒元年(1875)湖北崇文書局刻本　二冊　存四卷(外篇四卷)

360000－1901－0000617　303417
抱朴子内篇四卷外篇四卷　(晉)葛洪撰　清光緒元年(1875)湖北崇文書局刻本　四冊

360000－1901－0000618　315945
抱朴子内篇二十卷外篇五十卷　(晉)葛洪撰　清嘉慶十八年(1813)繼昌金陵道署刻本　四冊

360000－1901－0000619　303410
抱潤軒文集十卷　馬其昶撰　清宣統元年(1909)安徽官紙印刷局石印本　一冊

360000－1901－0000620　303411
抱潤軒文集十卷　馬其昶撰　清宣統元年(1909)安徽官紙印刷局石印本　一冊

360000－1901－0000621　303412
抱潤軒文集十卷　馬其昶撰　清宣統元年(1909)安徽官紙印刷局石印本　一冊

360000－1901－0000622　303413
抱潤軒文集十卷　馬其昶撰　清宣統元年(1909)安徽官紙印刷局石印本　一冊

360000－1901－0000623　801920
抱素齋讀本不分卷　(□)□□輯　清抄本　三冊

360000－1901－0000624　801475
抱素齋珍本□□卷　(□)□□輯　清抄本　一冊　存一卷(癸亥)

360000－1901－0000625　405254
抱遺經軒詩鈔二卷　(清)郭儼撰　清光緒七年(1881)刻本　一冊

360000－1901－0000626　120802
抱遺經軒詩鈔二卷四書文稿二卷　(清)郭儼

撰　清光緒四年(1878)抱遺經軒刻本　三冊

360000－1901－0000627　409347
豹隱堂集　(清)趙蓮城撰　清光緒刻本　八冊

360000－1901－0000628　409348
豹隱堂集　(清)趙蓮城撰　清光緒刻本　八冊

360000－1901－0000629　409349
豹隱堂集　(清)趙蓮城撰　清光緒刻本　六冊

360000－1901－0000630　123012
豹隱堂集　(清)趙蓮城撰　清光緒十八年(1892)刻本　五冊

360000－1901－0000631　711177
褒碧齋篋中書四卷　(清)陳鋭輯　清宣統三年(1911)鉛印本　一冊　存二卷(一至二)

360000－1901－0000632　304600
褒碧齋詩五卷　(清)陳鋭撰　清光緒刻本　一冊　存一卷(二)

360000－1901－0000633　410264
報恩論二卷首一卷附一卷經正民興説一卷論餘適濟編一卷　(清)沈善登撰　清光緒二十四年(1898)豫恕堂刻本　四冊

360000－1901－0000634　405632
報國録四卷　(清)陳虬撰　清光緒十九年(1893)刻本　一冊　存二卷(一至二)

360000－1901－0000635　802159
報空寶卷一卷　清抄本　一冊

360000－1901－0000636　902376
報空寶卷一卷　清刻本　一冊

360000－1901－0000637　901577
鮑祠興祭堂田冊不分卷　(清)□□輯　清木活字印本　一冊

360000－1901－0000638　901578
鮑祠興祭堂田冊不分卷　(清)□□輯　清木活字印本　一冊

360000－1901－0000639　122436
鮑公[超]年譜一卷　(清)李叔璠輯　清同治十二年(1873)刻本　一冊

360000－1901－0000640　318387
鮑康日記不分卷(清同治八年至光緒三年)　(清)鮑康撰　稿本　四十八冊

360000－1901－0000641　304254
碑版文廣例十卷　(清)王芑孫撰　清道光二十一年(1841)刻本　六冊

360000－1901－0000642　315605
碑版文廣例十卷　(清)王芑孫撰　清道光二十一年(1841)刻本　四冊

360000－1901－0000643　415128
碑版文廣例十卷　(清)王芑孫撰　清道光二十一年(1841)刻本　二冊　存四卷(七至十)

360000－1901－0000644　164166
碑傳集一百六十卷首二卷末二卷　(清)錢儀吉輯　清光緒十九年(1893)江蘇書局刻本　六十冊

360000－1901－0000645　305068
碑傳集一百六十卷首二卷末二卷　(清)錢儀吉輯　清光緒十九年(1893)江蘇書局刻本　五十七冊　存一百五十七卷(一至一百十九、一百二十七至一百六十,首二卷,末二卷)

360000－1901－0000646　312181
碑傳集一百六十卷首二卷末二卷　(清)錢儀吉輯　清光緒十九年(1893)江蘇書局刻本　六十冊

360000－1901－0000647　412888
碑傳集一百六十卷首二卷末二卷　(清)錢儀吉輯　清光緒十九年(1893)江蘇書局刻本　一冊　存四卷(一百五十三至一百五十六)

360000－1901－0000648　803872
北窗詩草不分卷　(清)□□撰　清抄本　一冊

360000－1901－0000649　162255
北東園筆錄初編六卷續編六卷三編六卷四編

六卷　(清)梁恭辰撰　清同治五年(1866)刻本　八冊

360000－1901－0000650　411145
北東園筆錄初編六卷續編六卷三編六卷四編六卷　(清)梁恭辰撰　清同治五年(1866)刻本　三冊　存九卷(北東園筆錄初編四至六、續編四至六、三編一至三)

360000－1901－0000651　300925
北海道拓殖概觀六章　(日本)北海道廳編　楊成能　謝蔭昌譯　清宣統二年(1910)奉天圖書印刷所鉛印本　一冊

360000－1901－0000652　409546
北行草二卷　(清)鄧珏撰　清道光二十九年(1849)刻本　一冊

360000－1901－0000653　300922
北行日記一卷(清道光十五年)　(清)楊廷桂撰　清同治六年(1867)廣州芸香堂刻本　一冊

360000－1901－0000654　110716
北湖小志六卷首一卷　(清)焦循纂　清嘉慶十三年(1808)揚州阮氏刻本　二冊

360000－1901－0000655　240394
北磵文集十卷　(宋)釋居簡撰　清抄本　三冊

360000－1901－0000656　150164
北江全集　(清)洪亮吉撰　清乾隆、嘉慶刻彙印本　四十八冊　存七種

360000－1901－0000657　421834
北江詩話六卷　(清)洪亮吉撰　清光緒三十四年(1908)上海掃葉山房石印本　一冊　存三卷(一至三)

360000－1901－0000658　414896
北江詩話六卷　(清)洪亮吉撰　清宣統元年(1909)掃葉山房石印本　二冊

360000－1901－0000659　164277
北齊書五十卷　(唐)李百藥撰　明崇禎十一年(1638)毛氏汲古閣刻十七史本　三冊　存四十二卷(九至五十)

360000－1901－0000660　704263
北齊書五十卷　(唐)李百藥撰　明萬曆十六年至十七年(1588－1589)南京國子監刻清順治、康熙遞修二十一史本　五冊　存二十七卷(九至二十、三十五至四十九)

360000－1901－0000661　708880
北齊書五十卷　(唐)李百藥撰　明萬曆十六年至十七年(1588－1589)南京國子監刻清順治、康熙遞修二十一史本　一冊　存八卷(二十七至三十四)

360000－1901－0000662　722285
北齊書五十卷　(唐)李百藥撰　明萬曆十六年至十七年(1588－1589)南京國子監刻清順治、康熙遞修二十一史本　一冊　存六卷(二十一至二十六)

360000－1901－0000663　310673
北齊書五十卷　(唐)李百藥撰　清光緒十年(1884)上海同文書局影印二十四史本　六冊　存三十九卷(一至三十九)

360000－1901－0000664　300927
北齊書五十卷　(唐)李百藥撰　清刻本　六冊

360000－1901－0000665　300929
北齊書五十卷　(唐)李百藥撰　清同治十三年(1874)金陵書局刻二十四史本　四冊

360000－1901－0000666　308402
北齊書五十卷　(唐)李百藥撰　清同治十三年(1874)金陵書局刻二十四史本　四冊

360000－1901－0000667　309168
北齊書五十卷　(唐)李百藥撰　清同治十三年(1874)金陵書局刻二十四史本　四冊

360000－1901－0000668　310823
北齊書五十卷　(唐)李百藥撰　清同治十三年(1874)金陵書局刻二十四史本　四冊

360000－1901－0000669　309078
北齊書五十卷附考證　(唐)李百藥撰　清光

緒十四年(1888)上海圖書集成印書局鉛印二十四史本　六冊

360000－1901－0000670　405136
北山漫稿一卷　(明)晏才撰　清刻本　一冊

360000－1901－0000671　304982
北史一百卷　(唐)李延壽撰　清古吳書業趙氏刻本　二十三冊　存九十四卷(一至八十三、九十至一百)

360000－1901－0000672　312635
北史一百卷　(唐)李延壽撰　清光緒六年(1880)四川尊經書局刻本　二十四冊

360000－1901－0000673　300931
北史一百卷　(唐)李延壽撰　清光緒十年(1884)上海同文書局影印二十四史本　二十二冊　存九十三卷(一至五十三、五十七至九十一、九十六至一百)

360000－1901－0000674　306064
北史一百卷　(唐)李延壽撰　清同治十一年(1872)金陵書局刻二十四史本　二十三冊　存九十六卷(一至四十八、五十三至一百)

360000－1901－0000675　306065
北史一百卷　(唐)李延壽撰　清同治十一年(1872)金陵書局刻二十四史本　五冊　存二十五卷(九至十二、七十二至九十二)

360000－1901－0000676　308340
北史一百卷　(唐)李延壽撰　清同治十一年(1872)金陵書局刻二十四史本　十五冊　存九十六卷(一至八、十三至一百)

360000－1901－0000677　603212
北史一百卷　(唐)李延壽撰　清同治十一年(1872)金陵書局刻二十四史本　六冊　存二十七卷(四十一至五十九、九十三至一百)

360000－1901－0000678　400122
北史一百卷附考證　(唐)李延壽撰　清乾隆武英殿刻二十四史本　十六冊　存七十二卷(二十九至一百)

360000－1901－0000679　250005
北堂書鈔一百六十卷　(唐)虞世南輯　(明)陳禹謨補注　明萬曆二十八年(1600)陳禹謨刻本　十六冊　缺二卷(一百五十九至一百六十)

360000－1901－0000680　300932
北堂書鈔一百六十卷首一卷　(唐)虞世南撰　(清)孔廣陶校注　清光緒十四年(1888)南海孔氏三十有三萬卷堂刻本　二十冊

360000－1901－0000681　313621
北堂書鈔一百六十卷首一卷　(唐)虞世南撰　(清)孔廣陶校注　清光緒十四年(1888)南海孔氏三十有三萬卷堂刻本　二十冊

360000－1901－0000682　314116
北堂書鈔一百六十卷首一卷　(唐)虞世南撰　(清)孔廣陶校注　清光緒十四年(1888)南海孔氏三十有三萬卷堂刻本　二十冊

360000－1901－0000683　150398
北溪先生全集　(宋)陳淳撰　清光緒七年(1881)薌江鄭圭海種香別業刻本　八冊　存八種

360000－1901－0000684　306569
北溪先生全集　(宋)陳淳撰　清光緒七年(1881)薌江鄭圭海種香別業刻本　六冊　存五種

360000－1901－0000685　711084
北溪先生全集　(宋)陳淳撰　清光緒七年(1881)薌江鄭圭海種香別業刻本　三冊　存三種

360000－1901－0000686　405457
北溪先生書問四卷　(宋)陳淳撰　清光緒刻本　一冊

360000－1901－0000687　405804
北溪先生四書字義二卷　(宋)陳淳撰　清刻本　一冊

360000－1901－0000688　405805
北溪先生四書字義二卷　(宋)陳淳撰　清刻本　一冊

360000－1901－0000689　405805－1
北溪先生四書字義二卷　(宋)陳淳撰　清刻本　一册

360000－1901－0000690　120385
北埜閒抄四卷　(清)婁謙撰　清道光十年(1830)刻本　四册

360000－1901－0000691　120386
北埜閒抄四卷　(清)婁謙撰　清道光十年(1830)刻本　四册

360000－1901－0000692　601210
北埜閒抄四卷　(清)婁謙撰　清刻本　三册　存三卷(二至四)

360000－1901－0000693　120384
北埜閒抄四卷成臯雜著一卷玫瑰山房小草一卷　(清)婁謙撰　清道光十年(1830)刻本　五册

360000－1901－0000694　300924
北嶽山房文集十四卷首一卷詩集四卷　(清)閻鎮珩撰　清光緒三十一年(1905)刻本　六册

360000－1901－0000695　120383
北征詩集一卷北征錄三卷　(明)金幼孜撰　清光緒七年(1881)木活字印本　二册

360000－1901－0000696　165155
北征事蹟一卷　(明)袁彬撰　(明)尹直錄　清抄本　一册

360000－1901－0000697　122892
備遺錄一卷　(明)張芹撰　**詔獄慘言一卷**　(明)燕客撰　清同治七年(1868)新淦楊氏刻本　一册

360000－1901－0000698　801434
本草備要八卷　(清)汪昂撰　清抄本　一册

360000－1901－0000699　902245
本草備要八卷　(清)汪昂撰　清光緒十年(1884)學庫山房刻本　一册　存二卷(一至二)

360000－1901－0000700　902246
本草備要八卷　(清)汪昂撰　清刻本　二册　存七卷(二至八)

360000－1901－0000701　420882
本草備要八卷　(清)汪昂撰　清末鉛印本　二册

360000－1901－0000702　420890
本草備要八卷　(清)汪昂撰　清末鉛印本　二册

360000－1901－0000703　902224
本草備要八卷　(清)汪昂撰　清末鉛印本　一册　存一卷(一)

360000－1901－0000704　902225
本草備要八卷　(清)汪昂撰　清末鉛印本　一册　存一卷(一)

360000－1901－0000705　902226
本草備要八卷　(清)汪昂撰　清末鉛印本　一册　存一卷(一)

360000－1901－0000706　902228
本草備要八卷　(清)汪昂撰　清末石印本　一册　存一卷(一)

360000－1901－0000707　902229
本草備要八卷　(清)汪昂撰　清末石印本　一册　存一卷(一)

360000－1901－0000708　902230
本草備要八卷　(清)汪昂撰　清末石印本　二册　存五卷(一、五至八)

360000－1901－0000709　902231
本草備要八卷　(清)汪昂撰　清末石印本　二册　存六卷(一、四至八)

360000－1901－0000710　902231－1
本草備要八卷　(清)汪昂撰　清末石印本　一册　存一卷(一)

360000－1901－0000711　902232－1
本草備要八卷　(清)汪昂撰　清末石印本　一册　存一卷(一)

360000－1901－0000712　420908

本草備要八卷 (清)汪昂撰 清咸豐四年(1854)刻本 四册

360000－1901－0000713 420909
本草備要八卷湯頭歌訣一卷 (清)汪昂撰 清光緒十八年(1892)崇德堂刻本 四册

360000－1901－0000714 805116
本草備要四卷 (清)汪昂撰 清刻本 一册 存一卷(一)

360000－1901－0000715 902245－1
本草備要四卷 (清)汪昂撰 清刻本 一册 存一卷(二)

360000－1901－0000716 902246－1
本草備要四卷 (清)汪昂撰 清刻本 一册 存一卷(三)

360000－1901－0000717 902247
本草備要四卷 (清)汪昂撰 清刻本 二册 存三卷(一至三)

360000－1901－0000718 902248
本草備要四卷 (清)汪昂撰 清刻本 二册 存三卷(一至三)

360000－1901－0000719 902248－1
本草備要四卷 (清)汪昂撰 清刻本 一册 存一卷(二)

360000－1901－0000720 902248－2
本草備要四卷 (清)汪昂撰 清刻本 一册 存二卷(二至三)

360000－1901－0000721 902248－3
本草備要四卷 (清)汪昂撰 清刻本 一册 存三卷(二至四)

360000－1901－0000722 902248－4
本草備要四卷 (清)汪昂撰 清刻本 一册 存一卷(二)

360000－1901－0000723 902248－5
本草備要四卷 (清)汪昂撰 清刻本 一册 存一卷(一)

360000－1901－0000724 603597
本草備要四卷附經絡歌訣一卷醫方湯頭歌括一卷 (清)汪昂撰 清嘉慶五年(1800)書業堂刻本 一册 存三卷(四、經絡歌訣一卷、醫方湯頭歌括一卷)

360000－1901－0000725 603171
本草備要四卷附經絡歌訣一卷醫方湯頭歌括一卷 (清)汪昂撰 清刻本 一册 存三卷(四、經絡歌訣一卷、醫方湯頭歌括一卷)

360000－1901－0000726 603700
本草備要四卷附經絡歌訣一卷醫方湯頭歌括一卷 (清)汪昂撰 清刻本 一册 存三卷(四、經絡歌訣一卷、醫方湯頭歌括一卷)

360000－1901－0000727 420861
本草崇原三卷 (清)張志聰撰 (清)高世栻訂 清乾隆三十二年(1767)賓笏樓刻醫林指月本 二册

360000－1901－0000728 420861－1
本草崇原三卷 (清)張志聰撰 (清)高世栻訂 清乾隆三十二年(1767)賓笏樓刻醫林指月本 一册 存一卷(中)

360000－1901－0000729 162362
本草從新六卷 (清)吴儀洛輯 清大文堂刻本 八册

360000－1901－0000730 162363
本草從新六卷 (清)吴儀洛輯 清大文堂刻本 二册

360000－1901－0000731 164728
本草從新六卷 (清)吴儀洛輯 清經綸堂刻本 四册

360000－1901－0000732 164729
本草從新六卷 (清)吴儀洛輯 清經綸堂刻本 四册

360000－1901－0000733 420863
本草從新六卷 (清)吴儀洛輯 清刻本 五册 存五卷(一至四、六)

360000－1901－0000734 420864
本草從新六卷 (清)吴儀洛輯 清刻本 四

冊

360000－1901－0000735　800204
本草從新六卷　(清)吳儀洛輯　清刻本　一冊　存二卷(三至四)

360000－1901－0000736　800205
本草從新六卷　(清)吳儀洛輯　清刻本　一冊　存三卷(四至六)

360000－1901－0000737　803067
本草從新六卷　(清)吳儀洛輯　清刻本　一冊　存一卷(一)

360000－1901－0000738　803067－1
本草從新六卷　(清)吳儀洛輯　清刻本　一冊　存三卷(一至三)

360000－1901－0000739　902235－1
本草從新六卷　(清)吳儀洛輯　清刻本　一冊　存二卷(二至三)

360000－1901－0000740　421038
本草從新六卷　(清)吳儀洛輯　清刻本(卷一配清三益堂刻本)　四冊

360000－1901－0000741　800206
本草從新六卷　(清)吳儀洛輯　清兩儀堂刻本　一冊　存四卷(一至二、五至六)

360000－1901－0000742　164730
本草從新六卷　(清)吳儀洛輯　清三益堂刻本　四冊

360000－1901－0000743　721275
本草從新十八卷　(清)吳儀洛輯　清道光二十六年(1846)瓶花書屋刻本　二冊　存十卷(一至三、十二至十八)

360000－1901－0000744　421039
本草從新十八卷　(清)吳儀洛輯　清光緒二十二年(1896)上海圖書集成印書局鉛印本　四冊

360000－1901－0000745　721836
本草從新十八卷　(清)吳儀洛輯　清光緒二十二年(1896)上海圖書集成印書局鉛印本　一冊　存三卷(一至三)

360000－1901－0000746　803706
本草從新十八卷　(清)吳儀洛輯　清光緒二十二年(1896)上海圖書集成印書局鉛印本　二冊　存八卷(一至三、十四至十八)

360000－1901－0000747　420862
本草從新十八卷　(清)吳儀洛輯　清光緒二十一年(1895)上海書局石印本　二冊　存八卷(一至三、十四至十八)

360000－1901－0000748　420862－1
本草從新十八卷　(清)吳儀洛輯　清光緒二十一年(1895)上海書局石印本　一冊　存三卷(一至三)

360000－1901－0000749　721271
本草從新十八卷　(清)吳儀洛輯　清光緒六年(1880)掃葉山房刻本　四冊　存十卷(一至七、九至十一)

360000－1901－0000750　162243
本草從新十八卷　(清)吳儀洛輯　清光緒七年(1881)刻本　三冊

360000－1901－0000751　721026
本草從新十八卷　(清)吳儀洛輯　清光緒三十四年(1908)刻本　五冊　存十五卷(一至十五)

360000－1901－0000752　162242
本草從新十八卷　(清)吳儀洛輯　清光緒十二年(1886)江左書林刻本　一冊

360000－1901－0000753　721272
本草從新十八卷　(清)吳儀洛輯　清刻本　四冊　存十一卷(一至十一)

360000－1901－0000754　721273－1
本草從新十八卷　(清)吳儀洛輯　清刻本　一冊　存九卷(十至十八)

360000－1901－0000755　721274－1
本草從新十八卷　(清)吳儀洛輯　清刻本　一冊　存五卷(十四至十八)

360000－1901－0000756　805125
本草從新十八卷　(清)吳儀洛輯　清末石印

本　一册　存五卷(四至八)

360000－1901－0000757　900688
本草從新十八卷　(清)吳儀洛輯　清末石印本　一册　存六卷(四至九)

360000－1901－0000758　721273
本草從新十八卷　(清)吳儀洛輯　清同治九年(1870)瓶花書屋刻本　三册　存九卷(一至九)

360000－1901－0000759　721274
本草從新十八卷　(清)吳儀洛輯　清同治九年(1870)瓶花書屋刻本　五册　存十五卷(一至十五)

360000－1901－0000760　420842
本草分經二卷　(清)姚瀾輯　清光緒十五年(1889)江西帶子巷養頤堂刻本　二册

360000－1901－0000761　420843
本草分經二卷　(清)姚瀾輯　清光緒十五年(1889)江西省戊子牌天禄閣刻本　一册　存一卷(上)

360000－1901－0000762　164733
本草分經二卷　(清)姚瀾輯　清光緒十五年(1889)江西戊子牌天禄閣刻本　二册

360000－1901－0000763　164734
本草分經二卷　(清)姚瀾輯　清光緒十五年(1889)江西戊子牌天禄閣刻本　一册　存一卷(上)

360000－1901－0000764　420843－1
本草分經二卷　(清)姚瀾輯　清光緒十五年(1889)江西戊子牌天禄閣刻本　一册　存一卷(上)

360000－1901－0000765　420843－2
本草分經二卷　(清)姚瀾輯　清光緒十五年(1889)江西戊子牌天禄閣刻本　一册　存一卷(上)

360000－1901－0000766　801857
本草綱目拾遺鈔一卷　(清)□□輯　清抄本　一册

360000－1901－0000767　421009
本草綱目拾遺十卷　(清)趙學敏輯　清末石印本　三册

360000－1901－0000768　164742
本草綱目拾遺十卷　(清)趙學敏輯　清同治十年(1871)吉心堂刻本　十册

360000－1901－0000769　801852
本草綱目釋名不分卷　(□)□□撰　清抄本　一册

360000－1901－0000770　123600
本草綱目萬方類編三十二卷　(清)曹繩彦輯　清嘉慶五年(1800)睦華堂刻本　八册

360000－1901－0000771　801217
本草綱目萬方類編三十二卷　(清)曹繩彦輯　清嘉慶五年(1800)睦華堂刻本　二册　存三卷(八、十三至十四)

360000－1901－0000772　804488
本草綱目萬方類編三十二卷　(清)曹繩彦輯　清嘉慶五年(1800)睦華堂刻本　一册　存二卷(九至十)

360000－1901－0000773　720993
本草綱目五十二卷　(明)李時珍撰　清本立堂刻本　三册　存三卷(十四、四十七至四十八)

360000－1901－0000774　901822
本草綱目五十二卷　(明)李時珍撰　清初刻本　三册　存五卷(十八至十九、二十六至二十八)

360000－1901－0000775　164737
本草綱目五十二卷　(明)李時珍撰　**本草萬方鍼線八卷**　(清)蔡烈先輯　清芥子園、同文堂刻本　三十八册　存五十一卷(一至三上、七、九至十三、十五、十七至十八、二十至二十六、二十八至三十、三十三至五十上、五十一至五十二,本草萬方鍼線一至三、六至八)

360000－1901－0000776　420997－1

本草綱目五十二卷　（明）李時珍撰　清芥子園刻本　三冊　存六卷（三十四至三十九）

360000－1901－0000777　720429－1
本草綱目五十二卷　（明）李時珍撰　清芥子園刻本　一冊　存三卷（二十至二十二）

360000－1901－0000778　720999－1
本草綱目五十二卷　（明）李時珍撰　清芥子園刻本　二冊　存六卷（三十七至四十二）

360000－1901－0000779　721002
本草綱目五十二卷　（明）李時珍撰　清芥子園刻本　二冊　存三卷（八、十至十一）

360000－1901－0000780　721003
本草綱目五十二卷　（明）李時珍撰　清芥子園刻本　三冊　存四卷（三至五、十五）

360000－1901－0000781　721004
本草綱目五十二卷　（明）李時珍撰　清芥子園刻本　二冊　存三卷（一、三至四）

360000－1901－0000782　721847
本草綱目五十二卷　（明）李時珍撰　清芥子園刻本　三冊　存五卷（十三至十四、三十一至三十三）

360000－1901－0000783　721847－1
本草綱目五十二卷　（明）李時珍撰　清芥子園刻本　五冊　存九卷（十六至二十二、二十九至三十）

360000－1901－0000784　722330
本草綱目五十二卷　（明）李時珍撰　清芥子園刻本　九冊　存十五卷（十一至二十五）

360000－1901－0000785　800003
本草綱目五十二卷　（明）李時珍撰　清芥子園刻本　十三冊　存二十一卷（一至三、十三、十五至十八、二十六至二十七、三十一至三十七、三十九至四十、四十八至四十九）

360000－1901－0000786　800006
本草綱目五十二卷　（明）李時珍撰　清芥子園刻本　一冊　存二卷（三十四至三十五）

360000－1901－0000787　804112
本草綱目五十二卷　（明）李時珍撰　清芥子園刻本　一冊　存一卷（十四）

360000－1901－0000788　804224
本草綱目五十二卷　（明）李時珍撰　清芥子園刻本　一冊　存一卷（二十六）

360000－1901－0000789　804264－1
本草綱目五十二卷　（明）李時珍撰　清芥子園刻本　五冊　存八卷（六至十、十六、三十九、五十）

360000－1901－0000790　804265
本草綱目五十二卷　（明）李時珍撰　清芥子園刻本　三冊　存五卷（四至七、十七）

360000－1901－0000791　804477
本草綱目五十二卷　（明）李時珍撰　清芥子園刻本　三冊　存四卷（八、十至十一、十四）

360000－1901－0000792　804478
本草綱目五十二卷　（明）李時珍撰　清芥子園刻本　一冊　存一卷（八）

360000－1901－0000793　804481
本草綱目五十二卷　（明）李時珍撰　清芥子園刻本　二冊　存三卷（十一、十七至十八）

360000－1901－0000794　804482
本草綱目五十二卷　（明）李時珍撰　清芥子園刻本　二冊　存一卷（十七）

360000－1901－0000795　804484
本草綱目五十二卷　（明）李時珍撰　清芥子園刻本　一冊　存三卷（五至七）

360000－1901－0000796　804485
本草綱目五十二卷　（明）李時珍撰　清芥子園刻本　一冊　存一卷（十七）

360000－1901－0000797　804486
本草綱目五十二卷　（明）李時珍撰　清芥子園刻本　二冊　存二卷（三、十七）

360000－1901－0000798　804493
本草綱目五十二卷　（明）李時珍撰　清芥子園刻本　一冊　存一卷（十七）

360000－1901－0000799　804494
本草綱目五十二卷　(明)李時珍撰　清芥子園刻本　一册　存一卷(十三)

360000－1901－0000800　804517
本草綱目五十二卷　(明)李時珍撰　清芥子園刻本　一册　存一卷(一)

360000－1901－0000801　900361
本草綱目五十二卷　(明)李時珍撰　清芥子園刻本　十一册　存二十一卷(一、三至四、六至十一、十八、二十七至三十二、三十四至三十五、四十三至四十五)

360000－1901－0000802　900362
本草綱目五十二卷　(明)李時珍撰　清芥子園刻本　七册　存十二卷(一、十六、十八至二十二、三十至三十一、三十七至三十八、五十)

360000－1901－0000803　900362－1
本草綱目五十二卷　(明)李時珍撰　清芥子園刻本　二册　存六卷(十九至二十四)

360000－1901－0000804　900362－2
本草綱目五十二卷　(明)李時珍撰　清芥子園刻本　二册　存二卷(十四至十五)

360000－1901－0000805　900362－3
本草綱目五十二卷　(明)李時珍撰　清芥子園刻本　二册　存四卷(四十七至五十)

360000－1901－0000806　900362－4
本草綱目五十二卷　(明)李時珍撰　清芥子園刻本　三册　存六卷(三至四、十八至二十、三十五)

360000－1901－0000807　900362－5
本草綱目五十二卷　(明)李時珍撰　清芥子園刻本　七册　存十五卷(一、十四、十九至二十二、二十四至二十七、二十九至三十二、五十)

360000－1901－0000808　900365
本草綱目五十二卷　(明)李時珍撰　清芥子園刻本　三册　存四卷(四、十至十一、三十六)

360000－1901－0000809　900366
本草綱目五十二卷　(明)李時珍撰　清芥子園刻本　四册　存五卷(一、十八至二十一)

360000－1901－0000810　900369
本草綱目五十二卷　(明)李時珍撰　清芥子園刻本　四册　存九卷(六至八、十六、二十九至三十、四十五至四十七)

360000－1901－0000811　900370
本草綱目五十二卷　(明)李時珍撰　清芥子園刻本　八册　存十卷(四、八、十三、十八至二十一、四十五至四十六、五十一)

360000－1901－0000812　420989
本草綱目五十二卷　(明)李時珍撰　清刻本　三十册　存四十六卷(五至十二、十四、十六至五十二)

360000－1901－0000813　420991
本草綱目五十二卷　(明)李時珍撰　清刻本　十册　存十六卷(十至十一、十三至十四、十七、三十六至四十二、四十八至四十九、五十一至五十二)

360000－1901－0000814　420996－1
本草綱目五十二卷　(明)李時珍撰　清刻本　一册　存二卷(十至十一)

360000－1901－0000815　720429－2
本草綱目五十二卷　(明)李時珍撰　清刻本　一册　存二卷(二十四至二十五)

360000－1901－0000816　720983
本草綱目五十二卷　(明)李時珍撰　清刻本　九册　存二十四卷(十六至十七、十九至二十三、二十六至三十四、三十六至四十一、四十四至四十五)

360000－1901－0000817　720985
本草綱目五十二卷　(明)李時珍撰　清刻本　五册　存九卷(十八至二十一、三十四至三十五、四十五至四十七)

360000－1901－0000818　720986

本草綱目五十二卷　(明)李時珍撰　清刻本　五冊　存四卷(十六至十七、五十至五十一)

360000－1901－0000819　720987
本草綱目五十二卷　(明)李時珍撰　清刻本　三冊　存五卷(四十四至四十八)

360000－1901－0000820　720988
本草綱目五十二卷　(明)李時珍撰　清刻本　二冊　存二卷(八、十五)

360000－1901－0000821　720989
本草綱目五十二卷　(明)李時珍撰　清刻本　二冊　存一卷(四)

360000－1901－0000822　720990
本草綱目五十二卷　(明)李時珍撰　清刻本　四冊　存七卷(十八、二十四至二十七、四十八至四十九)

360000－1901－0000823　720994
本草綱目五十二卷　(明)李時珍撰　清刻本　五冊　存八卷(七至八、十二至十三、三十五、四十七至四十八、五十一)

360000－1901－0000824　720995
本草綱目五十二卷　(明)李時珍撰　清刻本　五冊　存七卷(九至十三、十六、二十六)

360000－1901－0000825　720999
本草綱目五十二卷　(明)李時珍撰　清刻本　二十九冊　存四十八卷(四至五十一)

360000－1901－0000826　720999－2
本草綱目五十二卷　(明)李時珍撰　清刻本　一冊　存二卷(五十一至五十二)

360000－1901－0000827　721000
本草綱目五十二卷　(明)李時珍撰　清刻本　十七冊　存三十四卷(一至八、十至十一、十六至二十六、二十九至三十三、四十一至四十三、四十八至五十二)

360000－1901－0000828　721847－2
本草綱目五十二卷　(明)李時珍撰　清刻本　三冊　存四卷(二十六至二十七、三十四、三十六)

360000－1901－0000829　722027
本草綱目五十二卷　(明)李時珍撰　清刻本　四冊　存十五卷(十八至二十一、三十五至四十二、五十至五十二)

360000－1901－0000830　722112
本草綱目五十二卷　(明)李時珍撰　清刻本　十七冊　存二十七卷(三、七至八、十二、十四至十六、十八至二十一、二十六至三十五、四十三至四十八)

360000－1901－0000831　722113
本草綱目五十二卷　(明)李時珍撰　清刻本　十冊　存十四卷(一、四至八、十一至十三、二十九至三十一、三十七至三十八)

360000－1901－0000832　722114
本草綱目五十二卷　(明)李時珍撰　清刻本　二冊　存二卷(七、十二)

360000－1901－0000833　722129
本草綱目五十二卷　(明)李時珍撰　清刻本　一冊　存二卷(二十二至二十三)

360000－1901－0000834　722130
本草綱目五十二卷　(明)李時珍撰　清刻本　二冊　存四卷(十六、三十一至三十三)

360000－1901－0000835　722131
本草綱目五十二卷　(明)李時珍撰　清刻本　七冊　存十二卷(二十四至二十七、三十四、四十三至四十九)

360000－1901－0000836　722131－1
本草綱目五十二卷　(明)李時珍撰　清刻本　一冊　存二卷(四十九至五十)

360000－1901－0000837　722132
本草綱目五十二卷　(明)李時珍撰　清刻本　二冊　存三卷(九、二十四至二十五)

360000－1901－0000838　800004
本草綱目五十二卷　(明)李時珍撰　清刻本　九冊　存十七卷(八至十、二十七至二十八、三十一至三十七、四十至四十二、四十八

至四十九）

360000－1901－0000839　800007
本草綱目五十二卷　（明）李時珍撰　清刻本　一冊　存三卷（三十七至三十九）

360000－1901－0000840　804113
本草綱目五十二卷　（明）李時珍撰　清刻本　四冊　存六卷（十至十一、十四、十八、二十八至二十九）

360000－1901－0000841　804261
本草綱目五十二卷　（明）李時珍撰　清刻本　四冊　存八卷（一、四十一至四十二、四十七至五十一）

360000－1901－0000842　804261－1
本草綱目五十二卷　（明）李時珍撰　清刻本　一冊　存一卷（五十）

360000－1901－0000843　804263
本草綱目五十二卷　（明）李時珍撰　清刻本　二冊　存二卷（八、十七）

360000－1901－0000844　804472
本草綱目五十二卷　（明）李時珍撰　清刻本　二冊　存三卷（十至十一、十七）

360000－1901－0000845　804473
本草綱目五十二卷　（明）李時珍撰　清刻本　二冊　存三卷（十七、五十一至五十二）

360000－1901－0000846　804474
本草綱目五十二卷　（明）李時珍撰　清刻本　五冊　存七卷（五至八、十四、十八、三十六）

360000－1901－0000847　804475
本草綱目五十二卷　（明）李時珍撰　清刻本　二冊　存一卷（十四）

360000－1901－0000848　804476
本草綱目五十二卷　（明）李時珍撰　清刻本　一冊　存三卷（四至六）

360000－1901－0000849　804483
本草綱目五十二卷　（明）李時珍撰　清刻本　一冊　存二卷（二至三）

360000－1901－0000850　804492
本草綱目五十二卷　（明）李時珍撰　清刻本　二冊　存二卷（十二至十三）

360000－1901－0000851　804516
本草綱目五十二卷　（明）李時珍撰　清刻本　一冊　存二卷（四十八至四十九）

360000－1901－0000852　900362－9
本草綱目五十二卷　（明）李時珍撰　清刻本　二冊　存二卷（三十四、三十六）

360000－1901－0000853　900363
本草綱目五十二卷　（明）李時珍撰　清刻本　十五冊　存二十五卷（一至二、四至五、十、十二、十四、十六至十七、二十五至二十八、三十六至三十八、四十、四十五至五十二）

360000－1901－0000854　900364
本草綱目五十二卷　（明）李時珍撰　清刻本　七冊　存九卷（四、十二、十七至十八、二十四至二十七、三十六）

360000－1901－0000855　900364－1
本草綱目五十二卷　（明）李時珍撰　清刻本　二冊　存二卷（四、十七）

360000－1901－0000856　900367
本草綱目五十二卷　（明）李時珍撰　清刻本　五冊　存八卷（十三、十六至十七、二十二至二十六）

360000－1901－0000857　900368
本草綱目五十二卷　（明）李時珍撰　清刻本　七冊　存十三卷（五至八、十八、三十七至三十九、四十二至四十三、四十六至四十七、五十一）

360000－1901－0000858　901816
本草綱目五十二卷　（明）李時珍撰　清刻本　五冊　存七卷（十五至十六、十八、二十七、三十二至三十三、三十七）

360000－1901－0000859　901817
本草綱目五十二卷　（明）李時珍撰　清刻本　一冊　存一卷（十八）

360000－1901－0000860　901819

本草綱目五十二卷　(明)李時珍撰　清刻本　一册　存一卷(八)

360000－1901－0000861　901820

本草綱目五十二卷　(明)李時珍撰　清刻本　三册　存四卷(二十六至二十八、三十五)

360000－1901－0000862　901821

本草綱目五十二卷　(明)李時珍撰　清刻本　三册　存三卷(十五、十八、三十五)

360000－1901－0000863　805114

本草綱目五十二卷　(明)李時珍撰　清末鉛印本　一册　存一卷(一)

360000－1901－0000864　804260

本草綱目五十二卷　(明)李時珍撰　清末石印本　二册　存八卷(十六至十八、二十六至三十)

360000－1901－0000865　800005

本草綱目五十二卷　(明)李時珍撰　清同人堂刻本　二册　存三卷(三十九至四十、五十)

360000－1901－0000866　804114

本草綱目五十二卷　(明)李時珍撰　清同人堂刻本　六册　存九卷(十四、十七、二十四至二十五、三十六、三十九至四十、四十六至四十七)

360000－1901－0000867　804262

本草綱目五十二卷　(明)李時珍撰　清同人堂刻本　一册　存二卷(十至十一)

360000－1901－0000868　900362－6

本草綱目五十二卷　(明)李時珍撰　清同人堂刻本　三册　存四卷(十一、十八、五十一至五十二)

360000－1901－0000869　900362－7

本草綱目五十二卷　(明)李時珍撰　清同人堂刻本　三册　存四卷(三、十二、二十九至三十)

360000－1901－0000870　900362－8

本草綱目五十二卷　(明)李時珍撰　清同人堂刻本　一册　存一卷(二十五)

360000－1901－0000871　718934

本草綱目五十二卷附圖二卷　(明)李時珍撰　明刻本　三册　存四卷(七至八、十一至十二)

360000－1901－0000872　115087

[光緒]吉林通志一百二十二卷圖一卷　(清)長順　(清)訥欽修　(清)李桂林　(清)顧雲纂　清光緒十七年(1891)刻本　四十八册

360000－1901－0000873　420987

本草綱目五十二卷附圖二卷　(明)李時珍撰　清順治刻本　三十六册　存五十卷(一至三、五至四十七、四十九至五十二)

360000－1901－0000874　420985

本草綱目五十二卷附圖二卷　(明)李時珍撰　清順治十五年(1658)刻本　三十四册

360000－1901－0000875　420988

本草綱目五十二卷附圖三卷　(明)李時珍撰　清道光六年(1826)刻本　三十八册　存五十三卷(本草綱目五十二卷、圖上)

360000－1901－0000876　420999

本草綱目五十二卷附圖三卷　(明)李時珍撰　清芥子園刻本　二十九册　存五十二卷(一至十、十二至三十、三十二至四十六、四十八至五十二,圖三卷)

360000－1901－0000877　721001

本草綱目五十二卷附圖三卷　(明)李時珍撰　清芥子園刻本　十三册　存十三卷(一至三、九至十四、十六至十八,圖下)

360000－1901－0000878　803116

本草綱目五十二卷附圖三卷　(明)李時珍撰　清芥子園刻本　一册　存一卷(圖上)

360000－1901－0000879　804264

本草綱目五十二卷附圖三卷　(明)李時珍撰　清芥子園刻本　十六册　存二十六卷(五至七、九、十一、十六至二十三、三十至三十

一、三十八至四十、四十二至四十四、五十至五十二，圖中、下）

360000－1901－0000880　804479

本草綱目五十二卷附圖三卷　（明）李時珍撰　清芥子園刻本　一冊　存一卷（圖中）

360000－1901－0000881　804480

本草綱目五十二卷附圖三卷　（明）李時珍撰　清芥子園刻本　一冊　存三卷（圖三卷）

360000－1901－0000882　420984

本草綱目五十二卷附圖三卷　（明）李時珍撰　清刻本　四十二冊

360000－1901－0000883　420990

本草綱目五十二卷附圖三卷　（明）李時珍撰　清刻本　十二冊　存十六卷（二至四、七至八、四十四至五十二，圖中、下）

360000－1901－0000884　720982

本草綱目五十二卷附圖三卷　（明）李時珍撰　清刻本　二十九冊　存四十一卷（一至八、十至十三、十五至二十五、二十七至四十三，圖上）

360000－1901－0000885　720984

本草綱目五十二卷附圖三卷　（明）李時珍撰　清刻本　四冊　存七卷（一至四、圖三卷）

360000－1901－0000886　721005

本草綱目五十二卷附圖三卷　（明）李時珍撰　清刻本　四冊　存四卷（三、九，圖上、中）

360000－1901－0000887　722054

本草綱目五十二卷附圖三卷　（明）李時珍撰　清刻本　十二冊　存十九卷（一、三至四、十至十一、十三至十五、十七、二十七至二十八、三十八至四十二、五十一至五十二，圖下）

360000－1901－0000888　230238

本草綱目五十二卷附圖三卷　（明）李時珍撰　清乾隆四十九年（1784）書業堂刻本　四十四冊　缺三卷（九、五十二，圖下）

360000－1901－0000889　420983

本草綱目五十二卷附圖三卷　（明）李時珍撰　清順治十五年（1658）本立堂刻本　三十一冊　存四十六卷（三至三十六、四十三至五十一，圖三卷）

360000－1901－0000890　230237

本草綱目五十二卷附圖三卷　（明）李時珍撰　清順治十五年（1658）張溫如刻本　三十二冊

360000－1901－0000891　421006

本草綱目五十二卷附圖三卷　（明）李時珍撰　**本草萬方鍼線八卷**　（清）蔡烈先輯　清光緒二十年（1894）上海圖書集成印書局鉛印本　十冊　存三十六卷（二十八至五十二、圖三卷、本草萬方鍼線八卷）

360000－1901－0000892　420997

本草綱目五十二卷附圖三卷　（明）李時珍撰　**本草萬方鍼線八卷**　（清）蔡烈先輯　清芥子園刻本　二十八冊　存五十二卷（一至四十六、五十一至五十二，本草萬方鍼線一至四）

360000－1901－0000893　804267

本草綱目五十二卷附圖三卷　（明）李時珍撰　**本草萬方鍼線八卷**　（清）蔡烈先輯　清芥子園刻本　二冊　存五卷（一，本草萬方鍼線三至五、八）

360000－1901－0000894　420996

本草綱目五十二卷附圖三卷　（明）李時珍撰　**本草萬方鍼線八卷**　（清）蔡烈先輯　清刻本　二十八冊　存四十五卷（三至四、九至十八、二十至三十五、三十七至五十一，本草萬方鍼線七至八）

360000－1901－0000895　420998

本草綱目五十二卷附圖三卷　（明）李時珍撰　**本草萬方鍼線八卷**　（清）蔡烈先輯　清同人堂刻本　十九冊　存二十四卷（一至七、九、十二、十六、十九、二十七至三十、三十三至三十四、三十六至三十八、四十四至四十五，本草萬方鍼線七至八）

360000－1901－0000896　420986

本草綱目五十二卷附圖三卷 （明）李時珍撰 **本草萬方鍼線八卷** （清）蔡烈先輯 清同治十一年（1872）金閶書業堂刻本 五十册

360000－1901－0000897 162248
本草綱目五十二卷附圖三卷瀕湖脈學一卷奇經八脈考一卷 （明）李時珍撰 **本草萬方針線八卷** （清）蔡烈先輯 **本草綱目拾遺十卷** （清）趙學敏輯 清光緒三十年（1904）上海同文書局石印本 二十册

360000－1901－0000898 902451
本草綱目易知錄八卷 （清）戴葆元輯 清刻本 一册 存一卷（七）

360000－1901－0000899 120352
本草綱目易知錄八卷 （清）戴心田輯 清光緒十三年（1887）婺源思補山房刻本 八册

360000－1901－0000900 120353
本草綱目易知錄八卷 （清）戴心田輯 清光緒十三年（1887）婺源思補山房刻本 七册 存七卷（一至六、八）

360000－1901－0000901 164743
本草彙言二十卷 （明）倪朱謨撰 清順治刻本 十五册 存十九卷（一至七、九至二十）

360000－1901－0000902 420839
本草經解要四卷附餘一卷 （清）葉桂 （清）楊友敬撰 清王從龍刻本 一册 存一卷（三）

360000－1901－0000903 230236
本草經解要四卷附餘一卷 （清）葉桂 （清）楊友敬撰 清雍正二年（1724）王從龍刻本 四册

360000－1901－0000904 420853
本草類方十卷 （清）年希堯輯 清刻本 二册 存二卷（四、八）

360000－1901－0000905 230227
本草求真九卷附脈理求真三卷 （清）黄宫繡撰 清乾隆三十九年（1774）綠圃齋刻本 一册 存三卷（脈理求真三卷）

360000－1901－0000906 120351
本草求真九卷主治二卷脈理求真三卷 （清）黄宫繡撰 清光緒四年（1878）務本堂刻本 十一册

360000－1901－0000907 421011
本草求真九卷主治二卷脈理求真三卷 （清）黄宫繡撰 清嘉慶十一年（1806）綠圃齋刻本 九册 存十一卷（本草求真九卷、主治二卷）

360000－1901－0000908 421012
本草求真九卷主治二卷脈理求真三卷 （清）黄宫繡撰 清嘉慶十一年（1806）綠圃齋刻本 八册 存十一卷（本草求真九卷、主治二卷）

360000－1901－0000909 901823
本草求真九卷主治二卷脈理求真三卷 （清）黄宫繡撰 清刻本 三册 存四卷（本草求真四、六至七，脈理求真三）

360000－1901－0000910 901824
本草求真九卷主治二卷脈理求真三卷 （清）黄宫繡撰 清刻本 一册 存一卷（四）

360000－1901－0000911 901827
本草求真九卷主治二卷脈理求真三卷 （清）黄宫繡撰 清刻本 三册 存三卷（三至四、六）

360000－1901－0000912 901828
本草求真九卷主治二卷脈理求真三卷 （清）黄宫繡撰 清刻本 三册 存八卷（二至九）

360000－1901－0000913 901829
本草求真九卷主治二卷脈理求真三卷 （清）黄宫繡撰 清刻本 一册 存一卷（八）

360000－1901－0000914 421014
本草求真九卷主治二卷脈理求真三卷 （清）黄宫繡撰 清綠圃齋刻本 八册

360000－1901－0000915 421015
本草求真九卷主治二卷脈理求真三卷 （清）黄宫繡撰 清綠圃齋刻本 八册

360000－1901－0000916　421016

本草求真九卷主治二卷脈理求真三卷　(清)黄宫繡撰　清綠圃齋刻本　二册　存二卷(本草求真二、主治下)

360000－1901－0000917　421017

本草求真九卷主治二卷脈理求真三卷　(清)黄宫繡撰　清綠圃齋刻本　一册　存一卷(主治下)

360000－1901－0000918　722244

本草求真九卷主治二卷脈理求真三卷　(清)黄宫繡撰　清綠圃齋刻本　八册　存八卷(本草求真一至七、主治下)

360000－1901－0000919　421013

本草求真九卷主治二卷脈理求真三卷　(清)黄宫繡撰　清綠圃齋文奎堂刻本　九册　存十卷(本草求真二至九、主治二卷)

360000－1901－0000920　901825

本草求真九卷主治二卷脈理求真三卷　(清)黄宫繡撰　清末石印本　一册　存二卷(本草求真一至二)

360000－1901－0000921　901826

本草求真九卷主治二卷脈理求真三卷　(清)黄宫繡撰　清末石印本　一册　存二卷(本草求真一至二)

360000－1901－0000922　721018

本草求真九卷主治二卷脈理求真一卷圖一卷　(清)黄宫繡撰　清刻本　八册

360000－1901－0000923　721019

本草求真九卷主治二卷脈理求真一卷圖一卷　(清)黄宫繡撰　清刻本　九册

360000－1901－0000924　721020

本草求真九卷主治二卷脈理求真一卷圖一卷　(清)黄宫繡撰　清刻本　三册　存五卷(本草求真一至四、圖一卷)

360000－1901－0000925　721021

本草求真九卷主治二卷脈理求真一卷圖一卷　(清)黄宫繡撰　清刻本　五册　存五卷(本草求真六、八至九，主治上，脈理求真一卷)

360000－1901－0000926　420840

本草三家合註六卷　(清)郭汝驄撰　清刻本　三册　存四卷(一至四)

360000－1901－0000927　420840－1

本草三家合註六卷　(清)郭汝驄撰　清刻本　三册　存四卷(三至六)

360000－1901－0000928　162241

本草三家合註六卷　(清)郭汝驄撰　清兩儀堂刻本　六册

360000－1901－0000929　162240

本草三家合註六卷　(清)郭汝驄撰　**神農本草經百種錄一卷**　(清)徐大椿撰　清兩儀堂刻本　六册

360000－1901－0000930　420837

本草三家合註三卷　(清)郭汝驄撰　**神農本草經百種錄一卷**　(清)徐大椿撰　清光緒二十九年(1903)上海飛鴻閣書莊石印本　二册　存二卷(二至三)

360000－1901－0000931　420838

本草三家合註三卷　(清)郭汝驄撰　**神農本草經百種錄一卷**　(清)徐大椿撰　清光緒三十四年(1908)上海理文軒書局石印本　二册

360000－1901－0000932　802711

本草釋名不分卷　(□)□□輯　清抄本　一册

360000－1901－0000933　803363

本草釋名類聚二卷　(□)□□輯　清抄本　一册　存一卷(上)

360000－1901－0000934　420858

本草通元二卷　(明)李中梓撰　清刻本　一册　存一卷(上)

360000－1901－0000935　420859

本草通元二卷　(明)李中梓撰　清刻本　二册

360000－1901－0000936　420860

本草通元二卷　(明)李中梓撰　清刻本　二冊

360000－1901－0000937　163837
本草萬方針線八卷　(清)蔡烈先輯　清刻本　二冊

360000－1901－0000938　721006
本草萬方鍼線八卷　(清)蔡烈先輯　清芥子園刻本　二冊　存五卷(一至二、六至八)

360000－1901－0000939　721007
本草萬方鍼線八卷　(清)蔡烈先輯　清芥子園刻本　二冊　存四卷(五至八)

360000－1901－0000940　804267－1
本草萬方鍼線八卷　(清)蔡烈先輯　清芥子園刻本　一冊　存二卷(五至六)

360000－1901－0000941　900374
本草萬方鍼線八卷　(清)蔡烈先輯　清芥子園刻本　一冊　存四卷(五至八)

360000－1901－0000942　420857
本草萬方鍼線八卷　(清)蔡烈先輯　清刻本　二冊　存四卷(五至八)

360000－1901－0000943　421010
本草萬方鍼線八卷　(清)蔡烈先輯　清刻本　四冊

360000－1901－0000944　804266
本草萬方鍼線八卷　(清)蔡烈先輯　清刻本　一冊　存二卷(一至二)

360000－1901－0000945　902220
本草萬方鍼線八卷　(清)蔡烈先輯　清末石印本　一冊　存七卷(二至八)

360000－1901－0000946　230250
本草萬方鍼線八卷　(清)蔡烈先輯　清乾隆四十九年(1784)金閶書業堂刻本　四冊

360000－1901－0000947　115181－1
[光緒]彭澤縣志補遺一卷　(清)陳友善修　(清)張經畬纂　清光緒二年(1876)刻本　一冊

360000－1901－0000948　420854
本草萬方鍼線八卷　(清)蔡烈先輯　清同人堂刻本　二冊　存六卷(一至四、七至八)

360000－1901－0000949　420855
本草萬方鍼線八卷　(清)蔡烈先輯　清同人堂刻本　一冊　存三卷(一至三)

360000－1901－0000950　804505
本草萬方鍼線八卷　(清)蔡烈先輯　清同人堂刻本　一冊　存二卷(五至六)

360000－1901－0000951　164744
本草問答二卷　(清)唐宗海撰　清光緒二十年(1894)申江褒海山房書局石印本　一冊

360000－1901－0000952　164745
本草問答二卷　(清)唐宗海撰　清光緒二十年(1894)申江褒海山房書局石印本　一冊

360000－1901－0000953　420852
本草問答二卷　(清)唐宗海撰　清光緒三十四年(1908)上海千頃堂書局石印本　一冊

360000－1901－0000954　420852－1
本草問答二卷　(清)唐宗海撰　清光緒三十四年(1908)上海千頃堂書局石印本　一冊

360000－1901－0000955　902241
本草醫方合編　(清)汪昂編　清光緒二十六年(1900)新化三味堂刻本　一冊

360000－1901－0000956　721082
本草醫方合編　(清)汪昂編　清光緒十年(1884)刻本　一冊

360000－1901－0000957　721077
本草醫方合編　(清)汪昂編　清嘉慶八年(1803)刻本　三冊

360000－1901－0000958　721078
本草醫方合編　(清)汪昂編　清嘉慶八年(1803)刻本　一冊

360000－1901－0000959　721086
本草醫方合編　(清)汪昂編　清嘉慶二十二年(1817)刻本　五冊

360000－1901－0000960　721065－1
本草醫方合編　(清)汪昂編　清經綸堂刻本　一冊

360000－1901－0000961　720966
本草醫方合編　(清)汪昂編　清刻本　四冊

360000－1901－0000962　720967
本草醫方合編　(清)汪昂編　清刻本　三冊

360000－1901－0000963　720968
本草醫方合編　(清)汪昂編　清刻本　四冊

360000－1901－0000964　720969
本草醫方合編　(清)汪昂編　清刻本　二冊

360000－1901－0000965　720970
本草醫方合編　(清)汪昂編　清刻本　二冊

360000－1901－0000966　720971
本草醫方合編　(清)汪昂編　清刻本　二冊

360000－1901－0000967　720973
本草醫方合編　(清)汪昂編　清刻本　一冊

360000－1901－0000968　720975
本草醫方合編　(清)汪昂編　清刻本　六冊

360000－1901－0000969　720976
本草醫方合編　(清)汪昂編　清刻本　五冊

360000－1901－0000970　720977
本草醫方合編　(清)汪昂編　清刻本　一冊

360000－1901－0000971　720978
本草醫方合編　(清)汪昂編　清刻本　一冊

360000－1901－0000972　720979
本草醫方合編　(清)汪昂編　清刻本　一冊

360000－1901－0000973　720980
本草醫方合編　(清)汪昂編　清刻本　一冊

360000－1901－0000974　720981
本草醫方合編　(清)汪昂編　清刻本　一冊

360000－1901－0000975　720981－1
本草醫方合編　(清)汪昂編　清刻本　一冊

360000－1901－0000976　721059
本草醫方合編　(清)汪昂編　清刻本　三冊

360000－1901－0000977　721059－1
本草醫方合編　(清)汪昂編　清刻本　四冊

360000－1901－0000978　721059－2
本草醫方合編　(清)汪昂編　清刻本　三冊

360000－1901－0000979　721060
本草醫方合編　(清)汪昂編　清刻本　三冊

360000－1901－0000980　721060－1
本草醫方合編　(清)汪昂編　清刻本　二冊

360000－1901－0000981　721061
本草醫方合編　(清)汪昂編　清刻本　一冊

360000－1901－0000982　721062
本草醫方合編　(清)汪昂編　清刻本　六冊

360000－1901－0000983　721064
本草醫方合編　(清)汪昂編　清刻本　四冊

360000－1901－0000984　721066－1
本草醫方合編　(清)汪昂編　清刻本　三冊

360000－1901－0000985　721067
本草醫方合編　(清)汪昂編　清刻本　三冊

360000－1901－0000986　721067－1
本草醫方合編　(清)汪昂編　清刻本　三冊

360000－1901－0000987　721067－2
本草醫方合編　(清)汪昂編　清刻本　二冊

360000－1901－0000988　721067－3
本草醫方合編　(清)汪昂編　清刻本　二冊

360000－1901－0000989　721068
本草醫方合編　(清)汪昂編　清刻本　四冊

360000－1901－0000990　721068－1
本草醫方合編　(清)汪昂編　清刻本　一冊

360000－1901－0000991　721068－2
本草醫方合編　(清)汪昂編　清刻本　三冊

360000－1901－0000992　721069
本草醫方合編　(清)汪昂編　清刻本　五冊

360000－1901－0000993　721070

本草醫方合編　（清）汪昂編　清刻本　四冊

360000－1901－0000994　721071

本草醫方合編　（清）汪昂編　清刻本　三冊

360000－1901－0000995　721072

本草醫方合編　（清）汪昂編　清刻本　二冊

360000－1901－0000996　721072－1

本草醫方合編　（清）汪昂編　清刻本　一冊

360000－1901－0000997　721073

本草醫方合編　（清）汪昂編　清刻本　四冊

360000－1901－0000998　721074

本草醫方合編　（清）汪昂編　清刻本　三冊

360000－1901－0000999　721074－1

本草醫方合編　（清）汪昂編　清刻本　三冊

360000－1901－0001000　721074－2

本草醫方合編　（清）汪昂編　清刻本　一冊

360000－1901－0001001　721076－1

本草醫方合編　（清）汪昂編　清刻本　二冊

360000－1901－0001002　721079

本草醫方合編　（清）汪昂編　清刻本　三冊

360000－1901－0001003　721080

本草醫方合編　（清）汪昂編　清刻本　二冊

360000－1901－0001004　721081

本草醫方合編　（清）汪昂編　清刻本　四冊

360000－1901－0001005　721083

本草醫方合編　（清）汪昂編　清刻本　一冊

360000－1901－0001006　721084

本草醫方合編　（清）汪昂編　清刻本　二冊

360000－1901－0001007　721084－1

本草醫方合編　（清）汪昂編　清刻本　一冊

360000－1901－0001008　721085

本草醫方合編　（清）汪昂編　清刻本　五冊

360000－1901－0001009　902245－2

本草醫方合編　（清）汪昂編　清刻本　一冊

360000－1901－0001010　902245－3

本草醫方合編　（清）汪昂編　清刻本　一冊

360000－1901－0001011　902245－4

本草醫方合編　（清）汪昂編　清刻本　一冊

360000－1901－0001012　902245－5

本草醫方合編　（清）汪昂編　清刻本　一冊

360000－1901－0001013　721063

本草醫方合編　（清）汪昂編　清令德堂刻本　四冊

360000－1901－0001014　720974

本草醫方合編　（清）汪昂編　清乾隆五十二年（1787）刻本　一冊

360000－1901－0001015　721076

本草醫方合編　（清）汪昂編　清乾隆五十年（1785）刻本　四冊

360000－1901－0001016　721065

本草醫方合編　（清）汪昂編　清三讓堂刻本　四冊

360000－1901－0001017　721068－3

本草醫方合編　（清）汪昂編　清同人堂刻本　一冊

360000－1901－0001018　720972

本草醫方合編　（清）汪昂編　清文富堂刻本　一冊

360000－1901－0001019　720965

本草醫方合編　（清）汪昂編　清文光堂刻本　二冊

360000－1901－0001020　721075

本草醫方合編　（清）汪昂編　清咸豐五年（1855）撫臨天祿閣刻本　六冊

360000－1901－0001021　721066

本草醫方合編　（清）汪昂編　清芸生堂刻本　三冊

360000－1901－0001022　800208

本草醫方合編九卷　（清）汪昂編　清刻本　五冊

360000－1901－0001023　800209

本草醫方合編九卷 (清)汪昂編 清刻本 一册 存三卷(本草備要一至二、醫方集解上)

360000－1901－0001024 800210
本草醫方合編九卷 (清)汪昂編 清刻本 二册 存六卷(本草備要四卷,醫方集解上、中)

360000－1901－0001025 800211
本草醫方合編九卷 (清)汪昂編 清刻本 三册 存五卷(本草備要三至四、湯頭歌括一卷,醫方集解中、下)

360000－1901－0001026 800212
本草醫方合編九卷 (清)汪昂編 清刻本 一册 存二卷(本草備要二、醫方集解上)

360000－1901－0001027 800213
本草醫方合編九卷 (清)汪昂編 清刻本 一册 存四卷(本草備要二至三,醫方集解上、中)

360000－1901－0001028 800214
本草醫方合編九卷 (清)汪昂編 清刻本 二册 存五卷(本草備要三至四、湯頭歌括一卷,醫方集解中、下)

360000－1901－0001029 802630－3
本草醫方合編九卷 (清)汪昂編 清刻本 二册 存五卷(本草備要二至四,醫方集解上、中)

360000－1901－0001030 802630－4
本草醫方合編九卷 (清)汪昂編 清刻本 五册

360000－1901－0001031 802630－5
本草醫方合編九卷 (清)汪昂編 清刻本 五册

360000－1901－0001032 802630－6
本草醫方合編九卷 (清)汪昂編 清刻本 二册 存五卷(本草備要三至四、湯頭歌括一,醫方集解中、下)

360000－1901－0001033 800215
本草醫方合編十二卷 (清)汪昂編 清刻本 五册 存十一卷(本草備要四卷、湯頭歌括一卷、經絡歌訣一卷,醫方集解二至六)

360000－1901－0001034 800216
本草醫方合編十二卷 (清)汪昂編 清刻本 四册 存十卷(本草備要四卷、湯頭歌括一卷、經絡歌訣一卷,醫方集解三至六)

360000－1901－0001035 800217
本草醫方合編十二卷 (清)汪昂編 清刻本 三册 存六卷(本草備要三至四、湯頭歌括一卷,醫方集解三至五)

360000－1901－0001036 800218
本草醫方合編十二卷 (清)汪昂編 清刻本 二册 存八卷(本草備要三至四、湯頭歌括一卷、經絡歌訣一卷,醫方集解三至六)

360000－1901－0001037 800219
本草醫方合編十二卷 (清)汪昂編 清刻本 一册 存二卷(本草備要三、醫方集解三)

360000－1901－0001038 802630－10
本草醫方合編十二卷 (清)汪昂編 清刻本 一册 存三卷(湯頭歌括一卷、經絡歌訣一卷,醫方集解六)

360000－1901－0001039 802630－7
本草醫方合編十二卷 (清)汪昂編 清刻本 三册 存六卷(本草備要四、湯頭歌括一卷、經絡歌訣一卷,醫方集解四至六)

360000－1901－0001040 802630－8
本草醫方合編十二卷 (清)汪昂編 清刻本 二册 存五卷(本草備要四、湯頭歌括一卷、經絡歌訣一卷,醫方集解五至六)

360000－1901－0001041 802630－9
本草醫方合編十二卷 (清)汪昂編 清刻本 二册 存五卷(本草備要四、湯頭歌括一卷、經絡歌訣一卷,醫方集解五至六)

360000－1901－0001042 162305
本草醫方合編十二卷 (清)汪昂編 清乾隆五年(1740)胡宗文芸生堂刻本 二册

360000－1901－0001043　421053
本草醫方合編十二卷　（清）汪昂編　清乾隆五年（1740）胡宗文芸生堂刻本　三册

360000－1901－0001044　421054
本草醫方合編十二卷　（清）汪昂編　清乾隆五年（1740）胡宗文芸生堂刻本　六册

360000－1901－0001045　421055
本草醫方合編十二卷　（清）汪昂編　清乾隆五年（1740）胡宗文芸生堂刻本　四册

360000－1901－0001046　421056
本草醫方合編十二卷　（清）汪昂編　清乾隆五年（1740）胡宗文芸生堂刻本　六册

360000－1901－0001047　421057
本草醫方合編十二卷　（清）汪昂編　清乾隆五年（1740）胡宗文芸生堂刻本　六册

360000－1901－0001048　421322
本草醫方合編十二卷　（清）汪昂編　清乾隆五年（1740）胡宗文芸生堂刻本　一册

360000－1901－0001049　421058
本草醫方合編十二卷　（清）汪昂編　清乾隆五年（1740）胡宗文芸生堂刻本（卷一配清令德堂刻本）　六册

360000－1901－0001050　421323
本草醫方合編十四卷　（清）汪昂編　清刻本　四册

360000－1901－0001051　420851－2
本草原始十二卷　（明）李中立撰　清存誠堂刻本　一册　存三卷（十至十二）

360000－1901－0001052　420851
本草原始十二卷　（明）李中立撰　清刻本　二册　存五卷（一至三、五至六）

360000－1901－0001053　420851－1
本草原始十二卷　（明）李中立撰　清刻本　一册　存二卷（六至七）

360000－1901－0001054　411340
本朝從祀三先生傳一卷　（清）羅惇衍編　清道光二十八年（1848）刻本　一册

360000－1901－0001055　241419
本朝館閣賦後集七卷補遺一卷附録一卷　（清）周日漣　（清）程琰等輯　清乾隆三十三年（1768）刻本　四册

360000－1901－0001056　800959
本朝館閣賦前集十二卷　（清）阮芝生　（清）程洵　（清）葉抱崧輯　**本朝館閣賦後集七卷補遺一卷附録一卷**　（清）周日漣　（清）程琰　（清）潘元振輯　清乾隆三十三年（1768）刻本　一册　存二卷（後集一至二）

360000－1901－0001057　800960
本朝館閣賦前集十二卷　（清）阮芝生　（清）程洵　（清）葉抱崧輯　**本朝館閣賦後集七卷補遺一卷附録一卷**　（清）周日漣　（清）程琰　（清）潘元振輯　清乾隆三十三年（1768）刻本　九册

360000－1901－0001058　800961
本朝館閣賦前集十二卷　（清）阮芝生　（清）程洵　（清）葉抱崧輯　**本朝館閣賦後集七卷補遺一卷附録一卷**　（清）周日漣　（清）程琰　（清）潘元振輯　清乾隆三十三年（1768）刻本　七册　存十七卷（前集一至九；後集一至三、五至七，補遺一卷，附録一卷）

360000－1901－0001059　800961－1
本朝館閣賦前集十二卷　（清）阮芝生　（清）程洵　（清）葉抱崧輯　**本朝館閣賦後集七卷補遺一卷附録一卷**　（清）周日漣　（清）程琰　（清）潘元振輯　清乾隆三十三年（1768）刻本　二册　存四卷（前集五、後集五至七）

360000－1901－0001060　800967
本朝館閣賦前集十二卷　（清）阮芝生　（清）程洵　（清）葉抱崧輯　**本朝館閣賦後集七卷補遺一卷附録一卷**　（清）周日漣　（清）程琰　（清）潘元振輯　清乾隆三十三年（1768）刻本　十册　存十五卷（前集一、三至四、六至十一；後集三至五、七，補遺一卷，附録一卷）

360000－1901－0001061　241418
本朝館閣賦前集十二卷　（清）葉抱崧　（清）程洵等輯　清乾隆二十九年（1764）刻本　六

册

360000－1901－0001062　900635
本朝館閣詩二十卷附録一卷續附録一卷　(清)阮學浩　(清)阮學濬輯　清乾隆刻本　十冊

360000－1901－0001063　900636
本朝館閣詩二十卷附録一卷續附録一卷　(清)阮學浩　(清)阮學濬輯　清乾隆刻本　六冊　存十一卷(四至五、十二至十五、十八至二十,附録一卷,續附録一卷)

360000－1901－0001064　900637
本朝館閣詩二十卷附録一卷續附録一卷　(清)阮學浩　(清)阮學濬輯　清乾隆刻本　三冊　存五卷(十八至二十、附録一卷、續附録一卷)

360000－1901－0001065　901768
本朝歷科墨卷選不分卷　(清)□□輯　清康熙刻本　一冊

360000－1901－0001066　306478
本朝律賦集腋八集　(清)馬俊良輯　清經國堂刻本　三冊　存三集(物、春、夏)

360000－1901－0001067　404463
本朝律賦集腋八集　(清)馬俊良輯　清刻本　四冊　存四集(地、物、春、夏)

360000－1901－0001068　404464
本朝律賦集腋八集　(清)馬俊良輯　清刻本　四冊　存三集(物、春、夏)

360000－1901－0001069　301593
本朝名家詩鈔小傳四卷　(清)鄭方坤撰　清嘉慶六年(1801)玉瀘鄭氏養華草堂刻本　四冊

360000－1901－0001070　805162
本朝名家小題授讀不分卷　(清)□□撰　清抄本　一冊

360000－1901－0001071　421741
本朝試賦新硎五卷補編一卷首一卷　(清)李光瓊　(清)陸貽穀　(清)李光玖輯評　清乾隆二十九年(1764)金陵李氏三多齋刻本　一冊　存二卷(一、首一卷)

360000－1901－0001072　411211
本朝文讀本不分卷　(清)袁枚撰　清刻本　四冊

360000－1901－0001073　411212
本朝文讀本不分卷　(清)袁枚撰　清刻本　四冊

360000－1901－0001074　411213
本朝文讀本不分卷　(清)袁枚撰　清刻本　二冊

360000－1901－0001075　411214
本朝文讀本不分卷　(清)袁枚撰　清刻本　二冊

360000－1901－0001076　411215
本朝文讀本不分卷　(清)袁枚撰　清刻本　三冊

360000－1901－0001077　411216
本朝文讀本不分卷　(清)袁枚撰　清刻本　二冊

360000－1901－0001078　404493
本朝應制古學指南集不分卷　(清)王道升輯　清刻本　七冊

360000－1901－0001079　241415
本朝應制和聲集六卷首三卷二集三卷首一卷二集補編一卷　(清)沈德潛　(清)王居正輯並評　清乾隆十五年(1750)琉璃廠西門内鴻遠堂刻本　四冊　存四卷(本朝應制和聲集首一至二,二集一、首一卷)

360000－1901－0001080　316647
本朝應制排律漱芳集六卷首一卷　(清)李光理輯　(清)李光瓊　(清)李光玖箋注　清三多齋刻本　六冊

360000－1901－0001081　230235
本經逢原四卷　(清)張璐撰　清康熙三十四年(1695)刻本　四冊

360000－1901－0001082　720762

本經逢原四卷　(清)張璐撰　清刻本　二冊　存二卷(二、四)

360000－1901－0001083　802634
本經逢原四卷　(清)張璐撰　清刻本　二冊　存一卷(二)

360000－1901－0001084　802634－1
本經逢原四卷　(清)張璐撰　清刻本　二冊　存二卷(二、四)

360000－1901－0001085　301585
本經疏證十二卷續疏六卷序疏要八卷　(清)鄒澍撰　清道光二十九年(1849)刻本　十二冊

360000－1901－0001086　420833
本經疏證十二卷續疏六卷序疏要八卷　(清)鄒澍撰　清光緒常州長年醫局刻本　十六冊

360000－1901－0001087　420834
本經疏證十二卷續疏六卷序疏要八卷　(清)鄒澍撰　清光緒常州長年醫局刻本　十六冊

360000－1901－0001088　420835
本經疏證十二卷續疏六卷序疏要八卷　(清)鄒澍撰　清光緒常州長年醫局刻本　十六冊

360000－1901－0001089　120345
本色山人詩稿四卷附錄一卷　(清)周懷霽撰　清光緒十九年(1893)養真堂刻本　一冊

360000－1901－0001090　303233
本事詞二卷　(清)葉申薌撰　清道光十二年(1832)天籟軒刻本　一冊

360000－1901－0001091　303234
本事詩十二卷　(清)徐釚輯　清鬣尾山房刻本　六冊

360000－1901－0001092　241508
本事詩十二卷　(清)徐釚輯　清乾隆二十二年(1757)汪肯堂半松書屋刻本　二冊　存六卷(一至三、十至十二)

360000－1901－0001093　241507
本事詩十二卷　(清)徐釚輯　(清)李本宣　(清)李本宜增訂　清雍正承芳堂刻本　四冊

360000－1901－0001094　303981
本堂先生文集九十四卷佚文詩二卷附錄二卷首一卷　(宋)陳著撰　清光緒十九年(1893)四明陳氏刻本　十二冊

360000－1901－0001095　410083
本堂先生文集九十四卷佚文詩二卷附錄二卷首一卷　(宋)陳著撰　清光緒十九年(1893)四明陳氏刻本　十二冊

360000－1901－0001096　803913
本屋正總不分卷(清光緒五年至光緒十二年)　(清)□□輯　稿本　一冊

360000－1901－0001097　301352
畚塘芻論二卷　(清)孫鼎臣撰　清咸豐刻本　一冊

360000－1901－0001098　421676
比目魚傳奇二卷三十二齣　(清)李漁撰　清刻本　一冊　存一卷(上)十六齣(一至十六)

360000－1901－0001099　721714
比目魚傳奇二卷三十二齣　(清)李漁撰　清刻本　一冊　存一卷(下)十六齣(十七至三十二)

360000－1901－0001100　721714－1
比目魚傳奇二卷三十二齣　(清)李漁撰　清刻本　一冊　存一卷(下)十六齣(十七至三十二)

360000－1901－0001101　721715
比目魚傳奇二卷三十二齣　(清)李漁撰　清刻本　二冊

360000－1901－0001102　721716
比目魚傳奇二卷三十二齣　(清)李漁撰　清刻本　一冊

360000－1901－0001103　721717
比目魚傳奇二卷三十二齣　(清)李漁撰　清刻本　一冊　存一卷(上)十六齣(一至十六)

360000－1901－0001104　310145
比丘尼傳四卷　(南朝梁)釋寶唱撰　清光緒十一年(1885)金陵刻經處刻本　一冊

360000－1901－0001105　160150
比雅十卷　(清)洪亮吉撰　清光緒五年(1879)授經堂刻本　二册

360000－1901－0001106　230318
啚註本草醫方合編　(清)汪昂輯　清乾隆五十二年(1787)桂月樓刻本　四册

360000－1901－0001107　404660
筆耕齋尺牘提要二卷　(清)管士駿撰　清清江宏文堂刻本　一册　存一卷(上)

360000－1901－0001108　408797
筆花醫鏡四卷　(清)江涵暾撰　清道光刻本　一册　存三卷(二至四)

360000－1901－0001109　420590
筆花醫鏡四卷　(清)江涵暾撰　清道光十四年(1834)刻本　二册

360000－1901－0001110　420585
筆花醫鏡四卷　(清)江涵暾撰　清同治八年(1869)刻本　二册　存二卷(一至二)

360000－1901－0001111　420592
筆花醫鏡四卷　(清)江涵暾撰　清咸豐六年(1856)刻本　一册

360000－1901－0001112　411255
筆譜二卷　(清)朱曾武撰　清嘉慶十六年(1811)綠玉堂刻本　一册

360000－1901－0001113　410976
筆算便覽五卷　(清)紀大奎撰　(清)紀大畢等輯　清光緒二十九年(1903)上海山左書林石印本　二册

360000－1901－0001114　410975
筆算便覽五卷　(清)紀大奎撰　(清)紀大畢等輯　清光緒二十四年(1898)上海理文軒石印本　一册

360000－1901－0001115　715217
筆算便覽五卷　(清)紀大奎撰　(清)紀大畢等輯　清光緒十五年(1889)刻本　二册

360000－1901－0001116　410977
筆算便覽五卷　(清)紀大奎撰　(清)紀大畢等輯　清光緒石印本　一册

360000－1901－0001117　162640
筆算便覽五卷　(清)紀大奎撰　(清)紀大畢等輯　清嘉慶十九年(1814)刻本　一册

360000－1901－0001118　719273
筆算便覽五卷　(清)紀大奎撰　(清)紀大畢等輯　清嘉慶十九年(1814)刻紀慎齋先生全集本　一册

360000－1901－0001119　121755
筆算便覽五卷　(清)紀大奎撰　(清)紀大畢等輯　清同治五年(1866)刻本　一册

360000－1901－0001120　902105
筆算教科書□□卷　(清)文明書局編　清光緒三十二年(1906)上海文明書局鉛印本　一册　存一卷(三)

360000－1901－0001121　901176
筆算教科書□□卷　(清)文明書局編　清刻本　一册　存一卷(三)

360000－1901－0001122　901177
筆算教科書□□卷　(清)文明書局編　清刻本　一册　存一卷(三)

360000－1901－0001123　317709
筆算教科書二卷　(清)彭蘭琪輯　清末天津北洋官報書局鉛印本　二册

360000－1901－0001124　901166
筆算數學三卷　(美國)狄考文輯　(清)鄒立文述　清光緒二十五年(1899)石印本　五册

360000－1901－0001125　162662
筆算數學三卷　(美國)狄考文輯　(清)鄒立文述　清光緒三十二年(1906)鉛印本　三册

360000－1901－0001126　162663
筆算數學三卷　(美國)狄考文輯　(清)鄒立文述　清光緒三十二年(1906)鉛印本　三册

360000－1901－0001127　901169
筆算數學三卷　(美國)狄考文輯　(清)鄒立文述　清光緒三十二年(1906)上海美華書館鉛印本　二册　存二卷(上、中)

360000－1901－0001128　901170
筆算數學三卷　(美國)狄考文輯　(清)鄒立文述　清光緒三十二年(1906)上海美華書館鉛印本　一册　存一卷(上)

360000－1901－0001129　901171
筆算數學三卷　(美國)狄考文輯　(清)鄒立文述　清光緒三十二年(1906)上海美華書館鉛印本　一册　存一卷(上)

360000－1901－0001130　901167
筆算數學三卷　(美國)狄考文輯　(清)鄒立文述　清末石印本　三册

360000－1901－0001131　901168
筆算數學三卷　(美國)狄考文輯　(清)鄒立文述　清末石印本　三册

360000－1901－0001132　901180
筆算數學題草圖解二十四章　(清)朱世增編　清光緒三十二年(1906)石印本　三册　存八章(一至五、八、十一至十二)

360000－1901－0001133　803721
筆算五卷　(清)梅文鼎撰　清抄本　二册

360000－1901－0001134　315765
苾芻館詞集六卷　(清)胡延撰　清光緒二十九年(1903)金陵糧儲道廨刻本　四册

360000－1901－0001135　301230
毖緯瑣言一卷　(清)厲之鍔撰　清刻本　一册

360000－1901－0001136　300985
皕宋樓藏書源流攷一卷　(日本)島田翰撰　清光緒三十三年(1907)董氏京師刻朱印本　一册

360000－1901－0001137　800123
皕宋樓藏書志一百二十卷續志四卷　(清)陸心源撰　清光緒八年(1882)陸氏十萬卷樓刻本　二十一册　存八十二卷(皕宋樓藏書志一至八、十七至二十、二十九至四十八、五十三至六十四、六十九至七十六、八十五至一百八、一百十七至一百二十,續志一至二)

360000－1901－0001138　163182
碧藕軒吟藁一卷　(清)陳玉瑛撰　清同治十年(1871)會稽陳氏養吾浩然齋刻本　一册

360000－1901－0001139　163183
碧藕軒吟藁一卷　(清)陳玉瑛撰　清同治十年(1871)會稽陳氏養吾浩然齋刻本　一册

360000－1901－0001140　804982
碧藕軒吟藁一卷　(清)陳玉瑛撰　清同治十年(1871)會稽陳氏養吾浩然齋刻本　一册

360000－1901－0001141　805087
碧藕軒吟藁一卷　(清)陳玉瑛撰　清同治十年(1871)會稽陳氏養吾浩然齋刻本　一册

360000－1901－0001142　411316
碧山堂全稿不分卷　(清)柏謙撰　清刻本　一册

360000－1901－0001143　301494
碧聲吟館倡酬錄一卷續錄一卷　(清)許善長輯　清光緒四年(1878)仁和許氏刻碧聲吟館叢書本　二册

360000－1901－0001144　411318
碧聲吟館倡酬錄一卷續錄一卷　(清)許善長輯　清光緒四年(1878)仁和許氏刻碧聲吟館叢書本　一册

360000－1901－0001145　317576
碧聲吟館叢書　(清)許善長撰　清光緒仁和許氏碧聲吟館刻本　十二册

360000－1901－0001146　801506－1
碧溪公出入賬籍簿一卷　(清)□□撰　清咸豐二年(1852)抄本　一册

360000－1901－0001147　411321
碧鮮詩稿一卷　(清)趙碧鮮撰　清光緒刻本　一册

360000－1901－0001148　411319
碧虛齋吟草八卷　(清)宋茂初撰　清道光十九年(1839)志道堂刻本　二册

360000－1901－0001149　301088
碧血錄二卷附錄一卷　(明)黃煜輯　**續編一**

卷　(清)傅以禮輯　清光緒二十二年(1896)刻本　二册

360000－1901－0001150　123055
碧腴詩草一卷碧腴詞一卷　(清)程佩琳撰　清光緒元年(1875)刻本　一册

360000－1901－0001151　123209
碧腴詩草一卷碧腴詞一卷　(清)程佩琳撰　清光緒元年(1875)刻本　一册

360000－1901－0001152　411301
碧腴齋詩存八卷　(清)胡德琳撰　清乾隆小倉山房刻本　一册

360000－1901－0001153　220486
幣制或問一卷　(□)□□撰　清抄本　一册

360000－1901－0001154　405620
鞞婆沙論十四卷　(後秦)釋僧伽跋澄譯　明崇禎十一年(1638)兩廣總督熊文燦刻本　二册　存八卷(五至十二)

360000－1901－0001155　803923
編彙鄉談纂要字義音律□□卷　(清)□□輯　清道光二十年(1840)抄本　一册　存一卷(一)

360000－1901－0001156　800361
編輯四診心法要訣二卷　(清)吳謙等輯　清抄本　一册　存一卷(上)

360000－1901－0001157　400566
編年史證八卷　(清)李墉隆輯　**三國志評論一卷**　(清)李墉隆撰　清咸豐十一年(1861)木活字印本　一册

360000－1901－0001158　110178－1
[光緒]彭澤縣志補遺一卷　(清)陳友善修　(清)張經畬纂　清光緒二年(1876)刻本　一册

360000－1901－0001159　405656
編珠四卷　(隋)杜公瞻輯　(清)高士奇補輯　**續編珠二卷**　(清)高士奇輯　清刻本　一册　存二卷(三至四)

360000－1901－0001160　250001
編珠四卷　題(隋)杜公瞻輯　(清)高士奇補輯　**續編珠二卷**　(清)高士奇輯　清康熙三十七年(1698)高氏清吟堂刻本　二册

360000－1901－0001161　230297
編註醫學入門七卷首一卷　(明)李梴撰　明刻本　九册

360000－1901－0001162　230298
編註醫學入門七卷首一卷　(明)李梴撰　明刻本　十三册

360000－1901－0001163　230299
編註醫學入門七卷首一卷　(明)李梴撰　明刻本　九册

360000－1901－0001164　230300
編註醫學入門七卷首一卷　(明)李梴撰　明刻本　八册

360000－1901－0001165　230301
編註醫學入門七卷首一卷　(明)李梴撰　明刻本　七册　缺一卷(首一卷)

360000－1901－0001166　230302
編註醫學入門七卷首一卷　(明)李梴撰　明刻本　六册　缺三卷(三、六,首一卷)

360000－1901－0001167　230303
編註醫學入門七卷首一卷　(明)李梴撰　明刻本　六册　缺三卷(三、六,首一卷)

360000－1901－0001168　230304
編註醫學入門七卷首一卷　(明)李梴撰　明刻本　五册　存四卷(二、四至五、七)

360000－1901－0001169　230305
編註醫學入門七卷首一卷　(明)李梴撰　明刻本　四册　存三卷(二、四至五)

360000－1901－0001170　230306
編註醫學入門七卷首一卷　(明)李梴撰　明刻本　一册　存一卷(二)

360000－1901－0001171　901815
編註醫學入門七卷首一卷　(明)李梴撰　明萬曆刻本　一册　存一卷(二)

360000－1901－0001172　122490

編註醫學入門七卷首一卷　(明)李梴撰　清咸豐六年(1856)廣城青雲樓刻本　十冊

360000－1901－0001173　420394

編註醫學入門七卷首一卷　(明)李梴撰　清咸豐六年(1856)廣城青雲樓刻本　五冊　存四卷(二至四、首一卷)

360000－1901－0001174　302638

編纂鹽務歷案緝私章程一卷　(清)□□輯　清光緒刻本　一冊

360000－1901－0001175　408965

扁鵲脈書難經六卷　(清)熊慶笏輯注　清嘉慶二十二年(1817)高桐熊氏抱經堂刻本　四冊　存四卷(一至二、四、六)

360000－1901－0001176　164841

扁鵲心書三卷神方一卷　(宋)竇材輯　(清)胡珏參論　清浙衢三餘堂刻本　二冊

360000－1901－0001177　164842

扁鵲心書三卷神方一卷　(宋)竇材輯　(清)胡珏參論　清浙衢三餘堂刻本　二冊

360000－1901－0001178　304538

卞氏三種　(清)卞寶第撰　清光緒儀徵卞氏刻本　二冊　存二種

360000－1901－0001179　411121

汴圍濕襟錄三卷補遺一卷　(明)白愚撰　清古槐山房木活字印本　一冊

360000－1901－0001180　418446

便江去思吟一卷　(清)許乃盛　(清)戴文林輯　清同治五年(1866)刻本　一冊

360000－1901－0001181　160788

便蒙四書十九卷　(宋)朱熹撰　清光緒八年(1882)刻本　六冊　缺五卷(論語一至五)

360000－1901－0001182　164875

便易經驗集一卷　(清)毛世洪輯　(清)汪瑜增訂　清同治八年(1869)廣州官舍刻本　一冊

360000－1901－0001183　301330

徧行堂集十六卷　(清)釋今釋撰　清宣統三年(1911)上海國學扶輪社鉛印本　八冊

360000－1901－0001184　301331

徧行堂集十六卷　(清)釋今釋撰　清宣統三年(1911)上海國學扶輪社鉛印本　八冊

360000－1901－0001185　408431

辨脈篇一卷六經定法一卷　(清)舒詔撰　清刻本　一冊

360000－1901－0001186　408431－1

辨脈篇一卷六經定法一卷　(清)舒詔撰　清刻本　一冊

360000－1901－0001187　300233

辨學啓蒙一卷　(英國)哲分斯撰　(英國)艾約瑟譯　清光緒十二年(1886)總稅務司署刻本　一冊

360000－1901－0001188　408434

辨證錄十四卷　(清)陳士鐸撰　清刻本　五冊　存四卷(二至三、八、十)

360000－1901－0001189　801406

辨證奇聞十卷　(清)陳士鐸撰　(清)錢松刪定　清抄本　一冊　存二卷(三至四)

360000－1901－0001190　408842

辨證奇聞十卷　(清)陳士鐸撰　(清)錢松刪定　清光緒三年(1877)刻本　七冊　存九卷(一至七、九至十)

360000－1901－0001191　164918

辨證奇聞十五卷　(清)陳士鐸撰　(清)文南紀述　清道光二十三年(1843)刻本　六冊

360000－1901－0001192　408844

辨證奇聞十五卷　(清)陳士鐸撰　(清)文南紀述　清道光二十三年(1843)刻本　六冊

360000－1901－0001193　408844－1

辨證奇聞十五卷　(清)陳士鐸撰　(清)文南紀述　清刻本　一冊　存五卷(十一至十五)

360000－1901－0001194　902216

辨證奇聞十五卷　(清)陳士鐸撰　(清)文南紀述　清刻本　一冊　存一卷(二)

360000－1901－0001195　162834
辨證奇聞十五卷　(清)陳士鐸撰　(清)文南紀述　清乾隆二十八年(1763)刻本　八册

360000－1901－0001196　413023
辨志堂新輯易經集解四卷　(清)萬經撰　清刻本　一册　存一卷(一)

360000－1901－0001197　161237
辨字摘要不分卷　(清)饒應召撰　清刻本　一册

360000－1901－0001198　161238
辨字摘要不分卷　(清)饒應召撰　清刻本　一册

360000－1901－0001199　804748
辨字摘要四卷　(清)盧紹麒　(清)楊占鰲輯　清嘉慶十七年(1812)刻本　一册

360000－1901－0001200　804719
辨字摘要四卷　(清)盧紹麒　(清)楊占鰲輯　清刻本　一册　存二卷(三至四)

360000－1901－0001201　804747
辨字摘要四卷　(清)盧紹麒　(清)楊占鰲輯　清刻本　一册

360000－1901－0001202　804718
辨字摘要四卷　(清)盧紹麒　(清)楊占鰲輯　清兩儀堂刻本　一册

360000－1901－0001203　804749
辨字摘要四卷　(清)盧紹麒　(清)楊占鰲輯　清兩儀堂刻本　一册

360000－1901－0001204　900756
辨字摘要四卷　(清)盧紹麒　(清)楊占鰲輯　清末石印本　一册

360000－1901－0001205　804750
辨字摘要四卷　(清)盧紹麒　(清)楊占鰲輯　清同治元年(1862)經元堂刻本　二册

360000－1901－0001206　804751
辨字摘要四卷　(清)盧紹麒　(清)楊占鰲輯　清郁文堂刻本　一册

360000－1901－0001207　901202
辯利院志三卷　(清)翟灝撰　(清)吴樹虚增訂　清道光十年(1830)刻本　一册

360000－1901－0001208　404866
辯論三十篇一卷　(清)孟浩撰　清刻本　一册

360000－1901－0001209　803370
變法平議一卷　張謇撰　清抄本　一册

360000－1901－0001210　161702
變法平議一卷　張謇撰　清光緒鉛印本　一册

360000－1901－0001211　500442－1
[江西銅鼓]謝氏重修族譜□□卷首一卷　(清)謝竹林纂修　清光緒十五年(1889)陳留堂木活字印本　一册　存一卷(十一)

360000－1901－0001212　309659
變雅堂文集四卷詩集十卷附錄一卷　(清)杜濬撰　清刻本　六册　存十三卷(變雅堂文集三至四、詩集十卷、附錄一卷)

360000－1901－0001213　301273
變雅堂文集四卷詩集十卷附錄一卷　(清)杜濬撰　清同治九年(1870)刻本　八册

360000－1901－0001214　404907
標季試律鸞音四卷首一卷　(清)倪　擎箋釋　清刻本　一册　存三卷(一至二、首一卷)

360000－1901－0001215　413278
標孟七卷　(清)汪有光評　(清)汪能承編　清光緒十三年(1887)李宗煝刻本　二册

360000－1901－0001216　413278－1
標孟七卷　(清)汪有光評　(清)汪能承編　清光緒十三年(1887)李宗煝刻本　一册

360000－1901－0001217　220274
標題詳注史略補遺大成十卷首一卷　(元)曾先之輯　(明)李紀補遺　明刻本　佚名批　三册　缺二卷(九至十)

360000－1901－0001218　220190
標題正史通鑑定本□□卷　(明)諸燮　(明)

陳仁錫　(明)鍾惺纂　(明)俞汝翼參訂　清刻本　一册　存二卷(三至四)

360000－1901－0001219　210490
别雅五卷　(清)吴玉搢輯　清乾隆七年(1742)新安程氏督經堂刻本　五册

360000－1901－0001220　163185
賓萌集五卷外集四卷　(清)俞樾撰　清光緒十年(1884)刻本　一册　存五卷(賓萌集五卷)

360000－1901－0001221　301793
賓萌集五卷外集四卷　(清)俞樾撰　清同治五年(1866)刻本　二册　存四卷(外集四卷)

360000－1901－0001222　301791
賓退錄十卷　(宋)趙與旹撰　清光緒江陰繆氏刻對雨樓叢書本　四册

360000－1901－0001223　230402
賓退錄十卷　(宋)趙與旹撰　清乾隆刻本(卷一至六配清抄本)　四册

360000－1901－0001224　304397
豳風廣義三卷　(清)楊屾撰　清光緒八年(1882)濟南刻本　二册

360000－1901－0001225　403898
豳風廣義三卷　(清)楊屾撰　清光緒八年(1882)刻本　二册

360000－1901－0001226　164909
瀕湖脈學一卷奇經八脈攷一卷脈訣攷證一卷　(明)李時珍撰　清道光六年(1826)刻本　一册

360000－1901－0001227　409017
瀕湖脈學一卷奇經八脈攷一卷脈訣攷證一卷　(明)李時珍撰　清桂芳齋刻本　一册

360000－1901－0001228　409012
瀕湖脈學一卷奇經八脈攷一卷脈訣攷證一卷　(明)李時珍撰　清芥子園刻本　一册

360000－1901－0001229　409012－1
瀕湖脈學一卷奇經八脈攷一卷脈訣攷證一卷　(明)李時珍撰　清芥子園刻本　一册

360000－1901－0001230　409013
瀕湖脈學一卷奇經八脈攷一卷脈訣攷證一卷　(明)李時珍撰　清芥子園刻本　一册

360000－1901－0001231　804268
瀕湖脈學一卷奇經八脈攷一卷脈訣攷證一卷　(明)李時珍撰　清芥子園刻本　一册

360000－1901－0001232　409018
瀕湖脈學一卷奇經八脈攷一卷脈訣攷證一卷　(明)李時珍撰　清刻本　一册

360000－1901－0001233　409019
瀕湖脈學一卷奇經八脈攷一卷脈訣攷證一卷　(明)李時珍撰　清刻本　一册

360000－1901－0001234　409020
瀕湖脈學一卷奇經八脈攷一卷脈訣攷證一卷　(明)李時珍撰　清刻本　一册

360000－1901－0001235　409030
瀕湖脈學一卷奇經八脈攷一卷脈訣攷證一卷　(明)李時珍撰　清刻本　一册

360000－1901－0001236　409032
瀕湖脈學一卷奇經八脈攷一卷脈訣攷證一卷　(明)李時珍撰　清刻本　一册

360000－1901－0001237　409033
瀕湖脈學一卷奇經八脈攷一卷脈訣攷證一卷　(明)李時珍撰　清刻本　一册

360000－1901－0001238　801637
瀕湖脈學一卷奇經八脈攷一卷脈訣攷證一卷　(明)李時珍撰　清刻本　一册　存一卷(奇經八脈攷一卷)

360000－1901－0001239　801638
瀕湖脈學一卷奇經八脈攷一卷脈訣攷證一卷　(明)李時珍撰　清刻本　一册

360000－1901－0001240　804240
瀕湖脈學一卷奇經八脈攷一卷脈訣攷證一卷　(明)李時珍撰　清同人堂刻本　一册

360000－1901－0001241　409014
瀕湖脈學一卷奇經八脈攷一卷脈訣攷證一卷　(明)李時珍撰　清務本堂刻本　一册

360000－1901－0001242　409021

瀕湖脈學一卷奇經八脈攷一卷脈訣攷證一卷　（明）李時珍撰　清務本堂刻本　一冊

360000－1901－0001243　409015

瀕湖脈學一卷奇經八脈攷一卷脈訣攷證一卷　（明）李時珍撰　清漁古山房刻本　一冊

360000－1901－0001244　409015－1

瀕湖脈學一卷奇經八脈攷一卷脈訣攷證一卷　（明）李時珍撰　清漁古山房刻本　一冊

360000－1901－0001245　409015－2

瀕湖脈學一卷奇經八脈攷一卷脈訣攷證一卷　（明）李時珍撰　清漁古山房刻本　一冊

360000－1901－0001246　409016

瀕湖脈學一卷奇經八脈攷一卷脈訣攷證一卷　（明）李時珍撰　清藻文堂刻本　一冊

360000－1901－0001247　902108

兵船礮法六卷　（美國）水師書院撰　（美國）金楷理口譯　（清）朱恩錫筆述　清末石印本　一冊

360000－1901－0001248　120736

兵法類案十三卷　（清）謝文洊撰　清刻本　九冊

360000－1901－0001249　416520

兵法類案十三卷　（清）謝文洊撰　清刻本　二冊　存二卷（六至七）

360000－1901－0001250　416505

兵法史略學八卷　陳慶年撰　清光緒兩湖書院刻本　二冊　存二卷（七至八）

360000－1901－0001251　120737

兵家方道指南九卷　（清）彭定瀾撰　清同治四年（1865）刻本　六冊

360000－1901－0001252　800533

兵家尅擇樞要圖局一卷　（□）□□撰　清抄本　一冊

360000－1901－0001253　421314

兵鏡類編四十卷　（清）李蕊輯　清刻本　一冊　存三卷（六至八）

360000－1901－0001254　303926

兵書三種　（清）王鑫輯　清光緒元年（1875）湖北崇文書局刻本　一冊

360000－1901－0001255　309519

栟櫚先生文集二十五卷　（宋）鄧肅撰　清刻本　二冊　存十二卷（五至十六）

360000－1901－0001256　411336

丙丁龜鑑五卷續錄二卷　（宋）柴望輯　清刻本　二冊　存三卷（一、四至五）

360000－1901－0001257　161434

丙午日本游記一卷附錄一卷　程淯撰　清光緒三十二年（1906）鉛印本　一冊

360000－1901－0001258　314051

炳燭編四卷　（清）李賡芸撰　清光緒四年（1878）宏達堂刻本　二冊

360000－1901－0001259　303722

炳燭編四卷　（清）李賡芸撰　清同治十一年（1872）滂喜齋刻本　二冊

360000－1901－0001260　405288

炳燭編四卷　（清）李賡芸撰　清同治十一年（1872）滂喜齋刻本　四冊

360000－1901－0001261　405288－1

炳燭編四卷　（清）李賡芸撰　清同治十一年（1872）滂喜齋刻本　一冊　存二卷（三至四）

360000－1901－0001262　412862

炳燭編四卷　（清）李賡芸撰　清同治十一年（1872）滂喜齋刻本　一冊　存二卷（一至二）

360000－1901－0001263　317237

炳燭齋詩草一卷附錄一卷　（清）王樂雝撰　清同治八年（1869）雙研齋木活字印本　一冊

360000－1901－0001264　405289

炳燭齋詩草一卷附錄一卷　（清）王樂雝撰　清同治八年（1869）雙研齋木活字印本　一冊

360000－1901－0001265　404727

稟啓零紈四卷　（清）徐紉裳輯　清光緒十七年（1891）鉛印本　一冊

360000－1901－0001266　803989
病機不分卷　(清)□□輯　清張立祚抄本　一册

360000－1901－0001267　803223
病機二卷　(清)□□輯　清抄本　一册　存一卷(下)

360000－1901－0001268　802101
病機類治二卷　(清)□□撰　清抄本　一册　存一卷(上)

360000－1901－0001269　408780
病機沙篆二卷　(明)李中梓撰　清刻本　二册

360000－1901－0001270　408781
病機沙篆二卷　(明)李中梓撰　清刻本　一册

360000－1901－0001271　408781－1
病機沙篆二卷　(明)李中梓撰　清刻本　一册

360000－1901－0001272　302662
盋山文錄八卷詩錄二卷　(清)顧雲撰　清光緒十五年(1889)刻本　四册

360000－1901－0001273　305894
盋山文錄八卷詩錄二卷　(清)顧雲撰　清刻本　三册　存七卷(盋山文錄四至八、詩錄二卷)

360000－1901－0001274　311726
盋山志八卷　(清)顧雲撰　清光緒九年(1883)刻本　三册

360000－1901－0001275　120755
泊菴先生文集十六卷附錄一卷詩鈔一卷　(明)梁潛撰　清同治七年(1868)刻本　七册

360000－1901－0001276　416458
博物新編三卷　(英國)合信撰　清刻本　一册

360000－1901－0001277　416453
博物學大意不分卷　杜就田編譯　清光緒三十四年(1908)上海商務印書館鉛印本　一册

360000－1901－0001278　163090
博物要覽十二卷　(清)谷應泰撰　清乾隆綿州李氏萬卷樓刻函海本　一册

360000－1901－0001279　801439
博物知本　(清)尤乘編　清抄本　一册

360000－1901－0001280　416414
博物志十卷　(晉)張華撰　(宋)周日用注　清刻本　一册

360000－1901－0001281　717942
博物志十卷　(晉)張華撰　(宋)周日用注　清刻本　一册

360000－1901－0001282　804212－1
博物志十卷　(晉)張華撰　(宋)周日用注　清刻本　一册　存六卷(二至七)

360000－1901－0001283　414876
博物志十卷　(晉)張華撰　(宋)周日用注　**博異記一卷**　(唐)鄭懷古撰　清刻本　一册

360000－1901－0001284　804212
博物志十卷　(晉)張華撰　(宋)周日用注　**桂海虞衡志一卷**　(宋)范成大撰　清刻本　一册　存九卷(博物志三至十、桂海虞衡志一卷)

360000－1901－0001285　416412
博物志十卷　(晉)張華撰　(宋)周日用注　**續博物志十卷**　(宋)李石撰　清刻本　一册

360000－1901－0001286　416413
博物志十卷　(晉)張華撰　(宋)周日用注　**續博物志十卷**　(宋)李石撰　**桂海虞衡志一卷**　(宋)范成大撰　清刻本　二册

360000－1901－0001287　230495
博物志十卷　(晉)張華撰　**西京雜記六卷**　題(晉)葛洪撰　清抄本　一册

360000－1901－0001288　416398
博雅十卷　(三國魏)張揖撰　(隋)曹憲音解　清乾隆五十六年(1791)金谿王氏刻增訂漢魏叢書本　一册

360000－1901－0001289　313337

駁案彙編四十一卷 (清)朱梅臣輯 清光緒九年(1883)上海圖書集成局鉛印本 十二册

360000－1901－0001290 417033

駁案彙編四十一卷 (清)朱梅臣輯 清光緒九年(1883)上海圖書集成局鉛印本 二册 存六卷(駁案新編九至十二、駁案續編三至四)

360000－1901－0001291 417033－1

駁案彙編四十一卷 (清)朱梅臣輯 清光緒九年(1883)上海圖書集成局鉛印本 八册 存二十八卷(駁案新編九至三十二、駁案續編一至四)

360000－1901－0001292 717036

駁案彙編四十一卷 (清)朱梅臣輯 清光緒九年(1883)上海圖書集成局鉛印本 十二册

360000－1901－0001293 406389

駁案新編三十二卷 (清)全士潮等輯 清刻本 三册 存六卷(二十五至三十)

360000－1901－0001294 417035

駁案新編三十二卷 (清)全士潮等輯 清刻本 五册 存十卷(十九至二十二、二十五至三十)

360000－1901－0001295 417041

駁案新編三十二卷 (清)全士潮等輯 清刻本 六册 存十三卷(十六至二十八)

360000－1901－0001296 417041－1

駁案新編三十二卷 (清)全士潮等輯 清刻本 三册 存六卷(三至四、八至九、十二至十三)

360000－1901－0001297 417042

駁案新編三十二卷 (清)全士潮等輯 清刻本 七册 存十卷(十一、十三、十七至二十一、二十三至二十四、三十一)

360000－1901－0001298 717037

駁案新編三十二卷 (清)全士潮等輯 清刻本 十册 存十八卷(一至二、七至十、十四至二十三、三十一至三十二)

360000－1901－0001299 220494

駁案新編三十二卷 (清)全士潮等輯 清乾隆元年至四十六年(1736－1781)刻本 二十册

360000－1901－0001300 722260

駁案新編三十二卷續編七卷 (清)全士潮等輯 清光緒九年(1883)圖書集成局鉛印本 十一册

360000－1901－0001301 722261

駁案新編三十二卷續編七卷 (清)全士潮等輯 清光緒九年(1883)圖書集成局鉛印本 七册 存二十四卷(駁案新編十三至三十二、續編一至四)

360000－1901－0001302 722261－1

駁案新編三十二卷續編七卷 (清)全士潮等輯 清光緒九年(1883)圖書集成局鉛印本 三册 存十二卷(一至十二)

360000－1901－0001303 722261－2

駁案新編三十二卷續編七卷 (清)全士潮等輯 清光緒九年(1883)圖書集成局鉛印本 一册 存三卷(續編五至七)

360000－1901－0001304 308861

駁案新編三十二卷續編七卷 (清)全士潮等輯 清嘉慶二十一年(1816)刻本 二十四册

360000－1901－0001305 417040

駁案新編三十二卷續編七卷 (清)全士潮等輯 清刻本 十一册 存二十五卷(駁案新編一至六、八至九、十一至十四、二十四至三十,續編二至七)

360000－1901－0001306 417041－2

駁案新編三十二卷續編七卷 (清)全士潮等輯 清刻本 六册 存八卷(駁案新編七至八、十八至二十二,續編一)

360000－1901－0001307 417043

駁案新編三十二卷續編七卷 (清)全士潮等輯 清刻本 四十二册 存三十六卷(駁案新編一至七、九、十一至三十二,續編一至四、六至七)

360000－1901－0001308　717038
駁案新編三十二卷續編七卷　(清)全士潮等輯　清刻本　十二册　存十七卷(駁案新編一至二、九、十九至二十四、三十一至三十二,續編一至三、五至七)

360000－1901－0001309　717039
駁案新編三十二卷續編七卷　(清)全士潮等輯　清刻本　八册　存十卷(駁案新編一至二、四至九、十一,續編七)

360000－1901－0001310　717040
駁案新編三十二卷續編七卷　(清)全士潮等輯　清刻本　十三册　存十七卷(駁案新編二十至三十二,續編一至三、六)

360000－1901－0001311　722043
駁案新編三十二卷續編七卷　(清)全士潮等輯　清刻本　六册　存八卷(十二至十九)

360000－1901－0001312　417042－1
駁案續編七卷　(清)全士潮等輯　清刻本　一册　存二卷(四至五)

360000－1901－0001313　417042－2
駁案續編七卷　(清)全士潮等輯　清刻本　二册　存二卷(五、八)

360000－1901－0001314　210347
駁呂留良四書講義八卷　(清)朱軾等撰　清雍正九年(1731)刻本　八册

360000－1901－0001315　415064
駁呂留良四書講義八卷　(清)朱軾等撰　清雍正九年(1731)刻本　四册

360000－1901－0001316　415065
駁呂留良四書講義八卷　(清)朱軾等撰　清雍正九年(1731)刻本　四册

360000－1901－0001317　303962
駁毛西河大學問答一卷　(清)毛奇齡詮釋　(清)錢維坦辨明　清嘉慶三年(1798)刻本　一册

360000－1901－0001318　415061
駁毛西河四書改錯二十一卷　(清)戴大昌撰　清道光二年(1822)刻本　四册

360000－1901－0001319　415062
駁毛西河四書改錯二十一卷　(清)戴大昌撰　清道光二年(1822)刻本　四册

360000－1901－0001320　415063
駁毛西河四書改錯二十一卷　(清)戴大昌撰　清道光二年(1822)刻本　三册　存十四卷(一至六、十四至二十一)

360000－1901－0001321　415063－1
駁毛西河四書改錯二十一卷　(清)戴大昌撰　清道光二年(1822)刻本　一册　存四卷(十八至二十一)

360000－1901－0001322　415063－2
駁毛西河四書改錯二十一卷　(清)戴大昌撰　清道光二年(1822)刻本　一册　存四卷(十八至二十一)

360000－1901－0001323　415063－3
駁毛西河四書改錯二十一卷　(清)戴大昌撰　清道光二年(1822)刻本　一册　存四卷(十八至二十一)

360000－1901－0001324　410220
檗隖詞存十二卷別集五卷　(清)王以敏撰　清光緒九年(1883)刻本　四册

360000－1901－0001325　316919
檗隖詩存別集(鮫拾集)五卷　(清)王以敏撰　清光緒三十一年(1905)刻本　一册

360000－1901－0001326　316723
檗隖詩存別集二卷　(清)王以敏撰　清光緒二十九年(1903)江西官書局石印本　一册

360000－1901－0001327　303850
檗隖詩存十二卷末一卷　(清)王以敏撰　清光緒十七年(1891)刻本　十二册

360000－1901－0001328　314883
卜法詳考四卷　(清)胡煦撰　清雍正六年(1728)葆璞堂刻本　二册

360000－1901－0001329　301327
卜筮正宗十四卷　(清)王維德撰　清光緒三

十年(1904)刻本　六册

360000－1901－0001330　417261
卜筮正宗十四卷　(清)王維德撰　清嘉慶二十三年(1818)刻本　四册

360000－1901－0001331　230570
卜筮正宗十四卷　(清)王維德撰　清康熙四十八年(1709)刻本　四册

360000－1901－0001332　305227
卜筮正宗十四卷　(清)王維德撰　清刻本　三册　存十卷(五至十四)

360000－1901－0001333　417263
卜筮正宗十四卷　(清)王維德撰　清刻本　四册

360000－1901－0001334　417263－1
卜筮正宗十四卷　(清)王維德撰　清刻本　一册　存四卷(四至七)

360000－1901－0001335　417263－2
卜筮正宗十四卷　(清)王維德撰　清刻本　一册　存四卷(四至七)

360000－1901－0001336　804688
卜筮正宗十四卷　(清)王維德撰　清刻本　一册　存七卷(八至十四)

360000－1901－0001337　417260
卜筮正宗十四卷　(清)王維德撰　清文奎堂刻本　六册

360000－1901－0001338　417262
卜兆真機六卷　(清)吴楚輯　清乾隆六十年(1795)刻本　八册　存五卷(一至五)

360000－1901－0001339　416459
捕蝗要訣一卷除蝻八要一卷　(清)錢炘和撰　清同治八年(1869)崇文書局刻本　一册

360000－1901－0001340　163136
補讀書齋遺稿十卷　(清)沈維鐈撰　清光緒元年(1875)廣州寓舍刻本　四册

360000－1901－0001341　305511
補過軒四書文一卷　(清)魯一同撰　清咸豐元年(1851)刻本　一册

360000－1901－0001342　405504
補恨樓詞二卷　(清)徐佑成撰　清光緒二十一年(1895)刻本　一册

360000－1901－0001343　405504－1
補恨樓詞二卷　(清)徐佑成撰　清光緒二十一年(1895)刻本　一册

360000－1901－0001344　801935
補紅樓夢四十八回　(清)嫏嬛山樵撰　清嘉慶二十五年(1820)刻本　一册　存一回(一)

360000－1901－0001345　121863
補後漢書年表十卷　(宋)熊方撰　清刻本　四册

360000－1901－0001346　314096
補寰宇訪碑録五卷失編一卷　(清)趙之謙撰　清光緒十二年(1886)吴縣朱氏槐廬家塾刻槐廬叢書本　一册　存三卷(一至三)

360000－1901－0001347　409376
補寰宇訪碑録五卷失編一卷　(清)趙之謙撰　清光緒十二年(1886)吴縣朱氏槐廬家塾刻槐廬叢書本　二册

360000－1901－0001348　301786
補寰宇訪碑録五卷失編一卷　(清)趙之謙撰　清同治三年(1864)刻本　二册

360000－1901－0001349　421847
補江城名蹟記三卷　(清)涂蘭玉撰　清刻本　一册

360000－1901－0001350　418370
補蕉叢訓□□卷　(清)王鴻春輯　清刻本　二册　存二卷(三、七)

360000－1901－0001351　163006
補晉書經籍志四卷　吴士鑑撰　清光緒二十一年(1895)刻本　一册

360000－1901－0001352　300903
補晉書經籍志四卷　吴士鑑撰　清光緒二十一年(1895)刻本　一册

360000－1901－0001353　305469

補晉書藝文志四卷附録一卷　(清)丁國鈞撰　丁辰注　清光緒錫山文苑閣木活字印常熟丁氏叢書本　二册

360000－1901－0001354　241024

補瓢存稿六卷　(清)韓騏撰　清乾隆二十三年(1758)南蔭書屋刻本　一册　存三卷(四至六)

360000－1901－0001355　313202

補三國疆域志二卷　(清)洪亮吉撰　清嘉慶三年(1798)京師刻本　一册

360000－1901－0001356　220543

補三國疆域志二卷　(清)洪亮吉撰　清乾隆四十六年(1781)西安刻北江全集本　一册

360000－1901－0001357　121861

補尚史論贊二卷　(清)李祖陶撰　清道光元年(1821)刻本　一册

360000－1901－0001358　121862

補尚史論贊二卷　(清)李祖陶撰　清道光元年(1821)刻本　一册

360000－1901－0001359　404486

補尚史論贊二卷　(清)李祖陶撰　清道光元年(1821)刻本　一册

360000－1901－0001360　404486－1

補尚史論贊二卷　(清)李祖陶撰　清道光元年(1821)刻本　一册

360000－1901－0001361　404486－2

補尚史論贊二卷　(清)李祖陶撰　清道光元年(1821)刻本　一册

360000－1901－0001362　803834

補笙家書不分卷　(清)□□撰　清抄本　一册

360000－1901－0001363　418371

補笙堂詩稿二卷　(清)董邦超撰　清光緒二十一年(1895)刻本　一册

360000－1901－0001364　418371－1

補笙堂詩稿二卷　(清)董邦超撰　清光緒二十一年(1895)刻本　一册

360000－1901－0001365　312129

補宋書刑法志一卷食貨志一卷　(清)郝懿行撰　清光緒十七年(1891)廣雅書局刻廣雅書局叢書本　一册

360000－1901－0001366　301834

補宋書刑法志一卷食貨志一卷　(清)郝懿行撰　清刻本　一册

360000－1901－0001367　305512

補學軒詩集十二卷文集外編四卷　(清)鄭獻甫撰　清光緒五年至八年(1879－1882)黔南節署刻本　一册　存一卷(文集外編二)

360000－1901－0001368　305513

補學軒詩集十二卷文集外編四卷　(清)鄭獻甫撰　清光緒五年至八年(1879－1882)黔南節署刻本　一册　存二卷(補學軒詩集一至二)

360000－1901－0001369　305514

補學軒詩集十二卷文集外編四卷　(清)鄭獻甫撰　清光緒五年至八年(1879－1882)黔南節署刻本　二册　存二卷(文集外編二、四)

360000－1901－0001370　405581

補瘞鶴銘考二卷　(清)汪鋆撰　清光緒九年(1883)刻本　二册

360000－1901－0001371　121799

補餘堂詩鈔六卷　(清)戴大昌撰　**湘涵試帖一卷**　(清)戴揚森撰　清嘉慶十年(1805)刻本　一册

360000－1901－0001372　123117

補餘堂詩鈔六卷　(清)戴大昌撰　**湘涵試帖一卷**　(清)戴揚森撰　清嘉慶十年(1805)刻本　一册

360000－1901－0001373　415070

補餘堂四書問答二十四卷附録一卷　(清)戴大昌撰　清嘉慶十五年(1810)刻補餘堂集本　一册　存六卷(二十至二十四、附録一卷)

360000－1901－0001374　415327

補餘堂四書問答二十四卷附錄一卷 (清)戴大昌撰 清嘉慶十五年(1810)刻補餘堂集本 七冊 存二十二卷(一至四、七至十四、十六至二十四,附錄一卷)

360000-1901-0001375 415327-1
補餘堂四書問答二十四卷附錄一卷 (清)戴大昌撰 清嘉慶十五年(1810)刻補餘堂集本 一冊 存四卷(七至十)

360000-1901-0001376 415327-2
補餘堂四書問答二十四卷附錄一卷 (清)戴大昌撰 清嘉慶十五年(1810)刻補餘堂集本 一冊 存三卷(七至九)

360000-1901-0001377 123283
補餘堂文集二十四卷 (清)戴大昌撰 清嘉慶二十二年(1817)刻本 三冊 存十八卷(一至十八)

360000-1901-0001378 415069
補餘堂文集二十四卷 (清)戴大昌撰 清刻本 一冊 存八卷(一至八)

360000-1901-0001379 601885
補餘堂文集二十四卷 (清)戴大昌撰 清刻本 一冊 存六卷(十三至十八)

360000-1901-0001380 121864
補園詩鈔十八卷 (清)王謙撰 清光緒十三年(1887)刻本 四冊

360000-1901-0001381 220395
補正江西秩官志六卷 (清)譚尚書撰 清乾隆五十九年(1794)抄本 三冊

360000-1901-0001382 164887
補注黃帝内經素問二十四卷 (唐)王冰注 清刻本 一冊 存四卷(八至十一)

360000-1901-0001383 407967
補注黃帝内經素問二十四卷 (唐)王冰注 清刻本 五冊 存十七卷(三至十三、十九至二十四)

360000-1901-0001384 407968
補注黃帝内經素問二十四卷 (唐)王冰注 清刻本 四冊 存十四卷(五至十二、十七至十九、二十二至二十四)

360000-1901-0001385 420265
補注黃帝内經素問二十四卷 (唐)王冰注 清刻本 一冊 存四卷(四至七)

360000-1901-0001386 407964
補注黃帝内經素問二十四卷 (唐)王冰注 清末育文書局石印本 一冊 存十二卷(一至十二)

360000-1901-0001387 407960
補注黃帝内經素問二十四卷 (唐)王冰注 **黃帝内經靈樞十二卷** 清光緒十九年(1893)鴻文書局石印本 二冊

360000-1901-0001388 407961
補注黃帝内經素問二十四卷 (唐)王冰注 **黃帝内經靈樞十二卷** 清光緒十九年(1893)鴻文書局石印本 二冊

360000-1901-0001389 407962
補注黃帝内經素問二十四卷 (唐)王冰注 **黃帝内經靈樞十二卷** 清光緒十九年(1893)鴻文書局石印本 一冊

360000-1901-0001390 407965
補注黃帝内經素問二十四卷 (唐)王冰注 **黃帝内經靈樞十二卷** 清末石印本 二冊 存十八卷(補注黃帝内經素問一至九、二十一至二十四,黃帝内經靈樞一至五)

360000-1901-0001391 418602
補注秋水軒尺牘四卷 (清)許思湄撰 (清)婁世瑞注 (清)管斯駿補注 清光緒十年(1884)蘇城管氏刻本 四冊

360000-1901-0001392 418603
補注秋水軒尺牘四卷 (清)許思湄撰 (清)婁世瑞注 (清)管斯駿補注 清光緒十年(1884)蘇城管氏刻本 三冊 存三卷(一至三)

360000-1901-0001393 407966
補註黃帝内經素問二十四卷靈樞十二卷

(唐)王冰注　清末鉛印本　三冊　存二十卷(補註黃帝内經素問七至十四、靈樞十二卷)

360000－1901－0001394　802958
補註洗冤録集證四卷檢骨圖格一卷　(清)王又槐輯　(清)李觀瀾補輯　(清)阮其新補注　(清)童濂刪　清刻三色套印本　一冊　存二卷(三至四)

360000－1901－0001395　417050
補註洗冤録集證四卷檢骨圖格一卷　(清)王又槐輯　(清)李觀瀾補輯　(清)阮其新補注　(清)童濂刪　**作吏要言一卷**　(清)葉鎮撰　(清)朱椿增　清道光二十六年(1846)彭崧毓刻三色套印本　四冊

360000－1901－0001396　417052
補註洗冤録集證四卷檢骨圖格一卷　(清)王又槐輯　(清)李觀瀾補輯　(清)阮其新補注　(清)童濂刪　**作吏要言一卷**　(清)葉鎮撰　(清)朱椿增　清道光二十三年(1843)江都鍾淮刻三色套印本　二冊　存四卷(補註洗冤録集證四卷)

360000－1901－0001397　164818
補註洗冤録集證四卷檢骨圖格一卷　(清)王又槐輯　(清)李觀瀾補輯　(清)阮其新補注　(清)童濂刪　**作吏要言一卷**　(清)葉鎮撰　(清)朱椿增　清道光二十三年(1843)刻三色套印本　二冊

360000－1901－0001398　164819
補註洗冤録集證四卷檢骨圖格一卷　(清)王又槐輯　(清)李觀瀾補輯　(清)阮其新補注　(清)童濂刪　**作吏要言一卷**　(清)葉鎮撰　(清)朱椿增　清道光二十三年(1843)刻三色套印本　二冊

360000－1901－0001399　164820
補註洗冤録集證四卷檢骨圖格一卷　(清)王又槐輯　(清)李觀瀾補輯　(清)阮其新補注　(清)童濂刪　**作吏要言一卷**　(清)葉鎮撰　(清)朱椿增　清道光二十三年(1843)刻三色套印本　二冊

360000－1901－0001400　164821
補註洗冤録集證四卷檢骨圖格一卷　(清)王又槐輯　(清)李觀瀾補輯　(清)阮其新補注　(清)童濂刪　**作吏要言一卷**　(清)葉鎮撰　(清)朱椿增　清道光二十三年(1843)刻三色套印本　四冊

360000－1901－0001401　164822
補註洗冤録集證四卷檢骨圖格一卷　(清)王又槐輯　(清)李觀瀾補輯　(清)阮其新補注　(清)童濂刪　**作吏要言一卷**　(清)葉鎮撰　(清)朱椿增　清道光二十三年(1843)刻三色套印本　三冊

360000－1901－0001402　164813
補註洗冤録集證五卷檢骨圖格一卷寶鑑編一卷　(清)王又槐輯　(清)李觀瀾補輯　(清)阮其新補注　清道光十三年(1833)刻本　四冊

360000－1901－0001403　801858－1
補拙山房集聯不分卷　(□)□□撰　清抄本　一冊

360000－1901－0001404　165170
不得已二卷　(清)楊光先撰　清抄本　二冊

360000－1901－0001405　405093
不可録一卷　(清)陳海曙輯　清光緒鉛印本　一冊

360000－1901－0001406　162283
不可録一卷　(清)陳海曙輯　清同治九年(1870)刻本　一冊

360000－1901－0001407　711376
不乃羹駢體文鈔四卷　(清)盧師泳撰　清宣統二年(1910)刻本　一冊　存二卷(一至二)

360000－1901－0001408　316140
不慊齋漫存七卷　(清)徐賡陛撰　清光緒八年(1882)南海官署刻本　六冊

360000－1901－0001409　302244
不易介集詩稾三卷　(清)傅雲龍撰　清光緒十五年(1889)鉛印本　一冊

360000－1901－0001410　711379
不遮山閣詩鈔十二卷　(清)沈朝初撰　清康熙刻本　一册

360000－1901－0001411　162282
不知醫必要四卷　(清)梁廉夫撰　清光緒六年(1880)刻本　四册

360000－1901－0001412　408336
不知醫必要四卷　(清)梁廉夫撰　清光緒七年(1881)刻本　四册

360000－1901－0001413　711378
不櫛吟三卷　(清)潘素心撰　清道光刻本　一册

360000－1901－0001414　120377
布帆無恙草三卷忍冬小草二卷　(清)湯儲璠撰　清同治十三年(1874)湯寶中刻本　二册

360000－1901－0001415　120378
布帆無恙草三卷忍冬小草二卷　(清)湯儲璠撰　清同治十三年(1874)湯寶中刻本　一册

360000－1901－0001416　122767
布帆無恙草三卷忍冬小草二卷　(清)湯儲璠撰　清同治十三年(1874)湯寶中刻本　一册

360000－1901－0001417　414128
布衣陳先生遺集四卷　(明)陳真晟撰　清光緒十年(1884)津河廣仁堂刻本　一册

360000－1901－0001418　414128－1
布衣陳先生遺集四卷　(明)陳真晟撰　清光緒十年(1884)津河廣仁堂刻本　一册

360000－1901－0001419　162307
步兵操法上編六卷下編二卷首一卷　(清)北洋陸軍教練處編　清光緒二十九年(1903)北洋陸軍教練處鉛印本　三册

360000－1901－0001420　241032
步堂全集不分卷　(清)尹元貢撰　清雍正刻本　二册

360000－1901－0001421　240684
步朱吟一卷　(明)管志道撰　明萬曆刻本　一册

360000－1901－0001422　302412
才調集補註十卷　(五代)韋縠輯　(清)殷元勳箋注　(清)宋邦綏補注　清光緒二十年(1894)江蘇書局刻本　四册

360000－1901－0001423　316910
才調集補註十卷　(五代)韋縠輯　(清)殷元勳箋注　(清)宋邦綏補注　清光緒二十年(1894)江蘇書局刻本　四册

360000－1901－0001424　421391
才調集補註十卷　(五代)韋縠輯　(清)殷元勳箋注　(清)宋邦綏補注　清光緒二十年(1894)江蘇書局刻本　二册　存四卷(一、八至十)

360000－1901－0001425　421390
才調集補註十卷　(五代)韋縠輯　(清)殷元勳箋注　(清)宋邦綏補注　清乾隆五十八年(1793)常州宋氏思補堂刻本　三册　存五卷(二、六至七、九至十)

360000－1901－0001426　603065
才調集十卷　(五代)韋縠輯　清金閶書業堂刻本　四册

360000－1901－0001427　241314
才調集十卷　(五代)韋縠輯　清康熙四十三年(1704)汪氏垂雲堂刻本　六册

360000－1901－0001428　421388
才調集十卷　(五代)韋縠輯　清康熙四十三年(1704)汪氏垂雲堂刻本　四册

360000－1901－0001429　421388－1
才調集十卷　(五代)韋縠輯　清康熙四十三年(1704)汪氏垂雲堂刻本　二册　存六卷(三至五、八至十)

360000－1901－0001430　421389
才調集選三卷　(五代)韋縠輯　(清)王士禛删纂　清康熙刻本　三册

360000－1901－0001431　900816
才子雜字二卷　(明)吳國倫撰　(清)張補山增釋　清刻本　一册

360000－1901－0001432　401930
財政四綱四卷　錢恂撰　清光緒二十七年(1901)鉛印本　一册

360000－1901－0001433　413622
纔然曉得二卷　(清)劉定申撰　清道光五年(1825)刻本　一册

360000－1901－0001434　413621
纔然曉得二卷　(清)劉定申撰　清嘉慶二十二年(1817)刻本　一册

360000－1901－0001435　413623
纔然曉得二卷　(清)劉定申撰　清嘉慶十八年(1813)刻本　一册

360000－1901－0001436　413622－1
纔然曉得二卷　(清)劉定申撰　清刻本　一册

360000－1901－0001437　413623－1
纔然曉得二卷　(清)劉定申撰　清刻本　一册

360000－1901－0001438　413623－2
纔然曉得二卷　(清)劉定申撰　清刻本　一册

360000－1901－0001439　413623－3
纔然曉得二卷　(清)劉定申撰　清刻本　一册

360000－1901－0001440　413620
纔然曉得二卷　(清)劉定申撰　清同治八年(1869)刻本　一册

360000－1901－0001441　308439
采風記五卷時務論一卷　宋育仁撰　清光緒二十一年(1895)上海書局石印本　四册

360000－1901－0001442　401770
采風記五卷時務論一卷紀程感事詩一卷　宋育仁撰　清光緒二十一年(1895)刻本　四册

360000－1901－0001443　241227
采菽堂古詩選三十八卷補遺四卷　(清)陳祚明輯　清乾隆刻本　十六册

360000－1901－0001444　120951
采馨堂詩集十二卷　(清)張瓊英撰　清嘉慶八年(1803)瑞金書舍刻本　二册

360000－1901－0001445　721748
采真彙藁四卷　(清)檀萃撰　(清)曾力行箋注　(清)周芬佩評　清刻本　一册　存一卷(二)

360000－1901－0001446　705208
采真彙藁四卷　(清)檀萃撰　(清)曾力行箋注　(清)周芬佩評　清乾隆四十二年(1777)刻本　四册

360000－1901－0001447　803359
採辦木植條奏部例抄稿不分卷　(清)□□輯　清抄本　一册

360000－1901－0001448　419787
採輯名家批評詩經刪補四卷　(明)徐奮鵬撰　(明)楊居廣編　清光緒二十年(1894)益志堂刻本(卷二配清刻本、卷三至四配清文淵堂刻本)　四册

360000－1901－0001449　419788
採輯名家批評詩經刪補四卷　(明)徐奮鵬撰　(明)楊居廣編　清光緒二十年(1894)益志堂刻本(卷二配清刻本、卷三至四配清文淵堂刻本)　四册

360000－1901－0001450　419789
採輯名家批評詩經刪補四卷　(明)徐奮鵬撰　(明)楊居廣編　清光緒二十一年(1895)文淵堂刻本　四册

360000－1901－0001451　419651
採輯名家批評詩經刪補四卷　(明)徐奮鵬撰　(明)楊居廣編　清刻本　四册

360000－1901－0001452　419791
採輯名家批評詩經刪補四卷　(明)徐奮鵬撰　(明)楊居廣編　清刻本　四册

360000－1901－0001453　419793
採輯名家批評詩經刪補四卷　(明)徐奮鵬撰　(明)楊居廣編　清刻本(卷一配清咸豐六

年刻本）　四册

360000－1901－0001454　419795

採輯名家批評詩經刪補四卷　（明）徐奮鵬撰（明）楊居廣編　清刻本（卷一配清咸豐六年刻本）　四册

360000－1901－0001455　419794

採輯名家批評詩經刪補四卷　（明）徐奮鵬撰（明）楊居廣編　清咸豐六年（1856）刻本（卷二配清刻本、卷三至四配清文淵堂刻本）　四册

360000－1901－0001456　419800

採輯名家批評詩經刪補四卷　（明）徐奮鵬撰（明）楊居廣編　清咸豐六年（1856）益志堂刻本（卷二配清刻本）　四册

360000－1901－0001457　419792

採輯名家批評詩經刪補四卷　（明）徐奮鵬撰（明）楊居廣編　清咸豐六年（1856）益志堂刻本（卷二配清刻本、卷三至四配清會友堂刻本）　四册

360000－1901－0001458　419801

採輯名家批評詩經刪補四卷　（明）徐奮鵬撰（明）楊居廣編　清咸豐六年（1856）益志堂刻本（卷二配清刻本、卷三至四配清文富堂刻本）　四册

360000－1901－0001459　419796

採輯名家批評詩經刪補四卷　（明）徐奮鵬撰（明）楊居廣編　清咸豐六年（1856）益志堂刻本（卷二配清世德堂刻本）　四册

360000－1901－0001460　801651

採輯名家批評詩經刪補四卷首一卷　（明）徐奮鵬撰　（明）楊居廣編　清光緒二十年（1894）益志堂刻本　一册　存一卷（一）

360000－1901－0001461　419799

採輯名家批評詩經刪補四卷首一卷　（明）徐奮鵬撰　（明）楊居廣編　清光緒二十年（1894）益志堂刻本（卷二配清世德堂刻本）　三册

360000－1901－0001462　900496

採輯名家批評詩經刪補四卷首一卷　（明）徐奮鵬撰　（明）楊居廣編　清光緒十九年（1893）何文錦齋刻本　一册　存二卷（一、首一卷）

360000－1901－0001463　419790

採輯名家批評詩經刪補四卷首一卷　（明）徐奮鵬撰　（明）楊居廣編　清近聖堂刻本　四册

360000－1901－0001464　902087

採輯名家批評詩經刪補四卷首一卷　（明）徐奮鵬撰　（明）楊居廣編　清近聖堂刻本　一册　存二卷（三至四）

360000－1901－0001465　902088

採輯名家批評詩經刪補四卷首一卷　（明）徐奮鵬撰　（明）楊居廣編　清近聖堂刻本　一册　存二卷（三至四）

360000－1901－0001466　419784

採輯名家批評詩經刪補四卷首一卷　（明）徐奮鵬撰　（明）楊居廣編　清刻本　三册

360000－1901－0001467　419802

採輯名家批評詩經刪補四卷首一卷　（明）徐奮鵬撰　（明）楊居廣編　清刻本　四册

360000－1901－0001468　801648

採輯名家批評詩經刪補四卷首一卷　（明）徐奮鵬撰　（明）楊居廣編　清刻本　二册　存二卷（一至二）

360000－1901－0001469　801649

採輯名家批評詩經刪補四卷首一卷　（明）徐奮鵬撰　（明）楊居廣編　清刻本　二册　存一卷（一）

360000－1901－0001470　801650

採輯名家批評詩經刪補四卷首一卷　（明）徐奮鵬撰　（明）楊居廣編　清刻本　二册　存一卷（一）

360000－1901－0001471　801654

採輯名家批評詩經刪補四卷首一卷　（明）徐

奮鵬撰　(明)楊居廣編　清刻本　二冊　存一卷(一)

360000－1901－0001472　801655
採輯名家批評詩經删補四卷首一卷　(明)徐奮鵬撰　(明)楊居廣編　清刻本　一冊　存一卷(一)

360000－1901－0001473　801656
採輯名家批評詩經删補四卷首一卷　(明)徐奮鵬撰　(明)楊居廣編　清刻本　一冊　存一卷(一)

360000－1901－0001474　801657
採輯名家批評詩經删補四卷首一卷　(明)徐奮鵬撰　(明)楊居廣編　清刻本　二冊　存一卷(一)

360000－1901－0001475　801659
採輯名家批評詩經删補四卷首一卷　(明)徐奮鵬撰　(明)楊居廣編　清刻本　一冊　存一卷(一)

360000－1901－0001476　801660
採輯名家批評詩經删補四卷首一卷　(明)徐奮鵬撰　(明)楊居廣編　清刻本　一冊　存一卷(一)

360000－1901－0001477　801661
採輯名家批評詩經删補四卷首一卷　(明)徐奮鵬撰　(明)楊居廣編　清刻本　一冊　存一卷(一)

360000－1901－0001478　801663
採輯名家批評詩經删補四卷首一卷　(明)徐奮鵬撰　(明)楊居廣編　清刻本　一冊　存一卷(一)

360000－1901－0001479　801664
採輯名家批評詩經删補四卷首一卷　(明)徐奮鵬撰　(明)楊居廣編　清刻本　一冊　存一卷(二)

360000－1901－0001480　801665
採輯名家批評詩經删補四卷首一卷　(明)徐奮鵬撰　(明)楊居廣編　清刻本　一冊　存一卷(二)

360000－1901－0001481　801666
採輯名家批評詩經删補四卷首一卷　(明)徐奮鵬撰　(明)楊居廣編　清刻本　一冊　存一卷(二)

360000－1901－0001482　801667
採輯名家批評詩經删補四卷首一卷　(明)徐奮鵬撰　(明)楊居廣編　清刻本　一冊　存一卷(二)

360000－1901－0001483　801668
採輯名家批評詩經删補四卷首一卷　(明)徐奮鵬撰　(明)楊居廣編　清刻本　一冊　存一卷(二)

360000－1901－0001484　801669
採輯名家批評詩經删補四卷首一卷　(明)徐奮鵬撰　(明)楊居廣編　清刻本　一冊　存一卷(二)

360000－1901－0001485　801670
採輯名家批評詩經删補四卷首一卷　(明)徐奮鵬撰　(明)楊居廣編　清刻本　一冊　存一卷(二)

360000－1901－0001486　801671
採輯名家批評詩經删補四卷首一卷　(明)徐奮鵬撰　(明)楊居廣編　清刻本　一冊　存一卷(二)

360000－1901－0001487　801672
採輯名家批評詩經删補四卷首一卷　(明)徐奮鵬撰　(明)楊居廣編　清刻本　一冊　存一卷(二)

360000－1901－0001488　801673
採輯名家批評詩經删補四卷首一卷　(明)徐奮鵬撰　(明)楊居廣編　清刻本　一冊　存一卷(二)

360000－1901－0001489　801674
採輯名家批評詩經删補四卷首一卷　(明)徐奮鵬撰　(明)楊居廣編　清刻本　一冊　存一卷(二)

360000－1901－0001490　801675
採輯名家批評詩經删補四卷首一卷　(明)徐奮鵬撰　(明)楊居廣編　清刻本　二册　存二卷(一至二)

360000－1901－0001491　804889
採輯名家批評詩經删補四卷首一卷　(明)徐奮鵬撰　(明)楊居廣編　清刻本　一册　存一卷(一)

360000－1901－0001492　900501
採輯名家批評詩經删補四卷首一卷　(明)徐奮鵬撰　(明)楊居廣編　清刻本　一册　存二卷(三至四)

360000－1901－0001493　902085
採輯名家批評詩經删補四卷首一卷　(明)徐奮鵬撰　(明)楊居廣編　清刻本　一册　存二卷(三至四)

360000－1901－0001494　902089
採輯名家批評詩經删補四卷首一卷　(明)徐奮鵬撰　(明)楊居廣編　清刻本　一册　存二卷(三至四)

360000－1901－0001495　419798
採輯名家批評詩經删補四卷首一卷　(明)徐奮鵬撰　(明)楊居廣編　清兩儀堂、近聖堂刻本　四册

360000－1901－0001496　419786
採輯名家批評詩經删補四卷首一卷　(明)徐奮鵬撰　(明)楊居廣編　清末羊城天禄閣刻本(卷二至三配清刻本)　三册

360000－1901－0001497　900502
採輯名家批評詩經删補四卷首一卷　(明)徐奮鵬撰　(明)楊居廣編　清南城崇德堂刻本　一册　存一卷(三)

360000－1901－0001498　419797
採輯名家批評詩經删補四卷首一卷　(明)徐奮鵬撰　(明)楊居廣編　清上達堂、萬卷樓刻本(卷二配清刻本)　三册

360000－1901－0001499　419785
採輯名家批評詩經删補四卷首一卷　(明)徐奮鵬撰　(明)楊居廣編　清天禄閣刻本　三册

360000－1901－0001500　900497
採輯名家批評詩經删補四卷首一卷　(明)徐奮鵬撰　(明)楊居廣編　清咸豐六年(1856)刻本　一册　存一卷(一)

360000－1901－0001501　900498
採輯名家批評詩經删補四卷首一卷　(明)徐奮鵬撰　(明)楊居廣編　清咸豐六年(1856)刻本　二册　存一卷(一)

360000－1901－0001502　801653
採輯名家批評詩經删補四卷首一卷　(明)徐奮鵬撰　(明)楊居廣編　清咸豐六年(1856)益志堂刻本　一册　存一卷(一)

360000－1901－0001503　900485
採輯名家批評詩經删補四卷首一卷　(明)徐奮鵬撰　(明)楊居廣編　清盱江雙峰堂刻本　三册　存四卷(採輯名家批評詩經删補四卷)

360000－1901－0001504　900500
採輯名家批評詩經删補四卷首一卷　(明)徐奮鵬撰　(明)楊居廣編　清羊城四教堂刻本　一册　存二卷(三至四)

360000－1901－0001505　900499
採輯名家批評詩經删補四卷首一卷　(明)徐奮鵬撰　(明)楊居廣編　清羊城天禄閣刻本　一册　存二卷(一、首一卷)

360000－1901－0001506　902086
採輯名家批評詩經删補四卷首一卷　(明)徐奮鵬撰　(明)楊居廣編　清羊城天禄閣刻本　一册　存二卷(三至四)

360000－1901－0001507　902083
採輯名家增韻詩經删補四卷首一卷　(明)徐奮鵬撰　(明)楊居廣編　清刻本　一册　存一卷(二)

360000－1901－0001508　902082

採輯名家增韻詩經刪補四卷首一卷　(明)徐奮鵬撰　(明)楊居廣编　清文淵堂刻本　一册　存一卷(四)

360000－1901－0001509　902076
採輯名家正譌詩經刪補四卷首一卷　(明)徐奮鵬撰　(明)楊居廣编　清崇德堂刻本　一册　存二卷(三至四)

360000－1901－0001510　902078
採輯名家正譌詩經刪補四卷首一卷　(明)徐奮鵬撰　(明)楊居廣编　清崇德堂刻本　一册　存二卷(三至四)

360000－1901－0001511　902080
採輯名家正譌詩經刪補四卷首一卷　(明)徐奮鵬撰　(明)楊居廣编　清崇德堂刻本　一册　存二卷(三至四)

360000－1901－0001512　902079
採輯名家正譌詩經刪補四卷首一卷　(明)徐奮鵬撰　(明)楊居廣编　清文淵堂刻本　一册　存二卷(三至四)

360000－1901－0001513　902077
採輯名家正譌詩經刪補四卷首一卷　(明)徐奮鵬撰　(明)楊居廣编　清益志堂刻本　一册　存一卷(三)

360000－1901－0001514　902081
採輯名家正譌詩經刪補四卷首一卷　(明)徐奮鵬撰　(明)楊居廣编　清益志堂刻本　一册　存二卷(三至四)

360000－1901－0001515　902084
採輯名家撰訂詩經刪補四卷首一卷　(明)徐奮鵬撰　(明)楊居廣编　清刻本　一册　存二卷(三至四)

360000－1901－0001516　801284
採輯新聯二卷　(清)鄒景揚輯　清刻本　一册

360000－1901－0001517　230424
菜根譚一卷　(明)洪應明撰　清抄本　一册

360000－1901－0001518　419835
菜根譚一卷　(明)洪應明撰　**娑羅館清言二卷續娑羅館清言一卷**　(明)屠隆撰　清光緒南京流通經處刻本　一册

360000－1901－0001519　121734
菜香書屋詩草六卷　(清)吳煊撰　清嘉慶七年(1802)刻本　二册

360000－1901－0001520　121735
菜香書屋詩鈔四卷　(清)黄麟撰　清咸豐六年(1856)刻本　四册

360000－1901－0001521　121736
菜香書屋詩鈔四卷　(清)黄麟撰　清咸豐六年(1856)刻本　四册

360000－1901－0001522　415565
蔡福州外紀十卷附録一卷　(明)徐㶿輯　(清)陳甫伸訂補　清同治二年(1863)石經山房刻本　一册　存十卷(蔡福州外紀十卷)

360000－1901－0001523　122222
蔡恭靖公遺稿十卷　(明)蔡國珍撰　(清)蔡尚才輯　清乾隆十六年(1751)蔡尚才刻本　四册

360000－1901－0001524　122223
蔡恭靖公遺稿十卷　(明)蔡國珍撰　(清)蔡尚才輯　清乾隆十六年(1751)蔡尚才刻本　四册

360000－1901－0001525　410358
蔡恭靖公遺稿十卷　(明)蔡國珍撰　(清)蔡尚才輯　清乾隆十六年(1751)蔡尚才刻本　四册

360000－1901－0001526　410359
蔡恭靖公遺稿十卷　(明)蔡國珍撰　(清)蔡尚才輯　清乾隆十六年(1751)蔡尚才刻本　二册　存五卷(一至五)

360000－1901－0001527　410360
蔡恭靖公遺稿十卷　(明)蔡國珍撰　(清)蔡尚才輯　清乾隆十六年(1751)蔡尚才刻本　二册　存六卷(五至十)

360000－1901－0001528　410360－1

蔡恭靖公遺稿十卷　(明)蔡國珍撰　(清)蔡尚才輯　清乾隆十六年(1751)蔡尚才刻本　二冊　存五卷(六至十)

360000－1901－0001529　410360－2
蔡恭靖公遺稿十卷　(明)蔡國珍撰　(清)蔡尚才輯　清乾隆十六年(1751)蔡尚才刻本　一冊　存二卷(六至七)

360000－1901－0001530　601722
蔡恭靖公遺稿十卷　(明)蔡國珍撰　(清)蔡尚才輯　清乾隆十六年(1751)蔡尚才刻本　一冊　存一卷(一)

360000－1901－0001531　601723
蔡恭靖公遺稿十卷　(明)蔡國珍撰　(清)蔡尚才輯　清乾隆十六年(1751)蔡尚才刻本　二冊　存六卷(一至六)

360000－1901－0001532　721649
蔡明鳳辭店抄本不分卷　(清)□□輯　清忠和堂刻本　一冊

360000－1901－0001533　150623
蔡氏九儒書　(明)蔡有鵾輯　清同治七年(1868)盱南蔡學蘇三餘書屋刻本　五冊

360000－1901－0001534　150624
蔡氏九儒書　(明)蔡有鵾輯　清同治七年(1868)盱南蔡學蘇三餘書屋刻本　六冊

360000－1901－0001535　303006
蔡氏九儒書　(明)蔡有鵾輯　清同治七年(1868)盱南蔡學蘇三餘書屋刻本　八冊

360000－1901－0001536　306121
蔡氏九儒書　(明)蔡有鵾輯　清同治七年(1868)盱南蔡學蘇三餘書屋刻本　五冊

360000－1901－0001537　306122
蔡氏九儒書　(明)蔡有鵾輯　清同治七年(1868)盱南蔡學蘇三餘書屋刻本　五冊　存七種

360000－1901－0001538　415566
蔡氏九儒書　(明)蔡有鵾輯　清同治七年(1868)盱南蔡學蘇三餘書屋刻本　七冊　存六種

360000－1901－0001539　161161
蔡氏月令二卷　(漢)蔡邕撰　(清)蔡雲輯　清道光四年(1824)王氏刻本　二冊

360000－1901－0001540　210325
蔡虛齋先生四書蒙引十五卷　(明)蔡清撰　(明)宋兆禴重訂　明刻本　六冊　存六卷(一、三、六至七、十一至十二)

360000－1901－0001541　241136
蔡澤賓詩集一卷　(清)蔡澤賓撰　清光緒八年(1882)抄本　一冊

360000－1901－0001542　303004
蔡中郎集二卷　(漢)蔡邕撰　(明)張溥評　清咸豐五年(1855)刻本　二冊

360000－1901－0001543　316797
蔡中郎集二卷　(漢)蔡邕撰　(明)張溥評　清咸豐五年(1855)石經山房木活字印本　二冊

360000－1901－0001544　316571
蔡中郎集六卷　(漢)蔡邕撰　清雍正刻本　六冊

360000－1901－0001545　163202
蔡中郎集六卷補遺一卷　(漢)蔡邕撰　清雍正五年(1727)刻本　二冊

360000－1901－0001546　303003
蔡中郎集十卷外紀一卷外集四卷列傳一卷年表一卷　(漢)蔡邕撰　(清)高均儒輯　清咸豐二年(1852)東郡楊氏海源閣刻本　六冊

360000－1901－0001547　316665
蔡中郎集十卷外紀一卷外集四卷列傳一卷年表一卷　(漢)蔡邕撰　(清)高均儒輯　清咸豐二年(1852)東郡楊氏海源閣刻本　六冊

360000－1901－0001548　415564
蔡中郎集十卷外紀一卷外集四卷列傳一卷年表一卷　(漢)蔡邕撰　(清)高均儒輯　清咸豐二年(1852)東郡楊氏海源閣刻本　六冊

360000－1901－0001549　306123

蔡忠烈公遺集四卷 (明)蔡道憲撰 (清)鄧顯鶴輯 清道光十一年(1831)鄧顯鶴刻本 三册 存三卷(二至四)

360000－1901－0001550 303005
蔡忠烈公遺集四卷 (明)蔡道憲撰 (清)鄧顯鶴輯 (清)夏獻雲重輯 清光緒六年(1880)閩館蓬萊山房刻本 四册

360000－1901－0001551 309727
蔡忠烈公遺集四卷 (明)蔡道憲撰 (清)鄧顯鶴輯 (清)夏獻雲重輯 清光緒六年(1880)閩館蓬萊山房刻本 四册

360000－1901－0001552 315708
蔡忠烈公遺集四卷 (明)蔡道憲撰 (清)鄧顯鶴輯 (清)夏獻雲重輯 清光緒六年(1880)閩館蓬萊山房刻本 四册

360000－1901－0001553 418784
参訂古文發蒙全集六卷 (清)王相輯 清花對堂刻本 二册 存四卷(三至六)

360000－1901－0001554 704009
参訂古文發蒙全集六卷 (清)王相輯 清刻本 一册 存二卷(一至二)

360000－1901－0001555 123028
參讀禮志疑二卷 (清)汪紱撰 清光緒二十一年(1895)刻本 二册

360000－1901－0001556 123029
參讀禮志疑二卷 (清)汪紱撰 清光緒二十一年(1895)刻本 二册

360000－1901－0001557 601537
參讀禮志疑二卷 (清)汪紱撰 清光緒二十一年(1895)刻本 二册

360000－1901－0001558 601538
參讀禮志疑二卷 (清)汪紱撰 清光緒二十一年(1895)刻本 二册

360000－1901－0001559 601539
參讀禮志疑二卷 (清)汪紱撰 清光緒二十一年(1895)刻本 二册

360000－1901－0001560 601540
參讀禮志疑二卷 (清)汪紱撰 清光緒二十一年(1895)刻本 二册

360000－1901－0001561 601540－2
參讀禮志疑二卷 (清)汪紱撰 清光緒二十一年(1895)刻本 一册 存一卷(二)

360000－1901－0001562 710926
參讀禮志疑二卷 (清)汪紱撰 清光緒二十一年(1895)刻本 二册

360000－1901－0001563 410936
參讀禮志疑二卷 (清)汪紱撰 清乾隆三十六年(1771)栖碧山房刻本 二册

360000－1901－0001564 410937
參讀禮志疑二卷 (清)汪紱撰 清乾隆三十六年(1771)栖碧山房刻本 二册

360000－1901－0001565 410938
參讀禮志疑二卷 (清)汪紱撰 清乾隆三十六年(1771)栖碧山房刻本 一册

360000－1901－0001566 410939
參讀禮志疑二卷 (清)汪紱撰 清乾隆三十六年(1771)栖碧山房刻本 一册 存一卷(下)

360000－1901－0001567 210196
參讀禮志疑二卷 (清)汪紱撰 清乾隆三十六年(1771)王廷言蘇州刻本 二册

360000－1901－0001568 210197
參讀禮志疑二卷 (清)汪紱撰 清乾隆三十六年(1771)王廷言蘇州刻本 二册

360000－1901－0001569 301326
參寥集十二卷附録二卷 (宋)釋道潛撰 清光緒二十五年(1899)錢塘丁氏南昌刻本 二册

360000－1901－0001570 309893
参同契經文直指三卷 (清)劉一明撰 清刻本 一册

360000－1901－0001571 301324
参同契直指箋註三卷三相類二卷 (清)劉一明撰 清嘉慶二十五年(1820)刻本 一册

360000－1901－0001572　802534
參星秘要諏吉便覽一卷　（清）俞榮寬輯　清道光二十四年（1844）刻朱墨套印本　一册

360000－1901－0001573　163068
參星秘要諏吉便覽一卷　（清）俞榮寬輯　清光緒十四年（1888）刻朱墨套印本　一册

360000－1901－0001574　417156
參星秘要諏吉便覽一卷　（清）俞榮寬輯　清光緒十四年（1888）刻朱墨套印本　一册

360000－1901－0001575　417371－2
參星秘要諏吉便覽一卷　（清）俞榮寬輯　清光緒十四年（1888）刻朱墨套印本　一册

360000－1901－0001576　802533
參星秘要諏吉便覽一卷滚盤珠一卷　（清）俞榮寬輯　清刻朱墨套印本　一册

360000－1901－0001577　301606
餐花館多事篇一卷補遺一卷效顰篇一卷　（清）王彦撰　清同治四年（1865）刻本　一册

360000－1901－0001578　803124
餐花室尺牘叢殘二卷　（清）嚴錫康撰　清刻本　二册　存一卷（二）

360000－1901－0001579　407747
餐花室尺牘叢殘二卷　（清）嚴錫康撰　清咸豐十一年（1861）刻本　一册　存一卷（一）

360000－1901－0001580　315558
餐花吟館詞鈔四卷　（清）嚴駿生撰　清嘉慶二十四年（1819）刻本　二册

360000－1901－0001581　603867
餐菊齋棋評一卷　（清）周鼎撰　清同治十一年（1872）刻本　一册

360000－1901－0001582　421517
殘唐五代史演義傳六卷六十回　（明）羅本撰　（明）湯顯祖評　清刻本　三册　存三卷（一、四、六）三十回（一至十、三十一至四十、五十一至六十）

360000－1901－0001583　421576
殘唐五代史演義傳六卷六十回　（明）羅本撰　（明）湯顯祖評　清刻本　一册　存二卷（一至二）二十回（一至二十）

360000－1901－0001584　416455
蠶桑備要一卷　盛宣懷輯　清光緒二年（1876）思補樓木活字印本　一册

360000－1901－0001585　317457
蠶桑萃編十五卷首一卷　（清）衛杰編　清光緒二十六年（1900）浙江書局刻本　八册

360000－1901－0001586　122881
蠶桑會粹　（清）何品玉輯　清光緒二十二年（1896）何品玉刻本　一册

360000－1901－0001587　122882
蠶桑會粹　（清）何品玉輯　清光緒二十二年（1896）何品玉刻本　一册

360000－1901－0001588　122883
蠶桑會粹　（清）何品玉輯　清光緒二十二年（1896）何品玉刻本　一册

360000－1901－0001589　303849
蠶桑輯要不分卷　（清）沈秉成撰　清光緒二十二年（1896）江西書局刻本　一册

360000－1901－0001590　162913
蠶桑輯要不分卷　（清）沈秉成撰　清光緒九年（1883）婺源課桑局刻本　一册

360000－1901－0001591　603966
蠶桑輯要不分卷　（清）沈秉成撰　清光緒九年（1883）星江課桑局刻本　一册

360000－1901－0001592　707494
蠶桑輯要不分卷　（清）沈秉成撰　清同治十年（1871）常鎮通海道署刻本　一册

360000－1901－0001593　162914
蠶桑輯要合編一卷　（清）豫山輯　清光緒六年（1880）刻本　一册

360000－1901－0001594　162915
蠶桑輯要畧編一卷　（清）河南蠶桑局編　清光緒六年（1880）河南蠶桑局刻本　一册

360000－1901－0001595　413284

蠶桑輯要畧編一卷　(清)河南蠶桑局編　清光緒六年(1880)河南蠶桑局刻本　一冊

360000－1901－0001596　416452
蠶桑輯要畧編一卷　(清)河南蠶桑局編　清光緒六年(1880)河南蠶桑局刻本　一冊

360000－1901－0001597　416452－1
蠶桑輯要畧編一卷　(清)河南蠶桑局編　清光緒六年(1880)河南蠶桑局刻本　一冊

360000－1901－0001598　416452－2
蠶桑輯要畧編一卷　(清)河南蠶桑局編　清光緒六年(1880)河南蠶桑局刻本　一冊

360000－1901－0001599　603967
蠶桑輯要畧編一卷　(清)河南蠶桑局編　清光緒六年(1880)河南蠶桑局刻本　一冊

360000－1901－0001600　722251
蠶桑輯要畧編一卷　(清)河南蠶桑局編　清光緒六年(1880)河南蠶桑局刻本　一冊

360000－1901－0001601　805175
蠶桑輯要畧編一卷　(清)河南蠶桑局編　清光緒六年(1880)河南蠶桑局刻本　一冊

360000－1901－0001602　317475
蠶桑輯要一卷　(清)沈秉成撰　**廣蠶桑說一卷**　(清)沈練撰　清光緒元年(1875)江西書局刻本　一冊

360000－1901－0001603　317476
蠶桑輯要一卷　(清)沈秉成撰　**廣蠶桑說一卷**　(清)沈練撰　清光緒元年(1875)江西書局刻本　一冊

360000－1901－0001604　317478
蠶桑輯要一卷　(清)沈秉成撰　**廣蠶桑說一卷**　(清)沈練撰　清光緒元年(1875)江西書局刻本　一冊

360000－1901－0001605　317481
蠶桑輯要一卷　(清)沈秉成撰　**廣蠶桑說一卷**　(清)沈練撰　清光緒元年(1875)江西書局刻本　一冊

360000－1901－0001606　317484
蠶桑輯要一卷　(清)沈秉成撰　**廣蠶桑說一卷**　(清)沈練撰　清光緒元年(1875)江西書局刻本　一冊

360000－1901－0001607　162911
蠶桑簡法二卷　(清)安徽蠶業講習所編　清宣統三年(1911)安徽蠶業講習所鉛印本　一冊

360000－1901－0001608　416439
蠶桑淺說一卷　(清)衛杰撰　清光緒十八年(1892)刻本　一冊

360000－1901－0001609　416443
蠶桑實濟六卷　(清)□□撰　清光緒八年(1882)津河廣仁堂刻津河廣仁堂所刻書本　二冊

360000－1901－0001610　416443－1
蠶桑實濟六卷　(清)□□撰　清光緒八年(1882)津河廣仁堂刻津河廣仁堂所刻書本　二冊

360000－1901－0001611　416443－2
蠶桑實濟六卷　(清)□□撰　清光緒八年(1882)津河廣仁堂刻津河廣仁堂所刻書本　二冊

360000－1901－0001612　162912
蠶桑事宜一卷　(清)鄒祖堂撰　清道光二十六年(1846)刻本　一冊

360000－1901－0001613　416470
蠶桑述要不分卷　(清)俞墉撰　清刻本　一冊

360000－1901－0001614　416470－1
蠶桑述要不分卷　(清)俞墉撰　清刻本　一冊

360000－1901－0001615　416470－2
蠶桑述要不分卷　(清)俞墉撰　清刻本　一冊

360000－1901－0001616　317482
蠶桑說一卷　(清)趙敬如撰　清光緒二十二年(1896)木活字印本　一冊

360000－1901－0001617　240888
蠶尾集十卷　（清）王士禛撰　清康熙三十五年（1696）刻本　四册

360000－1901－0001618　240887
蠶尾集十卷續集二卷後集二卷　（清）王士禛撰　清康熙三十五年（1696）刻本　六册

360000－1901－0001619　413726
粲花山房遺藁三卷　（清）吳夢勳撰　清光緒二十三年（1897）刻本　一册

360000－1901－0001620　163138
粲花軒詩稿二卷　（清）陸建撰　清刻本　一册

360000－1901－0001621　163144
粲花軒詩稿二卷　（清）陸建撰　清刻本　一册

360000－1901－0001622　404619
倉田通法續編三卷　（清）張作楠撰　（清）江臨泰補圖　清嘉慶、道光刻本　二册

360000－1901－0001623　160855
倉頡篇三卷　（清）孫星衍輯　**倉頡篇續本一卷**　（清）任大椿輯　**倉頡篇補本二卷**　（清）陶方琦輯　清光緒十六年（1890）江蘇書局刻本　二册

360000－1901－0001624　240578
蒼谷全集十二卷　（明）王尚絅撰　（明）王綖選　**附錄一卷**　清乾隆二十三年（1758）郟城王純密止堂刻本　六册

360000－1901－0001625　415122
蒼谷全集十二卷　（明）王尚絅撰　（明）王綖選　**附錄一卷**　清乾隆二十三年（1758）郟城王純密止堂刻本　三册　存八卷（二至六、九至十一）

360000－1901－0001626　302870
蒼莨初集二十一卷　（清）孫鼎臣撰　清咸豐刻本　六册

360000－1901－0001627　420317－1
蒼生司命八卷首一卷　（明）虞摶輯　清刻本　一册　存一卷（三）

360000－1901－0001628　421337
蒼生司命八卷首一卷　（明）虞摶輯　清乾隆刻本　三册　存六卷（一至六）

360000－1901－0001629　230295
蒼生司命八卷首一卷藥性一卷　（明）虞摶輯　清康熙十六年（1677）刻本　八册

360000－1901－0001630　240907
蒼峴山人集五卷附微雲集詩餘一卷　（清）秦松齡撰　清康熙五十七年（1718）刻挺秀堂印本　二册

360000－1901－0001631　163155
蒼雪齋古文二卷儷體二卷　（清）史承豫撰　清刻本　二册

360000－1901－0001632　412169
蒼玉洞宋人題名一卷　（清）劉喜海輯　清道光十四年（1834）東武劉喜海味經書屋刻本　一册

360000－1901－0001633　417849
滄浪詩話註五卷　（宋）嚴羽撰　（清）胡鑑注　清光緒七年（1881）胡鑑廣州刻本　二册

360000－1901－0001634　417849－1
滄浪詩話註五卷　（宋）嚴羽撰　（清）胡鑑注　清光緒七年（1881）胡鑑廣州刻本　一册　存二卷（一至二）

360000－1901－0001635　302237
滄螺集六卷補遺一卷附錄一卷　（明）孫作撰　清光緒二十二年（1896）武進盛氏思惠齋刻本　一册

360000－1901－0001636　302497
滄溟詩集十四卷　（明）李攀龍撰　清光緒二十一年（1895）長沙張氏湘雨樓刻本　四册

360000－1901－0001637　240649
滄溟先生集三十二卷　（明）李攀龍撰　明萬曆二年（1574）徐中行刻本　四册

360000－1901－0001638　240648
滄溟先生集三十卷　（明）李攀龍撰　**附錄一**

卷　明晉陵張弘道刻本　一册　存三卷（二十一至二十三）

360000－1901－0001639　240646
滄溟先生集三十卷　（明）李攀龍撰　**附錄一卷**　明刻本　八册　存十五卷（十五至十七、二十至三十，附錄一卷）

360000－1901－0001640　240647
滄溟先生集三十卷　（明）李攀龍撰　**附錄一卷**　明刻本　二册　存四卷（十七至十八、二十三至二十四）

360000－1901－0001641　240645
滄溟先生集三十卷　（明）李攀龍撰　**附錄一卷**　明隆慶六年（1572）王世貞刻本　十四册　缺二卷（二十九至三十）

360000－1901－0001642　316804
滄溟先生集三十卷　（明）李攀龍撰　**附錄一卷**　清道光二十七年（1847）李氏景福堂刻本　八册

360000－1901－0001643　302236
滄桑豔二卷二十齣　丁傳靖撰　張士瑛評點　清光緒三十四年（1908）刻本　一册

360000－1901－0001644　404772
藏海園酬唱集一卷　（清）陳夔龍等撰　清末鉛印本　一册

360000－1901－0001645　404772－1
藏海園酬唱集一卷　（清）陳夔龍等撰　清末鉛印本　一册

360000－1901－0001646　404874
藏海園酬唱集一卷　（清）陳夔龍等撰　清末鉛印本　一册

360000－1901－0001647　310236
藏龍集六卷病中吟一卷　（清）汪法如撰（清）釋妙空輯　清同治十三年（1874）揚州藏經院刻本　六册

360000－1901－0001648　162046
藏書紀事詩六卷　葉昌熾撰　清光緒二十三年（1897）長沙學使署刻本　六册　存三卷（一至三）

360000－1901－0001649　220099
藏書六十八卷　（明）李贄撰　（明）陳仁錫評　明刻本　五册　存十二卷（二至十、十五至十七）

360000－1901－0001650　220098
藏書六十八卷　（明）李贄撰　（明）陳仁錫評　明天啓元年（1621）刻本（卷一至三配明刻本）　二十册

360000－1901－0001651　230403
藏一話腴内編二卷外編二卷　（宋）陳郁撰　民國抄本（豫章叢書底本）　一册

360000－1901－0001652　316912
藏園詩鈔一卷　（清）游智開撰　清光緒十二年（1886）刻本　一册

360000－1901－0001653　404854
藏齋詩鈔六卷　（清）何其超撰　清同治七年（1868）刻本　二册

360000－1901－0001654　122509
藏真詩草一卷　（清）朱淑貞撰　清道光三十年（1850）刻本　一册

360000－1901－0001655　417113
曹安峯地理原本說四卷　（清）曹家甲撰　清乾隆刻本　一册　存三卷（二至四）

360000－1901－0001656　230556
曹安峰地理原本四卷　（清）曹家甲撰　清乾隆二年（1737）文德堂刻本　一册

360000－1901－0001657　315663
曹集詮評十卷逸文一卷魏陳思王年譜一卷（三國魏）曹植撰　（清）丁晏詮評　清同治十一年（1872）金陵書局刻本　二册

360000－1901－0001658　241043
曹文恪公慈壽萬言鴻文一卷附賦一卷七宣一卷詞一卷　（清）曹秀先撰　清乾隆刻本　一册

360000－1901－0001659　311612
曹谿通志八卷首一卷　（清）馬元　（清）釋真

樸撰　清道光十六年(1836)懷善堂刻本　四冊

360000－1901－0001660　802905
曹寅谷制藝二集不分卷　(清)曹之升撰　清末鉛印本　一冊

360000－1901－0001661　900428
曹寅谷制藝續編不分卷　(清)曹之升撰　清刻本　一冊

360000－1901－0001662　230188
曹州牡丹譜不分卷　(清)余鵬年撰　清乾隆五十八年(1793)刻本　一冊

360000－1901－0001663　120618
[江西婺源]考訂朱子世家一卷　(清)江永纂修　清同治六年(1867)溼縣朱氏刻本　一冊

360000－1901－0001664　240020
曹子建集十卷　(三國魏)曹植撰　清抄本　二冊

360000－1901－0001665　163288
艸亭先生文集二卷詩集四卷補遺一卷年譜一卷　(清)周篆撰　(清)翁廣平輯　清嘉慶二十五年(1820)刻本　一冊　存五卷(詩集四卷、補遺一卷)

360000－1901－0001666　405584
艸亭先生文集二卷詩集四卷補遺一卷年譜卷　(清)周篆撰　(清)翁廣平輯　清嘉慶二十五年(1820)刻本　一冊　存三卷(艸亭先生文集二卷、年譜一卷)

360000－1901－0001667　121352
草草詩存八卷　(清)裘行恕撰　清道光八年(1828)刻本　四冊

360000－1901－0001668　316814
草窗詞二卷補二卷　(宋)周密撰　朱祖謀輯　清光緒二十六年(1900)歸安朱祖謀無著盦刻本　一冊

360000－1901－0001669　163083
草窗梅花集句三卷　(明)童琥撰　清道光八年(1828)星江施氏半硯齋刻本　一冊　存一卷(一)

360000－1901－0001670　404909
草廬經畧十二卷　(明)□□撰　清末鉛印本　一冊　存二卷(五至六)

360000－1901－0001671　603532－1
草廬經畧十二卷　(明)□□撰　清末鉛印本　一冊　存三卷(七至九)

360000－1901－0001672　162545
草廬經畧十二卷　(明)□□撰　清末申報館鉛印本　六冊

360000－1901－0001673　603532
草廬經畧十二卷　(明)□□撰　清末申報館鉛印本　五冊　存十卷(一至四、七至十二)

360000－1901－0001674　240423
草廬吴文正公集四十九卷道學基統一卷外集三卷　(元)吴澄撰　**臨川吴文正公年譜一卷**　(明)危素編　清乾隆二十一年(1756)萬璜仁讓齋刻本　二十二冊

360000－1901－0001675　240424
草廬吴文正公集四十九卷道學基統一卷外集三卷　(元)吴澄撰　**臨川吴文正公年譜一卷**　(明)危素編　清乾隆二十一年(1756)萬璜仁讓齋刻本　二十二冊

360000－1901－0001676　240425
草廬吴文正公集四十九卷道學基統一卷外集三卷　(元)吴澄撰　**臨川吴文正公年譜一卷**　(明)危素編　清乾隆二十一年(1756)萬璜仁讓齋刻本　二十冊　缺二卷(道學基統一卷、臨川吴文正公年譜一卷)

360000－1901－0001677　240426
草廬吴文正公集四十九卷道學基統一卷外集三卷　(元)吴澄撰　**臨川吴文正公年譜一卷**　(明)危素編　清乾隆二十一年(1756)萬璜仁讓齋刻本　二十二冊　缺二卷(道學基統一卷、臨川吴文正公年譜一卷)

360000－1901－0001678　410255
草廬吴文正公集四十九卷首一卷外集三卷

(元)吴澄撰　清乾隆二十一年(1756)崇仁萬璜仁讓齋刻本　二册　存四卷(二十三至二十六)

360000－1901－0001679　601278
草廬吴文正公集四十九卷首一卷外集三卷　(元)吴澄撰　清乾隆二十一年(1756)崇仁萬璜仁讓齋刻本　二十册

360000－1901－0001680　601279
草廬吴文正公集四十九卷首一卷外集三卷　(元)吴澄撰　清乾隆二十一年(1756)崇仁萬璜仁讓齋刻本　二十册

360000－1901－0001681　601280
草廬吴文正公集四十九卷首一卷外集三卷　(元)吴澄撰　清乾隆二十一年(1756)崇仁萬璜仁讓齋刻本　十册　缺四卷(二十三至二十六)

360000－1901－0001682　601281
草廬吴文正公集四十九卷首一卷外集三卷　(元)吴澄撰　清乾隆二十一年(1756)崇仁萬璜仁讓齋刻本　十四册

360000－1901－0001683　601282
草廬吴文正公集四十九卷首一卷外集三卷　(元)吴澄撰　清乾隆二十一年(1756)崇仁萬璜仁讓齋刻本　十五册

360000－1901－0001684　601283
草廬吴文正公集四十九卷首一卷外集三卷　(元)吴澄撰　清乾隆二十一年(1756)崇仁萬璜仁讓齋刻本　十册　存二十六卷(一至十六、十九至二十一、二十四至二十九,首一卷)

360000－1901－0001685　601284
草廬吴文正公集四十九卷首一卷外集三卷　(元)吴澄撰　清乾隆二十一年(1756)崇仁萬璜仁讓齋刻本　十册　存二十二卷(一至二十一、首一卷)

360000－1901－0001686　250189
草廬吴文正公全書　(元)吴澄撰　清乾隆吴氏刻二十一年(1756)萬璜校刻道光補刻彙印本　四十四册　存十二種

360000－1901－0001687　161846
草莽私乘一卷　(明)陶宗儀撰　清光緒十五年(1889)新陽趙氏刻本　一册

360000－1901－0001688　161997
草莽私乘一卷　(明)陶宗儀撰　清光緒十五年(1889)新陽趙氏刻本　一册

360000－1901－0001689　721091
草木春秋演義三十二回　(清)江洪撰　清刻本　一册　存五回(二十二至二十六)

360000－1901－0001690　162560
草木春秋演義五卷三十二回　(清)江洪撰　清經綸堂刻本　四册

360000－1901－0001691　721656
草木春秋演義五卷三十二回　(清)江洪撰　清刻本　一册　存三卷(一至三)十八回(一至十八)

360000－1901－0001692　721706
草木春秋演義五卷三十二回　(清)江洪撰　清刻本　一册　存二卷(一至二)十二回(一至十二)

360000－1901－0001693　722003
草木春秋演義五卷三十二回　(清)江洪撰　清刻本　一册　存二卷(一至二)十二回(一至十二)

360000－1901－0001694　721655
草木新本牡丹亭四卷三十二回　(清)曹静山撰　清刻本　一册　存二卷(三至四)十三回(二十至三十二)

360000－1901－0001695　304032
草木子四卷　(明)葉子奇撰　清光緒元年(1875)處州府署刻本　二册

360000－1901－0001696　407188
草木子四卷　(明)葉子奇撰　清光緒元年(1875)處州府署刻本　二册

360000－1901－0001697　412355
草聖彙辨不分卷　(清)朱宗文摹輯　清初刻本　一册

360000－1901－0001698　709383

草書集成五卷　(清)石梁書　(清)莊門熙輯　清光緒十二年(1886)上海書局石印本　二冊　存三卷(一至三)

360000－1901－0001699　709386

草書集成五卷　(清)石梁書　(清)莊門熙輯　清光緒十二年(1886)上海書局石印本　四冊

360000－1901－0001700　421744

草書字法不分卷　(清)周亮登臨　清刻本　一冊

360000－1901－0001701　241556

草堂詩餘四卷　(宋)武陵逸史輯　明海虞毛氏汲古閣刻詞苑英華本　二冊

360000－1901－0001702　241555

草堂詩餘正集六卷　(明)顧從敬編　(明)沈際飛評　明末刻古香岑草堂詩餘四集本　一冊　存一卷(一)

360000－1901－0001703　240847

草亭文集不分卷詩集不分卷　(清)彭任撰　清乾隆十年(1745)峴山西向堂刻本　四冊

360000－1901－0001704　801415

草亭醫案一卷　(清)鄧苑撰　清抄本　一冊

360000－1901－0001705　421743

草字彙十二卷　(清)石梁輯　清道光五年(1825)刻本　六冊

360000－1901－0001706　709385

草字彙十二卷　(清)石梁輯　清道光五年(1825)刻本　六冊

360000－1901－0001707　709384

草字彙十二卷　(清)石梁輯　清光緒十二年(1886)上海同文書局石印本　四冊

360000－1901－0001708　409378

草字彙十二卷　(清)石梁輯　清光緒元年(1875)漁古山房刻本　六冊

360000－1901－0001709　409379

草字彙十二卷　(清)石梁輯　清光緒元年(1875)漁古山房刻本　六冊

360000－1901－0001710　709381

草字彙十二卷　(清)石梁輯　清刻本　七冊

360000－1901－0001711　709382

草字彙十二卷　(清)石梁輯　清刻本　一冊　存二卷(戌、亥)

360000－1901－0001712　210450

草字彙十二卷　(清)石梁輯　清乾隆五十二年(1787)刻本　六冊

360000－1901－0001713　409380

草字彙十二卷　(清)石梁輯　清乾隆五十三年(1788)敬義齋刻本　五冊　缺一卷(申)

360000－1901－0001714　250081

冊府元龜一千卷目錄十卷　(宋)王欽若等輯　明崇禎十五年(1642)黄國琦刻本　九冊　存三十七卷(三十八至四十六、七十四至七十七、二百四十至二百四十三、二百九十三至二百九十六、三百八十八至三百八十九、四百五十至四百五十三、五百七十二至五百七十六、六百六十九至六百七十三)

360000－1901－0001715　250082

冊府元龜一千卷目錄十卷　(宋)王欽若等輯　明崇禎十五年(1642)黄國琦刻清康熙十一年(1672)黄九錫重修本　二百二丨冊

360000－1901－0001716　250083

冊府元龜一千卷目錄十卷　(宋)王欽若等輯　明崇禎十五年(1642)黄國琦刻清康熙十一年(1672)黄九錫重修本　三百二冊

360000－1901－0001717　250084

冊府元龜一千卷目錄十卷　(宋)王欽若等輯　明崇禎十五年(1642)黄國琦刻清康熙十一年(1672)黄九錫重修本　三百十二冊　缺三十九卷(六百三至六百五、六百八十一至六百八十五、七百五十五至七百七十四、七百七十九至七百八十二、九百六至九百九、九百五十一至九百五十三)

360000－1901－0001718　601194

冊府元龜一千卷目錄十卷　(宋)王欽若等輯　明刻本　九十八冊　存三百六十七卷(一至二十五、三十至三十三、四十七至五十九、六十二至七十三、七十八至八十一、八十五至九十一、九十六至一百八、一百十三至一百二十三、一百二十八至一百三十一、一百三十六至一百三十九、一百四十八至一百五十九、一百八十九至二百十七、二百二十三至二百三十一、二百四十四至二百四十七、二百五十一至二百七十二、二百八十七至二百九十三、二百九十七至三百十六、三百二十一至三百二十四、三百四十一至三百四十四、三百五十七至四百五、四百十至四百二十四、四百三十八至四百四十一、四百六十六至四百六十九、四百八十六至四百八十九、五百四至五百六、五百二十二至五百二十六、五百三十四至五百三十六、五百四十一至五百四十四、五百五十至五百七十一、五百八十二至五百九十一、六百五至六百八、六百十三至六百十五、六百四十七至六百五十、六百五十五至六百五十九、六百六十四至六百六十八、六百七十七至六百八十二、八百二十七至八百三十五)

360000－1901－0001719　601193
冊府元龜一千卷目錄十卷　(宋)王欽若等輯　清刻本　九十九冊　存四百二十四卷(三十六至五十一、六十八至七十一、八十三至八十七、一百二至一百七、一百三十六至一百五十一、一百五十七至一百六十七、一百九十七至二百二十三、二百五十六至二百七十八、二百八十五至三百十五、三百四十五至三百四十九、三百五十四至三百五十六、三百五十九至三百七十八、三百八十五至三百九十六、四百二至四百十五、四百二十一至四百二十五、四百三十二至四百六十四、四百七十八至四百九十三、五百三至五百二十五、五百三十一至五百五十四、五百五十九至五百六十三、五百七十五至五百八十八、六百八至六百十八、六百三十四至六百四十二、六百五十三至六百五十五、六百六十七至六百七十一、六百七十七至六百八十七、六百九十六至七百三十八、七百四十一至七百四十九、七百五十四至七百五十九、七百六十六至七百七十、七百八十三至七百八十六、七百九十二至七百九十六)

360000－1901－0001720　601195
冊府元龜一千卷目錄十卷　(宋)王欽若等輯　清刻本　二冊　存三卷(四百十五至四百十七)

360000－1901－0001721　603163
冊府元龜一千卷目錄十卷　(宋)王欽若等輯　清刻本　一冊　存二卷(七至八)

360000－1901－0001722　416958
策府統宗六十五卷目錄一卷　(清)劉昌齡輯　清光緒十九年(1893)上海蜚英館石印本　十九冊　存六十卷(一至九、十一至十二、十七至六十五)

360000－1901－0001723　416961
策府統宗六十五卷目錄一卷　(清)劉昌齡輯　清光緒十九年(1893)上海積山書局石印本　二十冊

360000－1901－0001724　416962
策府統宗六十五卷目錄一卷　(清)劉昌齡輯　清光緒十七年(1891)鴻寶齋石印本　二十冊

360000－1901－0001725　317295
策府統宗六十五卷目錄一卷　(清)劉昌齡輯　清光緒十七年(1891)上海蜚英館石印本　二十冊

360000－1901－0001726　416959
策府統宗六十五卷目錄一卷　(清)劉昌齡輯　清光緒十七年(1891)上海蜚英館石印本　十八冊　存六十一卷(三至七、十一至六十五,目錄一卷)

360000－1901－0001727　416963
策府統宗六十五卷目錄一卷　(清)劉昌齡輯　清光緒十七年(1891)同文書局石印本　二十一冊　存四十九卷(一至九、十一至十二、二十五至四十、四十五至六十五,目錄一卷)

360000－1901－0001728　308435
策府統宗六十五卷目錄一卷　(清)劉昌齡輯　清光緒十四年(1888)同文書局石印本　二十冊

360000－1901－0001729　304467
策府統宗六十五卷目錄一卷　(清)劉昌齡輯　清光緒十五年(1889)上海蜚英館石印本　二十冊

360000－1901－0001730　317294－1
策府統宗六十五卷目錄一卷　(清)劉昌齡輯　清光緒十五年(1889)上海蜚英館石印本　二十冊

360000－1901－0001731　304513
策府統宗六十五卷目錄一卷　(清)劉昌齡輯　清光緒石印本　五冊　存二十卷(一至二、十、三十至三十四、三十九至五十)

360000－1901－0001732　416960
策府統宗六十五卷目錄一卷　(清)劉昌齡輯　清光緒石印本　十一冊　存三十七卷(三至五、十一至二十、三十四至四十六、五十二至五十五、六十至六十五,目錄一卷)

360000－1901－0001733　416960－1
策府統宗六十五卷目錄一卷　(清)劉昌齡輯　清光緒石印本　二冊　存六卷(十一至十二、十七至二十)

360000－1901－0001734　416960－2
策府統宗六十五卷目錄一卷　(清)劉昌齡輯　清光緒石印本　一冊　存二卷(十一至十二)

360000－1901－0001735　416960－3
策府統宗六十五卷目錄一卷　(清)劉昌齡輯　清光緒石印本　一冊　存二卷(十一至十二)

360000－1901－0001736　317291
策府統宗六十五卷目錄一卷　(清)劉昌齡輯　清光緒同文書局石印本　二十三冊　存五十八卷(一至四十四、四十九至六十二)

360000－1901－0001737　800821
策府統宗六十五卷目錄一卷　(清)劉昌齡輯　清光緒同文書局石印本　一冊　存四卷(十三至十六)

360000－1901－0001738　802638
策府統宗六十五卷目錄一卷　(清)劉昌齡輯　清光緒同文書局石印本　一冊　存四卷(十七至二十)

360000－1901－0001739　317289
策府統宗六十五卷目錄一卷　(清)劉昌齡輯　清末石印本　十九冊

360000－1901－0001740　804500－1
策府統宗續編三十二卷　(清)蜚英主人輯　清末石印本　一冊　存三卷(六至八)

360000－1901－0001741　801342
策論滙編一卷　(清)□□輯　清刻本　一冊

360000－1901－0001742　800288
策論義一卷　(□)□□輯　清抄本　一冊

360000－1901－0001743　123037
策略六卷　(清)汪紱撰　清光緒二十三年(1897)刻本　四冊

360000－1901－0001744　304462
策算一卷勾股割圜記三卷　(清)戴震撰　清乾隆曲阜孔氏微波榭刻微波榭叢書本　一冊

360000－1901－0001745　304468
策問新編一卷　(清)荷香書屋主人編　清光緒元年(1875)蓬觀樓刻本　四冊

360000－1901－0001746　801341
策問新編一卷　(清)荷香書屋主人編　清光緒元年(1875)蓬觀樓刻本　一冊

360000－1901－0001747　307876
策學備纂三十二卷首一卷　(清)蔡啓盛(清)吴熲炎輯　清光緒二十年(1894)上海點石齋石印本　十五冊

360000－1901－0001748　162684
策學備纂三十二卷首一卷　(清)蔡啓盛(清)吴熲炎輯　清光緒二十年(1894)上海袖

海山房石印本　二十五册

360000－1901－0001749　716969
策學備纂三十二卷首一卷　(清)蔡啓盛　(清)吳潁炎輯　清光緒二十三年(1897)上海點石齋石印本　五册　存四卷(二十八至二十九、三十一至三十二)

360000－1901－0001750　304515
策學備纂三十二卷首一卷　(清)蔡啓盛　(清)吳潁炎輯　清光緒十三年(1887)上海點石齋石印本　三十五册　存二十五卷(一、三至五、八至十六、二十一至三十二)

360000－1901－0001751　304516
策學備纂三十二卷首一卷　(清)蔡啓盛　(清)吳潁炎輯　清光緒十三年(1887)上海點石齋石印本　二十六册　存二十八卷(三、五、七至三十二)

360000－1901－0001752　716951
策學備纂三十二卷首一卷　(清)蔡啓盛　(清)吳潁炎輯　清光緒十三年(1887)上海點石齋石印本　二十二册　存十卷(一至二、七至十四)

360000－1901－0001753　802197
策學備纂三十二卷首一卷　(清)蔡啓盛　(清)吳潁炎輯　清光緒十三年(1887)上海點石齋石印本　一册　存一卷(七)

360000－1901－0001754　307862－1
策學備纂三十二卷首一卷　(清)蔡啓盛　(清)吳潁炎輯　清光緒十三年(1887)石印本　三十三册　存三十一卷(二至三十二)

360000－1901－0001755　162650
策學新纂八卷附策佐一卷　(清)孔傳綸輯　清道光二十四年(1844)刻本　六册

360000－1901－0001756　801343
策學新纂八卷附策佐一卷　(清)孔傳綸輯　清道光二十四年(1844)刻本　一册　存一卷(策佐一卷)

360000－1901－0001757　802956
策學新纂八卷附策佐一卷　(清)孔傳綸輯　清刻本　一册　存二卷(七至八)

360000－1901－0001758　900801
策學新纂八卷附策佐一卷　(清)孔傳綸輯　清刻本　一册　存二卷(六至七)

360000－1901－0001759　801344
策學續編不分卷　(清)□□輯　清末石印本　一册

360000－1901－0001760　801345
策學續編不分卷　(清)□□輯　清末石印本　二册

360000－1901－0001761　317292
策學淵萃四十六卷　(清)□□輯　清末石印本　四册

360000－1901－0001762　716953
策學總纂大成四十六卷　(清)蔡壽祺輯　清光緒七年(1881)京都琉璃廠刻本　七册　存二十九卷(一至三、八至十八、二十二至三十六)

360000－1901－0001763　121752
策學總纂大成四十六卷　(清)蔡壽祺輯　清光緒三年(1877)觀文堂刻本　十二册

360000－1901－0001764　121753
策學總纂大成四十六卷　(清)蔡壽祺輯　清光緒三年(1877)觀文堂刻本　二十二册

360000－1901－0001765　601556
策學總纂大成四十六卷　(清)蔡壽祺輯　清光緒三年(1877)刻本　二十二册

360000－1901－0001766　716952
策學總纂大成四十六卷　(清)蔡壽祺輯　清光緒五年(1879)京都琉璃廠經藝堂刻本　十册

360000－1901－0001767　716972
策學纂要十六卷　(清)戴朋　(清)黃卷輯　清刻本　二册

360000－1901－0001768　722202
策學纂要十六卷　(清)戴朋　(清)黃卷輯

清刻本　一冊　存四卷(八至十一)

360000－1901－0001769　722203
策學纂要十六卷　(清)戴朋　(清)黄卷輯　清刻本　一冊　存五卷(一至五)

360000－1901－0001770　722201
策學纂要十六卷　(清)戴朋　(清)黄卷輯　清乾隆三十七年(1772)刻本　三冊　存十三卷(一至八、十二至十六)

360000－1901－0001771　900359
策學纂要正續編十六卷　(清)萬南泉　(清)戴篔圃輯　清道光二十三年(1843)京都琉璃廠刻本　一冊　存四卷(一至四)

360000－1901－0001772　802558
策學纂要正續編十六卷　(清)萬南泉　(清)戴篔圃輯　清刻本　二冊　存八卷(五至十二)

360000－1901－0001773　802812
策學纂要正續編十六卷　(清)萬南泉　(清)戴篔圃輯　清刻本　三冊　存十三卷(一至八、十二至十六)

360000－1901－0001774　900357
策學纂要正續編十六卷　(清)萬南泉　(清)戴篔圃輯　清刻本　二冊　存六卷(五至十)

360000－1901－0001775　900358
策學纂要正續編十六卷　(清)萬南泉　(清)戴篔圃輯　清刻本　三冊　存十三卷(一至八、十二至十六)

360000－1901－0001776　417417
測地繪圖十一卷附一卷表一卷　(英國)富路瑪撰　(英國)傅蘭雅口譯　(清)徐壽筆述　清光緒江南機器製造總局刻本　二冊　存五卷(八至十一、附一卷)

360000－1901－0001777　420239
測地繪圖十一卷附一卷表一卷　(英國)富路瑪撰　(英國)傅蘭雅口譯　(清)徐壽筆述　清光緒江南機器製造總局刻本　四冊

360000－1901－0001778　301913
測海集六卷　(清)彭紹升撰　清嘉慶二十四年(1819)刻本　一冊

360000－1901－0001779　309944
測海山房中西算學叢刻初編　(清)測海山房主人輯　清光緒二十二年(1896)上海璣衡堂石印本　二十九冊　存三十五種

360000－1901－0001780　417413
測海山房中西算學叢刻初編　(清)測海山房主人輯　清末石印本　一冊　存六種

360000－1901－0001781　417418
測候叢談四卷　(美國)金楷理口譯　(清)華蘅芳筆述　清刻本　二冊

360000－1901－0001782　417419
測候叢談四卷　(美國)金楷理口譯　(清)華蘅芳筆述　清刻本　二冊

360000－1901－0001783　404820－1
測候叢談四卷　(美國)金楷理譯　(清)華蘅芳筆述　清光緒石印本　一冊

360000－1901－0001784　417416
測量繪算合解三卷圖表一卷　(清)朱鎮撰　清刻本　一冊

360000－1901－0001785　162624
測字秘牒一卷　(清)程省撰　清道光四年(1824)湖邊程氏刻百二漢鏡齋秘書本　一冊

360000－1901－0001786　162625
測字秘牒一卷　(清)程省撰　清道光四年(1824)湖邊程氏刻百二漢鏡齋秘書本　一冊

360000－1901－0001787　407820
岑華居士外集二卷　(清)吳慈鶴撰　清刻本　一冊

360000－1901－0001788　415430
岑嘉州集八卷　(唐)岑參撰　清光緒十年(1884)上海同文書局石印本　二冊

360000－1901－0001789　304201
曾國藩手札一卷　(清)曾國藩撰　清末石印本　一冊

360000－1901－0001790　402058

曾胡批牘二卷　(清)曾國藩　(清)胡林翼撰　清宣統元年(1909)南洋官書局石印本　一冊　存一卷(上)

360000－1901－0001791　303868

曾惠敏公全集　(清)曾紀澤撰　清光緒二十年(1894)上海鉛印本　四冊

360000－1901－0001792　304360

曾惠敏公全集　(清)曾紀澤撰　清光緒二十年(1894)上海鉛印本　四冊

360000－1901－0001793　304480

曾惠敏公全集　(清)曾紀澤撰　清光緒二十年(1894)上海鉛印本　三冊　存三種

360000－1901－0001794　409254

曾惠敏公全集　(清)曾紀澤撰　清光緒二十年(1894)上海鉛印本　四冊

360000－1901－0001795　409255

曾惠敏公全集　(清)曾紀澤撰　清光緒二十年(1894)上海鉛印本　三冊　存三種

360000－1901－0001796　409256

曾惠敏公全集　(清)曾紀澤撰　清光緒二十年(1894)上海鉛印本　四冊　存三種

360000－1901－0001797　409257

曾惠敏公全集　(清)曾紀澤撰　清光緒二十年(1894)上海鉛印本　二冊　存二種

360000－1901－0001798　164112

曾惠敏公遺集　(清)曾紀澤撰　清光緒十九年(1893)江南製造總局鉛印本　五冊

360000－1901－0001799　308312

曾惠敏公遺集　(清)曾紀澤撰　清光緒十九年(1893)江南製造總局鉛印本　六冊　存三種

360000－1901－0001800　315693

曾惠敏公遺集　(清)曾紀澤撰　清光緒十九年(1893)江南製造總局鉛印本　八冊

360000－1901－0001801　409258

曾惠敏公遺集　(清)曾紀澤撰　清光緒十九年(1893)江南製造總局鉛印本　二冊　存二種

360000－1901－0001802　121636

曾南豐文集四卷　(宋)曾鞏撰　清宣統二年(1910)上海會文堂石印本　二冊

360000－1901－0001803　121637

曾南豐文集四卷　(宋)曾鞏撰　清宣統二年(1910)上海會文堂石印本　二冊

360000－1901－0001804　121638

曾南豐文集四卷　(宋)曾鞏撰　清宣統二年(1910)上海會文堂石印本　二冊

360000－1901－0001805　240239

曾文定公全集二十卷首一卷末一卷　(宋)曾鞏撰　清康熙三十二年(1693)南豐彭期七業堂刻本　十二冊

360000－1901－0001806　240240

曾文定公全集二十卷首一卷末一卷　(宋)曾鞏撰　清康熙三十二年(1693)南豐彭期七業堂刻本　十二冊

360000－1901－0001807　413804

曾文定公全集二十卷首一卷末一卷　(宋)曾鞏撰　清康熙三十二年(1693)南豐彭期七業堂刻本　七冊　存十八卷(一至十七、首一卷)

360000－1901－0001808　240329

曾文昭公集四卷　(宋)曾肇撰　清乾隆三十年(1765)曾志瀛刻本　四冊

360000－1901－0001809　161899

曾文正公[國藩]年譜十二卷　(清)黎庶昌編　清光緒三年(1877)上海申報館鉛印本　六冊

360000－1901－0001810　600251－1

曾文正公大事記四卷　(清)王定安撰　清光緒長沙刻本　二冊

360000－1901－0001811　600254－1

曾文正公大事記四卷　(清)王定安撰　清光緒長沙刻本　二冊

360000－1901－0001812　600265－1

曾文正公大事記四卷　(清)王定安撰　清光緒長沙刻本　一册

360000－1901－0001813　402050

曾文正公大事記四卷　(清)王定安撰　清同治十三年(1874)錢寶忠齋刻本　四册

360000－1901－0001814　161897

曾文正公大事記四卷　(清)王定安撰　**曾文正公榮哀錄一卷**　(清)□□輯　清光緒三十一年(1905)上海商務印書館鉛印本　二册

360000－1901－0001815　164091

曾文正公家書十卷　(清)曾國藩撰　清光緒鉛印本　四册　存八卷(三至十)

360000－1901－0001816　409272

曾文正公家書十卷　(清)曾國藩撰　清光緒十二年(1886)著易堂鉛印本　九册　存九卷(二至十)

360000－1901－0001817　409273

曾文正公家書十卷　(清)曾國藩撰　清光緒十二年(1886)著易堂鉛印本　二册　存二卷(五、九)

360000－1901－0001818　163449

曾文正公家書十卷　(清)曾國藩撰　清光緒十三年(1887)鴻文書局鉛印本　五册

360000－1901－0001819　163448

曾文正公家書十卷　(清)曾國藩撰　清光緒十四年(1888)刻本　五册

360000－1901－0001820　409280

曾文正公家書十卷家訓二卷　(清)曾國藩撰　清光緒上海申報館鉛印本　十二册

360000－1901－0001821　409281

曾文正公家書十卷家訓二卷　(清)曾國藩撰　清光緒上海申報館鉛印本　七册　存六卷(曾文正公家書四、六、八、十,家訓二卷)

360000－1901－0001822　163450

曾文正公家書十卷家訓二卷　(清)曾國藩撰　**曾文正公大事記四卷**　(清)王定安撰　**曾文正公榮哀錄一卷**　(清)□□輯　清光緒十九年(1893)上海圖書集成印書局鉛印本　四册　存七卷(曾文正公家書一至六、曾文正公榮哀錄一卷)

360000－1901－0001823　304336

曾文正公家書十卷家訓二卷　(清)曾國藩撰　**曾文正公大事記四卷**　(清)王定安撰　**曾文正公榮哀錄一卷**　(清)□□輯　清光緒十九年(1893)上海圖書集成印書局鉛印本　八册

360000－1901－0001824　162634

曾文正公家訓二卷　(清)曾國藩撰　清光緒三十二年(1906)上海商務印書館鉛印本　一册

360000－1901－0001825　409275

曾文正公家訓二卷　(清)曾國藩撰　清光緒十二年(1886)著易堂鉛印本　二册

360000－1901－0001826　409276

曾文正公家訓二卷　(清)曾國藩撰　清光緒十二年(1886)著易堂鉛印本　一册

360000－1901－0001827　409225

曾文正公家訓二卷　(清)曾國藩撰　清光緒十四年(1888)玉雞苗館刻本　一册

360000－1901－0001828　402059

曾文正公六十壽言二卷　(清)李鴻章等撰　清同治十二年(1873)湖南陶甓勤齋刻本　一册

360000－1901－0001829　310376

曾文正公六十壽言二卷　(清)李鴻章等撰　清同治十二年(1873)湖南文元書坊刻本　二册

360000－1901－0001830　600267

曾文正公全集　(清)曾國藩撰　清光緒二十九年(1903)鴻寶書局石印本　二十三册　存十三種

360000－1901－0001831　150353

曾文正公全集　(清)曾國藩撰　清同治、光

緒傳忠書局刻本　一百三十五册　存十五種

360000－1901－0001832　150354
曾文正公全集　(清)曾國藩撰　清同治、光緒傳忠書局刻本　一百四十二册　存十五種

360000－1901－0001833　150355
曾文正公全集　(清)曾國藩撰　清同治、光緒傳忠書局刻本　一百六十二册　存十六種

360000－1901－0001834　409226
曾文正公全集　(清)曾國藩撰　清同治、光緒傳忠書局刻本　八册　存四種

360000－1901－0001835　409229
曾文正公全集　(清)曾國藩撰　清同治、光緒傳忠書局刻本　八十二册　存十二種

360000－1901－0001836　600251
曾文正公全集　(清)曾國藩撰　清同治、光緒傳忠書局刻本　一百十九册　存十三種

360000－1901－0001837　600252
曾文正公全集　(清)曾國藩撰　清同治、光緒傳忠書局刻本　一百四十册　存十二種

360000－1901－0001838　600253
曾文正公全集　(清)曾國藩撰　清同治、光緒傳忠書局刻本　一百十四册

360000－1901－0001839　600254
曾文正公全集　(清)曾國藩撰　清同治、光緒傳忠書局刻本　一百四十六册

360000－1901－0001840　600255
曾文正公全集　(清)曾國藩撰　清同治、光緒傳忠書局刻本　一百四册　存八種

360000－1901－0001841　600256
曾文正公全集　(清)曾國藩撰　清同治、光緒傳忠書局刻本　一百十五册　存十一種

360000－1901－0001842　600257
曾文正公全集　(清)曾國藩撰　清同治、光緒傳忠書局刻本　六十四册　存七種

360000－1901－0001843　600258
曾文正公全集　(清)曾國藩撰　清同治、光緒傳忠書局刻本　七十六册　存八種

360000－1901－0001844　600259
曾文正公全集　(清)曾國藩撰　清同治、光緒傳忠書局刻本　三十一册　存七種

360000－1901－0001845　600261
曾文正公全集　(清)曾國藩撰　清同治、光緒傳忠書局刻本　三十六册　存三種

360000－1901－0001846　600261－1
曾文正公全集　(清)曾國藩撰　清同治、光緒傳忠書局刻本　二十八册　存四種

360000－1901－0001847　600262
曾文正公全集　(清)曾國藩撰　清同治、光緒傳忠書局刻本　一百七册　存十種

360000－1901－0001848　600263
曾文正公全集　(清)曾國藩撰　清同治、光緒傳忠書局刻本　十八册　存三種

360000－1901－0001849　600264
曾文正公全集　(清)曾國藩撰　清同治、光緒傳忠書局刻本　二十二册　存三種

360000－1901－0001850　600265
曾文正公全集　(清)曾國藩撰　清同治、光緒傳忠書局刻本　九册　存三種

360000－1901－0001851　600266
曾文正公全集　(清)曾國藩撰　清同治、光緒傳忠書局刻本　十七册　存二種

360000－1901－0001852　600268
曾文正公全集　(清)曾國藩撰　清同治、光緒傳忠書局刻本　二十册　存四種

360000－1901－0001853　409274
曾文正公榮哀錄四卷　(清)□□輯　清光緒十二年(1886)著易堂鉛印本　四册

360000－1901－0001854　402048
曾文正公榮哀錄四卷　(清)□□輯　清同治十二年(1873)湖南省黄信友堂刻本　四册

360000－1901－0001855　402049
曾文正公榮哀錄四卷　(清)□□輯　清同治

十二年(1873)湖南省黄信友堂刻本　三册

360000－1901－0001856　402049－1
曾文正公榮哀錄一卷　(清)□□輯　清同治刻本　一册

360000－1901－0001857　600263－2
曾文正公詩稾四卷楹聯一卷輓聯一卷雜箸五歌一卷　(清)曾國藩撰　清同治十二年(1873)醉六堂刻本　二册

360000－1901－0001858　803592
曾文正公詩集三卷　(清)曾國藩撰　清抄本　一册　存一卷(三)

360000－1901－0001859　409250
曾文正公詩集三卷　(清)曾國藩撰　清光緒二年(1876)傳忠書局刻本　一册

360000－1901－0001860　409246
曾文正公詩集四卷　(清)曾國藩撰　清同治十三年(1874)傳忠書局刻本　一册

360000－1901－0001861　409247
曾文正公詩集四卷　(清)曾國藩撰　清同治十三年(1874)傳忠書局刻本　二册

360000－1901－0001862　409248
曾文正公詩集四卷　(清)曾國藩撰　清同治十三年(1874)傳忠書局刻本　一册

360000－1901－0001863　409248－1
曾文正公詩集四卷　(清)曾國藩撰　清同治十三年(1874)傳忠書局刻本　一册　存二卷(一至二)

360000－1901－0001864　600263－1
曾文正公事畧四卷附曾文正祠雅集圖記一卷　(清)王定安輯　清光緒元年(1875)刻本　四册

360000－1901－0001865　307795
曾文正公手書日記不分卷(清道光二十一年至同治十一年)　(清)曾國藩撰　清宣統元年(1909)上海中國圖書公司石印本　四十册

360000－1901－0001866　308598
曾文正公手書日記不分卷(清道光二十一年至同治十一年)　(清)曾國藩撰　清宣統元年(1909)上海中國圖書公司石印本　四十册

360000－1901－0001867　310336
曾文正公手書日記不分卷(清道光二十一年至同治十一年)　(清)曾國藩撰　清宣統元年(1909)上海中國圖書公司石印本　四十册

360000－1901－0001868　310950
曾文正公手書日記不分卷(清道光二十一年至同治十一年)　(清)曾國藩撰　清宣統元年(1909)上海中國圖書公司石印本　四十册

360000－1901－0001869　409217
曾文正公手書日記不分卷(清道光二十一年至同治十一年)　(清)曾國藩撰　清宣統元年(1909)上海中國圖書公司石印本　四十册

360000－1901－0001870　409253
曾文正公書劄三十三卷　(清)曾國藩撰　清末鉛印本　二册　存四卷(三至四、二十一至二十二)

360000－1901－0001871　409301
曾文正公四種　(清)曾國藩撰　清光緒二十九年(1903)錦章書局石印本　六册

360000－1901－0001872　409302
曾文正公四種　(清)曾國藩撰　清光緒二十九年(1903)錦章書局石印本　五册

360000－1901－0001873　409303
曾文正公四種　(清)曾國藩撰　清光緒二十九年(1903)錦章書局石印本　四册

360000－1901－0001874　409304
曾文正公四種　(清)曾國藩撰　清光緒二十九年(1903)錦章書局石印本　六册

360000－1901－0001875　409305
曾文正公四種　(清)曾國藩撰　清光緒二十九年(1903)錦章書局石印本　五册

360000－1901－0001876　409277
曾文正公四種　(清)曾國藩撰　清光緒三十一年(1905)上海商務印書館鉛印本　四册

360000－1901－0001877　409278

曾文正公四種　(清)曾國藩撰　清光緒三十一年(1905)上海商務印書館鉛印本　七册

360000－1901－0001878　409279
曾文正公四種　(清)曾國藩撰　清光緒三十一年(1905)上海商務印書館鉛印本　六册

360000－1901－0001879　409269
曾文正公四種　(清)曾國藩撰　清光緒十三年(1887)鴻文書局鉛印本　八册

360000－1901－0001880　409270
曾文正公四種　(清)曾國藩撰　清光緒十三年(1887)鴻文書局鉛印本　七册

360000－1901－0001881　409271
曾文正公四種　(清)曾國藩撰　清末著易堂鉛印本　八册

360000－1901－0001882　310383
曾文正公文鈔四卷　(清)曾國藩撰　(清)張瑛編　清同治十二年(1873)刻本　四册

360000－1901－0001883　306536－1
曾文正公文鈔四卷　(清)曾國藩撰　(清)張瑛編　清同治十一年(1872)刻本　四册

360000－1901－0001884　409222
曾文正公文鈔四卷　(清)曾國藩撰　(清)張瑛編　清同治十一年(1872)蘇郡刻本　二册

360000－1901－0001885　409223
曾文正公文鈔四卷　(清)曾國藩撰　(清)張瑛編　清同治十一年(1872)蘇郡刻本　四册

360000－1901－0001886　409224
曾文正公文鈔四卷　(清)曾國藩撰　(清)張瑛編　清同治十一年(1872)蘇郡刻本　二册　存二卷(二、四)

360000－1901－0001887　409224－1
曾文正公文鈔四卷　(清)曾國藩撰　(清)張瑛編　清同治十一年(1872)蘇郡刻本　一册　存一卷(二)

360000－1901－0001888　316786
曾文正公文鈔四卷附刻一卷詩鈔四卷　(清)曾國藩撰　清同治十二年(1873)醉六堂刻光緒二年(1876)續刻本　六册

360000－1901－0001889　409239
曾文正公文集四卷　(清)曾國藩撰　清同治十三年(1874)傳忠書局刻本　三册　存三卷(二至四)

360000－1901－0001890　710343
曾文正公楹聯一卷輓聯一卷雜著五歌一卷　(清)曾國藩撰　清同治十二年(1873)湖南陶甓勤齋刻本　一册

360000－1901－0001891　409251
曾文正公雜著二卷　(清)曾國藩撰　清光緒二年(1876)傳忠書局刻本　二册

360000－1901－0001892　600261－2
曾文正公雜著四卷　(清)曾國藩撰　(清)李瀚章輯　清光緒四年(1878)上海醉六堂刻本　四册

360000－1901－0001893　409243
曾文正公雜著四卷　(清)曾國藩撰　(清)李瀚章輯　清同治十三年(1874)傳忠書局刻本　四册

360000－1901－0001894　409244
曾文正公雜著四卷　(清)曾國藩撰　(清)李瀚章輯　清同治十三年(1874)傳忠書局刻本　四册

360000－1901－0001895　409245
曾文正公雜著四卷　(清)曾國藩撰　(清)李瀚章輯　清同治十三年(1874)傳忠書局刻本　二册

360000－1901－0001896　600257－1
曾文正公雜著四卷　(清)曾國藩撰　(清)李瀚章輯　清同治十三年(1874)傳忠書局刻本　四册

360000－1901－0001897　600258－1
曾文正公雜著四卷　(清)曾國藩撰　(清)李瀚章輯　清同治十三年(1874)傳忠書局刻本　二册

360000－1901－0001898　600259－1

曾文正公雜著四卷　(清)曾國藩撰　(清)李瀚章輯　清同治十三年(1874)傳忠書局刻本　四冊

360000－1901－0001899　600262－1
曾文正公雜著四卷　(清)曾國藩撰　(清)李瀚章輯　清同治十三年(1874)傳忠書局刻本　二冊

360000－1901－0001900　600264－1
曾文正公雜著四卷　(清)曾國藩撰　(清)李瀚章輯　清同治十三年(1874)傳忠書局刻本　二冊

360000－1901－0001901　800161
曾文正公奏稿三十六卷　(清)曾國藩撰　清光緒二年(1876)傳忠書局刻曾文正公全集本　二十冊　存二十卷(十一至三十)

360000－1901－0001902　306536
曾文正公奏議十卷首一卷末一卷　(清)曾國藩撰　清同治十三年(1874)上海醉六堂刻本　十冊

360000－1901－0001903　409226－1
曾文正公奏議十卷首一卷末一卷　(清)曾國藩撰　清同治十三年(1874)上海醉六堂刻本　十冊

360000－1901－0001904　409233
曾文正公奏議十卷首一卷末一卷補編四卷　(清)曾國藩撰　清光緒二十二年(1896)上海圖書集成印書局鉛印本　四冊

360000－1901－0001905　402060
曾文正公奏議十卷首一卷末一卷補編四卷　(清)曾國藩撰　清同治十二年至十三年(1873－1874)蘇郡刻本　十四冊

360000－1901－0001906　402062
曾文正公奏議十卷首一卷末一卷補編四卷　(清)曾國藩撰　清同治十二年至十三年(1873－1874)蘇郡刻本　六冊　存八卷(三至四、七至九,補編一、三至四)

360000－1901－0001907　600263－3
曾文正公奏議十卷首一卷末一卷補編四卷　(清)曾國藩撰　清同治十二年至十三年(1873－1874)蘇郡刻本　一冊　存二卷(一、首一卷)

360000－1901－0001908　600266－1
曾文正公奏議十卷首一卷末一卷補編四卷　(清)曾國藩撰　清同治十二年至十三年(1873－1874)蘇郡刻本　六冊　存九卷(一至三、八、十,首一卷,末一卷,補編一至二)

360000－1901－0001909　600268－1
曾文正公奏議十卷首一卷末一卷補編四卷　(清)曾國藩撰　清同治十三年(1874)上海吳氏醉六堂刻本　七冊　存七卷(二至五、八、十,末一卷)

360000－1901－0001910　402061
曾文正公奏議十卷首一卷末一卷補編四卷　(清)曾國藩撰　清同治十三年(1874)上海醉六堂刻本　十冊　存十卷(一至三、六至十,補編一至二)

360000－1901－0001911　421312
曾文正左文襄王壯武楚湘營制合鈔一卷　(清)□□輯　清刻本　一冊

360000－1901－0001912　307709
曾忠襄公全集　(清)曾國荃撰　清光緒二十九年(1903)刻本　六十二冊　存五種

360000－1901－0001913　317020
曾忠襄公全集　(清)曾國荃撰　清光緒二十九年(1903)刻本　五十四冊

360000－1901－0001914　304208
曾子家語六卷　(清)王定安輯　清光緒十六年(1890)金陵刻本　二冊

360000－1901－0001915　404830
層級集時文前編二卷二編二卷三編一卷文編二卷　(清)沈崗輯　清刻本　五冊　存五卷(層級集時文前編二卷、二編下、三編一卷、文編上)

360000－1901－0001916　415192

插花窗詩草六卷賦草二卷　(清)楊昌光撰　清嘉慶二十三年(1818)刻本　四冊

360000－1901－0001917　303008
茶經二卷　(唐)陸羽撰　清刻本　一冊

360000－1901－0001918　121353
茶山集八卷　(宋)曾幾撰　清刻本　二冊

360000－1901－0001919　121354
茶山集八卷　(宋)曾幾撰　清刻本　二冊

360000－1901－0001920　413466－1
茶山集八卷　(宋)曾幾撰　清刻本　一冊　存四卷(一至四)

360000－1901－0001921　601490
茶山集八卷　(宋)曾幾撰　清刻本　一冊　存一卷(一)

360000－1901－0001922　413466
茶山集八卷　(宋)曾幾撰　清乾隆浙江刻本　二冊

360000－1901－0001923　162554
茶香室叢鈔二十三卷目錄一卷　(清)俞樾撰　清光緒九年(1883)吳下春在堂刻本　六冊

360000－1901－0001924　162677
茶香室叢鈔二十三卷目錄一卷　(清)俞樾撰　清光緒十一年(1885)刻本　六冊

360000－1901－0001925　160854
茶香室經說十六卷　(清)俞樾撰　清光緒十四年(1888)刻本　六冊

360000－1901－0001926　162676
茶餘客話十二卷　(清)阮葵生撰　清乾隆五十八年(1793)刻本　四冊

360000－1901－0001927　306124
茶餘客話十二卷　(清)阮葵生撰　(清)戴璐選　清光緒五年(1879)文達堂刻本　三冊　存九卷(一至九)

360000－1901－0001928　405012
茶餘客話十二卷　(清)阮葵生撰　(清)戴璐選　清刻本　一冊　存六卷(一至六)

360000－1901－0001929　405013
茶餘客話十二卷　(清)阮葵生撰　(清)戴璐選　清刻本　四冊

360000－1901－0001930　306125
茶餘談薈二卷　(清)見南山人撰　(清)容園詞客評　清光緒五年(1879)上海申報館鉛印本　一冊　存一卷(上)

360000－1901－0001931　240931
查浦詩鈔十二卷　(清)查嗣瑮撰　清雍正刻本　四冊

360000－1901－0001932　240471
槎翁詩集八卷　(明)劉崧撰　清抄本　六冊　缺二卷(七至八)

360000－1901－0001933　122085
槎翁先生文集十八卷首一卷補遺一卷附錄一卷槎翁先生詩集十二卷首一卷補遺四卷　(明)劉崧撰　**泰和劉恭介公年譜一卷**　(清)王琨撰　清光緒二十五年(1899)上田蕭氏刻本　十冊　缺十八卷(文集一至十二,詩集一至三、五至七)

360000－1901－0001934　122284
槎翁先生文集十八卷首一卷補遺一卷附錄一卷槎翁先生詩集十二卷首一卷補遺四卷　(明)劉崧撰　**泰和劉恭介公年譜一卷**　(清)王琨撰　清光緒二十五年(1899)上田蕭氏刻本　二十冊

360000－1901－0001935　122285
槎翁先生文集十八卷首一卷補遺一卷附錄一卷槎翁先生詩集十二卷首一卷補遺四卷　(明)劉崧撰　**泰和劉恭介公年譜一卷**　(清)王琨撰　清光緒二十五年(1899)上田蕭氏刻本　二十冊

360000－1901－0001936　405634
柴桑傭錄四卷　(清)鍾體志撰　清光緒十六年(1890)刻本　一冊　存二卷(三至四)

360000－1901－0001937　316407
柴菴寤言二卷　(明)吳甡撰　清初刻本　一冊

360000－1901－0001938　312106
孱守齋所編年譜五種　(清)錢大昕撰　清嘉慶嘉興郡齋刻本　一册

360000－1901－0001939　406878
禪關策進一卷　(明)釋袾宏輯　清光緒二十四年(1898)金陵刻經處刻本　一册

360000－1901－0001940　230621
禪關策進一卷　(明)釋袾宏輯　清咸豐釋意真抄本　**金剛經旨二卷**　(清)韓茂椿輯　清咸豐三年(1853)釋空善抄本　**摩訶般若波羅蜜多心經一卷**　(明)何道全注　清咸豐二年(1852)釋意真抄本　四册

360000－1901－0001941　310273
禪林寶訓筆說三卷　(清)釋智祥撰　清光緒十九年(1893)江北刻經處刻本　三册

360000－1901－0001942　307634
禪林僧寶傳三十卷　(宋)釋惠洪撰　**補禪林僧寶傳一卷**　(宋)釋慶老撰　清光緒六年(1880)常熟刻經處刻本　三册

360000－1901－0001943　309504
禪林僧寶傳三十卷　(宋)釋惠洪撰　**補禪林僧寶傳一卷**　(宋)釋慶老撰　清光緒六年(1880)常熟刻經處刻本　三册

360000－1901－0001944　706881
禪門日誦一卷　(清)□□輯　清光緒十九年(1893)天童寺刻本　一册

360000－1901－0001945　310211
禪源諸詮集都序四卷　(唐)釋宗密撰　清光緒十八年(1892)金陵刻經處刻本　一册

360000－1901－0001946　802646
禪真逸史四十回　(明)方汝浩撰　清刻本　一册　存五回(三十二至三十六)

360000－1901－0001947　802983
禪真逸史四十回　(明)方汝浩撰　清刻本　一册　存四回(三十七至四十)

360000－1901－0001948　804727
禪真逸史四十回　(明)方汝浩撰　清刻本　一册　存四回(十二至十五)

360000－1901－0001949　306370
躔離引蒙三卷　(清)賈步緯撰　清光緒十八年(1892)石印本　二册　存二卷(上、中)

360000－1901－0001950　803846
產寶一卷　(清)倪枝維撰　清抄本　一册

360000－1901－0001951　720520
產寶一卷　(清)倪枝維撰　清同治十年(1871)石陽黃祖經三自反齋刻本　一册

360000－1901－0001952　162587
產寶一卷　(清)倪枝維撰　**福幼編一卷**　(清)莊一夔撰　清同治九年(1870)三近堂刻本　一册

360000－1901－0001953　420520
產寶一卷　(清)倪枝維撰　**福幼編一卷**　(清)莊一夔撰　清同治九年(1870)三近堂刻本　一册

360000－1901－0001954　408951
產後編二卷　(清)傅山撰　清道光二十九年(1849)刻本　一册

360000－1901－0001955　164910
產後編二卷　(清)傅山撰　清刻本　一册

360000－1901－0001956　408947
產後編二卷　(清)傅山撰　清刻本　一册

360000－1901－0001957　408948
產後編二卷　(清)傅山撰　清刻本　二册

360000－1901－0001958　408949
產後編二卷　(清)傅山撰　清刻本　一册

360000－1901－0001959　408950
產後編二卷　(清)傅山撰　清刻本　一册

360000－1901－0001960　164902
產科心法二卷　(清)汪喆撰　清嘉慶九年(1804)刻本　一册

360000－1901－0001961　164901
產孕集二卷　(清)張曜孫撰　清同治七年(1868)刻本　一册

360000－1901－0001962　408952

產孕集二卷　(清)張曜孫撰　清同治七年(1868)刻本　一册

360000－1901－0001963　902468

闡性述筆初編四卷　(清)鄧逢光撰　清道光二十八年(1848)刻本　三册　存三卷(一、三至四)

360000－1901－0001964　310292

懺花盦叢書　(清)宋澤元輯　清光緒山陰宋氏刻十三年(1887)彙印本　四册　存三種

360000－1901－0001965　412855

懺摩錄一卷　(清)彭兆蓀撰　清道光十六年(1836)刻本　一册

360000－1901－0001966　412855－1

懺摩錄一卷　(清)彭兆蓀撰　清道光十六年(1836)刻本　一册

360000－1901－0001967　412855－2

懺摩錄一卷　(清)彭兆蓀撰　清道光十六年(1836)刻本　一册

360000－1901－0001968　412855－3

懺摩錄一卷　(清)彭兆蓀撰　清道光十六年(1836)刻本　一册

360000－1901－0001969　308981

昌谷集四卷　(唐)李賀撰　清刻本　一册

360000－1901－0001970　120878

昌江瓣香集二卷　(清)鄧逢光撰　清咸豐九年(1859)四香草堂刻民國八年(1919)補刻本　一册

360000－1901－0001971　120879

昌江瓣香集二卷　(清)鄧逢光撰　清咸豐九年(1859)四香草堂刻民國八年(1919)補刻本　一册

360000－1901－0001972　120880

昌江性學述筆貫珠十二卷　(清)鄧逢光撰　清刻本　十一册　存十一卷(二至十二)

360000－1901－0001973　411304

昌黎先生集考異十卷　(宋)朱熹撰　清刻本　一册　存五卷(一至五)

360000－1901－0001974　165089

昌黎先生集四十卷外集十卷遺文一卷　(唐)韓愈撰　(宋)廖瑩中校正　**朱子校昌黎先生傳一卷**　(宋)朱熹撰　明東吳徐氏東雅堂刻本　八册　存三十五卷(一至二十七、三十三至四十)

360000－1901－0001975　805373

昌黎先生集四十卷外集十卷遺文一卷　(唐)韓愈撰　(宋)廖瑩中校正　**朱子校昌黎先生傳一卷**　(宋)朱熹撰　明東吳徐氏東雅堂刻本　二册　存十八卷(昌黎先生集二十八至三十三、外集十卷、遺文一卷、朱子校昌黎先生傳一卷)

360000－1901－0001976　316770

昌黎先生集四十卷外集十卷遺文一卷　(唐)韓愈撰　(宋)廖瑩中校正　**朱子校昌黎先生集傳一卷**　(宋)朱熹撰　明東吳徐氏東雅堂刻本　十册

360000－1901－0001977　240097

昌黎先生集四十卷外集十卷遺文一卷　(唐)韓愈撰　(宋)廖瑩中校正　**朱子校昌黎先生集傳一卷**　(宋)朱熹撰　明萬曆東吳徐氏東雅堂刻本　二十四册

360000－1901－0001978　316111

昌黎先生集四十卷外集十卷遺文一卷　(唐)韓愈撰　(宋)廖瑩中校正　**朱子校昌黎先生集傳一卷**　(宋)朱熹撰　清宣統三年(1911)上海鴻文書局石印本　二册　存六卷(昌黎先生集一至五、朱子校昌黎先生集傳一卷)

360000－1901－0001979　805157－1

昌黎先生集四十卷外集十卷遺文一卷　(唐)韓愈撰　**朱子校昌黎先生集傳一卷**　(宋)朱熹撰　**韓集點勘四卷**　(清)陳景雲撰　清末石印本　八册　存五十卷(昌黎先生集六至四十、外集十卷、遺文一卷、韓集點勘四卷)

360000－1901－0001980　305979

昌黎先生集四十卷外集十卷遺文一卷　(唐)

韓愈撰　**朱子校昌黎先生集傳一卷**　(宋)朱熹撰　**韓集點勘四卷**　(清)陳景雲撰　清同治八年(1869)江蘇書局刻本　九册　存五十一卷(昌黎先生集二至四十、外集十卷、遺文一卷、朱子校昌黎先生集傳一卷)

360000－1901－0001981　163730
昌黎先生集四十卷外集十卷遺文一卷　(唐)韓愈撰　**朱子校昌黎先生集傳一卷**　(宋)朱熹撰　**韓集點勘四卷**　(清)陳景雲撰　清宣統二年(1910)上海掃葉山房石印本　十二册

360000－1901－0001982　302885
昌黎先生集四十卷外集十卷遺文一卷　(唐)韓愈撰　**朱子校昌黎先生集傳一卷**　(宋)朱熹撰　**韓集點勘四卷**　(清)陳景雲撰　清宣統二年(1910)上海掃葉山房石印本　十二册

360000－1901－0001983　413959
昌黎先生集四十卷外集十卷遺文一卷　(唐)韓愈撰　**朱子校昌黎先生集傳一卷**　(宋)朱熹撰　**韓集點勘四卷**　(清)陳景雲撰　清宣統二年(1910)上海掃葉山房石印本　十二册

360000－1901－0001984　413960
昌黎先生集四十卷外集十卷遺文一卷　(唐)韓愈撰　**朱子校昌黎先生集傳一卷**　(宋)朱熹撰　**韓集點勘四卷**　(清)陳景雲撰　清宣統二年(1910)上海掃葉山房石印本　二册　存十二卷(昌黎先生集二十七至三十三、遺文一卷、韓集點勘四卷)

360000－1901－0001985　302863
昌黎先生集四十卷外集十卷遺文一卷　(唐)韓愈撰　**朱子校昌黎先生集傳一卷**　(宋)朱熹撰　**韓集點勘四卷**　(清)陳景雲撰　清宣統三年(1911)上海掃葉山房石印本　十二册

360000－1901－0001986　302864
昌黎先生集四十卷外集十卷遺文一卷　(唐)韓愈撰　**朱子校昌黎先生集傳一卷**　(宋)朱熹撰　**韓集點勘四卷**　(清)陳景雲撰　清宣統三年(1911)上海掃葉山房石印本　十二册

360000－1901－0001987　302900
昌黎先生集四十卷外集十卷遺文一卷　(唐)韓愈撰　**朱子校昌黎先生集傳一卷**　(宋)朱熹撰　**韓集點勘四卷**　(清)陳景雲撰　清宣統三年(1911)上海掃葉山房石印本　八册　存四十七卷(昌黎先生集六至三十六、外集十卷、遺文一卷、朱子校昌黎先生集傳一卷、韓集點勘四卷)

360000－1901－0001988　413953
昌黎先生集四十卷外集十卷遺文一卷　(唐)韓愈撰　**朱子校昌黎先生集傳一卷**　(宋)朱熹撰　**韓集點勘四卷**　(清)陳景雲撰　清宣統三年(1911)石印本　十册

360000－1901－0001989　316746
昌黎先生集四十卷遺文一卷　(唐)韓愈撰　(唐)李漢編　清同治九年(1870)廣東述古堂刻本　八册

360000－1901－0001990　315550
昌黎先生詩集注十一卷　(唐)韓愈撰　(清)顧嗣立刪補　清道光二十五年(1845)膺德堂刻朱墨套印本　四册

360000－1901－0001991　163959
昌黎先生詩集注十一卷　(唐)韓愈撰　(清)顧嗣立刪補　清道光十六年(1836)膺德堂刻朱墨套印本　四册

360000－1901－0001992　315157
昌黎先生詩集注十一卷　(唐)韓愈撰　(清)顧嗣立刪補　清道光十六年(1836)膺德堂刻朱墨套印本　四册

360000－1901－0001993　315312
昌黎先生詩集注十一卷　(唐)韓愈撰　(清)顧嗣立刪補　清道光十六年(1836)膺德堂刻朱墨套印本　二册

360000－1901－0001994　500345
[江西宜春]袁郡衛前劉祠主譜二卷　(清)劉碩甫等纂修　清光緒十一年(1885)木活字印本　一册

360000－1901－0001995　302902
昌黎先生詩集注十一卷　(唐)韓愈撰　(清)

顧嗣立刪補　清光緒九年(1883)廣州翰墨園刻三色套印本　四冊

360000－1901－0001996　803398－1
[經史雜鈔]不分卷　(□)□□輯　清抄本　一冊

360000－1901－0001997　316355
昌黎先生詩集注十一卷　(唐)韓愈撰　(清)顧嗣立刪補　清康熙三十八年(1699)顧氏秀野草堂刻本　四冊

360000－1901－0001998　413954
昌黎先生詩集注十一卷　(唐)韓愈撰　(清)顧嗣立刪補　清康熙三十八年(1699)顧氏秀野草堂刻本　二冊　存六卷(二至七)

360000－1901－0001999　240100
昌黎先生詩集注十一卷　(唐)韓愈撰　(清)顧嗣立刪補　清康熙三十八年(1699)秀野草堂刻本　四冊

360000－1901－0002000　240101
昌黎先生詩集注十一卷　(唐)韓愈撰　(清)顧嗣立刪補　清康熙三十八年(1699)秀野草堂刻本　四冊

360000－1901－0002001　603892
昌黎先生詩集注十一卷年譜一卷　(唐)韓愈撰　(清)顧嗣立刪補　清道光賡德堂刻朱墨套印本　六冊

360000－1901－0002002　302891
昌黎先生詩增注証訛十一卷　(唐)韓愈撰　(清)顧嗣立刪補　(清)黃鉞增注証訛　清咸豐七年(1857)四明鮑氏二客軒刻本　四冊

360000－1901－0002003　407637
昌南輿誦篇一卷　(清)江式等纂　清光緒元年(1875)刻本　一冊

360000－1901－0002004　401744
昌言四卷　(清)湯震撰　清光緒二十四年(1898)上海書局石印本　一冊　存二卷(一至二)

360000－1901－0002005　407630
昌言四卷　(清)湯震撰　清末石印本　一冊　存二卷(三至四)

360000－1901－0002006　120881
昌霅文集二卷　(元)袁君賢撰　清光緒二年(1876)木活字印本　二冊

360000－1901－0002007　416208
昌霅文集二卷　(元)袁君賢撰　清光緒二年(1876)木活字印本　一冊

360000－1901－0002008　801457
長春真人西遊記二卷　(元)李志常撰　清抄本　二冊

360000－1901－0002009　304070
長短經九卷　(唐)趙蕤撰　清刻本　三冊

360000－1901－0002010　150223
長恩書室叢書　(清)莊肇麟輯　清咸豐四年(1854)新昌莊氏過客軒刻本　十六冊

360000－1901－0002011　150224
長恩書室叢書　(清)莊肇麟輯　清咸豐四年(1854)新昌莊氏過客軒刻本　十六冊

360000－1901－0002012　150225
長恩書室叢書　(清)莊肇麟輯　清咸豐四年(1854)新昌莊氏過客軒刻本　十六冊

360000－1901－0002013　603332
長恩書室叢書　(清)莊肇麟輯　清咸豐四年(1854)新昌莊氏過客軒刻本　十冊　存十種

360000－1901－0002014　804096
長恩書室叢書　(清)莊肇麟輯　清咸豐四年(1854)新昌莊氏過客軒刻本　十六冊

360000－1901－0002015　420200
長河志籍考十卷　(清)田雯撰　清光緒三十四年(1908)新昌胡思敬京師鉛印本　一冊

360000－1901－0002016　420201
長河志籍考十卷　(清)田雯撰　清光緒三十四年(1908)新昌胡思敬京師鉛印本　一冊

360000－1901－0002017　303901
長河志籍考十卷　(清)田雯撰　清康熙三十

七年(1698)古歡堂刻本　一册

360000－1901－0002018　407658
長恨歌試帖一卷　(清)聞韶撰　清刻本　一册

360000－1901－0002019　309909
長江各口通商暫行章程一卷　(清)□□撰　清同治刻本　一册

360000－1901－0002020　306568
長江圖說十二卷首一卷　(清)馬徵麟等撰　清同治九年(1870)金陵提署刻本　一册

360000－1901－0002021　163955
長江圖說十二卷首一卷　(清)馬徵麟等撰　清同治十年(1871)湖北崇文書局刻本　六册

360000－1901－0002022　313565
長江圖說十二卷首一卷　(清)馬徵麟等撰　清同治十年(1871)湖北崇文書局刻本　五册

360000－1901－0002023　420090
長江圖說十二卷首一卷　(清)馬徵麟等撰　清同治十年(1871)湖北崇文書局刻本　五册

360000－1901－0002024　123212
長秋館詠史詩鈔四卷　(清)湯儲璠撰　清光緒九年(1883)刻本　一册

360000－1901－0002025　164789
長沙方歌括六卷　(清)陳念祖撰　清高文厚堂刻本　二册

360000－1901－0002026　707997－1
長沙方歌括六卷　(清)陳念祖撰　清光緒十八年(1892)上海圖書集成印書局鉛印本　一册

360000－1901－0002027　408031
長沙方歌括六卷　(清)陳念祖撰　清刻本　一册

360000－1901－0002028　408032
長沙方歌括六卷　(清)陳念祖撰　清刻本　二册

360000－1901－0002029　408033
長沙方歌括六卷　(清)陳念祖撰　清刻本　三册

360000－1901－0002030　408034
長沙方歌括六卷　(清)陳念祖撰　清刻本　二册

360000－1901－0002031　408034－1
長沙方歌括六卷　(清)陳念祖撰　清刻本　一册　存三卷(四至六)

360000－1901－0002032　408035
長沙方歌括六卷　(清)陳念祖撰　清刻本　三册

360000－1901－0002033　408036
長沙方歌括六卷　(清)陳念祖撰　清刻本　二册　存四卷(一至二、五至六)

360000－1901－0002034　900985
長沙方歌括六卷　(清)陳念祖撰　清刻本　一册　存二卷(一至二)

360000－1901－0002035　408030
長沙方歌括六卷　(清)陳念祖撰　清南雅堂刻本　四册

360000－1901－0002036　311772
長沙賈太傅祠志四卷　(清)夏獻雲輯　清光緒四年(1878)長沙刻本　二册

360000－1901－0002037　408979
長沙藥解四卷　(清)黃元御撰　清刻本　一册　存二卷(一至二)

360000－1901－0002038　805209
長沙藥解四卷　(清)黃元御撰　清刻本　二册

360000－1901－0002039　721292
長生殿二卷　(清)洪昇撰　清五柳居刻本　二册　存一卷(上)

360000－1901－0002040　721291
長生殿二卷　(清)洪昇撰　清咸豐九年(1859)刻本　三册

360000－1901－0002041　421924

常德文徵四十八卷首一卷 (清)應先烈等輯 清嘉慶十九年(1814)鼎雅堂刻本 一册 存二卷(三十至三十一)

360000－1901－0002042 722115
常德文徵四十八卷首一卷 (清)應先烈等輯 清嘉慶十九年(1814)鼎雅堂刻本 三册 存六卷(三十六至三十九、四十二至四十三)

360000－1901－0002043 307773
常郡八邑藝文志十二卷 (清)盧文弨輯 (清)莊翊昆校補 清光緒十六年(1890)刻本 十二册 存十卷(一至十)

360000－1901－0002044 161892
常山貞石志二十四卷 (清)沈濤撰 清光緒二十年(1894)刻本 八册 存十九卷(一至八、十二至十八、二十一至二十四)

360000－1901－0002045 404717
常談叢錄九卷 (清)李元復撰 清道光刻本 五册 存五卷(三至七)

360000－1901－0002046 404717－1
常談叢錄九卷 (清)李元復撰 清道光刻本 一册 存二卷(四至五)

360000－1901－0002047 150319
常州先哲遺書 盛宣懷輯 清光緒二十一年至三十三年(1895－1907)武進盛氏思惠齋刻宣統彙印本 七十九册 存三十九種

360000－1901－0002048 150320
常州先哲遺書 盛宣懷輯 清光緒二十一年至三十三年(1895－1907)武進盛氏思惠齋刻宣統彙印本 六十二册 存四十二種

360000－1901－0002049 413104
常州先哲遺書 盛宣懷輯 清光緒二十一年至三十三年(1895－1907)武進盛氏思惠齋刻宣統彙印本 三册 存三種

360000－1901－0002050 150436
暢園叢書甲函 (清)張邁輯 清光緒二十年(1894)始豐張氏四明刻本 四册 存五種

360000－1901－0002051 803291
抄錄各病應方不分卷 □□輯 清抄本 一册

360000－1901－0002052 803987
抄錄藥方不分卷 (清)□□輯 清嘉慶二十一年(1816)金陵李熊山抄本 一册

360000－1901－0002053 803746
抄謄便覽不分卷 (清)□□輯 清雍正十年(1732)抄本 一册

360000－1901－0002054 802675
抄選古文不分卷 (清)□□輯並評 清抄本 一册

360000－1901－0002055 318117－11
抄選名筆不分卷 (清)□□輯 清熊庚抄本 二册

360000－1901－0002056 801850
抄摘□微論一卷 (清)□□輯 清抄本 一册

360000－1901－0002057 800330
鈔胥賸墨一卷 (清)拙修堂主人撰 清抄本 一册

360000－1901－0002058 421780
晁具茨先生詩集十五卷 (宋)晁沖之撰 清同治七年(1868)武林聚文堂刻本 三册 存十四卷(二至十五)

360000－1901－0002059 164551
晁氏儒言一卷 (宋)晁説之撰 清抄本 一册

360000－1901－0002060 410560
巢經巢集經説一卷 (清)鄭珍撰 清咸豐刻本 一册

360000－1901－0002061 301368
巢經巢詩鈔九卷 (清)鄭珍撰 清咸豐四年(1854)刻本 二册

360000－1901－0002062 316881
巢經巢詩鈔九卷後集四卷 (清)鄭珍撰 清光緒二十三年(1897)遵義黎氏廣州刻本 三册

360000－1901－0002063　305223
巢經巢詩後集四卷　(清)鄭珍撰　清末鉛印本　一冊

360000－1901－0002064　301300
巢經巢遺文五卷　(清)鄭珍撰　清光緒十九年(1893)貴筑高氏資州官署刻本　四冊

360000－1901－0002065　405502
巢溪詩草一卷　(清)江紹華撰　清同治七年(1868)刻本　一冊

360000－1901－0002066　418474
朝代紀元表一卷　(清)萬廷蘭撰　清刻本　一冊

360000－1901－0002067　304771
朝天錄一卷蜀程小紀一卷　(清)方濬頤撰　清光緒四年(1878)刻本　一冊

360000－1901－0002068　900783
潮匪滋事勦辦由不分卷　(清)□□撰　清抄本　一冊

360000－1901－0002069　802167
潮屬辦案論一卷　(清)吳均撰　清刻本　一冊

360000－1901－0002070　241058
車村遺稿二卷　(清)鄷嵩壽撰　清乾隆三十三年(1768)刻本　一冊

360000－1901－0002071　241059
車村遺稿二卷　(清)鄷嵩壽撰　清乾隆三十三年(1768)刻本　一冊

360000－1901－0002072　162352
車營旗幟金鼓號令一卷　(□)□□撰　清刻本　一冊

360000－1901－0002073　160437
車制考一卷　(清)錢坫撰　清光緒十一年(1885)木犀軒刻本　一冊

360000－1901－0002074　313739
臣軌二卷　(唐)武則天撰　清刻本　一冊

360000－1901－0002075　401115－1
臣鑑錄二十卷　(清)蔣伊輯　清刻本　四冊　存四卷(六、八至十)

360000－1901－0002076　401116
臣鑑錄二十卷　(清)蔣伊輯　清刻本　三冊　存六卷(三至八)

360000－1901－0002077　401115
臣鑑錄二十卷　(清)蔣伊輯　清咸豐九年(1859)湖南省城道生堂書坊刻本　十二冊　存十二卷(三至六、八至十一、十七至二十)

360000－1901－0002078　705183
辰懷軒詩集一卷　(清)李菖撰　清乾隆五十五年(1790)刻本　一冊

360000－1901－0002079　220721
宸垣識畧十六卷　(清)吳長元撰　清乾隆五十三年(1788)池北草堂刻本　八冊

360000－1901－0002080　407834
宸垣識畧十六卷　(清)吳長元撰　清乾隆五十三年(1788)池北草堂刻本　三冊　存六卷(一至二、五至六、九至十)

360000－1901－0002081　303966
陳北溪先生文集十四卷補遺一卷　(宋)陳淳撰　清光緒九年(1883)劉氏傳經堂刻本　四冊

360000－1901－0002082　306571
陳伯玉文集三卷詩集二卷附錄一卷　(唐)陳子昂撰　清道光二十二年(1842)春林柯道麟刻本　二冊

360000－1901－0002083　303967
陳伯玉文集三卷詩集二卷附錄一卷　(唐)陳子昂撰　清道光二十二年(1842)尊德堂刻本　四冊

360000－1901－0002084　163499
陳伯玉文集三卷詩集二卷首一卷附錄一卷　(唐)陳子昂撰　清咸豐四年(1854)陳氏來鳳堂刻本　四冊

360000－1901－0002085　210120
陳伯玉先生新著詩經講意拂鏡塵國風六卷

(明)陳組綬撰　(明)陳天定參訂　明天啓刻本　一册

360000－1901－0002086　414947
陳大士先生文鈔不分卷　(明)陳際泰撰　(清)王步青評　清映旭齋刻本　七册

360000－1901－0002087　402040
陳大宗師評選浙西校士錄不分卷　(清)陸啓等撰　清光緒三十年(1904)石印本　二册

360000－1901－0002088　411274
陳大樽先生全稿不分卷　(明)陳子龍撰　清康熙二十一年(1682)刻本　一册

360000－1901－0002089　240428
陳定宇先生文集十六卷别集一卷　(元)陳櫟撰　**定宇先生年表一卷**　(清)陳嘉基編　清康熙三十五年(1696)陳嘉基刻本　六册

360000－1901－0002090　411158
陳定宇先生文集十七卷　(元)陳櫟撰　清康熙三十五年(1696)陳嘉基刻本　二册　存五卷(一至二、十五至十七)

360000－1901－0002091　411159
陳定宇先生文集十七卷　(元)陳櫟撰　清康熙三十五年(1696)陳嘉基刻本　六册

360000－1901－0002092　121793
陳廣旉先生遺書　(清)陳溥撰　清光緒九年(1883)成都刻本　二十册　存三十九種

360000－1901－0002093　122857
陳廣旉先生遺書　(清)陳溥撰　清光緒九年(1883)成都刻本　二十册　存三十一種

360000－1901－0002094　711165
陳厚甫顧南雅兩先生合稿二卷　(清)陳鍾麟　(清)顧蒓撰　清嘉慶山淵堂刻本　二册

360000－1901－0002095　306579
陳檢討集二十卷　(清)陳維崧撰　(清)程師恭注　清道光二年(1822)金閶步月樓刻本　四册　存十二卷(一至五、十四至二十)

360000－1901－0002096　414997
陳檢討集二十卷　(清)陳維崧撰　(清)程師恭注　清道光二年(1822)金閶步月樓刻本　四册

360000－1901－0002097　414998
陳檢討集二十卷　(清)陳維崧撰　(清)程師恭注　清道光二年(1822)金閶步月樓刻本　四册

360000－1901－0002098　163505
陳檢討集二十卷　(清)陳維崧撰　(清)程師恭注　清康熙刻本　六册

360000－1901－0002099　414999
陳檢討集二十卷　(清)陳維崧撰　(清)程師恭注　清康熙刻本　五册

360000－1901－0002100　415000
陳檢討集二十卷　(清)陳維崧撰　(清)程師恭注　清康熙刻本　三册　存八卷(七至十一、十五至十七)

360000－1901－0002101　163504
陳檢討集二十卷　(清)陳維崧撰　(清)程師恭注　清康熙三十三年(1694)有美堂刻本　四册

360000－1901－0002102　240849
陳檢討集二十卷　(清)陳維崧撰　(清)程師恭注　清乾隆三十五年(1770)漁古山房刻本　四册

360000－1901－0002103　303978
陳檢討集二十卷　(清)陳維崧撰　(清)程師恭注　清同治十三年(1874)大文堂刻本　八册

360000－1901－0002104　240851
陳檢討詩鈔十卷　(清)陳維崧撰　(清)蔣景祁等編　清康熙二十三年(1684)天藜閣刻本　一册

360000－1901－0002105　240855
陳檢討四六二十卷　(清)陳維崧撰　(清)程師恭注　清乾隆三十五年(1770)刻本　一册　存四卷(十七至二十)

360000－1901－0002106　240853

陳檢討四六二十卷 (清)陳維崧撰 (清)程師恭注 清乾隆三十五年(1770)亦園刻本 六冊

360000－1901－0002107 240854
陳檢討四六二十卷 (清)陳維崧撰 (清)程師恭注 清乾隆三十五年(1770)亦園刻本 六冊

360000－1901－0002108 240852
陳檢討四六二十卷 (清)陳維崧撰 (清)程師恭注 清乾隆三十五年(1770)漁古山房刻本 六冊

360000－1901－0002109 800476
陳檢討四六二十卷 (清)陳維崧撰 (清)程師恭注 清末石印本 一冊 存二卷(十九至二十)

360000－1901－0002110 415005
陳檢討四六二十卷 (清)陳維崧撰 (清)程師恭注 清乾隆三十五年(1770)刻本 三冊 存十五卷(一至十五)

360000－1901－0002111 415006
陳檢討四六二十卷 (清)陳維崧撰 (清)程師恭注 清乾隆三十五年(1770)刻本 五冊

360000－1901－0002112 415004
陳檢討四六二十卷 (清)陳維崧撰 (清)程師恭注 清有美堂刻本 四冊

360000－1901－0002113 301058
陳炯齋著述 (清)陳徽言撰 清咸豐七年(1857)檇李吳昌言章門刻同治四年(1865)重修本 一冊

360000－1901－0002114 802400
陳連啓進出流水不分卷(清光緒十八年至十九年) (清)陳連啓輯 稿本 一冊

360000－1901－0002115 318121
[堪輿雜鈔]不分卷 (□)□□輯 清抄本 十四冊

360000－1901－0002116 803892
陳冕殿卷不分卷 (清)陳冕撰 清光緒九年(1883)抄本 一冊

360000－1901－0002117 403290
陳明卿先生訂正四書人物備考四十八卷 (明)薛應旂輯 (明)朱焯注 (明)陳仁錫訂正 (明)薛寀增補 清康熙五十四年(1715)吳郡綠蔭堂刻本 九冊 存四十四卷(一至二、七至四十八)

360000－1901－0002118 403470－1
陳明卿先生訂正四書人物備考四十八卷 (明)薛應旂輯 (明)朱焯注 (明)陳仁錫訂正 (明)薛寀增補 清刻本 一冊 存四卷(三至六)

360000－1901－0002119 802264
陳明卿先生訂正四書人物備考四十八卷 (明)薛應旂輯 (明)朱焯注 (明)陳仁錫訂正 (明)薛寀增補 清刻本 一冊 存五卷(一至五)

360000－1901－0002120 404734
陳母夏孺人節孝詩一卷 (清)徐圓成輯 清光緒十三年(1887)刻本 一冊

360000－1901－0002121 803375
陳氏方案二卷 (□)□□輯 清徐桂抄本 一冊 存一卷(上)

360000－1901－0002122 160230
陳氏毛詩五種 (清)陳奐撰 清光緒十年(1884)吳門南園陳氏刻本 十冊

360000－1901－0002123 160231
陳氏毛詩五種 (清)陳奐撰 清光緒十年(1884)吳門南園陳氏刻本 八冊

360000－1901－0002124 160915
陳氏毛詩五種 (清)陳奐撰 清光緒十年(1884)吳門南園陳氏刻本 十二冊

360000－1901－0002125 405789
陳氏毛詩五種 (清)陳奐撰 清刻本 四冊 存二種

360000－1901－0002126 162604

陳氏小兒痘疹方論一卷　(宋)陳文中撰　(明)薛己注　明刻本　一冊

360000－1901－0002127　162605
陳氏小兒痘疹方論一卷　(宋)陳文中撰　(明)薛己注　明刻本　一冊

360000－1901－0002128　408894－1
陳氏小兒痘疹方論一卷　(宋)陳文中撰　(明)薛己注　**保嬰金鏡一卷**　(明)薛己撰　清刻本　一冊

360000－1901－0002129　411594
陳氏易說四卷附錄一卷　(清)陳壽熊撰　清光緒二十一年(1895)木活字印本　二冊

360000－1901－0002130　411595
陳氏易說四卷附錄一卷　(清)陳壽熊撰　清光緒二十一年(1895)木活字印本　二冊

360000－1901－0002131　411596
陳氏易說四卷附錄一卷　(清)陳壽熊撰　清光緒二十一年(1895)木活字印本　二冊

360000－1901－0002132　411597
陳氏易說四卷附錄一卷　(清)陳壽熊撰　清光緒二十一年(1895)木活字印本　二冊

360000－1901－0002133　411598
陳氏易說四卷附錄一卷　(清)陳壽熊撰　清光緒二十一年(1895)木活字印本　二冊

360000－1901－0002134　411599
陳氏易說四卷附錄一卷　(清)陳壽熊撰　清光緒二十一年(1895)木活字印本　二冊

360000－1901－0002135　164086
陳書三十六卷　(唐)姚思廉撰　明萬曆十六年(1588)刻清補刻本　四冊

360000－1901－0002136　164087
陳書三十六卷　(唐)姚思廉撰　明萬曆十六年(1588)刻清補刻本　六冊

360000－1901－0002137　310667
陳書三十六卷　(唐)姚思廉撰　清光緒十年(1884)上海同文書局石印本　六冊

360000－1901－0002138　164083
陳書三十六卷　(唐)姚思廉撰　清刻本　二冊

360000－1901－0002139　303984
陳書三十六卷　(唐)姚思廉撰　清同治十一年(1872)金陵書局刻二十四史本　四冊

360000－1901－0002140　310038
陳書三十六卷　(唐)姚思廉撰　清同治十一年(1872)金陵書局刻二十四史本　四冊

360000－1901－0002141　310822
陳書三十六卷　(唐)姚思廉撰　清同治十一年(1872)金陵書局刻二十四史本　四冊

360000－1901－0002142　604070
陳書三十六卷　(唐)姚思廉撰　清同治十一年(1872)金陵書局刻二十四史本　四冊

360000－1901－0002143　312488
陳書三十六卷附考證　(唐)姚思廉撰　清光緒二十九年(1903)五洲同文書局影印二十四史本　六冊

360000－1901－0002144　150322
陳司業集　(清)陳祖范撰　清乾隆二十九年(1764)日華堂刻本　五冊

360000－1901－0002145　163506
陳太僕批選八家文抄不分卷　(清)陳兆崙撰　清光緒二十六年(1900)天津文美齋石印本　六冊

360000－1901－0002146　163507
陳太僕批選八家文抄不分卷　(清)陳兆崙撰　清光緒二十六年(1900)天津文美齋石印本　五冊

360000－1901－0002147　210021
陳太史校正易經大全二十卷首一卷　(明)胡廣等纂修　(明)陳仁錫校正　明刻本　八冊

360000－1901－0002148　407688
陳文恭公伐蛟說一卷　(清)魏廷珍撰　清光緒滂喜齋刻本　一冊

360000－1901－0002149　407688－1

陳文恭公伐蛟說一卷 （清）魏廷珍撰 清光緒滂喜齋刻本 一册

360000－1901－0002150 405066
陳文恭公伐蛟說一卷 （清）魏廷珍撰 清刻本 一册

360000－1901－0002151 303960
陳文恭公手劄節要三卷 （清）陳弘謀撰 清光緒十三年（1887）東莞鄧氏江西糧署刻本 一册

360000－1901－0002152 309517
陳文恭公手劄節要三卷 （清）陳弘謀撰 清光緒十三年（1887）東莞鄧氏江西糧署刻本 一册

360000－1901－0002153 303961
陳文恭公手劄節要三卷 （清）陳弘謀撰 清同治七年（1868）楚北崇文書局刻本 一册

360000－1901－0002154 313641
陳文恭公手劄節要三卷在官法戒録四卷 （清）陳弘謀撰 清光緒三十一年（1905）京師廣西老館刻本 三册

360000－1901－0002155 240344
陳文正公文集十三卷 （宋）陳康伯撰 清康熙二十九年（1690）刻本 二册

360000－1901 0002156 711166
陳臥子先生安雅堂稿十五卷 （明）陳子龍撰 清宣統元年（1909）上海時中書局鉛印本 四册 存十卷（六至十五）

360000－1901－0002157 210121
陳臥子先生輯著詩經旦五卷國風五卷 （明）陳子龍撰 （明）錢肅樂參訂 明崇禎刻本 一册

360000－1901－0002158 162611
陳希夷先生百局韜畧元機八卷 （宋）陳摶撰 清同治三年（1864）味根齋刻本 二册

360000－1901－0002159 712886
陳希夷先生心相篇一卷 （宋）陳摶撰 清光緒二十二年（1896）刻本 一册

360000－1901－0002160 414996
陳先生文録不分卷 （明）陳際泰撰 （清）方槼如輯 **金正希文鈔不分卷** （明）金聲撰 （清）方槼如輯 清古歙方氏刻本 三册

360000－1901－0002161 408052
陳修園公餘醫録 （清）陳念祖撰 清刻本 九册 存五種

360000－1901－0002162 408053
陳修園公餘醫録 （清）陳念祖撰 清刻本 十二册 存六種

360000－1901－0002163 408054
陳修園公餘醫録 （清）陳念祖撰 清刻本 十二册 存五種

360000－1901－0002164 408055
陳修園公餘醫録 （清）陳念祖撰 清刻本 七册 存四種

360000－1901－0002165 722178
陳修園公餘醫録 （清）陳念祖撰 清刻本 八册 存三種

360000－1901－0002166 408012
陳修園七十種 （清）陳念祖撰 清光緒三十四年（1908）上海章福記書局石印本 十二册

360000－1901－0002167 707996
陳修園醫書 （清）陳念祖撰 清光緒二十八年（1902）上海文淵書局石印本 四册 存七種

360000－1901－0002168 150725
陳修園醫書 （清）陳念祖撰 清光緒二十九年（1903）湖南書局刻本 三十二册 存十七種

360000－1901－0002169 150726
陳修園醫書 （清）陳念祖撰 清光緒二十六年（1900）兩儀堂刻本 三十二册 存十六種

360000－1901－0002170 150736
陳修園醫書 （清）陳念祖撰 清光緒二十六年（1900）兩儀堂刻本 七册 存五種

360000－1901－0002171 150724

陳修園醫書　(清)陳念祖撰　清光緒二十五年(1899)蕭氏趣園刻本　三十四册　存十三種

360000－1901－0002172　407991
陳修園醫書　(清)陳念祖撰　清光緒三年(1877)漁古山房刻本　十三册　存七種

360000－1901－0002173　150727
陳修園醫書　(清)陳念祖撰　清光緒三十一年(1905)上海商務印書館鉛印本　二十三册　存三十四種

360000－1901－0002174　150728
陳修園醫書　(清)陳念祖撰　清光緒三十一年(1905)上海商務印書館鉛印本　三册　存四種

360000－1901－0002175　150729
陳修園醫書　(清)陳念祖撰　清光緒三十一年(1905)上海商務印書館鉛印本　二十八册　存五十種

360000－1901－0002176　150730
陳修園醫書　(清)陳念祖撰　清光緒三十一年(1905)上海商務印書館鉛印本　二十六册　存五十種

360000－1901－0002177　408001－1
陳修園醫書　(清)陳念祖撰　清光緒三十一年(1905)上海商務印書館鉛印本　十七册　存三十六種

360000－1901－0002178　708006
陳修園醫書　(清)陳念祖撰　清光緒三十一年(1905)上海商務印書館鉛印本　九册　存八種

360000－1901－0002179　707998
陳修園醫書　(清)陳念祖撰　清光緒三十一年(1905)上海文盛書局石印本　十一册　存十五種

360000－1901－0002180　407999
陳修園醫書　(清)陳念祖撰　清光緒三十一年(1905)上海醉六堂書局石印本　十五册　存十四種

360000－1901－0002181　407993
陳修園醫書　(清)陳念祖撰　清光緒三十一年(1905)蕭氏趣園刻本　三十六册　存十八種

360000－1901－0002182　408000
陳修園醫書　(清)陳念祖撰　清光緒上海商務印書館鉛印本　四册　存四種

360000－1901－0002183　707997
陳修園醫書　(清)陳念祖撰　清光緒十八年(1892)上海圖書集成印書局鉛印本　八册　存七種

360000－1901－0002184　407989
陳修園醫書　(清)陳念祖撰　清光緒十五年(1889)江左書林刻本　二十八册　存十一種

360000－1901－0002185　408001
陳修園醫書　(清)陳念祖撰　清光緒石印本　八册　存十九種

360000－1901－0002186　408007
陳修園醫書　(清)陳念祖撰　清光緒石印本　八册　存四十一種

360000－1901－0002187　408010
陳修園醫書　(清)陳念祖撰　清光緒石印本　二册　存二十八種

360000－1901－0002188　408011
陳修園醫書　(清)陳念祖撰　清光緒石印本　十六册　存四十一種

360000－1901－0002189　150622
陳修園醫書　(清)陳念祖撰　清刻本　二十二册　存十種

360000－1901－0002190　407984
陳修園醫書　(清)陳念祖撰　清刻本　二十七册　存十一種

360000－1901－0002191　407985
陳修園醫書　(清)陳念祖撰　清刻本　三十二册　存十四種

360000－1901－0002192　407986
陳修園醫書　(清)陳念祖撰　清刻本　二十冊　存十一種

360000－1901－0002193　407987
陳修園醫書　(清)陳念祖撰　清刻本　三十五冊　存十五種

360000－1901－0002194　407988
陳修園醫書　(清)陳念祖撰　清刻本　二十八冊　存十四種

360000－1901－0002195　407990
陳修園醫書　(清)陳念祖撰　清刻本　三十四冊　存十三種

360000－1901－0002196　407992
陳修園醫書　(清)陳念祖撰　清刻本　十九冊　存七種

360000－1901－0002197　408047－4
陳修園醫書　(清)陳念祖撰　清刻本　三冊　存三種

360000－1901－0002198　408049－1
陳修園醫書　(清)陳念祖撰　清刻本　一冊　存二種

360000－1901－0002199　707978
陳修園醫書　(清)陳念祖撰　清刻本　二十九冊　存七種

360000－1901－0002200　707981
陳修園醫書　(清)陳念祖撰　清刻本　十一冊　存六種

360000－1901－0002201　722178－1
陳修園醫書　(清)陳念祖撰　清刻本　十五冊　存五種

360000－1901－0002202　407982
陳修園醫書　(清)陳念祖撰　清兩儀堂刻本　二十七冊　存十三種

360000－1901－0002203　708003
陳修園醫書　(清)陳念祖撰　清末石印本　十七冊　存三十八種

360000－1901－0002204　707979
陳修園醫書　(清)陳念祖撰　清南雅堂刻本　十七冊　存五種

360000－1901－0002205　407983
陳修園醫書　(清)陳念祖撰　清光緒元年(1875)務本堂刻本　二十一冊　存八種

360000－1901－0002206　707980
陳修園醫書　(清)陳念祖撰　清橦花書屋刻本　二十三冊　存七種

360000－1901－0002207　408049
陳修園醫書　(清)陳念祖撰　清咸豐七年(1857)味根齋刻本　一冊　存二種

360000－1901－0002208　707982
陳修園醫書二十三種　(清)陳念祖撰　清光緒二十九年(1903)湖南益元書局刻本　六冊　存五種

360000－1901－0002209　707995
陳修園醫書二十三種　(清)陳念祖撰　清光緒二十九年(1903)湖南益元書局刻本　十一冊　存六種

360000－1901－0002210　408829
陳修園醫書五十種　(清)陳念祖撰　清光緒上海商務印書館鉛印本　一冊　存七種

360000－1901－0002211　240966
陳學士文鈔一卷　(清)陳儀撰　清乾隆刻本　一冊

360000－1901－0002212　414107
陳學士文集十八卷　(清)陳儀撰　清乾隆十八年(1753)陳氏蘭雪齋刻本　十八冊

360000－1901－0002213　240965
陳學士文集十八卷　(清)陳儀撰　清乾隆十八年(1753)蘭雪齋刻本　八冊

360000－1901－0002214　415013
陳忠節公紀畧一卷　(清)陳宗海輯　清刻本　一冊

360000－1901－0002215　306580
陳忠裕全集三十卷首一卷末一卷年譜三卷

(明)陳子龍撰　(清)王昶輯　清嘉慶八年(1803)簳山草堂刻本　七册　存二十一卷(一至二十、末一卷)

360000－1901－0002216　306581
陳忠裕全集三十卷首一卷末一卷年譜三卷　(明)陳子龍撰　(清)王昶輯　清嘉慶八年(1803)簳山草堂刻本　四册　存十三卷(二至十二,年譜中、下)

360000－1901－0002217　308133
陳忠裕全集三十卷首一卷末一卷年譜三卷　(明)陳子龍撰　(清)王昶輯　清刻本　六册　存十三卷(二十二至三十、末一卷、年譜三卷)

360000－1901－0002218　121519
陳竹山先生文集内編二卷外編二卷　(明)陳誠撰　清嘉慶二十四年(1819)刻本　二册

360000－1901－0002219　121520
陳竹山先生文集内編二卷外編二卷　(明)陳誠撰　清嘉慶二十四年(1819)刻本　二册

360000－1901－0002220　240494
陳竹山先生文集内篇二卷外篇二卷　(明)陳誠撰　清雍正七年(1729)刻本　二册

360000－1901－0002221　240495
陳竹山先生文集内篇二卷外篇二卷　(明)陳誠撰　清雍正七年(1729)刻本　二册

360000－1901－0002222　416375
陳子性藏書十二卷首一卷　(清)陳應選撰　清刻本　八册

360000－1901－0002223　320287
晨風閣叢書　沈宗畸輯　清宣統元年(1909)番禺沈氏刻本　三册　存三種

360000－1901－0002224　407811
晨鐘録一卷　(清)魏彭年注　清乾隆三十一年(1766)尊德堂刻本　一册

360000－1901－0002225　300013
塵思一卷　余棨輯　清宣統三年(1911)鉛印本　一册

360000－1901－0002226　902174
檉花館試帖輯注一卷　(清)路德撰　(清)張熙宇輯注　清刻本　一册

360000－1901－0002227　800938
檉花館試帖輯註一卷　(清)路德撰　(清)張熙宇輯注　清刻本　一册

360000－1901－0002228　800939
檉花館試帖輯註一卷　(清)路德撰　(清)張熙宇輯注　清刻本　一册

360000－1901－0002229　805242
檉花館試帖輯註一卷　(清)路德撰　(清)張熙宇輯注　清刻本　一册

360000－1901－0002230　805459
檉花館試帖輯註一卷　(清)路德撰　(清)張熙宇輯注　清刻本　一册

360000－1901－0002231　805460
檉花館試帖輯註一卷　(清)路德撰　(清)張熙宇輯注　清刻本　一册

360000－1901－0002232　902167
檉花館試帖輯註一卷　(清)路德撰　(清)張熙宇輯注　清刻本　一册

360000－1901－0002233　902170
檉花館試帖輯註一卷　(清)路德撰　(清)張熙宇輯注　清刻本　一册

360000－1901－0002234　902171
檉花館試帖輯註一卷　(清)路德撰　(清)張熙宇輯注　清刻本　一册

360000－1901－0002235　902172
檉花館試帖輯註一卷　(清)路德撰　(清)張熙宇輯注　清刻本　一册

360000－1901－0002236　902173
檉花館試帖輯註一卷　(清)路德撰　(清)張熙宇輯注　清刻本　一册

360000－1901－0002237　902175
檉花館試帖輯註一卷　(清)路德撰　(清)張熙宇輯注　清刻本　一册

360000－1901－0002238　902176
檉花館試帖輯註一卷　(清)路德撰　(清)張熙宇輯注　清刻本　一册

360000－1901－0002239　902177
檉花館試帖輯註一卷　(清)路德撰　(清)張熙宇輯注　清刻本　一册

360000－1901－0002240　902178
檉花館試帖輯註一卷　(清)路德撰　(清)張熙宇輯注　清刻本　一册

360000－1901－0002241　414159
檉華館全集十二卷　(清)路德撰　清光緒七年(1881)刻本　八册　缺二卷(文集二、四)

360000－1901－0002242　603888
檉華館試帖彙鈔輯注十卷　(清)路德撰　清刻本　五册　存五卷(五至九)

360000－1901－0002243　902169
檉華館試帖彙鈔輯注十卷　(清)路德撰　清刻本　五册　存七卷(一、五至十)

360000－1901－0002244　406423
成案所見集三十七卷二集十九卷三集二十一卷　(清)馬世璘輯　清乾隆五十八年(1793)刻本　三十三册　存五十九卷(成案所見集四至三十七,二集一至二、五至九、十二至十九,三集十至十二、十五至二十一)

360000－1901－0002245　406425
成案所見集三十七卷二集十九卷三集二十一卷　(清)馬世璘輯　清乾隆五十八年(1793)刻本　七册　存十八卷(成案所見集七至十二、二十五,二集四至七、十,三集三至五、八至十)

360000－1901－0002246　306552
成案所見集三十七卷二集十九卷三集二十一卷四集十八卷　(清)馬世璘輯　清刻本　三册　存一卷(二十六)

360000－1901－0002247　406427
成案續編十二卷　(清)□□輯　清乾隆刻本　五册　存五卷(二至四、八、十一)

360000－1901－0002248　406426
成案質疑三十一卷　(清)洪弘緒　(清)饒瀚輯　清乾隆十年(1745)刻本　四十八册

360000－1901－0002249　408809
成方集驗四卷　(清)王賢輔輯　清光緒四年(1878)刻本　一册

360000－1901－0002250　408767
成方切用二十六卷　(清)吳儀洛輯　清刻本　三册　存十二卷(三至六、十二至十九)

360000－1901－0002251　802106
成仁堂小題草不分卷　(清)王松卿輯並評　稿本　一册

360000－1901－0002252　310170
成唯識論十卷　(唐)釋玄奘譯　清光緒二十二年(1896)金陵刻經處刻本　二册

360000－1901－0002253　310180
成唯識論十卷　(唐)釋玄奘譯　清光緒二十二年(1896)金陵刻經處刻本　二册

360000－1901－0002254　309269
成唯識論述記六十卷　(唐)釋窺基撰　清光緒二十七年(1901)金陵刻經處刻本　二十册

360000－1901－0002255　401817
成唯識論述記六十卷　(唐)釋窺基撰　清光緒二十七年(1901)金陵刻經處刻本　二十册

360000－1901－0002256　241582
成裕堂繪像第六才子書八卷　(元)王德信　(元)關漢卿撰　(清)金人瑞批點　清雍正十一年(1733)成裕堂刻本　十六册

360000－1901－0002257　721562
成裕堂繪像第六才子書八卷　(元)王德信撰　(元)關漢卿撰　清刻本　二册　存二卷(四至五)

360000－1901－0002258　421510
成裕堂繪像第七才子書六卷　(元)高明撰　清宏道堂刻本　四册

360000－1901－0002259　421508
成裕堂繪像第七才子書六卷　(元)高明撰

清聚錦堂刻本　六册

360000－1901－0002260　421487
成裕堂繪像第七才子書六卷　（元）高明撰　清刻本　三册　存三卷（一至三）

360000－1901－0002261　801266
成裕堂繪像第七才子書六卷　（元）高明撰　清刻本　一册　存一卷（三）

360000－1901－0002262　801267
成裕堂繪像第七才子書六卷　（元）高明撰　清刻本　一册　存一卷（一）

360000－1901－0002263　801268
成裕堂繪像第七才子書六卷　（元）高明撰　清刻本　一册　存一卷（三）

360000－1901－0002264　801269
成裕堂繪像第七才子書六卷　（元）高明撰　清刻本　二册　存二卷（三、五）

360000－1901－0002265　421509
成裕堂繪像第七才子書六卷　（元）高明撰　清兩儀堂刻本　六册

360000－1901－0002266　313581
丞相魏公譚訓十卷　（宋）蘇頌撰　（宋）蘇象先輯　清道光十年（1830）刻本　一册

360000－1901－0002267　313708
丞相魏公譚訓十卷　（宋）蘇頌撰　（宋）蘇象先輯　清道光十年（1830）刻本　二册

360000－1901－0002268　316409
城北集八卷　（清）高士奇撰　清刻本　一册

360000－1901－0002269　802731
城東董氏歷代墓記一卷　（清）□□輯　清抄本　一册

360000－1901－0002270　406497
城鄉守合鈔十六卷　（清）許乃釗輯　清咸豐三年（1853）華亭宋家禎修吉堂木活字印本　一册　存五卷（七至十一）

360000－1901－0002271　800445
城鄉字彙四卷　（清）□□編　清抄本　一册

360000－1901－0002272　421131－1
［康熙］新昌縣志六卷　（清）吉必兆修　（清）羅良鵬等纂　清康熙二十二年（1683）刻本　一册　存一卷（二）

360000－1901－0002273　421957
［乾隆］新昌縣志二十五卷首一卷末一卷　（清）楊文峰　（清）徐炎修　（清）萬廷蘭纂　清乾隆五十七年（1792）刻本　一册　存二卷（二十二至二十三）

360000－1901－0002274　406496
城鎮鄉地方自治章程表一卷　沈爾昌撰　清宣統元年（1909）上海預備立憲公會鉛印本　一册

360000－1901－0002275　301189
乘查筆記一卷　（清）斌椿撰　清同治八年（1869）刻本　一册

360000－1901－0002276　314299
乘查筆記一卷　（清）斌椿撰　清同治八年（1869）刻本　一册

360000－1901－0002277　404599
乘查筆記一卷　（清）斌椿撰　清同治八年（1869）刻本　一册

360000－1901－0002278　161832
乘槎筆記二卷　（清）斌椿撰　清同治十年（1871）刻本　一册

360000－1901－0002279　161833
乘槎筆記二卷　（清）斌椿撰　清同治十一年（1872）海粟山房刻本　二册

360000－1901－0002280　240720
程孟陽詩四卷　（明）程嘉燧撰　明天啓冷風臺刻本　一册　存一卷（松寥詩）

360000－1901－0002281　901404
程墨前選不分卷　（清）李光地輯　清刻本　二册

360000－1901－0002282　241471
程山三世詩四卷　（清）謝鳴謙輯　清乾隆刻本　一册

360000－1901－0002283　804935
程山謝明學先生[文洊]年譜一卷　(清)謝鳴謙撰　清道光三十年(1850)南豐劉煜刻謝程山全書本　一册

360000－1901－0002284　800261
程氏家塾讀書分年日程三卷綱領一卷　(元)程端禮撰　清抄本　一册

360000－1901－0002285　404684－1
程氏家塾讀書分年日程三卷綱領一卷　(元)程端禮撰　清刻本　一册　存二卷(二至三)

360000－1901－0002286　404753
程氏家塾讀書分年日程三卷綱領一卷　(元)程端禮撰　清刻本　一册

360000－1901－0002287　300438
程氏家塾讀書分年日程三卷綱領一卷　(元)程端禮撰　清同治八年(1869)江蘇書局刻本　一册

360000－1901－0002288　300437
程氏家塾讀書分年日程三卷綱領一卷　(元)程端禮撰　清同治七年(1868)湖北崇文書局刻本　二册

360000－1901－0002289　304185
程氏家塾讀書分年日程三卷綱領一卷　(元)程端禮撰　清同治七年(1868)湖北崇文書局刻本　一册

360000－1901－0002290　404683
程氏家塾讀書分年日程三卷綱領一卷　(元)程端禮撰　清同治七年(1868)湖北崇文書局刻本　二册

360000－1901－0002291　404684
程氏家塾讀書分年日程三卷綱領一卷　(元)程端禮撰　清同治七年(1868)湖北崇文書局刻本　二册

360000－1901－0002292　404700
程氏考古編十卷　(宋)程大昌撰　清光緒七年(1881)刻本　一册

360000－1901－0002293　402017
程式編三卷閨一卷　(清)沈應彤輯　(清)沈廷颺增輯　清光緒九年(1883)刻本　一册

360000－1901－0002294　308535
程侍郎遺集初編十卷　(清)程恩澤撰　(清)何紹基編　清道光二十五年(1845)張穆𦮂喜齋刻本　六册　存八卷(一至二、四、六至十)

360000－1901－0002295　305301
程書五十一卷　(宋)程顥　(宋)程頤撰　清刻本　四册　存三十五卷(十七至五十一)

360000－1901－0002296　230075
程子節錄四卷文集抄一卷　(明)高攀龍輯　清乾隆六年(1741)金匱華希閔劍光閣刻高子全書本　一册

360000－1901－0002297　408953
誠敬六集濟世良方十六卷　(清)培蘭社同人輯　清道光八年(1828)刻本　一册　存三卷(十四至十六)

360000－1901－0002298　300326
誠是錄一卷　(清)孟超然撰　清嘉慶二十年(1815)刻本　一册

360000－1901－0002299　802856
誠齋江湖集鈔一卷荆溪集鈔一卷西歸集鈔一卷南海集鈔一卷朝天集鈔一卷江西道院集鈔一卷朝天續集鈔一卷江東集鈔一卷退休集鈔一卷　(宋)楊萬里撰　清康熙十年(1671)洲錢吳氏鑑古堂刻宋詩鈔初集本　一册　存六卷(南海集鈔一卷、朝天集鈔一卷、江西道院集鈔一卷、朝天續集鈔一卷、江東集鈔一卷、退休集鈔一卷)

360000－1901－0002300　603662
誠齋文集四十二卷首一卷末一卷　(宋)楊萬里撰　清乾隆五十九年至六十年(1794－1795)帶經軒刻本　十四册

360000－1901－0002301　603662－1
誠齋文集四十二卷首一卷末一卷　(宋)楊萬里撰　清乾隆五十九年至六十年(1794－1795)帶經軒刻本　一册　存三卷(一至三)

360000－1901－0002302　603662－2
誠齋文集四十二卷首一卷末一卷　（宋）楊萬里撰　清乾隆五十九年至六十年（1794－1795）帶經軒刻本　十二册

360000－1901－0002303　122058
誠齋易傳二十卷　（宋）楊萬里撰　清光緒二十一年（1895）湖北官書局刻本　八册

360000－1901－0002304　122059
誠齋易傳二十卷　（宋）楊萬里撰　清光緒二十一年（1895）湖北官書局刻本　八册

360000－1901－0002305　304389
澂景堂史測十四卷　（清）施鴻撰　清光緒二十八年（1902）刻本　二册

360000－1901－0002306　307379
澂景堂史測十四卷　（清）施鴻撰　清光緒二十八年（1902）刻本　二册

360000－1901－0002307　307878
澂景堂史測十四卷　（清）施鴻撰　清光緒二十八年（1902）刻本　二册

360000－1901－0002308　404977
澂景堂史測十四卷　（清）施鴻撰　清光緒二十八年（1902）刻本　二册

360000－1901－0002309　317115
澄懷書屋詩鈔四卷　（清）穆彰阿撰　清道光二十七年（1847）刻本　四册

360000－1901－0002310　409329
澄懷園詩選十二卷　（清）張廷玉撰　清光緒十八年（1892）金陵刻本　四册

360000－1901－0002311　301915
澄懷園文存十五卷　（清）張廷玉撰　清光緒十七年（1891）張紹文雲間官舍刻本　八册

360000－1901－0002312　315956
澄懷園文存十五卷澄懷園語四卷　（清）張廷玉撰　清乾隆桐城張氏刻道光十九年（1839）重修本　三册

360000－1901－0002313　413215
澄懷園語四卷　（清）張廷玉撰　清光緒二年（1876）仁和葛氏刻嘯園叢書本　二册

360000－1901－0002314　413215－1
澄懷園語四卷　（清）張廷玉撰　清光緒二年（1876）仁和葛氏刻嘯園叢書本　二册

360000－1901－0002315　413215－2
澄懷園語四卷　（清）張廷玉撰　清光緒二年（1876）仁和葛氏刻嘯園叢書本　二册

360000－1901－0002316　301911
澄懷園語四卷　（清）張廷玉撰　清光緒二十六年（1900）木活字印本　一册

360000－1901－0002317　301916
澄懷園語四卷　（清）張廷玉撰　清光緒六年（1880）刻本　一册

360000－1901－0002318　409328
澄懷園語四卷　（清）張廷玉撰　清光緒六年（1880）刻本　一册

360000－1901－0002319　409331
澄懷園語四卷　（清）張廷玉撰　清木活字印本　一册

360000－1901－0002320　409327
澄懷園語四卷　（清）張廷玉撰　清同治七年（1868）刻本　一册

360000－1901－0002321　301910
澄懷園語四卷　（清）張廷玉撰　清同治五年（1866）刻本　一册

360000－1901－0002322　301914
澄懷主人自訂年譜六卷　（清）張廷玉撰　清光緒六年（1880）張紹文龐山刻本　二册

360000－1901－0002323　409330
澄懷主人自訂年譜六卷　（清）張廷玉撰　清光緒六年（1880）張紹文龐山刻本　二册

360000－1901－0002324　240937
澄江集不分卷　（清）陸次雲撰　（清）宋實穎　（清）蔡方炳選評　清康熙蓉江懷古堂刻本　二册

360000－1901－0002325　416207

澄園讀易署例三卷首一卷　（清）關燿南撰　清光緒十八年(1892)信州學舍靜妙軒刻本　二冊

360000－1901－0002326　122143
澄園讀易署例三卷首一卷圖說一卷　（清）關燿南撰　清光緒十八年(1892)刻本　四冊

360000－1901－0002327　122142
澄園醫類十五卷首一卷　（清）關燿南輯　清光緒十二年(1886)刻本　一冊　存二卷(一、首一卷)

360000－1901－0002328　420318
澄園醫類十五卷首一卷　（清）關燿南輯　清光緒十二年(1886)刻本　三冊　存十三卷(一至七、十一至十五,首一卷)

360000－1901－0002329　420318－1
澄園醫類十五卷首一卷　（清）關燿南輯　清光緒十二年(1886)刻本　一冊　存二卷(三至四)

360000－1901－0002330　804926
澄園醫類十五卷首一卷　（清）關燿南輯　清刻本　五冊　存十卷(二至九、十四至十五)

360000－1901－0002331　603774
澄衷蒙學堂字課圖說四卷檢字一卷類字一卷　（清）劉樹屏撰　（清）吳子城繪圖　清光緒二十七年(1901)澄衷蒙學堂石印本　四冊　存五卷(二至四、檢字一卷、類字一卷)

360000－1901－0002332　603774－1
澄衷蒙學堂字課圖說四卷檢字一卷類字一卷　（清）劉樹屏撰　（清）吳子城繪圖　清光緒二十七年(1901)澄衷蒙學堂石印本　二冊　存二卷(三至四)

360000－1901－0002333　406102
澄衷蒙學堂字課圖說四卷檢字一卷類字一卷　（清）劉樹屏撰　（清）吳子城繪圖　清光緒三十二年(1906)石印本　二冊　存三卷(一、檢字一卷、類字一卷)

360000－1901－0002334　406103
澄衷蒙學堂字課圖說四卷檢字一卷類字一卷　（清）劉樹屏撰　（清）吳子城繪圖　清刻本　七冊

360000－1901－0002335　406101
澄衷蒙學堂字課圖說四卷檢字一卷類字一卷　（清）劉樹屏撰　（清）吳子城繪圖　清末石印本　八冊

360000－1901－0002336　122603
癡翁雜草十二卷外編一卷　（清）彭景休撰　清道光十三年(1833)刻本　五冊

360000－1901－0002337　802385
癡玉一卷　（清）□□撰　清光緒十五年(1889)抄本　一冊

360000－1901－0002338　317303
池北偶談二十六卷　（清）王士禛撰　清光緒二十年(1894)桐陰山館刻本　八冊　存二十五卷(一至十一、十三至二十六)

360000－1901－0002339　411093
池北偶談二十六卷　（清）王士禛撰　清康熙三十九年(1700)臨汀郡署刻本　六冊

360000－1901－0002340　411094
池北偶談二十六卷　（清）王士禛撰　清康熙三十九年(1700)臨汀郡署刻本　四冊

360000－1901－0002341　411095
池北偶談二十六卷　（清）王士禛撰　清康熙三十九年(1700)臨汀郡署刻本　四冊

360000－1901－0002342　411092
池北偶談二十六卷　（清）王士禛撰　清刻本　八冊

360000－1901－0002343　411096
池北偶談二十六卷　（清）王士禛撰　清刻本　一冊　存四卷(十四至十七)

360000－1901－0002344　317408
池北偶談二十六卷　（清）王士禛撰　清汀州張氏勵志齋刻本　十五冊　存二十五卷(一至十一、十三至二十六)

360000－1901－0002345　301984

池上草堂筆記八卷　(清)梁恭辰撰　清同治七年至八年(1868－1869)刻本　八冊

360000－1901－0002346　317403
池上草堂筆記近錄六卷續錄六卷三錄六卷四錄六卷　(清)梁恭辰撰　清道光刻本　一冊　存三卷(四錄一至三)

360000－1901－0002347　317418
池上草堂筆記近錄六卷續錄六卷三錄六卷四錄六卷　(清)梁恭辰撰　清刻本　七冊　缺三卷(四錄一至三)

360000－1901－0002348　711069
池上草堂筆記近錄六卷續錄六卷三錄六卷四錄六卷　(清)梁恭辰撰　清刻本　一冊　存三卷(三錄四至六)

360000－1901－0002349　711070
池上草堂筆記近錄六卷續錄六卷三錄六卷四錄六卷　(清)梁恭辰撰　清刻本　一冊　存一卷(池上草堂筆記近錄四)

360000－1901－0002350　317419
池上草堂筆記近錄六卷續錄六卷三錄六卷四錄六卷　(清)梁恭辰撰　清兩儀堂刻本　七冊　缺三卷(續錄一至三)

360000－1901－0002351　803360
池上草堂賦草一卷　(清)芸巢氏撰　清抄本　一冊

360000－1901－0002352　711071
池上草堂六卷　(清)梁恭辰撰　清咸豐十一年(1861)刻本　二冊

360000－1901－0002353　163643
池陽吟草二卷　(清)余庚陽撰　清同治十年(1871)劉氏傳經堂刻本　二冊

360000－1901－0002354　121143
持雅堂全集　(清)尚鎔撰　清道光刻本　十二冊　存三種

360000－1901－0002355　413522
持雅堂全集　(清)尚鎔撰　清道光刻本　三冊　存二種

360000－1901－0002356　713493
持雅堂文鈔五卷續集二卷三集二卷　(清)尚鎔撰　清刻本　四冊

360000－1901－0002357　121144
持雅堂文集五卷詩集四卷　(清)尚鎔撰　清道光十八年(1838)刻本　七冊

360000－1901－0002358　413523
持雅堂文集五卷詩集四卷　(清)尚鎔撰　清道光十一年(1831)刻本　六冊　存八卷(持雅堂文集二至五、詩集四卷)

360000－1901－0002359　121145
持雅堂文集五卷詩集四卷　(清)尚鎔撰　清同治七年(1868)刻本　七冊

360000－1901－0002360　121141
持志編五卷　(清)楊念先輯　清嘉慶二十年(1815)潋江書院刻本　二冊

360000－1901－0002361　410111
持志塾言二卷　(清)劉熙載撰　清同治六年(1867)刻本　一冊

360000－1901－0002362　314282
遲鴻軒詩存一卷文存一卷　(清)楊峴撰　清光緒二年(1876)吳門刻本　一冊

360000－1901－0002363　901459
尺牘別裁類選四卷　(清)李漢川輯　清刻本　一冊　存二卷(一至二)

360000－1901－0002364　901465
尺牘初桄二卷　(清)子虛氏輯　清末鉛印本　一冊

360000－1901－0002365　901443
尺牘輯要八卷　(清)虞世英輯　清刻本　三冊　存六卷(三至八)

360000－1901－0002366　901444
尺牘輯要八卷　(清)虞世英輯　清刻本　二冊　存四卷(一至四)

360000－1901－0002367　901445
尺牘輯要八卷　(清)虞世英輯　清刻本　一冊　存二卷(七至八)

360000－1901－0002368　901446

尺牘輯要八卷首二卷　(清)虞世英輯　清道光二十三年(1843)刻本　一冊　存五卷(一至四、首上)

360000－1901－0002369　404396

尺牘輯要八卷首二卷　(清)虞世英輯　清刻本　一冊　存三卷(一、首二卷)

360000－1901－0002370　801468

尺牘見心集□卷　(□)□□撰　清抄本　二冊　存二卷(亨、貞)

360000－1901－0002371　900204

尺牘雲程二卷　(清)隱巖居士編　清光緒十五年(1889)春草堂刻本　一冊

360000－1901－0002372　803446

尺牘指南一卷　(清)小東方朔輯　清澄心氏抄本　一冊

360000－1901－0002373　901526

尺牘致復集二卷　(清)飲香居士輯　清同光堂刻本　一冊　存一卷(一)

360000－1901－0002374　900552

尺木堂綱鑑易知録二十卷　(清)吳乘權等輯　清光緒十二年(1886)上海點石齋石印本　十冊

360000－1901－0002375　411798

尺木堂綱鑑易知録二十卷　(清)吳乘權等輯　**御撰資治通鑑綱目三編四卷**　(清)張廷玉等撰　清光緒二十一年(1895)上海文盛堂石印本　三冊　存十六卷(尺木堂綱鑑易知録一至六、十三至二十,御撰資治通鑑綱目三編三至四)

360000－1901－0002376　411799

尺木堂綱鑑易知録二十卷　(清)吳乘權等輯　**御撰資治通鑑綱目三編四卷**　(清)張廷玉等撰　清光緒二十一年(1895)上海文盛堂石印本　三冊　存八卷(一至二、六至八、十六至十八)

360000－1901－0002377　411800

尺木堂綱鑑易知録二十卷　(清)吳乘權等輯　**御撰資治通鑑綱目三編四卷**　(清)張廷玉等撰　清光緒二十一年(1895)上海文盛堂石印本　二冊　存六卷(十二至十七)

360000－1901－0002378　900547

尺木堂綱鑑易知録二十卷　(清)吳乘權等輯　**御撰資治通鑑綱目三編四卷**　(清)張廷玉等撰　清光緒十三年(1887)上海點石齋石印本　九冊　存十八卷(尺木堂綱鑑易知録七至二十、御撰資治通鑑綱目三編四卷)

360000－1901－0002379　161814

尺木堂綱鑑易知録二十卷明鑑易知録四卷　(清)吳乘權等輯　清光緒十三年(1887)上海點石齋石印本　十四冊

360000－1901－0002380　411804

尺木堂綱鑑易知録二十卷明鑑易知録四卷　(清)吳乘權等輯　清光緒十三年(1887)上海點石齋石印本　四冊　存八卷(一至六、九至十)

360000－1901－0002381　411805

尺木堂綱鑑易知録二十卷明鑑易知録四卷　(清)吳乘權等輯　清末石印本　五冊　存十卷(尺木堂綱鑑易知録七至十、十三至十四、十七至十八,明鑑易知録三至四)

360000－1901－0002382　411786

尺木堂綱鑑易知録九十二卷　(清)吳乘權等輯　清光緒二十八年(1902)上海經香閣石印本　四冊　存五十二卷(一至五十二)

360000－1901－0002383　411747

尺木堂綱鑑易知録九十二卷　(清)吳乘權等輯　清光緒鉛印本　十七冊

360000－1901－0002384　411730

尺木堂綱鑑易知録九十二卷　(清)吳乘權等輯　清宏道堂刻本　三十一冊　存五十六卷(一至十二、三十三至六十七、七十四至七十六、八十七至九十二)

360000－1901－0002385　301634

尺木堂綱鑑易知録九十二卷　(清)吳乘權等

輯　清康熙五十年(1711)刻本　四十二册

360000－1901－0002386　308258

尺木堂綱鑑易知録九十二卷　(清)吴乘權等輯　清康熙五十年(1711)刻本　三十册　存八十六卷(一至九、十三至四十三、四十七至九十二)

360000－1901－0002387　305358

尺木堂綱鑑易知録九十二卷　(清)吴乘權等輯　清刻本　二册　存五卷(三十六至三十八、四十三至四十四)

360000－1901－0002388　305360

尺木堂綱鑑易知録九十二卷　(清)吴乘權等輯　清刻本　一册　存三卷(十九至二十一)

360000－1901－0002389　305362－1

尺木堂綱鑑易知録九十二卷　(清)吴乘權等輯　清刻本　六册　存十四卷(十六至二十二、五十三至五十六、九十至九十二)

360000－1901－0002390　308268

尺木堂綱鑑易知録九十二卷　(清)吴乘權等輯　清刻本　三十九册　存八十九卷(一至十四、十六至七十四、七十七至九十二)

360000－1901－0002391　411720

尺木堂綱鑑易知録九十二卷　(清)吴乘權等輯　清刻本　二十八册　存六十三卷(一至四、八至四十七、七十四至九十二)

360000－1901－0002392　411721

尺木堂綱鑑易知録九十二卷　(清)吴乘權等輯　清刻本　三十九册

360000－1901－0002393　411723

尺木堂綱鑑易知録九十二卷　(清)吴乘權等輯　清刻本　二十七册　存六十八卷(一至二十、二十四至四十九、五十二至五十七、七十七至九十二)

360000－1901－0002394　411724－1

尺木堂綱鑑易知録九十二卷　(清)吴乘權等輯　清刻本　三十三册

360000－1901－0002395　411726

尺木堂綱鑑易知録九十二卷　(清)吴乘權等輯　清刻本　二十册　存五十二卷(一至二十三、二十八至三十七、五十九、六十二至六十四、六十六至七十二、八十至八十二、八十四至八十五、八十七至八十九)

360000－1901－0002396　411727

尺木堂綱鑑易知録九十二卷　(清)吴乘權等輯　清刻本　十二册　存三十一卷(十六至十八、二十至二十一、二十七至三十三、四十至四十二、四十四至四十八、五十二至五十六、六十至六十三、六十七至六十八)

360000－1901－0002397　411728

尺木堂綱鑑易知録九十二卷　(清)吴乘權等輯　清刻本　十六册　存四十五卷(十二至十四、十六至十八、二十二至二十四、二十七至三十七、四十一至四十二、四十五至四十八、五十五至五十六、六十三至七十四、八十四至八十八)

360000－1901－0002398　411729

尺木堂綱鑑易知録九十二卷　(清)吴乘權等輯　清刻本　二十一册　存五十五卷(一至七、十一至二十二、二十四至三十、四十七至四十八、五十七至六十八、七十一至八十五)

360000－1901－0002399　411731

尺木堂綱鑑易知録九十二卷　(清)吴乘權等輯　清刻本　十三册　存三十三卷(三十至四十、五十八至六十二、六十四至六十九、七十四至七十六、八十一至八十八)

360000－1901－0002400　411732

尺木堂綱鑑易知録九十二卷　(清)吴乘權等輯　清刻本　二册　存五卷(八十四至八十八)

360000－1901－0002401　603137

尺木堂綱鑑易知録九十二卷　(清)吴乘權等輯　清刻本　十七册　存三十九卷(四至三十九、八十六至八十八)

360000－1901－0002402　603137－1

尺木堂綱鑑易知録九十二卷　(清)吴乘權等

輯　清刻本　一册　存二卷(三十四至三十五)

360000－1901－0002403　711735
尺木堂綱鑑易知録九十二卷　(清)吳乘權等輯　清刻本　三册　存六卷(七十二至七十七)

360000－1901－0002404　711787
尺木堂綱鑑易知録九十二卷　(清)吳乘權等輯　清刻本　二十一册　存五十七卷(一至三十四、七十至九十二)

360000－1901－0002405　711788
尺木堂綱鑑易知録九十二卷　(清)吳乘權等輯　清刻本　六册　存三十卷(一至二十五、五十六至六十)

360000－1901－0002406　716994
尺木堂綱鑑易知録九十二卷　(清)吳乘權等輯　清刻本　三册　存十六卷(六十一至七十六)

360000－1901－0002407　718246
尺木堂綱鑑易知録九十二卷　(清)吳乘權等輯　清刻本　二册　存四卷(七十七至八十)

360000－1901－0002408　720626
尺木堂綱鑑易知録九十二卷　(清)吳乘權等輯　清刻本　十七册　存四十卷(十九至三十六、三十九至六十)

360000－1901－0002409　720627
尺木堂綱鑑易知録九十二卷　(清)吳乘權等輯　清刻本　二册　存五卷(五十二至五十三、五十九至六十一)

360000－1901－0002410　720628
尺木堂綱鑑易知録九十二卷　(清)吳乘權等輯　清刻本　一册　存三卷(三十六至三十八)

360000－1901－0002411　720826
尺木堂綱鑑易知録九十二卷　(清)吳乘權等輯　清刻本　三册　存七卷(五十二至五十八)

360000－1901－0002412　720827
尺木堂綱鑑易知録九十二卷　(清)吳乘權等輯　清刻本　二册　存六卷(三十一至三十六)

360000－1901－0002413　720828
尺木堂綱鑑易知録九十二卷　(清)吳乘權等輯　清刻本　二册　存七卷(三十八至四十、六十三至六十六)

360000－1901－0002414　720829
尺木堂綱鑑易知録九十二卷　(清)吳乘權等輯　清刻本　二册　存九卷(四十至四十八)

360000－1901－0002415　721575
尺木堂綱鑑易知録九十二卷　(清)吳乘權等輯　清刻本　四册　存十一卷(五十五至五十七、六十四至七十一)

360000－1901－0002416　722031
尺木堂綱鑑易知録九十二卷　(清)吳乘權等輯　清刻本　五册　存十八卷(一至十五、二十五至二十七)

360000－1901－0002417　722125
尺木堂綱鑑易知録九十二卷　(清)吳乘權等輯　清刻本　十三册　存三十五卷(三十五至六十九)

360000－1901－0002418　722297
尺木堂綱鑑易知録九十二卷　(清)吳乘權等輯　清刻本　一册　存四卷(七十一至七十四)

360000－1901－0002419　722500
尺木堂綱鑑易知録九十二卷　(清)吳乘權等輯　清刻本　一册　存三卷(十一至十三)

360000－1901－0002420　801201
尺木堂綱鑑易知録九十二卷　(清)吳乘權等輯　清刻本　五册　存十四卷(五至十、十二至十三、十六至二十一)

360000－1901－0002421　802262
尺木堂綱鑑易知録九十二卷　(清)吳乘權等輯　清刻本　一册　存四卷(八十九至九十

二）

360000－1901－0002422　802263
尺木堂綱鑑易知錄九十二卷　（清）吳乘權等輯　清刻本　一冊　存二卷（八十至八十一）

360000－1901－0002423　803169
尺木堂綱鑑易知錄九十二卷　（清）吳乘權等輯　清刻本　二冊　存四卷（六十九至七十、七十四至七十五）

360000－1901－0002424　800473
尺木堂綱鑑易知錄九十二卷　（清）吳乘權等輯　清末鉛印本　一冊　存六卷（六十五至七十）

360000－1901－0002425　411806
尺木堂綱鑑易知錄九十二卷　（清）吳乘權等輯　清末石印本　四冊　存五十二卷（二十七至七十八）

360000－1901－0002426　803171
尺木堂綱鑑易知錄九十二卷　（清）吳乘權等輯　清松盛堂刻本　六冊　存十四卷（一至二、二十四至二十五、五十八至六十二、七十至七十二、七十五至七十六）

360000－1901－0002427　301637
尺木堂綱鑑易知錄九十二卷　（清）吳乘權等輯　清咸豐八年（1858）寶慶經綸堂刻本　三十六冊

360000－1901－0002428　411722
尺木堂綱鑑易知錄九十二卷　（清）吳乘權等輯　**明紀綱目二十卷**　（清）張廷玉等撰　清刻本　三十八冊　存九十三卷（尺木堂綱鑑易知錄一至四十、五十二至七十六、八十五至九十二，明紀綱目二十卷）

360000－1901－0002429　411724
尺木堂綱鑑易知錄九十二卷　（清）吳乘權等輯　**明紀綱目二十卷**　（清）張廷玉等撰　清刻本　三十八冊　存一百四卷（尺木堂綱鑑易知錄一至五十二、五十七至七十二、七十七至九十二，明紀綱目二十卷）

360000－1901－0002430　411725
尺木堂綱鑑易知錄九十二卷　（清）吳乘權等輯　**明紀綱目二十卷**　（清）張廷玉等撰　清刻本　三十冊　存八十二卷（尺木堂綱鑑易知錄二至五、八至十、十二至二十三、二十六至三十四、四十至四十四、四十七至五十六、七十三至七十九、八十一至九十二，明紀綱目二十卷）

360000－1901－0002431　161958
尺木堂綱鑑易知錄九十二卷　（清）吳乘權等輯　**御撰資治通鑑綱目三編二十卷**　（清）張廷玉等撰　清刻本　三十二冊

360000－1901－0002432　305362
尺木堂綱鑑易知錄九十二卷　（清）吳乘權等輯　**御撰資治通鑑綱目三編二十卷**　（清）張廷玉等撰　清刻本　三十九冊　存一百九卷（尺木堂綱鑑易知錄一至六十六、七十至九十二，御撰資治通鑑綱目三編二十卷）

360000－1901－0002433　411791
尺木堂綱鑑易知錄九十二卷　（清）吳乘權等輯　**御撰資治通鑑綱目三編二十卷**　（清）張廷玉等撰　清刻本　四十七冊　存一百十卷（尺木堂綱鑑易知錄一至七十三、七十五至九十二，御撰資治通鑑綱目三編一至十六、十八至二十）

360000－1901－0002434　411792
尺木堂綱鑑易知錄九十二卷　（清）吳乘權等輯　**御撰資治通鑑綱目三編二十卷**　（清）張廷玉等撰　清刻本　七冊　存二十一卷（五十四至五十五、五十八至六十、六十四至六十九、八十一至八十七、九十至九十二）

360000－1901－0002435　411793
尺木堂綱鑑易知錄九十二卷　（清）吳乘權等輯　**御撰資治通鑑綱目三編二十卷**　（清）張廷玉等撰　清刻本　三十八冊　存一百十一卷（尺木堂綱鑑易知錄一至七十五、七十七至九十二，御撰資治通鑑綱目三編二十卷）

360000－1901－0002436　411794
尺木堂綱鑑易知錄九十二卷　（清）吳乘權等

輯　**御撰資治通鑑綱目三編二十卷**　(清)張廷玉等撰　清刻本　二十九册　存九十八卷(尺木堂綱鑑易知錄二至四、十二至三十四、三十六至三十八、四十至四十八、五十三至九十二,御撰資治通鑑綱目三編二十卷)

360000－1901－0002437　411796
尺木堂綱鑑易知錄九十二卷　(清)吴乘權等輯　**御撰資治通鑑綱目三編二十卷**　(清)張廷玉等撰　清刻本　四十册

360000－1901－0002438　411759
尺木堂綱鑑易知錄九十二卷明鑑易知錄十五卷　(清)吴乘權等輯　清道光二十八年(1848)聚德堂刻本　四十册

360000－1901－0002439　411760
尺木堂綱鑑易知錄九十二卷明鑑易知錄十五卷　(清)吴乘權等輯　清道光二十八年(1848)聚德堂刻本　三十七册　存九十二卷(尺木堂綱鑑易知錄九十二卷)

360000－1901－0002440　411753
尺木堂綱鑑易知錄九十二卷明鑑易知錄十五卷　(清)吴乘權等輯　清道光十二年(1832)裕文堂刻本　四十七册

360000－1901－0002441　411750
尺木堂綱鑑易知錄九十二卷明鑑易知錄十五卷　(清)吴乘權等輯　清光緒二十六年(1900)上海圖書集成印書局鉛印本　十四册　存九十一卷(一至五十二、五十四至九十二)

360000－1901－0002442　307857
尺木堂綱鑑易知錄九十二卷明鑑易知錄十五卷　(清)吴乘權等輯　清光緒二十七年(1901)上海商務印書館鉛印本　十六册　存一百一卷(尺木堂綱鑑易知錄一至六十四、七十一至九十二,明鑑易知錄十五卷)

360000－1901－0002443　411735
尺木堂綱鑑易知錄九十二卷明鑑易知錄十五卷　(清)吴乘權等輯　清光緒二十七年(1901)上海商務印書館鉛印本　十六册

360000－1901－0002444　411736
尺木堂綱鑑易知錄九十二卷明鑑易知錄十五卷　(清)吴乘權等輯　清光緒二十七年(1901)上海商務印書館鉛印本　十六册

360000－1901－0002445　411737
尺木堂綱鑑易知錄九十二卷明鑑易知錄十五卷　(清)吴乘權等輯　清光緒二十七年(1901)上海商務印書館鉛印本　十六册　缺四卷(五十四、六十五至六十六、七十四)

360000－1901－0002446　711733
尺木堂綱鑑易知錄九十二卷明鑑易知錄十五卷　(清)吴乘權等輯　清光緒二十七年(1901)上海商務印書館鉛印本　十六册

360000－1901－0002447　711734
尺木堂綱鑑易知錄九十二卷明鑑易知錄十五卷　(清)吴乘權等輯　清光緒二十七年(1901)上海商務印書館鉛印本　十六册

360000－1901－0002448　411738
尺木堂綱鑑易知錄九十二卷明鑑易知錄十五卷　(清)吴乘權等輯　清光緒二十四年(1898)上海宏文閣鉛印本　十三册　存九十一卷(尺木堂綱鑑易知錄一至十一、二十至六十六、七十五至九十二,明鑑易知錄十五卷)

360000－1901－0002449　411739
尺木堂綱鑑易知錄九十二卷明鑑易知錄十五卷　(清)吴乘權等輯　清光緒二十四年(1898)上海宏文閣鉛印本　十五册　缺一卷(十八)

360000－1901－0002450　411740
尺木堂綱鑑易知錄九十二卷明鑑易知錄十五卷　(清)吴乘權等輯　清光緒二十四年(1898)上海宏文閣鉛印本　十六册

360000－1901－0002451　411741
尺木堂綱鑑易知錄九十二卷明鑑易知錄十五卷　(清)吴乘權等輯　清光緒二十四年(1898)上海宏文閣鉛印本　十四册　存八十六卷(尺木堂綱鑑易知錄一至三十二、四十一至四十七、六十一至九十二,明鑑易知錄十五

卷）

360000－1901－0002452　411758－1
尺木堂綱鑑易知録九十二卷明鑑易知録十五卷　（清）吴乘權等輯　清光緒二十四年（1898）上海宏文閣鉛印本　十四册　存九十二卷（尺木堂綱鑑易知録一至六十、六十七至九十二，明鑑易知録一至六）

360000－1901－0002453　411748
尺木堂綱鑑易知録九十二卷明鑑易知録十五卷　（清）吴乘權等輯　清光緒二十五年（1899）掃葉山房鉛印本　十六册

360000－1901－0002454　411745
尺木堂綱鑑易知録九十二卷明鑑易知録十五卷　（清）吴乘權等輯　清光緒鉛印本　十五册　存九十九卷（尺木堂綱鑑易知録九十二卷、明鑑易知録一至七）

360000－1901－0002455　411746
尺木堂綱鑑易知録九十二卷明鑑易知録十五卷　（清）吴乘權等輯　清光緒鉛印本　十六册

360000－1901－0002456　411752
尺木堂綱鑑易知録九十二卷明鑑易知録十五卷　（清）吴乘權等輯　清光緒三十年（1904）上海校經山房鉛印本　十六册

360000－1901－0002457　411744
尺木堂綱鑑易知録九十二卷明鑑易知録十五卷　（清）吴乘權等輯　清光緒三十四年（1908）上海廣益書局鉛印本　十五册　存九十三卷（尺木堂綱鑑易知録一至六十、六十六至七十二、八十二至九十二，明鑑易知録十五卷）

360000－1901－0002458　411743
尺木堂綱鑑易知録九十二卷明鑑易知録十五卷　（清）吴乘權等輯　清光緒十三年（1887）廣百宋齋鉛印本　十二册　存七十七卷（一至六十六、八十一至八十六、八十八至九十二）

360000－1901－0002459　164201
尺木堂綱鑑易知録九十二卷明鑑易知録十五卷　（清）吴乘權等輯　清康熙尺木堂刻本　二十三册　存一百三卷（尺木堂綱鑑易知録一至二十八、三十三至九十二，明鑑易知録十五卷）

360000－1901－0002460　308863
尺木堂綱鑑易知録九十二卷明鑑易知録十五卷　（清）吴乘權等輯　清刻本　三十六册　存八十卷（尺木堂綱鑑易知録一至五、十至二十三、二十七至四十四、四十七至四十八、五十一至五十三、五十九至七十六、八十四至九十二，明鑑易知録五至十五）

360000－1901－0002461　411718
尺木堂綱鑑易知録九十二卷明鑑易知録十五卷　（清）吴乘權等輯　清刻本　二十四册　缺四卷（明鑑易知録五至八）

360000－1901－0002462　411719
尺木堂綱鑑易知録九十二卷明鑑易知録十五卷　（清）吴乘權等輯　清刻本　四十册　缺八卷（明鑑易知録四至七、十二至十五）

360000－1901－0002463　411761
尺木堂綱鑑易知録九十二卷明鑑易知録十五卷　（清）吴乘權等輯　清刻本　四十三册　缺七卷（尺木堂綱鑑易知録五、明鑑易知録十至十五）

360000－1901－0002464　411762
尺木堂綱鑑易知録九十二卷明鑑易知録十五卷　（清）吴乘權等輯　清刻本　二十二册　存六十二卷（尺木堂綱鑑易知録一至三、六至十七、二十一至二十五、二十八至三十、三十二至五十一、八十九至九十二、明鑑易知録十五卷）

360000－1901－0002465　411786－1
尺木堂綱鑑易知録九十二卷明鑑易知録十五卷　（清）吴乘權等輯　清刻本　三十九册　存一百一卷（尺木堂綱鑑易知録九十二卷、明鑑易知録一至九）

360000－1901－0002466　417556－2

尺木堂綱鑑易知錄九十二卷明鑑易知錄十五卷 (清)吳乘權等輯　清刻本　二十冊　存四十五卷(尺木堂綱鑑易知錄三十六至三十八、六十六至九十二,明鑑易知錄十五卷)

360000－1901－0002467　711736
尺木堂綱鑑易知錄九十二卷明鑑易知錄十五卷 (清)吳乘權等輯　清刻本　四冊　存十二卷(尺木堂綱鑑易知錄八十一至八十九、明鑑易知錄五至七)

360000－1901－0002468　711737
尺木堂綱鑑易知錄九十二卷明鑑易知錄十五卷 (清)吳乘權等輯　清刻本　二冊　存六卷(明鑑易知錄三至五、八至十)

360000－1901－0002469　711738
尺木堂綱鑑易知錄九十二卷明鑑易知錄十五卷 (清)吳乘權等輯　清刻本　一冊　存二卷(明鑑易知錄十四至十五)

360000－1901－0002470　711739
尺木堂綱鑑易知錄九十二卷明鑑易知錄十五卷 (清)吳乘權等輯　清刻本　一冊　存二卷(明鑑易知錄十二至十三)

360000－1901－0002471　711740
尺木堂綱鑑易知錄九十二卷明鑑易知錄十五卷 (清)吳乘權等輯　清刻本　一冊　存四卷(明鑑易知錄八至十一)

360000－1901－0002472　411742
尺木堂綱鑑易知錄九十二卷明鑑易知錄十五卷 (清)吳乘權等輯　清末鉛印本　九冊　存六十一卷(尺木堂綱鑑易知錄五至十一、三十三至五十三、六十七至八十四,明鑑易知錄十五卷)

360000－1901－0002473　411758－2
尺木堂綱鑑易知錄九十二卷明鑑易知錄十五卷 (清)吳乘權等輯　清末鉛印本　六冊　存三十一卷(尺木堂綱鑑易知錄六至十二、十九至二十七,明鑑易知錄十五卷)

360000－1901－0002474　411754
尺木堂綱鑑易知錄九十二卷明鑑易知錄十五卷 (清)吳乘權等輯　清咸豐八年(1858)羊城五雲樓刻本　四十冊

360000－1901－0002475　411758
尺木堂綱鑑易知錄九十二卷明鑑易知錄十五卷 (清)吳乘權等輯　清咸豐八年(1858)羊城五雲樓刻本　二十三冊　存五十九卷(一至五十九)

360000－1901－0002476　419185
尺木堂古文觀止六卷 (清)吳乘權　(清)吳大職輯　清乾隆三十六年(1771)二酉堂刻本　六冊

360000－1901－0002477　419186
尺木堂古文觀止六卷 (清)吳乘權　(清)吳大職輯　清乾隆三十六年(1771)二酉堂刻本　四冊　存四卷(一至三、六)

360000－1901－0002478　419187
尺木堂古文觀止十二卷 (清)吳乘權　(清)吳大職輯　清尺木堂刻本　四冊　存八卷(五至十二)

360000－1901－0002479　404903
尺木堂古文集解六卷 (清)吳乘權　(清)吳大職輯　清刻本　一冊　存二卷(一至二)

360000－1901－0002480　420072
尺木堂古文譽斯八卷 (清)過珙評選　清康熙三十九年(1700)刻本　三冊　存六卷(一至四、七至八)

360000－1901－0002481　420072－1
尺木堂古文覺斯八卷 (清)過珙評選　清康熙三十九年(1700)刻本　一冊　存二卷(七至八)

360000－1901－0002482　301637－1
尺木堂明鑑易知錄十五卷 (清)吳乘權等輯　清同治二年(1863)寶慶經綸堂刻本　四冊

360000－1901－0002483　121310
恥夫詩鈔二卷 (清)楊垕撰　清嘉慶五年(1800)紫荆書屋刻本　一冊

360000－1901－0002484　121311

恥躬堂文鈔十卷詩鈔十六卷　(清)彭士望撰　清咸豐二年(1852)刻本　八册

360000－1901－0002485　121312
恥躬堂文鈔十卷詩鈔十六卷　(清)彭士望撰　清咸豐二年(1852)刻本　八册

360000－1901－0002486　121313
恥躬堂文鈔十卷詩鈔十六卷　(清)彭士望撰　清咸豐二年(1852)刻本　六册

360000－1901－0002487　121314
恥躬堂文鈔十卷詩鈔十六卷　(清)彭士望撰　清咸豐二年(1852)刻本　六册

360000－1901－0002488　413333
恥躬堂文鈔十卷詩鈔十六卷　(清)彭士望撰　清咸豐二年(1852)刻本　二册　存三卷(恥躬堂文鈔一、四至五)

360000－1901－0002489　601470
恥躬堂文鈔十卷詩鈔十六卷　(清)彭士望撰　清咸豐二年(1852)刻本　八册

360000－1901－0002490　601471
恥躬堂文鈔十卷詩鈔十六卷　(清)彭士望撰　清咸豐二年(1852)刻本　八册　存二十一卷(恥躬堂文鈔十卷、詩鈔六至十六)

360000－1901－0002491　415130
恥堂存稿八卷　(宋)高斯得撰　清刻本　三册

360000－1901－0002492　241048
恥齋集十二卷　(清)馮行撰　清乾隆四十二年(1777)刻本　四册

360000－1901－0002493　803831
赤谷草堂詩藁不分卷　(清)□□輯　清抄本　一册

360000－1901－0002494　164808
赤水玄珠三十卷　(明)孫一奎撰　清刻本　三十册

360000－1901－0002495　164809
赤水玄珠三十卷　(明)孫一奎撰　清刻本　二十一册　存二十五卷(一至二十五)

360000－1901－0002496　000304
赤水玄珠三十卷附醫旨緒餘二卷醫案五卷　(明)孫一奎撰　明萬曆二十四年(1596)孫泰來、孫朋來刻本　一册　存二卷(醫旨緒餘二卷)

360000－1901－0002497　804928
赤水玄珠三十卷醫案五卷醫旨緒餘二卷　(明)孫一奎撰　明刻本　七册　存八卷(赤水玄珠二十六至二十九、醫案四至五、醫旨緒餘二卷)

360000－1901－0002498　230317
赤水玄珠三十卷醫案五卷醫旨緒餘二卷　(明)孫一奎撰　明萬曆二十四年(1596)孫泰來、孫朋來刻清初印本　三十二册

360000－1901－0002499　804930
赤水玄珠三十卷醫案五卷醫旨緒餘二卷　(明)孫一奎撰　清刻本　二册　存二卷(醫旨緒餘二卷)

360000－1901－0002500　705181
赤水遺珍一卷　(清)梅瑴成撰　清光緒二年(1876)嶺南四寶軒刻本　一册

360000－1901－0002501　407727
赤水吟一卷　(清)傅金銓撰　清道光三年(1823)刻本　一册

360000－1901－0002502　705180
赤溪雜志二卷　金武祥撰　清光緒十七年(1891)刻粟香室叢書本　一册

360000－1901－0002503　311768－1
勅修兩浙海塘通志二十卷首一卷　(清)方觀承　(清)永貴修　(清)查祥　(清)杭世駿纂　清乾隆刻本　三册　存十一卷(八至十八)

360000－1901－0002504　803259
敕封燮元贊化真君諸葛武侯五星神卦不分卷　(□)□□輯　清抄本　一册

360000－1901－0002505　122118
敕授文林郎山東沂州府費縣知縣熊敬衢公年

譜一卷　(清)熊道南輯　清同治十二年(1873)刻本　一册

360000－1901－0002506　220727
敕修兩浙海塘通志二十卷首一卷　(清)方觀承　(清)永貴修　(清)查祥　(清)杭世駿纂　**海塘新志五卷**　(清)方觀承等修　清乾隆十六年(1751)刻本　十二册

360000－1901－0002507　300984
沖虛至德真經八卷　(晉)張湛注　清光緒十年(1884)長洲蔣氏影宋刻鐵華館叢書本　二册

360000－1901－0002508　300983
沖虛至德真經八卷　(晉)張湛注　清刻本　一册

360000－1901－0002509　603292
沖虛至德眞經八卷　(晉)張湛注　清刻本　一册　存四卷(五至八)

360000－1901－0002510　802399
崇安木號伙食簿不分卷(清光緒八年至九年)　(清)□□輯　稿本　二册

360000－1901－0002511　301301
崇百藥齋文集二十卷續集四卷三集十二卷　(清)陸繼輅撰　清嘉慶二十五年至道光八年(1820－1828)刻本　六册

360000－1901－0002512　163526
崇百藥齋文集二十卷續集四卷三集十二卷合肥學舍札記十二卷　(清)陸繼輅撰　清光緒四年(1878)興國州署刻本　十六册

360000－1901－0002513　801896
崇本堂舊址并重建章程錄后一卷　(清)□□撰　清抄本　一册

360000－1901－0002514　407246
崇道堂通書吉課不分卷　(清)羅傳烈輯　清刻本　一册

360000－1901－0002515　240968
崇德堂藁八卷　(清)王植撰　清乾隆十一年(1746)刻本　八册

360000－1901－0002516　601532
崇祀錄一卷附年譜一卷行狀一卷　(清)紀運亹等輯　清刻本　一册

360000－1901－0002517　601533
崇祀錄一卷附年譜一卷行狀一卷　(清)紀運亹等輯　清刻本　一册

360000－1901－0002518　402132
崇祀名宦錄一卷　(清)凌克畏等輯　清康熙刻本　一册

360000－1901－0002519　123339
崇祀名宦錄一卷　(清)四川彭縣儒學輯　清同治十二年(1873)成都刻本　一册

360000－1901－0002520　900002
崇祀鄉賢錄一卷　(清)□□輯　清光緒元年(1875)刻本　一册

360000－1901－0002521　900003
崇祀鄉賢錄一卷　(清)□□輯　清光緒元年(1875)刻本　一册

360000－1901－0002522　900004
崇祀鄉賢錄一卷　(清)□□輯　清光緒元年(1875)刻本　一册

360000－1901－0002523　900005
崇祀鄉賢錄一卷　(清)□□輯　清光緒元年(1875)刻本　一册

360000－1901－0002524　900006
崇祀鄉賢錄一卷　(清)□□輯　清光緒元年(1875)刻本　一册

360000－1901－0002525　900007
崇祀鄉賢錄一卷　(清)□□輯　清光緒元年(1875)刻本　一册

360000－1901－0002526　900008
崇祀鄉賢錄一卷　(清)□□輯　清光緒元年(1875)刻本　一册

360000－1901－0002527　900009
崇祀鄉賢錄一卷　(清)□□輯　清光緒元年(1875)刻本　一册

360000－1901－0002528　900010
崇祀鄉賢錄一卷　(清)□□輯　清光緒元年(1875)刻本　一册

360000－1901－0002529　900011
崇祀鄉賢錄一卷　(清)□□輯　清光緒元年(1875)刻本　一册

360000－1901－0002530　900012
崇祀鄉賢錄一卷　(清)□□輯　清光緒元年(1875)刻本　一册

360000－1901－0002531　900013
崇祀鄉賢錄一卷　(清)□□輯　清光緒元年(1875)刻本　一册

360000－1901－0002532　900014
崇祀鄉賢錄一卷　(清)□□輯　清光緒元年(1875)刻本　一册

360000－1901－0002533　900015
崇祀鄉賢錄一卷　(清)□□輯　清光緒元年(1875)刻本　一册

360000－1901－0002534　900016
崇祀鄉賢錄一卷　(清)□□輯　清光緒元年(1875)刻本　一册

360000－1901－0002535　900017
崇祀鄉賢錄一卷　(清)□□輯　清光緒元年(1875)刻本　一册

360000－1901－0002536　900018
崇祀鄉賢錄一卷　(清)□□輯　清光緒元年(1875)刻本　一册

360000－1901－0002537　900019
崇祀鄉賢錄一卷　(清)□□輯　清光緒元年(1875)刻本　一册

360000－1901－0002538　900020
崇祀鄉賢錄一卷　(清)□□輯　清光緒元年(1875)刻本　一册

360000－1901－0002539　900021
崇祀鄉賢錄一卷　(清)□□輯　清光緒元年(1875)刻本　一册

360000－1901－0002540　900022
崇祀鄉賢錄一卷　(清)□□輯　清光緒元年(1875)刻本　一册

360000－1901－0002541　900023
崇祀鄉賢錄一卷　(清)□□輯　清光緒元年(1875)刻本　一册

360000－1901－0002542　900024
崇祀鄉賢錄一卷　(清)□□輯　清光緒元年(1875)刻本　一册

360000－1901－0002543　900025
崇祀鄉賢錄一卷　(清)□□輯　清光緒元年(1875)刻本　一册

360000－1901－0002544　900026
崇祀鄉賢錄一卷　(清)□□輯　清光緒元年(1875)刻本　一册

360000－1901－0002545　900027
崇祀鄉賢錄一卷　(清)□□輯　清光緒元年(1875)刻本　一册

360000－1901－0002546　900028
崇祀鄉賢錄一卷　(清)□□輯　清光緒元年(1875)刻本　一册

360000－1901－0002547　900029
崇祀鄉賢錄一卷　(清)□□輯　清光緒元年(1875)刻本　一册

360000－1901－0002548　900030
崇祀鄉賢錄一卷　(清)□□輯　清光緒元年(1875)刻本　一册

360000－1901－0002549　900031
崇祀鄉賢錄一卷　(清)□□輯　清光緒元年(1875)刻本　一册

360000－1901－0002550　900032
崇祀鄉賢錄一卷　(清)□□輯　清光緒元年(1875)刻本　一册

360000－1901－0002551　900033
崇祀鄉賢錄一卷　(清)□□輯　清光緒元年(1875)刻本　一册

360000－1901－0002552　900034
崇祀鄉賢錄一卷　（清）□□輯　清光緒元年（1875）刻本　一册

360000－1901－0002553　900035
崇祀鄉賢錄一卷　（清）□□輯　清光緒元年（1875）刻本　一册

360000－1901－0002554　900036
崇祀鄉賢錄一卷　（清）□□輯　清光緒元年（1875）刻本　一册

360000－1901－0002555　900037
崇祀鄉賢錄一卷　（清）□□輯　清光緒元年（1875）刻本　一册

360000－1901－0002556　900038
崇祀鄉賢錄一卷　（清）□□輯　清光緒元年（1875）刻本　一册

360000－1901－0002557　900039
崇祀鄉賢錄一卷　（清）□□輯　清光緒元年（1875）刻本　一册

360000－1901－0002558　900040
崇祀鄉賢錄一卷　（清）□□輯　清光緒元年（1875）刻本　一册

360000－1901－0002559　900041
崇祀鄉賢錄一卷　（清）□□輯　清光緒元年（1875）刻本　一册

360000－1901－0002560　900042
崇祀鄉賢錄一卷　（清）□□輯　清光緒元年（1875）刻本　一册

360000－1901－0002561　900043
崇祀鄉賢錄一卷　（清）□□輯　清光緒元年（1875）刻本　一册

360000－1901－0002562　900044
崇祀鄉賢錄一卷　（清）□□輯　清光緒元年（1875）刻本　一册

360000－1901－0002563　900045
崇祀鄉賢錄一卷　（清）□□輯　清光緒元年（1875）刻本　一册

360000－1901－0002564　900046
崇祀鄉賢錄一卷　（清）□□輯　清光緒元年（1875）刻本　一册

360000－1901－0002565　900047
崇祀鄉賢錄一卷　（清）□□輯　清光緒元年（1875）刻本　一册

360000－1901－0002566　900048
崇祀鄉賢錄一卷　（清）□□輯　清光緒元年（1875）刻本　一册

360000－1901－0002567　900049
崇祀鄉賢錄一卷　（清）□□輯　清光緒元年（1875）刻本　一册

360000－1901－0002568　900050
崇祀鄉賢錄一卷　（清）□□輯　清光緒元年（1875）刻本　一册

360000－1901－0002569　900051
崇祀鄉賢錄一卷　（清）□□輯　清光緒元年（1875）刻本　一册

360000－1901－0002570　900052
崇祀鄉賢錄一卷　（清）□□輯　清光緒元年（1875）刻本　一册

360000－1901－0002571　900053
崇祀鄉賢錄一卷　（清）□□輯　清光緒元年（1875）刻本　一册

360000－1901－0002572　900054
崇祀鄉賢錄一卷　（清）□□輯　清光緒元年（1875）刻本　一册

360000－1901－0002573　900055
崇祀鄉賢錄一卷　（清）□□輯　清光緒元年（1875）刻本　一册

360000－1901－0002574　900056
崇祀鄉賢錄一卷　（清）□□輯　清光緒元年（1875）刻本　一册

360000－1901－0002575　900057
崇祀鄉賢錄一卷　（清）□□輯　清光緒元年（1875）刻本　一册

360000－1901－0002576　900058
崇祀鄉賢錄一卷　(清)□□輯　清光緒元年(1875)刻本　一冊

360000－1901－0002577　900059
崇祀鄉賢錄一卷　(清)□□輯　清光緒元年(1875)刻本　一冊

360000－1901－0002578　900060
崇祀鄉賢錄一卷　(清)□□輯　清光緒元年(1875)刻本　一冊

360000－1901－0002579　900061
崇祀鄉賢錄一卷　(清)□□輯　清光緒元年(1875)刻本　一冊

360000－1901－0002580　900062
崇祀鄉賢錄一卷　(清)□□輯　清光緒元年(1875)刻本　一冊

360000－1901－0002581　900063
崇祀鄉賢錄一卷　(清)□□輯　清光緒元年(1875)刻本　一冊

360000－1901－0002582　900064
崇祀鄉賢錄一卷　(清)□□輯　清光緒元年(1875)刻本　一冊

360000－1901－0002583　900065
崇祀鄉賢錄一卷　(清)□□輯　清光緒元年(1875)刻本　一冊

360000－1901－0002584　900066
崇祀鄉賢錄一卷　(清)□□輯　清光緒元年(1875)刻本　一冊

360000－1901－0002585　900067
崇祀鄉賢錄一卷　(清)□□輯　清光緒元年(1875)刻本　一冊

360000－1901－0002586　900068
崇祀鄉賢錄一卷　(清)□□輯　清光緒元年(1875)刻本　一冊

360000－1901－0002587　900069
崇祀鄉賢錄一卷　(清)□□輯　清光緒元年(1875)刻本　一冊

360000－1901－0002588　900070
崇祀鄉賢錄一卷　(清)□□輯　清光緒元年(1875)刻本　一冊

360000－1901－0002589　900071
崇祀鄉賢錄一卷　(清)□□輯　清光緒元年(1875)刻本　一冊

360000－1901－0002590　900072
崇祀鄉賢錄一卷　(清)□□輯　清光緒元年(1875)刻本　一冊

360000－1901－0002591　900073
崇祀鄉賢錄一卷　(清)□□輯　清光緒元年(1875)刻本　一冊

360000－1901－0002592　900074
崇祀鄉賢錄一卷　(清)□□輯　清光緒元年(1875)刻本　一冊

360000－1901－0002593　900075
崇祀鄉賢錄一卷　(清)□□輯　清光緒元年(1875)刻本　一冊

360000－1901－0002594　900076
崇祀鄉賢錄一卷　(清)□□輯　清光緒元年(1875)刻本　一冊

360000－1901－0002595　900077
崇祀鄉賢錄一卷　(清)□□輯　清光緒元年(1875)刻本　一冊

360000－1901－0002596　900078
崇祀鄉賢錄一卷　(清)□□輯　清光緒元年(1875)刻本　一冊

360000－1901－0002597　900079
崇祀鄉賢錄一卷　(清)□□輯　清光緒元年(1875)刻本　一冊

360000－1901－0002598　900080
崇祀鄉賢錄一卷　(清)□□輯　清光緒元年(1875)刻本　一冊

360000－1901－0002599　900081
崇祀鄉賢錄一卷　(清)□□輯　清光緒元年(1875)刻本　一冊

360000－1901－0002600　900082
崇祀鄉賢錄一卷　（清）□□輯　清光緒元年(1875)刻本　一册

360000－1901－0002601　900083
崇祀鄉賢錄一卷　（清）□□輯　清光緒元年(1875)刻本　一册

360000－1901－0002602　900084
崇祀鄉賢錄一卷　（清）□□輯　清光緒元年(1875)刻本　一册

360000－1901－0002603　900085
崇祀鄉賢錄一卷　（清）□□輯　清光緒元年(1875)刻本　一册

360000－1901－0002604　900086
崇祀鄉賢錄一卷　（清）□□輯　清光緒元年(1875)刻本　一册

360000－1901－0002605　900087
崇祀鄉賢錄一卷　（清）□□輯　清光緒元年(1875)刻本　一册

360000－1901－0002606　900088
崇祀鄉賢錄一卷　（清）□□輯　清光緒元年(1875)刻本　一册

360000－1901－0002607　900089
崇祀鄉賢錄一卷　（清）□□輯　清光緒元年(1875)刻本　一册

360000－1901－0002608　900090
崇祀鄉賢錄一卷　（清）□□輯　清光緒元年(1875)刻本　一册

360000－1901－0002609　900091
崇祀鄉賢錄一卷　（清）□□輯　清光緒元年(1875)刻本　一册

360000－1901－0002610　900092
崇祀鄉賢錄一卷　（清）□□輯　清光緒元年(1875)刻本　一册

360000－1901－0002611　900093
崇祀鄉賢錄一卷　（清）□□輯　清光緒元年(1875)刻本　一册

360000－1901－0002612　900094
崇祀鄉賢錄一卷　（清）□□輯　清光緒元年(1875)刻本　一册

360000－1901－0002613　900095
崇祀鄉賢錄一卷　（清）□□輯　清光緒元年(1875)刻本　一册

360000－1901－0002614　900096
崇祀鄉賢錄一卷　（清）□□輯　清光緒元年(1875)刻本　一册

360000－1901－0002615　900097
崇祀鄉賢錄一卷　（清）□□輯　清光緒元年(1875)刻本　一册

360000－1901－0002616　900098
崇祀鄉賢錄一卷　（清）□□輯　清光緒元年(1875)刻本　一册

360000－1901－0002617　900099
崇祀鄉賢錄一卷　（清）□□輯　清光緒元年(1875)刻本　一册

360000－1901－0002618　900100
崇祀鄉賢錄一卷　（清）□□輯　清光緒元年(1875)刻本　一册

360000－1901－0002619　900101
崇祀鄉賢錄一卷　（清）□□輯　清光緒元年(1875)刻本　一册

360000－1901－0002620　601535
崇祀鄉賢錄一卷　（清）□□輯　清刻本　一册

360000－1901－0002621　601535－1
崇祀鄉賢錄一卷　（清）□□輯　清刻本　一册

360000－1901－0002622　601535－2
崇祀鄉賢錄一卷　（清）□□輯　清刻本　一册

360000－1901－0002623　601535－3
崇祀鄉賢錄一卷　（清）□□輯　清刻本　一册

360000－1901－0002624　115253
[乾隆]續修臺灣府志二十六卷首一卷　(清)余文儀修　(清)黄佾纂　清乾隆三十九年(1774)刻同治十一年(1872)補刻本　十三册

360000－1901－0002625　718254
崇文書局彙刻書　(清)崇文書局輯　清光緒三年(1877)湖北崇文書局刻本　四十五册　存二十種

360000－1901－0002626　721769
崇文書局彙刻書　(清)崇文書局輯　清光緒三年(1877)湖北崇文書局刻本　三十七册　存十五種

360000－1901－0002627　150089
崇文書局彙刻書　(清)崇文書局輯　清光緒元年(1875)湖北崇文書局刻本　七十册　存二十九種

360000－1901－0002628　416312
崇文書局彙刻書　(清)崇文書局輯　清光緒元年(1875)湖北崇文書局刻本　六册　存四種

360000－1901－0002629　900150
崇文書院課藝不分卷　(清)高人驥等輯　清同治六年(1867)刻本　三册

360000－1901－0002630　900151
崇文書院課藝三編不分卷　(清)孫詒紳　(清)高鵬年輯　清同治十一年(1872)刻本　二册

360000－1901－0002631　900232
崇元道院志十卷　(清)宋成迪纂修　清宣統三年(1911)清遠堂鉛印本　一册

360000－1901－0002632　241400
崇禎八大家詩選八卷　(明)夏雲鼎輯　明崇禎六年(1633)刻本　三册　存四卷(一至二、五、八)

360000－1901－0002633　165105
崇禎長編不分卷(明崇禎十五年七月至崇禎十六年正月)　(清)汪楫輯　清抄本　三册

360000－1901－0002634　803451
崇志堂戶管不分卷　(清)董昌彬輯　清嘉慶四年(1799)抄本　一册

360000－1901－0002635　305432
寵湫子十五卷　(清)王繩祖撰　清光緒二十二年(1896)刻本　六册　存十一卷(一至三、七至八、十至十五)

360000－1901－0002636　416845
寵湫子十五卷　(清)王繩祖撰　清刻本　七册

360000－1901－0002637　416846
寵湫子十五卷　(清)王繩祖撰　清刻本　五册　存十卷(一至五、十一至十五)

360000－1901－0002638　301367
仇十洲繡像列女傳二卷　(漢)劉向撰　(明)仇英繪圖　清光緒十二年(1886)上海同文書局石印本　二册

360000－1901－0002639　404076
酬世寶要全書七卷　(清)姚時勉輯　清刻本　三册　存六卷(二至七)

360000－1901－0002640　404076－1
酬世寶要全書七卷　(清)姚時勉輯　清刻本　一册　存四卷(四至七)

360000－1901－0002641　800727－1
酬世錦囊對聯五卷　(清)鄒景揚輯　清刻本　一册　存二卷(四至五)

360000－1901－0002642　902515
酬世錦囊對聯五卷　(清)鄒景揚輯　清刻本　一册　存三卷(一至三)

360000－1901－0002643　800726－2
酬世錦囊家禮纂要五卷　(清)鄒景揚輯　清刻本　一册　存二卷(四至五)

360000－1901－0002644　800727
酬世錦囊書啟四卷家禮纂要五卷天下路程二卷　(清)鄒景揚輯　清刻本　五册　存六卷(酬世錦囊書啟一、四,家禮纂要一至二、五,天下路程二)

360000－1901－0002645　402775
酬世錦囊續集　（清）鄒景揚輯　清光德堂刻本　五册　存五種

360000－1901－0002646　402775－1
酬世錦囊續集　（清）鄒景揚輯　清光德堂刻本　一册　存二種

360000－1901－0002647　402776
酬世錦囊續集　（清）鄒景揚輯　清刻本　九册　存五種

360000－1901－0002648　801187
酬世全書不分卷　（清）□□編　清光緒惜陰別墅石印本　一册

360000－1901－0002649　413705
愁思窗古文稿二卷　（清）易圭英撰　清光緒十九年（1893）翠微山館刻本　一册

360000－1901－0002650　230170
綢繆未雨編十三卷　（清）楊士達撰　清抄本　六册　缺三卷（二至四）

360000－1901－0002651　401336
疇人傳四十六卷　（清）阮元撰　清嘉慶四年（1799）揚州阮氏琅嬛仙館刻本　十册

360000－1901－0002652　306491
疇人傳四十六卷　（清）阮元撰　清刻本　四册　存十五卷（二十三至三十七）

360000－1901－0002653　306489
疇人傳五十二卷　（清）阮元撰　（清）羅士琳續　**疇人傳三編七卷附著述記一卷**　（清）諸可寶撰　清光緒二十二年（1896）上海璣衡堂石印本　五册　存五十一卷（疇人傳一至三十七、四十七至五十二，疇人傳三編七卷、著述記一卷）

360000－1901－0002654　306490
疇人傳五十二卷　（清）阮元撰　（清）羅士琳續　**疇人傳三編七卷附著述記一卷**　（清）諸可寶撰　清光緒二十二年（1896）上海璣衡堂石印本　五册　存五十卷（疇人傳一至三十二、四十三至五十二，疇人傳三編七卷、著述記一卷）

360000－1901－0002655　401329
疇人傳五十二卷　（清）阮元撰　（清）羅士琳續　**疇人傳三編七卷附著述記一卷**　（清）諸可寶撰　清光緒二十二年（1896）上海璣衡堂石印本　六册

360000－1901－0002656　309839
疇人傳五十二卷　（清）阮元撰　（清）羅士琳續　**疇人傳三編七卷附著述記一卷**　（清）諸可寶撰　清光緒二十二年（1896）石印本　五册

360000－1901－0002657　413324
籌海策畧一卷　（清）余含棻撰　（清）朱雲峰評　清沱川澤存書屋刻本　一册

360000－1901－0002658　304463
籌海初集四卷　（清）關天培編　清道光十六年（1836）刻本　四册

360000－1901－0002659　220778
籌海圖編十三卷　（明）鄭若曾撰　明天啓四年（1624）胡維極刻本　二册　存二卷（十二至十三）

360000－1901－0002660　304456
籌河論三卷　（清）宗源翰撰　清末鉛印本　一册

360000－1901－0002661　164314
籌濟編三十二卷首一卷　（清）楊景仁撰　清光緒九年（1883）武昌書局刻本　八册

360000－1901－0002662　164315
籌濟編三十二卷首一卷　（清）楊景仁撰　清光緒九年（1883）武昌書局刻本　八册

360000－1901－0002663　303831
籌濟編三十二卷首一卷　（清）楊景仁撰　清光緒四年（1878）刻本　六册

360000－1901－0002664　305149
籌濟編三十二卷首一卷　（清）楊景仁撰　清光緒四年（1878）刻本　二册　存十二卷（一至五、十至十六）

360000－1901－0002665　305407
籌濟編三十二卷首一卷　(清)楊景仁撰　清刻本　六冊　存二十六卷(三至二十八)

360000－1901－0002666　305408
籌濟編三十二卷首一卷　(清)楊景仁撰　清刻本　七冊　存二十八卷(四至二十七、二十九至三十二)

360000－1901－0002667　401860－1
籌款論一卷　(美國)李佳白撰　清光緒二十二年(1896)尚賢堂木活字印本　一冊

360000－1901－0002668　401952
籌餉事例三卷現行常例一卷　(清)戶部編　清同治刻本　四冊

360000－1901－0002669　401952－1
籌餉事例條款不分卷　(清)戶部編　清咸豐刻本　一冊

360000－1901－0002670　801978
籌餉事例一卷　(清)戶部編　清刻本　一冊

360000－1901－0002671　304452
籌洋芻議一卷　(清)薛福成撰　清光緒二十三年(1897)刻本　一冊

360000－1901－0002672　401708
籌洋芻議一卷　(清)薛福成撰　清光緒十年(1884)刻本　一冊

360000－1901－0002673　304457
籌洋芻議一卷　(清)薛福成撰　清光緒十一年(1885)刻本　一冊

360000－1901－0002674　303587
籌瞻疏稿三卷　(清)鹿傳霖撰　清光緒二十六年(1900)刻本　一冊　存一卷(上)

360000－1901－0002675　304497
籌瞻疏稿三卷　(清)鹿傳霖撰　清光緒二十六年(1900)刻本　一冊　存二卷(中、下)

360000－1901－0002676　801138
出入滙慶不分卷　(清)晏湘祠訂　清咸豐九年(1859)抄本　一冊

360000－1901－0002677　409547
出塞稿四卷　(清)陳鴻章撰　清刻本　一冊　存二卷(三至四)

360000－1901－0002678　410277
出山草譜八卷　(清)湯肇熙撰　清光緒十年(1884)昆陽縣署刻本　四冊

360000－1901－0002679　410278
出山草譜八卷　(清)湯肇熙撰　清光緒十年(1884)昆陽縣署刻本　四冊

360000－1901－0002680　410279
出山草譜八卷　(清)湯肇熙撰　清光緒十年(1884)昆陽縣署刻本　一冊　存二卷(三至四)

360000－1901－0002681　410279－1
出山草譜八卷　(清)湯肇熙撰　清光緒十年(1884)昆陽縣署刻本　一冊　存二卷(三至四)

360000－1901－0002682　410279－2
出山草譜八卷　(清)湯肇熙撰　清光緒十年(1884)昆陽縣署刻本　一冊　存二卷(三至四)

360000－1901－0002683　410279－3
出山草譜八卷　(清)湯肇熙撰　清光緒十年(1884)昆陽縣署刻本　一冊　存二卷(三至四)

360000－1901－0002684　120467
出山草譜四卷　(清)湯肇熙撰　清光緒十年(1884)昆陽縣署刻本　二冊

360000－1901－0002685　301297
出使美日秘國日記十六卷(清光緒十五年至十九年)　(清)崔國因撰　清光緒二十年(1894)鉛印本　十二冊

360000－1901－0002686　305222
出使美日秘國日記十六卷(清光緒十五年至十九年)　(清)崔國因撰　清光緒二十年(1894)鉛印本　十二冊

360000－1901－0002687　404466

出使須知一卷　(清)蔡鈞撰　清光緒十年(1884)王氏弢園鉛印本　一冊

360000－1901－0002688　420096
出使英法義比四國日記六卷(清光緒十六年至十七年)　(清)薛福成撰　清光緒十八年(1892)刻本　二冊　存二卷(一至二)

360000－1901－0002689　301295
出使英法義比四國日記六卷(清光緒十六年至十七年)　(清)薛福成撰　清光緒十八年(1892)石印本　三冊

360000－1901－0002690　301296
出使英法義比四國日記六卷(清光緒十六年至十七年)　(清)薛福成撰　清光緒十八年(1892)石印本　三冊

360000－1901－0002691　310150
出曜經二十卷　(後秦)釋竺佛念譯　清光緒十五年(1889)江北刻經處刻本　六冊

360000－1901－0002692　241521
初白菴詩評三卷　(清)查慎行撰　(清)張載華輯　**詞綜偶評一卷**　(清)許昂霄撰　(清)張載華輯　清乾隆四十二年(1777)張氏涉園觀樂堂刻本　三冊

360000－1901－0002693　800632
初等小學格致新教科書　(清)魯篆笙編　清光緒三十二年(1906)樂羣圖書局石印本　二冊

360000－1901－0002694　900139
初等小學國文教科書　(清)學部編譯圖書局編　清光緒三十四年至宣統元年(1908－1909)學部圖書局石印本　二冊

360000－1901－0002695　800630
初等小學手工教授書　(清)學部編譯圖書局編　清宣統元年(1909)學部編譯圖書局鉛印本　一冊

360000－1901－0002696　161696
初等小學堂章程一卷　(清)安徽全省學務處編　清光緒三十年(1904)安慶正誼書局鉛印本　一冊

360000－1901－0002697　161697
初等小學堂章程一卷　(清)安徽全省學務處編　清光緒三十年(1904)安慶正誼書局鉛印本　一冊

360000－1901－0002698　161653
初等小學體操教科書　(清)強權子編　清末新民譯印書局刻本　一冊

360000－1901－0002699　800622
初等小學體操教科書　(清)鄭憲成編　清光緒三十年(1904)上海新民希記書局刻本　一冊

360000－1901－0002700　901340
初等小學修身教科書　許家惺編　清光緒三十二年(1906)育文書局石印本　三冊

360000－1901－0002701　900999
初等小學修身教科書　許家惺編　清光緒三十二年(1906)震東學社鉛印本　四冊

360000－1901－0002702　800631
初等小學用格致課本　商務印書館編譯所編　清光緒三十三年(1907)商務印書館鉛印本　一冊

360000－1901－0002703　901174
初等小學珠算教科書　(清)學部編譯圖書局編　清宣統元年(1909)學部圖書局鉛印本　一冊

360000－1901－0002704　417105
初訂地理纂要心傳真訣全書五卷　(清)黎瑤光輯　清嘉慶五年(1800)刻本　一冊　存一卷(二)

360000－1901－0002705　900138
初級小學國文教科書　何琪編　清光緒三十二年(1906)上海會文學社石印本　二冊

360000－1901－0002706　421592
初刻封神演義八卷一百回　(明)許仲琳撰　清刻本　八冊

360000－1901－0002707　421593

初刻封神演義八卷一百回　(明)許仲琳撰　清刻本　五册　存五卷(一、四至六、八)五十七回(一至七、三十九至七十六、八十九至一百)

360000－1901－0002708　241609
初刻封神演義八卷一百回　(明)許仲琳撰　清乾隆四十三年(1778)刻本　七册　缺一卷(三)五回(十一至十五)

360000－1901－0002709　419678
初刻黄維章先生詩經嫏嬛體註八卷　(清)黄文煥撰　清嘉慶四年(1799)積秀堂刻本　三册　存七卷(一至四、六至八)

360000－1901－0002710　419681
初刻黄維章先生詩經嫏嬛體註八卷　(清)黄文煥撰　清乾隆四十三年(1778)友益齋刻本　五册　存五卷(一至五)

360000－1901－0002711　419680
初刻黄維章先生詩經嫏嬛體註八卷　(清)黄文煥撰　清三畏堂刻本　一册　存四卷(五至八)

360000－1901－0002712　419679
初刻黄維章先生詩經嫏嬛體註八卷　(清)黄文煥撰　**詩經集傳八卷**　(宋)朱熹撰　清乾隆四十六年(1781)積秀堂刻本　四册

360000－1901－0002713　402715
初刻經典便覽四種　(清)蕭士寧輯　清嘉慶十八年(1813)刻本　一册

360000－1901－0002714　402716
初刻經典便覽四種　(清)蕭士寧輯　清嘉慶十八年(1813)刻本　二册　存二種

360000－1901－0002715　302133
初使泰西紀要四卷　(清)志剛撰　清光緒十四年(1888)刻本　二册

360000－1901－0002716　302128
初使泰西記四卷　(清)志剛撰　清光緒三年(1877)避熱窩刻本　四册

360000－1901－0002717　230439
初潭集三十卷　(明)李贄撰　明萬曆刻本　四册

360000－1901－0002718　230440
初潭集三十卷　(明)李贄撰　明萬曆刻本　二册　存十卷(一至六、二十至二十三)

360000－1901－0002719　241143
初唐四傑集　(清)項家達輯　清乾隆四十六年(1781)星渚項氏刻本　十册

360000－1901－0002720　241144
初唐四傑集　(清)項家達輯　清乾隆四十六年(1781)星渚項氏刻本　六册

360000－1901－0002721　241145
初唐四傑集　(清)項家達輯　清乾隆四十六年(1781)星渚項氏刻本　十册

360000－1901－0002722　316165
初唐四傑集　(清)項家達輯　清乾隆四十六年(1781)星渚項氏刻本　十册

360000－1901－0002723　316456
初唐四傑集　(清)項家達輯　清乾隆四十六年(1781)星渚項氏刻本　十册

360000－1901－0002724　415208－1
初唐四傑集　(清)項家達輯　清乾隆四十六年(1781)星渚項氏刻本　四册　存三種

360000－1901－0002725　316847
初唐四傑集二十一卷　(清)項家達輯　清光緒五年(1879)淮南書局刻本　四册

360000－1901－0002726　406027
初學辨體不分卷　(清)徐與喬輯評　清康熙十七年(1678)易安齋刻本　十五册

360000－1901－0002727　406028
初學辨體不分卷　(清)徐與喬輯評　清康熙十七年(1678)易安齋刻本　三册

360000－1901－0002728　406029
初學辨體不分卷　(清)徐與喬輯評　清康熙十七年(1678)易安齋刻本　十二册

360000－1901－0002729　406028－1

初學辨體不分卷　(清)徐與喬輯評　清刻本　二册

360000－1901－0002730　901958
初學辨體不分卷　(清)徐與喬輯評　清刻本　二册

360000－1901－0002731　162343
初學辨體不分卷　(清)徐與喬輯評　清易安齋刻本　六册

360000－1901－0002732　313813
初學讀書要畧不分卷　(清)葉瀚撰　清光緒二十三年(1897)仁和葉氏刻本　一册

360000－1901－0002733　403928
初學各類題法不分卷　(清)胡必豪輯　清刻本　一册

360000－1901－0002734　250151
初學行文語類二卷　(清)孫埏編　清乾隆九年(1744)有文堂刻本　二册

360000－1901－0002735　416800－2
初學行文語類三卷　(清)孫埏編　清刻本　二册　存二卷(中、下)

360000－1901－0002736　416800－3
初學行文語類三卷　(清)孫埏編　清刻本　二册　存二卷(中、下)

360000－1901－0002737　805378
初學行文語類三卷　(清)孫埏編　清刻本　一册

360000－1901－0002738　716978
初學行文語類四卷　(清)孫埏編　清大文堂刻本　二册

360000－1901－0002739　416799
初學行文語類四卷　(清)孫埏編　清嘉慶十四年(1809)刻本　二册

360000－1901－0002740　416794
初學行文語類四卷　(清)孫埏編　清刻本　一册

360000－1901－0002741　416795
初學行文語類四卷　(清)孫埏編　清刻本　一册

360000－1901－0002742　416796
初學行文語類四卷　(清)孫埏編　清刻本　二册

360000－1901－0002743　416800
初學行文語類四卷　(清)孫埏編　清刻本　一册　存二卷(三至四)

360000－1901－0002744　416800－1
初學行文語類四卷　(清)孫埏編　清刻本　一册　存二卷(三至四)

360000－1901－0002745　603300
初學行文語類四卷　(清)孫埏編　清刻本　一册　存二卷(三至四)

360000－1901－0002746　716979
初學行文語類四卷　(清)孫埏編　清刻本　一册

360000－1901－0002747　416797
初學行文語類四卷　(清)孫埏編　清乾隆四十九年(1784)刻本　二册

360000－1901－0002748　416798
初學行文語類四卷　(清)孫埏編　清乾隆四十九年(1784)刻本　一册

360000－1901－0002749　803121
初學行文語類四卷　(清)孫埏編　清三餘堂刻本　一册　存二卷(三至四)

360000－1901－0002750　250006
初學記三十卷　(唐)徐堅等輯　明楊鑨九洲書屋刻重修本　三十册

360000－1901－0002751　306134
初學記三十卷　(唐)徐堅等輯　清光緒十四年(1888)蘊石齋刻本　八册　存十五卷(一至十五)

360000－1901－0002752　722025
初學檢韻袖珍十二集　(清)姚文登輯　清末石印本　一册

360000－1901－0002753　722025－1
初學檢韻袖珍十二集　(清)姚文登輯　清末石印本　一册

360000－1901－0002754　415112
初學檢韻袖珍十二卷　(清)姚文登輯　清刻本　一册

360000－1901－0002755　415113
初學檢韻袖珍十二卷佩文詩韻一卷　(清)姚文登輯　清道光二十二年(1842)英德堂刻本　四册

360000－1901－0002756　415108
初學檢韻袖珍十二卷佩文詩韻一卷　(清)姚文登輯　清同治九年(1870)元吉堂刻本　四册

360000－1901－0002757　415109
初學檢韻袖珍十二卷佩文詩韻一卷　(清)姚文登輯　清同治九年(1870)元吉堂刻本　四册

360000－1901－0002758　415110
初學檢韻袖珍十二卷佩文詩韻一卷　(清)姚文登輯　清同治十二年(1873)延禧堂刻本　四册

360000－1901－0002759　415111
初學檢韻袖珍十二佩文詩韻一卷　(清)姚文登輯　清光緒八年(1882)兩儀堂刻本　四册

360000－1901－0002760　160435
初學檢韻袖珍一卷佩文詩韻一卷　(清)姚文登輯　清嘉慶七年(1802)刻本　二册

360000－1901－0002761　318115－4
[詩鈔]不分卷　(清)□□輯　清抄本　一册

360000－1901－0002762　801575
初學啟悟集二卷　(清)汪承忠評選　清刻本　一册　存一卷(一)

360000－1901－0002763　805037
初學文引一卷　(清)葉廉鍔選注　清同治十二年(1873)慈南古草堂刻本　一册

360000－1901－0002764　230130
初學小題明文繡三卷　(清)馮李驊　(清)朱元寧評選　清雍正七年(1729)華川書屋刻本　一册

360000－1901－0002765　901555
初學小題明文繡三卷　(清)馮李驊　(清)朱元寧評選　清雍正七年(1729)華川書屋刻本　四册

360000－1901－0002766　803932
初學一隅三卷　(清)□□輯　清抄本　一册

360000－1901－0002767　416750
初學引機不分卷　(清)曹伯棨撰　**虚字註釋備考六卷**　(清)張明德撰　清光緒十九年(1893)曹氏植齋刻本　二册

360000－1901－0002768　403929－1
初學玉玲瓏四卷　(清)徐瑄輯　清刻本　一册　存二卷(三至四)

360000－1901－0002769　414889
初學指掌四卷　(清)郝正嵩評注　清刻本　三册　存三卷(一、三至四)

360000－1901－0002770　302127
初學指掌四卷　(清)郝正嵩評注　清兩儀堂刻本　四册

360000－1901－0002771　804632
初學作文入門要訣不分卷　(□)□□撰　清抄本　一册

360000－1901－0002772　417836
初月樓文鈔十卷詩鈔四卷　(清)吳德旋撰　清光緒十年(1884)刻本　三册　存十一卷(初月樓文鈔一至七、詩鈔四卷)

360000－1901－0002773　302637
樗巢詩選五卷　(清)李必恒撰　清嘉慶十四年(1809)高郵夏味堂半舫齋刻本　二册

360000－1901－0002774　302635
樗繭譜一卷　(清)鄭珍撰　(清)莫友芝注　清光緒七年(1881)遵義華氏刻本　一册

360000－1901－0002775　121367
芻蕘集六卷　(明)周是修撰　清道光八年

(1828)刻本　三册

360000－1901－0002776　405610
蒭詢録□卷　(清)劉思敬撰　清康熙六年(1667)刻本　一册　存一卷(徵下)

360000－1901－0002777　803698
鋤月山房詩草六卷　(清)董韞璋撰　清抄本　一册

360000－1901－0002778　803727
鋤月山房詩草六卷　(清)董韞璋撰　清抄本　二册　存五卷(一至五)

360000－1901－0002779　122248
鋤月山房詩鈔十卷　(清)夏心葵撰　清咸豐元年(1851)廣豐學舍刻本　一册　存二卷(一至二)

360000－1901－0002780　302984
楚寶目録不分卷　(清)劉人熙編　清光緒十四年(1888)刻本　一册

360000－1901－0002781　302985
楚寶四十卷外篇五卷　(明)周聖楷撰　(清)鄧顯鶴增補　清道光九年(1829)刻本　三十册

360000－1901－0002782　302986
楚寶四十卷外篇五卷　(明)周聖楷撰　(清)鄧顯鶴增補　清道光九年(1829)刻本　二十六册

360000－1901－0002783　401328
楚寶四十卷外篇五卷　(明)周聖楷撰　(清)鄧顯鶴增補　清道光九年(1829)刻本　十六册　存二十八卷(楚寶四至二十八、外篇三至五)

360000－1901－0002784　121930
楚北江漢宣防備覽二卷　(清)王鳳生撰　清道光十二年(1832)刻本　二册

360000－1901－0002785　123045
楚北江漢宣防備覽二卷　(清)王鳳生撰　清道光十二年(1832)刻本　二册

360000－1901－0002786　240008
楚辭八卷　(宋)朱熹集注　明刻本　二册　缺二卷(二至三)

360000－1901－0002787　601608
楚辭辯證二卷　(宋)朱熹撰　清光緒元年(1875)湖北崇文書局刻本　一册

360000－1901－0002788　123251
楚辭辯證二卷　(宋)朱熹撰　清光緒元年(1875)遵義黎氏刻本　一册

360000－1901－0002789　240015
楚辭燈四卷　(清)林雲銘撰　清康熙三十六年(1697)刻本　二册

360000－1901－0002790　316817
楚辭燈四卷　(清)林雲銘撰　清康熙三十六年(1697)刻本　二册

360000－1901－0002791　402885
楚辭燈四卷楚懷襄二王在位事蹟考一卷　(清)林雲銘撰　**屈原列傳一卷**　(漢)司馬遷撰　清刻本　二册

360000－1901－0002792　402886
楚辭燈四卷楚懷襄二王在位事蹟考一卷　(清)林雲銘撰　**屈原列傳一卷**　(漢)司馬遷撰　清刻本　二册

360000－1901－0002793　402887
楚辭燈四卷楚懷襄二王在位事蹟考一卷　(清)林雲銘撰　**屈原列傳一卷**　(漢)司馬遷撰　清刻本　二册

360000－1901－0002794　402888
楚辭燈四卷楚懷襄二王在位事蹟考一卷　(清)林雲銘撰　**屈原列傳一卷**　(漢)司馬遷撰　清刻本　二册

360000－1901－0002795　240012
楚辭後語八卷　(宋)朱熹輯　(明)蔣之翹補輯評校　明天啓六年(1626)蔣之翹刻本　四册

360000－1901－0002796　320575
楚辭集注八卷辯證二卷後語六卷　(宋)朱熹撰　清光緒遵義黎氏日本東京使署影元刻古

逸叢書本　三册

360000－1901－0002797　600221－25
楚辭集注八卷辯證二卷後語六卷　(宋)朱熹撰　清光緒遵義黎氏日本東京使署影元刻古逸叢書本　一册　存八卷(辯證二卷、後語六卷)

360000－1901－0002798　600221－10
楚辭集注八卷首一卷　(宋)朱熹撰　清光緒三年(1877)湖北崇文書局刻本　二册

360000－1901－0002799　240009
楚辭集注八卷總評一卷　(宋)朱熹集注　(明)沈雲翔輯評　清乾隆五十三年(1788)聽雨齋刻朱墨套印本　四册

360000－1901－0002800　240010
楚辭集注八卷總評一卷　(宋)朱熹集注　(明)沈雲翔輯評　清乾隆五十三年(1788)聽雨齋刻朱墨套印本　七册　缺一卷(八)

360000－1901－0002801　240011
楚辭集注八卷總評一卷　(宋)朱熹集注　(明)沈雲翔輯評　清乾隆五十三年(1788)聽雨齋刻朱墨套印本　三册　存四卷(一至四)

360000－1901－0002802　121920
楚辭集註八卷辨證二卷　(宋)朱熹撰　清光緒三年(1877)湖北崇文書局刻本　三册

360000－1901－0002803　402895
楚辭集註八卷辨證二卷　(宋)朱熹撰　清光緒三年(1877)湖北崇文書局刻本　二册

360000－1901－0002804　121919
楚辭集註八卷辨證二卷後語六卷　(宋)朱熹撰　清同治十年(1871)刻本　三册　缺四卷(後語三至六)

360000－1901－0002805　402893
楚辭集註八卷總評一卷　(宋)朱熹撰　(明)沈雲翔輯評　清聽雨齋刻朱墨套印本　四册　存五卷(二、四至七)

360000－1901－0002806　402894
楚辭集註八卷總評一卷　(宋)朱熹撰　(明)沈雲翔輯評　清聽雨齋刻朱墨套印本　二册　存五卷(二至三、六至八)

360000－1901－0002807　302980
楚辭評註十卷　(清)王萌撰　清刻本　四册

360000－1901－0002808　402874
楚辭評註十卷　(清)王萌撰　清刻本　一册　存六卷(五至十)

360000－1901－0002809　402884
楚辭評註十卷　(清)王萌撰　清刻本　二册

360000－1901－0002810　802164
楚辭評註十卷　(清)王萌撰　清刻本　一册　存三卷(一至三)

360000－1901－0002811　162524
楚辭評註十卷　(清)王萌撰　清乾隆二年(1737)艫香居士刻本　二册

360000－1901－0002812　240005
楚辭十七卷　(漢)王逸章句　明刻本　二册　缺五卷(一至五)

360000－1901－0002813　240003
楚辭十七卷　(漢)王逸章句　明隆慶五年(1571)豫章夫容館刻本　六册

360000－1901－0002814　240006
楚辭十七卷　(漢)王逸章句　清初海虞毛氏汲古閣刻本　四册

360000－1901－0002815　240007
楚辭十七卷　(漢)王逸章句　清初海虞毛氏汲古閣刻本　四册

360000－1901－0002816　306114
楚辭十七卷　(漢)王逸章句　(宋)洪興祖補注　清初海虞毛氏汲古閣刻本　三册　存十五卷(三至十七)

360000－1901－0002817　162740
楚辭十七卷　(漢)王逸章句　(宋)洪興祖補注　清光緒九年(1883)長沙書堂山館刻本　四册

360000－1901－0002818　309018

楚辭十七卷 (漢)王逸章句 (宋)洪興祖補注 清光緒九年(1883)長沙書堂山館刻本 四册

360000－1901－0002819 306113
楚辭十七卷 (漢)王逸章句 (宋)洪興祖補注 清刻本 三册 存十三卷(五至十七)

360000－1901－0002820 316929
楚辭十七卷 (漢)王逸章句 (宋)洪興祖補注 清刻本 四册

360000－1901－0002821 316983
楚辭十七卷 (漢)王逸章句 (宋)洪興祖補注 清刻本 六册

360000－1901－0002822 402881
楚辭十七卷 (漢)王逸章句 (宋)洪興祖補注 清刻本 四册

360000－1901－0002823 402879
楚辭十七卷 (漢)王逸章句 (宋)洪興祖補注 清同治十一年(1872)金陵書局刻本 四册

360000－1901－0002824 402880
楚辭十七卷 (漢)王逸章句 (宋)洪興祖補注 清同治十一年(1872)金陵書局刻本 四册

360000－1901－0002825 240002
楚辭十七卷 (漢)王逸章句 **疑字直音補一卷** 明隆慶五年(1571)豫章夫容館刻本 四册

360000－1901－0002826 240001
楚辭十七卷 (漢)王逸章句 **疑字直音補一卷** 明隆慶五年(1571)豫章夫容館刻本 小雁題記 四册

360000－1901－0002827 240004
楚辭十七卷 (漢)王逸章句 **疑字直音補一卷** 明隆慶五年(1571)豫章夫容館刻天啓三年(1623)叢桂堂重修本 六册

360000－1901－0002828 402890
楚辭疏八卷 (清)吴世尚撰 清刻本 二册

360000－1901－0002829 402889
楚辭疏八卷 (清)吴世尚撰 清尚論堂刻本 三册

360000－1901－0002830 603675
楚辭疏八卷 (清)吴世尚撰 清尚友堂刻本 一册 存三卷(一至三)

360000－1901－0002831 240017
楚辭詳解五卷 (清)奚禄詒撰 清乾隆九年(1744)刻本 二册

360000－1901－0002832 240018
楚辭詳解五卷 (清)奚禄詒撰 清乾隆九年(1744)刻本 二册

360000－1901－0002833 402891
楚辭約註不分卷 (清)高秋月 (清)曹同春撰 清康熙二十八年(1689)文粹堂刻本 一册

360000－1901－0002834 164165
楚辭章句十七卷附録一卷 (漢)王逸撰 明萬曆十四年(1586)馮紹祖觀妙齋刻本 一册 存三卷(一至二、附録一卷)

360000－1901－0002835 420148
楚漢諸侯疆域志三卷 (清)劉文淇撰 清光緒二年(1876)金陵刻本 一册

360000－1901－0002836 302983
楚漢諸侯疆域志三卷 (清)劉文淇撰 清光緒十五年(1889)廣雅書局刻本 一册

360000－1901－0002837 302981
楚江萍合詩集十二卷 (清)錢清履輯 清嘉慶十八年(1813)刻本 四册

360000－1901－0002838 250218
楚蒙山房集 (清)晏斯盛撰 清乾隆新喻晏氏刻本 三十一册

360000－1901－0002839 250219
楚蒙山房集 (清)晏斯盛撰 清乾隆新喻晏氏刻本 七册 存三種

360000－1901－0002840 250220
楚蒙山房集 (清)晏斯盛撰 清乾隆新喻晏

氏刻道光二十一年(1841)補修本　四十冊

360000－1901－0002841　417580

楚蒙山房集　(清)晏斯盛撰　清乾隆新喻晏氏刻道光二十一年(1841)補修本　四十二冊

360000－1901－0002842　417581

楚蒙山房集　(清)晏斯盛撰　清乾隆新喻晏氏刻道光二十一年(1841)補修本　二十九冊

360000－1901－0002843　417581－1

楚蒙山房集　(清)晏斯盛撰　清乾隆新喻晏氏刻道光二十一年(1841)補修本　九冊　存三種

360000－1901－0002844　417581－3

楚蒙山房集　(清)晏斯盛撰　清乾隆新喻晏氏刻道光二十一年(1841)補修本　四冊　存三種

360000－1901－0002845　417581－4

楚蒙山房集　(清)晏斯盛撰　清乾隆新喻晏氏刻道光二十一年(1841)補修本　三冊　存二種

360000－1901－0002846　417581－5

楚蒙山房集　(清)晏斯盛撰　清乾隆新喻晏氏刻道光二十一年(1841)補修本　二冊　存一種

360000－1901－0002847　417581－6

楚蒙山房集　(清)晏斯盛撰　清乾隆新喻晏氏刻道光二十一年(1841)補修本　五冊

360000－1901－0002848　417581－8

楚蒙山房詩五卷　(清)晏斯盛撰　清乾隆新喻晏氏刻道光二十一年(1841)補修楚蒙山房集本　一冊　存二卷(一至二)

360000－1901－0002849　417581－2

楚蒙山房文集二十卷　(清)晏斯盛撰　清乾隆新喻晏氏刻道光二十一年(1841)補修楚蒙山房集本　二冊　存六卷(傳、贊、事、狀、壽文、祭文)

360000－1901－0002850　417581－7

楚蒙山房文集二十卷　(清)晏斯盛撰　清乾隆新喻晏氏刻道光二十一年(1841)補修楚蒙山房集本　三冊　存五卷(序一至二、書一至二、策問一)

360000－1901－0002851　601606

楚蒙山房易經解十六卷　(清)晏斯盛撰　清刻本　三冊

360000－1901－0002852　407752

楚南鴻爪一卷　(清)胡文炳撰　清刻本　一冊

360000－1901－0002853　240014

楚騷綺語六卷　(明)張之象輯　明萬曆四年(1576)吴興淩迪知刻本　六冊

360000－1901－0002854　402882

楚騷綺語六卷　(明)張之象撰　清光緒二十二年(1896)上海鴻寶齋石印本　一冊

360000－1901－0002855　402883

楚騷綺語六卷　(明)張之象撰　清末石印本　一冊

360000－1901－0002856　803126

楚史檮杌一卷　穆天子傳六卷　(晉)郭璞注　清刻本　一冊

360000－1901－0002857　302982

楚四家詞　(清)唐樹義編　清道光十五年(1835)刻本　一冊

360000－1901－0002858　405427

楚頌齋文稿搜存一卷　(清)胡焯撰　清刻本　一冊

360000－1901－0002859　407753

楚天樵話二卷　(清)張清標撰　清同治十二年(1873)南湖林氏崇本堂刻本　一冊

360000－1901－0002860　407861

楚庭稗珠錄六卷　(清)檀萃撰　清乾隆三十八年(1773)刻本　二冊　存二卷(三至四)

360000－1901－0002861　316921

儲遯菴文集十二卷附錄一卷　(清)儲方慶撰　清光緒二年(1876)刻本　六冊

360000－1901－0002862　317262
儲遯菴文集十二卷附錄一卷　(清)儲方慶撰　清光緒二年(1876)刻本　四册

360000－1901－0002863　405621
儲氏六子文不分卷　(清)王之醇　(清)張瞻淇編　清三友齋刻本　一册

360000－1901－0002864　230103
畜德錄二十卷　(清)席啓圖輯　清康熙二十五年(1686)刻本　十册

360000－1901－0002865　416725
畜德錄二十卷　(清)席啓圖輯　清同治六年(1867)刻本　十册

360000－1901－0002866　313490
觸藩始末三卷　(清)琴閣主人撰　清光緒十一年(1885)崇仁華氏刻本　一册

360000－1901－0002867　301487
觸藩始末三卷　(清)琴閣主人撰　清刻本　一册

360000－1901－0002868　404669
揣摩迂說一卷　(清)謝恒祚撰　清嘉慶二年(1797)刻本　一册

360000－1901－0002869　407854
揣籥小錄一卷續錄三卷　(清)張作楠撰　清嘉慶二十五年(1820)刻本　二册

360000－1901－0002870　300628
船山師友記十七卷首一卷　(清)羅正鈞纂　清光緒三十三年(1907)會稽吳汝楫刻本　四册

360000－1901－0002871　300631
船山師友記十七卷首一卷　(清)羅正鈞纂　清光緒三十三年(1907)會稽吳汝楫刻本　四册

360000－1901－0002872　164099
船山詩草二十卷　(清)張問陶撰　清嘉慶二年(1797)刻本　八册

360000－1901－0002873　413553
船山詩草二十卷　(清)張問陶撰　清嘉慶二十二年(1817)吳門學耕堂刻本　一册　存六卷(一至六)

360000－1901－0002874　163520
船山詩草二十卷　(清)張問陶撰　清嘉慶二十年(1815)經文堂刻本　四册

360000－1901－0002875　163521
船山詩草二十卷　(清)張問陶撰　清嘉慶二十年(1815)經文堂刻本　八册

360000－1901－0002876　713558
船山詩草二十卷　(清)張問陶撰　清嘉慶二十年(1815)刻本　五册　存七卷(四至五、九至十一、十六至十七)

360000－1901－0002877　312287
船山詩草二十卷　(清)張問陶撰　清嘉慶二十年(1815)石韞玉刻本　八册

360000－1901－0002878　713553
船山詩草二十卷　(清)張問陶撰　清嘉慶二十年(1815)石韞玉刻本　三册　存七卷(四至五、九至十一、十六至十七)

360000－1901－0002879　713555
船山詩草二十卷　(清)張問陶撰　清嘉慶二十年(1815)石韞玉刻本　一册　存四卷(一至四)

360000－1901－0002880　300964
船山詩草二十卷　(清)張問陶撰　清刻本　六册

360000－1901－0002881　300965
船山詩草二十卷　(清)張問陶撰　清刻本　八册

360000－1901－0002882　722241
船山詩草二十卷　(清)張問陶撰　清刻本　一册　存二卷(十五至十六)

360000－1901－0002883　713556
船山詩草二十卷　(清)張問陶撰　清同治十三年(1874)刻本　一册　存五卷(十六至二十)

360000－1901－0002884　713557

船山詩草二十卷 (清)張問陶撰 清同治十三年(1874)刻本 七册 存十八卷(一至十四、十七至二十)

360000－1901－0002885 164095
船山詩草選六卷 (清)張問陶撰 (清)石韞玉選 清末石印本 三册

360000－1901－0002886 400351
船山史論五十二卷 (清)王夫之撰 清光緒二十七年(1901)刻本 二十册

360000－1901－0002887 400352
船山史論五十二卷 (清)王夫之撰 清光緒二十七年(1901)刻本 二十三册 存五十一卷(讀通鑑論一至十七、二十至三十,末一卷;宋論十五卷;春秋世論五卷;續春秋左氏博議二卷)

360000－1901－0002888 400353
船山史論五十二卷 (清)王夫之撰 清光緒二十七年(1901)刻本 十五册 存五十卷(讀通鑑論四至三十、末一卷,宋論十五卷,春秋世論五卷,續春秋左氏博議二卷)

360000－1901－0002889 400354
船山史論五十二卷 (清)王夫之撰 清光緒二十七年(1901)刻本 六册 存十四卷(讀通鑑論十五至十六、二十一至二十二、二十五至二十八,宋論一至二、七至十)

360000－1901－0002890 150334
船山遺書 (清)王夫之撰 清道光二十二年(1842)湘潭王氏守遺經書屋刻本 六十四册

360000－1901－0002891 600245
船山遺書 (清)王夫之撰 清光緒二十六年(1900)刻本 十五册 存四種

360000－1901－0002892 600243
船山遺書 (清)王夫之撰 清刻本 九册 存三種

360000－1901－0002893 150335
船山遺書 (清)王夫之撰 清同治四年(1865)湘鄉曾氏金陵刻本 一百册 存六十一種

360000－1901－0002894 150336
船山遺書 (清)王夫之撰 清同治四年(1865)湘鄉曾氏金陵刻本 一百册 存六十二種

360000－1901－0002895 410660
船山遺書 (清)王夫之撰 清同治四年(1865)湘鄉曾氏金陵刻本 九十五册 存四十種

360000－1901－0002896 410661
船山遺書 (清)王夫之撰 清同治四年(1865)湘鄉曾氏金陵刻本 四十六册 存三十四種

360000－1901－0002897 804034
船山遺書 (清)王夫之撰 清同治四年(1865)湘鄉曾氏金陵刻本 十五册 存二十三種

360000－1901－0002898 805423
船山遺書 (清)王夫之撰 清同治四年(1865)湘鄉曾氏金陵刻本 一百四十三册 存三十五種

360000－1901－0002899 150337
船山遺書 (清)王夫之撰 清同治四年(1865)湘鄉曾氏金陵刻光緒十三年(1887)船山書院補刻本 一百二十八册 存六十種

360000－1901－0002900 600222
船山遺書 (清)王夫之撰 清同治四年(1865)湘鄉曾氏金陵刻光緒十三年(1887)船山書院補刻本 九十八册 存四十九種

360000－1901－0002901 600225
船山遺書 (清)王夫之撰 清同治四年(1865)湘鄉曾氏金陵刻光緒十三年(1887)船山書院補刻本 一百二册 存四十九種

360000－1901－0002902 600226
船山遺書 (清)王夫之撰 清同治四年(1865)湘鄉曾氏金陵刻光緒十三年(1887)船山書院補刻本 一百册 存四十九種

360000－1901－0002903　600229
船山遺書　(清)王夫之撰　清同治四年(1865)湘鄉曾氏金陵刻光緒十三年(1887)船山書院補刻本　九十九册　存四十九種

360000－1901－0002904　600229－1
船山遺書　(清)王夫之撰　清同治四年(1865)湘鄉曾氏金陵刻光緒十三年(1887)船山書院補刻本　六册　存五種

360000－1901－0002905　600232
船山遺書　(清)王夫之撰　清同治四年(1865)湘鄉曾氏金陵刻光緒十三年(1887)船山書院補刻本　九十八册　存四十三種

360000－1901－0002906　600232－1
船山遺書　(清)王夫之撰　清同治四年(1865)湘鄉曾氏金陵刻光緒十三年(1887)船山書院補刻本　二十六册　存二十四種

360000－1901－0002907　600233
船山遺書　(清)王夫之撰　清同治四年(1865)湘鄉曾氏金陵刻光緒十三年(1887)船山書院補刻本　四十七册　存二十一種

360000－1901－0002908　600233－1
船山遺書　(清)王夫之撰　清同治四年(1865)湘鄉曾氏金陵刻光緒十三年(1887)船山書院補刻本　八册　存十種

360000－1901－0002909　600234
船山遺書　(清)王夫之撰　清同治四年(1865)湘鄉曾氏金陵刻光緒十三年(1887)船山書院補刻本　一百三册　存三十七種

360000－1901－0002910　600235
船山遺書　(清)王夫之撰　清同治四年(1865)湘鄉曾氏金陵刻光緒十三年(1887)船山書院補刻本　七十二册　存二十八種

360000－1901－0002911　600235－1
船山遺書　(清)王夫之撰　清同治四年(1865)湘鄉曾氏金陵刻光緒十三年(1887)船山書院補刻本　四册　存三種

360000－1901－0002912　600236
船山遺書　(清)王夫之撰　清同治四年(1865)湘鄉曾氏金陵刻光緒十三年(1887)船山書院補刻本　七十八册　存四十二種

360000－1901－0002913　600237
船山遺書　(清)王夫之撰　清同治四年(1865)湘鄉曾氏金陵刻光緒十三年(1887)船山書院補刻本　九十九册　存四十九種

360000－1901－0002914　600238
船山遺書　(清)王夫之撰　清同治四年(1865)湘鄉曾氏金陵刻光緒十三年(1887)船山書院補刻本　五十六册　存三十一種

360000－1901－0002915　600238－1
船山遺書　(清)王夫之撰　清同治四年(1865)湘鄉曾氏金陵刻光緒十三年(1887)船山書院補刻本　四册　存六種

360000－1901－0002916　600239
船山遺書　(清)王夫之撰　清同治四年(1865)湘鄉曾氏金陵刻光緒十三年(1887)船山書院補刻本　二十册　存十四種

360000－1901－0002917　600239－1
船山遺書　(清)王夫之撰　清同治四年(1865)湘鄉曾氏金陵刻光緒十三年(1887)船山書院補刻本　三册　存六種

360000－1901－0002918　600240
船山遺書　(清)王夫之撰　清同治四年(1865)湘鄉曾氏金陵刻光緒十三年(1887)船山書院補刻本　二十六册　存六種

360000－1901－0002919　600241
船山遺書　(清)王夫之撰　清同治四年(1865)湘鄉曾氏金陵刻光緒十三年(1887)船山書院補刻本　三十册　存二十八種

360000－1901－0002920　600241－1
船山遺書　(清)王夫之撰　清同治四年(1865)湘鄉曾氏金陵刻光緒十三年(1887)船山書院補刻本　七册　存五種

360000－1901－0002921　313830
船塢論略一卷　(英國)傅蘭雅輯譯　(清)鍾

天緯筆述　清末江南製造總局鉛印本　一册

360000－1901－0002922　121805－2
［詩文雜鈔］不分卷　（清）謝啓昆撰　稿本　一册

360000－1901－0002923　301748
傳家寶初集八卷二集八卷三集八卷四集八卷　（清）石成金撰　清刻本　十六册

360000－1901－0002924　305263
傳家寶初集八卷二集八卷三集八卷四集八卷　（清）石成金撰　清刻本　十三册　存十三卷（傳家寶初集四、七至八，二集一至二、七至八，三集一至二，四集一、四、六至七）

360000－1901－0002925　414879
傳家寶初集八卷二集八卷三集八卷四集八卷　（清）石成金撰　清刻本　一册　存一卷（傳家寶初集八）

360000－1901－0002926　417356
傳家寶初集八卷二集八卷三集八卷四集八卷　（清）石成金撰　清刻本　一册　存二卷（二集四、七）

360000－1901－0002927　417358
傳家寶初集八卷二集八卷三集八卷四集八卷　（清）石成金撰　清刻本　一册　存一卷（三集四）

360000－1901－0002928　417365
傳家寶初集八卷二集八卷三集八卷四集八卷　（清）石成金撰　清刻本　三十册　存三十卷（傳家寶初集八卷、二集八卷、三集一至七、四集一至七）

360000－1901－0002929　417367－1
傳家寶初集八卷二集八卷三集八卷四集八卷　（清）石成金撰　清刻本　十册　存十二卷（傳家寶初集二至六，二集二、六至七，三集一至二、五至六）

360000－1901－0002930　417367－2
傳家寶初集八卷二集八卷三集八卷四集八卷　（清）石成金撰　清刻本　六册　存六卷（四集二至七）

360000－1901－0002931　417368
傳家寶初集八卷二集八卷三集八卷四集八卷　（清）石成金撰　清刻本　三册　存三卷（四集五至六、八）

360000－1901－0002932　417368－1
傳家寶初集八卷二集八卷三集八卷四集八卷　（清）石成金撰　清刻本　三册　存三卷（三集一、五至六）

360000－1901－0002933　417368－10
傳家寶初集八卷二集八卷三集八卷四集八卷　（清）石成金撰　清刻本　一册　存一卷（三集六）

360000－1901－0002934　417368－11
傳家寶初集八卷二集八卷三集八卷四集八卷　（清）石成金撰　清刻本　一册　存一卷（四集一）

360000－1901－0002935　417368－12
傳家寶初集八卷二集八卷三集八卷四集八卷　（清）石成金撰　清刻本　一册　存一卷（四集八）

360000－1901－0002936　417368－2
傳家寶初集八卷二集八卷三集八卷四集八卷　（清）石成金撰　清刻本　二册　存二卷（三集七、四集二）

360000－1901－0002937　417368－3
傳家寶初集八卷二集八卷三集八卷四集八卷　（清）石成金撰　清刻本　三册　存三卷（傳家寶初集七、二集一、四集四）

360000－1901－0002938　417368－5
傳家寶初集八卷二集八卷三集八卷四集八卷　（清）石成金撰　清刻本　一册　存一卷（傳家寶初集五）

360000－1901－0002939　417368－6
傳家寶初集八卷二集八卷三集八卷四集八卷　（清）石成金撰　清刻本　一册　存一卷（傳家寶初集八）

360000－1901－0002940　417368－7
傳家寶初集八卷二集八卷三集八卷四集八卷　(清)石成金撰　清刻本　一册　存一卷(二集三)

360000－1901－0002941　417368－8
傳家寶初集八卷二集八卷三集八卷四集八卷　(清)石成金撰　清刻本　一册　存一卷(二集四)

360000－1901－0002942　417368－9
傳家寶初集八卷二集八卷三集八卷四集八卷　(清)石成金撰　清刻本　一册　存一卷(二集五)

360000－1901－0002943　603494
傳家寶初集八卷二集八卷三集八卷四集八卷　(清)石成金撰　清刻本　一册　存二卷(傳家寶初集七至八)

360000－1901－0002944　417366
傳家寶初集八卷二集八卷三集八卷四集八卷　(清)石成金撰　清四友堂刻本　三十册　存三十卷(傳家寶初集一至四、六至七,二集八卷,三集八卷,四集八卷)

360000－1901－0002945　417367
傳家寶初集八卷二集八卷三集八卷四集八卷　(清)石成金撰　清四友堂刻本　二册　存四卷(傳家寶初集一至二、三集五至六)

360000－1901－0002946　417368－4
傳家寶初集八卷二集八卷三集八卷四集八卷　(清)石成金撰　清英德堂刻本　一册　存一卷(四集三)

360000－1901－0002947　417359
傳家寶訓十卷　(清)石琰輯　清刻本　一册　存二卷(九至十)

360000－1901－0002948　417357
傳家至要不分卷　(清)潘鍾傑輯　清同治潘光華抄本　一册

360000－1901－0002949　900449
傳家制義初集不分卷　(清)黄恩彤撰　清光緒四年(1878)刻本　一册

360000－1901－0002950　410989
傳經堂家規一卷　(清)董國英撰　清末鉛印本　一册

360000－1901－0002951　405104
傳樸堂詩稿四卷　(清)葛金烺撰　清光緒二年(1876)刻本　二册

360000－1901－0002952　417360
傳心要語一卷　(清)王檢心輯　清光緒三十一年(1905)刻本　一册

360000－1901－0002953　122002
傳研堂詩存八卷　(清)楊懋珩撰　清道光十一年(1831)清芬堂刻本　二册

360000－1901－0002954　122003
傳研堂詩存八卷　(清)楊懋珩撰　清道光十一年(1831)清芬堂刻本　二册

360000－1901－0002955　413713
傳研堂詩存八卷　(清)楊懋珩撰　清道光十一年(1831)清芬堂刻本　一册　存三卷(一至三)

360000－1901－0002956　405105
傳音快字一卷　(清)蔡錫勇撰　清光緒三十一年(1905)刻本　一册

360000－1901－0002957　800273
傳忠錄不分卷　(□)□□輯　清抄本　一册

360000－1901－0002958　408752
串雅内編四卷　(清)趙學敏輯　(清)吳庚生補注　清光緒十四年(1888)榆園刻本　二册

360000－1901－0002959　803972
窗草謄清不分卷　(清)□□輯　清抄本　一册

360000－1901－0002960　800810
窗稿不分卷　(清)□□輯　清抄本　一册

360000－1901－0002961　800323
窗稿六韻一卷八韻一卷　(□)□□撰　清抄本　二册

360000－1901－0002962　801140
窗稿小講文集不分卷　(清)衡之氏撰　清抄本　一册

360000－1901－0002963　801491
牕課不分卷　(清)□□撰　清抄本　一册

360000－1901－0002964　408586
瘡瘍經驗全書六卷　(宋)竇默撰　清刻本　六册

360000－1901－0002965　164206
瘡瘍經驗全書十三卷　(宋)竇默撰　(明)竇夢麟增輯　清康熙五十六年(1717)浩然樓刻本　六册

360000－1901－0002966　408587
瘡瘍經驗全書十三卷　(宋)竇默撰　(明)竇夢麟增輯　清康熙五十六年(1717)浩然樓刻本　二册　存四卷(一至二、五至六)

360000－1901－0002967　408587－1
瘡瘍經驗全書十三卷　(宋)竇默撰　(明)竇夢麟增輯　清康熙五十六年(1717)浩然樓刻本　三册　存四卷(六至八、十三)

360000－1901－0002968　408588－1
瘡瘍經驗全書十三卷　(宋)竇默撰　(明)竇夢麟增輯　清康熙五十六年(1717)浩然樓刻本　一册　存二卷(七至八)

360000－1901－0002969　408584
瘡瘍經驗全書六卷　(宋)竇默撰　清刻本　二册　存二卷(一至二)

360000－1901－0002970　408585
瘡瘍經驗全書六卷　(宋)竇默撰　清刻本　一册　存一卷(六)

360000－1901－0002971　408588
瘡瘍經驗全書六卷　(宋)竇默撰　清同文堂刻本　三册　存二卷(一至二)

360000－1901－0002972　317788
吹篪集一卷過庭集一卷車笠同盟集一卷　(清)朱駿成撰　清刻本　一册

360000－1901－0002973　303835
吹網錄六卷　(清)葉廷琯撰　清同治八年(1869)刻本　二册

360000－1901－0002974　306613
垂綏錄十卷　(清)張雲璈撰　清光緒二十七年(1901)安雅書局鉛印本　三册　存三卷(一至二、八)

360000－1901－0002975　121212
垂楊館集十一卷　(明)郭孔建撰　**經傳正誤一卷**　(明)郭孔太輯　清光緒七年(1881)刻本　二册

360000－1901－0002976　121213
垂楊館集十一卷　(明)郭孔建撰　**經傳正誤一卷**　(明)郭孔太輯　清光緒七年(1881)刻本　二册

360000－1901－0002977　121214
垂楊館集十一卷　(明)郭孔建撰　**經傳正誤一卷**　(明)郭孔太輯　清光緒七年(1881)刻本　二册

360000－1901－0002978　413319
垂楊館集十一卷　(明)郭孔建撰　**經傳正誤一卷**　(明)郭孔太輯　清光緒七年(1881)刻本　二册

360000－1901－0002979　404632
春草倡和集一卷　(清)徐茂才輯　清嘉慶十一年(1806)刻本　一册

360000－1901－0002980　404632－1
春草倡和集一卷　(清)徐茂才輯　清嘉慶十一年(1806)刻本　一册

360000－1901－0002981　405014
春草堂集　(清)謝堃撰　清道光二十五年(1845)刻本　一册　存二種

360000－1901－0002982　317893
春草堂琴譜六卷　(清)曹尚絅撰　清光緒三十年(1904)刻本　四册

360000－1901－0002983　162468
春草堂琴譜六卷　(清)曹尚絅撰　清同治五年(1866)雙清館刻本　四册

360000－1901－0002984　405281
春舫詩鈔四卷　（清）蓋方泌撰　清嘉慶刻本　二冊

360000－1901－0002985　121094
春浮園集　（明）蕭士瑋撰　清光緒十八年（1892）泰和蕭氏閒餘軒刻本　四冊

360000－1901－0002986　121095
春浮園集　（明）蕭士瑋撰　清光緒十八年（1892）泰和蕭氏閒餘軒刻本　四冊

360000－1901－0002987　122905
春浮園集　（明）蕭士瑋撰　清光緒十八年（1892）泰和蕭氏閒餘軒刻本　一冊　存三種

360000－1901－0002988　122906
春浮園集　（明）蕭士瑋撰　清光緒十八年（1892）泰和蕭氏閒餘軒刻本　一冊　存三種

360000－1901－0002989　421832
春浮園集　（明）蕭士瑋撰　清光緒十八年（1892）泰和蕭氏閒餘軒刻本　一冊　存三種

360000－1901－0002990　601404
春浮園集　（明）蕭士瑋撰　清光緒十八年（1892）泰和蕭氏閒餘軒刻本　一冊　存三種

360000－1901－0002991　405277
春浮園文集二卷附錄一卷　（明）蕭士瑋撰　清光緒十八年（1892）泰和蕭氏閒餘軒刻春浮園集本　一冊

360000－1901－0002992　800457
春桂樓詩集六卷　（清）吳覺撰　清同治八年（1869）楳雪草堂刻本　一冊

360000－1901－0002993　405282
春暉草堂詩鈔一卷　（清）查廷棨撰　清宣統二年（1910）金陵鉛印本　一冊

360000－1901－0002994　303318
春暉閣詩鈔選六卷　（清）蔣湘南撰　清同治八年（1869）馬氏家塾刻本　二冊

360000－1901－0002995　306298
春暉閣雜著　（清）蔣湘南撰　清光緒十四年（1888）長白豫山湘南臯署會心閣刻本　二冊　存二種

360000－1901－0002996　150251
春暉堂叢書　（清）徐渭仁輯　清道光、咸豐上海徐渭仁刻同治九年至十年（1870－1871）徐允臨補刻彙印本　十二冊　存十一種

360000－1901－0002997　304381
春暉堂叢書　（清）徐渭仁輯　清道光、咸豐上海徐渭仁刻同治九年至十年（1870－1871）徐允臨補刻彙印本　一冊　存三種

360000－1901－0002998　150541
春暉雜稿　（清）郭階撰　清光緒十五年（1889）刻本　十二冊　存九種

360000－1901－0002999　241008
春及堂集四卷蘭叢詩話一卷　（清）方世舉撰　**南堂詩鈔一卷**　（清）方世泰撰　清乾隆方觀承刻本　二冊

360000－1901－0003000　230189
春駒小譜二卷　（清）陳邦彥輯　清乾隆刻養和堂叢書本　二冊

360000－1901－0003001　402915
[時墨集粹]不分卷　（清）□□輯　清刻本　一冊

360000－1901－0003002　121096
春蘿書屋詩存一卷　（清）宋五仁撰　清嘉慶九年（1804）世恩堂刻本　一冊

360000－1901－0003003　121097
春蘿書屋詩存一卷　（清）宋五仁撰　清嘉慶九年（1804）世恩堂刻本　一冊

360000－1901－0003004　410809
春蘿書屋詩存一卷　（清）宋五仁撰　清嘉慶九年（1804）世恩堂刻本　一冊

360000－1901－0003005　900961
春明詩課彙選八卷　（清）陳研薌輯　（清）胡俊章等增輯　清刻本　一冊　存二卷（三至四）

360000－1901－0003006　163329
春明送別唱和集一卷附圖　高步瀛輯　清宣

統二年(1910)石印本　一册

360000－1901－0003007　163330
春明送別唱和集一卷附圖　高步瀛輯　清宣統二年(1910)石印本　一册

360000－1901－0003008　410808
春明小草一卷　(清)朱振采撰　清刻本　一册

360000－1901－0003009　303316
春坡夢傳奇二十齣　(清)支恩撰　清光緒三十二年(1906)木活字印本　二册

360000－1901－0003010　706656
春秋備解二卷　(清)周封魯輯　清咸豐十年(1860)刻本　二册

360000－1901－0003011　706656－1
春秋備解二卷　(清)周封魯輯　清咸豐十年(1860)刻本　一册　存一卷(下)

360000－1901－0003012　160773
春秋備解一卷　(清)周封魯輯　清道光三年(1823)周氏家塾刻本　一册

360000－1901－0003013　804994
春秋備考□□卷　(明)陳宗之　(明)張我城纂　清刻本　一册　存四卷(五至八)

360000－1901－0003014　406590
春秋備旨析義三十卷　(明)林挺秀　(明)林挺俊輯　清刻本　三册　存二十一卷(十至三十)

360000－1901－0003015　150545
春秋比二卷　(清)郝懿行撰　清光緒七年(1881)刻本　二册

360000－1901－0003016　160672
春秋比二卷　(清)郝懿行撰　清光緒十六年(1890)崇寧譚氏刻本　一册

360000－1901－0003017　406603
春秋比事參義十六卷　(清)桂含章撰　清光緒八年(1882)石埭桂氏務本堂刻本　一册　存一卷(一)

360000－1901－0003018　160673
春秋比事參議十六卷　(清)桂含章撰　清光緒八年(1882)石埭桂氏務本堂刻本　十六册

360000－1901－0003019　415315
春秋比事目錄四卷　(清)方苞撰　清乾隆抗希堂刻抗希堂十六種本　一册　存三卷(二至四)

360000－1901－0003020　415315－1
春秋比事目錄四卷　(清)方苞撰　清乾隆抗希堂刻抗希堂十六種本　一册　存二卷(二至三)

360000－1901－0003021　121090
春秋辨疑四卷　(宋)蕭楚撰　清光緒十八年(1892)蕭作梅閑餘軒刻本　二册

360000－1901－0003022　601402
春秋辨疑四卷　(宋)蕭楚撰　清光緒十八年(1892)蕭作梅閑餘軒刻本　一册　存二卷(一至二)

360000－1901－0003023　121091
春秋辨疑四卷　(宋)蕭楚撰　清刻本　二册

360000－1901－0003024　601401
春秋辨疑四卷　(宋)蕭楚撰　清刻本　一册　存二卷(一至二)

360000－1901－0003025　601403
春秋辨疑四卷　(宋)蕭楚撰　清刻本　二册

360000－1901－0003026　121088
春秋辨疑四卷　(宋)蕭楚撰　清咸豐五年(1855)刻本　二册

360000－1901－0003027　121089
春秋辨疑四卷　(宋)蕭楚撰　清咸豐五年(1855)刻本　二册

360000－1901－0003028　601400
春秋鈔十卷首一卷　(清)朱軾輯　清光緒二十三年(1897)朱衡等刻本　二册　存六卷(一至五、首一卷)

360000－1901－0003029　601399
春秋鈔十卷首一卷　(清)朱軾輯　清刻本

四冊

360000－1901－0003030　210293
春秋鈔十卷首一卷　(清)朱軾輯　清乾隆元年(1736)刻朱文端公藏書本　四冊

360000－1901－0003031　210294
春秋鈔十卷首一卷　(清)朱軾輯　清乾隆元年(1736)刻朱文端公藏書本　四冊

360000－1901－0003032　210295
春秋鈔十卷首一卷　(清)朱軾輯　清乾隆元年(1736)刻朱文端公藏書本　三冊

360000－1901－0003033　410307
春秋鈔十卷首一卷　(清)朱軾輯　清乾隆元年(1736)刻朱文端公藏書本　一冊　存三卷(六至八)

360000－1901－0003034　406614
春秋傳説薈要十二卷　(清)聖祖玄燁案　清嘉慶十六年(1811)揚州十笏堂刻本　三冊

360000－1901－0003035　406615
春秋傳説薈要十二卷　(清)聖祖玄燁案　清刻本　一冊　存五卷(一至五)

360000－1901－0003036　160776
春秋傳注四卷　(清)李塨撰　清同治八年(1869)高陽世和堂刻本　四冊

360000－1901－0003037　210258
春秋大事表五十卷讀春秋偶筆一卷輿圖一卷附錄一卷　(清)顧棟高撰　清乾隆十三年(1748)錫山顧氏萬卷樓刻本　十六冊

360000－1901－0003038　210259
春秋大事表五十卷讀春秋偶筆一卷輿圖一卷附錄一卷　(清)顧棟高撰　清乾隆十三年(1748)錫山顧氏萬卷樓刻本　二十一冊

360000－1901－0003039　210260
春秋大事表五十卷讀春秋偶筆一卷輿圖一卷附錄一卷　(清)顧棟高撰　清乾隆十三年(1748)錫山顧氏萬卷樓刻本　十六冊

360000－1901－0003040　406586
春秋大事表五十卷讀春秋偶筆一卷輿圖一卷附錄一卷　(清)顧棟高撰　清乾隆十三年(1748)錫山顧氏萬卷樓刻本　十六冊

360000－1901－0003041　406587
春秋大事表五十卷讀春秋偶筆一卷輿圖一卷附錄一卷　(清)顧棟高撰　清乾隆十三年(1748)錫山顧氏萬卷樓刻本　七冊　存四十卷(十二至五十、附錄一卷)

360000－1901－0003042　603416
春秋大事表五十卷讀春秋偶筆一卷輿圖一卷附錄一卷　(清)顧棟高撰　清乾隆十三年(1748)錫山顧氏萬卷樓刻本　三十冊

360000－1901－0003043　603417
春秋大事表五十卷讀春秋偶筆一卷輿圖一卷附錄一卷　(清)顧棟高撰　清萬卷樓刻本　十冊　存四十一卷(十二至五十、輿圖一卷、附錄一卷)

360000－1901－0003044　160667
春秋大事表五十卷輿圖一卷附錄一卷　(清)顧棟高撰　清同治十二年(1873)山東尚志堂刻本　二十冊

360000－1901－0003045　160668
春秋大事表五十卷輿圖一卷附錄一卷　(清)顧棟高撰　清同治十二年(1873)山東尚志堂刻本　二十冊

360000－1901－0003046　406588
春秋大事表摘要四卷　(清)顧棟高撰　(清)邱東陽輯　清光緒二十九年(1903)曉雲山房刻本　四冊

360000－1901－0003047　406589
春秋單合析義三十卷　(明)林挺秀　(明)林挺俊編　清康熙三十四年(1695)挹奎樓刻本　六冊

360000－1901－0003048　160677
春秋地名辨異三卷附錄一卷　(清)程廷祚撰　清刻本　二冊

360000－1901－0003049　210286
春秋定本二卷　(明)黃澍撰　明刻本　一冊

360000－1901－0003050　160681
春秋董氏學八卷　康有爲撰　清光緒上海大同譯書局刻本　六册

360000－1901－0003051　160682
春秋董氏學八卷　康有爲撰　清光緒上海大同譯書局刻本　六册

360000－1901－0003052　160683
春秋董氏學八卷　康有爲撰　清光緒上海大同譯書局刻本　六册

360000－1901－0003053　603431
春秋董氏學八卷附漢書董仲舒傳一卷　康有爲撰　清光緒上海大同譯書局刻本　六册

360000－1901－0003054　210261
春秋繁露十七卷　(漢)董仲舒撰　明萬曆程榮刻漢魏叢書本　四册

360000－1901－0003055　210262
春秋繁露十七卷　(漢)董仲舒撰　明萬曆程榮刻漢魏叢書本　一册　存八卷(一至八)

360000－1901－0003056　712036
春秋繁露十七卷　(漢)董仲舒撰　清刻古經解彙函本　三册

360000－1901－0003057　160782
春秋繁露十七卷　(漢)董仲舒撰　清乾隆刻本　四册

360000－1901－0003058　210263
春秋繁露十七卷　(漢)董仲舒撰　(明)汪道昆閲　明刻本　一册

360000－1901－0003059　210264
春秋繁露十七卷附録一卷　(漢)董仲舒撰　(明)孫鑛評　明天啓五年(1625)沈鼎新花齋刻本　四册

360000－1901－0003060　600221－18
春秋繁露十七卷首一卷　(漢)董仲舒撰　清光緒元年(1875)湖北崇文書局刻本　二册

360000－1901－0003061　600221－19
春秋繁露十七卷首一卷　(漢)董仲舒撰　清光緒元年(1875)湖北崇文書局刻本　二册

360000－1901－0003062　406606
春秋公羊傳不分卷附考一卷　(漢)何休注　(明)閔齊伋裁注並撰考　清同治十二年(1873)稽古樓刻袖珍十三經註本　四册

360000－1901－0003063　406607
春秋公羊傳不分卷附考一卷　(漢)何休注　(明)閔齊伋裁注並撰考　清同治十二年(1873)稽古樓刻袖珍十三經註本　四册

360000－1901－0003064　406608
春秋公羊傳不分卷附考一卷　(漢)何休注　(明)閔齊伋裁注並撰考　清同治十二年(1873)稽古樓刻袖珍十三經註本　五册

360000－1901－0003065　706645
春秋公羊傳箋十一卷　王闓運撰　清光緒三十四年(1908)刻本　十册

360000－1901－0003066　160193
春秋公羊傳箋十一卷　王闓運撰　清光緒十一年(1885)尊經書局刻本　六册

360000－1901－0003067　706647
春秋公羊傳旁訓四卷　(□)□□撰　清掃葉山房刻本　二册

360000－1901－0003068　406628－2
春秋公羊傳十二卷　(漢)何休注　清乾隆五十八年(1793)學源堂刻本　一册　存三卷(一至三)

360000－1901－0003069　406627
春秋公羊傳十二卷附考一卷　(漢)何休注　(明)閔齊伋裁注並撰考　清刻本　三册　存十卷(一至九、考一卷)

360000－1901－0003070　306293
春秋公羊傳十二卷附考一卷　(漢)何休注　(明)閔齊伋裁注並撰考　清文奎堂刻本　二册　存八卷(一至四、九至十二)

360000－1901－0003071　406628
春秋公羊傳十一卷　(漢)何休注　(唐)陸德明音義　清光緒二十二年(1896)新化三味堂刻本　三册　存八卷(四至十一)

360000－1901－0003072　406628－1
春秋公羊傳十一卷　(漢)何休注　(唐)陸德明音義　清光緒二十二年(1896)新化三味堂刻本　一冊　存二卷(七至八)

360000－1901－0003073　160190
春秋公羊傳十一卷　(漢)何休注　(唐)陸德明音義　清光緒十二年(1886)湖北官書處刻本　四冊

360000－1901－0003074　706631
春秋公羊傳十一卷　(漢)何休注　(唐)陸德明音義　清光緒十二年(1886)湖北官書處刻本　二冊　存五卷(一至五)

360000－1901－0003075　160191
春秋公羊傳十一卷　(漢)何休注　(唐)陸德明音義　清光緒十二年(1886)星沙文昌書局刻本　四冊

360000－1901－0003076　406629
春秋公羊傳十一卷　(漢)何休注　(唐)陸德明音義　清光緒十二年(1886)星沙文昌書局刻本　四冊

360000－1901－0003077　406630
春秋公羊傳十一卷　(漢)何休注　(唐)陸德明音義　清光緒五年(1879)山西濬文書局刻本　四冊

360000－1901－0003078　160189
春秋公羊傳十一卷　(漢)何休注　(唐)陸德明音義　清同治七年(1868)湖北崇文書局刻本　八冊

360000－1901－0003079　603421
春秋公羊傳十一卷　(漢)何休注　(唐)陸德明音義　清同治七年(1868)湖北崇文書局刻本　四冊

360000－1901－0003080　402666
春秋公羊傳音訓不分卷　(清)楊國楨等編　清光緒三年(1877)湖北崇文書局刻十一經音訓本　二冊

360000－1901－0003081　210292
春秋公羊穀梁二傳匯義十二卷　(清)姜兆錫撰　清乾隆寅清樓刻本　五冊　缺二卷(一至二)

360000－1901－0003082　406653
春秋公羊穀梁合傳二十四卷　(明)閔齊伋裁注　清同人堂刻本　四冊

360000－1901－0003083　406654
春秋公羊穀梁諸傳彙義十二卷　(清)姜兆錫撰　清乾隆五年(1740)寅清樓刻九經補注本　三冊

360000－1901－0003084　406655
春秋公羊穀梁諸傳彙義十二卷　(清)姜兆錫撰　清乾隆五年(1740)寅清樓刻九經補注本　三冊　存七卷(五至八、十至十二)

360000－1901－0003085　160192
春秋公羊經傳解詁十二卷　(漢)何休撰　(唐)陸德明音義　**校記一卷**　(清)魏彥撰　清道光四年(1824)揚州汪氏問禮堂刻本　二冊

360000－1901－0003086　160194
春秋公羊經傳解詁十二卷　(漢)何休撰　(唐)陸德明音義　**校記一卷**　(清)魏彥撰　清道光四年(1824)揚州汪氏問禮堂刻本　二冊

360000－1901－0003087　160195
春秋公羊經傳解詁十二卷　(漢)何休撰　(唐)陸德明音義　**校記一卷**　(清)魏彥撰　清道光四年(1824)揚州汪氏問禮堂刻本　二冊

360000－1901－0003088　603420
春秋公羊經傳解詁十二卷　(漢)何休撰　(唐)陸德明音義　**校記一卷**　(清)魏彥撰　清道光四年(1824)揚州汪氏問禮堂刻本　二冊

360000－1901－0003089　706648
春秋公羊經傳解詁十二卷　(漢)何休撰　(唐)陸德明音義　**校記一卷**　(清)魏彥撰　清道光四年(1824)揚州汪氏問禮堂刻本　二

冊

360000－1901－0003090　706646
春秋公羊經傳解詁十二卷　（漢）何休撰　（唐）陸德明音義　**校記一卷**　（清）魏彦撰　清李光明莊刻本　三冊　存九卷（一至三、七至十二）

360000－1901－0003091　160196
春秋公羊經何氏釋例十卷解詁箋一卷發墨守評一卷左氏春秋考證二卷　（清）劉逢祿撰　清光緒二十三年（1897）廣州太清樓刻本　四冊

360000－1901－0003092　721092
春秋公羊註疏二十八卷　（漢）何休注　（唐）陸德明音義　（唐）徐彦疏　清刻本　一冊　存二卷（十五至十六）

360000－1901－0003093　160702
春秋穀梁傳不分卷附考一卷　（晉）范甯集解　（明）閔齊伋裁注並撰考　清文奎堂刻本　四冊

360000－1901－0003094　406659
春秋穀梁傳旁訓四卷　（□）□□撰　清掃葉山房刻本　一冊　存二卷（一至二）

360000－1901－0003095　706657
春秋穀梁傳十二卷　（晉）范甯集解　（明）閔齊伋裁注　清稽古樓刻本　三冊　存八卷（五至十二）

360000－1901－0003096　706658
春秋穀梁傳十二卷　（晉）范甯集解　（明）閔齊伋裁注　清稽古樓刻本　三冊　存七卷（六至十二）

360000－1901－0003097　706664
春秋穀梁傳十二卷　（晉）范甯集解　（唐）陸德明音義　清光緒三年（1877）刻本　三冊　存九卷（四至十二）

360000－1901－0003098　706636
春秋穀梁傳十二卷　（晉）范甯集解　（唐）陸德明音義　清光緒三十二年（1906）新化三味堂刻本　四冊

360000－1901－0003099　706637
春秋穀梁傳十二卷　（晉）范甯集解　（唐）陸德明音義　清光緒三十二年（1906）新化三味堂刻本　二冊

360000－1901－0003100　406638
春秋穀梁傳十二卷　（晉）范甯集解　（唐）陸德明音義　清光緒十二年（1886）湖北官書處刻本　四冊

360000－1901－0003101　706633
春秋穀梁傳十二卷　（晉）范甯集解　（唐）陸德明音義　清光緒十二年（1886）星沙文昌書局刻本　二冊

360000－1901－0003102　706634
春秋穀梁傳十二卷　（晉）范甯集解　（唐）陸德明音義　清光緒十二年（1886）星沙文昌書局刻本　五冊　存十卷（一至十）

360000－1901－0003103　706639
春秋穀梁傳十二卷　（晉）范甯集解　（唐）陸德明音義　清光緒十二年（1886）星沙文昌書局刻本　四冊　存十卷（一至十）

360000－1901－0003104　160697
春秋穀梁傳十二卷　（晉）范甯集解　（唐）陸德明音義　清刻本　二冊

360000－1901－0003105　706632
春秋穀梁傳十二卷　（晉）范甯集解　（唐）陸德明音義　清李光明莊刻本　二冊　存六卷（一至三、七至九）

360000－1901－0003106　706635
春秋穀梁傳十二卷　（晉）范甯集解　（唐）陸德明音義　清同人堂刻本　一冊　存六卷（一至六）

360000－1901－0003107　603421－1
春秋穀梁傳十二卷　（晉）范甯集解　（唐）陸德明音義　清同治七年（1868）湖北崇文書局刻本　四冊

360000－1901－0003108　160698

春秋穀梁傳十二卷　(晉)范甯集解　(唐)陸德明音義　清同治七年(1868)金陵書局刻本　二册

360000－1901－0003109　160699
春秋穀梁傳十二卷　(晉)范甯集解　(唐)陸德明音義　清同治七年(1868)金陵書局刻本　二册

360000－1901－0003110　160700
春秋穀梁傳十二卷　(晉)范甯集解　(唐)陸德明音義　清同治七年(1868)金陵書局刻本　二册

360000－1901－0003111　160696
春秋穀梁傳十二卷　(晉)范甯集解　(唐)陸德明音義　**考異一卷**　楊守敬撰　清光緒九年(1883)遵義黎氏日本東京使署刻古逸叢書本　二册

360000－1901－0003112　160703
春秋穀梁傳十二卷　(晉)范甯集解　(唐)陸德明音義　**考異一卷**　楊守敬撰　清光緒九年(1883)遵義黎氏日本東京使署刻古逸叢書本　三册

360000－1901－0003113　160704
春秋穀梁傳十二卷　(晉)范甯集解　(唐)陸德明音義　**考異一卷**　楊守敬撰　清光緒九年(1883)遵義黎氏日本東京使署刻古逸叢書本　二册

360000－1901－0003114　406663
春秋穀梁傳十二卷　(晉)范甯集解　(唐)陸德明音義　**考異一卷**　楊守敬撰　清光緒九年(1883)遵義黎氏日本東京使署刻古逸叢書本　一册　存七卷(七至十二、考異一卷)

360000－1901－0003115　406662
春秋穀梁傳十二卷　(晉)范甯集解　(唐)陸德明音義　清刻本　一册　存六卷(七至十二)

360000－1901－0003116　160701
春秋穀梁傳十二卷校勘記一卷　(晉)范甯集解　(唐)陸德明音義　清光緒八年(1882)錦江書局刻本　四册

360000－1901－0003117　406660
春秋穀梁註疏二十卷　(晉)范甯集解　(唐)陸德明音義　(唐)楊士勛疏　清刻本　一册　存四卷(十七至二十)

360000－1901－0003118　160771
春秋規過考信三卷　(清)陳熙晉撰　清光緒十五年(1889)廣雅書局刻本　三册

360000－1901－0003119　163960
春秋胡傳三十卷　(宋)胡安國撰　明刻本　四册

360000－1901－0003120　210270
春秋胡傳三十卷　(宋)胡安國撰　(宋)林堯叟音注　明刻本　一册　存七卷(五至十一)

360000－1901－0003121　722507
春秋胡傳三十卷　(宋)胡安國撰　(宋)林堯叟音注　清康熙十六年(1677)朱氏崇道堂刻本　一册　存七卷(四至十)

360000－1901－0003122　418319
春秋胡傳三十卷　(宋)胡安國撰　(宋)林堯叟音注　清刻本　八册

360000－1901－0003123　418320
春秋胡傳三十卷　(宋)胡安國撰　(宋)林堯叟音注　清刻本　六册

360000－1901－0003124　418321
春秋胡傳三十卷　(宋)胡安國撰　(宋)林堯叟音注　清刻本　五册　存二十六卷(四至二十三、二十五至三十)

360000－1901－0003125　722158
春秋胡傳三十卷　(宋)胡安國撰　(宋)林堯叟音注　清刻本　五册　存二十六卷(四至九、十一至三十)

360000－1901－0003126　722160－1
春秋胡傳三十卷　(宋)胡安國撰　(宋)林堯叟音注　清刻本　一册　存五卷(九至十三)

360000－1901－0003127　801214
春秋胡傳三十卷　(宋)胡安國撰　(宋)林堯

叟音注　清刻本　二冊　存十卷(二十一至三十)

360000－1901－0003128　804090
春秋胡傳三十卷　(宋)胡安國撰　(宋)林堯叟音注　清刻本　一冊　存五卷(二十五至二十九)

360000－1901－0003129　804091
春秋胡傳三十卷　(宋)胡安國撰　(宋)林堯叟音注　清刻本　一冊　存五卷(四至八)

360000－1901－0003130　804093
春秋胡傳三十卷　(宋)胡安國撰　(宋)林堯叟音注　清刻本　一冊　存七卷(十三至十九)

360000－1901－0003131　804094
春秋胡傳三十卷　(宋)胡安國撰　(宋)林堯叟音注　清刻本　一冊　存五卷(十四至十八)

360000－1901－0003132　804095
春秋胡傳三十卷　(宋)胡安國撰　(宋)林堯叟音注　清刻本　一冊　存六卷(二十四至二十九)

360000－1901－0003133　418529
春秋胡傳三十卷　(宋)胡安國撰　(宋)林堯叟音注　清乾隆五十八年(1793)芥子園刻本　一冊　存三卷(一至三)

360000－1901－0003134　418326
春秋胡傳三十卷　(宋)胡安國撰　(宋)林堯叟音注　清乾隆五十五年(1790)芥子園刻本　八冊

360000－1901－0003135　418327
春秋胡傳三十卷　(宋)胡安國撰　(宋)林堯叟音注　清乾隆五十五年(1790)芥子園刻本　六冊

360000－1901－0003136　418328
春秋胡傳三十卷　(宋)胡安國撰　(宋)林堯叟音注　清乾隆五十五年(1790)芥子園刻本(卷四至九配清刻本)　五冊　存二十六卷(一至二十六)

360000－1901－0003137　804092
春秋胡傳三十卷　(宋)胡安國撰　(宋)林堯叟音注　清青畏堂刻本　一冊　存八卷(二十一至二十八)

360000－1901－0003138　804089
春秋胡傳三十卷　(宋)胡安國撰　(宋)林堯叟音注　清三樂齋刻本　一冊　存四卷(十六至十九)

360000－1901－0003139　418325
春秋胡傳三十卷　(宋)胡安國撰　(宋)林堯叟音注　清五雲樓刻本　五冊　存五卷(一至五)

360000－1901－0003140　722498
春秋胡傳三十卷綱領一卷提要一卷諸國興廢說一卷　(宋)胡安國撰　(宋)林堯叟音注　**春秋列國圖說一卷**　(宋)蘇軾撰　清文盛堂刻本　五冊　存二十七卷(一至三、十一至三十,綱領一卷、提要一卷、諸國興廢說一卷、春秋列國圖說一卷)

360000－1901－0003141　210281
春秋會傳十六卷　(明)饒秉鑒撰　明刻本　三冊　缺四卷(九至十二)

360000－1901－0003142　160775
春秋會義二十六卷　(宋)杜諤撰　清光緒十八年(1892)孫氏山淵閣刻本　十二冊

360000－1901－0003143　406585
春秋會義二十六卷　(宋)杜諤撰　清光緒十八年(1892)孫氏山淵閣刻本　九冊

360000－1901－0003144　160679
春秋或問六卷　(清)郜坦撰　清光緒二年(1876)淮南書局刻本　一冊

360000－1901－0003145　406677
春秋集傳辨異十二卷　(清)趙培桂集辨　清同治五年(1866)明德堂刻本　三冊　存五卷(七至九、十一至十二)

360000－1901－0003146　415835

春秋集傳大全三十七卷首一卷　(明)胡廣等輯　清康熙二十六年(1687)清白堂刻本　十四冊　存三十四卷(一至三十三、首一卷)

360000－1901－0003147　415836
春秋集傳大全三十七卷首一卷　(明)胡廣等輯　清康熙二十六年(1687)清白堂刻本　三冊　存十一卷(一至三、十三至十六、十九至二十一,首一卷)

360000－1901－0003148　210279
春秋集傳大全三十七卷序論一卷凡例一卷諸國興廢説一卷年表一卷　(明)胡廣等纂　(明)虞大復校正　明刻本　十二冊

360000－1901－0003149　210299
春秋集傳九卷首一卷　(清)李文炤輯　清乾隆十三年(1748)四爲堂刻本　五冊

360000－1901－0003150　160661
春秋集古傳注二十六卷首一卷　(清)郜坦撰　清光緒二年(1876)淮南書局刻本　五冊

360000－1901－0003151　160662
春秋集古傳注二十六卷首一卷　(清)郜坦撰　清光緒二年(1876)淮南書局刻本　四冊

360000－1901－0003152　406582
春秋集義五十八卷首一卷末二卷　(清)吳鳳來撰　清乾隆五十四年(1789)刻本　十七冊　存五十四卷(一至五十三、首一卷)

360000－1901－0003153　406514
春秋集註三十卷　(宋)胡安國撰　(宋)林堯叟音注　清刻本　二冊　存八卷(一至八)

360000－1901－0003154　121078
春秋集註十一卷綱領一卷　(宋)張洽撰　清光緒十年(1884)刻本　四冊

360000－1901－0003155　405944
春秋集註十一卷綱領一卷　(宋)張洽撰　清光緒十年(1884)刻本　四冊

360000－1901－0003156　804428
春秋集註十一卷綱領一卷　(宋)張洽撰　清光緒十年(1884)刻本　一冊　存四卷(一至三、綱領一卷)

360000－1901－0003157　210284
春秋輯傳十三卷凡例二卷宗旨一卷　(明)王樵撰　明刻本　十一冊　缺四卷(二、九至十,凡例上)

360000－1901－0003158　406611
春秋紀傳五十一卷　(清)李鳳雛撰　清康熙六十一年(1722)懷德堂刻本　一冊　存二卷(一至二)

360000－1901－0003159　121085
春秋箋例三十卷首一卷　(清)趙儀吉撰　清嘉慶二十五年(1820)刻本　十二冊

360000－1901－0003160　121086
春秋箋例三十卷首一卷　(清)趙儀吉撰　清嘉慶二十五年(1820)刻本　十二冊

360000－1901－0003161　121087
春秋箋例三十卷首一卷　(清)趙儀吉撰　清嘉慶二十五年(1820)刻本　十二冊

360000－1901－0003162　410654
春秋箋例三十卷首一卷　(清)趙儀吉撰　清嘉慶二十五年(1820)刻本　六冊　存十六卷(十至二十五)

360000－1901－0003163　402557－1
春秋揭要二卷　(清)許寶善撰　清刻本　一冊

360000－1901－0003164　402557
春秋揭要二卷　(清)許寶善撰　清乾隆五十三年(1788)刻本　一冊

360000－1901－0003165　800412
春秋解題□□卷　(□)□□撰　清抄本　一冊　存二卷(僖公、文公)

360000－1901－0003166　803857
春秋解題不分卷　(□)□□撰　清抄本　三冊

360000－1901－0003167　800447
春秋經傳不分卷　(清)□□輯　清抄本　一冊

360000－1901－0003168　803996
春秋經傳不分卷　(清)□□輯　清抄本　一冊

360000－1901－0003169　210224
春秋經傳集解三十卷　(晉)杜預撰　明刻本　十冊

360000－1901－0003170　415860－2
春秋經傳集解三十卷　(晉)杜預撰　(唐)陸德明音義　明刻本　一冊　存二卷(二十七至二十八)

360000－1901－0003171　713090
春秋經傳集解三十卷　(晉)杜預撰　(唐)陸德明音義　明刻本　一冊　存二卷(三至四)

360000－1901－0003172　603435
春秋經傳集解三十卷　(晉)杜預撰　(唐)陸德明音義　清刻本　十五冊

360000－1901－0003173　603439
春秋經傳集解三十卷　(晉)杜預撰　(唐)陸德明音義　清刻本　十冊

360000－1901－0003174　713091
春秋經傳集解三十卷　(晉)杜預撰　(唐)陸德明音義　清刻本　一冊　存二卷(十九至二十)

360000－1901－0003175　715862
春秋經傳集解三十卷　(晉)杜預撰　(唐)陸德明音義　清刻本　二冊　存四卷(一至四)

360000－1901－0003176　715903
春秋經傳集解三十卷　(晉)杜預撰　(唐)陸德明音義　清刻本　二冊　存六卷(五至七、十六至十八)

360000－1901－0003177　721860
春秋經傳集解三十卷　(晉)杜預撰　(唐)陸德明音義　清刻本　四冊　存八卷(七至八、十一至十二、十九至二十、二十七至二十八)

360000－1901－0003178　715875
春秋經傳集解三十卷　(晉)杜預撰　(唐)陸德明音義　(宋)林堯叟附注　(清)馮李驊增訂　清李光明莊刻本　八冊　存十五卷(十至十四、二十一至三十)

360000－1901－0003179　715916
春秋經傳集解三十卷　(晉)杜預撰　(唐)陸德明音義　(宋)林堯叟附注　(清)馮李驊增訂　**左繡三十卷**　(清)馮李驊　(清)陸浩評輯　清大文堂刻本　八冊　存三十八卷(春秋經傳集解十二至三十、左繡十二至三十)

360000－1901－0003180　603187
春秋經傳集解三十卷　(晉)杜預撰　(唐)陸德明音義　(宋)林堯叟附注　(清)馮李驊增訂　**左繡三十卷**　(清)馮李驊　(清)陸浩評輯　清華川書屋刻本　三冊　存十四卷(春秋經傳集解二十二至二十三、二十六至三十，左繡二十二至二十三、二十六至三十)

360000－1901－0003181　713089
春秋經傳集解三十卷　(晉)杜預撰　(唐)陸德明音義　(宋)林堯叟附注　(清)馮李驊增訂　**左繡三十卷**　(清)馮李驊　(清)陸浩評輯　清華川書屋刻本　四冊　存八卷(春秋經傳集解十九至二十二、左繡十九至二十二)

360000－1901－0003182　715861
春秋經傳集解三十卷　(晉)杜預撰　(唐)陸德明音義　(宋)林堯叟附注　(清)馮李驊增訂　**左繡三十卷**　(清)馮李驊　(清)陸浩評輯　清華川書屋刻本　五冊　存十卷(春秋經傳集解五至八、二十三,左繡五至八、二十三)

360000－1901－0003183　715878
春秋經傳集解三十卷　(晉)杜預撰　(唐)陸德明音義　(宋)林堯叟附注　(清)馮李驊增訂　**左繡三十卷**　(清)馮李驊　(清)陸浩評輯　清華川書屋刻本　十二冊

360000－1901－0003184　715879
春秋經傳集解三十卷　(晉)杜預撰　(唐)陸德明音義　(宋)林堯叟附注　(清)馮李驊增訂　**左繡三十卷**　(清)馮李驊　(清)陸浩評輯　清華川書屋刻本　十冊

360000－1901－0003185　715880
春秋經傳集解三十卷　(晉)杜預撰　(唐)陸德明音義　(宋)林堯叟附注　(清)馮李驊增訂　**左繡三十卷**　(清)馮李驊　(清)陸浩評輯　清華川書屋刻本　七册　存十四卷(春秋經傳集解二十四至三十、左繡二十四至三十)

360000－1901－0003186　715881
春秋經傳集解三十卷　(晉)杜預撰　(唐)陸德明音義　(宋)林堯叟附注　(清)馮李驊增訂　**左繡三十卷**　(清)馮李驊　(清)陸浩評輯　清華川書屋刻本　十二册　存五十卷(春秋經傳集解六至三十、左繡六至三十)

360000－1901－0003187　715882
春秋經傳集解三十卷　(晉)杜預撰　(唐)陸德明音義　(宋)林堯叟附注　(清)馮李驊增訂　**左繡三十卷**　(清)馮李驊　(清)陸浩評輯　清華川書屋刻本　五册　存二十二卷(春秋經傳集解一至十一、左繡一至十一)

360000－1901－0003188　715883
春秋經傳集解三十卷　(晉)杜預撰　(唐)陸德明音義　(宋)林堯叟附注　(清)馮李驊增訂　**左繡三十卷**　(清)馮李驊　(清)陸浩評輯　清華川書屋刻本　十五册

360000－1901－0003189　715885
春秋經傳集解三十卷　(晉)杜預撰　(唐)陸德明音義　(宋)林堯叟附注　(清)馮李驊增訂　**左繡三十卷**　(清)馮李驊　(清)陸浩評輯　清華川書屋刻本　八册

360000－1901－0003190　715886
春秋經傳集解三十卷　(晉)杜預撰　(唐)陸德明音義　(宋)林堯叟附注　(清)馮李驊增訂　**左繡三十卷**　(清)馮李驊　(清)陸浩評輯　清華川書屋刻本　九册

360000－1901－0003191　715887
春秋經傳集解三十卷　(晉)杜預撰　(唐)陸德明音義　(宋)林堯叟附注　(清)馮李驊增訂　**左繡三十卷**　(清)馮李驊　(清)陸浩評輯　清華川書屋刻本　十二册　存五十八卷(春秋經傳集解一至十四、十六至三十,左繡一至十四、十六至三十)

360000－1901－0003192　715888
春秋經傳集解三十卷　(晉)杜預撰　(唐)陸德明音義　(宋)林堯叟附注　(清)馮李驊增訂　**左繡三十卷**　(清)馮李驊　(清)陸浩評輯　清華川書屋刻本　十册　存五十八卷(春秋經傳集解一至六、八至三十,左繡一至六、八至三十)

360000－1901－0003193　715889
春秋經傳集解三十卷　(晉)杜預撰　(唐)陸德明音義　(宋)林堯叟附注　(清)馮李驊增訂　**左繡三十卷**　(清)馮李驊　(清)陸浩評輯　清華川書屋刻本　十一册

360000－1901－0003194　715890
春秋經傳集解三十卷　(晉)杜預撰　(唐)陸德明音義　(宋)林堯叟附注　(清)馮李驊增訂　**左繡三十卷**　(清)馮李驊　(清)陸浩評輯　清華川書屋刻本　十二册

360000－1901－0003195　715891
春秋經傳集解三十卷　(晉)杜預撰　(唐)陸德明音義　(宋)林堯叟附注　(清)馮李驊增訂　**左繡三十卷**　(清)馮李驊　(清)陸浩評輯　清華川書屋刻本　六册　存二十六卷(春秋經傳集解一至九、十二至十五,左繡一至九、十二至十五)

360000－1901－0003196　715892
春秋經傳集解三十卷　(晉)杜預撰　(唐)陸德明音義　(宋)林堯叟附注　(清)馮李驊增訂　**左繡三十卷**　(清)馮李驊　(清)陸浩評輯　清華川書屋刻本　十三册

360000－1901－0003197　715893
春秋經傳集解三十卷　(晉)杜預撰　(唐)陸德明音義　(宋)林堯叟附注　(清)馮李驊增訂　**左繡三十卷**　(清)馮李驊　(清)陸浩評輯　清華川書屋刻本　十一册　存五十二卷(春秋經傳集解二至十二、十四至十五、十八至三十,左繡二至十二、十四至十五、十八至三十)

360000－1901－0003198　715894

春秋經傳集解三十卷　(晉)杜預撰　(唐)陸德明音義　(宋)林堯叟附注　(清)馮李驊增訂　**左繡三十卷**　(清)馮李驊　(清)陸浩評輯　清華川書屋刻本　十二册　存五十六卷(春秋經傳集解一至十三、十六至三十,左繡一至十三、十六至三十)

360000－1901－0003199　715895

春秋經傳集解三十卷　(晉)杜預撰　(唐)陸德明音義　(宋)林堯叟附注　(清)馮李驊增訂　**左繡三十卷**　(清)馮李驊　(清)陸浩評輯　清華川書屋刻本　八册　存四十六卷(春秋經傳集解一至十九、二十二至二十三、二十八至二十九,左繡一至十九、二十二至二十三、二十八至二十九)

360000－1901－0003200　715896

春秋經傳集解三十卷　(晉)杜預撰　(唐)陸德明音義　(宋)林堯叟附注　(清)馮李驊增訂　**左繡三十卷**　(清)馮李驊　(清)陸浩評輯　清華川書屋刻本　十二册　存四十八卷(春秋經傳集解一至十、十五至二十三、二十六至三十,左繡一至十、十五至二十三、二十六至三十)

360000－1901－0003201　715897

春秋經傳集解三十卷　(晉)杜預撰　(唐)陸德明音義　(宋)林堯叟附注　(清)馮李驊增訂　**左繡三十卷**　(清)馮李驊　(清)陸浩評輯　清華川書屋刻本　十一册　存四十八卷(春秋經傳集解三至九、十三至十八、二十至三十,左繡三至九、十三至十八、二十至三十)

360000－1901－0003202　715898

春秋經傳集解三十卷　(晉)杜預撰　(唐)陸德明音義　(宋)林堯叟附注　(清)馮李驊增訂　**左繡三十卷**　(清)馮李驊　(清)陸浩評輯　清華川書屋刻本　七册　存三十八卷(春秋經傳集解一至五、九至十一、十四至十九、二十二至二十六,左繡一至五、九至十一、十四至十九、二十二至二十六)

360000－1901－0003203　715899

春秋經傳集解三十卷　(晉)杜預撰　(唐)陸德明音義　(宋)林堯叟附注　(清)馮李驊增訂　**左繡三十卷**　(清)馮李驊　(清)陸浩評輯　清華川書屋刻本　四册　存十八卷(春秋經傳集解一至二、十一至十四、十八至十九、二十九,左繡一至二、十一至十四、十八至十九、二十九)

360000－1901－0003204　715900

春秋經傳集解三十卷　(晉)杜預撰　(唐)陸德明音義　(宋)林堯叟附注　(清)馮李驊增訂　**左繡三十卷**　(清)馮李驊　(清)陸浩評輯　清華川書屋刻本　五册　存二十四卷(春秋經傳集解一至二、四至七、十一至十四、十八至十九,左繡一至二、四至七、十一至十四、十八至十九)

360000－1901－0003205　715901

春秋經傳集解三十卷　(晉)杜預撰　(唐)陸德明音義　(宋)林堯叟附注　(清)馮李驊增訂　**左繡三十卷**　(清)馮李驊　(清)陸浩評輯　清華川書屋刻本　五册　存三十卷(春秋經傳集解四至七、十四至二十、二十三至二十六,左繡四至七、十四至二十、二十三至二十六)

360000－1901－0003206　715902

春秋經傳集解三十卷　(晉)杜預撰　(唐)陸德明音義　(宋)林堯叟附注　(清)馮李驊增訂　**左繡三十卷**　(清)馮李驊　(清)陸浩評輯　清華川書屋刻本　四册　存十八卷(春秋經傳集解四至十、十七至十八,左繡四至十、十七至十八)

360000－1901－0003207　715905

春秋經傳集解三十卷　(晉)杜預撰　(唐)陸德明音義　(宋)林堯叟附注　(清)馮李驊增訂　**左繡三十卷**　(清)馮李驊　(清)陸浩評輯　清華川書屋刻本　一册　存四卷(春秋經傳集解十八至十九、左繡十八至十九)

360000－1901－0003208　715906

春秋經傳集解三十卷　(晉)杜預撰　(唐)陸德明音義　(宋)林堯叟附注　(清)馮李驊增

訂　**左繡三十卷**　(清)馮李驊　(清)陸浩評輯　清華川書屋刻本　一册　存四卷(春秋經傳集解十七至十八、左繡十七至十八)

360000 – 1901 – 0003209　715908
春秋經傳集解三十卷　(晉)杜預撰　(唐)陸德明音義　(宋)林堯叟附注　(清)馮李驊增訂　**左繡三十卷**　(清)馮李驊　(清)陸浩評輯　清華川書屋刻本　一册　存六卷(春秋經傳集解十六至十八、左繡十六至十八)

360000 – 1901 – 0003210　715909
春秋經傳集解三十卷　(晉)杜預撰　(唐)陸德明音義　(宋)林堯叟附注　(清)馮李驊增訂　**左繡三十卷**　(清)馮李驊　(清)陸浩評輯　清華川書屋刻本　一册　存六卷(春秋經傳集解十七至十九、左繡十七至十九)

360000 – 1901 – 0003211　715911
春秋經傳集解三十卷　(晉)杜預撰　(唐)陸德明音義　(宋)林堯叟附注　(清)馮李驊增訂　**左繡三十卷**　(清)馮李驊　(清)陸浩評輯　清華川書屋刻本　一册　存四卷(春秋經傳集解十八至十九、左繡十八至十九)

360000 – 1901 – 0003212　715912
春秋經傳集解三十卷　(晉)杜預撰　(唐)陸德明音義　(宋)林堯叟附注　(清)馮李驊增訂　**左繡三十卷**　(清)馮李驊　(清)陸浩評輯　清華川書屋刻本　一册　存六卷(春秋經傳集解十七至十九、左繡十七至十九)

360000 – 1901 – 0003213　722095
春秋經傳集解三十卷　(晉)杜預撰　(唐)陸德明音義　(宋)林堯叟附注　(清)馮李驊增訂　**左繡三十卷**　(清)馮李驊　(清)陸浩評輯　清華川書屋刻本　三册　存十六卷(春秋經傳集解二十一至二十四、二十七至三十,左繡二十一至二十四、二十七至三十)

360000 – 1901 – 0003214　722096
春秋經傳集解三十卷　(晉)杜預撰　(唐)陸德明音義　(宋)林堯叟附注　(清)馮李驊增訂　**左繡三十卷**　(清)馮李驊　(清)陸浩評輯　清華川書屋刻本　一册　存四卷(春秋經傳集解十二至十三、左繡十二至十三)

360000 – 1901 – 0003215　722097
春秋經傳集解三十卷　(晉)杜預撰　(唐)陸德明音義　(宋)林堯叟附注　(清)馮李驊增訂　**左繡三十卷**　(清)馮李驊　(清)陸浩評輯　清華川書屋刻本　二册　存八卷(春秋經傳集解十至十一、二十二至二十三,左繡十至十一、二十二至二十三)

360000 – 1901 – 0003216　722183
春秋經傳集解三十卷　(晉)杜預撰　(唐)陸德明音義　(宋)林堯叟附注　(清)馮李驊增訂　**左繡三十卷**　(清)馮李驊　(清)陸浩評輯　清華川書屋刻本　三册　存十二卷(春秋經傳集解六至七、十四至十五、二十二至二十三,左繡六至七、十四至十五、二十二至二十三)

360000 – 1901 – 0003217　722185 – 2
春秋經傳集解三十卷　(晉)杜預撰　(唐)陸德明音義　(宋)林堯叟附注　(清)馮李驊增訂　**左繡三十卷**　(清)馮李驊　(清)陸浩評輯　清華川書屋刻本　二册　存八卷(春秋經傳集解四至六、十四,左繡四至六、十四)

360000 – 1901 – 0003218　722187
春秋經傳集解三十卷　(晉)杜預撰　(唐)陸德明音義　(宋)林堯叟附注　(清)馮李驊增訂　**左繡三十卷**　(清)馮李驊　(清)陸浩評輯　清華川書屋刻本　二册　存八卷(春秋經傳集解十四至十七、左繡十四至十七)

360000 – 1901 – 0003219　722188
春秋經傳集解三十卷　(晉)杜預撰　(唐)陸德明音義　(宋)林堯叟附注　(清)馮李驊增訂　**左繡三十卷**　(清)馮李驊　(清)陸浩評輯　清華川書屋刻本　一册　存六卷(春秋經傳集解四至六、左繡四至六)

360000 – 1901 – 0003220　722407
春秋經傳集解三十卷　(晉)杜預撰　(唐)陸德明音義　(宋)林堯叟附注　(清)馮李驊增訂　**左繡三十卷**　(清)馮李驊　(清)陸浩評輯　清華川書屋刻本　二册　存六卷(春秋

經傳集解十九、二十七至二十八，左繡十九、二十七至二十八）

360000－1901－0003221　805471
春秋經傳集解三十卷　（晉）杜預撰　（唐）陸德明音義　（宋）林堯叟附注　（清）馮李驊增訂　**左繡三十卷**　（清）馮李驊　（清）陸浩評輯　清華川書屋刻本　十六册

360000－1901－0003222　715884
春秋經傳集解三十卷　（晉）杜預撰　（唐）陸德明音義　（宋）林堯叟附注　（清）馮李驊增訂　**左繡三十卷**　（清）馮李驊　（清）陸浩評輯　清嘉慶元年(1796)華川書屋刻本　十四册

360000－1901－0003223　715866
春秋經傳集解三十卷　（晉）杜預撰　（唐）陸德明音義　（宋）林堯叟附注　（清）馮李驊增訂　**左繡三十卷**　（清）馮李驊　（清）陸浩評輯　清嘉慶元年(1796)刻本　九册

360000－1901－0003224　715907
春秋經傳集解三十卷　（晉）杜預撰　（唐）陸德明音義　（宋）林堯叟附注　（清）馮李驊增訂　**左繡三十卷**　（清）馮李驊　（清）陸浩評輯　清刻本　二册　存八卷（春秋經傳集解十六至十九、左繡十六至十九）

360000－1901－0003225　715910
春秋經傳集解三十卷　（晉）杜預撰　（唐）陸德明音義　（宋）林堯叟附注　（清）馮李驊增訂　**左繡三十卷**　（清）馮李驊　（清）陸浩評輯　清刻本　一册　存四卷（春秋經傳集解十八至十九、左繡十八至十九）

360000－1901－0003226　722094
春秋經傳集解三十卷　（晉）杜預撰　（唐）陸德明音義　（宋）林堯叟附注　（清）馮李驊增訂　**左繡三十卷**　（清）馮李驊　（清）陸浩評輯　清刻本　六册　存二十二卷（春秋經傳集解二至十二、左繡二至十二）

360000－1901－0003227　722098
春秋經傳集解三十卷　（晉）杜預撰　（唐）陸德明音義　（宋）林堯叟附注　（清）馮李驊增訂　**左繡三十卷**　（清）馮李驊　（清）陸浩評輯　清刻本　二册　存十卷（春秋經傳集解五至七、十六至十七，左繡五至七、十六至十七）

360000－1901－0003228　722099
春秋經傳集解三十卷　（晉）杜預撰　（唐）陸德明音義　（宋）林堯叟附注　（清）馮李驊增訂　**左繡三十卷**　（清）馮李驊　（清）陸浩評輯　清刻本　二册　存六卷（春秋經傳集解一、十九至二十，左繡一、十九至二十）

360000－1901－0003229　722099－1
春秋經傳集解三十卷　（晉）杜預撰　（唐）陸德明音義　（宋）林堯叟附注　（清）馮李驊增訂　**左繡三十卷**　（清）馮李驊　（清）陸浩評輯　清刻本　二册　存十卷（春秋經傳集解十三至十七、左繡十三至十七）

360000－1901－0003230　722184
春秋經傳集解三十卷　（晉）杜預撰　（唐）陸德明音義　（宋）林堯叟附注　（清）馮李驊增訂　**左繡三十卷**　（清）馮李驊　（清）陸浩評輯　清刻本　一册　存四卷（春秋經傳集解十六至十七、左繡十六至十七）

360000－1901－0003231　722185
春秋經傳集解三十卷　（晉）杜預撰　（唐）陸德明音義　（宋）林堯叟附注　（清）馮李驊增訂　**左繡三十卷**　（清）馮李驊　（清）陸浩評輯　清刻本　三册　存十四卷（春秋經傳集解五至六、十五至十九，左繡五至六、十五至十九）

360000－1901－0003232　722185－1
春秋經傳集解三十卷　（晉）杜預撰　（唐）陸德明音義　（宋）林堯叟附注　（清）馮李驊增訂　**左繡三十卷**　（清）馮李驊　（清）陸浩評輯　清刻本　二册　存六卷（春秋經傳集解四至五、十八，左繡四至五、十八）

360000－1901－0003233　722186
春秋經傳集解三十卷　（晉）杜預撰　（唐）陸德明音義　（宋）林堯叟附注　（清）馮李驊增

訂　**左繡三十卷**　(清)馮李驊　(清)陸浩評輯　清刻本　一冊　存四卷(春秋經傳集解十六至十七、左繡十六至十七)

360000－1901－0003234　722189
春秋經傳集解三十卷　(晉)杜預撰　(唐)陸德明音義　(宋)林堯叟附注　(清)馮李驊增訂　**左繡三十卷**　(清)馮李驊　(清)陸浩評輯　清刻本　一冊　存四卷(春秋經傳集解十五至十六、左繡十五至十六)

360000－1901－0003235　722406
春秋經傳集解三十卷　(晉)杜預撰　(唐)陸德明音義　(宋)林堯叟附注　(清)馮李驊增訂　**左繡三十卷**　(清)馮李驊　(清)陸浩評輯　清刻本　二冊　存十卷(春秋經傳集解十八至二十、二十九至三十,左繡十八至二十、二十九至三十)

360000－1901－0003236　715917
春秋經傳集解三十卷　(晉)杜預撰　(唐)陸德明音義　(宋)林堯叟附注　(清)馮李驊增訂　**左繡三十卷**　(清)馮李驊　(清)陸浩評輯　清奎元堂刻本　一冊　存二卷(春秋經傳集解一、左繡一)

360000－1901－0003237　715913
春秋經傳集解三十卷　(晉)杜預撰　(唐)陸德明音義　(宋)林堯叟附注　(清)馮李驊增訂　**左繡三十卷**　(清)馮李驊　(清)陸浩評輯　清乾隆五十七年(1792)學源堂刻本　二冊　存十八卷(春秋經傳集解一至九、左繡一至九)

360000－1901－0003238　715914
春秋經傳集解三十卷　(晉)杜預撰　(唐)陸德明音義　(宋)林堯叟附注　(清)馮李驊增訂　**左繡三十卷**　(清)馮李驊　(清)陸浩評輯　清乾隆五十七年(1792)學源堂刻本　一冊　存六卷(春秋經傳集解一至三、左繡一至三)

360000－1901－0003239　715904
春秋經傳集解三十卷　(晉)杜預撰　(唐)陸德明音義　(宋)林堯叟附注　(清)馮李驊增訂　**左繡三十卷**　(清)馮李驊　(清)陸浩評輯　清同人堂刻本　一冊　存四卷(春秋經傳集解十八至十九、左繡十八至十九)

360000－1901－0003240　715915
春秋經傳集解三十卷　(晉)杜預撰　(唐)陸德明音義　(宋)林堯叟附注　(清)馮李驊增訂　**左繡三十卷**　(清)馮李驊　(清)陸浩評輯　清同人堂刻本　一冊　存四卷(春秋經傳集解十八至十九、左繡十八至十九)

360000－1901－0003241　603190
春秋經傳集解三十卷　(晉)杜預撰　(唐)陸德明音義　(宋)林堯叟附注　(清)馮李驊增訂　**左繡三十卷**　(清)馮李驊　(清)陸浩評輯　清文立堂刻本　十六冊

360000－1901－0003242　715922
春秋經傳集解三十卷　(晉)杜預撰　(唐)陸德明音義　(宋)林堯叟附注　(清)馮李驊增訂　**左繡三十卷**　(清)馮李驊　(清)陸浩評輯　清玉軸樓刻本　八冊

360000－1901－0003243　715923
春秋經傳集解三十卷　(晉)杜預撰　(唐)陸德明音義　(宋)林堯叟附注　(清)馮李驊增訂　**左繡三十卷**　(清)馮李驊　(清)陸浩評輯　清玉軸樓刻本　三冊　存十二卷(春秋經傳集解十四至十五、二十三至二十四、二十七至二十八,左繡十四至十五、二十三至二十四、二十七至二十八)

360000－1901－0003244　722100
春秋經傳集解三十卷　(晉)杜預撰　(唐)陸德明音義　(宋)林堯叟附注　(清)馮李驊增訂　**左繡三十卷**　(清)馮李驊　(清)陸浩評輯　清玉軸樓刻本　一冊　存六卷(春秋經傳集解二十六至二十八、左繡二十六至二十八)

360000－1901－0003245　415852
春秋經傳集解三十卷　(晉)杜預撰　(唐)陸德明音義　**春秋名號歸一圖二卷**　(五代)馮繼先撰　**春秋年表一卷附考證**　清道光十六年(1836)刻本　十六冊

360000－1901－0003246　713704

春秋經傳集解三十卷　（晉）杜預撰　（唐）陸德明音義　**春秋名號歸一圖二卷**　（五代）馮繼先撰　**春秋年表一卷附考證**　清刻仿宋相臺五經本　二册　存五卷（十九至二十、春秋名號歸一圖二卷、春秋年表一卷附考證）

360000－1901－0003247　713704

春秋經傳集解三十卷　（晉）杜預撰　（唐）陸德明音義　**春秋名號歸一圖二卷**　（五代）馮繼先撰　**春秋年表一卷附考證**　清刻仿宋相臺五經本　二册　存五卷（一至三、十一至十二）

360000－1901－0003248　603438

春秋經傳集解三十卷　（晉）杜預撰　（唐）陸德明音義　**春秋名號歸一圖二卷**　（五代）馮繼先撰　**春秋年表一卷附考證**　清乾隆四十八年（1783）武英殿刻仿宋相臺五經本　十八册

360000－1901－0003249　603441

春秋經傳集解三十卷　（晉）杜預撰　（唐）陸德明音義　**春秋名號歸一圖二卷**　（五代）馮繼先撰　**春秋年表一卷附考證**　清乾隆四十八年（1783）武英殿刻仿宋相臺五經本　五册　存十卷（三至八、二十五至二十八）

360000－1901－0003250　415853

春秋經傳集解三十卷　（晉）杜預撰　（唐）陸德明音義　**春秋名號歸一圖二卷**　（五代）馮繼先撰　**春秋年表一卷附考證**　清乾隆四十八年（1783）武英殿刻仿宋相臺五經本（卷二十五至二十六配清同治十三年江西書局刻本）　十五册

360000－1901－0003251　160687

春秋經傳集解三十卷　（晉）杜預撰　（唐）陸德明音義　**春秋名號歸一圖二卷**　（五代）馮繼先撰　**春秋年表一卷附考證**　清同治十三年（1874）江西書局刻本　十六册

360000－1901－0003252　160688

春秋經傳集解三十卷　（晉）杜預撰　（唐）陸德明音義　**春秋名號歸一圖二卷**　（五代）馮繼先撰　**春秋年表一卷附考證**　清同治十三年（1874）江西書局刻本　十六册

360000－1901－0003253　160689

春秋經傳集解三十卷　（晉）杜預撰　（唐）陸德明音義　**春秋名號歸一圖二卷**　（五代）馮繼先撰　**春秋年表一卷附考證**　清同治十三年（1874）江西書局刻本　十六册

360000－1901－0003254　415854

春秋經傳集解三十卷　（晉）杜預撰　（唐）陸德明音義　**春秋名號歸一圖二卷**　（五代）馮繼先撰　**春秋年表一卷附考證**　清同治十三年（1874）江西書局刻本　十六册

360000－1901－0003255　415855

春秋經傳集解三十卷　（晉）杜預撰　（唐）陸德明音義　**春秋名號歸一圖二卷**　（五代）馮繼先撰　**春秋年表一卷附考證**　清同治十三年（1874）江西書局刻本　十六册

360000－1901－0003256　415856

春秋經傳集解三十卷　（晉）杜預撰　（唐）陸德明音義　**春秋名號歸一圖二卷**　（五代）馮繼先撰　**春秋年表一卷附考證**　清同治十三年（1874）江西書局刻本　十六册

360000－1901－0003257　415857

春秋經傳集解三十卷　（晉）杜預撰　（唐）陸德明音義　**春秋名號歸一圖二卷**　（五代）馮繼先撰　**春秋年表一卷附考證**　清同治十三年（1874）江西書局刻本　十六册

360000－1901－0003258　415858

春秋經傳集解三十卷　（晉）杜預撰　（唐）陸德明音義　**春秋名號歸一圖二卷**　（五代）馮繼先撰　**春秋年表一卷附考證**　清同治十三年（1874）江西書局刻本　十五册

360000－1901－0003259　415859

春秋經傳集解三十卷　（晉）杜預撰　（唐）陸德明音義　**春秋名號歸一圖二卷**　（五代）馮繼先撰　**春秋年表一卷附考證**　清同治十三年（1874）江西書局刻本　十三册　存二十九卷（一至二十四、二十七至二十八，春秋名號

歸一圖二卷，春秋年表一卷附考證）

360000－1901－0003260　415860
春秋經傳集解三十卷　（晉）杜預撰　（唐）陸德明音義　**春秋名號歸一圖二卷**　（五代）馮繼先撰　**春秋年表一卷附考證**　清同治十三年（1874）江西書局刻本　九册　存十九卷（一至六、十一至十二、十五至二十、二十三至二十四，春秋名號歸一圖二卷，春秋年表一卷附考證）

360000－1901－0003261　603429
春秋經傳集解三十卷　（晉）杜預撰　（唐）陸德明音義　**春秋名號歸一圖二卷**　（五代）馮繼先撰　**春秋年表一卷附考證**　清同治十三年（1874）江西書局刻本　一册　存三卷（春秋名號歸一圖二卷、春秋年表一卷附考證）

360000－1901－0003262　603436
春秋經傳集解三十卷　（晉）杜預撰　（唐）陸德明音義　**春秋名號歸一圖二卷**　（五代）馮繼先撰　**春秋年表一卷附考證**　清同治十三年（1874）江西書局刻本　十六册

360000－1901－0003263　603437
春秋經傳集解三十卷　（晉）杜預撰　（唐）陸德明音義　**春秋名號歸一圖二卷**　（五代）馮繼先撰　**春秋年表一卷附考證**　清同治十三年（1874）江西書局刻本　十四册　存二十九卷（五至三十、春秋名號歸一圖二卷、春秋年表一卷附考證）

360000－1901－0003264　603440
春秋經傳集解三十卷　（晉）杜預撰　（唐）陸德明音義　**春秋名號歸一圖二卷**　（五代）馮繼先撰　**春秋年表一卷附考證**　清同治十三年（1874）江西書局刻本　十三册　存二十九卷（一至二、七至三十，春秋名號歸一圖二卷，春秋年表一卷附考證）

360000－1901－0003265　603440－1
春秋經傳集解三十卷　（晉）杜預撰　（唐）陸德明音義　**春秋名號歸一圖二卷**　（五代）馮繼先撰　**春秋年表一卷附考證**　清同治十三年（1874）江西書局刻本　一册　存二卷（二十九至三十）

360000－1901－0003266　603440－2
春秋經傳集解三十卷　（晉）杜預撰　（唐）陸德明音義　**春秋名號歸一圖二卷**　（五代）馮繼先撰　**春秋年表一卷附考證**　清同治十三年（1874）江西書局刻本　一册　存二卷（十三至十四）

360000－1901－0003267　210232
春秋經傳集解三十卷首一卷　（晉）杜預撰　（唐）陸德明音釋　（宋）林堯叟附注　（清）馮李驊增訂　**左繡三十卷**　（清）馮李驊　（清）陸浩評輯　清康熙華川書屋刻本　十四册　缺四卷（二十三至二十四、二十七至二十八）

360000－1901－0003268　210234
春秋經傳集解三十卷首一卷　（晉）杜預撰　（唐）陸德明音釋　（宋）林堯叟附注　（清）馮李驊增訂　**左繡三十卷**　（清）馮李驊　（清）陸浩評輯　清乾隆兩儀堂刻本　十六册

360000－1901－0003269　210233
春秋經傳集解三十卷首一卷　（晉）杜預撰　（唐）陸德明音釋　（宋）林堯叟附注　（清）馮李驊增訂　**左繡三十卷**　（清）馮李驊　（清）陸浩評輯　清乾隆四十四年（1779）華川書屋刻本　十六册

360000－1901－0003270　406624
春秋經傳類聯三十三卷　（清）王繩曾撰　（清）屈作梅補注　清乾隆二十年（1755）紉蘭堂刻本　二册

360000－1901－0003271　406625
春秋經傳類聯三十三卷　（清）王繩曾撰　（清）屈作梅補注　清乾隆二十年（1755）紉蘭堂刻本　一册

360000－1901－0003272　160778
春秋經傳類求十二卷　（清）孫從添　（清）過臨汾輯　清乾隆二十四年（1759）舊名堂刻本　十二册

360000－1901－0003273　406626

春秋經傳類求十二卷 (清)孫從添 (清)過臨汾輯 清乾隆二十四年(1759)舊名堂刻本 二册 存二卷(一至二)

360000－1901－0003274 160777
春秋經解十五卷 (宋)孫覺撰 清刻本 八册

360000－1901－0003275 406584
春秋經解十五卷 (宋)孫覺撰 清刻武英殿聚珍版書本 八册

360000－1901－0003276 160695
春秋精義四卷首一卷 (清)黄淦撰 清嘉慶九年(1804)令德堂刻本 一册

360000－1901－0003277 419822
春秋精義四卷首一卷 (清)黄淦撰 清嘉慶刻本 一册 存三卷(一至二、首一卷)

360000－1901－0003278 603443
春秋精義四卷首一卷 (清)黄淦撰 清刻本 一册 存二卷(三至四)

360000－1901－0003279 163117
春秋例表不分卷 (清)王代豐撰 清光緒刻本 一册

360000－1901－0003280 160768
春秋例表二十八卷 (清)王代豐撰 清光緒七年(1881)四川尊經書院刻本 二册

360000－1901－0003281 220339
春秋列傳十卷 (明)劉節撰 明刻本 六册

360000－1901－0003282 163331
春秋列國地形口號一卷 (清)顧棟高撰 (清)汪紹舉輯 清道光二十二年(1842)養正軒刻本 一册

360000－1901－0003283 800320
春秋列國時事一卷 (□)□□撰 清抄本 一册

360000－1901－0003284 901108
春秋列國志傳□□卷 (明)余邵魚撰 清刻本 三册 存二卷(五、八、十四)

360000－1901－0003285 160781
春秋録要十二卷 (清)黄思誠輯 清光緒七年(1881)岳陽昭祜堂刻本 四册

360000－1901－0003286 406608－1
春秋論畧四卷 (清)薛宫撰 清樹滋堂刻本 二册

360000－1901－0003287 802739
春秋秘本一卷 (宋)胡安國撰 清抄本 一册

360000－1901－0003288 415860－1
春秋名號歸一圖二卷 (五代)馮繼先撰 清刻本 一册 存一卷(下)

360000－1901－0003289 406599
春秋内外傳筮辭考證三卷 (清)章耒撰 清光緒九年(1883)刻本 三册

360000－1901－0003290 406666
春秋擬題集傳二卷 (清)研經堂主人輯 清道光二十四年(1844)研經堂刻本 一册

360000－1901－0003291 406667
春秋擬題類典十五卷 (□)□□輯 清刻本 一册

360000－1901－0003292 603428
春秋年表考證一卷 (晉)杜預注 **春秋名號歸一圖二卷** (五代)馮繼先撰 清刻本 一册

360000－1901－0003293 160670
春秋女譜一卷 (清)常茂徠撰 清道光三十年(1850)夷門常氏怡古堂刻本 一册

360000－1901－0003294 801125
春秋旁訓辨體合訂四卷 (清)徐立綱撰 清懋德堂刻本 一册 存二卷(一至二)

360000－1901－0003295 801126
春秋旁訓四卷 (清)徐立綱撰 清匠門書屋刻本 一册 存二卷(一至二)

360000－1901－0003296 801127
春秋旁訓四卷 (清)徐立綱撰 清匠門書屋刻本 一册 存二卷(一至二)

360000－1901－0003297　804170
春秋旁訓四卷　(清)徐立綱撰　清刻五經旁訓本　一冊　存二卷(三至四)

360000－1901－0003298　164286
春秋旁訓四卷　(元)李恕撰　清雁南堂刻本　一冊

360000－1901－0003299　402582－3
春秋旁訓欽遵御案四傳合訂四卷　(清)徐立綱輯　清匠門書屋刻本　一冊　存二卷(三至四)

360000－1901－0003300　402594－1
春秋旁訓欽遵御案四傳合訂四卷　(清)徐立綱輯　清匠門書屋刻本　二冊

360000－1901－0003301　402594－2
春秋旁訓欽遵御案四傳合訂四卷　(清)徐立綱輯　清匠門書屋刻本　一冊

360000－1901－0003302　405945
春秋全經左傳句解八卷首一卷　(宋)朱申撰　(明)孫鑛批點　清道光二十二年(1842)承恩堂刻本　八冊

360000－1901－0003303　160765
春秋全經左傳句解八卷首一卷　(宋)朱申撰　(明)孫鑛批點　清道光九年(1829)繡谷令德堂刻本　十冊

360000－1901－0003304　705946
春秋全經左傳句解八卷首一卷　(宋)朱申撰　(明)孫鑛批點　清道光九年(1829)繡谷令德堂刻本　五冊　存五卷(二至五、七)

360000－1901－0003305　406598
春秋全經左傳句解八卷首一卷　(宋)朱申撰　(明)孫鑛批點　清刻本　一冊　存二卷(三至四)

360000－1901－0003306　712031
春秋三傳滙參揭要六卷　(清)許寶善輯　清刻本　二冊　存四卷(一至二、五至六)

360000－1901－0003307　800379
春秋三傳揭要六卷首一卷　(清)周蕙田撰　清抄本　一冊　存三卷(四至六)

360000－1901－0003308　803473
春秋三傳揭要六卷首一卷　(清)周蕙田撰　清刻本　一冊　存四卷(一至三、首一卷)

360000－1901－0003309　803480
春秋三傳揭要六卷首一卷　(清)周蕙田撰　清刻本　二冊

360000－1901－0003310　210280
春秋三傳三十八卷　明刻本　一冊　存八卷(一至八)

360000－1901－0003311　716178
春秋三傳十六卷首一卷　清光緒六年(1880)山西濬文書局刻本　十冊　存十三卷(一至十二、首一卷)

360000－1901－0003312　415850－2
春秋三傳十六卷首一卷　清刻本　四冊　存四卷(十、十二、十五至十六)

360000－1901－0003313　603415
春秋三傳十六卷首一卷　清刻本　一冊　存一卷(十六)

360000－1901－0003314　415848
春秋三傳十六卷首一卷　陸氏三傳釋文音義十六卷　(唐)陸德明撰　清嘉慶十年(1805)刻本　六冊

360000－1901－0003315　415849
春秋三傳十六卷首一卷　陸氏三傳釋文音義十六卷　(唐)陸德明撰　清嘉慶十年(1805)刻本　十一冊　存二十二卷(一至四、七至八、十一至十六,首一卷;陸氏三傳釋文音義八至十六)

360000－1901－0003316　415850
春秋三傳十六卷首一卷　陸氏三傳釋文音義十六卷　(唐)陸德明撰　清嘉慶十年(1805)刻本　六冊　存十一卷(一至二、十至十三,首一卷;陸氏三傳釋文音義八至十一)

360000－1901－0003317　603414
春秋三傳十六卷首一卷　陸氏三傳釋文音義

十六卷　(唐)陸德明撰　清嘉慶十年(1805)刻本　八册　存二十三卷(十至十六、陸氏三傳釋文音義十六卷)

360000－1901－0003318　415846
春秋三傳十六卷首一卷　陸氏三傳釋文音義十六卷　(唐)陸德明撰　清刻本　六册　存二十四卷(一至六、十五至十六,陸氏三傳釋文音義十六卷)

360000－1901－0003319　415847
春秋三傳十六卷首一卷　陸氏三傳釋文音義十六卷　(唐)陸德明撰　清刻本　六册　存十五卷(一至五、九、十一、十五,陸氏三傳釋文音義一至七)

360000－1901－0003320　415850－1
春秋三傳十六卷首一卷　陸氏三傳釋文音義十六卷　(唐)陸德明撰　清刻本　九册　存二十九卷(三至五、七至十六,陸氏三傳釋文音義十六卷)

360000－1901－0003321　706649
春秋三傳十六卷首一卷　陸氏三傳釋文音義十六卷　(唐)陸德明撰　清刻本　四册　存二十卷(十三至十六、陸氏三傳釋文音義十六卷)

360000－1901－0003322　415843
春秋三傳十六卷首一卷　陸氏三傳釋文音義十六卷　(唐)陸德明撰　清同治三年(1864)浙江撫署刻本　十二册　存三十二卷(一至五、七至十六,首一卷;陸氏三傳釋文音義十六卷)

360000－1901－0003323　415844
春秋三傳十六卷首一卷　陸氏三傳釋文音義十六卷　(唐)陸德明撰　清同治三年(1864)浙江撫署刻本　十二册　存十七卷(春秋三傳十六卷、首一卷)

360000－1901－0003324　121074
春秋三傳十六卷首一卷附經傳一卷　(明)萬衣輯　清江右潯陽萬氏蓮峰書屋刻本　二十册

360000－1901－0003325　121075
春秋三傳十六卷首一卷附經傳一卷　(明)萬衣輯　清江右潯陽萬氏蓮峰書屋刻本　二十册

360000－1901－0003326　160657
春秋三傳十六卷首一卷附經傳一卷　(明)萬衣輯　清江右潯陽萬氏蓮峰書屋刻本　八册

360000－1901－0003327　415845
春秋三傳十六卷首一卷附經傳一卷　(明)萬衣輯　清江右潯陽萬氏蓮峰書屋刻本　十册　存九卷(一至八、首一卷)

360000－1901－0003328　601398
春秋三傳十六卷首一卷附經傳一卷　(明)萬衣輯　清江右潯陽萬氏蓮峰書屋刻本　十六册　存十七卷(一至十三、十五至十六,首一卷,經傳一卷)

360000－1901－0003329　712021
春秋三傳通經合纂十二卷　(明)周統撰　(清)周夢齡　(清)周毓齡增輯　清乾隆刻本　六册

360000－1901－0003330　160663
春秋三卷　王闓運輯　清光緒七年(1881)尊經書院刻本　一册

360000－1901－0003331　210269
春秋三十卷　(宋)胡安國傳　明種松園刻本　一册　存六卷(二十五至三十)

360000－1901－0003332　210271
春秋三十卷　(宋)胡安國傳　(宋)林堯叟音注　清康熙十六年(1677)紫陽朱氏崇道堂刻本　六册

360000－1901－0003333　416007
春秋三十卷　(宋)胡安國傳　(宋)林堯叟音注　清刻本　四册　存十九卷(十二至三十)

360000－1901－0003334　416011
春秋三十卷　(宋)胡安國傳　(宋)林堯叟音注　清刻本　五册　存二十三卷(一至三、十至二十四、二十六至三十)

360000－1901－0003335　416012
春秋三十卷　（宋）胡安國傳　（宋）林堯叟音注　清刻本　三冊　存十五卷（一至十五）

360000－1901－0003336　714240
春秋三十卷　（宋）胡安國傳　（宋）林堯叟音注　清刻本　一冊　存六卷（二十五至三十）

360000－1901－0003337　714241
春秋三十卷　（宋）胡安國傳　（宋）林堯叟音注　清刻本　三冊　存十七卷（九至十九、二十五至三十）

360000－1901－0003338　714854
春秋三十卷　（宋）胡安國傳　（宋）林堯叟音注　清刻本　二冊　存十卷（十一至十三、二十四至三十）

360000－1901－0003339　716006
春秋三十卷　（宋）胡安國傳　（宋）林堯叟音注　清刻本　四冊　存二十卷（九至十九、二十一至二十九）

360000－1901－0003340　716009
春秋三十卷　（宋）胡安國傳　（宋）林堯叟音注　清刻本　三冊　存十七卷（四至二十）

360000－1901－0003341　718328
春秋三十卷　（宋）胡安國傳　（宋）林堯叟音注　清刻本　一冊　存六卷（五至十）

360000－1901－0003342　800477
春秋三十卷　（宋）胡安國傳　（宋）林堯叟音注　清刻本　一冊　存四卷（二十七至三十）

360000－1901－0003343　718330
春秋三十卷　（宋）胡安國傳　（宋）林堯叟音注　清刻本（卷十一至十四配清學源堂刻本）　四冊　存二十卷（十一至三十）

360000－1901－0003344　718323
春秋三十卷　（宋）胡安國傳　（宋）林堯叟音注　清乾隆三十二年（1767）金閶書業堂刻本　三冊

360000－1901－0003345　718324
春秋三十卷　（宋）胡安國傳　（宋）林堯叟音注　清乾隆五十四年（1789）學源堂刻本　六冊

360000－1901－0003346　718325
春秋三十卷　（宋）胡安國傳　（宋）林堯叟音注　清乾隆五十四年（1789）學源堂刻本　五冊　存二十五卷（一至十、十六至三十）

360000－1901－0003347　718329
春秋三十卷　（宋）胡安國傳　（宋）林堯叟音注　清乾隆五十五年（1790）芥子園刻本　六冊

360000－1901－0003348　718326
春秋三十卷　（宋）胡安國傳　（宋）林堯叟音注　清青畏堂刻本　一冊　存八卷（八至十五）

360000－1901－0003349　160660
春秋三十卷　（宋）胡安國傳　（宋）林堯叟音注　清恕堂刻本　八冊

360000－1901－0003350　603413
春秋三十卷　（宋）胡安國傳　（宋）林堯叟音注　清恕堂刻本　六冊

360000－1901－0003351　718327
春秋三十卷　（宋）胡安國傳　（宋）林堯叟音注　清水西劉氏刻本　一冊　存二卷（五至六）

360000－1901－0003352　160658
春秋三十卷　（宋）胡安國傳　（宋）林堯叟音注　清同治十一年（1872）刻本　六冊

360000－1901－0003353　800480
春秋三十卷　（宋）胡安國傳　（宋）林堯叟音注　清五雲樓刻本　一冊　存七卷（二十四至三十）

360000－1901－0003354　800466
春秋三十卷　（宋）胡安國傳　（宋）林堯叟音注　**春秋列國圖說一卷**　（宋）蘇軾撰　**綱領一卷春秋諸國興廢說一卷提要一卷**　清乾隆十五年（1750）天都黃晟刻本　一冊　存七卷（一至三、春秋列國圖說一卷、綱領一卷、春秋

諸國興廢說一卷、提要一卷)

360000－1901－0003355　210267
春秋三十卷　(宋)胡安國傳　**諸國興廢說一卷**　明内府刻本　四册

360000－1901－0003356　210268
春秋三十卷　(宋)胡安國傳　**諸國興廢說一卷**　明内府刻本　四册

360000－1901－0003357　406610
春秋審鵠四卷　(清)周夢齡撰　清刻本　一册　存二卷(三至四)

360000－1901－0003358　160674
春秋世族譜一卷　(清)陳厚耀撰　清刻本　一册

360000－1901－0003359　160783
春秋釋例十五卷　(晉)杜預撰　清刻本　一册　存三卷(十一至十三)

360000－1901－0003360　313052
春秋釋例十五卷　(晉)杜預撰　清刻本　四册　存六卷(一至六)

360000－1901－0003361　603445
春秋釋例十五卷　(晉)杜預撰　清末石印本　一册　存九卷(七至十五)

360000－1901－0003362　160784
春秋屬辭辨例編六十卷首二卷　(清)張應昌撰　清同治十二年(1873)江蘇書局刻本　三十二册

360000－1901－0003363　160785
春秋屬辭辨例編六十卷首二卷　(清)張應昌撰　清同治十二年(1873)江蘇書局刻本　三十二册

360000－1901－0003364　160680
春秋述義拾遺八卷首一卷河間劉氏書目考一卷　(清)陳熙晉撰　清光緒十七年(1891)廣雅書局刻本　二册

360000－1901－0003365　406601
春秋說約十二卷　(清)朱元輯　清乾隆五十五年(1790)爍庚樓刻本　一册　存三卷(一至三)

360000－1901－0003366　210282
春秋私考三十六卷首一卷　(明)季本撰　明嘉靖刻本　二册　存十三卷(一至六、二十五至三十,首一卷)

360000－1901－0003367　804635
春秋四傳讀要不分卷　(□)李均秉輯　清抄本　一册

360000－1901－0003368　160675
春秋四傳詁經十五卷　(清)萬斛泉撰　清光緒三十四年(1908)刻本　十四册

360000－1901－0003369　406583
春秋四傳管窺三十二卷　(清)張星徽撰　清乾隆四年(1739)藏書堂刻本　十八册

360000－1901－0003370　210276
春秋四傳三十八卷綱領一卷提要一卷列國東坡圖說一卷春秋二十國年表一卷諸國興廢說一卷　明湖廣官書處刻本　十册

360000－1901－0003371　210274
春秋四傳三十八卷綱領一卷提要一卷列國東坡圖說一卷春秋二十國年表一卷諸國興廢說一卷　明嘉靖吉澄刻本　二十册

360000－1901－0003372　210275
春秋四傳三十八卷綱領一卷提要一卷列國東坡圖說一卷春秋二十國年表一卷諸國興廢說一卷　明刻本　十二册

360000－1901－0003373　210277
春秋四傳三十八卷綱領一卷提要一卷列國東坡圖說一卷春秋二十國年表一卷諸國興廢說一卷　明刻本　七册　缺十八卷(一至五、十至十九、三十二至三十四)

360000－1901－0003374　210278
春秋四傳三十八卷綱領一卷提要一卷列國東坡圖說一卷春秋二十國年表一卷諸國興廢說一卷　明刻本　二册　存十一卷(一至六、綱領一卷、提要一卷、列國東坡圖說一卷、春秋二十國年表一卷、諸國興廢說一卷)

360000－1901－0003375　163920
春秋四傳三十八卷綱領一卷提要一卷列國東坡圖說一卷春秋二十國年表一卷諸國興廢說一卷　（宋）胡安國撰　（明）汪應魁句讀　明刻本　十二冊　缺二卷（綱領一卷、列國東坡圖說一卷）

360000－1901－0003376　210300
春秋四傳糾實十二卷　（清）涂錫禧撰　清乾隆十二年（1747）品峰齋刻本　八冊

360000－1901－0003377　210301
春秋四傳糾實十二卷　（清）涂錫禧撰　清乾隆十二年（1747）品峰齋刻本　七冊　缺三卷（一至三）

360000－1901－0003378　406593
春秋四傳糾實十二卷凡例一卷紀年一卷提要一卷纂言一卷　（清）涂錫禧撰　清乾隆十二年（1747）品峰齋刻本　九冊　存十五卷（一至七、九至十二，凡例一卷，紀年一卷，提要一卷，纂言一卷）

360000－1901－0003379　406594
春秋四傳糾實十二卷凡例一卷紀年一卷提要一卷纂言一卷　（清）涂錫禧撰　清乾隆十二年（1747）品峰齋刻本　四冊　存九卷（一至三、十一至十二，凡例一卷，紀年一卷，提要一卷，纂言一卷）

360000－1901－0003380　312015
春秋四家五傳平文四十一卷首一卷綱領一卷春秋諸國興廢說一卷　（明）張岐然輯　**春秋提要二卷**　（明）虞宗瑤撰　清康熙君山堂刻本　二十四冊

360000－1901－0003381　210272
春秋提綱十卷　（元）陳則通撰　清康熙十九年（1680）刻通志堂經解本　四冊

360000－1901－0003382　802555－1
春秋題解類編四卷　（清）呂國鈞撰　清光緒十五年（1889）上海蜚英書局石印經場捷訣本　一冊　存二卷（三至四）

360000－1901－0003383　406597
春秋題鏡三卷　（清）汪靈川輯　清乾隆刻本　二冊

360000－1901－0003384　406621
春秋題旨輯要二卷　（明）王文肅撰　清乾隆五十六年（1791）刻本　二冊

360000－1901－0003385　406622
春秋題旨輯要二卷　（明）王文肅撰　清乾隆五十六年（1791）刻本　一冊

360000－1901－0003386　718331
春秋體註大全合絫四卷　（清）周熾撰　清積秀堂刻本　二冊

360000－1901－0003387　718334
春秋體註大全合絫四卷　（清）周熾撰　清刻本　四冊

360000－1901－0003388　718335
春秋體註大全合絫四卷　（清）周熾撰　清刻本　四冊

360000－1901－0003389　718336
春秋體註大全合絫四卷　（清）周熾撰　清刻本　四冊

360000－1901－0003390　718337
春秋體註大全合絫四卷　（清）周熾撰　清刻本　二冊　存二卷（一至二）

360000－1901－0003391　718338
春秋體註大全合絫四卷　（清）周熾撰　清刻本　四冊

360000－1901－0003392　718339
春秋體註大全合絫四卷　（清）周熾撰　清刻本　四冊

360000－1901－0003393　718340
春秋體註大全合絫四卷　（清）周熾撰　清刻本　二冊

360000－1901－0003394　718341
春秋體註大全合絫四卷　（清）周熾撰　清刻本　四冊

360000－1901－0003395　718345

春秋體註大全合參四卷　(清)周熾撰　清刻本　四冊

360000－1901－0003396　718346
春秋體註大全合參四卷　(清)周熾撰　清刻本　一冊　存一卷(二)

360000－1901－0003397　718347
春秋體註大全合參四卷　(清)周熾撰　清刻本　一冊　存一卷(二)

360000－1901－0003398　718348
春秋體註大全合參四卷　(清)周熾撰　清刻本　一冊　存一卷(二)

360000－1901－0003399　718349
春秋體註大全合參四卷　(清)周熾撰　清刻本　一冊　存一卷(二)

360000－1901－0003400　718344
春秋體註大全合參四卷　(清)周熾撰　清乾隆四十六年(1781)刻本　三冊　存三卷(一至三)

360000－1901－0003401　718342
春秋體註大全合參四卷　(清)周熾撰　清乾隆五十三年(1788)世德堂刻本　四冊

360000－1901－0003402　718343
春秋體註大全合參四卷　(清)周熾撰　清乾隆五十三年(1788)世德堂刻本　四冊

360000－1901－0003403　418382
春秋體註大全合參四卷　(清)周熾撰　清乾隆五十一年(1786)三省堂刻本　四冊

360000－1901－0003404　718332
春秋體註大全合參四卷　(清)周熾撰　清學源堂刻本　四冊

360000－1901－0003405　210302
春秋體註大全四卷　(清)徐寅賓纂　(清)解志元參訂　清乾隆五十年(1785)刻本　四冊

360000－1901－0003406　418415
春秋體註十九卷　(清)好古齋塾課纂輯　清刻本　七冊　存十一卷(一至七、九至十二)

360000－1901－0003407　418416
春秋體註十九卷　(清)好古齋塾課纂輯　清刻本　五冊　存十四卷(六至十九)

360000－1901－0003408　415838
春秋體註四卷　(清)范翔參訂　清懷德堂刻本　二冊

360000－1901－0003409　415839
春秋體註四卷　(清)范翔參訂　清乾隆三十四年(1769)刻本　四冊

360000－1901－0003410　415840
春秋體註四卷　(清)范翔參訂　清乾隆十八年(1753)刻本　三冊　存三卷(一至三)

360000－1901－0003411　415842
春秋體註四卷　(清)范翔參訂　清雍正四年(1726)一經樓刻本　二冊

360000－1901－0003412　210285
春秋通一卷　(明)鄧元錫撰　明萬曆三十五年(1607)刻五經繹本　一冊

360000－1901－0003413　406668
春秋文鵠二卷　(清)謝寶樹等撰　清刻本　一冊

360000－1901－0003414　712012
春秋五傳十七卷首一卷　(明)張岐然編　(清)張璞重編　清華文堂刻本　二冊　存三卷(四至六)

360000－1901－0003415　712008
春秋五傳十七卷首一卷　(明)張岐然編　(清)張璞重編　清會文堂刻本　十七冊

360000－1901－0003416　722026－1
春秋五傳十七卷首一卷　(明)張岐然編　(清)張璞重編　清會文堂刻本　一冊　存一卷(八)

360000－1901－0003417　412011
春秋五傳十七卷首一卷　(明)張岐然編　(清)張璞重編　清刻本　十七冊

360000－1901－0003418　412012
春秋五傳十七卷首一卷　(明)張岐然編

(清)張璞重編　清刻本　十六册　存十六卷(一、三至九、十一至十七,首一卷)

360000－1901－0003419　412013
春秋五傳十七卷首一卷　(明)張岐然編　(清)張璞重編　清刻本　九册　存十四卷(一至九、十三至十七)

360000－1901－0003420　412014
春秋五傳十七卷首一卷　(明)張岐然編　(清)張璞重編　清刻本　七册　存六卷(五至七、九、十四、十七)

360000－1901－0003421　412015
春秋五傳十七卷首一卷　(明)張岐然編　(清)張璞重編　清刻本　七册　存六卷(四至七、十四、十七)

360000－1901－0003422　412016
春秋五傳十七卷首一卷　(明)張岐然編　(清)張璞重編　清刻本　十四册　存十三卷(一至十二、首一卷)

360000－1901－0003423　603418
春秋五傳十七卷首一卷　(明)張岐然編　(清)張璞重編　清刻本　九册　存十卷(六至十二、十四至十六)

360000－1901－0003424　712011
春秋五傳十七卷首一卷　(明)張岐然編　(清)張璞重編　清刻本　二册　存二卷(十五至十六)

360000－1901－0003425　722219
春秋五傳十七卷首一卷　(明)張岐然編　(清)張璞重編　清刻本　二册　存五卷(十三至十七)

360000－1901－0003426　210287
春秋五傳十七卷首一卷　(明)張岐然編　(清)張璞重編　清乾隆六年(1741)華文堂刻本　二十册

360000－1901－0003427　712007
春秋五傳十七卷首一卷　(明)張岐然編　(清)張璞重編　清乾隆六年(1741)令德堂刻本　三册　存六卷(一至二、六至九)

360000－1901－0003428　712009
春秋五傳十七卷首一卷　(明)張岐然編　(清)張璞重編　清同文堂刻本　十五册　存十七卷(二至十七、首一卷)

360000－1901－0003429　712010
春秋五傳十七卷首一卷　(明)張岐然編　(清)張璞重編　清同文堂刻本　二册　存二卷(三、首一卷)

360000－1901－0003430　712013
春秋五傳十七卷首一卷　(明)張岐然編　(清)張璞重編　清同文堂刻本　四册　存五卷(一至三、十三至十四)

360000－1901－0003431　722026
春秋五傳十七卷首一卷　(明)張岐然編　(清)張璞重編　清同文堂刻本　八册　存八卷(一、五至七、九至十二)

360000－1901－0003432　160770
春秋夏正二卷　(清)胡天游撰　清道光十年(1830)石笥山房刻本　一册

360000－1901－0003433　406609
春秋詳訓二卷　(清)□□輯　清刻本　一册

360000－1901－0003434　406591
春秋要義五卷　(清)王建常撰　清乾隆四十二年(1777)刻本　五册

360000－1901－0003435　210288
春秋易簡十二卷　(清)車萬育撰　清康熙三十四年(1695)懷園刻本　四册

360000－1901－0003436　406604－1
春秋繹義十四卷首二卷　(清)王曜南撰　清刻本　三册　存七卷(三至四、八至十二)

360000－1901－0003437　122989
春秋繹義十四卷首二卷　(清)王曜南撰　清咸豐元年(1851)務本堂刻本　六册

360000－1901－0003438　406604
春秋繹義十四卷首二卷　(清)王曜南撰　清咸豐元年(1851)務本堂刻本　三册　存八卷

（一至四、十三至十四，首二卷）

360000－1901－0003439　402582－1
春秋增訂旁訓四卷　（清）徐立綱撰　清匠門書屋刻五經增訂旁訓本　二册

360000－1901－0003440　402582－2
春秋增訂旁訓四卷　（清）徐立綱撰　清匠門書屋刻五經增訂旁訓本　一册　存二卷（三至四）

360000－1901－0003441　160780
春秋增訂旁訓四卷　（清）徐立綱撰　清刻本　一册　存二卷（三至四）

360000－1901－0003442　421781
春秋增訂旁訓四卷　（清）徐立綱撰　清刻五經增訂旁訓本　二册

360000－1901－0003443　241305
春秋戰國文選十三卷　（明）李國祥輯　明萬曆四十年（1612）刻本　十二册

360000－1901－0003444　241306
春秋戰國文選十三卷　（明）李國祥輯　明萬曆四十年（1612）刻本　十三册

360000－1901－0003445　712025
春秋直解十二卷　（清）方苞撰　清光緒木活字印桐城方望溪先生全書本　六册

360000－1901－0003446　415308
春秋直解十二卷　（清）方苞撰　清康熙、嘉慶刻抗希堂十六種本　四册

360000－1901－0003447　415309
春秋直解十二卷　（清）方苞撰　清康熙、嘉慶刻抗希堂十六種本　三册　存九卷（一至六、十至十二）

360000－1901－0003448　160678
春秋至朔通考二卷首一卷　（清）張冕撰　清道光十八年（1838）泉州府學刻本　一册

360000－1901－0003449　121092
春秋纂言十二卷總例二卷　（元）吴澄撰　清道光十八年（1838）刻本　十册

360000－1901－0003450　121443
春秋纂言十二卷總例二卷　（元）吴澄撰　清道光十八年（1838）刻本　十册

360000－1901－0003451　418223
春秋纂言十二卷總例二卷　（元）吴澄撰　清道光十八年（1838）刻本　十二册

360000－1901－0003452　121080
春秋尊經録四卷首一卷　（清）羅鯤撰　清光緒五年（1879）盱南三餘書屋刻本　四册

360000－1901－0003453　121079
春秋尊經録四卷首一卷　（清）羅鯤撰　清嘉慶十六年（1811）刻本　四册

360000－1901－0003454　406592
春秋尊經録四卷首一卷　（清）羅鯤撰　清嘉慶十六年（1811）刻本　二册　存三卷（一至二、首一卷）

360000－1901－0003455　406617－1
春秋左傳備旨萃精十二卷首一卷　（清）吴朝贊增輯　清刻本　一册　存三卷（七至九）

360000－1901－0003456　406617
春秋左傳備旨萃精十二卷首一卷　（清）吴朝贊增輯　清同治十二年（1873）拜庚山房刻五經備旨本　二册　存八卷（一至七、首一卷）

360000－1901－0003457　415865
春秋左傳補註六卷　（清）惠棟撰　清乾隆潮陽縣衙刻本　二册

360000－1901－0003458　210230
春秋左傳杜林合注五十卷　（晉）杜預　（宋）林堯叟注　明天啓六年（1626）問奇閣刻本　六册　缺二十一卷（十四至十九、三十六至五十）

360000－1901－0003459　163919
春秋左傳杜林合註五十卷　（晉）杜預　（宋）林堯叟注釋　（唐）陸德明音義　（明）王道焜　（明）趙如源輯　明崇禎刻本　九册　缺五卷（二十六至三十）

360000－1901－0003460　603174－2

春秋左傳杜林合註五十卷　(晉)杜預注　(宋)林堯叟補注　(唐)陸德明音義　(明)王道焜　(明)趙如源輯　清刻本　一冊　存五卷(三十一至三十五)

360000－1901－0003461　721760
春秋左傳杜林合註五十卷　(晉)杜預注　(唐)陸德明音義　(宋)林堯叟補注　清刻本　一冊　存四卷(二十六至二十九)

360000－1901－0003462　800866
春秋左傳杜林合註五十卷　(晉)杜預注　(唐)陸德明音義　(宋)林堯叟補注　清刻本　二冊　存七卷(十七至二十三)

360000－1901－0003463　804524
春秋左傳杜林合註五十卷　(晉)杜預注　(唐)陸德明音義　(宋)林堯叟補注　清刻本　一冊　存二卷(二十四至二十五)

360000－1901－0003464　901788
春秋左傳杜林合註五十卷　(晉)杜預注　(唐)陸德明音義　(宋)林堯叟補注　清刻本　一冊　存二卷(三十一至三十二)

360000－1901－0003465　320547
春秋左傳杜林合註五十卷　(晉)杜預注　(唐)陸德明音義　(宋)林堯叟補注　(明)閔夢得等輯　明萬曆刻本　十冊

360000－1901－0003466　418369
春秋左傳杜林合註五十卷　(晉)杜預注　(唐)陸德明音義　(宋)林堯叟補注　(明)閔夢得等輯　明萬曆刻本　四冊　存二十六卷(十四至三十二、四十四至五十)

360000－1901－0003467　421853
春秋左傳杜林合註詳解五十卷　(晉)杜預注　(唐)陸德明音義　(宋)林堯叟附注　(明)孫鑛　(明)鍾惺評　清刻本　三冊　存十卷(四至七、三十三至三十八)

360000－1901－0003468　715983
春秋左傳杜林合註詳解五十卷　(晉)杜預注　(唐)陸德明音義　(宋)林堯叟附注　(明)孫鑛　(明)鍾惺評　清刻本　一冊　存四卷(十八至二十一)

360000－1901－0003469　415864
春秋左傳杜林合註詳解五十卷　(晉)杜預注　(唐)陸德明音義　(宋)林堯叟附注　(明)孫鑛　(明)鍾惺評　清雍正十年(1732)刻本　二冊　存十一卷(一至十一)

360000－1901－0003470　210248
春秋左傳杜林匯參三十卷首一卷　(清)周正思纂　**增補左繡一卷**　(清)馮李驊　(清)陸浩評輯　清乾隆十四年(1749)嵩山書屋刻本　十二冊

360000－1901－0003471　418356
春秋左傳杜林滙參三十卷　(清)周正思纂　**增補左繡一卷**　(清)馮李驊　(清)陸浩評輯　清刻本　九冊　存二十九卷(二至五、七至三十,增補左繡一卷)

360000－1901－0003472　418357
春秋左傳杜林滙參三十卷　(清)周正思纂　**增補左繡一卷**　(清)馮李驊　(清)陸浩評輯　清刻本　九冊　存三十卷(二至三十、增補左繡一卷)

360000－1901－0003473　418358
春秋左傳杜林滙參三十卷　(清)周正思纂　**增補左繡一卷**　(清)馮李驊　(清)陸浩評輯　清刻本　五冊　存十七卷(六至十五、二十一至二十二、二十六至三十)

360000－1901－0003474　418358－1
春秋左傳杜林滙參三十卷　(清)周正思纂　**增補左繡一卷**　(清)馮李驊　(清)陸浩評輯　清刻本(卷五至十配清嵩山書屋刻本)　五冊　存二十卷(五至十、十二至十三、十七至二十八)

360000－1901－0003475　421857
春秋左傳杜林滙參三十卷　(清)周正思纂　**增補左繡一卷**　(清)馮李驊　(清)陸浩評輯　清刻本(卷一配清嵩山書屋刻本)　三冊　存六卷(一、五至九)

360000－1901－0003476　421858

春秋左傳杜林滙參三十卷　(清)周正思纂
增補左繡一卷　(清)馮李驊　(清)陸浩評輯
　清乾隆十四年(1749)嵩山書屋刻本　一册
　存二卷(一至二)

360000－1901－0003477　603188
春秋左傳杜林滙參三十卷　(清)周正思纂
增補左繡一卷　(清)馮李驊　(清)陸浩評輯
　清乾隆十四年(1749)嵩山書屋刻本　八册
　存二十四卷(一至十九、二十三至二十六，增補左繡一卷)

360000－1901－0003478　418358－2
春秋左傳杜林滙參三十卷　(清)周正思纂
增補左繡一卷　(清)馮李驊　(清)陸浩評輯
　清嵩山書屋刻本　一册　存三卷(九至十一)

360000－1901－0003479　718354
春秋左傳杜林滙參三十卷　(清)周正思纂
增補左繡一卷　(清)馮李驊　(清)陸浩評輯
　清嵩山書屋刻本　十三册　存二十六卷(二至十一、十三至二十四、二十七至三十)

360000－1901－0003480　718355
春秋左傳杜林滙參三十卷　(清)周正思纂
增補左繡一卷　(清)馮李驊　(清)陸浩評輯
　清嵩山書屋刻本　一册　存三卷(一至三)

360000－1901－0003481　718353
春秋左傳杜林滙參三十卷　(清)周正思纂
增補左繡一卷　(清)馮李驊　(清)陸浩評輯
　清文會堂、嵩山書屋刻本　十二册

360000－1901－0003482　421854
春秋左傳杜林詳解五十卷　(晉)杜預注　(唐)陸德明音義　(宋)林堯叟附注　(明)孫鑛　(明)鍾惺評　清刻本　四册　存十四卷(十三至十六、二十一至二十三、三十七至三十九、四十四至四十七)

360000－1901－0003483　715990
春秋左傳杜注三十卷首一卷　(清)姚培謙撰
　清道光七年(1827)洪都漱經堂刻朱墨套印本　一册　存二卷(一、首一卷)

360000－1901－0003484　415995
春秋左傳杜注三十卷首一卷　(清)姚培謙撰
　清光緒二十二年(1896)新化三味堂刻本　一册　存二卷(一、首一卷)

360000－1901－0003485　603422
春秋左傳杜注三十卷首一卷　(清)姚培謙撰
　清光緒三十年(1904)寶慶勸學書舍刻本　十二册

360000－1901－0003486　804206
春秋左傳杜注三十卷首一卷　(清)姚培謙撰
　清光緒十二年(1886)湖北官書處刻本　一册　存三卷(一至二、首一卷)

360000－1901－0003487　160294
春秋左傳杜注三十卷首一卷　(清)姚培謙撰
　清光緒十九年(1893)浙江書局刻本　十册

360000－1901－0003488　160295
春秋左傳杜注三十卷首一卷　(清)姚培謙撰
　清光緒十九年(1893)浙江書局刻本　十册

360000－1901－0003489　715987
春秋左傳杜注三十卷首一卷　(清)姚培謙撰
　清光緒十九年(1893)浙江書局刻本　九册
　存二十八卷(一至二十一、二十五至三十，首一卷)

360000－1901－0003490　715988
春秋左傳杜注三十卷首一卷　(清)姚培謙撰
　清光緒十六年(1890)務本書局刻本　九册
　存二十三卷(一至二十三)

360000－1901－0003491　160293
春秋左傳杜注三十卷首一卷　(清)姚培謙撰
　清光緒十五年(1889)江南書局刻本　十册

360000－1901－0003492　415992
春秋左傳杜注三十卷首一卷　(清)姚培謙撰
　清刻本　四册　存十一卷(五至九、十三至十八)

360000－1901－0003493　415993
春秋左傳杜注三十卷首一卷　(清)姚培謙撰
　清刻本　六册　存十六卷(三至八、十四至

十六、二十一至二十七)

360000－1901－0003494　715960
春秋左傳杜注三十卷首一卷　(清)姚培謙撰　清刻本　九册　存二十八卷(三至三十)

360000－1901－0003495　800693
春秋左傳杜注三十卷首一卷　(清)姚培謙撰　清刻本　一册　存四卷(十五至十八)

360000－1901－0003496　415994
春秋左傳杜注三十卷首一卷　(清)姚培謙撰　清刻朱墨套印本　二册　存四卷(十四至十七)

360000－1901－0003497　722447
春秋左傳杜注三十卷首一卷　(清)姚培謙撰　清刻朱墨套印本　九册　存二十卷(五至七、十至十三、十八至三十)

360000－1901－0003498　715989
春秋左傳杜注三十卷首一卷　(清)姚培謙撰　清末李光明莊刻本　五册　存十二卷(一至十一、首一卷)

360000－1901－0003499　210231
春秋左傳杜注三十卷首一卷　(清)姚培謙撰　清乾隆十一年(1746)吴郡陸氏小鬱林刻本　十册

360000－1901－0003500　160292
春秋左傳杜注三十卷首一卷　(清)姚培謙撰　清同治十一年(1872)湖南尊經閣刻本　八册

360000－1901－0003501　715984
春秋左傳杜注三十卷首一卷　(清)姚培謙撰　清同治十一年(1872)湖南尊經閣刻本　十二册

360000－1901－0003502　160290
春秋左傳杜注三十卷首一卷　(清)姚培謙撰　清同治五年(1866)金陵書局刻本　十册

360000－1901－0003503　160291
春秋左傳杜注三十卷首一卷　(清)姚培謙撰　清同治五年(1866)金陵書局刻本　十册

360000－1901－0003504　415990
春秋左傳杜注三十卷首一卷　(清)姚培謙撰　清同治五年(1866)金陵書局刻本　七册　存二十二卷(一至二十一、首一卷)

360000－1901－0003505　415991
春秋左傳杜注三十卷首一卷　(清)姚培謙撰　清同治五年(1866)金陵書局刻本　二册　存六卷(一至二、十三至十五,首一卷)

360000－1901－0003506　722355
春秋左傳杜注三十卷首一卷　(清)姚培謙撰　清同治五年(1866)金陵書局刻本　一册　存三卷(一至二、首一卷)

360000－1901－0003507　405952
春秋左傳分類賦四卷　(清)夏大觀撰　(清)夏大鼎箋注　清嘉慶八年(1803)三益齋刻本　二册

360000－1901－0003508　405954
春秋左傳分類賦四卷　(清)夏大觀撰　(清)夏大鼎箋注　清嘉慶八年(1803)三益齋刻本　一册　存二卷(一至二)

360000－1901－0003509　405954－1
春秋左傳分類賦四卷　(清)夏大觀撰　(清)夏大鼎箋注　清嘉慶八年(1803)三益齋刻本　一册　存二卷(三至四)

360000－1901－0003510　406575
春秋左傳分類賦四卷　(清)夏大觀撰　(清)夏大鼎箋注　清嘉慶二十一年(1816)刻本　四册

360000－1901－0003511　406576
春秋左傳分類賦四卷　(清)夏大觀撰　(清)夏大鼎箋注　清刻本　二册

360000－1901－0003512　406577
春秋左傳分類賦四卷　(清)夏大觀撰　(清)夏大鼎箋注　清刻本　二册

360000－1901－0003513　406578－1
春秋左傳分類賦四卷　(清)夏大觀撰　(清)夏大鼎箋注　清刻本　一册　存一卷(四)

360000－1901－0003514　406578
春秋左傳分類賦四卷　(清)夏大觀撰　(清)夏大鼎箋注　清乾隆四十八年(1783)刻本　一册　存二卷(一至二)

360000－1901－0003515　164011
春秋左傳分類旁註評選十四卷　(明)龔而安撰　明末刻本　四册　存十卷(五至十四)

360000－1901－0003516　416033
春秋左傳綱目杜林詳註十四卷　(晉)杜預集解　(宋)林堯叟注釋　(明)張岐然輯　清拔茅居刻本　十册

360000－1901－0003517　416034
春秋左傳綱目杜林詳註十四卷　(晉)杜預集解　(宋)林堯叟注釋　(明)張岐然輯　清拔茅居刻本　十册

360000－1901－0003518　802968
春秋左傳綱目杜林詳註十四卷　(晉)杜預集解　(宋)林堯叟注釋　(明)張岐然輯　清拔茅居刻本　二册　存二卷(五、十)

360000－1901－0003519　416032
春秋左傳綱目杜林詳註十四卷　(晉)杜預集解　(宋)林堯叟注釋　(明)張岐然輯　清拔茅居刻本(卷二至三、九配清刻本)　十册

360000－1901－0003520　416029
春秋左傳綱目杜林詳註十四卷　(晉)杜預集解　(宋)林堯叟注釋　(明)張岐然輯　清刻本　八册　存十卷(一、五至十、十二至十四)

360000－1901－0003521　416030
春秋左傳綱目杜林詳註十四卷　(晉)杜預集解　(宋)林堯叟注釋　(明)張岐然輯　清刻本　十册

360000－1901－0003522　416031
春秋左傳綱目杜林詳註十四卷　(晉)杜預集解　(宋)林堯叟注釋　(明)張岐然輯　清刻本　十册

360000－1901－0003523　416035
春秋左傳綱目杜林詳註十四卷　(晉)杜預集解　(宋)林堯叟注釋　(明)張岐然輯　清刻本　十二册

360000－1901－0003524　802968－2
春秋左傳綱目杜林詳註十四卷　(晉)杜預集解　(宋)林堯叟注釋　(明)張岐然輯　清刻本　四册　存五卷(一、五、十二至十四)

360000－1901－0003525　802968－3
春秋左傳綱目杜林詳註十四卷　(晉)杜預集解　(宋)林堯叟注釋　(明)張岐然輯　清刻本　一册　存一卷(十)

360000－1901－0003526　416187
春秋左傳綱目杜林詳註十四卷　(晉)杜預集解　(宋)林堯叟注釋　(明)張岐然輯　清竹秀山房刻本　四册　存五卷(五、九至十、十三至十四)

360000－1901－0003527　802968－1
春秋左傳綱目杜林詳註十四卷　(晉)杜預集解　(宋)林堯叟注釋　(明)張岐然輯　清竹秀山房刻本　一册　存一卷(十二)

360000－1901－0003528　418359
春秋左傳彙輯四十卷　(清)吳炳文輯　清刻本　二十三册　存三十九卷(二至四十)

360000－1901－0003529　210239
春秋左傳節文十五卷　(明)汪道昆撰　明刻本　二册　缺七卷(七至十、十三至十五)

360000－1901－0003530　805250
春秋左傳三十卷　(晉)杜預注　(明)鍾惺評　明崇禎毛氏汲古閣刻本　一册　存三卷(一至三)

360000－1901－0003531　416190
春秋左傳三十卷　(晉)杜預注　(宋)林堯叟補注　(唐)陸德明音義　(清)馮李驊集解　清同治七年(1868)崇文書局刻本　六册　存十六卷(一至十六)

360000－1901－0003532　416188
春秋左傳十七卷　(晉)杜預注　清同治元年(1862)刻本　十册

360000－1901－0003533　210240
春秋左傳十五卷　(明)孫鑛批點　明萬曆四十四年(1616)閔齊伋刻朱墨套印本　十二册

360000－1901－0003534　210241
春秋左傳十五卷　(明)孫鑛批點　明萬曆四十四年(1616)閔齊伋刻朱墨套印本　一册　存二卷(一至二)

360000－1901－0003535　210229
春秋左傳五十卷　(晉)杜預　(宋)林堯叟注釋　(唐)陸德明音義　(明)鍾惺　(明)韓范評閱　清芥子園刻本　一册　存六卷(四至九)

360000－1901－0003536　210228
春秋左傳五十卷　(晉)杜預　(宋)林堯叟注釋　(唐)陸德明音義　(明)鍾惺評　明崇禎刻本　一册　存一卷(一)

360000－1901－0003537　804766
春秋左傳五十卷　(晉)杜預注　(宋)林堯叟補注　(唐)陸德明音義　清道光二十年(1840)刻本　二册　存三十九卷(一至十三、二十五至五十)

360000－1901－0003538　804768
春秋左傳五十卷　(晉)杜預注　(宋)林堯叟補注　(唐)陸德明音義　清道光二十年(1840)刻本　二册　存四十一卷(一至十、十六至三十一、三十六至五十)

360000－1901－0003539　804769
春秋左傳五十卷　(晉)杜預注　(宋)林堯叟補注　(唐)陸德明音義　清道光二十年(1840)刻本　二册　存二十卷(一至十二、三十六至四十三)

360000－1901－0003540　804816
春秋左傳五十卷　(晉)杜預注　(宋)林堯叟補注　(唐)陸德明音義　清敦厚堂刻本　一册　存四卷(一至四)

360000－1901－0003541　415999
春秋左傳五十卷　(晉)杜預注　(宋)林堯叟補注　(唐)陸德明音義　清刻本　十二册　存四十四卷(一至十、十三至三十一、三十六至五十)

360000－1901－0003542　715999
春秋左傳五十卷　(晉)杜預注　(宋)林堯叟補注　(唐)陸德明音義　清刻本　五册　存十五卷(二十二至二十七、三十三至四十一)

360000－1901－0003543　716000
春秋左傳五十卷　(晉)杜預注　(宋)林堯叟補注　(唐)陸德明音義　清刻本　八册　存二十六卷(一至二、四至十二、二十九至三十一、三十八至四十六、四十八至五十)

360000－1901－0003544　716001
春秋左傳五十卷　(晉)杜預注　(宋)林堯叟補注　(唐)陸德明音義　清刻本　四册　存十四卷(十四至十七、三十四至四十、四十六至四十八)

360000－1901－0003545　716002
春秋左傳五十卷　(晉)杜預注　(宋)林堯叟補注　(唐)陸德明音義　清刻本　四册　存十四卷(一至四、二十六至二十八、三十五至三十八、四十二至四十四)

360000－1901－0003546　716003
春秋左傳五十卷　(晉)杜預注　(宋)林堯叟補注　(唐)陸德明音義　清刻本　九册　存二十九卷(一至二、十四至十七、二十一至三十六、四十二至四十七)

360000－1901－0003547　721757
春秋左傳五十卷　(晉)杜預注　(宋)林堯叟補注　(唐)陸德明音義　清刻本　八册　存三十五卷(五至二十五、三十至四十三)

360000－1901－0003548　721759
春秋左傳五十卷　(晉)杜預注　(宋)林堯叟補注　(唐)陸德明音義　清刻本　三册　存十卷(十三至十六、二十六至二十八、三十八至四十)

360000－1901－0003549　722041
春秋左傳五十卷　(晉)杜預注　(宋)林堯叟補注　(唐)陸德明音義　清刻本　二册　存

八卷(十一至十四、二十一至二十四)

360000－1901－0003550　722041－1
春秋左傳五十卷　(晉)杜預注　(宋)林堯叟補注　(唐)陸德明音義　清刻本　二册　存六卷(二十二至二十七)

360000－1901－0003551　722159
春秋左傳五十卷　(晉)杜預注　(宋)林堯叟補注　(唐)陸德明音義　清刻本　七册　存二十三卷(十八至四十)

360000－1901－0003552　722160
春秋左傳五十卷　(晉)杜預注　(宋)林堯叟補注　(唐)陸德明音義　清刻本　六册　存二十卷(三至九、十七至二十三、二十九至三十四)

360000－1901－0003553　722161
春秋左傳五十卷　(晉)杜預注　(宋)林堯叟補注　(唐)陸德明音義　清刻本　三册　存九卷(四十二至五十)

360000－1901－0003554　722162
春秋左傳五十卷　(晉)杜預注　(宋)林堯叟補注　(唐)陸德明音義　清刻本　一册　存四卷(四十七至五十)

360000－1901－0003555　722163
春秋左傳五十卷　(晉)杜預注　(宋)林堯叟補注　(唐)陸德明音義　清刻本　二册　存六卷(二十八至三十三)

360000－1901－0003556　722164
春秋左傳五十卷　(晉)杜預注　(宋)林堯叟補注　(唐)陸德明音義　清刻本　二册　存九卷(五至十、十五至十七)

360000－1901－0003557　722165
春秋左傳五十卷　(晉)杜預注　(宋)林堯叟補注　(唐)陸德明音義　清刻本　一册　存三卷(四十一至四十三)

360000－1901－0003558　722166
春秋左傳五十卷　(晉)杜預注　(宋)林堯叟補注　(唐)陸德明音義　清刻本　一册　存三卷(四十二至四十四)

360000－1901－0003559　722167
春秋左傳五十卷　(晉)杜預注　(宋)林堯叟補注　(唐)陸德明音義　清刻本　一册　存三卷(十二至十四)

360000－1901－0003560　722294
春秋左傳五十卷　(晉)杜預注　(宋)林堯叟補注　(唐)陸德明音義　清刻本　一册　存三卷(十一至十三)

360000－1901－0003561　800709
春秋左傳五十卷　(晉)杜預注　(宋)林堯叟補注　(唐)陸德明音義　清刻本　一册　存三卷(二十一至二十三)

360000－1901－0003562　800867
春秋左傳五十卷　(晉)杜預注　(宋)林堯叟補注　(唐)陸德明音義　清刻本　一册　存三卷(二十八至三十)

360000－1901－0003563　800868
春秋左傳五十卷　(晉)杜預注　(宋)林堯叟補注　(唐)陸德明音義　清刻本　二册　存六卷(二十五至二十七、三十一至三十三)

360000－1901－0003564　800869
春秋左傳五十卷　(晉)杜預注　(宋)林堯叟補注　(唐)陸德明音義　清刻本　一册　存四卷(八至十一)

360000－1901－0003565　802554
春秋左傳五十卷　(晉)杜預注　(宋)林堯叟補注　(唐)陸德明音義　清刻本　一册　存三卷(三十八至四十)

360000－1901－0003566　804221
春秋左傳五十卷　(晉)杜預注　(宋)林堯叟補注　(唐)陸德明音義　清刻本　一册　存二卷(三十七至三十八)

360000－1901－0003567　804225
春秋左傳五十卷　(晉)杜預注　(宋)林堯叟補注　(唐)陸德明音義　清刻本　一册　存四卷(五至八)

360000－1901－0003568　804526
春秋左傳五十卷　(晉)杜預注　(宋)林堯叟補注　(唐)陸德明音義　清刻本　一冊　存四卷(十八至二十一)

360000－1901－0003569　804527
春秋左傳五十卷　(晉)杜預注　(宋)林堯叟補注　(唐)陸德明音義　清刻本　一冊　存四卷(四十四至四十七)

360000－1901－0003570　804528
春秋左傳五十卷　(晉)杜預注　(宋)林堯叟補注　(唐)陸德明音義　清刻本　一冊　存三卷(三十、三十八至三十九)

360000－1901－0003571　804755
春秋左傳五十卷　(晉)杜預注　(宋)林堯叟補注　(唐)陸德明音義　清刻本　一冊　存三卷(三十四至三十六)

360000－1901－0003572　804756
春秋左傳五十卷　(晉)杜預注　(宋)林堯叟補注　(唐)陸德明音義　清刻本　一冊　存三卷(三十九至四十一)

360000－1901－0003573　804757
春秋左傳五十卷　(晉)杜預注　(宋)林堯叟補注　(唐)陸德明音義　清刻本　一冊　存三卷(三十二至三十四)

360000－1901－0003574　804758
春秋左傳五十卷　(晉)杜預注　(宋)林堯叟補注　(唐)陸德明音義　清刻本　一冊　存二卷(三十三至三十四)

360000－1901－0003575　804759
春秋左傳五十卷　(晉)杜預注　(宋)林堯叟補注　(唐)陸德明音義　清刻本　一冊　存四卷(四十七至五十)

360000－1901－0003576　804760
春秋左傳五十卷　(晉)杜預注　(宋)林堯叟補注　(唐)陸德明音義　清刻本　一冊　存三卷(四十八至五十)

360000－1901－0003577　804761
春秋左傳五十卷　(晉)杜預注　(宋)林堯叟補注　(唐)陸德明音義　清刻本　一冊　存三卷(四十八至五十)

360000－1901－0003578　804762
春秋左傳五十卷　(晉)杜預注　(宋)林堯叟補注　(唐)陸德明音義　清刻本　三冊　存九卷(三十三至三十五、四十一至四十六)

360000－1901－0003579　804763
春秋左傳五十卷　(晉)杜預注　(宋)林堯叟補注　(唐)陸德明音義　清刻本　一冊　存十五卷(三十六至五十)

360000－1901－0003580　804764
春秋左傳五十卷　(晉)杜預注　(宋)林堯叟補注　(唐)陸德明音義　清刻本　一冊　存十四卷(三十七至五十)

360000－1901－0003581　804765
春秋左傳五十卷　(晉)杜預注　(宋)林堯叟補注　(唐)陸德明音義　清刻本　一冊　存二十五卷(二十六至五十)

360000－1901－0003582　804767
春秋左傳五十卷　(晉)杜預注　(宋)林堯叟補注　(唐)陸德明音義　清刻本　二冊　存十七卷(三十四至五十)

360000　1901－0003583　804769－1
春秋左傳五十卷　(晉)杜預注　(宋)林堯叟補注　(唐)陸德明音義　清刻本　一冊　存十九卷(十五至三十三)

360000－1901－0003584　804769－2
春秋左傳五十卷　(晉)杜預注　(宋)林堯叟補注　(唐)陸德明音義　清刻本　一冊　存十卷(四十一至五十)

360000－1901－0003585　804770
春秋左傳五十卷　(晉)杜預注　(宋)林堯叟補注　(唐)陸德明音義　清刻本　一冊　存三卷(三十四至三十六)

360000－1901－0003586　804771
春秋左傳五十卷　(晉)杜預注　(宋)林堯叟

補注　(唐)陸德明音義　清刻本　一冊　存二卷(四十六至四十七)

360000－1901－0003587　900952
春秋左傳五十卷　(晉)杜預注　(宋)林堯叟補注　(唐)陸德明音義　清刻本　一冊　存三卷(十五至十七)

360000－1901－0003588　902332
春秋左傳五十卷　(晉)杜預注　(宋)林堯叟補注　(唐)陸德明音義　清刻本　一冊　存三卷(九至十一)

360000－1901－0003589　716004
春秋左傳五十卷　(晉)杜預注　(宋)林堯叟補注　(唐)陸德明音義　清同治五年(1866)刻本　一冊　存十八卷(一至十八)

360000－1901－0003590　716005
春秋左傳五十卷　(晉)杜預注　(宋)林堯叟補注　(唐)陸德明音義　清同治五年(1866)刻本　三冊

360000－1901－0003591　715993
春秋左傳五十卷　(晉)杜預注　(宋)林堯叟補注　(唐)陸德明音義　清文光堂刻本　六冊　存二十卷(一至八、十五至二十、二十五至二十七、三十四至三十六)

360000－1901－0003592　416192－11
春秋左傳五十卷　(晉)杜預注　(宋)林堯叟補注　(唐)陸德明音義　(明)鍾惺等評　明崇禎刻本　一冊　存三卷(二十四至二十六)

360000－1901－0003593　715994
春秋左傳五十卷　(晉)杜預注　(宋)林堯叟補注　(唐)陸德明音義　(明)鍾惺等評　清道光二十年(1840)刻本　三冊

360000－1901－0003594　715995
春秋左傳五十卷　(晉)杜預注　(宋)林堯叟補注　(唐)陸德明音義　(明)鍾惺等評　清道光二十年(1840)刻本　二冊　存十九卷(一至十、三十一至三十九)

360000－1901－0003595　715996
春秋左傳五十卷　(晉)杜預注　(宋)林堯叟補注　(唐)陸德明音義　(明)鍾惺等評　清道光二十年(1840)刻本　三冊　存三十八卷(一至十一、二十四至五十)

360000－1901－0003596　715997
春秋左傳五十卷　(晉)杜預注　(宋)林堯叟補注　(唐)陸德明音義　(明)鍾惺等評　清道光二十年(1840)刻本　二冊　存二十六卷(一至二十六)

360000－1901－0003597　160279
春秋左傳五十卷　(晉)杜預注　(宋)林堯叟補注　(唐)陸德明音義　(明)鍾惺等評　清光緒三十四年(1908)上海商務印書館石印本　十二冊

360000－1901－0003598　415949
春秋左傳五十卷　(晉)杜預注　(宋)林堯叟補注　(唐)陸德明音義　(明)鍾惺等評　清光緒三十四年(1908)上海商務印書館石印本　八冊　存三十二卷(一至十三、三十二至五十)

360000－1901－0003599　722368
春秋左傳五十卷　(晉)杜預注　(宋)林堯叟補注　(唐)陸德明音義　(明)鍾惺等評　清光緒上海商務印書館石印本　五冊　存二十三卷(四至八、十四至三十一)

360000－1901－0003600　418536
春秋左傳五十卷　(晉)杜預注　(宋)林堯叟補注　(唐)陸德明音義　(明)鍾惺等評　清光緒元年(1875)蘇州小西山房刻本　六冊　存二十一卷(一至二、四至十、二十一至二十三、三十至三十二、四十五至五十)

360000－1901－0003601　416192－9
春秋左傳五十卷　(晉)杜預注　(宋)林堯叟補注　(唐)陸德明音義　(明)鍾惺等評　清懷德堂刻本　一冊　存三卷(二十七至二十九)

360000－1901－0003602　715982
春秋左傳五十卷　(晉)杜預注　(宋)林堯叟

補注　(唐)陸德明音義　(明)鍾惺等評　清芥子園刻本　五冊　存十五卷(二十五至三十二、四十一至四十七)

360000－1901－0003603　415958
春秋左傳五十卷　(晉)杜預注　(宋)林堯叟補注　(唐)陸德明音義　(明)鍾惺等評　清刻本　十三冊　存四十卷(一至十、十五至三十八、四十二至四十七)

360000－1901－0003604　415961
春秋左傳五十卷　(晉)杜預注　(宋)林堯叟補注　(唐)陸德明音義　(明)鍾惺等評　清刻本　七冊　存二十五卷(三至八、十五至三十三)

360000－1901－0003605　415962
春秋左傳五十卷　(晉)杜預注　(宋)林堯叟補注　(唐)陸德明音義　(明)鍾惺等評　清刻本　九冊　存三十四卷(四至八、十二至十六、二十至二十六、三十至四十六)

360000－1901－0003606　415966
春秋左傳五十卷　(晉)杜預注　(宋)林堯叟補注　(唐)陸德明音義　(明)鍾惺等評　清刻本　七冊

360000－1901－0003607　415967
春秋左傳五十卷　(晉)杜預注　(宋)林堯叟補注　(唐)陸德明音義　(明)鍾惺等評　清刻本　九冊　存四十九卷(一至十八、二十至五十)

360000－1901－0003608　415968
春秋左傳五十卷　(晉)杜預注　(宋)林堯叟補注　(唐)陸德明音義　(明)鍾惺等評　清刻本　十三冊

360000－1901－0003609　415969
春秋左傳五十卷　(晉)杜預注　(宋)林堯叟補注　(唐)陸德明音義　(明)鍾惺等評　清刻本　十四冊

360000－1901－0003610　415970
春秋左傳五十卷　(晉)杜預注　(宋)林堯叟補注　(唐)陸德明音義　(明)鍾惺等評　清刻本　六冊　存二十四卷(八至十六、二十二至三十六)

360000－1901－0003611　415971
春秋左傳五十卷　(晉)杜預注　(宋)林堯叟補注　(唐)陸德明音義　(明)鍾惺等評　清刻本　十一冊　存四十六卷(一至四十二、四十七至五十)

360000－1901－0003612　415972
春秋左傳五十卷　(晉)杜預注　(宋)林堯叟補注　(唐)陸德明音義　(明)鍾惺等評　清刻本　十一冊

360000－1901－0003613　415974
春秋左傳五十卷　(晉)杜預注　(宋)林堯叟補注　(唐)陸德明音義　(明)鍾惺等評　清刻本　十三冊

360000－1901－0003614　415975
春秋左傳五十卷　(晉)杜預注　(宋)林堯叟補注　(唐)陸德明音義　(明)鍾惺等評　清刻本　十三冊　存四十四卷(一至六、八至二十四、二十七至四十七)

360000－1901－0003615　415976
春秋左傳五十卷　(晉)杜預注　(宋)林堯叟補注　(唐)陸德明音義　(明)鍾惺等評　清刻本　九冊　存四十二卷(一至十七、二十一至二十八、三十一至四十、四十四至五十)

360000－1901－0003616　415977
春秋左傳五十卷　(晉)杜預注　(宋)林堯叟補注　(唐)陸德明音義　(明)鍾惺等評　清刻本　十冊　存四十四卷(一至九、十三至二十八、三十一至三十三、三十五至五十)

360000－1901－0003617　415978
春秋左傳五十卷　(晉)杜預注　(宋)林堯叟補注　(唐)陸德明音義　(明)鍾惺等評　清刻本　十冊　存四十五卷(一至二、七至三十、三十二至五十)

360000－1901－0003618　415979
春秋左傳五十卷　(晉)杜預注　(宋)林堯叟補注　(唐)陸德明音義　(明)鍾惺等評　清

刻本　七册　存三十七卷(一至二、九至三十、三十六至四十一、四十四至五十)

360000－1901－0003619　415980
春秋左傳五十卷　(晋)杜預注　(宋)林堯叟補注　(唐)陸德明音義　(明)鍾惺等評　清刻本　八册　存三十八卷(一至二、八至二十一、二十六至三十、三十四至五十)

360000－1901－0003620　415981
春秋左傳五十卷　(晋)杜預注　(宋)林堯叟補注　(唐)陸德明音義　(明)鍾惺等評　清刻本　六册　存二十六卷(一至二、八至十六、十八至二十一、二十八至三十、三十四至四十一)

360000－1901－0003621　415982
春秋左傳五十卷　(晋)杜預注　(宋)林堯叟補注　(唐)陸德明音義　(明)鍾惺等評　清刻本　七册　存二十八卷(六至二十一、三十至三十五、三十九至四十一、四十五至四十七)

360000－1901－0003622　415983
春秋左傳五十卷　(晋)杜預注　(宋)林堯叟補注　(唐)陸德明音義　(明)鍾惺等評　清刻本　七册　存二十二卷(一至二、十四至十六、十八至二十一、二十九至三十一、三十五至三十七、四十一至四十三、四十七至五十)

360000－1901－0003623　415984
春秋左傳五十卷　(晋)杜預注　(宋)林堯叟補注　(唐)陸德明音義　(明)鍾惺等評　清刻本　二册　存十二卷(十五至二十、三十六至四十一)

360000－1901－0003624　415985
春秋左傳五十卷　(晋)杜預注　(宋)林堯叟補注　(唐)陸德明音義　(明)鍾惺等評　清刻本　二册　存九卷(十四至十八、四十一至四十四)

360000－1901－0003625　415986
春秋左傳五十卷　(晋)杜預注　(宋)林堯叟補注　(唐)陸德明音義　(明)鍾惺等評　清刻本　二册　存八卷(十五至十八、四十一至四十四)

360000－1901－0003626　415987
春秋左傳五十卷　(晋)杜預注　(宋)林堯叟補注　(唐)陸德明音義　(明)鍾惺等評　清刻本　二册　存九卷(十六至二十、三十八至四十一)

360000－1901－0003627　415988
春秋左傳五十卷　(晋)杜預注　(宋)林堯叟補注　(唐)陸德明音義　(明)鍾惺等評　清刻本　三册　存十三卷(十六至二十四、三十八至四十一)

360000－1901－0003628　415989
春秋左傳五十卷　(晋)杜預注　(宋)林堯叟補注　(唐)陸德明音義　(明)鍾惺等評　清刻本　一册　存四卷(四十一至四十四)

360000－1901－0003629　415998
春秋左傳五十卷　(晋)杜預注　(宋)林堯叟補注　(唐)陸德明音義　(明)鍾惺等評　清刻本　二册　存七卷(十至十三、四十八至五十)

360000－1901－0003630　416191
春秋左傳五十卷　(晋)杜預注　(宋)林堯叟補注　(唐)陸德明音義　(明)鍾惺等評　清刻本　十三册

360000－1901－0003631　416192
春秋左傳五十卷　(晋)杜預注　(宋)林堯叟補注　(唐)陸德明音義　(明)鍾惺等評　清刻本　五册　存十七卷(二十至二十九、三十三至三十五、三十七至四十)

360000－1901－0003632　416192－1
春秋左傳五十卷　(晋)杜預注　(宋)林堯叟補注　(唐)陸德明音義　(明)鍾惺等評　清刻本　二册　存六卷(二十一至二十六)

360000－1901－0003633　416192－2
春秋左傳五十卷　(晋)杜預注　(宋)林堯叟補注　(唐)陸德明音義　(明)鍾惺等評　清刻本　二册　存六卷(二十一至二十六)

360000－1901－0003634　416192－3
春秋左傳五十卷　（晉）杜預注　（宋）林堯叟補注　（唐）陸德明音義　（明）鍾惺等評　清刻本　二册　存十卷（二十一至三十）

360000－1901－0003635　416192－4
春秋左傳五十卷　（晉）杜預注　（宋）林堯叟補注　（唐）陸德明音義　（明）鍾惺等評　清刻本　二册　存十二卷（二十二至三十三）

360000－1901－0003636　416192－5
春秋左傳五十卷　（晉）杜預注　（宋）林堯叟補注　（唐）陸德明音義　（明）鍾惺等評　清刻本　二册　存五卷（二十七至二十九、三十三至三十四）

360000－1901－0003637　416192－6
春秋左傳五十卷　（晉）杜預注　（宋）林堯叟補注　（唐）陸德明音義　（明）鍾惺等評　清刻本　二册　存九卷（十九至二十七）

360000－1901－0003638　416192－7
春秋左傳五十卷　（晉）杜預注　（宋）林堯叟補注　（唐）陸德明音義　（明）鍾惺等評　清刻本　一册　存四卷（二十一至二十四）

360000－1901－0003639　416193
春秋左傳五十卷　（晉）杜預注　（宋）林堯叟補注　（唐）陸德明音義　（明）鍾惺等評　清刻本　二册　存二十卷（三十一至五十）

360000－1901－0003640　416193－1
春秋左傳五十卷　（晉）杜預注　（宋）林堯叟補注　（唐）陸德明音義　（明）鍾惺等評　清刻本　二册　存八卷（三十二至三十五、四十三至四十六）

360000－1901－0003641　416193－11
春秋左傳五十卷　（晉）杜預注　（宋）林堯叟補注　（唐）陸德明音義　（明）鍾惺等評　清刻本　一册　存二卷（三十六至三十七）

360000－1901－0003642　416193－2
春秋左傳五十卷　（晉）杜預注　（宋）林堯叟補注　（唐）陸德明音義　（明）鍾惺等評　清刻本　三册　存八卷（二十九至三十六）

360000－1901－0003643　416193－3
春秋左傳五十卷　（晉）杜預注　（宋）林堯叟補注　（唐）陸德明音義　（明）鍾惺等評　清刻本　三册　存十卷（四十一至五十）

360000－1901－0003644　416193－4
春秋左傳五十卷　（晉）杜預注　（宋）林堯叟補注　（唐）陸德明音義　（明）鍾惺等評　清刻本　五册　存十六卷（三十一至三十七、四十一至四十六、四十八至五十）

360000－1901－0003645　416193－5
春秋左傳五十卷　（晉）杜預注　（宋）林堯叟補注　（唐）陸德明音義　（明）鍾惺等評　清刻本　三册　存十五卷（三十二至四十一、四十四至四十八）

360000－1901－0003646　416193－6
春秋左傳五十卷　（晉）杜預注　（宋）林堯叟補注　（唐）陸德明音義　（明）鍾惺等評　清刻本　二册　存十卷（三十三至三十八、四十三至四十六）

360000－1901－0003647　416193－7
春秋左傳五十卷　（晉）杜預注　（宋）林堯叟補注　（唐）陸德明音義　（明）鍾惺等評　清刻本　二册　存八卷（三十二至三十四、四十六至五十）

360000－1901－0003648　416193－8
春秋左傳五十卷　（晉）杜預注　（宋）林堯叟補注　（唐）陸德明音義　（明）鍾惺等評　清刻本　一册　存三卷（四十五至四十七）

360000－1901－0003649　416193－9
春秋左傳五十卷　（晉）杜預注　（宋）林堯叟補注　（唐）陸德明音義　（明）鍾惺等評　清刻本　一册　存三卷（四十五至四十七）

360000－1901－0003650　418537
春秋左傳五十卷　（晉）杜預注　（宋）林堯叟補注　（唐）陸德明音義　（明）鍾惺等評　清刻本　九册　存四十二卷（一至四、六至四十三）

360000－1901－0003651　418538

春秋左傳五十卷　(晉)杜預注　(宋)林堯叟補注　(唐)陸德明音義　(明)鍾惺等評　清刻本　七册　存三十三卷(一至三、十二至二十七、三十七至五十)

360000－1901－0003652　421855
春秋左傳五十卷　(晉)杜預注　(宋)林堯叟補注　(唐)陸德明音義　(明)鍾惺等評　清刻本　六册　存三十六卷(十二至二十一、二十五至五十)

360000－1901－0003653　421856
春秋左傳五十卷　(晉)杜預注　(宋)林堯叟補注　(唐)陸德明音義　(明)鍾惺等評　清刻本　一册　存四卷(二十一至二十四)

360000－1901－0003654　603173
春秋左傳五十卷　(晉)杜預注　(宋)林堯叟補注　(唐)陸德明音義　(明)鍾惺等評　清刻本　二册　存八卷(四十至四十三、四十七至五十)

360000－1901－0003655　603174
春秋左傳五十卷　(晉)杜預注　(宋)林堯叟補注　(唐)陸德明音義　(明)鍾惺等評　清刻本　四册　存十九卷(一至四、三十六至五十)

360000－1901－0003656　603174－1
春秋左傳五十卷　(晉)杜預注　(宋)林堯叟補注　(唐)陸德明音義　(明)鍾惺等評　清刻本　二册　存十卷(二十一至三十)

360000－1901－0003657　715981
春秋左傳五十卷　(晉)杜預注　(宋)林堯叟補注　(唐)陸德明音義　(明)鍾惺等評　清刻本　六册　存十九卷(一至二、六至十、十六至二十四、四十八至五十)

360000－1901－0003658　715998
春秋左傳五十卷　(晉)杜預注　(宋)林堯叟補注　(唐)陸德明音義　(明)鍾惺等評　清刻本　八册　存二十八卷(一至十一、十三至十六、三十二至三十四、三十六至四十一、四十七至五十)

360000－1901－0003659　716007
春秋左傳五十卷　(晉)杜預注　(宋)林堯叟補注　(唐)陸德明音義　(明)鍾惺等評　清刻本　三册　存四十四卷(一至九、十六至五十)

360000－1901－0003660　716008
春秋左傳五十卷　(晉)杜預注　(宋)林堯叟補注　(唐)陸德明音義　(明)鍾惺等評　清刻本　二册　存十七卷(十九至二十五、四十一至五十)

360000－1901－0003661　721758
春秋左傳五十卷　(晉)杜預注　(宋)林堯叟補注　(唐)陸德明音義　(明)鍾惺等評　清刻本　三册　存二十八卷(八至十八、三十四至五十)

360000－1901－0003662　721761
春秋左傳五十卷　(晉)杜預注　(宋)林堯叟補注　(唐)陸德明音義　(明)鍾惺等評　清刻本　一册　存十六卷(十九至三十四)

360000－1901－0003663　721762
春秋左傳五十卷　(晉)杜預注　(宋)林堯叟補注　(唐)陸德明音義　(明)鍾惺等評　清刻本　二册　存二十四卷(二十七至五十)

360000－1901－0003664　722053
春秋左傳五十卷　(晉)杜預注　(宋)林堯叟補注　(唐)陸德明音義　(明)鍾惺等評　清刻本　一册　存八卷(二十六至三十三)

360000－1901－0003665　800487
春秋左傳五十卷　(晉)杜預注　(宋)林堯叟補注　(唐)陸德明音義　(明)鍾惺等評　清刻本　一册　存十卷(二十一至三十)

360000－1901－0003666　802848
春秋左傳五十卷　(晉)杜預注　(宋)林堯叟補注　(唐)陸德明音義　(明)鍾惺等評　清刻本　一册　存一卷(三十五)

360000－1901－0003667　804444
春秋左傳五十卷　(晉)杜預注　(宋)林堯叟補注　(唐)陸德明音義　(明)鍾惺等評　清

刻本　三册　存十四卷(十六至二十、二十四至二十六、四十五至五十)

360000－1901－0003668　804445
春秋左傳五十卷　(晉)杜預注　(宋)林堯叟補注　(唐)陸德明音義　(明)鍾惺等評　清刻本　四册　存十七卷(三、七、十二至十六、二十五至二十七、三十六、四十四至四十九)

360000－1901－0003669　804446
春秋左傳五十卷　(晉)杜預注　(宋)林堯叟補注　(唐)陸德明音義　(明)鍾惺等評　清刻本　三册　存十六卷(十八至二十四、三十四至三十八、四十七至五十)

360000－1901－0003670　804447
春秋左傳五十卷　(晉)杜預注　(宋)林堯叟補注　(唐)陸德明音義　(明)鍾惺等評　清刻本　一册　存三卷(十八至二十)

360000－1901－0003671　416020
春秋左傳五十卷　(晉)杜預注　(宋)林堯叟補注　(唐)陸德明音義　(明)鍾惺等評　清李光明家刻本　八册　存二十五卷(一至十、十八至二十六、三十二至三十四、三十八至四十)

360000－1901－0003672　416021
春秋左傳五十卷　(晉)杜預注　(宋)林堯叟補注　(唐)陸德明音義　(明)鍾惺等評　清李光明家刻本　十五册

360000－1901－0003673　416022
春秋左傳五十卷　(晉)杜預注　(宋)林堯叟補注　(唐)陸德明音義　(明)鍾惺等評　清李光明家刻本　三册　存十三卷(五至十四、二十四至二十六)

360000－1901－0003674　416192－10
春秋左傳五十卷　(晉)杜預注　(宋)林堯叟補注　(唐)陸德明音義　(明)鍾惺等評　清李光明家刻本　一册　存五卷(二十九至三十三)

360000－1901－0003675　416193－10
春秋左傳五十卷　(晉)杜預注　(宋)林堯叟補注　(唐)陸德明音義　(明)鍾惺等評　清李光明家刻本　一册　存三卷(四十四至四十六)

360000－1901－0003676　722110
春秋左傳五十卷　(晉)杜預注　(宋)林堯叟補注　(唐)陸德明音義　(明)鍾惺等評　清李光明家刻本　三册　存八卷(二十四至三十一)

360000－1901－0003677　415963
春秋左傳五十卷　(晉)杜預注　(宋)林堯叟補注　(唐)陸德明音義　(明)鍾惺等評　清乾隆五十七年(1792)刻本　八册

360000－1901－0003678　416192－8
春秋左傳五十卷　(晉)杜預注　(宋)林堯叟補注　(唐)陸德明音義　(明)鍾惺等評　清書業堂刻本　一册　存三卷(二十二至二十四)

360000－1901－0003679　804443
春秋左傳五十卷　(晉)杜預注　(宋)林堯叟補注　(唐)陸德明音義　(明)鍾惺等評　清同德堂刻本　二册　存七卷(五至八、三十五至三十七)

360000－1901－0003680　715959
春秋左傳五十卷　(晉)杜預注　(宋)林堯叟補注　(唐)陸德明音義　(明)鍾惺等評　清文淵堂刻本　十三册　存四十七卷(一至二十四、二十八至五十)

360000－1901－0003681　415964
春秋左傳五十卷　(晉)杜預注　(宋)林堯叟補注　(唐)陸德明音義　(明)鍾惺等評　清務本堂刻本　十二册

360000－1901－0003682　415965
春秋左傳五十卷　(晉)杜預注　(宋)林堯叟補注　(唐)陸德明音義　(明)鍾惺等評　清務本堂刻本　十一册

360000－1901－0003683　415973
春秋左傳五十卷　(晉)杜預注　(宋)林堯叟補注　(唐)陸德明音義　(明)鍾惺等評　清

務本堂刻本　十冊　存三十九卷(一至三、九至十四、二十一至五十)

360000－1901－0003684　415997

春秋左傳五十卷　(晉)杜預注　(宋)林堯叟補注　(唐)陸德明音義　(明)鍾惺等評　清咸豐二年(1852)刻本　一冊　存十七卷(一至十七)

360000－1901－0003685　715961

春秋左傳五十卷　(晉)杜預注　(宋)林堯叟補注　(唐)陸德明音義　(清)馮李驊集解　清刻本　八冊　存十九卷(十二至三十)

360000－1901－0003686　210236

春秋左傳詳節句解三十五卷　(宋)朱申注釋　明萬曆刻本　四冊

360000－1901－0003687　210235

春秋左傳詳節句解三十五卷　(宋)朱申注釋　明萬曆十年(1582)顧梧芳刻本　十冊

360000－1901－0003688　418360

春秋左傳註六十卷　(晉)杜預撰　清稽古樓刻本　十八冊　存四十卷(一至十四、十七至十九、二十三至二十六、三十一至三十四、四十二至五十一、五十四至五十八)

360000－1901－0003689　418361

春秋左傳註六十卷　(晉)杜預撰　清稽古樓刻本　七冊　存十四卷(一至二、五至十四、十九至二十)

360000－1901－0003690　720823

春秋左傳註疏六十卷　(晉)杜預注　(唐)孔穎達疏　清四友堂刻本　十四冊　存二十九卷(一至二十五、三十一至三十四)

360000－1901－0003691　722416

春秋左傳註疏六十卷　(晉)杜預注　(唐)孔穎達疏　清四友堂刻本　一冊　存二卷(五十九至六十)

360000－1901－0003692　163957

春秋左傳註疏六十卷　(晉)杜預注　(唐)陸德明音義　(唐)孔穎達疏　明崇禎十一年(1638)汲古閣刻十三經注疏本　二十三冊　存五十八卷(三至六十)

360000－1901－0003693　210227

春秋左傳註疏六十卷　(晉)杜預注　(唐)陸德明音義　(唐)孔穎達疏　明崇禎十一年(1638)汲古閣刻十三經注疏本　六冊　存十七卷(五至十、十四至十八、三十三至三十八)

360000－1901－0003694　805470

春秋左傳註疏六十卷　(晉)杜預注　(唐)陸德明音義　(唐)孔穎達疏　明崇禎十一年(1638)汲古閣刻十三經注疏本　二冊　存二卷(二十九至三十)

360000－1901－0003695　210225

春秋左傳註疏六十卷　(晉)杜預注　(唐)陸德明音義　(唐)孔穎達疏　明萬曆十九年(1591)北京國子監刻十三經注疏本　二十冊

360000－1901－0003696　210226

春秋左傳註疏六十卷　(晉)杜預注　(唐)陸德明音義　(唐)孔穎達疏　明萬曆十九年(1591)北京國子監刻十三經注疏本　三冊

360000－1901－0003697　160272

春秋左氏傳賈服注輯述二十卷　(清)李貽德撰　清同治八年(1869)刻本　六冊

360000－1901－0003698　160270

春秋左氏傳賈服注輯述二十卷　(清)李貽德撰　清同治五年(1866)刻本　六冊

360000－1901－0003699　160271

春秋左氏傳賈服注輯述二十卷　(清)李貽德撰　清同治五年(1866)刻本　六冊

360000－1901－0003700　406620

春秋左氏古義六卷　(清)臧壽恭撰　清同治十三年(1874)吳縣潘氏京師刻滂喜齋叢書本　二冊

360000－1901－0003701　413473

春融堂集六十八卷　(清)王昶撰　**述庵先生年譜二卷**　(清)嚴榮編　清刻本　十冊　存五十卷(一至三、十一至二十八、三十至三十

六、四十二至五十一、五十九至六十八，述庵先生年譜二卷）

360000－1901－0003702　150542
春融堂集六十八卷雜記八種　（清）王昶撰
述庵先生年譜二卷　（清）嚴榮編　清光緒十八年（1892）刻本　二十冊

360000－1901－0003703　317401
春融堂雜記　（清）王昶撰　清光緒申報館鉛印本　四冊

360000－1901－0003704　413474
春融堂雜記　（清）王昶撰　清光緒申報館鉛印本　一冊　存三種

360000－1901－0003705　303262
春融堂雜記　（清）王昶撰　清末鉛印本　四冊

360000－1901－0003706　405279
春樹齋叢説一卷　（清）溫葆深撰　清光緒刻本　一冊

360000－1901－0003707　404631
春吟回文一卷　（清）李暘撰　清刻本　一冊

360000－1901－0003708　901484
春在堂詞錄三卷　（清）俞樾撰　清刻本　一冊

360000－1901－0003709　150250
春在堂全書　（清）俞樾撰　清光緒二十三年（1897）石印本　三十二冊

360000－1901－0003710　410696
春在堂全書　（清）俞樾撰　清光緒九年（1883）石印本　十六冊　存二十一種

360000－1901－0003711　901020
春在堂全書　（清）俞樾撰　清刻本　三十冊　存六種

360000－1901－0003712　150249
春在堂全書　（清）俞樾撰　清同治、光緒刻本　八十冊　存二十五種

360000－1901－0003713　150571
春在堂全書　（清）俞樾撰　清同治、光緒刻本　七十七冊　存十七種

360000－1901－0003714　410694
春在堂全書　（清）俞樾撰　清同治十年（1871）刻本　九十冊　存二十種

360000－1901－0003715　410695
春在堂全書　（清）俞樾撰　清同治十年（1871）刻本　五十三冊　存十二種

360000－1901－0003716　410695－1
春在堂全書　（清）俞樾撰　清同治十年（1871）刻本　二十六冊　存九種

360000－1901－0003717　901485
春在堂隨筆十卷　（清）俞樾撰　清刻本　三冊

360000－1901－0003718　405423
椿蔭軒古近體詩鈔不分卷　（清）敖冊賢撰　清刻本　二冊

360000－1901－0003719　405423－1
椿蔭軒古近體詩鈔不分卷　（清）敖冊賢撰　清刻本　一冊

360000－1901－0003720　121916
椿影集　（清）馮春暉撰　清道光十六年（1836）基福堂刻本　六冊

360000－1901－0003721　122099
蒓齋文集不分卷　（清）劉辰慶撰　清同治六年（1867）劉氏敬恕堂刻本　四冊

360000－1901－0003722　301408
純白齋類稿二十卷附錄二卷　（元）胡助撰　清同治十二年（1873）永康胡氏退補齋刻本　四冊

360000－1901－0003723　301409
純白齋類稿二十卷附錄二卷　（元）胡助撰　清同治十二年（1873）永康胡氏退補齋刻本　四冊

360000－1901－0003724　301414
純甫古文鈔六卷　（清）戴楫撰　清同治九年（1870）刻本　二冊

360000－1901－0003725　803584
純甫詩草不分卷　（□）□□撰　清抄本　一冊

360000－1901－0003726　900584
純孝里潘氏族譜不分卷　（清）潘懿修　清光緒七年（1881）抄本　一冊

360000－1901－0003727　310229
純陽祖師金剛般若波羅蜜經註講一卷純陽祖師金剛般若波羅蜜多心經註講一卷　題（唐）呂喦注　清同治八年（1869）皖城撫署刻本　一冊

360000－1901－0003728　304789
純陽祖師金剛般若波羅蜜經註講一卷純陽祖師金剛般若波羅蜜多心經註講一卷　題（唐）呂喦注　清同治七年（1868）皖城撫署刻本　一冊

360000－1901－0003729　416805
純正蒙求三卷　（元）胡炳文撰　清光緒六年（1880）楚北黄留餘堂刻本　三冊

360000－1901－0003730　416805－1
純正蒙求三卷　（元）胡炳文撰　清光緒六年（1880）楚北黄留餘堂刻本　三冊

360000－1901－0003731　230593
淳化閣帖釋文十卷　（清）朱家標輯　清康熙二十二年（1683）龍潭朱家標絅錦堂刻本　二冊

360000－1901－0003732　409948
淳化閣帖釋文十卷　（清）朱家標輯　清康熙二十二年（1683）龍潭朱家標絅錦堂刻本　二冊

360000－1901－0003733　409948－1
淳化閣帖釋文十卷　（清）朱家標輯　清康熙二十二年（1683）龍潭朱家標絅錦堂刻本　一冊

360000－1901－0003734　314623
淳化祕閣法帖考正十卷附二卷　（清）王澍撰　**淳化閣帖釋文二卷**　（清）沈宗騫校定　清道光二十八年（1848）海虞俞氏蘊玉山房刻本　八冊

360000－1901－0003735　409970
淳化祕閣法帖考正十卷附二卷　（清）王澍撰　**淳化閣帖釋文二卷**　（清）沈宗騫校定　清道光二十八年（1848）海虞俞氏蘊玉山房刻本　八冊　存十卷（一至五、九，附二卷，淳化閣帖釋文二卷）

360000－1901－0003736　409970－1
淳化祕閣法帖考正十卷附二卷　（清）王澍撰　**淳化閣帖釋文二卷**　（清）沈宗騫校定　清道光二十八年（1848）海虞俞氏蘊玉山房刻本　二冊　存三卷（二至四）

360000－1901－0003737　410276
淳化祕閣法帖考正十卷附二卷　（清）王澍撰　**淳化閣帖釋文二卷**　（清）沈宗騫校定　清道光二十八年（1848）海虞俞氏蘊玉山房刻本　一冊　存二卷（五至六）

360000－1901－0003738　805396
淳熙稿二十卷　（宋）趙蕃撰　清刻本　一冊　存三卷（七至九）

360000－1901－0003739　802890
啜茗軒小題文不分卷　（清）何徵　（清）何炳榮輯　清同治十年（1871）刻本　二冊

360000－1901－0003740　230411
輟耕錄三十卷　（明）陶宗儀撰　明崇禎虞山毛氏汲古閣刻津逮祕書本　八冊

360000－1901－0003741　230412
輟耕錄三十卷　（明）陶宗儀撰　明崇禎虞山毛氏汲古閣刻津逮祕書本　四冊　存二十五卷（六至三十）

360000－1901－0003742　317474
輟耕錄三十卷　（明）陶宗儀撰　清光緒十一年（1885）上海福瀛書局刻本　八冊

360000－1901－0003743　413385
輟耕吟稿詩存五卷　（清）倪偉人撰　清光緒十六年（1890）章安官舍刻朱印本　二冊

360000－1901－0003744　307929
茨村詠史新樂府二卷附錄一卷　(清)胡介祉撰　(清)郭雲參訂　清諸暨郭氏刻本　四冊

360000－1901－0003745　800538
[書目]□□卷　(清)□□編　清抄本　四冊

360000－1901－0003746　163952
祠部集三十五卷　(宋)強志撰　清刻武英殿聚珍版書本　四冊　存十九卷(六至十五、二十至二十八)

360000－1901－0003747　801155
詞萃一卷　(□)□□輯　清抄本　一冊

360000－1901－0003748　801148
詞底一卷　(□)□□輯　清乾隆四十二年(1777)抄本　一冊

360000－1901－0003749　801007
詞館試律清華集四卷　(清)蔣義彬輯　清刻本　一冊　存一卷(二)

360000－1901－0003750　241563
詞鏡平仄圖譜三卷　(清)賴以邠撰　(清)查繼超輯　清乾隆四十八年(1783)林栖梧刻朱墨套印本　二冊　存二卷(長調、中調)

360000－1901－0003751　801419
詞林百調一卷　(清)黃琴父輯　清抄本　一冊

360000－1901－0003752　414795
詞林分類次韻便讀三字錦九卷末一卷　(清)趙暄輯　清道光二十二年(1842)刻本　十一冊　存九卷(一、三至九,末一卷)

360000－1901－0003753　414796
詞林分類次韻便讀三字錦九卷末一卷　(清)趙暄輯　清道光二十二年(1842)刻本　四冊

360000－1901－0003754　414797
詞林分類次韻便讀三字錦九卷末一卷　(清)趙暄輯　清道光二十二年(1842)刻本　五冊　存八卷(一、四至九,末一卷)

360000－1901－0003755　414798
詞林分類次韻便讀三字錦九卷末一卷　(清)趙暄輯　清道光二十二年(1842)刻本　七冊　存九卷(一至六、八至九,末一卷)

360000－1901－0003756　414784
詞林分類次韻便讀三字錦九卷末一卷　(清)趙暄輯　清道光二十六年(1846)懷德堂刻本　四冊

360000－1901－0003757　404661
詞林分類次韻便讀三字錦九卷末一卷　(清)趙暄輯　清刻本　四冊

360000－1901－0003758　404662
詞林分類次韻便讀三字錦九卷末一卷　(清)趙暄輯　清刻本　二冊　存五卷(五至七、九,末一卷)

360000－1901－0003759　414799
詞林分類次韻便讀三字錦九卷末一卷　(清)趙暄輯　清刻本　三冊　存五卷(一、四至五、九,末一卷)

360000－1901－0003760　414799－1
詞林分類次韻便讀三字錦九卷末一卷　(清)趙暄輯　清刻本　一冊　存一卷(四)

360000－1901－0003761　800774
詞林分類次韻便讀三字錦九卷末一卷　(清)趙暄輯　清刻本　一冊　存二卷(九、末一卷)

360000－1901－0003762　300464
詞林海錯類選四卷　(明)夏樹芳輯　清道光十年(1830)同安陳榮春刻本　二冊

360000－1901－0003763　417612
詞林海錯類選四卷　(明)夏樹芳輯　清道光十年(1830)同安陳榮春刻本　三冊　存三卷(一、三至四)

360000－1901－0003764　418487
詞林紀事二十二卷　(清)張宗橚輯　清乾隆刻本　一冊　存四卷(十至十三)

360000－1901－0003765　164076
詞林萬選四卷　(明)楊慎輯　明末毛氏汲古閣刻本　一冊

360000－1901－0003766　241562
詞律二十卷　(清)萬樹撰　清康熙二十六年(1687)萬氏堆絮園刻保滋堂印本　十二册

360000－1901－0003767　418147
詞律二十卷　(清)萬樹撰　清康熙二十六年(1687)萬氏堆絮園刻保滋堂印本　十二册

360000－1901－0003768　418147－1
詞律二十卷　(清)萬樹撰　清康熙二十六年(1687)萬氏堆絮園刻保滋堂印本　四册　存十卷(十一至二十)

360000－1901－0003769　163532
詞律二十卷　(清)萬樹撰　清康熙二十六年(1687)萬氏堆絮園刻本　八册

360000－1901－0003770　418148
詞律二十卷　(清)萬樹撰　清康熙二十六年(1687)萬氏堆絮園刻本　六册

360000－1901－0003771　418149
詞律二十卷　(清)萬樹撰　清康熙二十六年(1687)萬氏堆絮園刻本　一册　存二卷(十五至十六)

360000－1901－0003772　307864
詞律二十卷　(清)萬樹撰　**詞律拾遺八卷**　(清)徐本立撰　**詞律補遺一卷**　(清)杜文瀾輯　清光緒二年(1876)石印本　十二册

360000－1901－0003773　418152
詞律拾遺八卷　(清)徐本立撰　清同治十二年(1873)刻本　四册

360000－1901－0003774　418153
詞律拾遺八卷　(清)徐本立撰　清同治十二年(1873)刻本　四册

360000－1901－0003775　241561
詞名集解六卷　(清)汪汲撰　清乾隆、嘉慶古愚山房刻古愚老人消夏錄本　一册　存三卷(一至三)

360000－1901－0003776　417618
詞譜四十卷　(清)王奕清等撰　清康熙五十四年(1715)内府刻朱墨套印本　六册　存十三卷(六至七、十至二十)

360000－1901－0003777　414853
詞鯖一卷　(清)余煌撰　清道光十二年(1832)刻本　一册

360000－1901－0003778　901052
詞訟案卷不分卷　(清)□□輯　清刻本　二册

360000－1901－0003779　163538
詞選二卷　(清)張惠言輯　**附錄一卷**　(清)鄭善長輯　**續詞選二卷**　(清)董毅輯　清道光十年(1830)刻本　一册

360000－1901－0003780　414859
詞選二卷　(清)張惠言輯　**附錄一卷**　(清)鄭善長輯　**續詞選二卷**　(清)董毅輯　清道光十年(1830)刻本　一册

360000－1901－0003781　300469
詞選二卷　(清)張惠言輯　**附錄一卷**　(清)鄭善長輯　**續詞選二卷**　(清)董毅輯　清道光十年(1830)陽湖張氏宛鄰書屋刻本　一册

360000－1901－0003782　414857
詞選二卷　(清)張惠言輯　**附錄一卷**　(清)鄭善長輯　**續詞選二卷**　(清)董毅輯　清刻本　二册

360000－1901－0003783　414858
詞選二卷　(清)張惠言輯　**附錄一卷**　(清)鄭善長輯　**續詞選二卷**　(清)董毅輯　清刻本　二册

360000－1901－0003784　414855
詞選二卷　(清)張惠言輯　**附錄一卷**　(清)鄭善長輯　**續詞選二卷**　(清)董毅輯　清同治六年(1867)刻本　一册

360000－1901－0003785　414861
詞選二卷　(清)張惠言輯　**附錄一卷**　(清)鄭善長輯　**續詞選二卷**　(清)董毅輯　**詞源二卷**　(宋)張炎撰　**詞旨一卷**　(元)陸輔之撰　**樂府指迷一卷**　(宋)沈義父撰　清光緒十三年(1887)刻本　二册

360000－1901－0003786　317246
詞選二卷　(清)張惠言輯　**附錄一卷**　(清)鄭善長輯　**續詞選二卷**　(清)董毅輯　**宋四家詞選一卷**　(清)周濟輯　**唐五代詞選三卷**　(清)成肇麐輯　**詞源二卷**　(宋)張炎撰　清光緒湖南思賢書局刻本　四册

360000－1901－0003787　803771
詞學辨體四卷　(清)黄元善輯　清黄元善抄本　一册

360000－1901－0003788　316106
詞學叢書　(清)秦恩復輯　清嘉慶、道光江都秦氏享帚精舍刻本　十册

360000－1901－0003789　404992
詞學叢書　(清)秦恩復輯　清刻本　四册　存二種

360000－1901－0003790　414860
詞學全書　(清)查培繼輯　清刻本　二册　存三種

360000－1901－0003791　409789
詞學全書　(清)查培繼輯　清乾隆十一年(1746)致和堂刻本　六册　存二種

360000－1901－0003792　409790
詞學全書　(清)查培繼輯　清乾隆十一年(1746)致和堂刻本　五册　存二種

360000－1901－0003793　318117－9
詞語總目不分卷　(□)□□輯　清光緒四年(1878)抄本　一册

360000－1901－0003794　411346
詞垣日記一卷　(清)帥方蔚撰　清道光十四年(1834)刻本　一册

360000－1901－0003795　122887
詞垣日記一卷　(清)帥方蔚撰　清光緒十年(1884)刻本　一册

360000－1901－0003796　300466
詞源二卷　(宋)張炎撰　清道光十六年(1836)烏程范鍇刻本　一册

360000－1901－0003797　316963
詞源二卷　(宋)張炎撰　清光緒八年(1882)仁和許增娱園刻本　一册

360000－1901－0003798　414854
詞源二卷　(宋)張炎撰　清光緒八年(1882)仁和許增娱園刻本　一册

360000－1901－0003799　316497
詞苑叢談十二卷　(清)徐釚撰　清康熙刻本　四册

360000－1901－0003800　164130
詞苑英華　(明)毛晉輯　明末毛氏汲古閣刻本　二册　存二種

360000－1901－0003801　417624
詞苑英華　(明)毛晉輯　明末毛氏汲古閣刻清乾隆十七年(1752)曲溪洪振珂印本　九册　存五種

360000－1901－0003802　718086
詞苑英華　(明)毛晉輯　明末毛氏汲古閣刻清乾隆十七年(1752)曲溪洪振珂印本　三册　存二種

360000－1901－0003803　316547
詞綜三十八卷　(清)朱彝尊輯　清同治四年(1865)亦西齋刻本　八册

360000－1901－0003804　316994
詞綜三十八卷　(清)朱彝尊輯　(清)汪森增輯　**明詞綜十二卷國朝詞綜四十八卷國朝詞綜二集八卷**　(清)王昶輯　清嘉慶七年(1802)刻本　十二册

360000－1901－0003805　317255
詞綜三十八卷　(清)朱彝尊輯　(清)汪森增輯　**明詞綜十二卷國朝詞綜四十八卷國朝詞綜二集八卷**　(清)王昶輯　清刻本　二十四册

360000－1901－0003806　417614
詞綜三十八卷　(清)朱彝尊輯　(清)汪森增輯　**明詞綜十二卷國朝詞綜四十八卷國朝詞綜二集八卷**　(清)王昶輯　清同治四年(1865)亦西齋刻本　十册　存三十八卷(詞

綜三十八卷)

360000－1901－0003807　241559
詞綜三十卷　(清)朱彝尊輯　(清)汪森增輯　清康熙十七年(1678)汪氏裘杼樓刻本　四冊

360000－1901－0003808　241560
詞綜三十六卷　(清)朱彝尊輯　(清)汪森增輯　清康熙十七年(1678)汪氏裘杼樓刻三十年(1691)增刻乾隆九年(1744)汪氏碧梧書屋重修本　十冊

360000－1901－0003809　417613
詞綜三十六卷　(清)朱彝尊輯　(清)汪森增輯　清刻本　一冊　存五卷(一至五)

360000－1901－0003810　417613－1
詞綜三十六卷　(清)朱彝尊輯　(清)汪森增輯　清刻本　一冊　存四卷(四至七)

360000－1901－0003811　417613－2
詞綜三十六卷　(清)朱彝尊輯　(清)汪森增輯　清刻本　一冊　存四卷(一至四)

360000－1901－0003812　406909
慈悲梁皇寶懺十卷　題(南朝梁)武帝蕭衍撰　清光緒十五年(1889)金陵刻經處刻本　三冊

360000－1901－0003813　803125
慈恩玉歷彙錄五卷　(清)俞大文輯　清刻本　一冊　存三卷(一至三)

360000－1901－0003814　706886
慈航性理二卷　(□)□□撰　清道光二十二年(1842)刻本　一冊

360000－1901－0003815　230344
慈溪黄氏日抄分類九十七卷古今紀要十九卷　(宋)黄震撰　明正德刻本(原缺卷八十一、八十九、九十二)　六冊　存三十三卷(一至五、三十九至四十二、六十二至七十九、九十一、九十三至九十七)

360000－1901－0003816　230345
慈溪黄氏日抄分類九十七卷古今紀要十九卷　(宋)黄震撰　清乾隆三十二年(1767)新安汪佩鍔珠樹堂刻本(原缺卷八十一、八十九、九十二)　二十四冊

360000－1901－0003817　230346
慈溪黄氏日抄分類九十七卷古今紀要十九卷　(宋)黄震撰　清乾隆三十二年(1767)新安汪佩鍔珠樹堂刻本(原缺卷八十一、八十九、九十二)　二十冊

360000－1901－0003818　230347
慈溪黄氏日抄分類九十七卷古今紀要十九卷　(宋)黄震撰　清乾隆三十二年(1767)新安汪佩鍔珠樹堂刻本(原缺卷八十一、八十九、九十二)　二十四冊

360000－1901－0003819　230348
慈溪黄氏日抄分類九十七卷古今紀要十九卷　(宋)黄震撰　清乾隆三十二年(1767)新安汪佩鍔珠樹堂刻本(原缺卷八十一、八十九、九十二)　十八冊　存九十四卷(一至八十、八十二至八十八、九十至九十一、九十三至九十七)

360000－1901－0003820　230349
慈溪黄氏日抄分類九十七卷古今紀要十九卷　(宋)黄震撰　清乾隆三十二年(1767)新安汪佩鍔珠樹堂刻本(原缺卷八十一、八十九、九十二)　十三冊　存八十七卷(一至二十二、三十至八十、八十二至八十八、九十至九十一、九十三至九十七)

360000－1901－0003821　230350
慈溪黄氏日抄分類九十七卷古今紀要十九卷　(宋)黄震撰　清乾隆三十二年(1767)新安汪佩鍔珠樹堂刻本(原缺卷八十一、八十九、九十二)　九冊　存四十三卷(慈溪黄氏日抄分類二十九至三十八、四十六至五十三、九十一、九十三至九十七,古今紀要十九卷)

360000－1901－0003822　417819
慈溪黄氏日抄分類九十七卷古今紀要十九卷　(宋)黄震撰　清乾隆三十二年(1767)新安汪佩鍔珠樹堂刻本(原缺卷八十一、八十九、九十二)　十冊　存五十二卷(慈溪黄氏日抄

分類一至四十七，古今紀要一至二、十一至十三）

360000－1901－0003823　417819－1
慈溪黃氏日抄分類九十七卷古今紀要十九卷　（宋）黃震撰　清乾隆三十二年（1767）新安汪佩鍔珠樹堂刻本（原缺卷八十一、八十九、九十二）　三冊　存十一卷（二十三至二十五、三十至三十三、三十八至四十一）

360000－1901－0003824　417819－2
慈溪黃氏日抄分類九十七卷古今紀要十九卷　（宋）黃震撰　清乾隆三十二年（1767）新安汪佩鍔珠樹堂刻本（原缺卷八十一、八十九、九十二）　三冊　存十五卷（七至九、二十八至三十二、三十八至四十四）

360000－1901－0003825　417819－3
慈溪黃氏日抄分類九十七卷古今紀要十九卷　（宋）黃震撰　清乾隆三十二年（1767）新安汪佩鍔珠樹堂刻本（原缺卷八十一、八十九、九十二）　二冊　存十卷（二十九至三十二、四十一至四十六）

360000－1901－0003826　162809
慈心寶鑒四卷　（清）誦芬樓主人輯　清刻本　一冊

360000－1901－0003827　241242
辭賦標義十八卷　（明）俞王言輯　明萬曆二十九年（1601）休寧金氏渾樸居刻本　一冊　存四卷（十至十三）

360000－1901－0003828　240756
此觀堂集十二卷　（明）羅萬藻撰　清乾隆二十一年（1756）躍齋刻本　六冊

360000－1901－0003829　240757
此觀堂集十二卷　（明）羅萬藻撰　清乾隆二十一年（1756）躍齋刻本　六冊

360000－1901－0003830　240758
此觀堂集十二卷　（明）羅萬藻撰　清乾隆二十一年（1756）躍齋刻本　六冊

360000－1901－0003831　601231
此觀堂集一卷　（明）羅萬藻撰　清康熙刻本　二冊

360000－1901－0003832　413549
此君園文集三十卷　（清）吳名鳳撰　清道光二十一年（1841）刻本　八冊　存二十四卷（一至五、十二至三十）

360000－1901－0003833　405854
此木軒四書說九卷　（清）焦袁熹撰　清刻本　二冊　存八卷（一至八）

360000－1901－0003834　309236
此木軒雜著八卷　（清）焦袁熹撰　清光緒八年（1882）席氏掃葉山房刻本　四冊

360000－1901－0003835　411356
此木軒雜著八卷　（清）焦袁熹撰　清嘉慶九年（1804）此木軒刻本　三冊　存六卷（一至四、七至八）

360000－1901－0003836　230214
此事難知四卷　（元）王好古撰　明德馨堂刻東垣十書本　一冊

360000－1901－0003837　230215
此事難知四卷　（元）王好古撰　明德馨堂刻東垣十書本　一冊　缺一卷（一）

360000－1901－0003838　800472
此宜閣增訂金批西廂記四卷首一卷末一卷　（元）王德信撰　（清）金人瑞評　清乾隆刻朱墨套印本　一冊　存一卷（四）

360000－1901－0003839　802058
此宜閣增訂金批西廂四卷首一卷末一卷　（元）王德信撰　（清）金人瑞評　清抄本　一冊　存四卷（此宜閣增訂金批西廂四卷）

360000－1901－0003840　421529
此宜閣增訂金批西廂四卷首一卷末一卷　（元）王德信撰　（清）金人瑞評　清刻朱墨套印本　六冊

360000－1901－0003841　115074
［同治］安義縣志十六卷首一卷末一卷　（清）杜林修　（清）彭斗山　（清）熊寶善纂　清同

治十年(1871)木活字印本　八冊

360000－1901－0003842　241584

此宜閣增訂金批西廂四卷首一卷末一卷　(元)王德信撰　(清)金人瑞評　清乾隆六十年(1795)周氏此宜閣刻朱墨套印本　五冊　缺一卷(三)

360000－1901－0003843　803956

刺字條款不分卷　(清)□□輯　清抄本　一冊

360000－1901－0003844　302762

賜剩閣外集另編二卷　(清)胡欽撰　**檗隖詩存別集二卷**　(清)王以敏撰　清光緒二十九年(1903)刻本　一冊

360000－1901－0003845　415124

賜綺堂集二十四卷外集二卷　(清)詹應甲撰　清道光三年(1823)刻本　八冊　存二十三卷(賜綺堂集一至十二、十六至二十四,外集二卷)

360000－1901－0003846　413695

賜書堂稿二卷　(清)曹秀先撰　清乾隆刻本　一冊　存一卷(上)

360000－1901－0003847　150447－1

賜硯堂叢書新編　(清)顧沅輯　清抄本　二冊　存五種

360000－1901－0003848　150447

賜硯堂叢書新編　(清)顧沅輯　清道光十年(1830)長洲顧氏刻本　三冊　存十七種

360000－1901－0003849　415123

賜硯齋集十二卷　(清)龍汝言撰　清道光十六年(1836)刻本　四冊　存八卷(一至二、五至十)

360000－1901－0003850　415125

賜硯齋詩鈔四卷　(清)伊朝棟撰　清嘉慶十二年(1807)揚州郡齋刻本　一冊

360000－1901－0003851　240924

賜硯齋詩存四卷　(清)沈涵撰　清乾隆二十二年(1757)歸安沈氏刻本　一冊　存二卷(一至二)

360000－1901－0003852　240682

賜餘堂集十四卷　(明)吳中行撰　明萬曆二十八年(1600)晉陵吳亮、吳奕等刻本　八冊

360000－1901－0003853　308383

聰山集　(清)申涵光撰　清康熙刻彙印本　四冊

360000－1901－0003854　316105

聰山集八卷荆園小語一卷進語一卷　(清)申涵光撰　**申鳧盟先生年譜略一卷**　(清)申涵煜　(清)申涵盼撰　**崇祀鄉賢錄一卷**　清康熙刻本　五冊

360000－1901－0003855　163129

從公錄一卷　(清)戴肇辰撰　清同治二年(1863)刻本　一冊

360000－1901－0003856　401712

從公錄一卷　(清)戴肇辰撰　清同治二年(1863)刻本　一冊

360000－1901－0003857　161881

從公續錄二卷　(清)戴肇辰撰　清同治七年(1868)刻本　一冊

360000－1901－0003858　163524

從戎草三卷　(清)陳祁撰　清嘉慶九年(1804)刻本　一冊

360000－1901－0003859　416968

從善先資不分卷　(清)江臯居士輯　清道光二十六年(1846)刻本　二冊

360000－1901－0003860　901639

從吾所好擬墨不分卷　(清)成琦撰　清光緒刻本　一冊

360000－1901－0003861　710389

從先維俗議五卷　(明)管志道撰　明萬曆刻本　五冊

360000－1901－0003862　301690

從征圖記不分卷　(清)唐訓方撰　(清)廖筠繪圖　清同治六年(1867)西山草堂刻本　四冊

360000－1901－0003863　416881－1
從政遺規不分卷　(清)陳弘謀撰　清道光九年(1829)當塗夏氏刻四種遺規本　一册

360000－1901－0003864　304892
從政遺規二卷　(清)陳弘謀撰　清光緒二十二年(1896)經綸元記刻本　一册　存一卷(一)

360000－1901－0003865　416887
從政遺規摘鈔二卷補鈔一卷　(清)陳弘謀撰　(清)劉肇紳摘抄　清同治七年(1868)楚北崇文書局刻五種遺規摘鈔本　二册

360000－1901－0003866　240938
叢碧山房詩集十卷　(清)龐塏撰　清康熙刻本　一册

360000－1901－0003867　803140
叢殘集不分卷　(□)□□輯　清刻朱印本　一册

360000－1901－0003868　411311
催官篇二卷　(宋)賴文俊撰　(清)尹一勺注　清嘉慶二年(1797)笥峰石室刻本　二册

360000－1901－0003869　411312
催官篇二卷　(宋)賴文俊撰　(清)尹一勺注　清嘉慶二年(1797)笥峰石室刻本　一册

360000－1901－0003870　411312－1
催官篇四卷　(宋)賴文俊撰　(清)尹一勺注　清刻本　一册　存三卷(二至四)

360000－1901－0003871　316619
萃錦唫十一卷　(清)奕訢撰　清光緒十八年(1892)廣東撫署刻本　八册

360000－1901－0003872　802557
萃珍□□卷　(清)□□輯　清刻本　三册　存三卷(四至六)

360000－1901－0003873　802115
粹言綴珠不分卷　(清)閑閒軒撰　稿本　一册

360000－1901－0003874　240754
翠筠亭集十卷附刊一卷　(明)石文器撰　清乾隆二年(1737)石迴瀾等刻本　四册

360000－1901－0003875　801033
翠薇山房數學　(清)張作楠撰　清光緒二十三年(1897)上海鴻寶齋石印本　一册　存二種

360000－1901－0003876　312701
翠薇山房數學　(清)張作楠撰　清光緒五年(1879)息園刻本　二十四册

360000－1901－0003877　417408
翠薇山房數學　(清)張作楠撰　清嘉慶、道光金華張氏翠薇山房刻本　十册　存九種

360000－1901－0003878　710200
翠圍山房詩集□□卷　(清)謝攀雲撰　清刻本　一册　存三卷(一至三)

360000－1901－0003879　721848
翠圍山房詩集□□卷　(清)謝攀雲撰　清刻本　三册　存八卷(四至十一)

360000－1901－0003880　164052
翠娱閣評選王季重先生小品二卷　(明)王思任撰　明刻本　一册

360000－1901－0003881　122086
翠竹青蓮山房集十四卷續集四卷附錄一卷補遺一卷　(明)甘雨撰　(明)鄒元標選　清咸豐九年(1859)刻光緒二年(1876)補刻本　八册

360000－1901－0003882　122087
翠竹青蓮山房集十四卷續集四卷附錄一卷補遺一卷　(明)甘雨撰　(明)鄒元標選　清咸豐九年(1859)刻光緒二年(1876)補刻本　八册

360000－1901－0003883　122088
翠竹青蓮山房集十四卷續集四卷附錄一卷補遺一卷　(明)甘雨撰　(明)鄒元標選　清咸豐九年(1859)刻光緒二年(1876)補刻本　八册

360000－1901－0003884　803398
翠竹山房咏史不分卷　(清)黄家修撰　清同

治十年(1871)方俊抄本　一冊

360000－1901－0003885　241469
存存藁　(明)周泰編　(明)周寀續編　清乾隆三十七年(1772)木活字印本　四冊

360000－1901－0003886　803371
存古學社月課不分卷　(清)□□輯　清抄本　一冊

360000－1901－0003887　120560
存悔齋集二十八卷外集四卷　(清)劉鳳誥撰　清道光十年至十七年(1830－1837)刻本　八冊

360000－1901－0003888　120561
存悔齋集二十八卷外集四卷　(清)劉鳳誥撰　清道光十年至十七年(1830－1837)刻本　八冊

360000－1901－0003889　120562
存悔齋集二十八卷外集四卷　(清)劉鳳誥撰　清道光十年至十七年(1830－1837)刻本　十冊

360000－1901－0003890　601230
存悔齋集二十八卷外集四卷　(清)劉鳳誥撰　清刻本　五冊　存二十一卷(七至十五、二十一至二十八,外集四卷)

360000－1901－0003891　407691
存省齋異學辨一卷　(清)趙思誠撰　稿本　一冊

360000－1901－0003892　305789
存素堂詩續集録存九卷　(清)法式善撰　清嘉慶二十一年(1816)刻本　二冊

360000－1901－0003893　805090
存我軒偶録不分卷　(清)崇寔主人輯　清光緒二十九年(1903)崇實學社石印本　二冊

360000－1901－0003894　410839
存吾春齋詩鈔十二卷詩續鈔一卷　(清)劉繹撰　清刻本　一冊　存一卷(詩續鈔一卷)

360000－1901－0003895　414994
存吾春齋詩鈔十二卷詩續鈔一卷　(清)劉繹撰　清同治刻本　三冊

360000－1901－0003896　120559
存吾春齋詩鈔十卷　(清)劉繹撰　清同治二年(1863)木活字印本　二冊

360000－1901－0003897　601228
存吾春齋文鈔十卷文續鈔二卷　(清)劉繹撰　清光緒刻本　五冊

360000－1901－0003898　414995
存吾春齋文鈔十卷文續鈔二卷　(清)劉繹撰　清刻本　三冊　存六卷(存吾春齋文鈔一至四、文續鈔二卷)

360000－1901－0003899　601229
存吾春齋文鈔十卷文續鈔二卷詩鈔十二卷詩續鈔一卷　(清)劉繹撰　清刻本　八冊

360000－1901－0003900　120556
存吾春齋文鈔十卷文續鈔二卷詩鈔十二卷詩續鈔一卷　(清)劉繹撰　清同治刻本　八冊

360000－1901－0003901　120557
存吾春齋文鈔十卷文續鈔二卷詩鈔十二卷詩續鈔一卷　(清)劉繹撰　清同治刻本　八冊

360000－1901－0003902　120558
存吾春齋文鈔十卷文續鈔二卷詩鈔十二卷詩續鈔一卷　(清)劉繹撰　清同治刻本　八冊

360000－1901－0003903　302473
存吾文稾不分卷　(清)余廷燦撰　清刻本　四冊

360000－1901－0003904　410471
存吾文稾不分卷　(清)余廷燦撰　清刻本　三冊

360000－1901－0003905　316682
存研樓文集十六卷　(清)儲大文撰　清光緒元年(1875)靜遠堂刻本　八冊

360000－1901－0003906　302480
存研樓文集十六卷　(清)儲大文撰　清光緒元年(1875)刻本　八冊

360000－1901－0003907　305788

存研樓文集十六卷　(清)儲大文撰　清光緒元年(1875)刻本　五册　存八卷(一至八)

360000－1901－0003908　240946
存研樓文集十六卷　(清)儲大文撰　清乾隆九年(1744)吴煒、洪肇楙等刻本　八册

360000－1901－0003909　407692
存以甘棠一卷　(清)周崑等撰　清刻本　一册

360000－1901－0003910　120066
寸草軒詩存四卷　(清)徐盛持撰　清光緒十九年(1893)東河督署刻本　二册

360000－1901－0003911　122731
寸草軒詩存四卷　(清)徐盛持撰　清光緒十九年(1893)東河督署刻本　二册

360000－1901－0003912　415176
寸草軒詩存四卷　(清)徐盛持撰　清光緒十九年(1893)東河督署刻本　二册

360000－1901－0003913　415177
寸草軒詩存四卷　(清)徐盛持撰　清光緒十九年(1893)東河督署刻本　二册

360000－1901－0003914　415178
寸草軒詩存四卷　(清)徐盛持撰　清光緒十九年(1893)東河督署刻本　二册

360000－1901－0003915　415179
寸草軒詩存四卷　(清)徐盛持撰　清光緒十九年(1893)東河督署刻本　二册

360000－1901－0003916　805395
寸心草堂詩鈔六卷集外詩二卷補遺一卷　(清)李欣榮撰　清光緒刻本　一册　存三卷(集外詩二卷、補遺一卷)

360000－1901－0003917　163473
寸心草堂詩鈔六卷集外詩二卷補遺一卷　(清)李欣榮撰　清光緒十六年(1890)海幢經坊刻本　三册

360000－1901－0003918　302478
寸陰叢録四卷　(清)姚瑩撰　清刻本　一册

360000－1901－0003919　241050
寸園存粕初編十二卷　(清)曾于洋撰　清乾隆三十年(1765)刻本　四册

360000－1901－0003920　241051
寸園存粕初編十二卷　(清)曾于洋撰　清乾隆三十年(1765)刻本　二册

360000－1901－0003921　162943
搭截新編不分卷　(清)繆文溶編　清道光四年(1824)刻本　一册

360000－1901－0003922　313800
達庵隨筆一卷　(清)鄔寶理撰　清光緒三十四年(1908)刻本　一册

360000－1901－0003923　121902
達觀樓集二十四卷　(明)鄒維璉撰　清道光二十六年(1846)四始堂刻本　九册

360000－1901－0003924　121903
達觀樓集二十四卷　(明)鄒維璉撰　清道光二十六年(1846)四始堂刻本　八册　存十八卷(一至十八)

360000－1901－0003925　121904
達觀樓集二十四卷　(明)鄒維璉撰　清道光二十六年(1846)四始堂刻本　六册　存六卷(十六至二十一)

360000－1901－0003926　601603
達觀樓集二十四卷　(明)鄒維璉撰　清道光二十六年(1846)四始堂刻本　一册　存七卷(一至七)

360000－1901－0003927　713517
達觀樓集二十四卷　(明)鄒維璉撰　清道光二十六年(1846)四始堂刻本　三册　存九卷(三至八、二十二至二十四)

360000－1901－0003928　713518
達觀樓集二十四卷　(明)鄒維璉撰　清道光二十六年(1846)四始堂刻本　一册　存五卷(十一至十五)

360000－1901－0003929　713519
達觀樓集二十四卷　(明)鄒維璉撰　清道光

二十六年(1846)四始堂刻本　二冊　存六卷(十九至二十四)

360000－1901－0003930　713516
達觀樓集二十四卷　(明)鄒維璉撰　清乾隆三十一年(1766)豫章鄒懋功刻本　三冊　存四卷(十八、二十二至二十四)

360000－1901－0003931　115168
[同治]崇仁縣志十卷首一卷附編一卷　(清)盛銓等修　(清)黄炳奎纂　清同治十二年(1873)刻本　二十二冊

360000－1901－0003932　240738
達觀樓集二十四卷　(明)鄒維璉撰　清乾隆三十一年(1766)豫章鄒世祁等刻本　十冊

360000－1901－0003933　240739
達觀樓集二十四卷　(明)鄒維璉撰　清乾隆三十一年(1766)豫章鄒世祁等刻本　十冊

360000－1901－0003934　240740
達觀樓集二十四卷　(明)鄒維璉撰　清乾隆三十一年(1766)豫章鄒世祁等刻本　五冊

360000－1901－0003935　240741
達觀樓文集不分卷　(明)鄒維璉撰　清抄本　二冊

360000－1901－0003936　121898
達詮就正編四編　(清)王朝榘撰　清嘉慶五年(1800)寧州學署刻本　十二冊

360000－1901－0003937　407592
達生編二卷　(清)亟齋居士撰　清道光八年(1828)紫竹書院刻本　一冊

360000－1901－0003938　407567
達生編二卷　(清)亟齋居士撰　清道光二十三年(1843)湖北安陸徐氏敦德堂刻本　一冊

360000－1901－0003939　121895
達生編二卷　(清)亟齋居士撰　清道光二十三年(1843)刻本　一冊

360000－1901－0003940　407591
達生編二卷　(清)亟齋居士撰　清道光二十三年(1843)龍騰俞實善樂善堂刻本　一冊

360000－1901－0003941　407586
達生編二卷　(清)亟齋居士撰　清道光二十五年(1845)皇城口郭氏利文堂刻本　一冊

360000－1901－0003942　162730
達生編二卷　(清)亟齋居士撰　清道光元年(1821)粤東聚經堂刻本　一冊

360000－1901－0003943　162728
達生編二卷　(清)亟齋居士撰　清光緒六年(1880)刻本　一冊

360000－1901－0003944　407572
達生編二卷　(清)亟齋居士撰　清光緒三十年(1904)婺源江峰青刻本　一冊

360000－1901－0003945　407572－1
達生編二卷　(清)亟齋居士撰　清光緒三十年(1904)婺源江峰青刻本　一冊

360000－1901－0003946　407587
達生編二卷　(清)亟齋居士撰　清光緒十三年(1887)勤有堂刻本　一冊

360000－1901－0003947　407569
達生編二卷　(清)亟齋居士撰　清嘉慶八年(1803)衆善堂刻本　一冊

360000－1901－0003948　407568
達生編二卷　(清)亟齋居士撰　清刻本　一冊

360000－1901－0003949　407582
達生編二卷　(清)亟齋居士撰　清刻本　一冊

360000－1901－0003950　805070
達生編二卷　(清)亟齋居士撰　清刻本　一冊

360000－1901－0003951　805075
達生編二卷　(清)亟齋居士撰　清刻本　一冊

360000－1901－0003952　805076
達生編二卷　(清)亟齋居士撰　清刻本　一冊

360000－1901－0003953　805077
達生編二卷　(清)亟齋居士撰　清刻本　一冊　存一卷(下)

360000－1901－0003954　123608
達生編二卷　(清)亟齋居士撰　清同治七年(1868)刻本　一冊

360000－1901－0003955　123609
達生編二卷　(清)亟齋居士撰　清同治七年(1868)刻本　一冊

360000－1901－0003956　123610
達生編二卷　(清)亟齋居士撰　清同治七年(1868)刻本　一冊

360000－1901－0003957　162727
達生編二卷　(清)亟齋居士撰　清同治七年(1868)刻本　一冊

360000－1901－0003958　407593
達生編二卷　(清)亟齋居士撰　清同治七年(1868)刻本　一冊

360000－1901－0003959　805068
達生編二卷　(清)亟齋居士撰　清同治七年(1868)刻本　一冊

360000－1901－0003960　805069
達生編二卷　(清)亟齋居士撰　清同治七年(1868)刻本　一冊

360000－1901－0003961　805074
達生編二卷　(清)亟齋居士撰　清同治七年(1868)刻本　一冊

360000－1901－0003962　407574
達生編二卷　(清)亟齋居士撰　清同治三年(1864)刻本　一冊

360000－1901－0003963　407571
達生編二卷　(清)亟齋居士撰　清同治五年(1866)刻本　一冊

360000－1901－0003964　407571－1
達生編二卷　(清)亟齋居士撰　清同治五年(1866)刻本　一冊

360000－1901－0003965　407571－2
達生編二卷　(清)亟齋居士撰　清同治五年(1866)刻本　一冊

360000－1901－0003966　407575
達生編二卷　(清)亟齋居士撰　清咸豐五年(1855)刻本　一冊

360000－1901－0003967　407575－1
達生編二卷　(清)亟齋居士撰　清咸豐五年(1855)刻本　一冊

360000－1901－0003968　162726
達生編二卷　(清)亟齋居士撰　**福幼編一卷**　(清)莊一夔撰　清光緒十五年(1889)金谿曹氏刻本　一冊

360000－1901－0003969　407573
達生編二卷附保產經驗妙方一卷　(清)亟齋居士撰　清同治元年(1862)刻本　一冊

360000－1901－0003970　407570
達生編二卷附保赤編一卷　(清)亟齋居士撰　清光緒二年(1876)乙照齋刻本　一冊

360000－1901－0003971　162732
達生編二卷附保赤編一卷　(清)亟齋居士撰　清同治五年(1866)刻本　一冊

360000－1901－0003972　408992
達生編二卷附保赤編一卷　(清)亟齋居士撰　清咸豐五年(1855)刻本　一冊　存一卷(保赤編一卷)

360000－1901－0003973　407588
達生編二卷附大士救產真言真印一卷保赤編一卷方藥補遺一卷保產經驗神方一卷　(清)亟齋居士撰　清光緒十九年(1893)樟鎮東壁堂刻本　一冊

360000－1901－0003974　407588－1
達生編二卷附大士救產真言真印一卷保赤編一卷方藥補遺一卷保產經驗神方一卷　(清)亟齋居士撰　清光緒十九年(1893)樟鎮東壁堂刻本　一冊

360000－1901－0003975　407579

達生編二卷附福幼經驗方一卷文昌帝君勸善詩一卷　(清)亟齋居士撰　清光緒十五年(1889)刻本　一册

360000－1901－0003976　407590
達生編二卷附福幼經驗方一卷文昌帝君勸善詩一卷　(清)亟齋居士撰　清光緒十五年(1889)刻本　一册

360000－1901－0003977　407590－1
達生編二卷附福幼經驗方一卷文昌帝君勸善詩一卷　(清)亟齋居士撰　清光緒十五年(1889)刻本　一册

360000－1901－0003978　805073
達生編三卷　(清)亟齋居士撰　清光緒四年(1878)刻本　一册

360000－1901－0003979　407566
達生編一卷　(清)亟齋居士撰　清道光五年(1825)刻本　一册

360000－1901－0003980　407565
達生編一卷　(清)亟齋居士撰　清光緒八年(1882)文峰堂刻本　一册

360000－1901－0003981　407576
達生編一卷　(清)亟齋居士撰　清光緒二十三年(1897)聚文齋刻本　一册

360000－1901－0003982　407576－1
達生編一卷　(清)亟齋居士撰　清光緒二十三年(1897)聚文齋刻本　一册

360000－1901－0003983　407561
達生編一卷　(清)亟齋居士撰　清光緒二十五年(1899)吉安營守署刻本　一册

360000－1901－0003984　407559
達生編一卷　(清)亟齋居士撰　清光緒九年(1883)刻二十五年(1899)印本　一册

360000－1901－0003985　407560
達生編一卷　(清)亟齋居士撰　清光緒九年(1883)宜邑桂園書室刻本　一册

360000－1901－0003986　407560－1
達生編一卷　(清)亟齋居士撰　清光緒九年(1883)宜邑桂園書室刻本　一册

360000－1901－0003987　407560－2
達生編一卷　(清)亟齋居士撰　清光緒九年(1883)宜邑桂園書室刻本　一册

360000－1901－0003988　407560－3
達生編一卷　(清)亟齋居士撰　清光緒九年(1883)宜邑桂園書室刻本　一册

360000－1901－0003989　407560－4
達生編一卷　(清)亟齋居士撰　清光緒九年(1883)宜邑桂園書室刻本　一册

360000－1901－0003990　407555
達生編一卷　(清)亟齋居士撰　清光緒十年(1884)刻本　一册

360000－1901－0003991　407558
達生編一卷　(清)亟齋居士撰　清光緒十年(1884)刻本　一册

360000－1901－0003992　407558－1
達生編一卷　(清)亟齋居士撰　清光緒十年(1884)刻本　一册

360000－1901－0003993　407556
達生編一卷　(清)亟齋居士撰　清光緒十一年(1885)刻本　一册

360000－1901－0003994　407580
達生編一卷　(清)亟齋居士撰　清集善堂刻本　一册

360000－1901－0003995　407557
達生編一卷　(清)亟齋居士撰　清嘉慶二十二年(1817)樓外樓刻本　一册

360000－1901－0003996　162731
達生編一卷　(清)亟齋居士撰　清嘉慶十五年(1810)刻本　一册

360000－1901－0003997　407563
達生編一卷　(清)亟齋居士撰　清嘉慶十五年(1810)萬載同善堂刻本　一册

360000－1901－0003998　407563－1
達生編一卷　(清)亟齋居士撰　清嘉慶十五

年(1810)萬載同善堂刻本　一册

360000－1901－0003999　407563－2

達生編一卷　(清)亟齋居士撰　清嘉慶十五年(1810)萬載同善堂刻本　一册

360000－1901－0004000　407563－3

達生編一卷　(清)亟齋居士撰　清嘉慶十五年(1810)萬載同善堂刻本　一册

360000－1901－0004001　407563－4

達生編一卷　(清)亟齋居士撰　清嘉慶十五年(1810)萬載同善堂刻本　一册

360000－1901－0004002　407563－5

達生編一卷　(清)亟齋居士撰　清嘉慶十五年(1810)萬載同善堂刻本　一册

360000－1901－0004003　407563－6

達生編一卷　(清)亟齋居士撰　清嘉慶十五年(1810)萬載同善堂刻本　一册

360000－1901－0004004　407563－7

達生編一卷　(清)亟齋居士撰　清嘉慶十五年(1810)萬載同善堂刻本　一册

360000－1901－0004005　407563－8

達生編一卷　(清)亟齋居士撰　清嘉慶十五年(1810)萬載同善堂刻本　一册

360000－1901－0004006　407557－1

達生編一卷　(清)亟齋居士撰　清刻本　一册

360000－1901－0004007　162729

達生編一卷　(清)亟齋居士撰　清乾隆四十年(1775)刻本　一册

360000－1901－0004008　407589

達生編一卷　(清)亟齋居士撰　清咸豐二年(1852)奎光書院刻本　一册

360000－1901－0004009　407589－1

達生編一卷　(清)亟齋居士撰　清咸豐二年(1852)奎光書院刻本　一册

360000－1901－0004010　407589－2

達生編一卷　(清)亟齋居士撰　清咸豐二年(1852)奎光書院刻本　一册

360000－1901－0004011　407589－3

達生編一卷　(清)亟齋居士撰　清咸豐二年(1852)奎光書院刻本　一册

360000－1901－0004012　407562

達生編一卷　(清)亟齋居士撰　清咸豐五年(1855)刻本　一册

360000－1901－0004013　164945

達生慈幼遂生福幼合編不分卷　(清)莊一夔等撰　清咸豐七年(1857)江西省廣內甲戌坊乙藜齋刻本　一册

360000－1901－0004014　407554

達生遂生福幼合編三卷附保嬰要訣一卷　(清)莊一夔撰　清光緒二十二年(1896)刻本　一册

360000－1901－0004015　407554－1

達生遂生福幼合編三卷附保嬰要訣一卷　(清)莊一夔撰　清光緒二十二年(1896)刻本　一册

360000－1901－0004016　407554－2

達生遂生福幼合編三卷附保嬰要訣一卷　(清)莊一夔撰　清光緒二十二年(1896)刻本　一册

360000－1901－0004017　407554－3

達生遂生福幼合編三卷附保嬰要訣一卷　(清)莊一夔撰　清光緒二十二年(1896)刻本　一册

360000－1901－0004018　405481

答客芻言一卷　(清)沈容齋編　清光緒七年(1881)刻本　一册

360000－1901－0004019　407762

答問録存一卷　(清)李杕撰　清宣統元年(1909)上海土山灣印書館鉛印本　一册

360000－1901－0004020　802210

打洞結拜一卷賣皮弦一卷趙太祖千里送金娘一卷　(□)□□撰　清以文堂刻本　一册

360000－1901－0004021　803444

打金枝二卷　(□)□□撰　清抄本　一冊

360000－1901－0004022　308037
大般涅槃經四十卷　(晉)釋曇無讖譯　**後分二卷**　(唐)釋若那跋陀羅等譯　清光緒五年(1879)刻本　十一冊

360000－1901－0004023　309265
大般涅槃經四十卷　(晉)釋曇無讖譯　**後分二卷**　(唐)釋若那跋陀羅等譯　清光緒五年(1879)刻本　十一冊

360000－1901－0004024　310126
大般涅槃經四十卷　(晉)釋曇無讖譯　**後分二卷**　(唐)釋若那跋陀羅等譯　清光緒五年(1879)刻本　十一冊

360000－1901－0004025　310696
大般若波羅蜜多經六百卷　(唐)釋玄奘譯　清刻本　一百二十冊

360000－1901－0004026　800850
大悲懺儀合節一卷　清抄本　一冊

360000－1901－0004027　406724
大悲經五卷　(隋)釋那連提黎耶舍　(隋)釋法智譯　清宣統元年(1909)常州天寧寺刻經處刻本　二冊

360000－1901－0004028　603072
大悲心咒持誦簡法一卷　清刻本　一冊

360000－1901－0004029　420181
大別山志十卷首一卷　(清)胡鳳丹纂　清同治十三年(1874)胡氏退補齋刻本　三冊　存七卷(四至十)

360000－1901－0004030　404962
大臣法則八卷　(清)謝文洊撰　清道光三十年(1850)劉煜刻謝程山全書本　五冊　存六卷(一至二、五至八)

360000－1901－0004031　603066
大成通志十八卷　(清)楊慶輯　清康熙刻本　一冊　存一卷(五)

360000－1901－0004032　801057
大成通志十八卷　(清)楊慶輯　清康熙刻本　一冊　存一卷(十三)

360000－1901－0004033　220340
大成通志十八卷首二卷　(清)楊慶輯　清康熙五十八年(1719)理齋刻本　十六冊

360000－1901－0004034　160032
大成易旨四卷　(明)崔師訓撰　清光緒十六年(1890)刻本　六冊

360000－1901－0004035　406727
大乘理趣六波羅密多經十卷　(唐)釋般若譯　清光緒十九年(1893)金陵刻經處刻本　一冊　存五卷(一至五)

360000－1901－0004036　309357
大乘密嚴經三卷　(唐)釋不空譯　清光緒二十三年(1897)金陵刻經處刻本　一冊

360000－1901－0004037　162131
大乘起信論科注一卷　(南朝梁)釋真諦譯　(清)桂伯華注　清光緒三十年(1904)廬陵黄氏刻本　一冊

360000－1901－0004038　162132
大乘起信論科注一卷　(南朝梁)釋真諦譯　(清)桂伯華注　清光緒三十年(1904)廬陵黄氏刻本　一冊

360000－1901－0004039　406722
大乘起信論一卷　題(天竺)馬鳴菩薩造　(南朝梁)釋真諦譯　清光緒二十四年(1898)金陵刻經處刻本　一冊

360000－1901－0004040　309363
大乘起信論直解二卷　(明)釋德清撰　清光緒十六年(1890)金陵刻經處刻本　一冊

360000－1901－0004041　309268
大乘起信論纂註二卷　(南朝梁)釋真諦譯　(明)釋真界纂注　清光緒十一年(1885)金陵刻經處刻本　一冊

360000－1901－0004042　310131
大乘起信論纂註二卷　(南朝梁)釋真諦譯　(明)釋真界纂注　清光緒十一年(1885)金陵刻經處刻本　一冊

360000－1901－0004043　706744
大乘起信論纂註二卷　（南朝梁）釋真諦譯（明）釋真界纂注　清光緒十一年（1885）金陵刻經處刻本　一册

360000－1901－0004044　309359
大乘入楞伽經七卷　（唐）釋實叉難陀譯　清光緒三十四年（1908）金陵刻經處刻本　二册

360000－1901－0004045　309364
大乘入楞伽經七卷　（唐）釋實叉難陀譯　清光緒三十四年（1908）金陵刻經處刻本　二册

360000－1901－0004046　309395
大乘止觀法門釋要六卷　（明）釋智旭撰　清光緒二十二年（1896）丹徒李培楨刻本　二册

360000－1901－0004047　706743
大乘止觀法門釋要六卷　（明）釋智旭撰　清光緒二十二年（1896）丹徒李培楨刻本　二册

360000－1901－0004048　309376
大乘中觀釋論十卷　（宋）釋惟淨等譯　清光緒三十四年（1908）金陵刻經處刻本　二册

360000－1901－0004049　160057
大戴禮記補注十三卷序錄一卷　（清）孔廣森撰　清嘉慶五年（1800）刻顨軒孔氏所著書本　四册

360000－1901－0004050　600365
大戴禮記補注十三卷序錄一卷　（清）孔廣森撰　清刻顨軒孔氏所著書本　一册　存七卷（七至十三）

360000－1901－0004051　406572－1
大戴禮記補注十三卷序錄一卷　（清）孔廣森撰　清乾隆五十九年（1794）孔廣廉刻顨軒孔氏所著書本　二册

360000－1901－0004052　120075
大戴禮記解詁十三卷　（清）王聘珍撰　清光緒十九年（1893）盱江書院刻本　四册

360000－1901－0004053　120076
大戴禮記解詁十三卷　（清）王聘珍撰　清光緒十九年（1893）盱江書院刻本　四册

360000－1901－0004054　601029
大戴禮記解詁十三卷　（清）王聘珍撰　清光緒十九年（1893）盱江書院刻本　四册

360000－1901－0004055　601030
大戴禮記解詁十三卷　（清）王聘珍撰　清光緒十九年（1893）盱江書院刻本　四册

360000－1901－0004056　601031
大戴禮記解詁十三卷　（清）王聘珍撰　清光緒十九年（1893）盱江書院刻本　四册

360000－1901－0004057　601032
大戴禮記解詁十三卷　（清）王聘珍撰　清光緒十九年（1893）盱江書院刻本　四册

360000－1901－0004058　601033
大戴禮記解詁十三卷　（清）王聘珍撰　清光緒十九年（1893）盱江書院刻本　四册

360000－1901－0004059　601034
大戴禮記解詁十三卷　（清）王聘珍撰　清光緒十九年（1893）盱江書院刻本　三册　存九卷（一至九）

360000－1901－0004060　120074
大戴禮記解詁十三卷　（清）王聘珍撰　清咸豐元年（1851）南城王嘉會刻本　四册

360000－1901－0004061　415156
大戴禮記解詁十三卷　（清）王聘珍撰　清咸豐元年（1851）南城王嘉會刻本　三册　存九卷（一至九）

360000－1901－0004062　601028
大戴禮記解詁十三卷　（清）王聘珍撰　清咸豐元年（1851）南城王嘉會刻本　四册

360000－1901－0004063　802258
大戴禮記十三卷　（漢）戴德撰　（北周）盧辯注　清刻本　一册　存七卷（七至十三）

360000－1901－0004064　802296
大戴禮記十三卷　（漢）戴德撰　（北周）盧辯注　清刻本　一册　存八卷（六至十三）

360000－1901－0004065　160056
大戴禮記十三卷　（漢）戴德撰　（北周）盧辯

注　(清)朱軾句讀　清光緒二十三年(1897)刻本　二册

360000－1901－0004066　210190
大戴禮記十三卷　(漢)戴德撰　(北周)盧辯注　(清)朱軾句讀　清康熙五十七年(1718)高安朱氏刻本　二册

360000－1901－0004067　210191
大戴禮記十三卷　(漢)戴德撰　(北周)盧辯注　(清)朱軾句讀　清康熙五十七年(1718)高安朱氏刻本　二册

360000－1901－0004068　210192
大戴禮記十三卷　(漢)戴德撰　(北周)盧辯注　(清)朱軾句讀　清康熙五十七年(1718)高安朱氏刻本　二册

360000－1901－0004069　210188
大戴禮記十三卷　(漢)戴德撰　(明)沈泰閲　明刻本　三册

360000－1901－0004070　210189
大戴禮記十三卷　(漢)戴德撰　(明)鍾惺評　明刻本　一册

360000－1901－0004071　210187
大戴禮記十三卷　(漢)戴德撰　(宋)劉辰翁評　(明)朱養純參評　(明)朱養和輯訂　明天啓西湖朱氏花齋刻本　四册

360000－1901－0004072　703756
大戴禮記十三卷　(漢)戴德撰　**小爾雅一卷**　題(漢)孔鮒撰　**詩品二卷**　(南朝梁)鍾嶸撰　清刻本　二册

360000－1901－0004073　804858
大道尊經不分卷　(□)□□輯　清抄本　一册

360000－1901－0004074　302372
大滌山房詩録八卷試帖一卷　(清)張吉安撰　清道光十四年(1834)刻本　四册

360000－1901－0004075　115182
[同治]都昌縣志十六卷首一卷　(清)狄學耕修　(清)劉庭煇　(清)黄昌蕃纂　(清)何慶朝增修　(清)秦鼎升等增纂　清抄本　十册

360000－1901－0004076　406870
大方等大集月藏經十卷　(隋)釋那連提耶舍譯　清光緒八年(1882)常熟刻經處刻本　一册　存三卷(八至十)

360000－1901－0004077　309144
大方廣佛華嚴經合論一百二十卷　(唐)釋實叉難陀譯　(唐)李通玄撰論　(唐)釋志寧釐經合論　清刻本　三十册

360000－1901－0004078　310685
大方廣佛華嚴經合論一百二十卷　(唐)釋實叉難陀譯　(唐)李通玄撰論　(唐)釋志寧釐經合論　清同治十一年(1872)金陵刻經處刻本　三十册

360000－1901－0004079　309280
大方廣佛華嚴經六十卷　(晉)釋佛陀跋陀羅等譯　清光緒七年(1881)常熟刻經處刻本　十六册

360000－1901－0004080　406739
大方廣佛華嚴經普賢行願品一卷　(唐)釋般若譯　清同治刻本　一册

360000－1901－0004081　406720
大方廣佛華嚴經入不思議解脱境界普賢行願品一卷　(唐)釋般若譯　清刻本　一册

360000－1901－0004082　406935
大方廣佛華嚴經要解一卷　(宋)釋戒環撰　清同治十一年(1872)金陵刻經處刻本　一册

360000－1901－0004083　310127
大方廣佛華嚴經著述集要　(清)楊文會輯　清同治八年至民國六年(1869－1917)如皋刻經處、雞園刻經處、長沙刻經處、金陵刻經處等刻本　十二册

360000－1901－0004084　309267
大方廣圓覺經大疏十六卷首一卷　(唐)釋宗密撰　清宣統元年(1909)金陵刻經處刻本　四册

360000－1901－0004085　309629
大方廣圓覺修多羅了義經二卷　(唐)釋佛陀多羅譯　清同治八年(1869)金陵刻經處刻本　一册

360000－1901－0004086　310124
大方廣圓覺修多羅了義經二卷　(唐)釋佛陀多羅譯　清同治八年(1869)金陵刻經處刻本　一册

360000－1901－0004087　310177
大方廣圓覺修多羅了義經二卷　(唐)釋佛陀多羅譯　清同治八年(1869)金陵刻經處刻本　一册

360000－1901－0004088　406738
大方廣圓覺修多羅了義經二卷　(唐)釋佛陀多羅譯　清同治八年(1869)金陵刻經處刻本　一册

360000－1901－0004089　413152
大方廣圓覺修多羅了義經二卷　(唐)釋佛陀多羅譯　清同治刻本　一册

360000－1901－0004090　406737
大方廣圓覺修多羅了義經近釋六卷　(明)釋通潤撰　清光緒十二年(1886)金陵刻經處刻本　一册　存三卷(一至三)

360000－1901－0004091　406905
大方廣圓覺修多羅了義經近釋六卷　(明)釋通潤撰　清光緒十二年(1886)金陵刻經處刻本　一册　存三卷(四至六)

360000－1901－0004092　804824
大方六言不分卷　(□)□□輯　清刻本　一册

360000－1901－0004093　230610
大佛頂如來密因修證了義諸菩薩萬行首楞嚴經十卷　(唐)釋般剌密帝　(唐)釋彌伽釋迦譯　明刻本　二册

360000－1901－0004094　309712
大佛頂如來密因修證了義諸菩薩萬行首楞嚴經十卷　(唐)釋般剌密帝　(唐)釋彌伽釋迦譯　清同治八年(1869)金陵刻經處刻本　二册

360000－1901－0004095　310241
大佛頂如來密因修證了義諸菩薩萬行首楞嚴經十卷　(唐)釋般剌密帝　(唐)釋彌伽釋迦譯　清同治八年(1869)金陵刻經處刻本　二册

360000－1901－0004096　706752
大佛頂如來密因修證了義諸菩薩萬行首楞嚴經十卷　(唐)釋般剌密帝　(唐)釋彌伽釋迦譯　清同治八年(1869)金陵刻經處刻本　一册　存五卷(六至十)

360000－1901－0004097　309279
大佛頂如來密因修證了義諸菩薩萬行首楞嚴經通義十卷補遺一卷懸鏡一卷　(明)釋德清撰　清光緒二十年(1894)金陵刻經處刻本　六册

360000－1901－0004098　406810
大佛頂首楞嚴經疏解蒙鈔六十卷首一卷　(清)錢謙益撰　清光緒刻本　二十册

360000－1901－0004099　406805
大佛頂首楞嚴經疏解蒙鈔六十卷首一卷　(清)錢謙益撰　清光緒六年(1880)蘧園刻本　二十册

360000－1901－0004100　406806
大佛頂首楞嚴經疏解蒙鈔六十卷首一卷　(清)錢謙益撰　清光緒六年(1880)蘧園刻本　二十册

360000－1901－0004101　406807
大佛頂首楞嚴經疏解蒙鈔六十卷首一卷　(清)錢謙益撰　清光緒六年(1880)蘧園刻本　二十册

360000－1901－0004102　406808
大佛頂首楞嚴經疏解蒙鈔六十卷首一卷　(清)錢謙益撰　清光緒六年(1880)蘧園刻本　二十册

360000－1901－0004103　309284

大佛頂首楞嚴經疏解蒙鈔六十卷首一卷　(清)錢謙益撰　清刻本　二十四册

360000－1901－0004104　722508
大佛頂首楞嚴經疏解蒙鈔六十卷首一卷　(清)錢謙益撰　清刻本　十二册　存三十六卷(二十五至六十)

360000－1901－0004105　406804
大佛頂首楞嚴經疏解蒙鈔十卷首二卷佛頂五錄八卷　(清)錢謙益撰並輯　清順治刻本　十三册

360000－1901－0004106　406804－1
大佛頂首楞嚴經疏解蒙鈔十卷首二卷佛頂五錄八卷　(清)錢謙益撰並輯　清順治刻本　一册　存三卷(佛頂五錄一至三)

360000－1901－0004107　307830
大佛頂首楞嚴經正脈疏四十卷　(明)釋真鑑撰　清光緒二十二年(1896)金陵刻經處刻本　十四册

360000－1901－0004108　405638
大佛頂首楞嚴經正脈疏四十卷　(明)釋真鑑撰　清光緒二十二年(1896)金陵刻經處刻本　一册　存一卷(十)

360000－1901－0004109　405638－1
大佛頂首楞嚴正脈科文　清刻本　一册

360000－1901－0004110　414757
大觀堂文集十九卷首一卷　(清)余縉撰　清康熙刻本　一册　存三卷(一至二、首一卷)

360000－1901－0004111　210430
大廣益會玉篇三十卷　(南朝梁)顧野王撰　(唐)孫強增字　(宋)陳彭年等重修　清康熙四十三年(1704)吳郡張士俊澤存堂刻澤存堂五種本　三册

360000－1901－0004112　210431
大廣益會玉篇三十卷　(南朝梁)顧野王撰　(唐)孫強增字　(宋)陳彭年等重修　清康熙四十三年(1704)吳郡張士俊澤存堂刻澤存堂五種本　三册

360000－1901－0004113　160240
大廣益會玉篇三十卷　(南朝梁)顧野王撰　(唐)孫強增字　(宋)陳彭年等重修　**玉篇校刊札記一卷**　(清)鄧顯鶴撰　清道光三十年(1850)新化鄧氏東山精舍刻本　四册

360000－1901－0004114　210429
大廣益會玉篇三十卷玉篇廣韻指南一卷　(南朝梁)顧野王撰　(唐)孫強增字　(宋)陳彭年等重修　元至正二十六年(1366)南山書院刻本　六册

360000－1901－0004115　240665
大函副墨二十二卷附汪南明年譜一卷　(明)汪道昆撰　明崇禎六年(1633)新都汪瑤光刻本　十二册　缺一卷(汪南明年譜一卷)

360000－1901－0004116　161559
大婚禮節一卷　(清)禮部編　清同治刻本　一册

360000－1901－0004117　302381
大金國志四十卷　題(宋)宇文懋昭撰　清嘉慶二年(1797)南沙席氏掃葉山房刻宋遼金元別史本　三册

360000－1901－0004118　310787
大金國志四十卷　題(宋)宇文懋昭撰　清嘉慶二年(1797)南沙席氏掃葉山房刻宋遼金元別史本　三册

360000－1901－0004119　313089
大金國志四十卷　題(宋)宇文懋昭撰　清嘉慶二年(1797)南沙席氏掃葉山房刻宋遼金元別史本　五册

360000－1901－0004120　400754
大金國志四十卷　題(宋)宇文懋昭撰　清嘉慶二年(1797)南沙席氏掃葉山房刻宋遼金元別史本　二册

360000－1901－0004121　400755
大金國志四十卷　題(宋)宇文懋昭撰　清嘉慶二年(1797)南沙席氏掃葉山房刻宋遼金元別史本　三册

360000－1901－0004122　311032
大金國志四十卷　題(宋)宇文懋昭撰　清掃葉山房刻本　四冊

360000－1901－0004123　302382
大金集禮四十卷　(金)張暐等撰　**識語一卷**　(清)廖廷相撰　**校勘記一卷**　繆荃孫撰　清光緒二十一年(1895)廣雅書局刻廣雅書局叢書本　四冊

360000－1901－0004124　305755
大金集禮四十卷　(金)張暐等撰　**識語一卷**　(清)廖廷相撰　**校勘記一卷**　繆荃孫撰　清光緒二十一年(1895)廣雅書局刻廣雅書局叢書本　二冊　存二十卷(一至二十)

360000－1901－0004125　241365
大曆詩略六卷　(清)喬億輯　清乾隆三十七年(1772)喬億居安樂玩之堂刻本　二冊

360000－1901－0004126　415180
大櫟園詩鈔四卷　(清)黄晟撰　清光緒元年(1875)六有堂刻本　一冊

360000－1901－0004127　230569
大六壬大全十三卷　(清)郭載騋編　清康熙四十三年(1704)刻本　六冊

360000－1901－0004128　416197
大六壬尋原四卷　(清)張純照輯　清嘉慶二十三年(1818)樂淳堂張氏刻本　三冊　存三卷(元、亨、利)

360000－1901－0004129　417295
大六壬尋原四卷　(清)張純照輯　清刻本　一冊　存一卷(元)

360000－1901－0004130　804842
大六壬尋原四卷　(清)張純照輯　清刻本　一冊　存一卷(元)

360000－1901－0004131　804790
大六壬尋原四卷　(清)張純照輯　清同治七年(1868)刻本　一冊　存一卷(元)

360000－1901－0004132　804676
大六壬指南五卷　(清)程起鸞撰　(清)陳良謨增注　清刻本　一冊　存二卷(四至五)

360000－1901－0004133　804678
大六壬指南五卷　(清)程起鸞撰　(清)陳良謨增注　清刻本　一冊　存一卷(一)

360000－1901－0004134　804679
大六壬指南五卷　(清)程起鸞撰　(清)陳良謨增注　清刻本　一冊　存一卷(四)

360000－1901－0004135　716493
大六壬指南五卷　(清)程起鸞撰　(清)陳良謨增注　清乾隆六年(1741)刻本　一冊

360000－1901－0004136　800450
大六壬揔會心機獨悟絕法一卷　(□)□□撰　清抄本　一冊

360000－1901－0004137　161565
大美國史畧八卷　(美國)蔚利高撰並譯　清光緒二十五年(1899)福州美華書局鉛印本　二冊

360000－1901－0004138　400607
大美國史畧八卷　(美國)蔚利高撰並譯　清光緒二十五年(1899)福州美華書局鉛印本　二冊

360000－1901－0004139　240696
大泌山房集一百三十四卷目錄二卷　(明)李維楨撰　明刻本　三十三冊　缺四十二卷(四至十、十七至十八、二十二至三十三、五十三至五十六、七十七至七十九、九十四至一百二、一百九至一百十一,目錄二卷)

360000－1901－0004140　230624
大明三藏法數五十卷　(明)釋一如等編　明萬曆二十一年至二十三年(1593－1595)刻徑山藏本　二冊　存十卷(六至十五)

360000－1901－0004141　220549
大明一統志九十卷　(明)李賢　(明)萬安等纂修　明萬壽堂刻本　三十五冊　缺十二卷(一、四、八至九、十七至十九、四十八至五十二)

360000－1901－0004142　220550

大明一統志九十卷 (明)李賢 (明)萬安等纂修 明萬壽堂刻本 十四册 存三十二卷(五至六、二十三至二十四、二十八、三十三至三十四、四十四至四十八、五十二至五十三、五十五至五十八、六十一至六十二、六十五至六十六、七十一至七十二、七十六至七十七、八十至八十二、八十七至八十九)

360000－1901－0004143 220551
大明一統志九十卷 (明)李賢 (明)萬安等纂修 明萬壽堂刻本 一册 存三卷(四十四至四十六)

360000－1901－0004144 421392
大潛山房詩鈔一卷 (清)劉銘傳撰 清同治七年(1868)刻本 一册

360000－1901－0004145 303577
大錢圖錄一卷 (清)鮑康撰 清光緒二年(1876)刻本 一册

360000－1901－0004146 804786－15
大清道光捌年通書一卷 (清)羅傳𤉸等編 清道光八年(1828)集福堂隆記刻本 一册

360000－1901－0004147 801348
大清道光二十七年通書一卷 (清)羅傳𤉸等編 清道光二十六年(1846)集福堂刻本 一册

360000－1901－0004148 900477
大清道光貳拾玖年通書一卷 (清)羅傳𤉸等編 清道光二十八年(1848)集福堂刻本 一册

360000－1901－0004149 804753－15
大清道光柒年通書一卷 (清)羅傳𤉸等編 清道光六年(1826)集福堂隆記刻本 一册

360000－1901－0004150 802831
大清道光三年通書一卷 (清)羅傳𤉸等編 清道光刻本 一册

360000－1901－0004151 900477－1
大清道光叁拾年通書一卷 (清)羅傳𤉸等編 清道光二十九年(1849)集福堂刻本 一册

360000－1901－0004152 804786－7
大清道光拾捌年通書一卷 (清)羅傳𤉸等編 清道光十七年(1837)集福堂隆記刻本 一册

360000－1901－0004153 804753－5
大清道光拾貳年通書一卷 (清)羅傳𤉸等編 清道光十一年(1831)集福堂隆記刻本 一册

360000－1901－0004154 804496
大清道光拾貳年通書一卷 (清)羅傳𤉸等編 清道光十一年(1831)萬興堂刻本 一册

360000－1901－0004155 804786－14
大清道光伍年通書一卷 (清)羅傳𤉸等編 清道光四年(1824)集福堂隆記刻本 一册

360000－1901－0004156 406348
大清法規大全一百六十八卷 (清)政學社編 清光緒二十七年至宣統元年(1901－1909)北京政學社石印本 九册 存三十卷(法律部三至十二、憲政部三、吏政部二十至二十三、財政部九至十四、禮制部一至九)

360000－1901－0004157 401638－1
大清法規大全一百五十九卷 (清)上海政學社輯 清末石印本 二册 存四卷(外交部二下、教育部二至四)

360000－1901－0004158 401638
大清法規大全一百五十九卷 (清)上海政學社輯 清宣統三年(1911)石印本 二十六册 存九十七卷(法律部一至二、十三,憲政部七卷,吏政部一至五、十三至二十一上,外交部十三卷,民政部十五卷,交通部五卷,財政部十四卷,實業部十五卷,禮制部九卷,旗藩部二卷)

360000－1901－0004159 401639
大清法規大全一百五十九卷 (清)上海政學社輯 清宣統三年(1911)石印本 十九册 存七十一卷(憲政部一至二、四至五,外交部一、二下至十三,民政部一至六,交通部五卷,財政部十四卷,教育部一至十四、二十一至三

十一,軍政部一至二,旗藩部二卷)

360000－1901－0004160　401668
大清法政彙編　(清)上海政學社編　清宣統二年(1910)上海政學社石印本　二十八册　存八種(憲法、法律内篇、大清新刑律、大清刑事訴訟法、大清現行刑律、禁煙條例、秋審條款、大清民事訴訟法)

360000－1901－0004161　803047－1
大清光緒八年通書一卷　(清)羅傳䅶等編　清光緒七年(1881)集福堂貴記刻本　一册

360000－1901－0004162　900479
大清光緒八年通書一卷　(清)羅傳䅶等編　清光緒七年(1881)集福堂刻本　一册

360000－1901－0004163　804787－3
大清光緒捌年通書一卷　(清)羅傳䅶等編　清光緒七年(1881)集福堂琳記刻本　一册

360000－1901－0004164　802551
大清光緒二十八年歲次壬寅時憲書一卷　(清)欽天監編　清光緒二十七年(1901)刻本　一册

360000－1901－0004165　902144
大清光緒二十二年時憲書一卷　(清)欽天監編　清刻本　一册

360000－1901－0004166　802549
大清光緒二十二年歲次丙申時憲書一卷　(清)欽天監編　清光緒二十一年(1895)刻本　一册

360000－1901－0004167　161857－12
大清光緒二十九年時憲書不分卷　(清)欽天監編　清光緒二十九年(1903)刻朱墨套印本　一册

360000－1901－0004168　161857－7
大清光緒二十年時憲書不分卷　(清)欽天監編　清光緒二十年(1894)刻朱墨套印本　一册

360000－1901－0004169　802550
大清光緒二十年歲次甲午時憲書一卷　(清)欽天監編　清光緒十九年(1893)刻本　一册

360000－1901－0004170　901965
大清光緒二十年通書一卷　清光緒十九年(1893)刻本　一册

360000－1901－0004171　161857－11
大清光緒二十七年時憲書不分卷　(清)欽天監編　清光緒二十七年(1901)刻朱墨套印本　一册

360000－1901－0004172　161857－8
大清光緒二十一年時憲書不分卷　(清)欽天監編　清光緒二十一年(1895)刻朱墨套印本　一册

360000－1901－0004173　801106
大清光緒二十一年時憲書一卷　(清)欽天監編　清光緒十九年(1893)刻本　一册

360000－1901－0004174　900480
大清光緒貳年日用便覽一卷　(清)□□編　清光緒刻本　一册

360000－1901－0004175　801357
大清光緒貳年通書一卷　(清)羅傳䅶等編　清光緒元年(1875)集福堂貴記刻本　一册

360000－1901－0004176　804787－5
大清光緒貳拾玖年通書一卷　(清)羅傳䅶等編　清光緒二十八年(1902)集福堂貴記刻本　一册

360000－1901－0004177　803060－9
大清光緒九年通書一卷　(清)羅傳䅶等編　清光緒八年(1882)集福堂貴記刻本　一册

360000－1901－0004178　804787－4
大清光緒玖年通書一卷　(清)羅傳䅶等編　清光緒八年(1882)集福堂貴記刻本　一册

360000－1901－0004179　801104
大清光緒六年時憲書一卷　(清)欽天監編　清光緒五年(1879)刻本　一册

360000－1901－0004180　804787－14
大清光緒陸年通書一卷　(清)羅傳䅶等編　清光緒五年(1879)集福堂球記刻本　一册

360000－1901－0004181　900480－1
大清光緒廿二年日用便覽一卷　（清）□□編　清光緒刻本　一册

360000－1901－0004182　803047－8
大清光緒廿六年通書一卷　（清）羅傳㦤等編　清光緒二十六年（1900）集福堂球記刻本　一册

360000－1901－0004183　900480－2
大清光緒廿陸年日用便覽一卷　（清）□□編　清光緒刻本　一册

360000－1901－0004184　804786－12
大清光緒廿年通書一卷　（清）羅錫璋等編　清光緒十九年（1893）崇道堂刻本　一册

360000－1901－0004185　161857－9
大清光緒廿一年通書不分卷　（清）拾芥園編　清光緒二十一年（1895）刻本　一册

360000－1901－0004186　900479－1
大清光緒廿壹年通書一卷　（清）羅傳㦤等編　清光緒二十年（1894）集福堂球記刻本　一册

360000－1901－0004187　804787
大清光緒柒年通書一卷　（清）羅傳㦤等編　清光緒六年（1880）集福堂貴記刻本　一册

360000－1901－0004188　801107
大清光緒三十二年時憲書一卷　（清）欽天監編　清光緒三十一年（1905）刻本　一册

360000－1901－0004189　161857－16
大清光緒三十二年通書不分卷　（清）醉經堂編　清光緒三十二年（1906）醉經堂刻本　一册

360000－1901－0004190　110335
［同治］贛縣志五十四卷首一卷　（清）黄德溥　（清）崔國榜修　（清）褚景昕纂　清同治十一年（1872）刻本　十八册

360000－1901－0004191　309351－1
大清光緒三十四年歲次戊申時憲書一卷　（清）欽天監編　清光緒刻本　一册

360000－1901－0004192　801108
大清光緒三十五年時憲書一卷　（清）欽天監編　清光緒三十四年（1908）刻本　一册

360000－1901－0004193　803047－13
大清光緒叁拾叁年通書一卷　（清）羅傳㦤等編　清光緒三十二年（1906）集福堂廣記刻本　一册

360000－1901－0004194　804786－1
大清光緒叁拾叁年通書一卷　（清）羅傳㦤等編　清光緒三十二年（1906）集福堂球記刻本　一册

360000－1901－0004195　803047－5
大清光緒叁拾四年通書一卷　（清）羅傳㦤等編　清光緒三十三年（1907）集福堂廣記刻本　一册

360000－1901－0004196　803060－6
大清光緒叁拾四年通書一卷　（清）羅傳㦤等編　清光緒三十三年（1907）集福堂貴記刻本　一册

360000－1901－0004197　803047－7
大清光緒叁拾壹年通書一卷　（清）羅傳㦤等編　清光緒三十年（1904）集福堂廣記刻本　一册

360000－1901－0004198　161857－6
大清光緒十八年通書不分卷　（清）王北辰等編　清光緒十八年（1892）刻本　一册

360000－1901－0004199　161857－1
大清光緒十二年時憲書不分卷　（清）欽天監編　清光緒十二年（1886）刻朱墨套印本　一册

360000－1901－0004200　804753
大清光緒十九年通書一卷　（清）羅傳㦤等編　清光緒十八年（1892）集福堂球記刻本　一册

360000－1901－0004201　801105
大清光緒十七年時憲書一卷　（清）欽天監編　清光緒十六年（1890）刻本　一册

360000－1901－0004202　902143
大清光緒十四年時憲書一卷　(清)欽天監編　清光緒刻本　一冊

360000－1901－0004203　161857－2
大清光緒十四年通書不分卷　(清)李其生等編　清光緒十四年(1888)廣州狀元坊寶光閣刻本　一冊

360000－1901－0004204　161857－5
大清光緒十五年時憲書不分卷　(清)欽天監編　清光緒十五年(1889)刻朱墨套印本　一冊

360000－1901－0004205　161857－4
大清光緒十五年通書不分卷　(清)王北辰等編　清光緒十五年(1889)刻本　一冊

360000－1901－0004206　803060－7
大清光緒十五年通書一卷　(清)羅傳𤋮等編　清光緒十四年(1888)集福堂貴記刻本　一冊

360000－1901－0004207　802845－4
大清光緒拾玖年通書一卷　(清)羅傳𤋮等編　清光緒十八年(1892)集福堂刻本　一冊

360000－1901－0004208　804787－7
大清光緒拾玖年通書一卷　(清)羅傳𤋮等編　清光緒十八年(1892)集福堂球記刻本　一冊

360000－1901－0004209　804787－2
大清光緒拾年通書一卷　(清)羅傳𤋮等編　清光緒九年(1883)集福堂貴記刻本　一冊

360000－1901－0004210　804786－2
大清光緒拾叁年通書一卷　(清)羅傳𤋮等編　清光緒十二年(1886)集福堂球記刻本　一冊

360000－1901－0004211　804786－13
大清光緒拾壹年通書一卷　(清)羅傳𤋮等編　清光緒十年(1884)刻本　一冊

360000－1901－0004212　804787－16
大清光緒肆年通書一卷　(清)羅傳𤋮等編　清光緒三年(1877)集福堂貴記刻本　一冊

360000－1901－0004213　802503
大清光緒通書不分卷(清光緒二年至三十四年)　(清)羅傳𤋮等編　清光緒集福堂刻本　二十三冊

360000－1901－0004214　161857－3
大清光緒通書二卷(光緒十四年至光緒十五年)　(清)王辰北等編　清末刻本　一冊

360000－1901－0004215　161857
大清光緒通書十三卷(光緒七年至光緒十九年)　(清)王辰北等編　清末刻本　一冊

360000－1901－0004216　804507
大清光緒五年通書一卷　(清)王辰北等編　清光緒五年(1879)刻本　一冊

360000－1901－0004217　401640
大清光緒新法令十三卷附錄一卷　商務印書館輯　清宣統元年(1909)上海商務印書館鉛印本　十二冊　存七卷(二至五、七至九)

360000－1901－0004218　401641
大清光緒新法令十三卷附錄一卷　商務印書館輯　清宣統元年(1909)上海商務印書館鉛印本　十三冊　存十卷(四至五、七至十三，附錄一卷)

360000－1901－0004219　804786－11
大清光緒元年通書一卷　(清)羅傳𤋮等編　清光緒元年(1875)集福堂貴記刻本　一冊

360000－1901－0004220　401662
大清國大英國會議條款一卷　(清)□□輯　清光緒刻本　一冊

360000－1901－0004221　164353
大清會典四卷　(清)托津等撰　清同治十一年(1872)湖北崇文書局刻本　四冊

360000－1901－0004222　164354
大清會典四卷　(清)托津等撰　清同治十一年(1872)湖北崇文書局刻本　四冊

360000－1901－0004223　220480
大清會典一百六十二卷　(清)伊桑阿等修

(清)阿世坦等纂　清康熙二十九年(1690)抄本　八十八册

360000－1901－0004224　804753－17
大清嘉慶貳拾年通書一卷　(清)羅元清等編　清嘉慶十九年(1814)峻英堂刻本　一册

360000－1901－0004225　401653
大清教育新法令二十六章　商務印書館輯　清宣統二年(1910)上海會文堂石印本　六册　存二十一章(一至二、四至十六、二十一至二十六)

360000－1901－0004226　401654
大清教育新法令十三編續編十一編　商務印書館輯　清宣統二年至三年(1910－1911)商務印書館鉛印本　三册　存八編(大清教育新法令三、七至八,續編七至十一)

360000－1901－0004227　802311
大清搢紳全書不分卷　清榮禄堂刻本　二册

360000－1901－0004228　161555
大清搢紳全書不分卷(清道光十五年至宣統二年)　(清)榮禄堂編　清道光至宣統京都榮禄堂等刻本　三十六册

360000－1901－0004229　308982－1
大清搢紳全書不分卷(清光緒二十三年)　清京都松竹齋、榮寶齋刻本　七册

360000－1901－0004230　308977
大清搢紳全書不分卷(清光緒十三年)　清榮禄堂刻本　八册

360000－1901－0004231　604049
大清搢紳全書四卷　(清)榮禄堂編　清光緒二十四年(1898)榮寶齋刻本　四册

360000－1901－0004232　604049－1
大清搢紳全書四卷　(清)榮禄堂編　清榮寶齋刻本　二册　存二卷(亨、利)

360000－1901－0004233　604049－2
大清搢紳全書四卷　(清)榮禄堂編　清榮寶齋刻本　一册　存一卷(利)

360000－1901－0004234　804236
大清搢紳全書四卷　(清)榮禄堂編　清榮禄堂刻本　一册　存一卷(亨)

360000－1901－0004235　804237
大清搢紳全書四卷　(清)文寶堂編　清文寶堂刻本　一册　存一卷(元)

360000－1901－0004236　401664
大清縉紳全書不分卷(道光十三年)　(清)□□輯　清刻本　一册

360000－1901－0004237　401674－10
大清縉紳全書不分卷(清道光二十九年)　(清)□□輯　清道光二十九年(1849)本堂刻本　二册

360000－1901－0004238　401674－1
大清縉紳全書不分卷(清光緒二十八年)　(清)□□輯　清光緒二十八年(1902)榮禄堂刻本　一册

360000－1901－0004239　401671
大清縉紳全書不分卷(清光緒二十六年)　(清)□□輯　清光緒二十六年(1900)榮禄堂刻本　一册

360000－1901－0004240　401669
大清縉紳全書不分卷(清光緒二十三年冬)　(清)□□輯　清光緒二十三年(1897)榮禄堂刻本　六册

360000－1901－0004241　401670
大清縉紳全書不分卷(清光緒二十三年冬)　(清)□□輯　清光緒二十三年(1897)榮禄堂刻本　五册

360000－1901－0004242　401674－12
大清縉紳全書不分卷(清光緒二十四年)　(清)□□輯　清光緒二十四年(1898)榮禄堂刻本　二册

360000－1901－0004243　401674－6
大清縉紳全書不分卷(清光緒二十四年)　(清)□□輯　清光緒二十四年(1898)榮禄堂刻本　一册

360000－1901－0004244　401674－11

大清縉紳全書不分卷(清光緒十八年) (清)□□輯 清光緒十八年(1892)榮祿堂刻本 三册

360000－1901－0004245 401674－4

大清縉紳全書不分卷(清光緒十八年) (清)□□輯 清光緒十八年(1892)榮祿堂刻本 三册

360000－1901－0004246 401674－5

大清縉紳全書不分卷(清光緒十二年) (清)□□輯 清光緒十二年(1886)榮祿堂刻本 一册

360000－1901－0004247 401672

大清縉紳全書不分卷(清光緒十二年秋) (清)□□輯 清光緒十二年(1886)來鹿堂刻本 三册

360000－1901－0004248 401674－7

大清縉紳全書不分卷(清光緒十九年) (清)□□輯 清光緒十九年(1893)榮祿堂刻本 一册

360000－1901－0004249 401674－16

大清縉紳全書不分卷(清光緒十五年) (清)□□輯 清光緒十五年(1889)榮祿堂刻本 一册

360000－1901－0004250 401674－9

大清縉紳全書不分卷(清光緒十五年) (清)□□輯 清光緒十五年(1889)榮祿堂刻本 一册

360000－1901－0004251 401674－15

大清縉紳全書不分卷(清光緒五年) (清)□□輯 清光緒五年(1879)榮華堂刻本 一册

360000－1901－0004252 401674－8

大清縉紳全書不分卷(清乾隆五十年) (清)□□輯 清乾隆五十年(1785)刻本 二册

360000－1901－0004253 401674－2

大清縉紳全書不分卷(清同治十年) (清)□□輯 清同治十年(1871)榮祿堂刻本 一册

360000－1901－0004254 401674－14

大清縉紳全書不分卷(清同治十三年) (清)□□輯 清同治十三年(1874)松竹榮寶刻本 二册

360000－1901－0004255 401674－3

大清縉紳全書不分卷(清同治四年) (清)□□輯 清同治四年(1865)榮祿堂刻本 五册

360000－1901－0004256 401674－13

大清縉紳全書不分卷(清同治元年) (清)□□輯 清同治元年(1862)刻本 一册

360000－1901－0004257 401674

大清縉紳全書不分卷(清宣統二年) (清)□□輯 清宣統二年(1910)榮祿堂刻本 一册

360000－1901－0004258 401673

大清縉紳全書不分卷(清宣統元年) (清)□□輯 清宣統元年(1909)京都榮寶齋刻本 三册

360000－1901－0004259 804144

大清律集解附例三十卷 (清)剛林等纂修 (清)沈之奇注 (清)洪弘緒重訂 清刻本 一册 存五卷(二至六)

360000－1901－0004260 164587

大清律集解附例三十卷 (清)朱軾 (清)常鼐等纂修 清抄本 二十六册

360000－1901－0004261 220490

大清律集解附例三十卷附服制一卷圖一卷大清律例總類六卷 (清)朱軾 (清)常鼐等纂修 清雍正三年(1725)刻本 十六册

360000－1901－0004262 220491

大清律集解附例三十卷附服制一卷圖一卷大清律例總類六卷 (清)朱軾 (清)常鼐等纂修 清雍正三年(1725)刻本 佚名批注 十四册 缺六卷(大清律例總類六卷)

360000－1901－0004263 406328

大清律集解附例三十卷附一卷 (清)剛林等纂修 清康熙九年(1670)刻本 九冊 存二十九卷(一至十二、十五至三十,附一卷)

360000-1901-0004264 406329

大清律集解附例三十卷附一卷 (清)剛林等纂修 清康熙刻本 五冊 存二十九卷(一至二十九)

360000-1901-0004265 406331

大清律集解附例三十卷圖一卷服制一卷律例總類六卷 (清)朱軾 (清)常鼐等纂修 清雍正三年(1725)刻本 六冊 存二十二卷(一、五至十三、十九至二十、二十六至三十,圖一卷,服制一卷,律例總類三至五)

360000-1901-0004266 406331-1

大清律集解附例三十卷圖一卷服制一卷律例總類六卷 (清)朱軾 (清)常鼐等纂修 清雍正三年(1725)刻本 一冊 存五卷(十九至二十三)

360000-1901-0004267 706245

大清律例□□卷 (清)徐本等修 (清)唐紹祖等纂 清刻本 十三冊 存二十三卷(一至五、八至十、十三至十五、二十二至二十三、二十六至三十、三十五至三十六、四十一至四十二、四十九)

360000-1901-0004268 305752

大清律例按語一百四卷 (清)黄恩彤撰 清道光二十七年(1847)海山仙館刻本 五十九冊

360000-1901-0004269 706337

大清律例根原一百二十四卷 (清)吳坤修編 清刻本 二十五冊 存三十卷(二至八、十一至十九、二十一至三十四)

360000-1901-0004270 305751

大清律例根原一百二十四卷 (清)吳坤修編 清同治十年(1871)安徽敷文書局木活字印本 五十二冊 存五十八卷(一至三、五至二十三、三十九、四十五、五十三、六十、八十、八十八、九十三至一百八、一百十一至一百二十四)

360000-1901-0004271 722200

大清律例根原一百二十四卷 (清)吳坤修編 清同治十年(1871)安徽敷文書局木活字印本 十四冊 存十六卷(九十三至一百八)

360000-1901-0004272 406335

大清律例根原一百二十四卷督捕則例二卷 (清)吳坤修編 清木活字印本 五十六冊 存六十九卷(三十八至九十二、一百九至一百二十,督捕則例二卷)

360000-1901-0004273 406324

大清律例會通新纂四十卷 (清)刑部輯 清刻本 十冊 存二十二卷(九至十八、二十二至二十三、二十六至二十八、三十四至四十)

360000-1901-0004274 421733

大清律例會通新纂四十卷 (清)刑部輯 清刻本 四冊 存三卷(二十四至二十六)

360000-1901-0004275 421734

大清律例會通新纂四十卷 (清)刑部輯 清刻本 四冊 存五卷(三、八至九、十七至十八)

360000-1901-0004276 720624

大清律例會通新纂四十卷 (清)刑部輯 清刻本 四冊 存十一卷(二十七至三十二、三十四至三十八)

360000-1901-0004277 406323

大清律例會通新纂四十卷 (清)刑部輯 清同治刻本 二十四冊

360000-1901-0004278 406340

大清律例彙編三十三卷 (清)王又槐增輯 清刻本 六冊 存九卷(二、六至七、十三至十五、二十二、二十九、三十二)

360000-1901-0004279 603070

大清律例彙輯便覽四十卷 (清)刑部輯 清刻本 一冊 存二卷(二至三)

360000-1901-0004280 308188

大清律例彙輯便覽四十卷督捕則例二卷五軍

道里表一卷三流道里表一卷　(清)刑部輯　清刻本　五冊　存四卷(督捕則例二卷、五軍道里表一卷、三流道里表一卷)

360000－1901－0004281　302364
大清律例彙輯便覽四十卷督捕則例二卷五軍道里表一卷三流道里表一卷　(清)刑部輯　清同治十一年(1872)湖北讞局刻本　三十二冊

360000－1901－0004282　309760
大清律例彙輯便覽四十卷督捕則例二卷五軍道里表一卷三流道里表一卷　(清)刑部輯　清同治十一年(1872)湖北讞局刻本　三十冊　存四十二卷(一至三十、三十三至四十,督捕則例二卷,五軍道里表一卷,三流道里表一卷)

360000－1901－0004283　406325
大清律例彙輯便覽四十卷督捕則例二卷五軍道里表一卷三流道里表一卷　(清)刑部輯　清同治十一年(1872)湖北讞局刻本　二十七冊　存四十卷(一、四、六至七、九至四十,督捕則例二卷,五軍道里表一卷,三流道里表一卷)

360000－1901－0004284　406326
大清律例彙輯便覽四十卷督捕則例二卷五軍道里表一卷三流道里表一卷　(清)刑部輯　清同治十一年(1872)湖北讞局刻本　二十二冊　存二十九卷(二至十、十二、二十三至三十、三十三至四十,督捕則例二卷,五軍道里表一卷)

360000－1901－0004285　406327
大清律例彙輯便覽四十卷督捕則例二卷五軍道里表一卷三流道里表一卷　(清)刑部輯　清同治十一年(1872)湖北讞局刻本　三冊　存三卷(二十三、三十五,五軍道里表一卷)

360000－1901－0004286　406327－1
大清律例彙輯便覽四十卷督捕則例二卷五軍道里表一卷三流道里表一卷　(清)刑部輯　清同治十一年(1872)湖北讞局刻本　一冊　存一卷(五軍道里表一卷)

360000－1901－0004287　406341
大清律例彙輯便覽四十卷督捕則例二卷五軍道里表一卷三流道里表一卷秋審實緩比較彙案一卷部頒新增一卷　(清)刑部輯　清光緒石印本　十五冊　存三十卷(三至五、八至十七、二十五至三十五、三十八至四十,三流道里表一卷,秋審實緩比較彙案一卷,部頒新增一卷)

360000－1901－0004288　421736
大清律例集要新編四十卷　(清)沈天易原注　(清)孫肇基增輯　清刻本　一冊　存二卷(三十一至三十二)

360000－1901－0004289　722028
大清律例集註三十三卷　(清)萬維翰輯　清刻本　四冊　存一卷(二十三)

360000－1901－0004290　406333
大清律例全編三十三卷首一卷　(清)王又槐　(清)孫光烈纂　清嘉慶十五年(1810)刻本　十八冊　存二十五卷(一至八、十三至十九、二十二至二十四、二十七至二十九、三十一至三十三,首一卷)

360000－1901－0004291　406332
大清律例全編三十三卷首一卷　(清)王又槐　(清)孫光烈纂　清刻本　二十三冊

360000－1901－0004292　406334
大清律例全編三十三卷首一卷督捕則例二卷　(清)王又槐　(清)孫光烈纂　清刻本　十冊　存二十三卷(二、四至五、九至二十三、三十二至三十三,首一卷,督捕則例二卷)

360000－1901－0004293　406330
大清律例全纂集成三十三卷首一卷　(清)王又槐　(清)孫光烈纂　清嘉慶八年(1803)刻本　十二冊　存二十四卷(一至四、十一至二十一、二十三至三十一)

360000－1901－0004294　406260
大清律例全纂集成三十三卷首一卷　(清)王又槐　(清)孫光烈纂　清嘉慶刻本　四冊　存六卷(二至三、二十、三十一至三十三)

360000－1901－0004295　722173
大清律例全纂集成三十三卷首一卷　（清）王又槐　（清）孫光烈纂　清刻本　十五冊　存二十四卷（五至二十、二十四至二十六、二十九至三十三）

360000－1901－0004296　421735
大清律例全纂四十卷　（清）刑部輯　清刻本　五冊　存十六卷（五、十六至十七、十九至二十二、二十七至三十三、三十六至三十七）

360000－1901－0004297　706259－1
大清律例全纂四十卷督捕則例二卷　（清）刑部輯　清嘉慶刻本　四冊　存七卷（二至四、三十八至四十，督捕則例上）

360000－1901－0004298　804254
大清律例三十九卷　（清）唐紹祖等纂　清嘉慶十九年（1814）刻本　二冊　存四卷（一至三、五）

360000－1901－0004299　406248
大清律例四十七卷　（清）徐本等修　（清）唐紹祖等纂　清刻本　五冊　存十卷（六至七、十三至十五、十九、二十四、二十七至二十九）

360000－1901－0004300　706244
大清律例四十七卷　（清）徐本等修　（清）唐紹祖等纂　清刻本　三冊　存五卷（三十五、四十三至四十六）

360000－1901－0004301　706247
大清律例四十七卷　（清）徐本等修　（清）唐紹祖等纂　清刻本　十一冊　存八卷（五至七、十三至十七）

360000－1901－0004302　706248
大清律例四十七卷　（清）徐本等修　（清）唐紹祖等纂　清刻本　四冊　存九卷（六至十三、二十三）

360000－1901－0004303　706250
大清律例四十七卷　（清）徐本等修　（清）唐紹祖等纂　清刻本　二冊　存十二卷（八至九、十二至十六、二十一、二十六至二十七、三十六、四十五）

360000－1901－0004304　804255
大清律例四十七卷　（清）徐本等修　（清）唐紹祖等纂　清刻本　四冊　存十卷（一至四、二十九至三十、三十七至三十九、四十六）

360000－1901－0004305　804255－1
大清律例四十七卷　（清）徐本等修　（清）唐紹祖等纂　清刻本　一冊　存二卷（三至四）

360000－1901－0004306　804256
大清律例四十七卷　（清）徐本等修　（清）唐紹祖等纂　清刻本　十一冊　存二十二卷（八至十三、十八至二十二、二十五至二十九、三十五至三十六、四十至四十一、四十三至四十四）

360000－1901－0004307　220492
大清律例四十七卷　（清）徐本等修　（清）唐紹祖等纂　清乾隆三十三年（1768）武英殿刻本　六冊　存十卷（十四至十七、二十三、二十九至三十一、三十六、四十五）

360000－1901－0004308　722013
大清律例通考四十卷　（清）吳壇纂　清光緒十二年（1886）吳重憙刻本　九冊　存十四卷（五、九至十五、二十六至二十八、三十五至三十七）

360000－1901－0004309　706286
大清律例通考四十卷　（清）吳壇纂　清刻本　四冊　存四卷（一至四）

360000－1901－0004310　406256
大清律例通纂四十卷　（清）胡肇楷　（清）周孟隣編　清嘉慶十二年（1807）刻本　十八冊　存三十二卷（一至四、六至十六、九至十八、三十三至三十五、三十七至四十）

360000－1901－0004311　406251
大清律例通纂四十卷　（清）胡肇楷　（清）周孟隣編　清嘉慶十四年（1809）刻本　十冊　存十六卷（一、六、十一至十五、十八至二十三、二十五、三十四至三十五）

360000－1901－0004312　406254
大清律例通纂四十卷　（清）胡肇楷　（清）周

孟隣編　清刻本　十三册　存二十四卷（一至四、六至十四、二十三至二十四、二十七至二十八、三十一至三十二、三十六至四十）

360000－1901－0004313　406255

大清律例通纂四十卷　（清）胡肇楷　（清）周孟隣編　清刻本　七册　存十四卷（二、十一至十二、十七至十九、二十九至三十、三十三至三十四、三十七至四十）

360000－1901－0004314　706262

大清律例通纂四十卷　（清）胡肇楷　（清）周孟隣編　清刻本　六册　存八卷（九至十五、十九）

360000－1901－0004315　406252

大清律例通纂四十卷督捕則例附纂二卷　（清）胡肇楷　（清）周孟隣編　清刻本　十册　存二十七卷（二至八、十一至十九、二十一至二十二、二十六至二十七、三十六至四十，督捕則例附纂二卷）

360000－1901－0004316　406253

大清律例通纂四十卷督捕則例附纂二卷　（清）胡肇楷　（清）周孟隣編　清刻本　五册　存十四卷（六至七、十二至十五、三十五至四十，督捕則例附纂二卷）

360000－1901－0004317　406292

大清律例統纂集成四丨卷　（清）姚潤輯　清道光九年（1829）刻本　二十三册　存三十九卷（一至二十六、二十八至四十）

360000－1901－0004318　406263

大清律例統纂集成四十卷　（清）姚潤輯　清嘉慶二十二年（1817）刻本　十六册　存二十六卷（一至九、十二至十五、二十四、二十六至三十七）

360000－1901－0004319　406264

大清律例統纂集成四十卷　（清）姚潤輯　清嘉慶二十年（1815）刻本　十八册　存三十七卷（一至二、五至十九、二十一至四十）

360000－1901－0004320　406270

大清律例統纂集成四十卷　（清）姚潤輯　清嘉慶十七年（1812）刻本（卷三十七配清刻本）　十九册　存二十七卷（一、四、六至九、十一至三十、三十七）

360000－1901－0004321　406265

大清律例統纂集成四十卷　（清）姚潤輯　清刻本　二十册

360000－1901－0004322　406266

大清律例統纂集成四十卷　（清）姚潤輯　清刻本　十二册　存十九卷（五至九、十六至十七、二十四、二十七至三十、三十三至三十六、三十八至四十）

360000－1901－0004323　406267－1

大清律例統纂集成四十卷　（清）姚潤輯　清刻本　一册　存二卷（十六至十七）

360000－1901－0004324　406268

大清律例統纂集成四十卷　（清）姚潤輯　清刻本　八册　存十四卷（五、九至十二、二十五至二十六、三十三至三十五、三十七至四十）

360000－1901－0004325　406272

大清律例統纂集成四十卷　（清）姚潤輯　清刻本　六册　存十一卷（十一至十五、十八至二十三）

360000－1901－0004326　406274－1

大清律例統纂集成四十卷　（清）姚潤輯　清刻本　二册　存二卷（三十五至三十六）

360000－1901－0004327　603069

大清律例統纂集成四十卷　（清）姚潤輯　清刻本　一册　存二卷（三十一至三十二）

360000－1901－0004328　706259

大清律例統纂集成四十卷　（清）姚潤輯　清刻本　七册　存十一卷（四至十二、十六至十七）

360000－1901－0004329　722197

大清律例統纂集成四十卷　（清）姚潤輯　清刻本　一册　存二卷（六至七）

360000－1901－0004330　804110－1

大清律例統纂集成四十卷 （清）姚潤輯 清刻本 一册 存二卷（二十三至二十四）

360000－1901－0004331 804111
大清律例統纂集成四十卷 （清）姚潤輯 清刻本 一册 存一卷（二十四）

360000－1901－0004332 406269
大清律例統纂集成四十卷督捕則例附纂二卷 （清）姚潤輯 清道光二十六年（1846）刻本 十八册 存三十四卷（一至二十三、二十九至三十、三十三至三十五、三十七至四十，督捕則例附纂二卷）

360000－1901－0004333 406276
大清律例統纂集成四十卷督捕則例附纂二卷 （清）姚潤輯 清道光十一年（1831）刻本 十六册 存三十六卷（一至三、五至九、十二至二十五、二十七至三十五、三十八至四十，督捕則例附纂二卷）

360000－1901－0004334 706283
大清律例統纂集成四十卷督捕則例附纂二卷 （清）姚潤輯 清光緒十七年（1891）刻本 十册 存十六卷（一至五、二十九至三十七，督捕則例附纂二卷）

360000－1901－0004335 709674
大清律例統纂集成四十卷督捕則例附纂二卷 （清）姚潤輯 清光緒十七年（1891）刻本 六册 存九卷（十八至二十六）

360000－1901－0004336 406273
大清律例統纂集成四十卷督捕則例附纂二卷 （清）姚潤輯 清嘉慶二十二年（1817）刻本 十五册 存四十卷（一至二、五至四十，督捕則例附纂二卷）

360000－1901－0004337 406267
大清律例統纂集成四十卷督捕則例附纂二卷 （清）姚潤輯 清刻本 九册 存十二卷（六至八、十六至十七、二十一至二十三、二十七至二十八，督捕則例附纂二卷）

360000－1901－0004338 406271
大清律例統纂集成四十卷督捕則例附纂二卷 （清）姚潤輯 清刻本 十四册 存二十九卷（三至四、八至九、十八至四十，督捕則例附纂二卷）

360000－1901－0004339 406274
大清律例統纂集成四十卷督捕則例附纂二卷 （清）姚潤輯 清刻本 十册 存二十五卷（六至十、二十一至二十六、二十九至四十，督捕則例附纂二卷）

360000－1901－0004340 710165
大清律例統纂集成四十卷督捕則例附纂二卷 （清）姚潤輯 清刻本 五册 存十卷（二十、二十二、二十四至二十五、二十八至二十九、三十二至三十三，督捕則例附纂二卷）

360000－1901－0004341 804110
大清律例統纂集成四十卷首一卷 （清）姚潤輯 清咸豐元年（1851）刻本 一册 存一卷（首一卷）

360000－1901－0004342 406300
大清律例新增統纂集成四十卷 （清）姚潤輯 （清）陶駿 （清）陶念霖增輯 清道光十二年（1832）刻本 二十册 存三十一卷（一至十五、十八、二十三、二十五至二十八、三十一至四十）

360000－1901－0004343 406287
大清律例新增統纂集成四十卷 （清）姚潤輯 （清）陶駿 （清）陶念霖增輯 清光緒二年（1876）刻本 十六册 存二十五卷（一、四、九至十四、十六至十七、二十三至三十七）

360000－1901－0004344 406301
大清律例新增統纂集成四十卷 （清）姚潤輯 （清）陶駿 （清）陶念霖增輯 清刻本 三册 存五卷（九至十、十六至十七、三十五）

360000－1901－0004345 722413
大清律例新增統纂集成四十卷 （清）姚潤輯 （清）陶駿 （清）陶念霖增輯 清刻本 十二册 存二十一卷（八至二十八）

360000－1901－0004346 406290
大清律例新增統纂集成四十卷督捕則例附纂

二卷　(清)姚潤輯　(清)陶駿　(清)陶念霖增輯　清道光四年(1824)刻本　八册　存十卷(一至二、四至八、十七,督捕則例附纂二卷)

360000-1901-0004347　721838

大清律例新增統纂集成四十卷督捕則例附纂二卷　(清)姚潤輯　(清)陶駿　(清)陶念霖增輯　清光緒十一年(1885)刻本　十册　存十八卷(二十五至四十、督捕則例附纂二卷)

360000-1901-0004348　406313

大清律例刑案彙纂集成四十卷督捕則例二卷　(清)姚潤輯　(清)胡璋增輯　清道光刻本　十五册　存二十六卷(二至三、五至八、十三至十七、十九、二十一至二十二、二十五至二十八、三十至三十二、三十五、三十七至四十)

360000-1901-0004349　406314

大清律例刑案彙纂集成四十卷督捕則例二卷　(清)姚潤輯　(清)胡璋增輯　清道光刻本　二十一册　存三十六卷(二至三十五、督捕則例二卷)

360000-1901-0004350　406315

大清律例刑案彙纂集成四十卷督捕則例二卷　(清)姚潤輯　(清)胡璋增輯　清道光刻本　十一册　存二十四卷(一至五、十至十一、十三至十九、二十二至二十六、三十八至四十,督捕則例二卷)

360000-1901-0004351　406318

大清律例刑案彙纂集成四十卷督捕則例二卷　(清)姚潤輯　(清)胡璋增輯　清道光刻本　十八册　存二十六卷(一至八、十三至十五、二十一至二十三、二十六至二十八、三十一至三十四、三十六至四十)

360000-1901-0004352　406310

大清律例刑案彙纂集成四十卷督捕則例二卷　(清)姚潤輯　(清)胡璋增輯　清道光十九年(1839)刻本　二十四册　存三十六卷(一至二、四至十五、十九至二十六、二十八、三十至四十,督捕則例二卷)

360000-1901-0004353　406312

大清律例刑案彙纂集成四十卷督捕則例二卷　(清)姚潤輯　(清)胡璋增輯　清刻本　十九册　存三十五卷(四至五、九至二十三、二十五至四十,督捕則例二卷)

360000-1901-0004354　406321

大清律例刑案彙纂集成四十卷督捕則例二卷　(清)姚潤輯　(清)胡璋增輯　清刻本　十四册　存二十二卷(二至三、八至九、十六至十七、二十至二十四、二十六至二十八、三十至三十七)

360000-1901-0004355　406322

大清律例刑案彙纂集成四十卷督捕則例二卷　(清)姚潤輯　(清)胡璋增輯　清刻本　八册　存十五卷(十至十一、十七至十八、二十至二十二、二十六至二十八、三十一至三十四、三十七)

360000-1901-0004356　406322-1

大清律例刑案彙纂集成四十卷督捕則例二卷　(清)姚潤輯　(清)胡璋增輯　清刻本　三册　存五卷(九至十、二十至二十一、二十六)

360000-1901-0004357　406322-2

大清律例刑案彙纂集成四十卷督捕則例二卷　(清)姚潤輯　(清)胡璋增輯　清刻本　一册　存一卷(二十六)

360000-1901-0004358　406317

大清律例刑案彙纂集成四十卷督捕則例二卷　(清)姚潤輯　(清)胡璋增輯　清刻本(卷一配清光緒五年刻本)　十七册　存二十九卷(一至五、八至十二、十六至十七、二十至二十二、二十七至四十)

360000-1901-0004359　406316

大清律例刑案彙纂集成四十卷督捕則例二卷　(清)姚潤輯　(清)胡璋增輯　清刻本(卷一至三配清道光二十八年刻本)　十九册　存三十四卷(一至四、八、十至十七、二十至二十一、二十四至四十,督捕則例二卷)

360000－1901－0004360　302363
大清律例刑案彙纂集成四十卷督捕則例二卷　(清)姚潤輯　(清)胡璋增輯　清同治六年(1867)刻本　二十四冊

360000－1901－0004361　406319
大清律例刑案彙纂集成四十卷督捕則例二卷　(清)姚潤輯　(清)胡璋增輯　清同治六年(1867)刻本　十三冊　存二十一卷(五至七、十八至十九、二十二、二十五至二十六、二十八至二十九、三十一至三十二、三十四至四十,督捕則例二卷)

360000－1901－0004362　406320
大清律例刑案彙纂集成四十卷督捕則例二卷　(清)姚潤輯　(清)胡璋增輯　清同治十二年(1873)刻本　二十二冊　存四十卷(一至七、九至二十四、二十六至四十,督捕則例二卷)

360000－1901－0004363　406311
大清律例刑案彙纂集成四十卷督捕則例二卷　(清)姚潤輯　(清)胡璋增輯　清咸豐四年(1854)刻本　二十四冊

360000－1901－0004364　406278
大清律例增修統纂集成四十卷　(清)姚潤輯　(清)陶駿　(清)陶念霖增輯　清光緒二十六年(1900)刻本　二十四冊

360000－1901－0004365　406289
大清律例增修統纂集成四十卷　(清)姚潤輯　(清)陶駿　(清)陶念霖增輯　清刻本　十二冊　存十八卷(四至五、十三至十五、十八至十九、二十三至二十四、二十六至二十七、二十九至三十、三十五、三十七至四十)

360000－1901－0004366　706282
大清律例增修統纂集成四十卷　(清)姚潤輯　(清)陶駿　(清)陶念霖增輯　清咸豐元年(1851)刻本　十四冊　存二十五卷(一至八、十至二十六)

360000－1901－0004367　406297
大清律例增修統纂集成四十卷督捕則例附纂二卷　(清)姚潤輯　(清)陶駿　(清)陶念霖增輯　清道光八年(1828)刻本　十六冊　存二十四卷(三至五、十一至十九、二十三至二十八、三十五至四十)

360000－1901－0004368　406277
大清律例增修統纂集成四十卷督捕則例附纂二卷　(清)姚潤輯　(清)陶駿　(清)陶念霖增輯　清道光二十七年(1847)刻本　二十四冊

360000－1901－0004369　406293
大清律例增修統纂集成四十卷督捕則例附纂二卷　(清)姚潤輯　(清)陶駿　(清)陶念霖增輯　清道光十八年(1838)刻本　十七冊　存二十卷(一至五、八至九、十一至十八、三十、三十七至四十)

360000－1901－0004370　706284
大清律例增修統纂集成四十卷督捕則例附纂二卷　(清)姚潤輯　(清)陶駿　(清)陶念霖增輯　清道光十二年(1832)刻本　七冊　存十二卷(二至三、九至十三、二十七至二十八、三十五,督捕則例附纂二卷)

360000－1901－0004371　406275
大清律例增修統纂集成四十卷督捕則例附纂二卷　(清)姚潤輯　(清)陶駿　(清)陶念霖增輯　清道光五年(1825)刻本　九冊　存十八卷(一、十一至十二、十九至二十二、二十四至二十六、三十一至三十四、三十六至三十七,督捕則例附纂二卷)

360000－1901－0004372　406280
大清律例增修統纂集成四十卷督捕則例附纂二卷　(清)姚潤輯　(清)陶駿　(清)陶念霖增輯　清光緒二十九年(1903)刻本　十四冊　存二十四卷(一至二十四)

360000－1901－0004373　706285
大清律例增修統纂集成四十卷督捕則例附纂二卷　(清)姚潤輯　(清)陶駿　(清)陶念霖增輯　清光緒二十年(1894)刻本　十冊　存二十二卷(一至四、十三至十六、二十七至二十八、三十一至四十,督捕則例附纂二卷)

360000－1901－0004374　305750

大清律例增修統纂集成四十卷督捕則例附纂二卷　(清)姚潤輯　(清)陶駿　(清)陶念霖增輯　清光緒二十七年(1901)刻本　二十三冊　存四十卷(一至六、九至四十,督捕則例附纂二卷)

360000－1901－0004375　406302

大清律例增修統纂集成四十卷督捕則例附纂二卷　(清)姚潤輯　(清)陶駿　(清)陶念霖增輯　清光緒二十五年(1899)鉛印本　十二冊

360000－1901－0004376　406303

大清律例增修統纂集成四十卷督捕則例附纂二卷　(清)姚潤輯　(清)陶駿　(清)陶念霖增輯　清光緒二十五年(1899)鉛印本　二十冊　存三十六卷(一、四至十八、二十至二十二、二十四至四十)

360000－1901－0004377　406306

大清律例增修統纂集成四十卷督捕則例附纂二卷　(清)姚潤輯　(清)陶駿　(清)陶念霖增輯　清光緒三十一年(1905)鉛印本　十九冊　存三十二卷(一、四至十、十七至十八、二十至二十四、二十六至四十,督捕則例附纂二卷)

360000－1901－0004378　406307

大清律例增修統纂集成四十卷督捕則例附纂二卷　(清)姚潤輯　(清)陶駿　(清)陶念霖增輯　清光緒三十一年(1905)鉛印本　七冊　存十四卷(七至八、十三至十八、二十至二十三、二十九至三十)

360000－1901－0004379　406291

大清律例增修統纂集成四十卷督捕則例附纂二卷　(清)姚潤輯　(清)陶駿　(清)陶念霖增輯　清光緒十三年(1887)刻本　十八冊　存三十二卷(一至五、八至十、十六至二十二、二十四至二十八、三十一至四十,督捕則例附纂二卷)

360000－1901－0004380　406288

大清律例增修統纂集成四十卷督捕則例附纂二卷　(清)姚潤輯　(清)陶駿　(清)陶念霖增輯　清光緒十四年(1888)刻本　二十冊　存三十七卷(一、四至十、十二至三十二、三十五至四十,督捕則例附纂二卷)

360000－1901－0004381　406288－1

大清律例增修統纂集成四十卷督捕則例附纂二卷　(清)姚潤輯　(清)陶駿　(清)陶念霖增輯　清刻本　九冊　存十四卷(二十三至二十四、二十六、二十九至三十七,督捕則例附纂二卷)

360000－1901－0004382　406294

大清律例增修統纂集成四十卷督捕則例附纂二卷　(清)姚潤輯　(清)陶駿　(清)陶念霖增輯　清刻本　九冊　存十五卷(三至四、十五至十八、二十一至二十八、三十五)

360000－1901－0004383　406295

大清律例增修統纂集成四十卷督捕則例附纂二卷　(清)姚潤輯　(清)陶駿　(清)陶念霖增輯　清刻本　六冊　存十一卷(四、十四至十七、二十五至三十)

360000－1901－0004384　406296

大清律例增修統纂集成四十卷督捕則例附纂二卷　(清)姚潤輯　(清)陶駿　(清)陶念霖增輯　清刻本　十冊　存十四卷(一、四至五、十八至十九、二十三至二十五、三十五、三十八至四十,督捕則例附纂二卷)

360000－1901－0004385　406298

大清律例增修統纂集成四十卷督捕則例附纂二卷　(清)姚潤輯　(清)陶駿　(清)陶念霖增輯　清刻本　十六冊　存二十八卷(二至五、八至十二、十六至二十五、二十七至二十八、三十一至三十四、三十八至四十)

360000－1901－0004386　406299

大清律例增修統纂集成四十卷督捕則例附纂二卷　(清)姚潤輯　(清)陶駿　(清)陶念霖增輯　清刻本　九冊　存二十卷(四、六至七、十六至二十二、二十四至二十五、三十三至四十)

360000－1901－0004387　603071
大清律例增修統纂集成四十卷督捕則例附纂二卷　（清）姚潤輯　（清）陶駿　（清）陶念霖增輯　清刻本　一册　存三卷（三十八至四十）

360000－1901－0004388　706281
大清律例增修統纂集成四十卷督捕則例附纂二卷　（清）姚潤輯　（清）陶駿　（清）陶念霖增輯　清刻本　十二册　存二十二卷（五、八至十、十三至二十二、三十一至三十五、三十八至四十）

360000－1901－0004389　406279
大清律例增修統纂集成四十卷督捕則例附纂二卷　（清）姚潤輯　（清）陶駿　（清）陶念霖增輯　清咸豐九年（1859）刻本　二十四册

360000－1901－0004390　406308
大清律例增修統纂集成四十卷督捕則例附纂二卷　（清）姚潤輯　（清）陶駿　（清）陶念霖增輯　清宣統二年（1910）鉛印本　十一册　缺三卷（二十六至二十八）

360000－1901－0004391　406304
大清律例增修統纂集成四十卷督捕則例附纂二卷　（清）姚潤輯　（清）陶駿　（清）陶念霖增輯　清宣統三年（1911）鉛印本　二十四册

360000－1901－0004392　406305
大清律例增修統纂集成四十卷督捕則例附纂二卷　（清）姚潤輯　（清）陶駿　（清）陶念霖增輯　清宣統三年（1911）鉛印本　二十四册

360000－1901－0004393　406344
大清律例總類不分卷　清刻本　五册

360000－1901－0004394　801876
大清律纂修條例不分卷　清同治九年（1870）抄本　一册

360000－1901－0004395　406345
大清律纂修條例五十卷　清刻本　五册　存五卷（二至五、四十八）

360000－1901－0004396　802386
大清乾隆四十三年歲次戊戌榮東隨意登載一卷　（清）榮東撰　稿本　一册

360000－1901－0004397　401625
大清十朝聖訓九百二十二卷　（清）□□輯　清末鉛印本　四十册　存一百三十四卷（聖祖仁皇帝聖訓一至四、二十三至二十六，高宗純皇帝聖訓一百三十至一百四十、二百三十一至二百四十八、二百七十四至二百八十二、二百八十九至三百，仁宗睿皇帝聖訓三至十三，宣宗成皇帝聖訓八十五至一百一，文宗顯皇帝聖訓八十四至八十七、九十二至一百十，穆宗毅皇帝聖訓一百二十一至一百二十九、一百三十三至一百三十五、一百四十八至一百六十）

360000－1901－0004398　307755
大清通禮品官士庶人喪禮傳二卷　（清）劉人熙撰　清光緒十一年（1885）都門刻本　二册

360000－1901－0004399　302370
大清通禮品官士庶儀纂六卷　（清）劉師陸輯　清道光十一年（1831）大梁書院刻本　一册

360000－1901－0004400　309762
大清通禮五十卷　（清）來保等纂修　清刻本　九册　存四十四卷（一至二十二、二十五至二十七、三十二至五十）

360000－1901－0004401　401623
大清通禮五十卷　（清）來保等纂修　清刻本　三册　存七卷（一至七）

360000－1901－0004402　401624
大清通禮五十卷　（清）來保等纂修　清刻本　八册

360000－1901－0004403　310947
大清通禮五十四卷　（清）來保等纂修　（清）穆克登額等續纂　清光緒九年（1883）江蘇書局刻本　十一册　存五十一卷（一至四十六、五十至五十四）

360000－1901－0004404　314348
大清通禮五十四卷　（清）來保等纂修　（清）

穆克登額等續纂　清刻本　十六册

360000－1901－0004405　401622
大清通禮五十四卷　（清）來保等纂修　（清）穆克登額等續纂　清刻本　二册　存十三卷（十九至二十五、四十一至四十六）

360000－1901－0004406　804753－7
大清同治捌年通書一卷　（清）羅傳𢇁等編　清同治七年（1868）集福堂昌記刻本　一册

360000－1901－0004407　804787－10
大清同治捌年通書一卷　（清）羅傳𢇁等編　清同治七年（1868）集福堂振記刻本　一册

360000－1901－0004408　804753－11
大清同治貳年通書一卷　（清）羅傳𢇁等編　清同治元年（1862）集福堂昌記刻本　一册

360000－1901－0004409　802845－2
大清同治貳年通書一卷　（清）羅傳𢇁等編　清同治元年（1862）集福堂刻本　一册

360000－1901－0004410　804787－11
大清同治玖年通書一卷　（清）羅傳𢇁等編　清同治八年（1869）集福堂昌記刻本　一册

360000－1901－0004411　804753－2
大清同治六年通書一卷　（清）羅傳𢇁等編　清同治五年（1866）集福堂刻本　一册

360000－1901－0004412　804787－9
大清同治陸年通書一卷　（清）羅傳𢇁等編　清同治五年（1866）集福堂隆記刻本　一册

360000－1901－0004413　802845－3
大清同治柒年通書一卷　（清）羅傳𢇁等編　清同治六年（1867）集福堂刻本　一册

360000－1901－0004414　804786－6
大清同治三年通書一卷　（清）□□編　清同治二年（1863）福建霞漳萬興堂刻本　一册

360000－1901－0004415　804753－9
大清同治拾貳年通書一卷　（清）羅傳𢇁等編　清同治十一年（1872）集福堂鳳記刻本　一册

360000－1901－0004416　801366
大清同治拾貳年通書一卷　（清）羅傳𢇁等編　清同治十一年（1872）集福堂貴記刻本　一册

360000－1901－0004417　801353
大清同治拾貳年通書一卷　（清）羅傳𢇁等編　清同治十一年（1872）集福堂球記刻本　一册

360000－1901－0004418　802502
大清同治拾貳年通書一卷　（清）羅傳𢇁等編　清同治十一年（1872）集福堂球記刻本　一册

360000－1901－0004419　804787－12
大清同治拾年通書一卷　（清）羅傳𢇁等編　清同治九年（1870）集福堂貴記刻本　一册

360000－1901－0004420　804753－1
大清同治拾叁年通書一卷　（清）羅傳𢇁等編　清同治十二年（1873）集福堂貴記刻本　一册

360000－1901－0004421　804753－8
大清同治拾叁年通書一卷　（清）羅傳𢇁等編　清同治十二年（1873）集福堂貴記刻本　一册

360000－1901－0004422　900477－2
大清同治拾肆年通書一卷　（清）羅傳𢇁等編　清同治集福堂球記刻本　一册

360000－1901－0004423　804753－10
大清同治拾壹年通書一卷　（清）羅傳𢇁等編　清同治十年（1871）集福堂昌記刻本　一册

360000－1901－0004424　804787－13
大清同治拾壹年通書一卷　（清）羅傳𢇁等編　清同治十年（1871）集福堂貴記刻本　一册

360000－1901－0004425　802535
大清同治四年新通書一卷　（清）□□編　清同治四年（1865）華經堂刻本　一册

360000－1901－0004426　804753－13
大清同治肆年通書一卷　（清）羅傳𢇁等編

清同治三年(1864)集福堂球記刻本　一册

360000－1901－0004427　804753－14
大清同治伍年通書一卷　(清)羅傳𤍠等編　清同治四年(1865)集福堂鳳記刻本　一册

360000－1901－0004428　801347
大清咸豐二年合參通書不分卷　(清)□□編　清本立堂刻本　一册

360000－1901－0004429　802845－1
大清咸豐柒年通書一卷　(清)羅傳𤍠等編　清咸豐六年(1856)集福堂刻本　一册

360000－1901－0004430　804753－6
大清咸豐叁年通書一卷　(清)羅傳𤍠等編　清咸豐二年(1852)集福堂刻本　一册

360000－1901－0004431　804498
大清咸豐肆年通書一卷　(清)羅傳𤍠等編　清咸豐三年(1853)集福堂刻本　一册

360000－1901－0004432　406346
大清現行法律章程彙纂二卷　清宣統三年(1911)上海通益書局石印本　一册　存一卷(上)

360000－1901－0004433　804238
大清現行刑律案語不分卷　沈家本　俞廉三輯　清末鉛印本　一册

360000－1901－0004434　406347
大清現行刑律案語不分卷　沈家本　俞廉三輯　清宣統元年(1909)北京修訂法律館鉛印本　四册

360000－1901－0004435　406309
大清現行刑律三十六卷首一卷附禁煙條例一卷秋審條款一卷　沈家本輯　清宣統二年(1910)鉛印本　十七册　缺一卷(禁煙條例一卷)

360000－1901－0004436　706336
大清現行刑律三十六卷首一卷附禁煙條例一卷秋審條款一卷　沈家本輯　清宣統二年(1910)鉛印本　六册　存十八卷(二十至三十六、秋審條款一卷)

360000－1901－0004437　305758
大清新法令十三類附錄三種　商務印書館編譯所編　清宣統元年(1909)上海商務印書館鉛印本　十九册

360000－1901－0004438　303796
大清新刑律二編　沈家本輯　清宣統二年(1910)憲政編查館鉛印本　一册

360000－1901－0004439　406342
大清刑律草案二編　沈家本等纂修　清光緒三十三年(1907)法律館鉛印本　二册

360000－1901－0004440　406343
大清刑律草案二編　沈家本等纂修　清光緒三十三年(1907)法律館鉛印本　二册

360000－1901－0004441　804257
大清刑律草案二編附律目考　沈家本等纂修　清末鉛印本　一册

360000－1901－0004442　302362
大清刑律分則草案一卷　清光緒三十四年(1908)法律館鉛印本　二册

360000－1901－0004443　803060－8
大清宣統二年通書一卷　(清)羅傳𤍠等編　清宣統元年(1909)集福堂貴記刻本　一册

360000－1901－0004444　804787－1
大清宣統二年通書一卷　(清)羅傳𤍠等編　清宣統元年(1909)集福堂球記刻本　一册

360000－1901－0004445　804787－18
大清宣統二年通書一卷　(清)羅傳𤍠等編　清宣統元年(1909)集福堂球記刻本　一册

360000－1901－0004446　804787－6
大清宣統二年通書一卷　(清)羅傳𤍠等編　清宣統元年(1909)集福堂球記刻本　一册

360000－1901－0004447　902343
大清宣統三年時憲書一卷　(清)欽天監編　清刻本　一册

360000－1901－0004448　902343－1
大清宣統三年時憲書一卷　(清)欽天監編　清刻本　一册

360000－1901－0004449　803047－9
大清宣統三年通書不分卷　（清）羅傳㸌等編　清宣統二年（1910）集福堂球記刻本　一册

360000－1901－0004450　401642
大清宣統新法令不分卷　商務印書館輯　清宣統二年（1910）上海商務印書館鉛印本　十册　存十册（一至八、十、十二）

360000－1901－0004451　302361
大清宣統新法令不分卷　商務印書館輯　清宣統元年（1909）上海商務印書館鉛印本　四册

360000－1901－0004452　803060－5
大清宣統元年通書一卷　（清）羅傳㸌等編　清宣統元年（1909）集福堂球記刻本　一册

360000－1901－0004453　420172
大清一統志表不分卷　（清）徐午編　清刻本　五册

360000－1901－0004454　220560
大清一統志表不分卷　（清）徐午編　清乾隆五十八年（1793）刻本　六册

360000－1901－0004455　220561
大清一統志表不分卷　（清）徐午編　清乾隆五十八年（1793）刻本　八册

360000－1901－0004456　220562
大清一統志表不分卷　（清）徐午編　清乾隆五十八年（1793）刻本　六册

360000－1901－0004457　420173
大清一統志表不分卷　（清）徐午編　清乾隆五十八年（1793）刻本　二册

360000－1901－0004458　309043
大清一統志三百五十六卷　（清）蔣廷錫（清）王安國等纂修　清道光二十九年（1849）薛子瑜木活字印本　八十九册　存二百六十二卷（一至十七、二十一至五十四、五十八至五十九、六十五至六十九、七十三至七十九、八十三至九十、九十八至九十九、一百三至一百十一、一百十六至一百三十一、一百三十五至一百四十、一百四十七至二百三、二百七至二百十四、二百二十一至二百二十二、二百二十五至二百三十八、二百四十二至二百四十三、二百四十七至二百六十六、二百七十四至二百七十六、三百七至三百五十六）

360000－1901－0004459　721331
大清一統志三百五十六卷　（清）蔣廷錫（清）王安國等纂修　清道光二十九年（1849）薛子瑜木活字印本　十三册　存三十卷（十八至二十、五十五至五十七、六十至六十四、七十至七十一、八十至八十一、九十七、一百至一百二、一百四至一百六、一百十二至一百十五、二百六、二百十五至二百十六、二百九十二）

360000－1901－0004460　722010
大清一統志三百五十六卷　（清）蔣廷錫（清）王安國等纂修　清道光二十九年（1849）薛子瑜木活字印本　四册　存十一卷（二百四十四至二百四十五、二百六十七至二百六十八、二百七十至二百七十二、二百八十九至二百九十二）

360000－1901－0004461　313499
大清一統志四百二十四卷　（清）和珅等纂修　清光緒二十七年（1901）上海善寶齋石印本　六十册

360000－1901－0004462　313500
大清一統志四百二十四卷　（清）和珅等纂修　清光緒二十七年（1901）上海善寶齋石印本　六十册

360000－1901－0004463　313501
大清一統志四百二十四卷　（清）和珅等纂修　清光緒二十三年（1897）杭州竹簡齋石印本　六十册

360000－1901－0004464　420144
大清一統志四百二十四卷　（清）和珅等纂修　清光緒二十三年（1897）杭州竹簡齋石印本　五十七册　存四百七卷（一至一百八十一、一百八十七至二百六十九、二百八十二至四百二十四）

360000－1901－0004465　302356

大清一統志五百卷　(清)和珅等纂修　清光緒二十七年(1901)上海寶善齋石印本　六十册

360000－1901－0004466　421398

大清一統志五百卷　(清)和珅等纂修　清末石印本　二十九册　存一百九十九卷(十七至八十八、二百三十三至三百五十九)

360000－1901－0004467　305745

大清壹統輿圖中一卷南十卷北二十卷首一卷　(清)胡林翼輯　(清)嚴樹森補輯　(清)鄒世詒等繪　清刻本　十一册　缺二卷(北十九至二十)

360000－1901－0004468　309766

大清壹統輿圖中一卷南十卷北二十卷首一卷　(清)胡林翼輯　(清)嚴樹森補輯　(清)鄒世詒等繪　清刻本　六册　存十卷(南五至十、北一至四)

360000－1901－0004469　309771

大清壹統輿圖中一卷南十卷北二十卷首一卷　(清)胡林翼輯　(清)嚴樹森補輯　(清)鄒世詒等繪　清刻本　十二册　存十二卷(中一卷,北一至八、十七至十九)

360000－1901－0004470　302357

大清壹統輿圖中一卷南十卷北二十卷首一卷　(清)胡林翼輯　(清)嚴樹森補輯　(清)鄒世詒等繪　清末石印本　二十六册

360000－1901－0004471　401674－17

大清中樞備覽不分卷(清光緒八年)　(清)□□輯　清光緒八年(1882)刻本　四册

360000－1901－0004472　401674－19

大清中樞備覽不分卷(清嘉慶三年秋)　(清)□□輯　清嘉慶三年(1798)刻本　二册

360000－1901－0004473　401674－18

大清中樞備覽不分卷(清嘉慶四年)　(清)□□輯　清嘉慶四年(1799)刻本　四册

360000－1901－0004474　308982

大清中樞備覽二卷(清光緒三十四年夏季)　(清)□□編　清京都榮寶齋刻本　二册

360000－1901－0004475　420236

大清中外壹統輿圖十六卷　(清)鄒世詒等編　(清)李廷簫增訂　清光緒二十二年(1896)上海書局石印本　六册

360000－1901－0004476　420174

大清中外壹統輿圖中一卷南十卷北二十卷首一卷　(清)鄒世詒等編　(清)李廷簫增訂　清刻本　三册　存三卷(南四,北十四、十八)

360000－1901－0004477　302359

大清中外壹統輿圖中一卷南十卷北二十卷首一卷　(清)鄒世詒等編　(清)李廷簫增訂　清同治二年(1863)湖北撫署景桓樓刻本　十二册

360000－1901－0004478　302360

大清中外壹統輿圖中一卷南十卷北二十卷首一卷　(清)鄒世詒等編　(清)李廷簫增訂　清同治二年(1863)湖北撫署景桓樓刻本　三十二册

360000－1901－0004479　307974

大清中外壹統輿圖中一卷南十卷北二十卷首一卷　(清)鄒世詒等編　(清)李廷簫增訂　清同治二年(1863)湖北撫署景桓樓刻本　十册

360000－1901－0004480　307975

大清中外壹統輿圖中一卷南十卷北二十卷首一卷　(清)鄒世詒等編　(清)李廷簫增訂　清同治二年(1863)湖北撫署景桓樓刻本　十册

360000－1901－0004481　307976

大清中外壹統輿圖中一卷南十卷北二十卷首一卷　(清)鄒世詒等編　(清)李廷簫增訂　清同治二年(1863)湖北撫署景桓樓刻本　十二册

360000－1901－0004482　308005

大清中外壹統輿圖中一卷南十卷北二十卷首一卷　(清)鄒世詒等編　(清)李廷簫增訂

清同治二年(1863)湖北撫署景桓樓刻本　十冊

360000－1901－0004483　420175
大清中外壹統輿圖中一卷南十卷北二十卷首一卷　(清)鄒世詒等編　(清)李廷簫增訂　清同治二年(1863)湖北撫署景桓樓刻本　十二冊

360000－1901－0004484　310157
大清重刻龍藏彙記一卷　(清)釋趙盛等輯　清同治九年(1870)金陵刻經處刻本　二冊

360000－1901－0004485　603068
大清州縣名急就章不分卷　(清)彭翔履撰　清嘉慶三年(1798)刻本　一冊

360000－1901－0004486　161564
大日本維新史二卷　(日本)重野安繹撰　清光緒二十五年(1899)上海商務印書館鉛印本　二冊

360000－1901－0004487　417396
大生要旨五卷　(清)唐千頃撰　清道光二十七年(1847)京都琉璃廠龍元齋刻本　一冊

360000－1901－0004488　900958
大生要旨五卷　(清)唐千頃撰　清刻本　一冊

360000－1901－0004489　902334
大生要旨五卷　(清)唐千頃撰　清刻本　一冊

360000－1901－0004490　902335
大生要旨五卷　(清)唐千頃撰　清刻本　一冊

360000－1901－0004491　902333
大生要旨五卷　(清)唐千頃撰　清同心堂刻本　一冊

360000－1901－0004492　162127
大生要旨五卷　(清)唐千頃撰　清同治五年(1866)四會李延芳刻本　一冊

360000－1901－0004493　417398
大生要旨五卷　(清)唐千頃撰　**婦嬰至寶一卷**　(清)莊一夔撰　清光緒十六年(1890)百梅書屋刻本　一冊

360000－1901－0004494　417398－1
大生要旨五卷　(清)唐千頃撰　**婦嬰至寶一卷**　(清)莊一夔撰　清光緒十六年(1890)百梅書屋刻本　一冊

360000－1901－0004495　900523
大士堂冊不分卷　(清)郭光昕輯　清道光二十二年(1842)木活字印本　一冊

360000－1901－0004496　302373
大事記十二卷通釋三卷解題十二卷　(宋)呂祖謙撰　清同治十二年(1873)胡氏退補齋刻金華叢書本　十二冊

360000－1901－0004497　311894－1
大事記十二卷通釋三卷解題十二卷　(宋)呂祖謙撰　清同治十二年(1873)胡氏退補齋刻金華叢書本　十三冊

360000－1901－0004498　241372
大宋文鑑一百五十卷　(宋)呂祖謙輯　明正德十三年(1518)慎獨齋刻本　十九冊　缺七十一卷(一至二十三、三十六至三十九、四十三至四十五、五十六至六十三、七十四至七十八、八十七至九十五、一百一至一百五、一百二十五至一百三十、一百三十五至一百三十八、一百四十四至一百四十七)

360000－1901－0004499　210452
大宋重修廣韻五卷　(宋)陳彭年等撰　清康熙四十三年(1704)吳郡張士俊澤存堂刻澤存堂五種本　五冊

360000－1901－0004500　210453
大宋重修廣韻五卷　(宋)陳彭年等撰　清康熙四十三年(1704)吳郡張士俊澤存堂刻澤存堂五種本　五冊

360000－1901－0004501　414062
大宋重修廣韻五卷　(宋)陳彭年等撰　清康熙四十三年(1704)吳郡張士俊澤存堂刻澤存堂五種本　五冊

360000－1901－0004502　603785

大宋重修廣韻五卷　(宋)陳彭年等撰　清同治十二年(1873)粤東書局刻古經解彙函本　二册　存二卷(二至三)

360000－1901－0004503　722499

大宋重修廣韻五卷　(宋)陳彭年等撰　清同治十二年(1873)粤東書局刻古經解彙函本　二册　存二卷(一、四)

360000－1901－0004504　304577

大唐開元占經一百二十卷　(唐)瞿曇悉達撰　清刻本　二十二册　存八十一卷(一至六十七、七十四至八十七)

360000－1901－0004505　300086

大唐六典三十卷　(唐)玄宗李隆基撰　(唐)李林甫等注　清嘉慶五年(1800)掃葉山房刻本　一册　存六卷(一至六)

360000－1901－0004506　110270

[同治]進賢縣志二十五卷首一卷　(清)江璧等修　(清)胡景辰等纂　清同治十年(1871)刻光緒二十四年(1898)補刻本　十六册

360000－1901－0004507　400082

大唐六典三十卷　(唐)玄宗李隆基撰　(唐)李林甫等注　清嘉慶五年(1800)掃葉山房刻本　一册　存四卷(二十二至二十五)

360000－1901－0004508　414715

大唐六典三十卷　(唐)玄宗李隆基撰　(唐)李林甫注　清光緒二十一年(1895)廣雅書局刻本　一册　存五卷(二十一至二十五)

360000－1901－0004509　405759

大唐新語十三卷　(唐)劉肅撰　清康熙刻本　二册　存十卷(四至十三)

360000－1901－0004510　901429

大題觀海二集不分卷　(清)□□輯　清末石印本　一册

360000－1901－0004511　901431

大題雋快初編不分卷　(清)□□輯　清刻本　三册

360000－1901－0004512　901432

大題雋快二編不分卷　(清)□□輯　清刻本　三册

360000－1901－0004513　901442

大題篋存草不分卷　(清)葉廉鍔撰　清光緒十四年(1888)刻本　二册

360000－1901－0004514　901440

大題羣玉府不分卷　(清)織墨齋主人輯　清光緒十四年(1888)石印本　十八册

360000－1901－0004515　901441

大題羣玉府不分卷　(清)織墨齋主人輯　清光緒十四年(1888)石印本　二册

360000－1901－0004516　901435

大題三萬選不分卷　(清)□□輯　清末石印本　二册

360000－1901－0004517　901183

大題文府不分卷　(清)□□輯　清光緒十二年(1886)上海同文書局石印本　十册

360000－1901－0004518　901185

大題文府不分卷　(清)□□輯　清光緒十二年(1886)上海同文書局石印本　三册

360000－1901－0004519　802207

大題文府不分卷　(清)□□輯　清末石印本　一册

360000－1901－0004520　803011

大題文府不分卷　(清)□□輯　清末石印本　一册

360000－1901－0004521　900662

大題文府不分卷　(清)□□輯　清末石印本　十七册

360000－1901－0004522　900663

大題文府不分卷　(清)□□輯　清末石印本　十五册

360000－1901－0004523　900664

大題文府不分卷　(清)□□輯　清末石印本　八册

360000－1901－0004524　900665
大題文府不分卷　(清)□□輯　清末石印本　十冊

360000－1901－0004525　901182
大題文府不分卷　(清)□□輯　清末石印本　十八冊

360000－1901－0004526　901184
大題文府不分卷　(清)□□輯　清末石印本　五冊

360000－1901－0004527　901437
大題文府不分卷　(清)□□輯　清末石印本　四冊

360000－1901－0004528　901438
大題文府不分卷　(清)□□輯　清末石印本　二冊

360000－1901－0004529　901439
大題文府不分卷　(清)□□輯　清末石印本　四冊

360000－1901－0004530　901430
大題五萬選不分卷　(清)□□輯　清末石印本　七冊

360000－1901－0004531　150114
大亭山館叢書　(清)楊葆彝輯　清光緒刻本　四冊　存十種

360000－1901－0004532　711731
大文堂綱鑑易知錄九十二卷　(清)吳乘權等輯　清刻本　二十七冊　存六十六卷(八至三十二、三十七至三十九、四十一至五十二、五十六至六十、六十九至七十、七十四至九十二)

360000－1901－0004533　419174
大文堂古文觀止六卷　(清)吳乘權　(清)吳大職輯　清大文堂刻本　六冊

360000－1901－0004534　804986
大文堂古文觀止六卷　(清)吳乘權　(清)吳大職輯　清大文堂刻本　六冊

360000－1901－0004535　419175
大文堂古文集解六卷　(清)吳乘權　(清)吳大職輯　清大文堂刻本　六冊　存五卷(二至六)

360000－1901－0004536　419176
大文堂古文十二卷　(清)吳乘權　(清)吳大職輯　清大文堂刻本　六冊

360000－1901－0004537　419177
大文堂古文十二卷　(清)吳乘權　(清)吳大職輯　清大文堂刻本　三冊　存四卷(五至六、十一至十二)

360000－1901－0004538　403178－4
大文堂合纂四書體註十九卷　(清)范翔輯　清大文堂刻本　一冊　存二卷(大學一卷、中庸一卷)

360000－1901－0004539　403178－3
大文堂合纂四書體註十九卷　(清)范翔輯　清刻本　二冊　存七卷(論語六至十、孟子六至七)

360000－1901－0004540　403320
大文堂四書體註合講孟子七卷　(清)翁復編　清大文堂刻本　二冊　存四卷(四至七)

360000－1901－0004541　403298－2
大文堂四書體註合講十九卷　(清)翁復編　清大文堂刻本　二冊　存八卷(論語六至十、孟子一至三)

360000－1901－0004542　419011
大文堂重訂古文釋義新編八卷　(清)余誠評注　清大文堂刻本(卷五至六配清刻本)　四冊

360000－1901－0004543　302523
大文堂重訂古文釋義新編八卷　(清)余誠評注　清刻本　四冊

360000－1901－0004544　419027
大文堂重訂古文釋義新編八卷　(清)余誠評注　清刻本　一冊　存四卷(五至八)

360000－1901－0004545　419027－1
大文堂重訂古文釋義新編八卷　(清)余誠評

注　清刻本　四冊　存五卷(一至四、八)

360000－1901－0004546　419027－2
大文堂重訂古文釋義新編八卷　(清)余誠評注　清刻本　一冊　存二卷(三至四)

360000－1901－0004547　302379
大小雅堂詩集一卷冰蠶詞一卷　(清)承齡撰　清光緒十八年(1892)刻本　二冊

360000－1901－0004548　309455
大小雅堂詩集一卷詩餘一卷　(清)承齡撰　清光緒十八年(1892)刻本　二冊

360000－1901－0004549　160052
大學闡要一卷　(清)張恩霨撰　清光緒九年(1883)刻本　一冊

360000－1901－0004550　801132
大學大全章句一卷　(清)陸隴其輯　清刻本　一冊

360000－1901－0004551　411963－1
大學古本質言一卷　(清)劉沅撰　清同治十三年(1874)福建刻本　一冊

360000－1901－0004552　411963－2
大學古本質言一卷　(清)劉沅撰　清同治十三年(1874)福建刻本　一冊

360000－1901－0004553　411969
大學古本質言一卷　(清)劉沅撰　清宣統元年(1909)刻本　一冊

360000－1901－0004554　401999
大學貫通全解二卷　(清)梁寅宇撰　清道光四年(1824)刻本　一冊

360000－1901－0004555　403524
大學稽中傳三卷　(明)李經綸撰　明末刻本　一冊

360000－1901－0004556　603871－1
大學集説啓蒙一卷　(元)景星撰　清康熙十九年(1680)刻通志堂經解本　一冊

360000－1901－0004557　603871
大學集説啓蒙一卷中庸集説啓蒙一卷　(元)景星撰　清康熙十九年(1680)刻通志堂經解本　一冊

360000－1901－0004558　403501
大學示掌一卷中庸示掌一卷　(清)湯自銘撰　清雍正十三年(1735)刻本　一冊

360000－1901－0004559　403523
大學疏義一卷　(宋)金履祥撰　清同治十二年(1873)永康胡氏退補齋刻金華叢書本　一冊

360000－1901－0004560　161560
大學堂章程不分卷　(清)□□編　清光緒鉛印本　一冊

360000－1901－0004561　403526
大學通八卷　(清)田種玉撰　清嘉慶十七年(1812)刻本　四冊

360000－1901－0004562　230052
大學衍義補輯要十二卷首一卷　(明)丘濬撰　(清)陳弘謀輯　清乾隆元年(1736)培遠堂刻本　十二冊

360000－1901－0004563　230047
大學衍義補一百六十卷首一卷　(明)丘濬撰　明刻本　一冊　存六卷(八至十三)

360000－1901－0004564　230046
大學衍義補一百六十卷首一卷　(明)丘濬撰　明萬曆三十三年(1605)揚州喬應甲刻本　二十四冊

360000－1901－0004565　230045
大學衍義補一百六十卷首一卷　(明)丘濬撰　明正德元年(1506)宗文堂刻本　六十三冊　缺四卷(一百四十九至一百五十一、首一卷)

360000－1901－0004566　403545
大學衍義補一百六十卷首一卷　(明)丘濬撰　清刻本　二冊　存十七卷(六十二至七十八)

360000－1901－0004567　230048
大學衍義補一百六十卷首一卷　(明)丘濬撰

（明）陳仁錫評　明崇禎陳仁錫刻本　四十九册

360000－1901－0004568　230049
大學衍義補一百六十卷首一卷　（明）丘濬撰　（明）陳仁錫評　明刻本　三十二册

360000－1901－0004569　230050
大學衍義補一百六十卷首一卷　（明）丘濬撰　（明）陳仁錫評　明刻本　十六册　缺七十三卷（一至七十二、首一卷）

360000－1901－0004570　230051
大學衍義補一百六十卷首一卷　（明）丘濬撰　（明）陳仁錫評　明刻本　四册　存十八卷（七十五至八十、九十三至九十七、一百七至一百十三）

360000－1901－0004571　801130
大學衍義補一百六十卷首一卷　（明）丘濬撰　（明）陳仁錫評　清刻本　五册　存二十卷（四至七、八十至八十四、九十二至九十六、一百二十六至一百三十，首一卷）

360000－1901－0004572　801130－1
大學衍義補一百六十卷首一卷　（明）丘濬撰　（明）陳仁錫評　清刻本　一册　存二卷（一、首一卷）

360000－1901－0004573　160046
大學衍義補一百六十卷首一卷　（明）丘濬撰　（明）陳仁錫評　清同治十三年（1874）夔州郭氏家塾刻本　六十四册

360000－1901－0004574　603075
大學衍義補一百六十卷首一卷　（明）丘濬撰　（明）陳仁錫評　清同治十三年（1874）夔州郭氏家塾刻本　二十六册　存八十五卷（一至三十八、五十八至七十七、一百三十五至一百六十，首一卷）

360000－1901－0004575　603076
大學衍義補一百六十卷首一卷　（明）丘濬撰　（明）陳仁錫評　清同治十三年（1874）夔州郭氏家塾刻本　三十七册　存一百五十七卷（一至四十五、五十至一百六十，首一卷）

360000－1901－0004576　163782
大學衍義補一百六十卷首一卷　（明）丘濬撰　（明）陳仁錫評　明刻本　十九册　存四十六卷（七十三至一百十八）

360000－1901－0004577　230053
大學衍義輯要六卷　（宋）真德秀撰　（清）陳弘謀輯　**大學衍義補輯要十二卷首一卷**　（明）丘濬撰　（清）陳弘謀輯　清乾隆二年（1737）刻本　八册

360000－1901－0004578　403546
大學衍義輯要六卷大學衍義補輯要十二卷　（清）陳弘謀輯　清乾隆二年（1737）寶翰樓刻本　七册　存十六卷（大學衍義輯要六卷、大學衍義補輯要一至十）

360000－1901－0004579　115118
［同治］南安府志三十二卷首一卷　（清）黄鳴珂修　（清）石景芬　（清）徐福炘纂　清同治七年（1868）刻本　二十册

360000－1901－0004580　110985
［同治］南安府志三十二卷首一卷　（清）黄鳴珂修　（清）石景芬　（清）徐福炘纂　清同治七年（1868）刻本　十六册

360000－1901－0004581　230036
大學衍義四十三卷　（宋）真德秀撰　明崇禎十一年（1638）武陵楊鶚刻本　十册

360000－1901－0004582　230037
大學衍義四十三卷　（宋）真德秀撰　明崇禎十一年（1638）武陵楊鶚刻本　八册

360000－1901－0004583　230038
大學衍義四十三卷　（宋）真德秀撰　明崇禎十一年（1638）武陵楊鶚刻本　六册　缺二十一卷（十七至三十四、四十至四十二）

360000－1901－0004584　403535
大學衍義四十三卷　（宋）真德秀撰　明崇禎十一年（1638）武陵楊鶚刻本　五册　存十八卷（一至十八）

360000－1901－0004585　230035

大學衍義四十三卷 （宋）真德秀撰 明嘉靖六年（1527）内府刻本 十册 缺二十卷（二十四至四十三）

360000－1901－0004586 230039
大學衍義四十三卷 （宋）真德秀撰 清初汲古閣刻本 十册

360000－1901－0004587 160043
大學衍義四十三卷 （宋）真德秀撰 清光緒二十年（1894）桂垣書局刻本 八册

360000－1901－0004588 160044
大學衍義四十三卷 （宋）真德秀撰 清光緒二十七年（1901）上海書局石印本 六册

360000－1901－0004589 160045
大學衍義四十三卷 （宋）真德秀撰 清光緒二十七年（1901）上海書局石印本 六册

360000－1901－0004590 313717
大學衍義四十三卷 （宋）真德秀撰 清刻本 十册

360000－1901－0004591 401120
大學衍義四十三卷 （宋）真德秀撰 清刻本 一册 存三卷（四十一至四十三）

360000－1901－0004592 403533
大學衍義四十三卷 （宋）真德秀撰 清刻本 六册 存十九卷（一至十九）

360000－1901－0004593 403540
大學衍義四十三卷 （宋）真德秀撰 清刻本 十册

360000－1901－0004594 403542－2
大學衍義四十三卷 （宋）真德秀撰 清刻本 一册 存五卷（十九至二十三）

360000－1901－0004595 603073
大學衍義四十三卷 （宋）真德秀撰 清刻本 一册 存四卷（十五至十八）

360000－1901－0004596 804989
大學衍義四十三卷 （宋）真德秀撰 清刻本 一册 存十卷（二十至二十九）

360000－1901－0004597 801096
大學衍義四十三卷 （宋）真德秀撰 清末石印本 一册 存八卷（二十四至三十一）

360000－1901－0004598 160041
大學衍義四十三卷 （宋）真德秀撰 清同治十三年（1874）金陵書局刻本 八册

360000－1901－0004599 160042
大學衍義四十三卷 （宋）真德秀撰 清同治十三年（1874）金陵書局刻本 八册

360000－1901－0004600 160038
大學衍義四十三卷 （宋）真德秀撰 清同治十一年（1872）浙江書局刻本 十册

360000－1901－0004601 230040
大學衍義四十三卷 （宋）真德秀撰 （明）陳仁錫評 明崇禎陳仁錫刻本 九册

360000－1901－0004602 230041
大學衍義四十三卷 （宋）真德秀撰 （明）陳仁錫評 明崇禎陳仁錫刻本 五册 缺十卷（二十至二十九）

360000－1901－0004603 230042
大學衍義四十三卷 （宋）真德秀撰 （明）陳仁錫評 明崇禎陳仁錫刻本 四册 存十一卷（十三至十五、三十一至三十四、四十至四十三）

360000－1901－0004604 230043
大學衍義四十三卷 （宋）真德秀撰 （明）陳仁錫評 明崇禎陳仁錫刻本 二册 存六卷（一、二十八至三十二）

360000－1901－0004605 230044
大學衍義四十三卷 （宋）真德秀撰 （明）陳仁錫評 明刻本 九册 缺一卷（二十二）

360000－1901－0004606 115181
［同治］彭澤縣志十八卷首一卷 （清）趙宗耀 （清）陳文慶修 （清）歐陽燾等纂 清同治十二年（1873）刻本 十六册

360000－1901－0004607 160035
大學衍義四十三卷 （宋）真德秀撰 （明）陳

仁錫評　清道光十七年(1837)芸香堂刻本　十二冊

360000－1901－0004608　160036
大學衍義四十三卷　(宋)真德秀撰　(明)陳仁錫評　清道光十七年(1837)芸香堂刻本　十三冊

360000－1901－0004609　160039
大學衍義四十三卷　(宋)真德秀撰　(明)陳仁錫評　清同治十三年(1874)夔州郭氏家塾刻本　十二冊

360000－1901－0004610　160040
大學衍義四十三卷　(宋)真德秀撰　(明)陳仁錫評　清同治十三年(1874)夔州郭氏家塾刻本　十六冊

360000－1901－0004611　603074
大學衍義四十三卷　(宋)真德秀撰　(明)陳仁錫評　清同治十三年(1874)夔州郭氏家塾刻本　十冊

360000－1901－0004612　403536
大學衍義四十三卷　(宋)真德秀撰　**大學衍義補一百六十卷**　(明)丘濬撰　清同治十三年(1874)刻本　四十冊

360000－1901－0004613　160049
大學衍義體要十六卷　(宋)真德秀撰　(清)徐桐輯　清刻本　八冊

360000－1901－0004614　160050
大學衍義體要十六卷　(宋)真德秀撰　(清)徐桐輯　清刻本　八冊

360000－1901－0004615　801131
大學一卷　(宋)朱熹章句　清刻本　一冊

360000－1901－0004616　801095
大學一卷中庸一卷　(宋)朱熹章句　清會友堂刻本　一冊

360000－1901－0004617　403527
大學意讀一卷　(清)蕭光浩撰　清嘉慶九年(1804)刻本　一冊

360000－1901－0004618　122414
大學義疏一卷中庸義疏二卷　(清)曾錫華撰　清咸豐十年(1860)刻本　二冊

360000－1901－0004619　160051
大學翼真七卷　(清)胡渭撰　清小西山房刻本　三冊

360000－1901－0004620　403061－2
大學章句本義匯參三卷首一卷　(清)王步青輯　清刻本　二冊

360000－1901－0004621　403061－6
大學章句本義匯參三卷首一卷　(清)王步青輯　清刻本　一冊　存二卷(一、首一卷)

360000－1901－0004622　403519
大學章句一卷　(宋)朱熹撰　清稽古樓刻本　一冊

360000－1901－0004623　403520
大學直解二卷　(清)王建常撰　清劉氏傳經堂刻本　二冊

360000－1901－0004624　250200
大雅堂訂正枕中十書　(明)李贄撰　明博極堂刻本　五冊　存八種

360000－1901－0004625　123321
大洋洲蕭侯廟志八卷　(明)郭子章編　清道光二十九年(1849)饒學澍刻本　一冊

360000－1901－0004626　308547
大洋洲蕭侯廟志八卷　(明)郭子章編　清道光二十九年(1849)饒學澍刻本　一冊

360000－1901－0004627　110178
[同治]彭澤縣志十八卷首一卷　(清)趙宗耀　(清)陳文慶修　(清)歐陽燾等纂　清同治十二年(1873)刻本　十五冊

360000－1901－0004628　210048
大易參訂折中講義補象十卷　(清)朱用行輯　清乾隆二十七年(1762)澹寧居刻本　八冊

360000－1901－0004629　210049
大易參訂折中講義補象十卷　(清)朱用行輯　清乾隆二十七年(1762)澹寧居刻本　八冊

360000－1901－0004630　210050
大易參訂折中講義補象十卷　(清)朱用行輯　清乾隆二十七年(1762)澹寧居刻本　八册

360000－1901－0004631　402651
大易參訂折中講義補象十卷　(清)朱用行輯　清乾隆二十七年(1762)澹寧居刻本　三册　存三卷(一、三、五)

360000－1901－0004632　160033
大易緝說十卷　(元)王申子撰　清同治十二年(1873)粵東書局刻通志堂經解本　四册

360000－1901－0004633　303797
大意尊聞三卷　(清)方東樹撰　清刻本　一册

360000－1901－0004634　406773
大義覺迷錄四卷　(清)世宗胤禛撰　清雍正刻本　四册

360000－1901－0004635　400903
大英國志八卷續刻一卷　(英國)托馬斯米爾納撰　(英國)慕維廉譯　清刻本　二册　存四卷(五至八)

360000－1901－0004636　312140
大英國志八卷續刻一卷　(英國)托馬斯米爾納撰　(英國)慕維廉譯　清咸豐六年(1856)上海墨海書院刻本　四册

360000－1901－0004637　312671
大英國志八卷續刻一卷　(英國)托馬斯米爾納撰　(英國)慕維廉譯　清咸豐六年(1856)上海墨海書院刻本　二册

360000－1901－0004638　312672
大英國志八卷續刻一卷　(英國)托馬斯米爾納撰　(英國)慕維廉譯　清咸豐六年(1856)上海墨海書院刻本　四册

360000－1901－0004639　161553
大元聖政國朝典章六十卷　(元)□□撰　清光緒三十四年(1908)刻本　二十四册

360000－1901－0004640　302353
大雲山房文稿二集四卷　(清)惲敬撰　清嘉慶二十一年(1816)長洲宋揚光刻本　二册

360000－1901－0004641　302350
大雲山房文稾初集四卷　(清)惲敬撰　清光緒十四年(1888)刻本　四册

360000－1901－0004642　302354
大雲山房文稾初集四卷　(清)惲敬撰　清光緒十四年(1888)刻本　四册

360000－1901－0004643　302351
大雲山房文稾初集四卷二集四卷　(清)惲敬撰　清光緒十四年(1888)刻本　八册

360000－1901－0004644　163465
大雲山房文稾初集四卷二集四卷言事二卷　(清)惲敬撰　清嘉慶二十年(1815)武寧盧宣旬南昌甲戌坊刻本　八册

360000－1901－0004645　163466
大雲山房文稾初集四卷二集四卷言事二卷　(清)惲敬撰　清嘉慶二十年(1815)武寧盧宣旬南昌甲戌坊刻本　八册

360000－1901－0004646　302352
大雲山房文稾初集四卷二集四卷言事二卷　(清)惲敬撰　清嘉慶二十年(1815)武寧盧宣旬南昌甲戌坊刻本　二册　存四卷(大雲山房文稾初集四卷)

360000－1901－0004647　315491
大雲山房文稾初集四卷二集四卷言事二卷　(清)惲敬撰　清嘉慶二十年(1815)武寧盧宣旬南昌甲戌坊刻本　四册　存四卷(大雲山房文稾初集四卷)

360000－1901－0004648　317043
大雲山房文稾初集四卷二集四卷言事二卷　(清)惲敬撰　清嘉慶二十年(1815)武寧盧宣旬南昌甲戌坊刻本　四册

360000－1901－0004649　421393
大雲山房文稾初集四卷二集四卷言事二卷　(清)惲敬撰　清刻本　二册　存三卷(大雲山房文稾初集三至四、二集二)

360000－1901－0004650　316739

大雲山房文稾初集四卷二集四卷言事二卷 (清)惲敬撰　清同治二年(1863)惲世臨刻本　六冊

360000－1901－0004651　303799
大雲山房言事二卷 (清)惲敬撰　清同治二年(1863)刻本　二冊

360000－1901－0004652　309422
大中丞静齋朱公奏疏一卷附詩文遺稿一卷 (清)朱理撰　清光緒十五年(1889)三餘堂刻本　一冊

360000－1901－0004653　309423
大中丞静齋朱公奏疏一卷附詩文遺稿一卷 (清)朱理撰　清光緒十五年(1889)三餘堂刻本　一冊

360000－1901－0004654　805115
大字斷句繪本本草備要八卷 (清)汪昂撰　清末上海廣益書局石印本　一冊　存三卷(六至八)

360000－1901－0004655　310186
大宗地玄文本論略注四卷首一卷 (南朝陳)釋真諦譯　(清)楊文會注　清光緒三十二年(1906)金陵刻經處刻本　一冊

360000－1901－0004656　707030
大宗地玄文本論略註四卷首一卷 (南朝陳)釋真諦譯　(清)楊文會注　清光緒三十二年(1906)金陵刻經處刻本　二冊

360000－1901－0004657　403371
大宗師趙閬仙先生鑒定四書題説□□卷 (清)吕留良撰　(清)黄身先輯　清亦樂堂刻本　一冊　存二卷(五至六)

360000－1901－0004658　417415
代數備旨二卷 (美國)狄考文選譯　(清)范震亞校録　清光緒二十八年(1902)上海會文編譯社石印本　一冊　存一卷(下)

360000－1901－0004659　417415－1
代數備旨二卷 (美國)狄考文選譯　(清)范震亞校録　清光緒二十八年(1902)上海會文編譯社石印本　一冊　存一卷(下)

360000－1901－0004660　417415－2
代數備旨二卷 (美國)狄考文選譯　(清)范震亞校録　清光緒二十八年(1902)上海會文編譯社石印本　一冊　存一卷(下)

360000－1901－0004661　417415－3
代數備旨二卷 (美國)狄考文選譯　(清)范震亞校録　清光緒二十八年(1902)上海會文編譯社石印本　一冊　存一卷(下)

360000－1901－0004662　417415－4
代數備旨二卷 (美國)狄考文選譯　(清)范震亞校録　清光緒二十八年(1902)上海會文編譯社石印本　一冊　存一卷(下)

360000－1901－0004663　317583
代數備旨全艸十三章 (美國)狄考文譯　(清)徐錫麟編　清光緒二十九年(1903)浙紹特別書局石印本　六冊

360000－1901－0004664　406687
代數備旨全草十三章 (清)徐錫麟編　清光緒二十九年(1903)上海支那新書局石印本　六冊

360000－1901－0004665　406687－1
代數備旨全草十三章 (清)徐錫麟編　清末石印本　一冊　存二章(六至七)

360000－1901－0004666　406689
代數備旨十三章總答一章 (美國)狄考文選譯　(清)鄒立文　(清)生福維筆述　清光緒二十六年(1900)上海美華書館鉛印本　一冊

360000－1901－0004667　406688
代數備旨十三章總答一章 (美國)狄考文選譯　(清)鄒立文　(清)生福維筆述　清光緒二十三年(1897)上海美華書館鉛印本　二冊

360000－1901－0004668　110160
[同治]清江縣志十卷首一卷 (清)潘懿　(清)胡湛修　(清)朱孫詒等纂　清同治九年(1870)刻本　十冊

360000－1901－0004669　317674

代數難題解法十六卷 （英國）倫德輯 （英國）傅蘭雅口譯 （清）華蘅芳筆述 清光緒二十二年（1896）上海璣衡堂石印本 四册

360000－1901－0004670 305232
代數術補式二十六卷首一卷 （英國）華里司輯 （英國）傅蘭雅口譯 （清）華蘅芳筆述 （清）解崇輝補式 清光緒二十六年（1900）上海順成書局石印本 七册 存二十五卷（一至二十二、二十五至二十六，首一卷）

360000－1901－0004671 307858
代數術補式二十六卷首一卷 （英國）華里司輯 （英國）傅蘭雅口譯 （清）華蘅芳筆述 （清）解崇輝補式 清光緒二十六年（1900）上海順成書局石印本 八册

360000－1901－0004672 317591
代數術補式二十六卷首一卷 （英國）華里司輯 （英國）傅蘭雅口譯 （清）華蘅芳筆述 （清）解崇輝補式 清光緒二十六年（1900）上海順成書局石印本 八册

360000－1901－0004673 417475
代數術補式二十六卷首一卷 （英國）華里司輯 （英國）傅蘭雅口譯 （清）華蘅芳筆述 （清）解崇輝補式 清光緒二十六年（1900）上海順成書局石印本 八册

360000－1901－0004674 417476
代數術補式二十六卷首一卷 （英國）華里司輯 （英國）傅蘭雅口譯 （清）華蘅芳筆述 （清）解崇輝補式 清光緒二十六年（1900）上海順成書局石印本 六册 存十八卷（一至三、八至十、十六至二十六，首一卷）

360000－1901－0004675 803129
代數術補式二十六卷首一卷 （英國）華里司輯 （英國）傅蘭雅口譯 （清）華蘅芳筆述 （清）解崇輝補式 清末石印本 二册 存五卷（八至十、二十五至二十六）

360000－1901－0004676 301335
代數術二十五卷首一卷 （英國）華里司輯 （英國）傅蘭雅口譯 （清）華蘅芳筆述 清光緒二十二年（1896）上海璣衡堂石印本 四册

360000－1901－0004677 312246
代數術二十五卷首一卷 （英國）華里司輯 （英國）傅蘭雅口譯 （清）華蘅芳筆述 清光緒二十二年（1896）上海璣衡堂石印本 四册

360000－1901－0004678 417470
代數術二十五卷首一卷 （英國）華里司輯 （英國）傅蘭雅口譯 （清）華蘅芳筆述 清光緒二十二年（1896）上海璣衡堂石印測海山房中西算學叢刻初編本 四册

360000－1901－0004679 417470－1
代數術二十五卷首一卷 （英國）華里司輯 （英國）傅蘭雅口譯 （清）華蘅芳筆述 清光緒二十二年（1896）上海璣衡堂石印測海山房中西算學叢刻初編本 一册 存十卷（一至九、首一卷）

360000－1901－0004680 406680
代數術二十五卷首一卷 （英國）華里司輯 （英國）傅蘭雅口譯 （清）華蘅芳筆述 清光緒二十三年（1897）時宜書室刻本 四册 存二十卷（一至十六、二十二至二十四，首一卷）

360000－1901－0004681 406679
代數術二十五卷首一卷 （英國）華里司輯 （英國）傅蘭雅口譯 （清）華蘅芳筆述 清末刻本 五册 存二十三卷（一至二十一、二十五，首一卷）

360000－1901－0004682 317574
代數術二十五卷首一卷 （英國）華里司輯 （英國）傅蘭雅口譯 （清）華蘅芳筆述 清同治十二年（1873）江南製造總局刻本 六册

360000－1901－0004683 406681
代數術二十五卷首一卷 （英國）華里司輯 （英國）傅蘭雅口譯 （清）華蘅芳筆述 清同治十二年（1873）刻本 六册

360000－1901－0004684 406682
代數術二十五卷首一卷 （英國）華里司輯 （英國）傅蘭雅口譯 （清）華蘅芳筆述 清同治十二年（1873）刻本 六册

360000－1901－0004685　406682－1
代數術二十五卷首一卷　(英國)華里司輯　(英國)傅蘭雅口譯　(清)華蘅芳筆述　清同治十二年(1873)刻本　一册　存五卷(十八至二十二)

360000－1901－0004686　305230
代數通藝録十六卷　(清)方愷撰　清光緒二十二年(1896)石印本　四册　存十二卷(一至十二)

360000－1901－0004687　305231
代數通藝録十六卷　(清)方愷撰　清光緒二十二年(1896)石印本　一册　存四卷(十三至十六)

360000－1901－0004688　301332
代數通藝録十六卷　(清)方愷撰　清光緒二十二年(1896)時務報館石印本　四册

360000－1901－0004689　417474
代數通藝録十六卷　(清)方愷撰　清光緒二十二年(1896)時務報館石印本　六册

360000－1901－0004690　308852
代數通藝録十六卷　(清)方愷撰　清光緒二十四年(1898)上海著易堂石印本　五册

360000－1901－0004691　317671
代數通藝録十六卷　(清)方愷撰　清光緒二十四年(1898)上海著易堂石印本　五册

360000－1901－0004692　301333
代數通藝録十六卷　(清)方愷撰　清光緒二十四年(1898)小倉山房石印本　六册

360000－1901－0004693　417473
代數通藝録十六卷　(清)方愷撰　清光緒二十五年(1899)上海書局石印本　三册　存十卷(一至三、七至九、十三至十六)

360000－1901－0004694　301334
代數通藝録十六卷　(清)方愷撰　清光緒石印本　五册

360000－1901－0004695　803130
代數通藝録十六卷　(清)方愷撰　清刻本　一册　存四卷(十三至十六)

360000－1901－0004696　804826
代數通藝録十六卷　(清)方愷撰　清刻本　一册　存五卷(八至十二)

360000－1901－0004697　317721
代數鑰七卷　(清)黄慶澄撰　清光緒算學報館刻本　五册　存五卷(一至四、六)

360000－1901－0004698　406678
代數易知録十八卷首一卷　(清)李玉如輯　清光緒二十三年(1897)沅陵李氏瓠齋刻本　四册　存十三卷(一至四、八至十五,首一卷)

360000－1901－0004699　301338
代形合參三卷附一卷　(美國)羅密士撰　(美國)潘慎文譯　(清)謝洪賚筆述　清光緒二十九年(1903)上海美華書館鉛印本　一册

360000－1901－0004700　317736
代形合參三卷附一卷　(美國)羅密士撰　(美國)潘慎文譯　(清)謝洪賚筆述　清光緒二十四年(1898)上海益智書局石印本　一册

360000－1901－0004701　150237
岱南閣叢書　(清)孫星衍輯　清乾隆五十年至嘉慶十四年(1785－1809)蘭陵孫氏刻本　二十四册　存十二種

360000－1901－0004702　712877
岱南閣集二卷　(清)孫星衍撰　清光緒十年(1884)吴縣朱記榮刻本　一册

360000－1901－0004703　305260
待廬遺集三卷　(清)方澤撰　清刻本　一册　存二卷(一至二)

360000－1901－0004704　407766
帶江園雜著草六卷　(清)黄體正撰　清光緒十八年(1892)桂平黄氏家塾刻本　一册　存二卷(五至六)

360000－1901－0004705　240889
帶經堂集九十二卷　(清)王士禛撰　清康熙五十一年(1712)程哲七略書堂刻本　二十册

360000－1901－0004706　409782－2

帶經堂集九十二卷　（清）王士禛撰　（清）程哲編　清康熙五十一年（1712）程哲七略書堂刻本　一冊　存五卷（六十至六十四）

360000－1901－0004707　409783
帶經堂集九十二卷　（清）王士禛撰　（清）程哲編　清康熙五十一年（1712）程哲七略書堂刻本　二十冊

360000－1901－0004708　409784
帶經堂集九十二卷　（清）王士禛撰　（清）程哲編　清康熙五十一年（1712）程哲七略書堂刻本　十六冊　存八十三卷（一至三十八、四十三至五十九、六十五至九十二）

360000－1901－0004709　409782
帶經堂集九十二卷　（清）王士禛撰　（清）程哲編　清康熙五十一年（1712）程哲七略書堂刻乾隆十二年（1747）黃晟修補本　二十冊　存七十七卷（一至五十二、五十七至五十八、六十二至七十二、七十七至八十八）

360000－1901－0004710　409779
帶經堂詩話三十卷首一卷　（清）王士禛撰　（清）張宗柟輯　清乾隆刻本　五冊

360000－1901－0004711　307636
帶經堂詩話三十卷首一卷　（清）王士禛撰　（清）張宗柟輯　清同治十二年（1873）廣州藏脩堂刻本　五冊　存十九卷（一至十八、首一卷）

360000－1901－0004712　163433
帶經堂詩話三十卷首一卷　（清）王士禛撰　（清）張宗柟輯　清乾隆刻本　八冊

360000－1901－0004713　316051
帶經堂詩話三十卷首一卷　（清）王士禛撰　（清）張宗柟輯　清同治十二年（1873）廣州藏脩堂刻本　十冊

360000－1901－0004714　123020
帶經園稿不分卷　（清）王曜桂撰　清光緒十五年（1889）刻本　一冊

360000－1901－0004715　411140
帶經園稿不分卷　（清）王曜桂撰　清光緒十五年（1889）刻本　一冊

360000－1901－0004716　150373
貸園叢書初集　（清）周永年輯　清乾隆益都李文藻等刻五十四年（1789）歷城周永年竹西書屋印本　十二冊

360000－1901－0004717　150374
貸園叢書初集　（清）周永年輯　清乾隆益都李文藻等刻五十四年（1789）歷城周永年竹西書屋印本　十三冊　存九種

360000－1901－0004718　417480
戴東原集十二卷　（清）戴震撰　**戴東原先生年譜一卷覆校札記一卷**　（清）段玉裁撰　清乾隆五十七年（1792）經韻樓刻經韻樓叢書本　三冊　存九卷（一至九）

360000－1901－0004719　302692
戴東原集十二卷　（清）戴震撰　**戴東原先生年譜一卷覆校札記一卷**　（清）段玉裁撰　清宣統二年（1910）渭南嚴氏孝義家塾成都刻本　六冊

360000－1901－0004720　316670
戴南山文鈔六卷　（清）戴名世撰　清宣統二年（1910）上海國學扶輪社鉛印本　三冊

360000－1901－0004721　316776
戴南山文鈔六卷　（清）戴名世撰　清宣統二年（1910）上海國學扶輪社鉛印本　三冊

360000－1901－0004722　302693
戴氏先德傳二卷　（清）戴鈞衡撰　清道光二十三年（1843）刻本　一冊

360000－1901－0004723　150487
戴氏遺書　（清）戴震撰　清乾隆曲阜孔氏微波榭刻本　二十四冊　存十五種

360000－1901－0004724　150583
戴氏遺書　（清）戴震撰　清乾隆曲阜孔氏微波榭刻本　八冊　存九種

360000－1901－0004725　600353
戴氏遺書　（清）戴震撰　清乾隆曲阜孔氏微

波榭刻本　二册　存三種

360000－1901－0004726　802398
戴祝三紀事不分卷(清乾隆五十六年至六十年)　(清)戴祝三撰　稿本　一册

360000－1901－0004727　410782
丹桂籍四卷首一卷末一卷　(明)顔正輯注　清道光四年(1824)同善堂刻本　三册　缺一卷(末一卷)

360000－1901－0004728　410783
丹桂籍四卷首一卷末一卷　(明)顔正輯注　清光緒十八年(1892)刻本　一册　存二卷(一至二)

360000－1901－0004729　710781
丹桂籍四卷首一卷末一卷　(明)顔正輯注　清同治六年(1867)虞山沈氏刻本　二册

360000－1901－0004730　410789
丹棱文鈔四卷　(清)蔣彤撰　清光緒三十四年(1908)刻朱印本　二册

360000－1901－0004731　230358
丹鉛總錄二十七卷　(明)楊慎撰　明嘉靖三十三年(1554)梁佐刻本　十册

360000－1901－0004732　230359
丹鉛總錄二十七卷　(明)楊慎撰　清乾隆三十年(1765)虎林楊昶刻本　九册　存二十二卷(一至二、八至二十七)

360000－1901－0004733　411147
丹鉛總錄二十七卷　(明)楊慎撰　清乾隆三十年(1765)刻本　四册　存十二卷(一至九、十四至十六)

360000－1901－0004734　710953
丹邱生集五卷附錄一卷　(元)柯九思撰　清光緒三十四年(1908)息園刻本　一册

360000－1901－0004735　419166
丹山堂古文觀止十二卷　(清)吴乘權　(清)吴大職輯　清道光二十五年(1845)英德堂刻本　六册

360000－1901－0004736　230312
丹臺玉案六卷　(明)孫文胤撰　明崇禎書林陳爾潤刻本　六册

360000－1901－0004737　408857
丹臺玉案六卷　(明)孫文胤撰　清刻本　二册　存二卷(三、六)

360000－1901－0004738　230313
丹臺玉案六卷　(明)孫文胤撰　清順治十七年(1660)刻本　六册

360000－1901－0004739　408568
丹丸集錄一卷　(清)精一堂輯　清刻本　一册

360000－1901－0004740　408858
丹溪全書　(元)朱震亨等撰　清刻本　三册　存三種

360000－1901－0004741　408859
丹溪全書　(元)朱震亨等撰　清刻本　二册　存四種

360000－1901－0004742　162185
丹溪先生心法五卷　(元)朱震亨撰　**附丹溪翁傳一卷**　(元)戴良撰　**故丹溪先生朱公石表辭一卷**　(明)宋濂撰　清鱣飛堂刻本　六册

360000－1901－0004743　230247
丹溪先生心法五卷附錄一卷　(元)朱震亨撰　清初刻本　五册

360000－1901－0004744　721327
丹溪先生心法五卷附錄一卷　(元)朱震亨撰　清宏德堂刻本　三册　存三卷(三至五)

360000－1901－0004745　721327－1
丹溪先生心法五卷附錄一卷　(元)朱震亨撰　清宏德堂刻本　一册　存一卷(五)

360000－1901－0004746　721327－2
丹溪先生心法五卷附錄一卷　(元)朱震亨撰　清刻本　一册　存一卷(二)

360000－1901－0004747　162187
丹溪先生治法心要八卷　(元)朱震亨撰　(明)盧和輯　清宣統元年(1909)武林蕭澍霖

鉛印本　二冊

360000－1901－0004748　603147
丹溪先生治法心要八卷　(元)朱震亨撰　(明)盧和輯　清宣統元年(1909)武林蕭澍霖鉛印本　一册　存四卷(五至八)

360000－1901－0004749　230246
丹溪心法附餘二十四卷首一卷　(明)方廣輯　明嘉靖十五年(1536)姚文清、陳講刻本　一册　存二卷(十九至二十)

360000－1901－0004750　803709
丹溪心法附餘二十四卷首一卷　(明)方廣輯　清刻本　一册　存一卷(十九)

360000－1901－0004751　409315
丹陽集二十四卷　(宋)葛勝仲撰　清光緒二十二年(1896)武進盛氏刻常州先哲遺書本　三册

360000－1901－0004752　408836
單方歌不分卷　(清)□□輯　清刻本　一册

360000－1901－0004753　405700
啖蔗軒全集　(清)方士淦撰　清同治十一年(1872)兩淮運署刻本　一册　存三種

360000－1901－0004754　161889
啖蔗軒自訂年譜一卷　(清)方士淦撰　清同治四年(1865)刻本　一册

360000－1901－0004755　161890
啖蔗軒自訂年譜一卷　(清)方士淦撰　清同治四年(1865)刻本　一册

360000－1901－0004756　161891
啖蔗軒自訂年譜一卷　(清)方士淦撰　清同治四年(1865)刻本　一册

360000－1901－0004757　900543
啖蔗軒自訂年譜一卷　(清)方士淦撰　清同治四年(1865)兩廣運署刻本　一册

360000－1901－0004758　900544
啖蔗軒自訂年譜一卷　(清)方士淦撰　清同治四年(1865)兩廣運署刻本　一册

360000－1901－0004759　900545
啖蔗軒自訂年譜一卷　(清)方士淦撰　清同治四年(1865)兩廣運署刻本　一册

360000－1901－0004760　900546
啖蔗軒自訂年譜一卷　(清)方士淦撰　清同治四年(1865)兩廣運署刻本　一册

360000－1901－0004761　411204
淡園詩鈔二卷　(清)彭桂祚撰　清刻本　一册

360000－1901－0004762　302250
淡災蠡述一卷　(清)范鳴龢撰　清光緒五年(1879)刻本　一册

360000－1901－0004763　412771
淡災蠡述一卷　(清)范鳴龢撰　清光緒五年(1879)刻本　一册

360000－1901－0004764　405675
噉荔集二卷秀野園詩集三卷　(清)顧嗣立撰　清康熙四十一年(1702)刻本　一册

360000－1901－0004765　163186
澹澄堂集不分卷　(清)潘宗信撰　清宣統二年(1910)陝西白水縣署刻本　一册

360000－1901－0004766　302125
澹靜齋集二卷　(清)吳傑撰　清道光十三年(1833)刻本　二册

360000－1901－0004767　163188
澹靜齋詩鈔六卷　(清)龔景瀚撰　清同治八年(1869)恩錫堂刻本　二册

360000－1901－0004768　163187
澹靜齋文鈔八卷　(清)龔景瀚撰　清同治八年(1869)恩錫堂刻本　六册

360000－1901－0004769　316656
澹靜齋文鈔八卷詩鈔六卷　(清)龔景瀚撰　清道光二十年(1840)恩錫堂刻本　八册

360000－1901－0004770　123067
澹慮軒試帖一卷　(清)程鶴輪撰　**損齋吟草一卷**　(清)程履益撰　清同治十三年(1874)刻本　一册

360000－1901－0004771　721750
澹香齋律賦二卷　(清)喻增高撰　清咸豐四年(1854)萍鄉喻氏刻澹香齋遺稿本　一册

360000－1901－0004772　302122
澹香齋詩草一卷　(清)王廷紹撰　清刻本　一册

360000－1901－0004773　302123
澹香齋試帖二卷　(清)王廷紹撰　清道光二十年(1840)新種竹軒京宅刻本　一册

360000－1901－0004774　713699
澹香齋試帖四卷　(清)喻增高撰　清咸豐四年(1854)萍鄉喻氏刻澹香齋遺稿本　二册

360000－1901－0004775　413697
澹香齋遺稿　(清)喻增高撰　清咸豐四年(1854)萍鄉喻氏刻本　六册

360000－1901－0004776　712868
澹香齋遺稿　(清)喻增高撰　清咸豐四年(1854)萍鄉喻氏刻本　二册　存二種

360000－1901－0004777　309590
澹雅局增定課讀鑑略妥註善本五卷　(明)李廷機撰　清刻本　一册　存二卷(一至二)

360000－1901－0004778　900566
澹雅局增定課讀鑑略妥註善本五卷　(明)李廷機撰　清刻本　二册

360000－1901－0004779　902276
澹雅局增定課讀鑑略妥註善本五卷　(明)李廷機撰　清刻本　一册　存三卷(三至五)

360000－1901－0004780　304427
澹雅局增定課讀鑑略妥註善本五卷　(明)李廷機撰　清兩儀堂刻本　二册

360000－1901－0004781　415799
澹雅局增定課讀鑑略妥註善本五卷　(明)李廷機撰　清兩儀堂刻本　二册

360000－1901－0004782　415800
澹雅局增定課讀鑑略妥註善本五卷　(明)李廷機撰　清兩儀堂刻本　二册

360000－1901－0004783　415801
澹雅局增定課讀鑑略妥註善本五卷　(明)李廷機撰　清兩儀堂刻本　二册

360000－1901－0004784　415802
澹雅局增定課讀鑑略妥註善本五卷　(明)李廷機撰　清兩儀堂刻本　二册

360000－1901－0004785　415803
澹雅局增定課讀鑑略妥註善本五卷　(明)李廷機撰　清兩儀堂刻本　一册　存三卷(三至五)

360000－1901－0004786　415804
澹雅局增定課讀鑑略妥註善本五卷　(明)李廷機撰　清英德堂刻本　二册

360000－1901－0004787　410995
澹園文集二卷　(清)譚龍驤撰　清宣統刻本　二册

360000－1901－0004788　413354
澹遠堂集　(清)舒孔恂撰　清同治十二年(1873)刻本　三册　存三種

360000－1901－0004789　800467
澹遠堂集□□卷　(清)舒孔恂撰　清刻本　一册　存一卷(四)

360000－1901－0004790　902461－1
澹遠堂集雜著□□卷　(清)舒孔恂撰　清同治十三年(1874)澹遠堂刻本　一册　存三卷(一至三)

360000－1901－0004791　304996
憺園全集三十六卷　(清)徐乾學撰　清光緒九年(1883)嘉興金吳瀾刻本　三册　存九卷(四至六、十九至二十四)

360000－1901－0004792　150742
當歸草堂醫學叢書初編　(清)丁丙輯　清光緒四年(1878)錢塘丁氏當歸草堂刻本　七册　存九種

360000－1901－0004793　300287
當歸草堂醫學叢書初編　(清)丁丙輯　清光緒四年(1878)錢塘丁氏當歸草堂刻本　十二

册

360000－1901－0004794　403372
當湖四書院課藝合刻不分卷　（清）何之鼎評選　清光緒十年（1884）刻本　二册

360000－1901－0004795　404868
導路編一卷　（清）余養士撰　清光緒二十年（1894）刻本　一册

360000－1901－0004796　310753
道藏輯要　（清）蔣予蒲輯　清嘉慶刻本　二百五十册

360000－1901－0004797　902480
道藏輯要　（清）蔣予蒲輯　清嘉慶刻本　二册　存二種

360000－1901－0004798　407046
道德經二卷　（清）徐大椿注　清刻本　一册

360000－1901－0004799　407076
道德經二卷　（清）徐大椿注　清刻本　一册

360000－1901－0004800　407046－1
道德經二卷　（清）徐大椿注　清同治三年（1864）彭樹萱善成堂刻徐靈胎十二種全集本　一册

360000－1901－0004801　302246
道德經解二卷　題純陽帝君釋義　題雲門魯史纂述　清刻本　一册

360000－1901－0004802　302247
道德經解二卷　題純陽帝君釋義　題雲門魯史纂述　清刻本　二册

360000－1901－0004803　302967
道德經評註二卷　題（漢）河上公章句　（明）歸有光批閲　清嘉慶九年（1804）姑蘇聚文堂刻本　一册

360000－1901－0004804　313703
道德經釋義二卷　（唐）純陽真人注　（清）牟目源訂　**道德經古本考正二卷**　（清）牟目源撰　**道德經轉語二卷**　（元）陳觀吾撰　清嘉慶十四年（1809）羊城刻本　四册

360000－1901－0004805　230135
道德南華二經評註合刻　（明）歸有光輯　（明）文震孟訂　明天啓四年（1624）文氏竺塢刻本　四册

360000－1901－0004806　230136
道德南華臺縣　（明）吳伯敬撰　明萬曆三十八年至四十年（1610－1612）吳士京刻本　二册

360000－1901－0004807　302972
道德真經註四卷　（元）吳澄撰　清光緒元年（1875）湖北崇文書局刻子書百家本　一册

360000－1901－0004808　407040
道德真經註四卷　（元）吳澄撰　清光緒元年（1875）湖北崇文書局刻子書百家本　一册

360000－1901－0004809　407041
道德真經註四卷　（元）吳澄撰　清光緒元年（1875）湖北崇文書局刻子書百家本　一册

360000－1901－0004810　722169
道德真經註四卷　（元）吳澄撰　清光緒元年（1875）湖北崇文書局刻子書百家本　一册

360000－1901－0004811　230139
道德指歸論六卷　題（漢）嚴遵撰　明崇禎虞山毛氏汲古閣刻津逮祕書本　一册

360000－1901－0004812　230631
道法統宗性命圭旨全書不分卷　清絲綸閣抄本　一册

360000－1901－0004813　241026
道古堂四十六卷詩集二十六卷　（清）杭世駿撰　清乾隆五十七年（1792）杭賓仁刻本　十三册

360000－1901－0004814　316445
道古堂文集四十八卷詩集二十六卷集外文一卷集外詩一卷　（清）杭世駿撰　清光緒十四年（1888）泉唐汪氏振綺堂刻本　十六册

360000－1901－0004815　163146
道古堂文集四十六卷　（清）杭世駿撰　清光緒十四年（1888）刻本　十六册

360000－1901－0004816　110161
[同治]清江縣志十卷首一卷　(清)潘懿　(清)胡湛修　(清)朱孫詒等纂　清同治九年(1870)刻本　十册

360000－1901－0004817　241025
道古堂文集四十六卷詩集二十六卷　(清)杭世駿撰　清乾隆五十七年(1792)杭賓仁刻本　十六册

360000－1901－0004818　900831
道光程墨不分卷　(清)徐清照等撰　清抄本　一册

360000－1901－0004819　407929
道光東華續錄六十卷　王先謙撰　清末石印本　一册　存九卷(五十二至六十)

360000－1901－0004820　803878
道光十年黔邑盗案稿不分卷　(清)□□輯　清道光十年(1830)抄本　一册

360000－1901－0004821　901511
道光戊子科直省鄉墨不分卷　(清)伍長華評選　清刻本　一册

360000－1901－0004822　902023
道光乙未恩科至同治壬戌恩科江西鄉試硃卷不分卷　(清)胡宗元等撰　清同治刻本　一册

360000－1901－0004823　805291－2
道光乙未科江南鄉試第壹房同門硃卷一卷同門薦卷一卷　(清)吳家楣等撰　清道光刻本　一册

360000－1901－0004824　402213
道光乙酉科明經通譜一卷　(清)禮部編　清道光刻本　一册

360000－1901－0004825　220434
道國元公濂溪周夫子志十五卷首一卷　(清)吳大鎔修　清康熙二十四年(1685)刻本　六册

360000－1901－0004826　412918
道國元公濂溪周夫子志十五卷首一卷　(清)吳大鎔修　(清)常在輯　清康熙二十四年(1685)刻本　一册　存一卷(十一)

360000－1901－0004827　900945
道門寫事意雜錄一卷　(清)□□撰　清抄本　一册

360000－1901－0004828　802083
道門占天風雷雲雨秘訣一卷　(□)□□撰　清康熙六十一年(1722)劉益真抄本　一册

360000－1901－0004829　705435
道南講授十三卷　(清)李清馥撰　清道光安溪李維迪刻本　三册　存十卷(一至三、七至十三)

360000－1901－0004830　302245
道旁散人集五卷附錄一卷　(清)李孚青撰　清光緒三十年(1904)集虚草堂刻本　一册

360000－1901－0004831　305669
道齊正軌二十卷　(清)鄒鳴鶴撰　清光緒七年(1881)無錫鄒氏刻本　一册　存二卷(一至二)

360000－1901－0004832　900418
道生堂小題制藝不分卷　(清)鍾聲撰　清光緒二十一年(1895)上海寶文書局石印本　二册

360000－1901－0004833　900418－1
道生堂小題制藝不分卷　(清)鍾聲撰　清光緒二十一年(1895)上海寶文書局石印本　二册

360000－1901－0004834　900431
道生堂小題制藝不分卷　(清)鍾聲撰　清同治七年(1868)刻本　一册

360000－1901－0004835　900429
道生堂小題制藝不分卷　(清)鍾聲撰　清咸豐五年(1855)刻本　一册

360000－1901－0004836　900430
道生堂小題制藝不分卷　(清)鍾聲撰　清咸豐五年(1855)刻本　一册

360000－1901－0004837　900433

道生堂小題制藝初集二卷二集二卷三集一卷 (清)鍾聲撰　清光緒十五年(1889)刻本　三冊

360000－1901－0004838　162902
道生堂小題制藝初集一卷二集一卷三集一卷 (清)鍾聲撰　清光緒十八年(1892)上海五彩公司石印本　四冊

360000－1901－0004839　407047
道書杯溪錄三卷 (清)傅金銓撰　清刻本　一冊

360000－1901－0004840　230625
道書全集 (明)閻鶴洲輯　明萬曆十九年(1591)金陵閻氏刻清康熙重修本　四冊　存二種

360000－1901－0004841　407017
道書十二種 (清)劉一明撰　清嘉慶二十四年(1819)常郡護國庵刻本　五冊　存五種

360000－1901－0004842　707031
道書十二種 (清)劉一明撰　清嘉慶二十四年(1819)常郡護國庵刻本　十九冊

360000－1901－0004843　304803－1
道統錄二卷附錄一卷 (清)張伯行撰　清同治福州正誼書院刻本　二冊

360000－1901－0004844　302240
道咸同光四朝詩史甲集八卷首一卷 孫雄輯　清宣統二年(1910)刻本　五冊

360000－1901－0004845　315876
道咸同光四朝詩史甲集八卷首一卷 孫雄輯　清宣統二年(1910)刻本　五冊　存四卷(三至六)

360000－1901－0004846　302248
道鄉集四十卷補遺一卷 (宋)鄒浩撰　清道光十一年(1831)刻本　八冊

360000－1901－0004847　407890
道鄉先生文集四十卷補遺一卷附錄一卷 (宋)鄒浩撰　清道光十三年(1833)刻本　一冊　存六卷(十二至十七)

360000－1901－0004848　310135
道宣律師感通錄一卷 (唐)釋道宣撰　清光緒十五年(1889)江北刻經處刻本　一冊

360000－1901－0004849　164149
道學淵源錄一百卷 (清)黃嗣東輯　清光緒三十四年(1908)鳳山學舍鉛印本　十四冊

360000－1901－0004850　407022
道學淵源三十六卷 (清)余心孺撰　清刻本　七冊　存十九卷(十二至二十六、三十至三十三)

360000－1901－0004851　407039
道原精萃 (法國)倪懷綸輯　清光緒十三年(1887)上海慈母堂鉛印本　七冊

360000－1901－0004852　302249
道援堂集十三卷 (清)屈大均撰　清刻本　十六冊

360000－1901－0004853　316700
道援堂集十三卷 (清)屈大均撰　清刻本　八冊

360000－1901－0004854　412900
道援堂集十三卷 (清)屈大均撰　清刻本　二冊　存五卷(九至十三)

360000－1901－0004855　802859
道援堂詩八卷 (清)屈大均撰　清刻本　一冊　存目錄

360000－1901－0004856　722016
道園集不分卷 (元)虞集撰　清康熙四十九年(1710)崇仁縣署刻本　一冊　存碑銘

360000－1901－0004857　240434
道園學古錄十八卷類集一卷增刻一卷 (元)虞集撰　清康熙刻雍正二年(1724)西昌裘思通補刻本　十冊　缺三卷(二、類集一卷、增刻一卷)

360000－1901－0004858　240435
道園學古錄十八卷類集一卷增刻一卷 (元)虞集撰　清乾隆六年(1741)刻本　十冊

360000－1901－0004859　240436

道園學古録十八卷類集一卷增刻一卷　(元)虞集撰　清乾隆六年(1741)刻本　十册

360000－1901－0004860　121886
道園學古録五十卷　(元)虞集撰　清刻本　十六册

360000－1901－0004861　121887
道園學古録五十卷　(元)虞集撰　清刻本　十五册　存四十六卷(一至十九、二十四至五十)

360000－1901－0004862　410482
道園學古録五十卷　(元)虞集撰　清刻本　一册　存四卷(二十三至二十六)

360000－1901－0004863　710682
道園學古録五十卷　(元)虞集撰　清刻本　一册　存一卷(一)

360000－1901－0004864　800696
道園學古録五十卷　(元)虞集撰　清刻本　一册　存四卷(二十七至三十)

360000－1901－0004865　802078
道祖元陽金闕一卷　(清)鄒善慶撰　清抄本　一册

360000－1901－0004866　804288
道祖元陽金闕一卷　(清)鄒善慶撰　清嘉慶四年(1799)抄本　一册

360000－1901－0004867　407035
道祖真傳輯要四卷　(清)陸輿輯　清光緒三年(1877)常州刻本　四册

360000－1901－0004868　405408
稻香吟館詩畧一卷　(清)吕啓祥撰　清宣統二年(1910)盤古山房木活字印本　一册

360000－1901－0004869　405379
得酒趣齋詩鈔二卷　(清)徐錫可撰　清光緒二十二年(1896)嘉興吳氏小穜字林刻本　一册

360000－1901－0004870　301493
得樹樓雜鈔十五卷　(清)查慎行撰　清道光十七年(1837)刻本　三册

360000－1901－0004871　405373
得間集四卷　(清)柳樹芳撰　清道光十二年(1832)刻本　一册

360000－1901－0004872　163523
得閒山館詩集八卷　(清)鄭佶撰　**曉園吟一卷**　(清)鄭岳撰　清道光七年(1827)寶研齋刻本　二册

360000－1901－0004873　163522
得閒山館文集二卷附録一卷　(清)鄭佶撰　清刻本　二册

360000－1901－0004874　313775
得一録十六卷　(清)余治輯　清同治八年(1869)刻本　八册

360000－1901－0004875　704556
得一録十六卷　(清)余治輯　清同治八年(1869)刻本　八册

360000－1901－0004876　704557－2
得一録十六卷　(清)余治輯　清同治十一年(1872)刻本　一册　存一卷(二)

360000－1901－0004877　704557－3
得一録十六卷　(清)余治輯　清同治十一年(1872)刻本　一册　存二卷(一至二)

360000－1901－0004878　704557
得一録十六卷首一卷　(清)余治輯　清光緒十一年(1885)寶善堂刻本　二册　存三卷(一、三,首一卷)

360000－1901－0004879　704557－1
得一録十六卷首一卷　(清)余治輯　清光緒十一年(1885)寶善堂刻本　一册　存二卷(一、首一卷)

360000－1901－0004880　301488
得一山房詩集二卷　(清)唐懋功撰　清光緒十九年(1893)刻本　一册

360000－1901－0004881　410517
得一齋雜著四種　(清)黄楙材撰　清光緒二十二年(1896)刻本　二册　存二種

360000－1901－0004882　410517－1

得一齋雜著四種　(清)黄楙材撰　清光緒二十二年(1896)刻本　二册　存二種

360000－1901－0004883　121588
得一齋雜著四種　(清)黄楙材撰　清光緒刻本　四册

360000－1901－0004884　410514
得一齋雜著四種　(清)黄楙材撰　清光緒刻本　四册

360000－1901－0004885　410515
得一齋雜著四種　(清)黄楙材撰　清光緒刻本　四册

360000－1901－0004886　410516
得一齋雜著四種　(清)黄楙材撰　清光緒刻本　三册　存三種

360000－1901－0004887　121590
得一齋雜著四種　(清)黄楙材撰　清光緒十二年(1886)夢花軒刻本　三册　存三種

360000－1901－0004888　123238
得一齋雜著四種　(清)黄楙材撰　清光緒十二年(1886)夢花軒刻本　一册　存二種

360000－1901－0004889　410511
得一齋卮言四卷　(清)黄楙材撰　清光緒刻本　二册

360000－1901－0004890　410512
得一齋卮言四卷　(清)黄楙材撰　清光緒刻本　二册

360000－1901－0004891　410513
得一齋卮言四卷　(清)黄楙材撰　清光緒刻本　一册　存二卷(一至二)

360000－1901－0004892　410513－1
得一齋卮言四卷　(清)黄楙材撰　清光緒刻本　一册　存二卷(一至二)

360000－1901－0004893　804685
得一齋卮言四卷　(清)黄楙材撰　清刻本　一册　存二卷(三至四)

360000－1901－0004894　305289
得月樓賦鈔四編　(清)張元灝選評　清刻本　四册

360000－1901－0004895　404550
得月樓賦鈔四編　(清)張元灝選評　清咸豐十年(1860)刻本　三册　存三編(甲、丙、丁)

360000－1901－0004896　704548
得月樓賦四編　(清)張元灝選評　清得月樓刻本　三册　存三編(乙、丙、丁)

360000－1901－0004897　405644
得月樓賦四編　(清)張元灝選評　清光緒石印本　一册　存一編(丁)

360000－1901－0004898　704547
得月樓賦四編　(清)張元灝選評　清光緒石印本　四册

360000－1901－0004899　704547－1
得月樓賦四編　(清)張元灝選評　清光緒石印本　一册　存一編(乙)

360000－1901－0004900　704550
得月樓賦四編　(清)張元灝選評　清同治六年(1867)常郡堂刻本　二册　存一編(丙)

360000－1901－0004901　704553
得月樓賦四編　(清)張元灝選評　清同治十年(1871)漱芳書屋刻本　一册　存二編(丙、丁)

360000－1901－0004902　704549
得月樓賦四編　(清)張元灝選評　清同治四年(1865)海陵德成堂刻本　二册　存二編(丙、丁)

360000－1901－0004903　704551
得月軒尺牘八卷　(清)孫方增撰　清光緒元年(1875)古經閣刻本　一册　存二卷(一至二)

360000－1901－0004904　704098
得月軒尺牘八卷　(清)孫方增撰　清刻本　二册　存四卷(五至八)

360000－1901－0004905　722045
得月軒尺牘八卷　(清)孫方增撰　清刻本

一册　存二卷(三至四)

360000－1901－0004906　801595
德安府輿圖不分卷　(清)□□繪　清末石印本　一册

360000－1901－0004907　301382
德國合盟紀事本末一卷　(清)徐建寅譯　清光緒八年(1882)刻本　一册

360000－1901－0004908　301377
德國陸軍紀略四卷　(清)許景澄撰　清光緒十六年(1890)刻本　二册

360000－1901－0004909　161968
德國刑律二十九卷　(清)陳觀海編譯　清光緒三十二年(1906)兩江洋務總局鉛印本　一册

360000－1901－0004910　401600
德國續修條約一卷　(清)總理衙門編　清光緒六年(1880)刻本　一册

360000－1901－0004911　306554
德國學校論略二卷附錄一卷　(德國)花之安撰　(清)李善蘭譯　清光緒二十三年(1897)鄂中質社刻本　一册

360000－1901－0004912　301381
德國議院章程一卷　(德國)芬福根撰　(清)徐建寅譯　清光緒八年(1882)石印本　一册

360000－1901－0004913　802054
德記詩草不分卷　(清)□□撰　清抄本　一册

360000－1901－0004914　803432
德山沿江行簰河路並神伏則例不分卷　□□輯　清嘉慶二十一年(1816)洪立傳抄本　一册

360000－1901－0004915　305256
德史譯文彙槀七十卷　(清)賽靈修館輯　清光緒滬江鴻寶齋石印本　十一册　存四十四卷(一至三、十一至二十五、三十至四十、四十六至五十一、五十六至六十四)

360000－1901－0004916　410053
德史譯文彙槀七十卷　(清)賽靈修館輯　清光緒滬江鴻寶齋石印本　十六册

360000－1901－0004917　410054
德史譯文彙槀七十卷　(清)賽靈修館輯　清光緒滬江鴻寶齋石印本　十六册

360000－1901－0004918　410055
德史譯文彙槀七十卷　(清)賽靈修館輯　清光緒滬江鴻寶齋石印本　十六册

360000－1901－0004919　410056
德史譯文彙槀七十卷　(清)賽靈修館輯　清光緒滬江鴻寶齋石印本　十六册

360000－1901－0004920　410057
德史譯文彙槀七十卷　(清)賽靈修館輯　清光緒滬江鴻寶齋石印本　十二册　存五十三卷(一至三、八至十四、十九至六十一)

360000－1901－0004921　410058
德史譯文彙槀七十卷　(清)賽靈修館輯　清光緒滬江鴻寶齋石印本　十六册

360000－1901－0004922　410059
德史譯文彙槀七十卷　(清)賽靈修館輯　清光緒滬江鴻寶齋石印本　十六册

360000－1901－0004923　410059－1
德史譯文彙槀七十卷　(清)賽靈修館輯　清光緒滬江鴻寶齋石印本　五册　存二十五卷(一至三、二十四至三十四、四十六至五十、五十六至六十一)

360000－1901－0004924　401591
德史譯文彙槀七十卷　(清)賽靈修館輯　清末石印本　三册　存十二卷(四至七、十一至十八)

360000－1901－0004925　401591－1
德史譯文彙槀七十卷　(清)賽靈修館輯　清末石印本　一册　存四卷(四至七)

360000－1901－0004926　314027
德外地基清册一卷　(清)勞鼎勛等纂　清光緒三十三年(1907)木活字印本　一册

360000－1901－0004927　162846

德音堂琴譜十卷　(清)汪天榮輯　清康熙六十年(1721)有文堂刻本　八冊

360000－1901－0004928　150452
德州田氏叢書　(清)田雯等撰　清康熙、乾隆刻本　十六冊　存八種

360000－1901－0004929　301380
德壯果公[楞泰]年譜三十二卷　(清)花沙納撰　清咸豐六年(1856)刻本　十六冊

360000－1901－0004930　230166
登壇必究四十卷　(明)王鳴鶴撰　明萬曆刻本　八冊　存十卷(奇門一,陣圖一至二,戰地一,戰陣一,比虜一,胡名一,地理一,奏疏一、三)

360000－1901－0004931　164117
登壇必究四十卷　(明)王鳴鶴撰　清刻本　三十二冊

360000－1901－0004932　230167
登壇必究四十卷　(明)王鳴鶴撰　清刻本　四十冊

360000－1901－0004933　407197
登壇必究四十卷　(明)王鳴鶴撰　清木活字印本　五冊　存七卷(十五至十六、二十至二十二、二十五、二十九)

360000－1901－0004934　407846
登瀛社稾不分卷　(清)曾之撰輯　清同治六年(1867)刻本　二冊

360000－1901－0004935　407846－1
登瀛社稾不分卷　(清)曾之撰輯　清同治六年(1867)刻本　一冊

360000－1901－0004936　407852
登瀛社稾續刊不分卷　(清)曾之撰輯　清同治九年(1870)刻本　四冊

360000－1901－0004937　407852－1
登瀛社稾續刊不分卷　(清)曾之撰輯　清同治九年(1870)刻本　一冊

360000－1901－0004938　407849
登瀛先路一卷　(清)徐郙輯　清同治七年(1868)刻本　一冊

360000－1901－0004939　407855
登雲山房文稿四卷　(清)溫訓撰　(清)潘正理編　清道光三年(1823)刻本　一冊

360000－1901－0004940　404467
燈謎二卷　(清)□□輯　清刻本　一冊　存一卷(下)

360000－1901－0004941　404467－1
燈謎二卷　(清)□□輯　清刻本　一冊　存一卷(下)

360000－1901－0004942　310213
等不等觀雜錄八卷　(清)楊文會撰　清刻本　一冊　存三卷(復馮華甫書、十宗略說、答西蜀德高長老質疑十八問)

360000－1901－0004943　410036
等切元聲十卷　(清)熊士伯撰　清康熙刻本　一冊　存二卷(四至五)

360000－1901－0004944　210473
等切元聲十卷附古音正義一卷　(清)熊士伯撰　清康熙五十二年(1713)刻本　六冊　缺二卷(六、古音正義一卷)

360000－1901－0004945　160907
等韻簡明指掌圖一卷　(清)張象津撰　清嘉慶二十年(1815)刻本　一冊

360000－1901－0004946　404658
等韻一得外篇一卷　勞乃宣撰　清光緒二十四年(1898)吳橋官廨刻本　一冊

360000－1901－0004947　240691
鄧定宇先生文集四卷　(明)鄧以讚撰　明萬曆周文光刻本　四冊

360000－1901－0004948　407235
鄧厚庵先生遺書　(清)鄧逢光撰　清道光二十七年(1847)刻本　一冊　存二種

360000－1901－0004949　121956
鄧厚庵先生語錄摘要四卷　(清)鄧逢光撰　清咸豐五年(1855)刻本　四冊

360000－1901－0004950　601442
鄧厚庵先生語錄摘要四卷　(清)鄧逢光撰　清咸豐五年(1855)刻本　四册

360000－1901－0004951　805051
鄧析子二卷　清刻本　一册

360000－1901－0004952　805051－1
鄧析子二卷　清刻本　一册

360000－1901－0004953　162993
鄧析子二卷　清同治十一年(1872)江山劉氏刻本　一册

360000－1901－0004954　162994
鄧析子二卷　清同治十一年(1872)江山劉氏刻本　一册

360000－1901－0004955　162995
鄧析子二卷　清同治十一年(1872)江山劉氏刻本　一册

360000－1901－0004956　317702
鄧析子二卷　清同治十一年(1872)江山劉氏刻本　一册

360000－1901－0004957　301107
鄧析子一卷尸子二卷　清光緒元年(1875)湖北崇文書局刻本　一册

360000－1901－0004958　304399
鄧析子一卷尸子二卷　清光緒元年(1875)湖北崇文書局刻本　一册

360000－1901－0004959　122203
鄧自軒先生遺集二卷　(清)鄧元昌撰　(清)宋昌圖輯　清道光元年(1821)刻本　一册

360000－1901－0004960　405496
覲芬室近詩一卷　何震彝撰　清宣統元年(1909)天津行館鉛印本　一册

360000－1901－0004961　800299
迪吉錄八卷首一卷　(明)顔茂猷輯　清抄本　一册　存一卷(首一卷)

360000－1901－0004962　314317
迪吉錄八卷首一卷　(明)顔茂猷輯　清光緒十二年(1886)西江别墅刻本　七册　存九卷

360000－1901－0004963　900893
荻芬書屋試帖二卷　(清)董醰撰　清咸豐八年(1858)刻本　一册

360000－1901－0004964　405515
荻訓堂詩鈔十卷　(清)鄧琛撰　清刻本　一册　存一卷(四)

360000－1901－0004965　405521
笛漁小稾十卷　(清)朱昆田撰　清康熙刻本　二册

360000－1901－0004966　900451
滌非齋制藝僅存一卷　(清)薛湘撰　(清)曾國藩評點　清光緒五年(1879)刻朱墨套印本　一册

360000－1901－0004967　110162
[同治]清江縣志十卷首一卷　(清)潘懿(清)胡湛修　(清)朱孫詒等纂　清同治九年(1870)刻本　十册

360000－1901－0004968　162295
地藏菩薩本願經三卷　(唐)釋實叉難陀譯　清光緒三十年(1904)金陵刻經處刻本　一册

360000－1901－0004969　115146－1
[同治]信豐縣志續編八卷　(清)李大觀修(清)劉杰光等纂　清同治九年(1870)刻民國十年(1921)印本　一册

360000－1901－0004970　401699
地方自治制論一卷　馬賽述　汪貢夫筆譯　清光緒二十八年(1902)鉛印本　一册

360000－1901－0004971　401699－1
地方自治制論一卷　馬賽述　汪貢夫筆譯　清光緒二十八年(1902)上海廣智書局鉛印本　一册

360000－1901－0004972　803424
地記不分卷　(□)□□輯　清嘉慶十六年(1811)潘碧蘭抄本　一册

360000－1901－0004973　417154－1
地理辨正補義五卷　(清)蔣平階補傳　(明)

姜垚辨正　(清)尹有本補義　清刻四祕全書本　四册

360000－1901－0004974　417154－2
地理辨正補義五卷　(清)蔣平階補傳　(明)姜垚辨正　(清)尹有本補義　清刻四祕全書本　二册　存三卷(二至四)

360000－1901－0004975　417154－3
地理辨正補義五卷　(清)蔣平階補傳　(明)姜垚辨正　(清)尹有本補義　清刻四祕全書本　一册　存二卷(一至二)

360000－1901－0004976　417154－4
地理辨正補義五卷　(清)蔣平階補傳　(明)姜垚辨正　(清)尹有本補義　清刻四祕全書本　一册　存一卷(五)

360000－1901－0004977　162290
地理辨正疏五卷首一卷末一卷　(清)張心言撰　清道光九年(1829)培杏書屋刻本　二册

360000－1901－0004978　162291
地理辨正疏五卷首一卷末一卷　(清)張心言撰　清道光九年(1829)培杏書屋刻本　二册

360000－1901－0004979　162293
地理辨正疏五卷首一卷末一卷　(清)張心言撰　清道光七年(1827)刻本　一册

360000－1901－0004980　417139
地理辨正疏五卷首一卷末一卷　(清)張心言撰　清道光七年(1827)刻本　四册

360000－1901－0004981　317894
地理辨正疏五卷首一卷末一卷　(清)張心言撰　清光緒二十七年(1901)刻本　四册

360000－1901－0004982　417129
地理辨正疏五卷首一卷末一卷　(清)張心言撰　清光緒二十七年(1901)刻本　三册　存五卷(一、四至五,首一卷,末一卷)

360000－1901－0004983　417137
地理辨正疏五卷首一卷末一卷　(清)張心言撰　清光緒二十七年(1901)刻本　四册

360000－1901－0004984　417128－1
地理辨正疏五卷首一卷末一卷　(清)張心言撰　清刻本　二册　存三卷(四至五、末一卷)

360000－1901－0004985　417138
地理辨正疏五卷首一卷末一卷　(清)張心言撰　清同治七年(1868)刻本　二册

360000－1901－0004986　417128
地理辨正疏五卷首一卷末一卷　(清)張心言撰　清咸豐八年(1858)刻本　一册　存四卷(一至三、首一卷)

360000－1901－0004987　162289
地理辨正五卷　(清)蔣平階補傳　(明)姜垚辨正　(清)無心道人增補直解　清道光三年(1823)經元堂刻本　二册

360000－1901－0004988　162288
地理辨正五卷　(清)蔣平階補傳　(明)姜垚辨正　(清)無心道人增補直解　清道光三年(1823)善成堂刻本　二册

360000－1901－0004989　230550
地理辨正五卷　(清)蔣平階補傳　(明)姜垚辨正　清初刻本　一册　存二卷(四至五)

360000－1901－0004990　417148
地理辨正五卷　(清)蔣平階補傳　(明)姜垚辨正　清贛州楊本立堂刻本　一册

360000－1901－0004991　417151
地理辨正五卷　(清)蔣平階補傳　(明)姜垚辨正　清嘉慶二年(1797)芸經堂刻本　一册　存三卷(一至三)

360000－1901－0004992　417140
地理辨正五卷　(清)蔣平階補傳　(明)姜垚辨正　清刻本　一册　存三卷(一至三)

360000－1901－0004993　804852
地理辨正五卷　(清)蔣平階補傳　(明)姜垚辨正　清刻本　一册　存二卷(四至五)

360000－1901－0004994　417149
地理辨正五卷　(清)蔣平階補傳　(明)姜垚辨正　(清)無心道人增補直解　清刻本　二

册

360000－1901－0004995　417147
地理辨正再辨直解合編五卷　（清）蔣平階補傳　（明）姜垚辨正　（清）姚銘三注　（清）無心道人增補直解　清刻本　三册　存四卷（一至四）

360000－1901－0004996　417150
地理辨正再辨直解合編五卷　（清）蔣平階補傳　（明）姜垚辨正　（清）姚銘三注　（清）無心道人增補直解　清文光堂刻本　四册

360000－1901－0004997　417182
地理參贊玄機僊婆集十三卷　（明）張鳴鳳輯　（明）張希堯參補　明刻本　一册　存五卷（六至十）

360000－1901－0004998　722042
地理參贊玄機僊婆集十三卷　（明）張鳴鳳輯　（明）張希堯參補　清刻本　二册　存二卷（四、八）

360000－1901－0004999　722042－1
地理參贊玄機僊婆集十三卷　（明）張鳴鳳輯　（明）張希堯參補　清刻本　二册　存四卷（七至十）

360000－1901－0005000　803198
地理參贊玄機僊婆集十三卷　（明）張鳴鳳輯　（明）張希堯參補　清刻本　二册　存三卷（五至七）

360000－1901－0005001　717181
地理參贊玄機僊婆集十三卷　（明）張鳴鳳輯　（明）張希堯參補　清天寶樓刻本　一册　存一卷（一）

360000－1901－0005002　800402
地理抄立一卷　（清）□□撰　清抄本　一册

360000－1901－0005003　314227
地理初桄一卷　（美國）卜舫濟譯撰　清光緒二十五年（1899）鉛印本　一册

360000－1901－0005004　400972
地理初桄一卷　（美國）卜舫濟譯撰　清光緒二十五年（1899）鉛印本　一册

360000－1901－0005005　400972－1
地理初桄一卷　（美國）卜舫濟譯撰　清光緒二十五年（1899）鉛印本　一册

360000－1901－0005006　416211
地理傳心全集四集　（清）許明輯　清學愚齋刻本　一册　存二卷（二集五至六）

360000－1901－0005007　162287
地理傳心全集四集　（清）許明輯　清雍正十年（1732）刻本　六册

360000－1901－0005008　417104
地理大全一集形勢真訣三十卷　（明）李國木輯　清刻本　一册　存二卷（二十二至二十三）

360000－1901－0005009　120545
地理啖蔗録八卷　（清）袁守定撰　清光緒十八年（1892）袁氏家塾刻本　四册

360000－1901－0005010　122807
地理啖蔗録八卷　（清）袁守定撰　清光緒十八年（1892）袁氏家塾刻本　四册

360000－1901－0005011　417092
地理啖蔗録八卷　（清）袁守定撰　清刻本　二册

360000－1901－0005012　417095
地理啖蔗録八卷　（清）袁守定撰　清刻本　二册　存四卷（三至六）

360000－1901－0005013　417093
地理啖蔗録八卷　（清）袁守定撰　清咸豐二年（1852）同文堂刻本　三册　存六卷（一至六）

360000－1901－0005014　800280
地理點竅□卷　（清）□□輯　清抄本　一册　存一卷（四）

360000－1901－0005015　802802
地理法解不分卷　（□）□□輯　清抄本　一册

360000－1901－0005016　801436
地理吉凶圖訣一卷　(□)□□撰　清抄本　一冊

360000－1901－0005017　161598
地理講義一卷　(清)馬晉義撰　清光緒三十年(1904)翰墨林編譯印書局鉛印本　一冊

360000－1901－0005018　161668
地理講義一卷　(清)馬晉義撰　清光緒三十年(1904)翰墨林編譯印書局鉛印本　一冊

360000－1901－0005019　230558
地理捷徑二卷　(清)陳鍾珍　(清)余學聖撰　清乾隆二十五年(1760)寶樹堂刻本　一冊

360000－1901－0005020　302703
地理精微集六卷　(清)盛廷謨撰　(清)陳景新重編　清光緒二十四年(1898)江寧藩署刻本　四冊

360000－1901－0005021　122952
地理精語四卷　(清)尹有本撰　清嘉慶元年(1796)刻本　一冊

360000－1901－0005022　123237
地理精語四卷　(清)尹有本撰　清嘉慶元年(1796)刻本　一冊

360000－1901－0005023　417125
地理精語四卷　(清)尹有本撰　清嘉慶元年(1796)刻本　一冊

360000－1901－0005024　417125－1
地理精語四卷　(清)尹有本撰　清嘉慶元年(1796)刻本　一冊

360000－1901－0005025　601222
地理精語四卷　(清)尹有本撰　清嘉慶元年(1796)刻本　一冊

360000－1901－0005026　417125－2
地理精語四卷　(清)尹有本撰　清刻本　一冊

360000－1901－0005027　417125－3
地理精語四卷　(清)尹有本撰　清刻本　一冊

360000－1901－0005028　417114
地理六法傳心二集六卷　(清)許明輯　清雍正十年(1732)學愚齋刻本　二冊　存三卷(一至三)

360000－1901－0005029　401714
地理六經注六卷　(清)葉泰撰　清刻本　二冊

360000－1901－0005030　417116
地理六經註六卷　(清)葉泰撰　清刻本　一冊　存三卷(四至六)

360000－1901－0005031　417127
地理録要四卷　(清)于楷輯　清嘉慶七年(1802)刻本　四冊

360000－1901－0005032　302708
地理録要四卷　(清)于楷輯　清嘉慶十一年(1806)刻本　二冊

360000－1901－0005033　801923
地理秘傳昏衢秉燭□□卷　(□)□□撰　清抄本　一冊　存一卷(三)

360000－1901－0005034　230549
地理秘竅一卷　(明)甘霖撰　清初刻本　一冊

360000－1901－0005035　717177
地理末學二卷首一卷　(清)紀大奎撰　清刻本　二冊

360000－1901－0005036　719274
地理末學二卷首一卷　(清)紀大奎撰　清刻本　二冊　存一卷(下)

360000－1901－0005037　417291
地理阡厝十三法一卷　(清)董德彰撰　(清)張秉鍾注釋　清刻本　一冊

360000－1901－0005038　417097
地理求真二卷　(清)晏聯奎撰　清同治六年(1867)廣信府學刻本　二冊

360000－1901－0005039　417097－1
地理求真二卷　(清)晏聯奎撰　清同治六年(1867)廣信府學刻本　二冊

360000－1901－0005040　120543
地理求真二卷　（清）晏聯奎撰　清同治六年（1867）刻本　二冊

360000－1901－0005041　804870
地理裘腋集五卷　（清）江元林撰　清刻本　一冊　存一卷（五）

360000－1901－0005042　417108
地理裘腋集五卷　（清）江元林撰　清乾隆三十二年（1767）江氏雲灣立誠齋刻本　三冊

360000－1901－0005043　417107
地理全書解四卷　（明）張亘撰　清敬業堂刻本　二冊　存二卷（三至四）

360000－1901－0005044　305922
地理全志二卷　（英國）慕維廉撰　清光緒九年（1883）上海美華書館鉛印本　一冊

360000－1901－0005045　400969
地理全志二卷　（英國）慕維廉撰　清光緒九年（1883）益智書會刻本　二冊

360000－1901－0005046　400970
地理全志二卷　（英國）慕維廉撰　清光緒九年（1883）益智書會刻本　二冊

360000－1901－0005047　400970－1
地理全志二卷　（英國）慕維廉撰　清刻本　一冊　存一卷（下）

360000－1901－0005048　803246
地理權書三卷　（清）黄慎輯　清抄本　一冊　存一卷（下）

360000－1901－0005049　804820
地理人子須知三十九卷　（明）徐善繼　（明）徐善述撰　清刻本　一冊　存一卷（十五）

360000－1901－0005050　800185
地理拾鉛巒頭理氣合編四卷理氣真詮一卷　（清）程承瀚輯　**催官篇四卷**　（宋）賴文俊撰　清抄本　三冊

360000－1901－0005051　417109
地理水法要訣五卷　（清）紀大奎撰　清咸豐二年（1852）刻本　二冊

360000－1901－0005052　601220
地理水法要訣五卷　（清）紀大奎撰　清咸豐二年（1852）刻本　一冊　存三卷（三至五）

360000－1901－0005053　417170
地理四彈子　（清）張鳳藻輯　清光緒經綸堂刻本　二冊　存二種

360000－1901－0005054　417172
地理四彈子　（清）張鳳藻輯　清刻本　一冊

360000－1901－0005055　417173
地理四彈子　（清）張鳳藻輯　清文奎堂刻本　一冊　存三種

360000－1901－0005056　803098
地理問答二卷　（清）王亨統撰　清刻本　一冊　存一卷（下）

360000－1901－0005057　803127
地理問答二卷　（清）王亨統撰　清刻本　一冊　存一卷（下）

360000－1901－0005058　800279
地理我愛集纂要　（清）李熙光輯　清抄本　一冊　存五種

360000－1901－0005059　417111
地理五訣八卷　（清）趙廷楝撰　清刻本　一冊　存二卷（一至二）

360000－1901－0005060　417112
地理五訣八卷　（清）趙廷楝撰　清刻本　一冊　存二卷（一至二）

360000－1901－0005061　417126－2
地理五訣八卷　（清）趙廷楝撰　清刻本　三冊　存六卷（三至八）

360000－1901－0005062　803100
地理五訣八卷　（清）趙廷楝撰　清末鑄記書局石印本　二冊　存四卷（五至八）

360000－1901－0005063　230560
地理五訣八卷　（清）趙廷楝撰　清乾隆五經堂刻本　四冊

360000－1901－0005064　417126

地理五訣八卷陽宅三要四卷　(清)趙廷棟撰　清刻本　三冊　存九卷(地理五訣八卷、陽宅三要一)

360000－1901－0005065　417126－1
地理五訣八卷陽宅三要四卷　(清)趙廷棟撰　清刻本　三冊　存九卷(地理五訣八卷、陽宅三要一)

360000－1901－0005066　121364
地理薪傳四卷補編一卷　(清)甘怡纂輯　清道光十一年(1831)進賢堂刻本　二冊

360000－1901－0005067　230559
地理薪傳四卷補編一卷　(清)甘怡纂輯　清乾隆五十四年(1789)三峰園刻本　四冊

360000－1901－0005068　801890
地理形書不分卷　(□)□□撰　清同治九年(1870)抄本　一冊

360000－1901－0005069　803726
地理要訣不分卷　(清)□□輯　清抄本　一冊

360000－1901－0005070　417120
地理元宗圖說二卷　(清)秦蕙田撰　清刻本　一冊　存一卷(上)

360000－1901－0005071　804629
地理真宗傳家貽玉編不分卷　(□)□□輯　清同治八年(1869)游書鎰抄本　一冊

360000－1901－0005072　302698
地理正義鉛彈子砂水要訣七卷　(清)張鳳藻撰　清刻本　三冊

360000－1901－0005073　717178
地理正義鉛彈子砂水要訣七卷　(清)張鳳藻撰　清刻本　六冊

360000－1901－0005074　717179
地理正義鉛彈子砂水要訣七卷　(清)張鳳藻撰　清刻本　五冊　存五卷(一至五)

360000－1901－0005075　717179－1
地理正義鉛彈子砂水要訣七卷　(清)張鳳藻撰　清刻本　二冊　存二卷(五、七)

360000－1901－0005076　802564
地理正義鉛彈子砂水要訣七卷　(清)張鳳藻撰　清刻本　一冊　存一卷(二)

360000－1901－0005077　803101
地理正宗訣要□□卷　(□)徐玉琅輯　清刻本　一冊　存一卷(三)

360000－1901－0005078　417094
地理支隴乘氣論四卷地學綱目六卷　(清)羅金鑑撰　清道光十九年(1839)廣勤堂刻本　八冊

360000－1901－0005079　801156
地理指迷篇二卷　(明)周錦一撰　清抄本　一冊

360000－1901－0005080　305918
地理指掌四卷　(清)洪季子纂輯　清光緒二十四年(1898)刻本　三冊　存三卷(二至四)

360000－1901－0005081　302702
地理指掌續編四卷　(清)洪季子纂輯　清光緒二十三年(1897)刻本　四冊

360000－1901－0005082　803103
地理質學啓蒙八卷　(清)總稅務司編　清刻本　一冊　存五卷(二至六)

360000－1901－0005083　416511
地理質學啓蒙七卷　(英國)艾約瑟譯　清光緒二十四年(1898)上海圖書集成印書局鉛印西學啓蒙本　一冊

360000－1901－0005084　802728
地理珠神經二卷　(明)吳爟之撰　清抄本　一冊

360000－1901－0005085　804630
地理珠神經二卷　(明)吳爟之撰　清抄本　一冊　存一卷(上)

360000－1901－0005086　400965
地球十五大戰紀十五卷　(清)賴鴻翰譯　清光緒二十三年(1897)上海大同譯書局石印本　二冊

360000－1901－0005087　400966

地球說略一卷 （美國）禕理哲撰 清光緒四年（1878）上海美華書館鉛印本 一冊

360000 – 1901 – 0005088 400966 – 1
地球說略一卷 （美國）禕理哲撰 清末鉛印本 一冊

360000 – 1901 – 0005089 900565
地球韻言四卷 （清）張士瀛撰 清光緒巴蜀立言堂刻本 二冊

360000 – 1901 – 0005090 400957
地球韻言四卷 （清）張士瀛撰 清光緒二十八年（1902）刻本 二冊

360000 – 1901 – 0005091 400958
地球韻言四卷 （清）張士瀛撰 清光緒二十八年（1902）刻本 二冊

360000 – 1901 – 0005092 302700
地球韻言四卷 （清）張士瀛撰 清光緒二十九年（1903）上海商務印書館鉛印本 二冊

360000 – 1901 – 0005093 400953
地球韻言四卷 （清）張士瀛撰 清光緒二十七年（1901）湓灣兩儀堂刻本 二冊

360000 – 1901 – 0005094 400954
地球韻言四卷 （清）張士瀛撰 清光緒二十七年（1901）湓灣兩儀堂刻本 二冊

360000 – 1901 – 0005095 400955
地球韻言四卷 （清）張士瀛撰 清光緒二十七年（1901）湓灣兩儀堂刻本 一冊

360000 – 1901 – 0005096 400956
地球韻言四卷 （清）張士瀛撰 清光緒二十七年（1901）湓灣兩儀堂刻本 二冊

360000 – 1901 – 0005097 400948
地球韻言四卷 （清）張士瀛撰 清光緒二十七年（1901）湓灣善成堂刻本 二冊

360000 – 1901 – 0005098 400949
地球韻言四卷 （清）張士瀛撰 清光緒二十七年（1901）湓灣善成堂刻本 二冊

360000 – 1901 – 0005099 400950
地球韻言四卷 （清）張士瀛撰 清光緒二十七年（1901）湓灣善成堂刻本 二冊

360000 – 1901 – 0005100 400951
地球韻言四卷 （清）張士瀛撰 清光緒二十七年（1901）湓灣善成堂刻本 二冊

360000 – 1901 – 0005101 400952
地球韻言四卷 （清）張士瀛撰 清光緒二十七年（1901）湓灣善成堂刻本 二冊

360000 – 1901 – 0005102 400959
地球韻言四卷 （清）張士瀛撰 清光緒二十七年（1901）刻本 一冊

360000 – 1901 – 0005103 400960
地球韻言四卷 （清）張士瀛撰 清光緒二十七年（1901）刻本 二冊

360000 – 1901 – 0005104 400960 – 1
地球韻言四卷 （清）張士瀛撰 清光緒二十七年（1901）刻本 一冊 存二卷（三至四）

360000 – 1901 – 0005105 310645
地球韻言四卷 （清）張士瀛撰 清光緒二十四年（1898）鄂垣務急書館刻本 四冊

360000 – 1901 – 0005106 312674
地球韻言四卷 （清）張士瀛撰 清光緒二十四年（1898）鄂垣務急書館刻本 四冊

360000 – 1901 – 0005107 400942
地球韻言四卷 （清）張士瀛撰 清光緒二十四年（1898）鄂垣務急書館刻本 一冊

360000 – 1901 – 0005108 400942 – 1
地球韻言四卷 （清）張士瀛撰 清光緒二十四年（1898）鄂垣務急書館刻本 一冊 存二卷（三至四）

360000 – 1901 – 0005109 400943
地球韻言四卷 （清）張士瀛撰 清光緒二十四年（1898）鄂垣務急書館刻本 一冊

360000 – 1901 – 0005110 400944
地球韻言四卷 （清）張士瀛撰 清光緒二十四年（1898）鄂垣務急書館刻本 二冊

360000－1901－0005111　400945
地球韻言四卷　(清)張士瀛撰　清光緒二十四年(1898)鄂垣務急書館刻本　二册

360000－1901－0005112　400946
地球韻言四卷　(清)張士瀛撰　清光緒二十四年(1898)鄂垣務急書館刻本　二册

360000－1901－0005113　400947
地球韻言四卷　(清)張士瀛撰　清光緒二十四年(1898)鄂垣務急書館刻本　二册

360000－1901－0005114　400961
地球韻言四卷　(清)張士瀛撰　清光緒二十四年(1898)鄂垣務急書館刻本　二册

360000－1901－0005115　400962
地球韻言四卷　(清)張士瀛撰　清光緒二十四年(1898)鄂垣務急書館刻本　一册

360000－1901－0005116　405652
地球韻言四卷　(清)張士瀛撰　清光緒二十四年(1898)鄂垣務急書館刻本　一册　存二卷(一至二)

360000－1901－0005117　302705
地球韻言四卷　(清)張士瀛撰　清光緒二十四年(1898)兩湖書院木活字印本　二册

360000－1901－0005118　400937
地球韻言四卷　(清)張士瀛撰　清光緒二十四年(1898)湘省益蒙學會刻本　二册

360000－1901－0005119　400938
地球韻言四卷　(清)張士瀛撰　清光緒二十四年(1898)湘省益蒙學會刻本　二册

360000－1901－0005120　400939
地球韻言四卷　(清)張士瀛撰　清光緒二十四年(1898)湘省益蒙學會刻本　二册

360000－1901－0005121　400940
地球韻言四卷　(清)張士瀛撰　清光緒二十四年(1898)湘省益蒙學會刻本　二册

360000－1901－0005122　400941
地球韻言四卷　(清)張士瀛撰　清光緒二十四年(1898)湘省益蒙學會刻本　二册

360000－1901－0005123　405652－1
地球韻言四卷　(清)張士瀛撰　清光緒刻本　一册　存二卷(三至四)

360000－1901－0005124　400963－3
地球韻言四卷　(清)張士瀛撰　清光緒鉛印本　一册　存二卷(三至四)

360000－1901－0005125　400963
地球韻言四卷　(清)張士瀛撰　清光緒石印本　一册　存二卷(三至四)

360000－1901－0005126　400963－1
地球韻言四卷　(清)張士瀛撰　清光緒石印本　一册　存二卷(三至四)

360000－1901－0005127　400963－2
地球韻言四卷　(清)張士瀛撰　清光緒石印本　一册　存二卷(三至四)

360000－1901－0005128　803545
地師真傳不分卷　(□)□□輯　清光緒元年(1875)胡榮錕抄本　一册

360000－1901－0005129　805269
地圖綜要三卷　(明)吴學儼等撰　清刻本　二册

360000－1901－0005130　417117
地學答問三卷　(清)魏青江撰　清乾隆四十九年(1784)甘泉汪氏刻本　二册

360000－1901－0005131　417119
地學二卷　(清)沈鎬撰　清刻本　二册

360000－1901－0005132　302136
地學二卷　(清)沈鎬撰　清同治二年(1863)刻本　一册

360000－1901－0005133　400968
地學歌略一卷　(清)葉瀚　(清)葉瀾撰　清刻本　一册

360000－1901－0005134　400967
地學歌略一卷　(清)葉瀚　(清)葉瀾撰　清末石印本　一册

360000－1901－0005135　800615

地學講義不分卷 （日本）志賀重昂撰 （清）薩端譯 清光緒二十七年（1901）金粟齋鉛印本 一冊

360000－1901－0005136 800626
地學淺釋三十八卷 （英國）雷俠兒撰 （美國）瑪高溫口譯 （清）華蘅芳筆述 清光緒二十四年（1898）上海富強齋石印富強叢書本 一冊 存十四卷（一至十四）

360000－1901－0005137 163906
地學淺釋三十八卷 （英國）雷俠兒撰 （美國）瑪高溫口譯 （清）華蘅芳筆述 清同治十二年（1873）江南機器製造總局刻本 八冊

360000－1901－0005138 163907
地學淺釋三十八卷 （英國）雷俠兒撰 （美國）瑪高溫口譯 （清）華蘅芳筆述 清同治十二年（1873）江南機器製造總局刻本 八冊

360000－1901－0005139 163908
地學淺釋三十八卷 （英國）雷俠兒撰 （美國）瑪高溫口譯 （清）華蘅芳筆述 清同治十二年（1873）江南機器製造總局刻本 八冊

360000－1901－0005140 307996
地學淺釋三十八卷 （英國）雷俠兒撰 （美國）瑪高溫口譯 （清）華蘅芳筆述 清同治十二年（1873）江南機器製造總局刻本 八冊

360000－1901－0005141 800531
地學正經 （清）范宜賓輯 清抄本 一冊 存九種

360000－1901－0005142 417110
地學正論醒迷全集不分卷 （清）鄧逢光撰 清道光二十七年（1847）刻厚庵鄧夫子遺書本 一冊

360000－1901－0005143 161669
地學指畧三卷 （英國）文教治口譯 （清）李慶軒筆述 清光緒二十四年（1898）小倉山房石印本 一冊

360000－1901－0005144 416512
地學指畧三卷 （英國）文教治口譯 （清）李慶軒筆述 清光緒七年（1881）上海益智書會刻本 一冊

360000－1901－0005145 800611
地質學簡易教科書不分卷 （日本）橫山又次郎編 （清）虞和欽 （清）虞和寅譯 清光緒二十八年（1902）上海廣智書局鉛印本 一冊

360000－1901－0005146 722116
地質學一卷 （清）□□撰 清末刻本 一冊

360000－1901－0005147 416386
弟子規一卷 （清）李毓秀撰 清光緒二十四年（1898）刻本 一冊

360000－1901－0005148 416386－1
弟子規一卷 （清）李毓秀撰 清光緒二十四年（1898）刻本 一冊

360000－1901－0005149 416388
弟子規一卷 （清）李毓秀撰 **呂近溪先生小兒語一卷** （明）呂得勝撰 **林氏訓蒙詩一卷** （□）□□撰 清刻本 一冊

360000－1901－0005150 416367
弟子箴言十六卷 （清）胡達源撰 （清）吳大澂評 清光緒十二年（1886）刻本 四冊

360000－1901－0005151 304327
弟子職集解一卷弟子職句讀一卷考證一卷補音一卷 （清）莊述祖撰 （清）黃彭年輯 清光緒十四年（1888）江蘇書局刻本 一冊

360000－1901－0005152 416387
弟子職集解一卷弟子職句讀一卷考證一卷補音一卷 （清）莊述祖撰 （清）黃彭年輯 清光緒十四年（1888）江蘇書局刻本 一冊 存三卷（弟子職集解一卷、弟子職句讀一卷、考證一卷）

360000－1901－0005153 416389
弟子職箋釋一卷 （清）洪亮吉撰 清光緒三年（1877）洪用懃授經堂刻洪北江全集本 一冊

360000－1901－0005154 804991
弟子職箋釋一卷 （清）洪亮吉撰 清光緒三

年(1877)洪用懃授經堂刻洪北江全集本　一冊

360000－1901－0005155　416390
弟子職箋釋一卷　(清)洪亮吉撰　清嘉慶十一年(1806)涇川刻本　一冊

360000－1901－0005156　314704
帝範四卷　(唐)太宗李世民撰　清刻本　一冊

360000－1901－0005157　220345
帝鑑圖說不分卷　(明)張居正等撰　清乾隆純忠堂刻本　八冊

360000－1901－0005158　406478
帝京法政學堂臨時法官養成所講義　(日本)帝京法政學堂編　清光緒鉛印本　四冊　存八種

360000－1901－0005159　220711
帝京景物略八卷　(明)劉侗　(明)于奕正撰　明崇禎八年(1635)金陵弘道堂刻本　八冊

360000－1901－0005160　404889
帝輿合覽二卷　(清)何炳撰　清道光十三年(1833)刻本　一冊　存一卷(上)

360000－1901－0005161　409308
第八才子書白圭志四卷十六回　(清)崔象川撰　(清)何晴川評　清經綸堂刻本　二冊　存二卷(一、三)八回(一至四、九至十二)

360000－1901－0005162　421489
第八才子書白圭志四卷十六回　(清)崔象川撰　(清)何晴川評　清經綸堂刻本　三冊　存三卷(一、三至四)十二回(一至四、九至十六)

360000－1901－0005163　801270
第八才子書白圭志四卷十六回　(清)崔象川撰　(清)何晴川評　清刻本　一冊　存一卷(四)四回(十三至十六)

360000－1901－0005164　421469
第九才子書平鬼傳四卷十回　(清)劉璋撰　清刻本　二冊

360000－1901－0005165　421470
第九才子書平鬼傳四卷十回　(清)劉璋撰　清刻本　二冊　存二卷(一、三)六回(一至三、六至八)

360000－1901－0005166　421470－1
第九才子書平鬼傳四卷十回　(清)劉璋撰　清刻本　一冊　存二卷(三至四)五回(六至十)

360000－1901－0005167　800183
第九才子書斬鬼傳四卷十回　(清)劉璋撰　清刻本　一冊　存二卷(三至四)五回(六至十)

360000－1901－0005168　803604
第玖號賬簿乙本不分卷(光緒三十一年至三十二年)　(清)□□輯　稿本　一冊

360000－1901－0005169　421500
第六才子書八卷　(元)王德信　(元)關漢卿撰　清嘉慶四年(1799)文會堂刻本　六冊

360000－1901－0005170　801581－1
第六才子書八卷　(元)王德信　(元)關漢卿撰　(清)金人瑞評　清刻本　一冊　存二卷(七至八)

360000－1901－0005171　721563
第六才子書西廂記八卷　(元)王德信　(元)關漢卿撰　清刻朱墨套印本　三冊　存四卷(四至五、七至八)

360000－1901－0005172　162316
第六才子書西廂記八卷　(元)王德信　(元)關漢卿撰　(清)金人瑞評　**附才子西廂醉心篇一卷**　(清)陳維崧撰　清道光二十九年(1849)味蘭軒刻本　六冊

360000－1901－0005173　803392
第六才子書西廂記不分卷　(元)王德信　(元)關漢卿撰　**會真記一卷**　(唐)元稹撰　清抄本　一冊

360000－1901－0005174　800510
第六才子西廂八卷　(元)王德信　(元)關漢

卿撰　清抄本　一冊　存二卷(四至五)

360000－1901－0005175　421495
第五才子書十二卷一百二十四回　(元)施耐庵撰　(清)金人瑞評　清刻本　五冊　存十卷(三至十二)一百三回(二十二至一百二十四)

360000－1901－0005176　801257
第五才子書十二卷一百二十四回　(元)施耐庵撰　(清)金人瑞評　清刻本　二冊　存四卷(二至三、九至十)四十六回(十至三十三、八十六至一百七)

360000－1901－0005177　801261
第五才子書十二卷一百二十四回　(元)施耐庵撰　(清)金人瑞評　清刻本　一冊　存三卷(四至六)二十九回(三十四至六十二)

360000－1901－0005178　421490
第五才子書水滸傳七十五卷七十回　(元)施耐庵撰　(清)金人瑞評　清芥子園刻本　十三冊　存六十三卷(十至二十五、二十九至七十五)六十三回(五至二十、二十四至七十回)

360000－1901－0005179　421490－1
第五才子書水滸傳七十五卷七十回　(元)施耐庵撰　(清)金人瑞評　清芥子園刻本　三冊　存十二卷(二十六至二十八、五十八至六十一、七十一至七十五)十二回(二十一至二十三、五十三至五十六、六十六至七十)

360000－1901－0005180　421491
第五才子書水滸傳七十五卷七十回　(元)施耐庵撰　(清)金人瑞評　清芥子園刻本　七冊　存五十四卷(一至五十四)四十九回(一至四十九)

360000－1901－0005181　804126
第五才子書水滸傳七十五卷七十回　(元)施耐庵撰　(清)金人瑞評　清芥子園刻本　一冊　存四卷(六至九)二回(三至四)

360000－1901－0005182　421492
第五才子書水滸傳七十五卷七十回　(元)施耐庵撰　(清)金人瑞評　清刻本　六冊　存二十三卷(三十四至四十五、五十一至六十一)二十三回(二十九至四十、四十六至五十六)

360000－1901－0005183　421493
第五才子書水滸傳七十五卷七十回　(元)施耐庵撰　(清)金人瑞評　清刻本　五冊　存四十五卷(一至十一、三十三至四十九、五十九至七十五)四十回(一至六、二十八至四十四、五十四至七十)

360000－1901－0005184　421494
第五才子書水滸傳七十五卷七十回　(元)施耐庵撰　(清)金人瑞評　清刻本　五冊　存三十六卷(十至十五、二十至四十一、六十八至七十五)三十六回(五至十、十五至三十六、六十三至七十)

360000－1901－0005185　421494－1
第五才子書水滸傳七十五卷七十回　(元)施耐庵撰　(清)金人瑞評　清刻本　十二冊　存四十六卷(一至五、八至二十七、四十二至四十四、五十至五十五、六十至六十二、六十七至七十五)四十二回(一、三至二十二、三十七至三十九、四十五至五十、五十五至五十七、六十二至七十)

360000－1901－0005186　801085
第五才子書水滸傳七十五卷七十回　(元)施耐庵撰　(清)金人瑞評　清刻本　一冊　存七卷(五十五至六十一)七回(五十至五十六)

360000－1901－0005187　801256
第五才子書水滸傳七十五卷七十回　(元)施耐庵撰　(清)金人瑞評　清刻本　一冊　存三卷(一至三)一回(一)

360000－1901－0005188　801258
第五才子書水滸傳七十五卷七十回　(元)施耐庵撰　(清)金人瑞評　清刻本　二冊　存十五卷(三十六至五十)十五回(三十一至四十五)

360000－1901－0005189　801259
第五才子書水滸傳七十五卷七十回　(元)施

耐庵撰　(清)金人瑞評　清刻本　三冊　存二十四卷(八至十八、二十五至三十七)二十四回(三至十三、二十至三十二)

360000－1901－0005190　801260
第五才子書水滸傳七十五卷七十回　(元)施耐庵撰　(清)金人瑞評　清刻本　一冊　存六卷(八至十三)六回(三至八)

360000－1901－0005191　801262
第五才子書水滸傳七十五卷七十回　(元)施耐庵撰　(清)金人瑞評　清刻本　一冊　存七卷(三十九至四十五)七回(三十四至四十)

360000－1901－0005192　402305
第一才子書六十卷一百二十回　(明)羅本撰　(清)毛宗崗評　清光緒十六年(1890)經文堂書屋刻本　七冊　存三十六卷(一至四、二十九至六十)七十二回(一至八、五十七至一百二十)

360000－1901－0005193　402306
第一才子書六十卷一百二十回　(明)羅本撰　(清)毛宗崗評　清光緒十七年(1891)越東刻本　十冊　存二十八卷(一至二十八)五十六回(一至五十六)

360000－1901－0005194　402309
第一才子書六十卷一百二十回　(明)羅本撰　(清)毛宗崗評　清光緒石印本　九冊　存三十六卷(一至十六、三十三至三十六、四十一至四十八、五十三至六十)七十二回(一至三十二、六十五至七十二、八十一至九十六、一百五至一百二十)

360000－1901－0005195　402301
第一才子書六十卷一百二十回　(明)羅本撰　(清)毛宗崗評　清刻本　十三冊　存四十一卷(一至三、十至二十八、三十五至五十三)八十二回(一至六、十九至五十六、六十九至一百六)

360000－1901－0005196　402308－3
第一才子書六十卷一百二十回　(明)羅本撰　(清)毛宗崗評　清刻本　六冊　存三十二卷(十七至十九、二十三至二十六、二十九至四十四、四十八至五十一、五十六至六十)六十四回(三十三至三十八、四十五至五十二、五十七至八十八、九十五至一百二、一百十一至一百二十)

360000－1901－0005197　402308－4
第一才子書六十卷一百二十回　(明)羅本撰　(清)毛宗崗評　清刻本　二冊　存九卷(十四至十八、四十九至五十二)十八回(二十七至三十六、九十七至一百四)

360000－1901－0005198　800785
第一才子書六十卷一百二十回　(明)羅本撰　(清)毛宗崗評　清刻本　三冊　存十二卷(十一至十八、二十七至三十)二十四回(二十一至三十六、五十三至六十)

360000－1901－0005199　800795
第一才子書六十卷一百二十回　(明)羅本撰　(清)毛宗崗評　清刻本　一冊　存三卷(二十一至二十三)六回(四十一至四十六)

360000－1901－0005200　802002
第一才子書六十卷一百二十回　(明)羅本撰　(清)毛宗崗評　清刻本　三冊　存八卷(一至三、十四至十五、三十六至三十八)十六回(一至六、二十七至三十、七十一至七十六)

360000－1901－0005201　802034
第一才子書六十卷一百二十回　(明)羅本撰　(清)毛宗崗評　清刻本　一冊　存三卷(二十至二十二)六回(三十九至四十四)

360000－1901－0005202　802035
第一才子書六十卷一百二十回　(明)羅本撰　(清)毛宗崗評　清刻本　一冊　存三卷(四至六)六回(七至十二)

360000－1901－0005203　802037
第一才子書六十卷一百二十回　(明)羅本撰　(清)毛宗崗評　清刻本　一冊　存三卷(二十六至二十八)六回(五十一至五十六)

360000－1901－0005204　802041
第一才子書六十卷一百二十回　(明)羅本撰

（清）毛宗崗評　清刻本　一册　存五卷（二十四至二十八）十回（四十七至五十六）

360000－1901－0005205　802046
第一才子書六十卷一百二十回　（明）羅本撰（清）毛宗崗評　清刻本　一册　存四卷（四十一至四十四）八回（八十一至八十八）

360000－1901－0005206　802049
第一才子書六十卷一百二十回　（明）羅本撰（清）毛宗崗評　清刻本　一册　存四卷（二十八至三十一）八回（五十五至六十二）

360000－1901－0005207　802052
第一才子書六十卷一百二十回　（明）羅本撰（清）毛宗崗評　清刻本　一册　存七卷（二十九至三十五）十四回（五十七至七十）

360000－1901－0005208　902326
第一才子書六十卷一百二十回　（明）羅本撰（清）毛宗崗評　清刻本　五册　存五卷（八至九、十二、十四、十七）十回（十五至十八、二十三至二十四、二十七至二十八、三十三至三十四）

360000－1901－0005209　902327
第一才子書六十卷一百二十回　（明）羅本撰（清）毛宗崗評　清刻本　五册　存十卷（四至十一、十四至十五）二十回（七至二十二、二十七至三十）

360000－1901－0005210　902328
第一才子書六十卷一百二十回　（明）羅本撰（清）毛宗崗評　清刻本　一册　存一卷（十六）二回（三十一至三十二）

360000－1901－0005211　902329
第一才子書六十卷一百二十回　（明）羅本撰（清）毛宗崗評　清刻本　三册　存五卷（二至三、七至九）十回（三至六、十三至十八）

360000－1901－0005212　902330
第一才子書六十卷一百二十回　（明）羅本撰（清）毛宗崗評　清刻本　二册　存二卷（五、十九）四回（九至十、三十七至三十八）

360000－1901－0005213　902331
第一才子書六十卷一百二十回　（明）羅本撰（清）毛宗崗評　清刻本　一册　存一卷（二）二回（三至四）

360000－1901－0005214　902351
第一才子書六十卷一百二十回　（明）羅本撰（清）毛宗崗評　清刻本　九册　存二十七卷（十五至十九、二十一至二十三、二十九至三十九、四十五至五十二）七十四回（九至三十八、四十一至四十六、五十七至七十八、八十九至一百四）

360000－1901－0005215　902351－1
第一才子書六十卷一百二十回　（明）羅本撰（清）毛宗崗評　清刻本　四册　存十一卷（七至十一、十六至十八、二十三至二十五）二十二回（十三至二十二、三十一至三十六、四十五至五十）

360000－1901－0005216　902352
第一才子書六十卷一百二十回　（明）羅本撰（清）毛宗崗評　清刻本　十二册　存三十六卷（七至十、十八至二十、二十四至二十六、三十至三十八、四十至五十六）七十二回（十三至二十、三十五至四十、四十七至五十二、五十九至七十六、七十九至一百十二）

360000－1901－0005217　902352－1
第一才子書六十卷一百二十回　（明）羅本撰（清）毛宗崗評　清刻本　二册　存四卷（三十二至三十五）八回（六十三至七十）

360000－1901－0005218　902370
第一才子書六十卷一百二十回　（明）羅本撰（清）毛宗崗評　清刻本　二册　存六卷（二十五至二十七、三十四至三十六）十二回（四十九至五十四、六十七至七十二）

360000－1901－0005219　900415－1
第一才子書六十卷一百二十回　（明）羅本撰（清）毛宗崗評　清末鉛印本　一册　存五卷（三十九至四十三）十回（七十七至八十六）

360000－1901－0005220　803823

第一才子書六十卷一百二十回　(明)羅本撰　(清)毛宗崗評　清末石印本　一册　存二卷(十一至十二)四回(二十一至二十四)

360000－1901－0005221　900415－2
第一才子書六十卷一百二十回　(明)羅本撰　(清)毛宗崗評　清末石印本　一册　存一卷(一)二回(一至二)

360000－1901－0005222　402297
第一才子書六十卷一百二十回　(明)羅本撰　(清)毛宗崗評　清同治十三年(1874)漁古山房刻本　十七册　存五十一卷(一至四、八至二十七、三十一至三十九、四十三至六十)一百二回(一至八、十五至五十四、六十一至七十八、八十五至一百二十)

360000－1901－0005223　900415－3
第一才子書十六卷一百二十回　(明)羅本撰　(清)毛宗崗評　清末石印本　一册　存二卷(十一至十二)十六回(七十三至八十八)

360000－1901－0005224　900415
第一才子書繡像三國志演義六十卷一百二十回　(明)羅本撰　(清)毛宗崗評　清光緒三十年(1904)上海商務印書館鉛印本　四册　存二十八卷(一至六、十五至二十二、四十七至六十)五十六回(一至十二、二十九至四十四、九十三至一百二十)

360000－1901－0005225　901487
第一樓叢書　(清)俞樾撰　清刻本　一册　存二種

360000－1901－0005226　721711
第一奇書金瓶梅一百回　(明)笑笑生撰　(清)張竹坡評　清刻本　一册　存五回(三十一至三十五)

360000－1901－0005227　164089
第一奇書野叟曝言二十卷一百五十四回　(清)夏敬渠撰　清光緒八年(1882)石印本　二十册

360000－1901－0005228　421481
第一奇書野叟曝言二十卷一百五十四回　(清)夏敬渠撰　清末鉛印本　十册

360000－1901－0005229　304447
第一生修梅花館詞五卷附存悔詞一卷香海棠館詞話一卷　況周頤撰　清光緒十八年(1892)刻本　一册

360000－1901－0005230　407883
棣懷堂隨筆十一卷　(清)李象鵾撰　清道光二十四年(1844)刻本　一册　存三卷(七至九)

360000－1901－0005231　308234
滇南集律詩四卷古詩四卷試策箋注一卷　(清)檀萃撰　清同治三年(1864)刻本　二册

360000－1901－0005232　308235
滇南集律詩四卷古詩四卷試策箋注一卷　(清)檀萃撰　清同治三年(1864)刻本　四册

360000－1901－0005233　302024
滇南銅說一卷　(清)趙光祖撰　清道光二十八年(1848)刻本　一册

360000－1901－0005234　305540
滇南雜志二十四卷　(清)曹樹翹撰　**附顧陸遺詩一卷**　(清)顧廷璋　(清)陸孝曾撰　(清)曹樹翹輯　清末上海申報館鉛印本　八册　存二十卷(三至十四、十八至二十四,顧陸遺詩一卷)

360000－1901－0005235　902508
滇雲歷年傳十二卷　(清)倪蛻撰　清刻本　九册　存十卷(三至十二)

360000－1901－0005236　120936
典釵贖印圖册一卷　(清)王琨輯　清光緒二十五年(1899)王忠清堂刻本　一册

360000－1901－0005237　413360
典釵贖印圖册一卷　(清)王琨輯　清光緒二十五年(1899)王忠清堂刻本　一册

360000－1901－0005238　306464
典故紀聞十八卷　(清)余繼登輯　清光緒五年(1879)定州王氏謙德堂刻畿輔叢書本　三册　存十四卷(五至十八)

360000－1901－0005239　122849
典故列女傳四卷　(明)解縉撰　清光緒三十年(1904)上田蕭氏刻本　二冊

360000－1901－0005240　411027
典故列女全傳四卷　(明)解縉撰　清刻本　三冊

360000－1901－0005241　411025
典故列女全傳四卷　(明)解縉撰　清李光明莊刻本　四冊

360000－1901－0005242　411026
典故列女全傳四卷　(明)解縉撰　清三餘堂刻本　二冊

360000－1901－0005243　308457
典林博覽十二卷　(清)鍾運堯輯　清光緒元年(1875)刻本　十一冊　存十一卷(一至五、七至十二)

360000－1901－0005244　900508
典制備類初編四集　(清)胡先琅等輯　清嘉慶六年(1801)三多齋刻本　五冊

360000－1901－0005245　900514
典制備類初編四集　(清)胡先琅等輯　清嘉慶六年(1801)三多齋刻本　四冊　存三集(地、人、物)

360000－1901－0005246　900445
典制類林四卷　(清)唐式南輯　清刻本　一冊　存二卷(三至四)

360000－1901－0005247　901403
典制類林四卷　(清)唐式南輯　清刻本　一冊　存二卷(三至四)

360000－1901－0005248　900515
典制類林四卷　(清)唐式南輯　清乾隆三十年(1765)敬直堂刻本　一冊　存二卷(一至二)

360000－1901－0005249　900513
典制文液不分卷　(清)□□輯　清刻本　二冊　存論語、孟子

360000－1901－0005250　314207
點勘記二卷省堂筆記一卷　(清)歐陽泉撰　清光緒四年(1878)江蘇書局刻本　二冊

360000－1901－0005251　416527
電學十卷首一卷　(英國)瑙挨德撰　(英國)傅蘭雅口譯　(清)徐建寅筆述　**電學綱目一卷**　(英國)田大里輯　(英國)傅蘭雅口譯　(清)周郇筆述　清光緒江南機器製造總局刻本　七冊

360000－1901－0005252　416539
電學須知一卷　(英國)傅蘭雅撰　清光緒十三年(1887)刻本　一冊

360000－1901－0005253　301170
雕菰集二十四卷　(清)焦循撰　清道光四年(1824)阮福嶺南節署刻本　七冊

360000－1901－0005254　308088
雕菰集二十四卷　(清)焦循撰　清道光四年(1824)阮福嶺南節署刻本　六冊　存十八卷(一至十八)

360000－1901－0005255　417509
雕菰集二十四卷　(清)焦循撰　清道光四年(1824)阮福嶺南節署刻本　七冊　存十九卷(一至十一、十四至十五、十九至二十四)

360000－1901－0005256　164756
吊腳痧方論一卷　(清)徐子默撰　清光緒十六年(1890)浙江官書局刻本　一冊

360000－1901－0005257　303900
釣磯詩集四卷　(宋)丘葵撰　清刻本　二冊

360000－1901－0005258　407610
調疾飲食辯六卷末一卷　(清)章穆撰　清道光三年(1823)經國堂刻本　二冊　存二卷(一、六)

360000－1901－0005259　122153
調疾飲食辯六卷末一卷　(清)章穆撰　清刻本　四冊

360000－1901－0005260　902453
調運齋文集二卷文鈔一卷詩五卷圓沙和陶詩一卷再生錄一卷　(清)錢陸燦撰　清康熙刻

本　一冊　存二卷(文鈔一卷、再生錄一卷)

360000－1901－0005261　408806
跌打全生秘錄二卷　(清)江裕學撰　清光緒三十年(1904)刻本　一冊

360000－1901－0005262　800550
跌打損傷歌括一卷　(□)□□撰　清抄本　一冊

360000－1901－0005263　164860
跌打損傷回生集三卷　(清)胡青崑輯　清咸豐六年(1856)刻本　一冊

360000－1901－0005264　803877
跌打損傷論不分卷　(□)□□輯　清抄本　一冊

360000－1901－0005265　404856
蜨庵賦鈔二卷　(清)楊棨撰　(清)包國璋注　清刻本　一冊　存一卷(下)

360000－1901－0005266　163157
蜨庵詩鈔八卷　(清)楊棨撰　清道光十年(1830)刻本　二冊

360000－1901－0005267　163156
蜨庵詩鈔八卷　(清)楊棨撰　清同治二年(1863)刻本　二冊

360000－1901－0005268　713551
曡廬山吟草十四卷　(清)周學濂撰　清光緒十九年(1893)西昌蕭敷政刻本　一冊　存三卷(一至三)

360000－1901－0005269　800336
丁亥窗草一卷　(清)□□撰　清抄本　一冊

360000－1901－0005270　161414
丁亥入都紀程二卷　(清)黎庶昌撰　清光緒二十年(1894)川東道署刻本　一冊

360000－1901－0005271　160016
丁祭舞譜一卷　(清)清江禮樂局編繪　清光緒三十三年(1907)清江禮樂局刻本　一冊

360000－1901－0005272　414700
丁卯集箋註八卷　(唐)許渾撰　(清)許培榮箋注　清刻本　一冊　存四卷(五至八)

360000－1901－0005273　240140
丁卯集箋註八卷　(唐)許渾撰　(清)許培榮箋注　清乾隆二十一年(1756)金壇許鍾德刻本　二冊

360000－1901－0005274　110819
[同治]鄞縣志七十五卷　(清)戴枚修　(清)張恕　(清)董沛等纂　清光緒三年(1877)刻本　四十冊

360000－1901－0005275　161411
丁未和會類要四卷　(清)□□輯　清末鉛印本　三冊

360000－1901－0005276　161412
丁未和會類要四卷　(清)□□輯　清末鉛印本　三冊

360000－1901－0005277　161413
丁未和會類要四卷　(清)□□輯　清末鉛印本　三冊

360000－1901－0005278　603044
丁未和會類要四卷　(清)□□輯　清末鉛印本　三冊

360000－1901－0005279　603045
丁未和會類要四卷　(清)□□輯　清末鉛印本　三冊

360000－1901－0005280　603046
丁未和會類要四卷　(清)□□輯　清末鉛印本　二冊

360000－1901－0005281　300697
丁文誠公奏稿二十六卷首一卷　(清)丁寶楨撰　清光緒十九年(1893)丁體常、丁體晉京師刻丁文誠公遺集本　二十七冊

360000－1901－0005282　402263
丁文誠公奏稿二十六卷首一卷　(清)丁寶楨撰　清光緒十九年(1893)丁體常、丁體晉京師刻丁文誠公遺集本　二十七冊

360000－1901－0005283　402264
丁文誠公奏稿二十六卷首一卷　(清)丁寶楨

撰　清光緒十九年(1893)丁體常、丁體晉京師刻丁文誠公遺集本　十二冊　存十二卷(一、三至五、七至八、十三至十五、十七、十九至二十)

360000－1901－0005284　402265
丁文誠公奏稿二十六卷首一卷　(清)丁寶楨撰　清光緒十九年(1893)丁體常、丁體晉京師刻丁文誠公遺集本　五冊　存五卷(十五至十六、十九至二十、二十四)

360000－1901－0005285　413061
丁酉直省闈墨不分卷　(清)王焯　(清)郭家聲評選　清光緒二十三年(1897)圖書集成局鉛印本　三冊

360000－1901－0005286　803758
疔瘡要訣不分卷　(清)□□輯　清抄本　一冊

360000－1901－0005287　404472
頂批金丹真傳六卷　(明)孫汝忠撰　(明)張崇烈注　(明)李堪疏　(清)傅金銓頂批　清道光三十年(1850)刻本　一冊

360000－1901－0005288　404473
頂批金丹真傳六卷　(明)孫汝忠撰　(明)張崇烈注　(明)李堪疏　(清)傅金銓頂批　清道光三十年(1850)刻本　一冊　存一卷(一)

360000－1901－0005289　210433
鼎雕中書科校正經史海篇心鑑□□卷　明刻本　一冊　存七卷(七至十三)

360000－1901－0005290　121959
鼎吉堂全集　(清)尹繼美撰　清咸豐至光緒刻本　六冊　存三種

360000－1901－0005291　121960
鼎吉堂全集　(清)尹繼美撰　清咸豐至光緒刻本　五冊　存三種

360000－1901－0005292　121961
鼎吉堂全集　(清)尹繼美撰　清咸豐至光緒刻本　四冊　存二種

360000－1901－0005293　122669
鼎吉堂全集　(清)尹繼美撰　清咸豐至光緒刻本　一冊　存二種

360000－1901－0005294　711170
鼎鐫陳眉公評選古文雋四卷　(明)陳繼儒評選　明師儉堂刻本　一冊　存二卷(一至二)

360000－1901－0005295　220489
鼎鐫欽頒辨疑律例昭代王章五卷首一卷　(明)熊鳴岐輯　(明)錢士晉正訛　明師儉堂蕭少衢刻本　二冊　存二卷(三、五)

360000－1901－0005296　800462
鼎鐫趙田了凡袁先生編纂古本歷史大方綱鑑補三十九卷首一卷　(明)袁黄纂　清刻本　三冊　存四卷(二十八、三十、三十五至三十六)

360000－1901－0005297　711808
鼎鐫趙田了凡袁先生編纂古本歷史大方綱鑑補三十九卷首一卷　(明)袁黄纂　**御撰資治通鑑綱目三編二十卷**　(清)張廷玉等撰　清刻本　二冊　存五卷(鼎鐫趙田了凡袁先生編纂古本歷史大方綱鑑補十二、御撰資治通鑑綱目三編十七至二十)

360000－1901－0005298　718240
鼎鍥葉太史彙纂玉堂鑑綱七十二卷　(明)葉向高撰　明萬曆書林熊成冶刻本　九冊　存三十一卷(十五至十八、二十六至三十一、三十三至三十六、三十九至四十一、四十五至四十七、五十四至五十六、六十一至六十三、六十八至七十二)

360000－1901－0005299　718241
鼎鍥葉太史彙纂玉堂鑑綱七十二卷　(明)葉向高撰　明萬曆書林熊成冶刻本　四冊　存十五卷(三十四至三十八、五十六至六十二、六十六至六十八)

360000－1901－0005300　801454
鼎鍥幼幼集成六卷　(清)陳復正輯　清抄本　一冊　存一卷(二)

360000－1901－0005301　408664
鼎鍥幼幼集成六卷　(清)陳復正輯　清道光

十年(1830)刻本　六册

360000－1901－0005302　408665
鼎鍥幼幼集成六卷　(清)陳復正輯　清道光十年(1830)刻本　五册

360000－1901－0005303　408672
鼎鍥幼幼集成六卷　(清)陳復正輯　清道光十年(1830)刻本　六册

360000－1901－0005304　162219
鼎鍥幼幼集成六卷　(清)陳復正輯　清光緒二十八年(1902)上海醉六堂石印本　五册

360000－1901－0005305　408694
鼎鍥幼幼集成六卷　(清)陳復正輯　清光緒二十八年(1902)上海醉六堂石印本　六册

360000－1901－0005306　408695
鼎鍥幼幼集成六卷　(清)陳復正輯　清光緒二十九年(1903)上海醉六堂石印本　六册

360000－1901－0005307　408696
鼎鍥幼幼集成六卷　(清)陳復正輯　清光緒二十九年(1903)上海醉六堂石印本　六册

360000－1901－0005308　408697
鼎鍥幼幼集成六卷　(清)陳復正輯　清光緒二十九年(1903)上海醉六堂石印本　三册

360000－1901－0005309　408698
鼎鍥幼幼集成六卷　(清)陳復正輯　清光緒二十九年(1903)上海醉六堂石印本　三册　存四卷(一至二、四、六)

360000－1901－0005310　408642
鼎鍥幼幼集成六卷　(清)陳復正輯　清金裕堂刻本　八册

360000－1901－0005311　408644
鼎鍥幼幼集成六卷　(清)陳復正輯　清刻本　六册

360000－1901－0005312　408646
鼎鍥幼幼集成六卷　(清)陳復正輯　清刻本　五册

360000－1901－0005313　408647
鼎鍥幼幼集成六卷　(清)陳復正輯　清刻本　五册　存五卷(一至二、四至六)

360000－1901－0005314　408648
鼎鍥幼幼集成六卷　(清)陳復正輯　清刻本　四册　存四卷(一至二、四至五)

360000－1901－0005315　408649
鼎鍥幼幼集成六卷　(清)陳復正輯　清刻本　五册　存五卷(一至二、四至六)

360000－1901－0005316　408650
鼎鍥幼幼集成六卷　(清)陳復正輯　清刻本　五册　存五卷(一至二、四至六)

360000－1901－0005317　408651
鼎鍥幼幼集成六卷　(清)陳復正輯　清刻本　三册　存五卷(一至二、四至六)

360000－1901－0005318　408652
鼎鍥幼幼集成六卷　(清)陳復正輯　清刻本　三册　存三卷(四至六)

360000－1901－0005319　408657
鼎鍥幼幼集成六卷　(清)陳復正輯　清刻本　六册

360000－1901－0005320　408658
鼎鍥幼幼集成六卷　(清)陳復正輯　清刻本　五册

360000－1901－0005321　408659
鼎鍥幼幼集成六卷　(清)陳復正輯　清刻本　五册

360000－1901－0005322　408668
鼎鍥幼幼集成六卷　(清)陳復正輯　清刻本　五册　存五卷(一至二、四至六)

360000－1901－0005323　408669
鼎鍥幼幼集成六卷　(清)陳復正輯　清刻本　六册

360000－1901－0005324　408676
鼎鍥幼幼集成六卷　(清)陳復正輯　清刻本　三册

360000－1901－0005325　408678

鼎鍥幼幼集成六卷　(清)陳復正輯　清刻本　三冊　存五卷(二至六)

360000－1901－0005326　408679

鼎鍥幼幼集成六卷　(清)陳復正輯　清刻本　五冊

360000－1901－0005327　408682

鼎鍥幼幼集成六卷　(清)陳復正輯　清刻本　六冊

360000－1901－0005328　408685

鼎鍥幼幼集成六卷　(清)陳復正輯　清刻本　四冊　存四卷(一至三、六)

360000－1901－0005329　408686

鼎鍥幼幼集成六卷　(清)陳復正輯　清刻本　四冊

360000－1901－0005330　408687

鼎鍥幼幼集成六卷　(清)陳復正輯　清刻本　六冊

360000－1901－0005331　408689

鼎鍥幼幼集成六卷　(清)陳復正輯　清刻本　六冊

360000－1901－0005332　408690

鼎鍥幼幼集成六卷　(清)陳復正輯　清刻本　三冊

360000－1901－0005333　408691

鼎鍥幼幼集成六卷　(清)陳復正輯　清刻本　四冊

360000－1901－0005334　708439

鼎鍥幼幼集成六卷　(清)陳復正輯　清刻本　二冊　存二卷(三、五)

360000－1901－0005335　708440

鼎鍥幼幼集成六卷　(清)陳復正輯　清刻本　二冊　存二卷(五至六)

360000－1901－0005336　708441

鼎鍥幼幼集成六卷　(清)陳復正輯　清刻本　二冊　存四卷(三至六)

360000－1901－0005337　708442

鼎鍥幼幼集成六卷　(清)陳復正輯　清刻本　一冊　存一卷(二)

360000－1901－0005338　708443

鼎鍥幼幼集成六卷　(清)陳復正輯　清刻本　一冊　存二卷(三、五)

360000－1901－0005339　708444

鼎鍥幼幼集成六卷　(清)陳復正輯　清刻本　一冊　存二卷(五至六)

360000－1901－0005340　708445

鼎鍥幼幼集成六卷　(清)陳復正輯　清刻本　一冊　存二卷(三至四)

360000－1901－0005341　708677

鼎鍥幼幼集成六卷　(清)陳復正輯　清刻本　三冊　存四卷(一至四)

360000－1901－0005342　721845

鼎鍥幼幼集成六卷　(清)陳復正輯　清刻本　一冊　存一卷(六)

360000－1901－0005343　804449

鼎鍥幼幼集成六卷　(清)陳復正輯　清刻本　三冊　存五卷(一至五)

360000－1901－0005344　804450

鼎鍥幼幼集成六卷　(清)陳復正輯　清刻本　二冊　存三卷(一至三)

360000－1901－0005345　804451

鼎鍥幼幼集成六卷　(清)陳復正輯　清刻本　三冊　存三卷(二至三、五)

360000－1901－0005346　804452

鼎鍥幼幼集成六卷　(清)陳復正輯　清刻本　二冊　存四卷(二至五)

360000－1901－0005347　804453

鼎鍥幼幼集成六卷　(清)陳復正輯　清刻本　一冊　存一卷(一)

360000－1901－0005348　804454

鼎鍥幼幼集成六卷　(清)陳復正輯　清刻本　一冊　存一卷(一)

360000－1901－0005349　804456

鼎鍥幼幼集成六卷 (清)陳復正輯 清刻本 一冊 存一卷(一)

360000－1901－0005350 804457
鼎鍥幼幼集成六卷 (清)陳復正輯 清刻本 一冊 存一卷(二)

360000－1901－0005351 804458
鼎鍥幼幼集成六卷 (清)陳復正輯 清刻本 一冊 存一卷(三)

360000－1901－0005352 804459
鼎鍥幼幼集成六卷 (清)陳復正輯 清刻本 一冊 存一卷(三)

360000－1901－0005353 804460
鼎鍥幼幼集成六卷 (清)陳復正輯 清刻本 一冊 存一卷(三)

360000－1901－0005354 804461
鼎鍥幼幼集成六卷 (清)陳復正輯 清刻本 一冊 存一卷(三)

360000－1901－0005355 804462
鼎鍥幼幼集成六卷 (清)陳復正輯 清刻本 一冊 存一卷(二)

360000－1901－0005356 804463
鼎鍥幼幼集成六卷 (清)陳復正輯 清刻本 一冊 存一卷(二)

360000－1901－0005357 804464
鼎鍥幼幼集成六卷 (清)陳復正輯 清刻本 一冊 存一卷(五)

360000－1901－0005358 804465
鼎鍥幼幼集成六卷 (清)陳復正輯 清刻本 一冊 存一卷(五)

360000－1901－0005359 804466
鼎鍥幼幼集成六卷 (清)陳復正輯 清刻本 一冊 存一卷(四)

360000－1901－0005360 804467
鼎鍥幼幼集成六卷 (清)陳復正輯 清刻本 一冊 存二卷(五至六)

360000－1901－0005361 804468
鼎鍥幼幼集成六卷 (清)陳復正輯 清刻本 一冊 存一卷(六)

360000－1901－0005362 804469
鼎鍥幼幼集成六卷 (清)陳復正輯 清刻本 一冊 存二卷(三至四)

360000－1901－0005363 804470
鼎鍥幼幼集成六卷 (清)陳復正輯 清刻本 一冊 存一卷(三)

360000－1901－0005364 901775
鼎鍥幼幼集成六卷 (清)陳復正輯 清刻本 一冊 存一卷(四)

360000－1901－0005365 902213
鼎鍥幼幼集成六卷 (清)陳復正輯 清刻本 一冊 存一卷(四)

360000－1901－0005366 805043
鼎鍥幼幼集成六卷 (清)陳復正輯 清末石印本 一冊 存一卷(六)

360000－1901－0005367 230278
鼎鍥幼幼集成六卷 (清)陳復正輯 清乾隆十六年(1751)刻本 六冊

360000－1901－0005368 230279
鼎鍥幼幼集成六卷 (清)陳復正輯 清乾隆十六年(1751)刻本 九冊 缺一卷(六)

360000－1901－0005369 318116－1
[學術雜鈔]不分卷 (清)□□輯 清抄本 二冊

360000－1901－0005370 708670
鼎鍥幼幼集成六卷 (清)陳復正輯 清乾元堂刻本 二冊 存四卷(一至二、四至五)

360000－1901－0005371 708675
鼎鍥幼幼集成六卷 (清)陳復正輯 清乾元堂刻本 二冊 存四卷(一至四)

360000－1901－0005372 804455
鼎鍥幼幼集成六卷 (清)陳復正輯 清三讓堂刻本 一冊 存二卷(一至二)

360000－1901－0005373 408643

鼎鍥幼幼集成六卷 （清）陳復正輯 清書林五雲堂刻本 六册

360000－1901－0005374 408656
鼎鍥幼幼集成六卷 （清）陳復正輯 清松盛堂刻本 四册

360000－1901－0005375 408692
鼎鍥幼幼集成六卷 （清）陳復正輯 清松盛堂刻本 四册

360000－1901－0005376 408693
鼎鍥幼幼集成六卷 （清）陳復正輯 清松盛堂刻本 六册

360000－1901－0005377 408684
鼎鍥幼幼集成六卷 （清）陳復正輯 清同治二年（1863）刻本 六册

360000－1901－0005378 408683
鼎鍥幼幼集成六卷 （清）陳復正輯 清文立堂刻本 四册

360000－1901－0005379 408645
鼎鍥幼幼集成六卷 （清）陳復正輯 清吳三讓信記刻本 六册

360000－1901－0005380 708662
鼎鍥幼幼集成六卷 （清）陳復正輯 清英德堂刻本 三册 存三卷（一至二、四）

360000－1901－0005381 708663
鼎鍥幼幼集成六卷 （清）陳復正輯 清裕元堂刻本 四册

360000－1901－0005382 408688
鼎鍥幼幼集成六卷 （清）陳復正輯 清芸生堂刻本 六册

360000－1901－0005383 708671
鼎鍥幼幼集成六卷 （清）陳復正輯 清芸生堂刻本 一册 存一卷（一）

360000－1901－0005384 411853
鼎鍥趙田了凡袁先生編纂古本歷史大方綱鑑補九卷首一卷 （明）袁黄纂 **御撰資治通鑑綱目三編二卷** （清）張廷玉等撰 清光緒二十五年（1899）益記石印本 十册

360000－1901－0005385 301631
鼎鍥趙田了凡袁先生編纂古本歷史大方綱鑑補九卷首一卷 （明）袁黄纂 **御撰資治通鑑綱目三編二卷** （清）張廷玉等撰 清末上海天寶書局石印本 十四册

360000－1901－0005386 411851
鼎鍥趙田了凡袁先生編纂古本歷史大方綱鑑補九卷首一卷 （明）袁黄纂 **御撰資治通鑑綱目三編二卷** （清）張廷玉等撰 清末石印本 八册 存五卷（四至八）

360000－1901－0005387 411852
鼎鍥趙田了凡袁先生編纂古本歷史大方綱鑑補九卷首一卷 （明）袁黄纂 **御撰資治通鑑綱目三編二卷** （清）張廷玉等撰 清末石印本 六册 存四卷（四至七）

360000－1901－0005388 411854
鼎鍥趙田了凡袁先生編纂古本歷史大方綱鑑補九卷首一卷 （明）袁黄纂 **御撰資治通鑑綱目三編二卷** （清）張廷玉等撰 清末石印本 四册 存十卷（鼎鍥趙田了凡袁先生編纂古本歷史大方綱鑑補二至九、御撰資治通鑑綱目三編二卷）

360000－1901－0005389 411855
鼎鍥趙田了凡袁先生編纂古本歷史大方綱鑑補九卷首一卷 （明）袁黄纂 **御撰資治通鑑綱目三編二卷** （清）張廷玉等撰 清末石印本 七册 存八卷（鼎鍥趙田了凡袁先生編纂古本歷史大方綱鑑補四至九、御撰資治通鑑綱目三編二卷）

360000－1901－0005390 411856
鼎鍥趙田了凡袁先生編纂古本歷史大方綱鑑補九卷首一卷 （明）袁黄纂 **御撰資治通鑑綱目三編二卷** （清）張廷玉等撰 清末石印本 四册 存四卷（四、六至八）

360000－1901－0005391 220191
鼎鍥趙田了凡袁先生編纂古本歷史大方綱鑑補三十九卷首一卷 （明）袁黄纂 明萬曆三十八年（1610）雙峰堂余氏刻本 十二册 存十四卷（一至二、七至十一、二十一至二十三、

二十七至二十九、三十三)

360000－1901－0005392　220192
鼎鍥趙田了凡袁先生編纂古本歷史大方綱鑑補三十九卷首一卷　(明)袁黄纂　明萬曆三十八年(1610)雙峰堂余氏刻本　四册　存六卷(二十三至二十八)

360000－1901－0005393　411810
鼎鍥趙田了凡袁先生編纂古本歷史大方綱鑑補三十九卷首一卷　(明)袁黄纂　清嘉慶十年(1805)大興堂刻本　十五册　存二十五卷(一、三至十二、十八至二十九、三十一,首一卷)

360000－1901－0005394　161416
鼎鍥趙田了凡袁先生編纂古本歷史大方綱鑑補三十九卷首一卷　(明)袁黄纂　清經元堂刻本　四十册

360000－1901－0005395　411819
鼎鍥趙田了凡袁先生編纂古本歷史大方綱鑑補三十九卷首一卷　(明)袁黄纂　清經元堂刻本　二十三册　存二十五卷(一至二十四、首一卷)

360000－1901－0005396　411811
鼎鍥趙田了凡袁先生編纂古本歷史大方綱鑑補三十九卷首一卷　(明)袁黄纂　清刻本　七册　存十三卷(一、八至十四、十八至二十、二十二,首一卷)

360000－1901－0005397　411811－1
鼎鍥趙田了凡袁先生編纂古本歷史大方綱鑑補三十九卷首一卷　(明)袁黄纂　清刻本　一册　存二卷(八至九)

360000－1901－0005398　411811－2
鼎鍥趙田了凡袁先生編纂古本歷史大方綱鑑補三十九卷首一卷　(明)袁黄纂　清刻本　一册　存一卷(九)

360000－1901－0005399　411811－3
鼎鍥趙田了凡袁先生編纂古本歷史大方綱鑑補三十九卷首一卷　(明)袁黄纂　清刻本　一册　存一卷(九)

360000－1901－0005400　411812
鼎鍥趙田了凡袁先生編纂古本歷史大方綱鑑補三十九卷首一卷　(明)袁黄纂　清刻本　六册　存八卷(七至十、十二、十八至二十)

360000－1901－0005401　411818
鼎鍥趙田了凡袁先生編纂古本歷史大方綱鑑補三十九卷首一卷　(明)袁黄纂　清刻本　三十六册

360000－1901－0005402　411822
鼎鍥趙田了凡袁先生編纂古本歷史大方綱鑑補三十九卷首一卷　(明)袁黄纂　清刻本　八册　存十卷(一、六至九、十一至十四,首一卷)

360000－1901－0005403　411839－1
鼎鍥趙田了凡袁先生編纂古本歷史大方綱鑑補三十九卷首一卷　(明)袁黄纂　清刻本　四册　存七卷(六至九、十九至二十、二十八)

360000－1901－0005404　411839－2
鼎鍥趙田了凡袁先生編纂古本歷史大方綱鑑補三十九卷首一卷　(明)袁黄纂　清刻本　三册　存五卷(十八至二十一、二十八)

360000－1901－0005405　411840
鼎鍥趙田了凡袁先生編纂古本歷史大方綱鑑補三十九卷首一卷　(明)袁黄纂　清刻本　十六册　存二十四卷(一、三、六至十三、十五至二十、二十三至二十四、二十六、二十八、三十、三十三至三十四,首一卷)

360000－1901－0005406　603052
鼎鍥趙田了凡袁先生編纂古本歷史大方綱鑑補三十九卷首一卷　(明)袁黄纂　清刻本　二册　存三卷(四至五、二十九)

360000－1901－0005407　603053
鼎鍥趙田了凡袁先生編纂古本歷史大方綱鑑補三十九卷首一卷　(明)袁黄纂　清刻本　十三册　存十七卷(二、十二、十八至二十三、二十六、二十八至二十九、三十四至三十九)

360000－1901－0005408　711795
鼎鍥趙田了凡袁先生編纂古本歷史大方綱鑑

補三十九卷首一卷　(明)袁黄纂　清刻本
十二冊　存二十二卷(一至二十二)

360000－1901－0005409　711796
鼎鍥趙田了凡袁先生編纂古本歷史大方綱鑑補三十九卷首一卷　(明)袁黄纂　清刻本
八冊　存十卷(五至六、十六至二十一、三十八至三十九)

360000－1901－0005410　711797
鼎鍥趙田了凡袁先生編纂古本歷史大方綱鑑補三十九卷首一卷　(明)袁黄纂　清刻本
七冊　存十二卷(一、三、七至八、十一至十六、十九至二十)

360000－1901－0005411　711798
鼎鍥趙田了凡袁先生編纂古本歷史大方綱鑑補三十九卷首一卷　(明)袁黄纂　清刻本
三冊　存五卷(十七至十八、二十三至二十四、二十六)

360000－1901－0005412　711800
鼎鍥趙田了凡袁先生編纂古本歷史大方綱鑑補三十九卷首一卷　(明)袁黄纂　清刻本
七冊　存七卷(三十一、三十三、三十六至三十九,首一卷)

360000－1901－0005413　711801
鼎鍥趙田了凡袁先生編纂古本歷史大方綱鑑補三十九卷首一卷　(明)袁黄纂　清刻本
七冊　存十二卷(十四至二十、二十三、二十五至二十六、二十九、三十五)

360000－1901－0005414　711802
鼎鍥趙田了凡袁先生編纂古本歷史大方綱鑑補三十九卷首一卷　(明)袁黄纂　清刻本
七冊　存十三卷(三至八、十一至十二、十八至十九、二十三至二十四、二十七)

360000－1901－0005415　711803
鼎鍥趙田了凡袁先生編纂古本歷史大方綱鑑補三十九卷首一卷　(明)袁黄纂　清刻本
六冊　存九卷(十至十一、十三至十五、十八至十九、三十二至三十三)

360000－1901－0005416　711805
鼎鍥趙田了凡袁先生編纂古本歷史大方綱鑑補三十九卷首一卷　(明)袁黄纂　清刻本
四冊　存六卷(八至十二、十六)

360000－1901－0005417　711806
鼎鍥趙田了凡袁先生編纂古本歷史大方綱鑑補三十九卷首一卷　(明)袁黄纂　清刻本
六冊　存十四卷(四至十七)

360000－1901－0005418　711809
鼎鍥趙田了凡袁先生編纂古本歷史大方綱鑑補三十九卷首一卷　(明)袁黄纂　清刻本
二冊　存二卷(十一至十二)

360000－1901－0005419　711811
鼎鍥趙田了凡袁先生編纂古本歷史大方綱鑑補三十九卷首一卷　(明)袁黄纂　清刻本
二冊　存二卷(二十二至二十三)

360000－1901－0005420　711813
鼎鍥趙田了凡袁先生編纂古本歷史大方綱鑑補三十九卷首一卷　(明)袁黄纂　清刻本
四冊　存五卷(八至九、十六、三十一至三十二)

360000－1901－0005421　711815
鼎鍥趙田了凡袁先生編纂古本歷史大方綱鑑補三十九卷首一卷　(明)袁黄纂　清刻本
一冊　存二卷(三十八至三十九)

360000－1901－0005422　711824
鼎鍥趙田了凡袁先生編纂古本歷史大方綱鑑補三十九卷首一卷　(明)袁黄纂　清刻本
一冊　存一卷(八)

360000－1901－0005423　716960
鼎鍥趙田了凡袁先生編纂古本歷史大方綱鑑補三十九卷首一卷　(明)袁黄纂　清刻本
四冊　存四卷(二十七至三十)

360000－1901－0005424　717041
鼎鍥趙田了凡袁先生編纂古本歷史大方綱鑑補三十九卷首一卷　(明)袁黄纂　清刻本
三冊　存三卷(二十一至二十三)

360000－1901－0005425　717192

鼎鍥趙田了凡袁先生編纂古本歷史大方綱鑑補三十九卷首一卷 (明)袁黄纂　清刻本　十七册　存二十三卷(一至七、十至二十五)

360000－1901－0005426　717193
鼎鍥趙田了凡袁先生編纂古本歷史大方綱鑑補三十九卷首一卷 (明)袁黄纂　清刻本　二册　存二卷(一至二)

360000－1901－0005427　721801
鼎鍥趙田了凡袁先生編纂古本歷史大方綱鑑補三十九卷首一卷 (明)袁黄纂　清刻本　三册　存三卷(二至四)

360000－1901－0005428　721865
鼎鍥趙田了凡袁先生編纂古本歷史大方綱鑑補三十九卷首一卷 (明)袁黄纂　清刻本　十四册　存十五卷(二十五至三十九)

360000－1901－0005429　722153
鼎鍥趙田了凡袁先生編纂古本歷史大方綱鑑補三十九卷首一卷 (明)袁黄纂　清刻本　一册　存二卷(四至五)

360000－1901－0005430　722154
鼎鍥趙田了凡袁先生編纂古本歷史大方綱鑑補三十九卷首一卷 (明)袁黄纂　清刻本　四册　存五卷(三、六至九)

360000－1901－0005431　722155
鼎鍥趙田了凡袁先生編纂古本歷史大方綱鑑補三十九卷首一卷 (明)袁黄纂　清刻本　一册　存二卷(八至九)

360000－1901－0005432　722222
鼎鍥趙田了凡袁先生編纂古本歷史大方綱鑑補三十九卷首一卷 (明)袁黄纂　清刻本　四册　存四卷(二十八至三十、三十二)

360000－1901－0005433　722223
鼎鍥趙田了凡袁先生編纂古本歷史大方綱鑑補三十九卷首一卷 (明)袁黄纂　清刻本　五册　存五卷(二十八至三十二)

360000－1901－0005434　800461
鼎鍥趙田了凡袁先生編纂古本歷史大方綱鑑補三十九卷首一卷 (明)袁黄纂　清刻本　六册　存九卷(二十三至二十四、二十六至二十七、二十九、三十一至三十四)

360000－1901－0005435　411814
鼎鍥趙田了凡袁先生編纂古本歷史大方綱鑑補三十九卷首一卷 (明)袁黄纂　清文光堂刻本　十九册　存二十一卷(一至二十、首一卷)

360000－1901－0005436　301628
鼎鍥趙田了凡袁先生編纂古本歷史大方綱鑑補三十九卷首一卷 (明)袁黄纂　清怡古堂刻本　二十八册

360000－1901－0005437　411823
鼎鍥趙田了凡袁先生編纂古本歷史大方綱鑑補三十九卷首一卷 (明)袁黄纂　**御撰資治通鑑綱目三編二十卷** (清)張廷玉等撰　清寶慶府經綸堂刻本　四十册

360000－1901－0005438　411824
鼎鍥趙田了凡袁先生編纂古本歷史大方綱鑑補三十九卷首一卷 (明)袁黄纂　**御撰資治通鑑綱目三編二十卷** (清)張廷玉等撰　清寶慶府經綸堂刻本　四十册

360000－1901－0005439　411825
鼎鍥趙田了凡袁先生編纂古本歷史大方綱鑑補三十九卷首一卷 (明)袁黄纂　**御撰資治通鑑綱目三編二十卷** (清)張廷玉等撰　清寶慶府經綸堂刻本　四十册

360000－1901－0005440　301629
鼎鍥趙田了凡袁先生編纂古本歷史大方綱鑑補三十九卷首一卷 (明)袁黄纂　**御撰資治通鑑綱目三編二十卷** (清)張廷玉等撰　清光緒二十九年(1903)上海博文館石印本　十册

360000－1901－0005441　411833
鼎鍥趙田了凡袁先生編纂古本歷史大方綱鑑補三十九卷首一卷 (明)袁黄纂　**御撰資治通鑑綱目三編二十卷** (清)張廷玉等撰　清光緒三十年(1904)維新書局刻本　三十二册

360000－1901－0005442　411808
鼎鍥趙田了凡袁先生編纂古本歷史大方綱鑑補三十九卷首一卷　(明)袁黄纂　**御撰資治通鑑綱目三編二十卷**　(清)張廷玉等撰　清刻本　二十六冊

360000－1901－0005443　411809
鼎鍥趙田了凡袁先生編纂古本歷史大方綱鑑補三十九卷首一卷　(明)袁黄纂　**御撰資治通鑑綱目三編二十卷**　(清)張廷玉等撰　清刻本　三十冊

360000－1901－0005444　411820
鼎鍥趙田了凡袁先生編纂古本歷史大方綱鑑補三十九卷首一卷　(明)袁黄纂　**御撰資治通鑑綱目三編二十卷**　(清)張廷玉等撰　清刻本　二十四冊　存五十卷(鼎鍥趙田了凡袁先生編纂古本歷史大方綱鑑補十至三十九、御撰資治通鑑綱目三編二十卷)

360000－1901－0005445　411826
鼎鍥趙田了凡袁先生編纂古本歷史大方綱鑑補三十九卷首一卷　(明)袁黄纂　**御撰資治通鑑綱目三編二十卷**　(清)張廷玉等撰　清刻本　二十二冊

360000－1901－0005446　411827
鼎鍥趙田了凡袁先生編纂古本歷史大方綱鑑補三十九卷首一卷　(明)袁黄纂　**御撰資治通鑑綱目三編二十卷**　(清)張廷玉等撰　清刻本　三十一冊

360000－1901－0005447　411828
鼎鍥趙田了凡袁先生編纂古本歷史大方綱鑑補三十九卷首一卷　(明)袁黄纂　**御撰資治通鑑綱目三編二十卷**　(清)張廷玉等撰　清刻本　三十一冊

360000－1901－0005448　411829
鼎鍥趙田了凡袁先生編纂古本歷史大方綱鑑補三十九卷首一卷　(明)袁黄纂　**御撰資治通鑑綱目三編二十卷**　(清)張廷玉等撰　清刻本　三十二冊

360000－1901－0005449　411830
鼎鍥趙田了凡袁先生編纂古本歷史大方綱鑑補三十九卷首一卷　(明)袁黄纂　**御撰資治通鑑綱目三編二十卷**　(清)張廷玉等撰　清刻本　三十二冊　缺一卷(御撰資治通鑑綱目三編十五)

360000－1901－0005450　411831
鼎鍥趙田了凡袁先生編纂古本歷史大方綱鑑補三十九卷首一卷　(明)袁黄纂　**御撰資治通鑑綱目三編二十卷**　(清)張廷玉等撰　清刻本　三十一冊

360000－1901－0005451　411832
鼎鍥趙田了凡袁先生編纂古本歷史大方綱鑑補三十九卷首一卷　(明)袁黄纂　**御撰資治通鑑綱目三編二十卷**　(清)張廷玉等撰　清刻本　二十二冊　存四十六卷(鼎鍥趙田了凡袁先生編纂古本歷史大方綱鑑補一、三至四、六至二十一、二十三至二十四、二十六、二十八、三十至三十六,首一卷;御撰資治通鑑綱目三編一至十五)

360000－1901－0005452　411834
鼎鍥趙田了凡袁先生編纂古本歷史大方綱鑑補三十九卷首一卷　(明)袁黄纂　**御撰資治通鑑綱目三編二十卷**　(清)張廷玉等撰　清刻本　二十一冊

360000－1901－0005453　411835
鼎鍥趙田了凡袁先生編纂古本歷史大方綱鑑補三十九卷首一卷　(明)袁黄纂　**御撰資治通鑑綱目三編二十卷**　(清)張廷玉等撰　清刻本　三十四冊

360000－1901－0005454　411836
鼎鍥趙田了凡袁先生編纂古本歷史大方綱鑑補三十九卷首一卷　(明)袁黄纂　**御撰資治通鑑綱目三編二十卷**　(清)張廷玉等撰　清刻本　二十二冊

360000－1901－0005455　411837
鼎鍥趙田了凡袁先生編纂古本歷史大方綱鑑補三十九卷首一卷　(明)袁黄纂　**御撰資治通鑑綱目三編二十卷**　(清)張廷玉等撰　清刻本　二十八冊　缺二卷(二、二十七)

360000－1901－0005456　411838

鼎鍥趙田了凡袁先生編纂古本歷史大方綱鑑補三十九卷首一卷　(明)袁黄纂　**御撰資治通鑑綱目三編二十卷**　(清)張廷玉等撰　清刻本　二十八冊　存五十卷(鼎鍥趙田了凡袁先生編纂古本歷史大方綱鑑補一至二十一、二十三至二十四、二十八至三十六、三十八至三十九,首一卷;御撰資治通鑑綱目三編一至十五)

360000－1901－0005457　411839

鼎鍥趙田了凡袁先生編纂古本歷史大方綱鑑補三十九卷首一卷　(明)袁黄纂　**御撰資治通鑑綱目三編二十卷**　(清)張廷玉等撰　清刻本　十冊　存十七卷(鼎鍥趙田了凡袁先生編纂古本歷史大方綱鑑補十六至二十一、二十三至二十四、二十六、二十八、三十,御撰資治通鑑綱目三編一至六)

360000－1901－0005458　411841

鼎鍥趙田了凡袁先生編纂古本歷史大方綱鑑補三十九卷首一卷　(明)袁黄纂　**御撰資治通鑑綱目三編二十卷**　(清)張廷玉等撰　清刻本　二十二冊

360000－1901－0005459　411842

鼎鍥趙田了凡袁先生編纂古本歷史大方綱鑑補三十九卷首一卷　(明)袁黄纂　**御撰資治通鑑綱目三編二十卷**　(清)張廷玉等撰　清刻本　二十六冊　存四十二卷(鼎鍥趙田了凡袁先生編纂古本歷史大方綱鑑補五、十至三十九,御撰資治通鑑綱目三編一至六、十六至二十)

360000－1901－0005460　411807

鼎鍥趙田了凡袁先生編纂古本歷史大方綱鑑補三十九卷首一卷　(明)袁黄纂　**御撰資治通鑑綱目三編二十卷**　(清)張廷玉等撰　清文富堂刻本　三十二冊

360000－1901－0005461　411813

鼎鍥趙田了凡袁先生編纂古本歷史大方綱鑑補三十九卷首一卷　(明)袁黄纂　**御撰資治通鑑綱目三編二十卷**　(清)張廷玉等撰　清怡蓮堂刻本　二十冊

360000－1901－0005462　411857

鼎鍥趙田了凡袁先生編纂古本歷史大方綱鑑補五十八卷首一卷　(明)袁黄纂　清光緒二十九年(1903)上海捷記書局石印本　八冊　存四十一卷(一至六、十一至三十九、四十八至五十二,首一卷)

360000－1901－0005463　220188

鼎鍥纂補標題論表策綱鑑正要精抄二十卷　(明)馮琦撰　明萬曆三十四年(1606)書林聯輝堂鄭純鎬刻本　一冊　存四卷(十七至二十)

360000－1901－0005464　305361

鼎鋟鍾伯敬訂正資治綱鑑正史大全七十四卷　(明)鍾惺訂正　清刻本　十六冊　存三十三卷(十六至二十五、三十九至四十三、四十五至六十二)

360000－1901－0005465　220196

鼎鋟鍾伯敬訂正資治綱鑑正史大全七十四卷皇明紀要三卷　(明)鍾惺訂正　明崇禎刻本　八冊　存二十二卷(四至六、十四至十六、二十三至二十四、二十七至三十五、四十五至四十六、六十四至六十六)

360000－1901－0005466　410367

定盦文集古今體詩一卷餘集今體詩一卷　(清)龔自珍撰　清道光刻本　二冊

360000－1901－0005467　150578

定盦文集三卷續集四卷文集補四卷　(清)龔自珍撰　清光緒二十三年(1897)萬本書堂刻本　五冊

360000－1901－0005468　161446

定盦文集三卷續集四卷文集補四卷　(清)龔自珍撰　清同治七年(1868)刻本　六冊

360000－1901－0005469　304644

定盦文集三卷續集四卷文集補四卷　(清)龔自珍撰　清同治七年(1868)刻本　五冊　存九卷(定盦文集上、續集四卷、文集補四卷)

360000－1901－0005470　304647

定盦文集三卷續集四卷文集補四卷　(清)龔自珍撰　清同治七年(1868)刻本　六册

360000－1901－0005471　410368

定盦文集三卷續集四卷文集補四卷　(清)龔自珍撰　清同治七年(1868)刻本　五册

360000－1901－0005472　410397

定盦文集三卷續集四卷文集補五卷文集補編四卷　(清)龔自珍撰　清宣統二年(1910)上海掃葉山房石印本　六册

360000－1901－0005473　300300

定盦文集三卷續集四卷續録一卷古今體詩二卷雜詩一卷詞選一卷詞録一卷　(清)龔自珍撰　清同治七年(1868)仁和曹籀刻本　二册　存四卷(定盦文集三卷、詞録一卷)

360000－1901－0005474　300297

定盦文集三卷續集四卷續録一卷古今體詩二卷雜詩一卷詞選一卷詞録一卷文集補編四卷拾遺一卷　(清)龔自珍撰　**定盦先生年譜一卷**　吴昌綬編　清宣統元年(1909)上海國學扶輪社鉛印本　七册

360000－1901－0005475　308168

定盦文集三卷續集四卷續録一卷古今體詩二卷雜詩一卷詞選一卷詞録一卷文集補編四卷拾遺一卷　(清)龔自珍撰　**定盦先生年譜一卷**　吴昌綬編　清宣統元年(1909)上海國學扶輪社鉛印本　六册

360000－1901－0005476　300306

定盦先生[龔自珍]年譜一卷　吴昌綬編　清光緒三十四年(1908)仁和吴氏雙照樓刻朱印本　一册

360000－1901－0005477　316842

定盦續集四卷　(清)龔自珍撰　清刻本　二册

360000－1901－0005478　160901

定盦續集四卷補編四卷　(清)龔自珍撰　清末掃葉山房石印本　二册　缺二卷(補編三至四)

360000－1901－0005479　403920

定國志安邦中集二十卷　(□)□□撰　清刻本　十九册　缺一卷(九)

360000－1901－0005480　406501

定例彙編□□卷　(清)□□輯　清光緒刻本　二十一册　存十一卷(一百二十七至一百三十七)

360000－1901－0005481　305437

定例彙編□□卷　(清)□□輯　清江西按察司衙門刻本　六十二册　存五十二卷(三十四、三十六至三十七、三十九至四十、四十二至四十九、五十一、五十三至六十、六十七至七十一、七十三至八十八、九十至九十一、九十三至九十七、一百二十八至一百二十九)

360000－1901－0005482　305438

定例彙編□□卷　(清)□□輯　清江西按察司衙門刻本　四十一册　存二十五卷(一至十一、十三至十八、二十、二十二、二十四、二十八、三十一至三十三、三十五)

360000－1901－0005483　706400

定例彙編□□卷　(清)□□輯　清江西按察司衙門刻本　二册　存二卷(二、二十八)

360000－1901－0005484　305439

定例彙編不分卷　(清)□□輯　清刻本　六十二册

360000－1901－0005485　406402－1

定例彙編不分卷(道光四年)　(清)□□輯　清道光江西布政使司刻本　一册

360000－1901－0005486　406403－2

定例彙編不分卷(嘉慶七年)　(清)□□輯　清嘉慶刻本　二册

360000－1901－0005487　406401

定例彙編不分卷(嘉慶七年至十二年、十四年、十六年至二十三年)　(清)□□輯　清嘉慶刻本　二十三册

360000－1901－0005488　406403－4

定例彙編不分卷(嘉慶五年,光緒四年、十一

年、十三至十四年、十六年)　(清)□□輯　清光緒刻本　八冊

360000－1901－0005489　308404
定例彙編不分卷(乾隆十八年至光緒二十年)　(清)顏希深重訂　清乾隆三十五年至光緒二十年(1770－1894)刻本　一百二十一冊

360000－1901－0005490　421926
定例彙編不分卷(乾隆四十七年)　(清)顏希深重訂　清刻本　一冊

360000－1901－0005491　421925
定例彙編不分卷(乾隆四十七年至四十九年、五十一年、五十三年)　(清)顏希深重訂　清刻本　八冊

360000－1901－0005492　707490
定例彙編不分卷(乾隆四十三年至四十五年)　(清)顏希深重訂　清刻本　三冊

360000－1901－0005493　406403－3
定例彙編不分卷(乾隆五十五年、五十七年、五十九年)　(清)顏希深重訂　清乾隆刻本　三冊

360000－1901－0005494　406403－1
定例彙編不分卷(同治十年)　(清)□□輯　清同治刻本　三冊

360000－1901－0005495　406402
定例彙編不分卷(同治五年至八年)　(清)□□輯　清同治刻本　四冊

360000－1901－0005496　406403
定例彙編不分卷(宣統元年至二年)　奕劻等輯　清宣統刻本　九冊

360000－1901－0005497　706401
定例彙編重訂目錄二十三卷　(清)顏希深重訂　清刻本　六冊　存五卷(乾隆三十六年至四十年)

360000－1901－0005498　301790
定山堂詩集四十三卷詩餘四卷　(清)龔鼎孳撰　清光緒九年(1883)聽彝書屋刻本　十六冊

360000－1901－0005499　407702
定武學記二卷　(清)賈恩紱撰　米逢吉錄　清光緒三十二年(1906)山東官印書局鉛印本　一冊

360000－1901－0005500　317342
定香亭筆談四卷　(清)阮元撰　清光緒二十五年(1899)浙江書局刻本　四冊

360000－1901－0005501　404933
定香亭筆談四卷　(清)阮元撰　清嘉慶五年(1800)刻本　二冊　存三卷(一至三)

360000－1901－0005502　162394
定香亭筆談四卷　(清)阮元撰　清嘉慶五年(1800)楊州阮氏瑯環仙館刻本　二冊

360000－1901－0005503　220318
訂補標題釋註歷朝捷錄二十四卷　(明)顧充撰　**本朝聖政捷錄六卷**　(明)鄭以偉撰　明崇禎十一年(1638)刻本　二冊　缺十二卷(十三至二十四)

360000－1901－0005504　230296
訂補明醫指掌十卷　(明)皇甫中撰　(明)王肯堂等訂補　明天啓二年(1622)刻本　三冊　缺四卷(七至十)

360000－1901－0005505　408853
訂補明醫指掌十卷　(明)皇甫中撰　(明)王肯堂等訂補　清嘉慶二十三年(1818)裕文堂刻本　六冊

360000－1901－0005506　408854
訂補明醫指掌十卷　(明)皇甫中撰　(明)王肯堂等訂補　清嘉慶十六年(1811)詩業堂刻本　六冊

360000－1901－0005507　720331
訂補明醫指掌十卷　(明)皇甫中撰　(明)王肯堂等訂補　清嘉慶十六年(1811)詩業堂刻本　一冊　存一卷(三)

360000－1901－0005508　408855
訂補明醫指掌十卷　(明)皇甫中撰　(明)王肯堂等訂補　清刻本　三冊　存六卷(一至

四、六至七）

360000－1901－0005509　314291
訂譌雜録十卷　（清）胡鳴玉撰　清乾隆二十三年（1758）刻本　二册

360000－1901－0005510　802964
訂約類不分卷　（清）□□輯　清抄本　一册

360000－1901－0005511　220165
訂正通鑑綱目前編二十五卷　（明）南軒撰　明刻本　三册　存八卷（十八至二十五）

360000－1901－0005512　405513
飣餖吟十二卷　（清）石贊清撰　（清）黄丙森等注　清刻本　一册　存四卷（九至十二）

360000－1901－0005513　407833
飣餖吟十二卷　（清）石贊清撰　（清）黄丙森等注　清刻本　一册　存三卷（六至八）

360000－1901－0005514　120471
冬官旁求二卷　（清）辛紹業撰　清嘉慶二十一年（1816）經笥齋刻本　二册

360000－1901－0005515　713694
冬官旁求二卷　（清）辛紹業撰　清嘉慶二十一年（1816）經笥齋刻本　一册

360000－1901－0005516　713695
冬官旁求二卷　（清）辛紹業撰　清嘉慶二十一年（1816）經笥齋刻本　一册

360000－1901－0005517　713696
冬官旁求二卷　（清）辛紹業撰　清嘉慶二十一年（1816）經笥齋刻本　一册

360000－1901－0005518　713697
冬官旁求二卷　（清）辛紹業撰　清嘉慶二十一年（1816）經笥齋刻本　一册

360000－1901－0005519　713188
冬官旁求二卷　（清）辛紹業撰　清刻本　一册

360000－1901－0005520　301587
冬花庵爐餘稾三卷　（清）奚岡撰　清同治十一年（1872）錢塘丁氏刻本　一册

360000－1901－0005521　241017
冬心先生集四卷　（清）金農撰　清雍正十一年（1733）廣陵般若庵刻本　二册

360000－1901－0005522　400982
東北邊防輯要二卷　（清）曹廷杰撰　清光緒著易堂鉛印本　一册

360000－1901－0005523　403316
東壁山房四書體註合講十九卷　（清）翁復編　清光緒八年（1882）東壁山房銅版印本　五册　存十七卷（大學一卷、中庸一卷、論語十卷、孟子一至五）

360000－1901－0005524　403316－1
東壁山房四書體註合講十九卷　（清）翁復編　清光緒八年（1882）東壁山房銅版印本　一册　存二卷（大學一卷、中庸一卷）

360000－1901－0005525　405919
東壁先生書鈔　（清）崔述撰　清嘉慶二年（1797）陳履和映薇堂刻本　一册　存三種

360000－1901－0005526　303358
東槎紀略五卷　（清）姚瑩撰　清道光十二年（1832）刻本　一册　存二卷（一至二）

360000－1901－0005527　303359
東槎紀略五卷　（清）姚瑩撰　清道光十二年（1832）刻本　二册

360000－1901－0005528　300224
東陲紀行一卷　（清）劉文鳳撰　清光緒刻本　一册

360000－1901－0005529　161724
東都事略一百三十卷　（宋）王稱撰　清寶華堂刻本　十册

360000－1901－0005530　303356
東都事略一百三十卷　（宋）王稱撰　清光緒九年（1883）淮南書局刻本　八册

360000－1901－0005531　303357
東都事略一百三十卷　（宋）王稱撰　清嘉慶三年（1798）掃葉山房刻本　十册

360000－1901－0005532　805472

東都事略一百三十卷　(宋)王稱撰　清嘉慶三年(1798)掃葉山房刻本　十二冊

360000－1901－0005533　303355
東都事略一百三十卷　(宋)王稱撰　清刻本　十四冊

360000－1901－0005534　312344
東都事略一百三十卷　(宋)王稱撰　清刻本　十二冊

360000－1901－0005535　314698
東都事略一百三十卷　(宋)王稱撰　清刻本　十二冊

360000－1901－0005536　413966
東都事略一百三十卷　(宋)王稱撰　清乾隆六十年(1795)掃葉山房刻本　十二冊

360000－1901－0005537　413967
東都事略一百三十卷　(宋)王稱撰　清乾隆六十年(1795)掃葉山房刻本　三冊　存四十一卷(十一至二十三、一百三至一百三十)

360000－1901－0005538　311882
東都事略一百三十卷　(宋)王稱撰　清掃葉山房刻本　十二冊

360000－1901－0005539　161732
東藩紀要十二卷補錄一卷　(清)薛培榕撰　清光緒八年(1882)上海申報館鉛印申報館叢書本　三冊　存九卷(四至十二)

360000－1901－0005540　900562
東藩紀要十二卷補錄一卷　(清)薛培榕撰　清光緒八年(1882)上海申報館鉛印申報館叢書本　三冊　存九卷(四至十二)

360000－1901－0005541　416483
東方兵事紀略五卷　(清)姚錫光撰　清光緒二十五年(1899)通學齋鉛印通學齋叢書本　一冊　存三卷(一至三)

360000－1901－0005542　306306
東方時局論略一卷　(朝鮮)鄧鏗撰　清光緒十五年(1889)鉛印本　一冊

360000－1901－0005543　400984
東方時局論略一卷　(朝鮮)鄧鏗撰　清光緒十五年(1889)鉛印本　一冊

360000－1901－0005544　240567
東皐詩集四卷　(明)周謨撰　**虛白先生遺德錄一卷**　清康熙五十三年(1714)刻本　二冊

360000－1901－0005545　230239
東皐握靈本草十卷序例一卷補遺一卷　(清)王翃輯　清康熙二十二年(1683)刻乾隆五年(1740)朱鍾勳補刻本　十冊

360000－1901－0005546　901747
東皐遺選歷科程墨觀略前集不分卷今集不分卷今集續選不分卷　(明)陸文霦評定　清康熙二十年(1681)刻本　九冊

360000－1901－0005547　230414
東谷贅言二卷　(明)敖英撰　民國抄本(豫章叢書底本)　一冊

360000－1901－0005548　161733
東觀漢記二十四卷　(漢)劉珍等撰　清道光十年(1830)刻本　四冊

360000－1901－0005549　220102
東觀漢記二十四卷　(漢)劉珍等撰　清乾隆六十年(1795)掃葉山房刻本　四冊

360000－1901－0005550　300280
東觀餘論二卷附錄一卷　(宋)黄伯思撰　清光緒邵武徐氏刻本　二冊

360000－1901－0005551　163935
東漢會要四十卷　(宋)徐天麟撰　清光緒十年(1884)江蘇書局刻本　八冊

360000－1901－0005552　805080
東漢會要四十卷　(宋)徐天麟撰　清刻本　一冊　存四卷(四至七)

360000－1901－0005553　721691
東漢演義四卷　(明)謝詔撰　清刻本　二冊

360000－1901－0005554　120785
東航紀遊一卷　(清)李文幹撰　清光緒三十三年(1907)北京京華書局鉛印本　一冊

360000－1901－0005555　404931
東湖草堂賦鈔初集二卷二集四卷三集四卷四集四卷　(清)程祥棟輯　清光緒三年(1877)刻本(二集、三集配清同治六年刻本)　四册

360000－1901－0005556　303331
東湖叢記六卷　(清)蔣光煦撰　清咸豐六年(1856)刻朱印本　三册

360000－1901－0005557　241092
東湖竹枝詞一卷附和詩一卷　(清)楊垕撰　清乾隆十三年(1748)刻本　一册

360000－1901－0005558　303339
東華錄二十六卷　王先謙編　清刻本　十四册

360000－1901－0005559　303340
東華錄二十六卷　王先謙編　清刻本　二十册

360000－1901－0005560　161387
東華錄擥要一百十四卷　(清)汪文安輯　清光緒二十九年(1903)上海商務印書館鉛印本　二十八册

360000－1901－0005561　161731
東華錄三十二卷　(清)蔣良騏撰　清道光刻本　八册

360000－1901－0005562　401090
東華錄三十二卷　(清)蔣良騏撰　清京都琉璃廠榮錦書坊刻本　九册　存二十五卷(一至十九、二十二至二十四、三十至三十二)

360000－1901－0005563　303349
東華錄三十二卷　(清)蔣良騏撰　清刻本　八册

360000－1901－0005564　306318
東華錄三十二卷　(清)蔣良騏撰　清刻本　二册　存八卷(二十五至三十二)

360000－1901－0005565　401091
東華錄三十二卷　(清)蔣良騏撰　清刻本　五册　存十卷(三至四、九至十、十三至十六、二十九至三十)

360000－1901－0005566　401091－1
東華錄三十二卷　(清)蔣良騏撰　清刻本　一册　存二卷(二十九至三十)

360000－1901－0005567　401080
東華錄三十二卷　(清)蔣良騏撰　清末石印本　九册

360000－1901－0005568　401082
東華錄三十二卷　(清)蔣良騏撰　清末石印本　三册　存十二卷(五至十二、二十九至三十二)

360000－1901－0005569　401082－1
東華錄三十二卷　(清)蔣良騏撰　清末石印本　五册　存十七卷(十至二十、二十四至二十六、三十至三十二)

360000－1901－0005570　401083
東華錄三十二卷　(清)蔣良騏撰　清末石印本　十册　存二十六卷(七至三十二)

360000－1901－0005571　303343
東華錄三十二卷　(清)蔣良騏撰　清乾隆三十年(1765)刻本　八册

360000－1901－0005572　401079
東華錄三十二卷　(清)蔣良騏撰　清同治十一年(1872)聚錦堂刻本　五册

360000－1901－0005573　401081
東華錄三十二卷　(清)蔣良騏撰　清同治十一年(1872)聚錦堂刻本　六册　存二十四卷(一至八、十三至二十一、二十六至三十二)

360000－1901－0005574　161730
東華錄三十二卷　(清)蔣良騏撰　清同治十一年(1872)兩儀堂刻本　十册

360000－1901－0005575　163953
東華錄十六卷　(清)蔣良騏撰　清抄本　十六册

360000－1901－0005576　306311
東華錄四十五卷　王先謙編　清末石印本　十五册　存二十八卷(順治一至七、康熙一至二十一)

360000－1901－0005577　306315
東華録四十五卷續録七十五卷　王先謙編　清光緒石印本　五十六册　缺八卷（雍正六至十三）

360000－1901－0005578　307702
東華録四十五卷續録七十五卷　王先謙編　清刻本　六十册

360000－1901－0005579　161386
東華録詳節二十四卷　（清）鄔樹庭輯　清光緒二十六年（1900）上海東文學堂石印本　八册

360000－1901－0005580　303341
東華録詳節二十四卷　（清）鄔樹庭輯　清光緒二十六年（1900）上海東文學堂石印本　十六册

360000－1901－0005581　401077
東華録詳節二十四卷　（清）鄔樹庭輯　清光緒二十六年（1900）上海東文學堂石印本　二册　存二卷（十二、二十一）

360000－1901－0005582　306319
東華録一百九十四卷　王先謙編　清刻本　三十三册　存七十卷（天命一至四，天聰一至十，崇德三至八，順治一至三十，雍正六、八至二十六）

360000－1901－0005583　310683
東華録一百九十四卷續録二百三十卷　王先謙編　清光緒十七年（1891）上海廣百宋齋鉛印本　七十四册　存四百二十一卷（東華録天命一至四，天聰一至六、十一，崇德八卷，順治三十六卷，康熙一百十卷，雍正二十六卷；續録乾隆一百二十卷、嘉慶五十卷、道光六十卷）

360000－1901－0005584　401067
東華録一百九十四卷續録二百三十卷　王先謙編　清光緒十七年（1891）上海廣百宋齋鉛印本　七十六册

360000－1901－0005585　401068
東華録一百九十四卷續録二百三十卷　王先謙編　清光緒十七年（1891）上海廣百宋齋鉛印本　六十八册　存三百七十卷（東華録天命一至四，天聰一至十一，崇德八卷，順治一至十七，康熙十九至一百十，雍正一至十六、二十至二十六；續録乾隆一百二十卷，嘉慶一至二十、二十七至五十，道光一至二十五、三十五至六十）

360000－1901－0005586　401068－1
東華録一百九十四卷續録二百三十卷　王先謙編　清光緒十七年（1891）上海廣百宋齋鉛印本　一册　存二卷（東華録雍正六至七）

360000－1901－0005587　306317
東華録一百九十四卷續録二百三十卷　王先謙編　清光緒十三年（1887）上海廣百宋齋鉛印本　六十一册　存三百五十四卷（東華録天命一至四，天聰一至六，順治十八至三十六，康熙一至八、十五至四十四、五十四至一百十，雍正一至五、十二至十六、二十至二十三；續録乾隆一至四、四十至四十二、四十六至五十四、七十六至一百二十，嘉慶一至三十二，道光三十五至六十，咸豐一至九十七）

360000－1901－0005588　307783
東華録一百九十四卷續録二百三十卷　王先謙編　清光緒十三年（1887）上海廣百宋齋鉛印本　十七册　存一百十九卷（東華録天命一至四，天聰一至十一，崇德八卷，順治一至六、八至三十六，康熙一至二十四、三十二至六十八）

360000－1901－0005589　306310
東華録一百九十四卷續録二百三十卷　王先謙編　清光緒十三年（1887）上海圖書集成印書局鉛印本　四十二册　存二百五十九卷（東華録天命一至四，康熙十六至三十七、九十至一百十，雍正一至二十一；續録乾隆一至五、二十至三十二、五十八至一百二十，嘉慶五十卷、道光六十卷）

360000－1901－0005590　401084
東華録一百九十五卷　王先謙編　清末刻本　十九册　存四十三卷（康熙朝六十一至六

十七、八十三至八十六、九十五至一百十,雍正朝三至四、七至十二、十五至十六、二十至二十五)

360000－1901－0005591　401085
東華續録　王先謙編　清末刻本　五十六册　存一百四十七卷(乾隆朝一至二十七、二十九至四十五、四十八至六十四,六十七至九十二,嘉慶朝一至五十,道光朝十三至十八、四十九至五十二)

360000－1901－0005592　401085－1
東華續録　王先謙編　清末刻本　一册　存六卷(嘉慶朝一至六)

360000－1901－0005593　805438
東華續録　王先謙編　清末石印本　三十二册　存六十四卷(乾隆朝十二至四十八、嘉慶朝一至十四、道光朝一至十三)

360000－1901－0005594　401075
東華續録(道光朝)六十卷　王先謙編　清光緒十三年(1887)上海廣百宋齋鉛印本　八册

360000－1901－0005595　306316
東華續録(光緒朝)二百二十卷　朱壽朋編　清宣統元年(1909)上海集成圖書公司鉛印本　六十三册　存二百十七卷(一至七十九、八十三至二百二十)

360000－1901－0005596　306316－1
東華續録(光緒朝)二百二十卷　朱壽朋編　清宣統元年(1909)上海集成圖書公司鉛印本　一册　存三卷(一百四十至一百四十二)

360000－1901－0005597　401076
東華續録(光緒朝)二百二十卷　朱壽朋編　清宣統元年(1909)上海集成圖書公司鉛印本　十一册　存三十九卷(二十九至三十一、一百十四至一百十七、一百三十五至一百三十八、一百四十三至一百四十五、一百九十三至二百十三、二百十七至二百二十)

360000－1901－0005598　310683－2
東華續録(同治朝)一百卷　王先謙編　清光緒二十四年(1898)文瀾書局石印本　二十四册

360000－1901－0005599　313536
東華續録(同治朝)一百卷　王先謙編　清光緒二十四年(1898)文瀾書局石印本　二十四册

360000－1901－0005600　401071
東華續録(同治朝)一百卷　王先謙編　清光緒二十四年(1898)文瀾書局石印本　二十四册

360000－1901－0005601　401072
東華續録(同治朝)一百卷　王先謙編　清光緒二十四年(1898)文瀾書局石印本　十四册　存四十八卷(一至三、十五至二十七、三十五至三十八、四十四至四十七、五十三至六十二、六十八至八十一)

360000－1901－0005602　401073
東華續録(同治朝)一百卷　王先謙編　清末石印本　六册　存二十八卷(四十八至七十五)

360000－1901－0005603　313535
東華續録(咸豐朝)六十九卷　(清)潘頤福編　清光緒二十五年(1899)上海書局石印本　十六册

360000－1901－0005604　306314
東華續録(咸豐朝)六十九卷　(清)潘頤福編　清光緒十八年(1892)上海圖書集成印書局鉛印本　十五册　存六十五卷(一至二十七、三十二至六十九)

360000－1901－0005605　310683－1
東華續録(咸豐朝)六十九卷　(清)潘頤福編　清光緒十八年(1892)上海圖書集成印書局鉛印本　十六册

360000－1901－0005606　401074
東華續録(咸豐朝)六十九卷　(清)潘頤福編　清光緒十八年(1892)上海圖書集成印書局鉛印本　十六册

360000－1901－0005607　307785

東華續錄(咸豐朝)六十九卷 (清)潘頤福編 清光緒十三年(1887)京都琉璃廠欽文書局刻本 十八冊 存四十八卷(一至四十八)

360000－1901－0005608 313586
東華續錄(咸豐朝)一百卷 王先謙編 清光緒刻朱印本 五十冊

360000－1901－0005609 307699
東華續錄二百三十卷 王先謙編 清光緒十三年(1887)上海廣百宋齋刻本 二十四冊 存一百三十一卷(乾隆朝一至五十四、九十二至一百八,道光朝一至六十)

360000－1901－0005610 303336
東華續錄六十卷 王先謙編 清光緒十四年(1888)刻本 十四冊

360000－1901－0005611 306312
東華續錄七十五卷 王先謙編 清末石印本 十五冊 存二十八卷(乾隆朝一至十四、三十五至四十八)

360000－1901－0005612 306313
東華續錄七十五卷 王先謙編 清末石印本 三冊 存六卷(嘉慶朝一至六)

360000－1901－0005613 306320
東華續錄乾隆朝一百二十卷嘉慶朝五十卷 王先謙編 清光緒五年(1879)刻本 五十九冊 存一百六十六卷(乾隆朝一至五十七、六十二至一百二十,嘉慶朝五十卷)

360000－1901－0005614 312117
東華續錄乾隆朝一百二十卷嘉慶朝五十卷 王先謙編 清刻本 六十八冊

360000－1901－0005615 309729
東華續錄五十卷 王先謙編 清刻本 十五冊 存三十七卷(八、十至三十一、三十七至五十)

360000－1901－0005616 303342
東華續錄一百二十卷 王先謙編 清光緒上海圖書集成印書局鉛印本 二十四冊

360000－1901－0005617 303337
東華續錄一百二十卷 王先謙編 清光緒五年(1879)刻本 四十冊

360000－1901－0005618 303338
東華續錄一百二十卷 王先謙編 清光緒五年(1879)刻本 四十八冊

360000－1901－0005619 303344
東華續錄一百卷 王先謙編 清光緒二十四年(1898)文瀾書局石印本 二十四冊

360000－1901－0005620 303335
東華續錄一百卷 王先謙編 清光緒十五年至十六年(1889－1890)會稽籀三倉室刻本 六十冊

360000－1901－0005621 313139
東晉疆域志四卷 (清)洪亮吉撰 清嘉慶元年(1796)京師刻北江全集本 二冊

360000－1901－0005622 313196
東晉疆域志四卷 (清)洪亮吉撰 清嘉慶元年(1796)京師刻北江全集本 二冊

360000－1901－0005623 603320
東晉疆域志四卷 (清)洪亮吉撰 清嘉慶元年(1796)京師刻北江全集本 一冊 存二卷(一至二)

360000－1901－0005624 161722
東晉南北朝輿地表二十八卷 (清)徐文范撰 清光緒二十四年(1898)廣雅書局刻本 九冊 缺二卷(州郡表三至四)

360000－1901－0005625 241313
東晉文四十卷 (明)張采輯 明崇禎刻本 二十冊

360000－1901－0005626 308154
東京夢華錄十卷 (宋)孟元老撰 清刻本 一冊

360000－1901－0005627 413973
東井文鈔二卷詩鈔四卷 (清)黄定文撰 清道光元年(1821)刻本 二冊

360000－1901－0005628 120789
東廓鄒先生遺稿十三卷 (明)鄒守益撰 清

光緒三十年(1904)刻本　八冊

360000－1901－0005629　601307
東廓鄒先生遺稿十三卷　(明)鄒守益撰　清刻本　五冊　存十一卷(三至十三)

360000－1901－0005630　803905
東萊博議不分卷　(宋)呂祖謙撰　(清)張文炳評　清抄本　一冊

360000－1901－0005631　418624
東萊博議二十五卷　(宋)呂祖謙撰　**增補虛字註釋一卷**　(清)張文炳點定　清光緒二十四年(1898)上海書局石印本　四冊

360000－1901－0005632　309648
東萊博議四卷　(宋)呂祖謙撰　清光緒二十七年(1901)湖南書局刻本　四冊

360000－1901－0005633　306445
東萊博議四卷　(宋)呂祖謙撰　清光緒二十四年(1898)江西盛德堂刻本　一冊　存一卷(一)

360000－1901－0005634　307760
東萊博議四卷　(宋)呂祖謙撰　清光緒七年(1881)鳳城官舍刻本　四冊

360000－1901－0005635　308269
東萊博議四卷　(宋)呂祖謙撰　清光緒七年(1881)鳳城官舍刻本　四冊

360000－1901－0005636　303350
東萊博議四卷　(宋)呂祖謙撰　清光緒十八年(1892)江西兩儀堂刻本　四冊

360000－1901－0005637　303351
東萊博議四卷　(宋)呂祖謙撰　清光緒十八年(1892)江西兩儀堂刻本　四冊

360000－1901－0005638　318120－9
[醫方歌括]不分卷　(清)□□輯　清抄本　一冊

360000－1901－0005639　163718
東萊博議四卷　(宋)呂祖謙撰　(清)張文炳點定　清道光二十四年(1844)海陵懷德堂刻本　四冊

360000－1901－0005640　163721
東萊博議四卷　(宋)呂祖謙撰　(清)張文炳點定　清光緒二十四年(1898)大道堂刻本　四冊

360000－1901－0005641　163720
東萊博議四卷　(宋)呂祖謙撰　(清)張文炳點定　清光緒十八年(1892)上海古香閣石印本　一冊

360000－1901－0005642　163715
東萊博議四卷　(宋)呂祖謙撰　(清)張文炳點定　清刻本　四冊

360000－1901－0005643　418644
東萊博議四卷　(宋)呂祖謙撰　(清)張文炳點定　清刻本　二冊

360000－1901－0005644　418666
東萊博議四卷　(宋)呂祖謙撰　(清)張文炳點定　清刻本　一冊　存二卷(三至四)

360000－1901－0005645　718627
東萊博議四卷　(宋)呂祖謙撰　(清)張文炳點定　清刻本　一冊　存二卷(三至四)

360000－1901－0005646　418622
東萊博議四卷　(宋)呂祖謙撰　(清)張文炳點定　清末石印本　一冊　存二卷(三至四)

360000－1901－0005647　418622－1
東萊博議四卷　(宋)呂祖謙撰　(清)張文炳點定　清末石印本　一冊　存一卷(四)

360000－1901－0005648　418629
東萊博議四卷　(宋)呂祖謙撰　(清)張文炳點定　清同治二年(1863)刻本(卷三至四配清刻本)　二冊　存三卷(一、三至四)

360000－1901－0005649　418659
東萊博議四卷　(宋)呂祖謙撰　(清)張文炳點定　清文奎堂刻本　一冊　存一卷(四)

360000－1901－0005650　418623
東萊博議四卷　(宋)呂祖謙撰　(清)張文炳點定　**虛字註釋備考六卷**　(清)張文炳點定　清刻本　二冊

360000－1901－0005651　418627
東萊博議四卷　(宋)呂祖謙撰　(清)張文炳點定　**虚字註釋備考六卷**　(清)張文炳點定　清刻本　二冊

360000－1901－0005652　418628
東萊博議四卷　(宋)呂祖謙撰　(清)張文炳點定　**虚字註釋備考六卷**　(清)張文炳點定　清刻本　三冊　存九卷(東萊博議一、三至四,虚字註釋備考六卷)

360000－1901－0005653　418630
東萊博議四卷　(宋)呂祖謙撰　(清)張文炳點定　**虚字註釋備考六卷**　(清)張文炳點定　清刻本　二冊　存九卷(東萊博議一至三、虚字註釋備考六卷)

360000－1901－0005654　418631
東萊博議四卷　(宋)呂祖謙撰　(清)張文炳點定　**虚字註釋備考六卷**　(清)張文炳點定　清刻本　二冊

360000－1901－0005655　418632
東萊博議四卷　(宋)呂祖謙撰　(清)張文炳點定　**虚字註釋備考六卷**　(清)張文炳點定　清刻本　二冊

360000－1901－0005656　418633
東萊博議四卷　(宋)呂祖謙撰　(清)張文炳點定　**虚字註釋備考六卷**　(清)張文炳點定　清刻本　三冊

360000－1901－0005657　418634
東萊博議四卷　(宋)呂祖謙撰　(清)張文炳點定　**虚字註釋備考六卷**　(清)張文炳點定　清刻本　三冊

360000－1901－0005658　418635
東萊博議四卷　(宋)呂祖謙撰　(清)張文炳點定　**虚字註釋備考六卷**　(清)張文炳點定　清刻本　四冊

360000－1901－0005659　418636
東萊博議四卷　(宋)呂祖謙撰　(清)張文炳點定　**虚字註釋備考六卷**　(清)張文炳點定　清刻本　二冊

360000－1901－0005660　418637
東萊博議四卷　(宋)呂祖謙撰　(清)張文炳點定　**虚字註釋備考六卷**　(清)張文炳點定　清刻本　二冊

360000－1901－0005661　418638
東萊博議四卷　(宋)呂祖謙撰　(清)張文炳點定　**虚字註釋備考六卷**　(清)張文炳點定　清刻本　二冊

360000－1901－0005662　418639
東萊博議四卷　(宋)呂祖謙撰　(清)張文炳點定　**虚字註釋備考六卷**　(清)張文炳點定　清刻本　二冊　存九卷(東萊博議一、三至四,虚字註釋備考六卷)

360000－1901－0005663　418654
東萊博議四卷　(宋)呂祖謙撰　(清)張文炳點定　**虚字註釋備考六卷**　(清)張文炳點定　清咸豐五年(1855)文選樓刻本　四冊

360000－1901－0005664　418672
東萊博議四卷　(宋)呂祖謙撰　(清)張文炳點定　**增補虚字註釋一卷**　(清)張文炳點定　清光緒八年(1882)刻本　四冊

360000－1901－0005665　418668
東萊博議四卷　(宋)呂祖謙撰　(清)張文炳點定　**增補虚字註釋一卷**　(清)張文炳點定　清光緒二十九年(1903)汴梁同文堂刻本(卷三至四配清刻本)　三冊　存四卷(東萊博議一、三至四,增補虚字註釋一卷)

360000－1901－0005666　418669
東萊博議四卷　(宋)呂祖謙撰　(清)張文炳點定　**增補虚字註釋一卷**　(清)張文炳點定　清光緒二十九年(1903)瓊賢全記刻本(卷三配清刻本)　三冊　存四卷(東萊博議一、三至四,增補虚字註釋一卷)

360000－1901－0005667　805279
東萊博議四卷　(宋)呂祖謙撰　(清)張文炳點定　**增補虚字註釋一卷**　(清)張文炳點定　清光緒二十七年(1901)李光明莊刻本　三冊　存四卷(東萊博議一至三、增補虚字註釋

一卷）

360000－1901－0005668　418670

東萊博議四卷　（宋）呂祖謙撰　（清）張文炳點定　**增補虛字註釋一卷**　（清）張文炳點定　清光緒二十七年（1901）李光明莊刻本（卷三配清刻本）　三冊　存四卷（東萊博議一、三至四，增補虛字註釋一卷）

360000－1901－0005669　418671

東萊博議四卷　（宋）呂祖謙撰　（清）張文炳點定　**增補虛字註釋一卷**　（清）張文炳點定　清光緒二十三年（1897）湖南書局刻本　四冊

360000－1901－0005670　418657

東萊博議四卷　（宋）呂祖謙撰　（清）張文炳點定　**增補虛字註釋一卷**　（清）張文炳點定　清光緒二十四年（1898）刻本　四冊

360000－1901－0005671　418675

東萊博議四卷　（宋）呂祖謙撰　（清）張文炳點定　**增補虛字註釋一卷**　（清）張文炳點定　清光緒二十四年（1898）上海文富樓石印本　四冊

360000－1901－0005672　418685

東萊博議四卷　（宋）呂祖謙撰　（清）張文炳點定　**增補虛字註釋一卷**　（清）張文炳點定　清光緒二十五年（1899）申昌書莊石印本　一冊　存三卷（東萊博議一至二、增補虛字註釋一卷）

360000－1901－0005673　418651

東萊博議四卷　（宋）呂祖謙撰　（清）張文炳點定　**增補虛字註釋一卷**　（清）張文炳點定　清光緒七年（1881）鳳城官舍刻本　四冊

360000－1901－0005674　418667

東萊博議四卷　（宋）呂祖謙撰　（清）張文炳點定　**增補虛字註釋一卷**　（清）張文炳點定　清光緒七年（1881）鳳城官舍刻本　三冊　存四卷（東萊博議一、三至四，增補虛字註釋一卷）

360000－1901－0005675　418655

東萊博議四卷　（宋）呂祖謙撰　（清）張文炳點定　**增補虛字註釋一卷**　（清）張文炳點定　清光緒三十年（1904）寶慶大文書舍刻本　四冊

360000－1901－0005676　418656

東萊博議四卷　（宋）呂祖謙撰　（清）張文炳點定　**增補虛字註釋一卷**　（清）張文炳點定　清光緒三十年（1904）寶慶大文書舍刻本　四冊

360000－1901－0005677　418650

東萊博議四卷　（宋）呂祖謙撰　（清）張文炳點定　**增補虛字註釋一卷**　（清）張文炳點定　清光緒三十年（1904）上海書局石印本　二冊

360000－1901－0005678　805277

東萊博議四卷　（宋）呂祖謙撰　（清）張文炳點定　**增補虛字註釋一卷**　（清）張文炳點定　清光緒三十年（1904）上海書局石印本　四冊

360000－1901－0005679　805278

東萊博議四卷　（宋）呂祖謙撰　（清）張文炳點定　**增補虛字註釋一卷**　（清）張文炳點定　清光緒三十年（1904）上海書局石印本　二冊

360000－1901－0005680　418681

東萊博議四卷　（宋）呂祖謙撰　（清）張文炳點定　**增補虛字註釋一卷**　（清）張文炳點定　清光緒三十一年（1905）上海商務印書館鉛印本　二冊

360000－1901－0005681　418682

東萊博議四卷　（宋）呂祖謙撰　（清）張文炳點定　**增補虛字註釋一卷**　（清）張文炳點定　清光緒三十一年（1905）上海商務印書館鉛印本　二冊

360000－1901－0005682　418683

東萊博議四卷　（宋）呂祖謙撰　（清）張文炳點定　**增補虛字註釋一卷**　（清）張文炳點定　清光緒三十一年（1905）上海商務印書館鉛

印本　二册

360000－1901－0005683　418684

東萊博議四卷　（宋）呂祖謙撰　（清）張文炳點定　**增補虚字註釋一卷**　（清）張文炳點定　清光緒三十一年（1905）上海商務印書館鉛印本　二册

360000－1901－0005684　418684－1

東萊博議四卷　（宋）呂祖謙撰　（清）張文炳點定　**增補虚字註釋一卷**　（清）張文炳點定　清光緒三十一年（1905）上海商務印書館鉛印本　一册　存二卷（三至四）

360000－1901－0005685　418645

東萊博議四卷　（宋）呂祖謙撰　（清）張文炳點定　**增補虚字註釋一卷**　（清）張文炳點定　清光緒十八年（1892）江西兩儀堂刻本　四册

360000－1901－0005686　418646－1

東萊博議四卷　（宋）呂祖謙撰　（清）張文炳點定　**增補虚字註釋一卷**　（清）張文炳點定　清光緒十八年（1892）江西兩儀堂刻本　四册

360000－1901－0005687　718647

東萊博議四卷　（宋）呂祖謙撰　（清）張文炳點定　**增補虚字註釋一卷**　（清）張文炳點定　清光緒十八年（1892）江西兩儀堂刻本　四册

360000－1901－0005688　805261

東萊博議四卷　（宋）呂祖謙撰　（清）張文炳點定　**增補虚字註釋一卷**　（清）張文炳點定　清光緒十八年（1892）江西兩儀堂刻本　四册

360000－1901－0005689　418621

東萊博議四卷　（宋）呂祖謙撰　（清）張文炳點定　**增補虚字註釋一卷**　（清）張文炳點定　清光緒十八年（1892）上海古香閣石印本　四册

360000－1901－0005690　418693

東萊博議四卷　（宋）呂祖謙撰　（清）張文炳點定　**增補虚字註釋一卷**　（清）張文炳點定　清光緒十八年（1892）上海古香閣石印本　一册

360000－1901－0005691　418693－1

東萊博議四卷　（宋）呂祖謙撰　（清）張文炳點定　**增補虚字註釋一卷**　（清）張文炳點定　清光緒十八年（1892）上海古香閣石印本　一册　存三卷（東萊博議一至二、增補虚字註釋一卷）

360000－1901－0005692　421777

東萊博議四卷　（宋）呂祖謙撰　（清）張文炳點定　**增補虚字註釋一卷**　（清）張文炳點定　清開智書局刻本　二册　存三卷（東萊博議三至四、增補虚字註釋一卷）

360000－1901－0005693　418652

東萊博議四卷　（宋）呂祖謙撰　（清）張文炳點定　**增補虚字註釋一卷**　（清）張文炳點定　清刻本　四册

360000－1901－0005694　418653

東萊博議四卷　（宋）呂祖謙撰　（清）張文炳點定　**增補虚字註釋一卷**　（清）張文炳點定　清刻本　二册

360000－1901－0005695　718625

東萊博議四卷　（宋）呂祖謙撰　（清）張文炳點定　**增補虚字註釋一卷**　（清）張文炳點定　清刻本　四册

360000－1901－0005696　718626

東萊博議四卷　（宋）呂祖謙撰　（清）張文炳點定　**增補虚字註釋一卷**　（清）張文炳點定　清刻本　二册

360000－1901－0005697　418646

東萊博議四卷　（宋）呂祖謙撰　（清）張文炳點定　**增補虚字註釋一卷**　（清）張文炳點定　清刻本（卷一配清光緒十八年江西兩儀堂刻本）　四册

360000－1901－0005698　418685－1

東萊博議四卷　（宋）呂祖謙撰　（清）張文炳點定　**增補虚字註釋一卷**　（清）張文炳點定

清末石印本　一册　存三卷（東萊博議一至二、增補虛字註釋一卷）

360000－1901－0005699　418688
東萊博議四卷　（宋）呂祖謙撰　（清）張文炳點定　**增補虛字註釋一卷**　（清）張文炳點定　清末石印本　一册

360000－1901－0005700　418658
東萊博議四卷　（宋）呂祖謙撰　（清）張文炳點定　**增補虛字註釋一卷**　（清）張文炳點定　清盛德堂刻本　一册　存二卷（東萊博議四、增補虛字註釋一卷）

360000－1901－0005701　210256
東萊博議四卷　（宋）呂祖謙撰　（清）張文炳評點　清乾隆五十五年（1790）三與堂刻本　四册

360000－1901－0005702　210255
東萊博議四卷　（宋）呂祖謙撰　（清）張文炳評點　**增補虛字註釋六卷**　（清）張文炳撰　清乾隆五十二年（1787）有懷堂刻本　二册

360000－1901－0005703　306444
東萊博議四卷　（宋）呂祖謙撰　**增補虛字註釋一卷**　（清）張文炳點定　清末馮泰松刻本　二册　存三卷（東萊博議三至四、增補虛字註釋一卷）

360000－1901－0005704　240379
東萊呂太史文集十五卷別集十六卷外集五卷　（宋）呂祖謙撰　**麗澤論說集錄十卷**　（宋）呂祖儉輯　**附錄三卷附錄拾遺一卷**　宋嘉泰四年（1204）金華呂喬年刻元明遞修本　十八册　缺十卷（麗澤論說集錄十卷）

360000－1901－0005705　303352
東萊詩集二十卷　（宋）呂本中撰　清咸豐九年（1859）刻本　四册

360000－1901－0005706　302440
東萊先生古文關鍵二卷　（宋）呂祖謙輯　（宋）蔡文子注　（清）徐樹屏考異　清光緒二十四年（1898）上海書局石印本　二册

360000－1901－0005707　418785
東萊先生古文關鍵二卷　（宋）呂祖謙輯　（宋）蔡文子注　（清）徐樹屏考異　清同治九年（1870）古閩晏湖張氏勵志書屋刻本　二册

360000－1901－0005708　306446
東萊先生古文關鍵二卷　（宋）呂祖謙輯　（宋）蔡文子注　（清）徐樹屏考異　清錫山華綺刻本　三册

360000－1901－0005709　418780
東萊先生古文關鍵四卷　（宋）呂祖謙輯　（宋）蔡文子注　（清）徐樹屏考異　清末石印本　一册　存一卷（三）

360000－1901－0005710　300130
東萊先生音註唐鑑二十四卷　（宋）范祖禹撰　（宋）呂祖謙音注　**附音註考異一卷**　（清）胡鳳丹撰　清同治十年（1871）永康胡氏退補齋刻金華叢書本　四册

360000－1901－0005711　220308
東萊先生音註唐鑑二十四卷　（宋）范祖禹撰　（宋）呂祖謙注　明刻本　六册

360000－1901－0005712　310902
東萊先生音註唐鑑二十四卷　（宋）范祖禹撰　（宋）呂祖謙注　明刻本　六册

360000－1901－0005713　300129
東萊先生音註唐鑑二十四卷　（宋）范祖禹撰　（宋）呂祖謙注　清同治十三年（1874）刻本　四册

360000－1901－0005714　418687
東萊先生左氏博議二十五卷　（宋）呂祖謙撰　清光緒二十四年（1898）江左書局鉛印本　一册　存五卷（一至五）

360000－1901－0005715　160302
東萊先生左氏博議二十五卷　（宋）呂祖謙撰　清同治七年（1868）永康胡氏退補齋刻本　六册

360000－1901－0005716　418661
東萊先生左氏博議二十五卷　（宋）呂祖謙撰

清同治七年(1868)永康胡氏退補齋刻本　六冊　存十九卷(三至五、十至二十五)

360000－1901－0005717　418662
東萊先生左氏博議二十五卷　(宋)吕祖謙撰　清同治七年(1868)永康胡氏退補齋刻本　四冊　存十八卷(四至七、十二至二十五)

360000－1901－0005718　418663
東萊先生左氏博議二十五卷　(宋)吕祖謙撰　**虚字註釋備考六卷**　(清)張文炳點定　清道光十九年(1839)錢唐瞿氏清吟閣刻本　六冊

360000－1901－0005719　418664
東萊先生左氏博議二十五卷　(宋)吕祖謙撰　**虚字註釋備考六卷**　(清)張文炳點定　清道光十九年(1839)錢唐瞿氏清吟閣刻本　四冊　存二十五卷(東萊先生左氏博議三至七、十二至二十五,虚字註釋備考六卷)

360000－1901－0005720　418660
東萊先生左氏博議二十五卷　(宋)吕祖謙撰　**虚字註釋備考六卷**　(清)張文炳點定　清光緒十四年(1888)雲陽義秀書屋刻本　二冊　存十二卷(東萊先生左氏博議一、七至十一,虚字註釋備考六卷)

360000－1901－0005721　418660－1
東萊先生左氏博議二十五卷　(宋)吕祖謙撰　**虚字註釋備考六卷**　(清)張文炳點定　清光緒十四年(1888)雲陽義秀書屋刻本　一冊　存五卷(八至十二)

360000－1901－0005722　805260
東萊先生左氏博議二十五卷　(宋)吕祖謙撰　**虚字註釋備考六卷**　(清)張文炳點定　清光緒十四年(1888)雲陽義秀書屋刻本　六冊

360000－1901－0005723　241049
東里類稿八卷詩一卷　(清)涂瑞撰　清乾隆四十三年(1778)陳果堂刻本　四冊

360000－1901－0005724　240496
東里文集二十五卷　(明)楊士奇撰　明萬曆四十六年(1618)刻清康熙十七年(1678)楊氏重修本　八冊

360000－1901－0005725　120775
東里文集二十五卷別集三卷　(明)楊士奇撰　**附太師楊文貞公年譜一卷**　(明)楊思堯　(明)楊汝敬編　清光緒二年(1876)泰和楊觀光刻西昌楊氏敦本堂印本　九冊

360000－1901－0005726　120776
東里文集二十五卷別集三卷　(明)楊士奇撰　**附太師楊文貞公年譜一卷**　(明)楊思堯　(明)楊汝敬編　清光緒二年(1876)泰和楊觀光刻西昌楊氏敦本堂印本　八冊

360000－1901－0005727　120777
東里文集二十五卷別集三卷　(明)楊士奇撰　**附太師楊文貞公年譜一卷**　(明)楊思堯　(明)楊汝敬編　清光緒二年(1876)泰和楊觀光刻西昌楊氏敦本堂印本　八冊

360000－1901－0005728　417569
東里文集二十五卷別集三卷　(明)楊士奇撰　**附太師楊文貞公年譜一卷**　(明)楊思堯　(明)楊汝敬編　清光緒二年(1876)泰和楊觀光刻西昌楊氏敦本堂印本　六冊　存二十五卷(東里文集二十五卷)

360000－1901－0005729　417569－1
東里文集二十五卷別集三卷　(明)楊士奇撰　**附太師楊文貞公年譜一卷**　(明)楊思堯　(明)楊汝敬編　清光緒二年(1876)泰和楊觀光刻西昌楊氏敦本堂印本　一冊　存三卷(東里文集一至三)

360000－1901－0005730　417621
東里文集二十五卷別集三卷　(明)楊士奇撰　**附太師楊文貞公年譜一卷**　(明)楊思堯　(明)楊汝敬編　清光緒二年(1876)泰和楊觀光刻西昌楊氏敦本堂印本　一冊　存一卷(太師楊文貞公年譜一卷)

360000－1901－0005731　601303
東里文集二十五卷別集三卷　(明)楊士奇撰　**附太師楊文貞公年譜一卷**　(明)楊思堯　(明)楊汝敬編　清光緒二年(1876)泰和楊觀

光刻西昌楊氏敦本堂印本　八冊　存二十八卷(東里文集二十五卷、別集三卷)

360000－1901－0005732　601304
東里文集二十五卷別集三卷　(明)楊士奇撰　**附太師楊文貞公年譜一卷**　(明)楊思堯(明)楊汝敬編　清光緒二年(1876)泰和楊覲光刻西昌楊氏敦本堂印本　八冊　存二十八卷(東里文集二十五卷、別集三卷)

360000－1901－0005733　601305
東里文集二十五卷別集三卷　(明)楊士奇撰　**附太師楊文貞公年譜一卷**　(明)楊思堯(明)楊汝敬編　清光緒二年(1876)泰和楊覲光刻西昌楊氏敦本堂印本　八冊

360000－1901－0005734　601306
東里文集二十五卷別集三卷　(明)楊士奇撰　**附太師楊文貞公年譜一卷**　(明)楊思堯(明)楊汝敬編　清光緒二年(1876)泰和楊覲光刻西昌楊氏敦本堂印本　八冊

360000－1901－0005735　717568
東里文集二十五卷詩集三卷文續集二十六卷詩續集九卷別集三卷　(明)楊士奇撰　清光緒三十二年(1906)泰和蕭氏趣園刻本　三十冊

360000－1901－0005736　717569
東里文集二十五卷詩集三卷文續集二十六卷詩續集九卷別集三卷　(明)楊士奇撰　清光緒三十二年(1906)泰和蕭氏趣園刻本　一冊　存二卷(東里文集一至二)

360000－1901－0005737　120778
東里文集二十五卷詩集三卷文續集二十六卷詩續集九卷別集三卷附錄三卷　(明)楊士奇撰　清光緒三十二年(1906)泰和蕭氏趣園刻本　三十二冊

360000－1901－0005738　220403
東林列傳二十四卷末二卷　(清)陳鼎撰　清康熙五十年(1711)鐵肩書屋刻本　十冊

360000－1901－0005739　220404
東林列傳二十四卷末二卷　(清)陳鼎撰　清康熙五十年(1711)鐵肩書屋刻本　八冊

360000－1901－0005740　805372
東牟攀轅錄一卷　(清)王啓曾等撰　清刻本　一冊

360000－1901－0005741　161558
東牟守城紀畧一卷　(清)戴燮元撰　清同治八年(1869)羊城刻本　一冊

360000－1901－0005742　306303
東南海島圖經十卷　(清)世增譯　(清)張美翊述　清光緒二十六年(1900)上海石印本　三冊　存六卷(一至六)

360000－1901－0005743　303334
東南水利略六卷　(清)淩介禧撰　清道光十三年(1833)刻本　六冊

360000－1901－0005744　400858
東南洋沿革圖一卷　(清)□□撰　清刻本　一冊

360000－1901－0005745　409446
東甌金石志十二卷　(清)戴咸弼撰　(清)孫詒讓校補　清刻本　二冊　存四卷(五至六、十一至十二)

360000－1901－0005746　240274
東坡禪喜集十四卷　(宋)蘇軾撰　(明)馮夢禎批點　(明)淩濛初增輯　明天啓元年(1621)淩濛初刻朱墨套印本　四冊

360000－1901－0005747　413989
東坡詞一卷　(宋)蘇軾撰　清宣統元年(1909)二友堂石印本　一冊

360000－1901－0005748　413060
東坡和陶合箋四卷　(宋)蘇軾撰　(清)溫汝能纂箋　清光緒十八年(1892)上海五彩公司石印本　一冊

360000－1901－0005749　163723
東坡和陶合箋四卷　(宋)蘇軾撰　(清)溫汝能纂箋　清宣統二年(1910)掃葉山房石印本　二冊

360000－1901－0005750　240273

東坡集□□卷　(宋)蘇軾撰　明刻本　五册　存九卷(十、十二至十三、四十五至四十六、五十三至五十六)

360000－1901－0005751　308004
東坡集八十四卷目録二卷　(宋)蘇軾撰　清刻本　二十六册　存四十五卷(一至四、七至八、十二、十五至二十一、二十四、二十七至二十八、三十一至三十四、三十七至四十二、五十一至五十二、六十一至六十四、六十六至七十五,目録二卷)

360000－1901－0005752　413984－1
東坡集八十四卷目録二卷　(宋)蘇軾撰　清刻本　一册　存二卷(六十一至六十二)

360000－1901－0005753　240271
東坡集十六卷　(宋)蘇軾撰　(明)李贄評輯　明萬曆二十八年(1600)焦竑刻本　八册

360000－1901－0005754　240272
東坡集十六卷　(宋)蘇軾撰　(明)李贄評輯　明萬曆二十八年(1600)焦竑刻本　四册

360000－1901－0005755　163934
東坡集十六卷　(宋)蘇軾撰　(明)李贄評輯　明萬曆二十八年(1600)焦竑刻本　四册　存十三卷(一至五、九至十六)

360000－1901－0005756　302795
東坡集四十卷後集二十卷内制集十卷樂語一卷外制集三卷應詔集十卷奏議十五卷續集十二卷　(宋)蘇軾撰　**校記二卷**　繆荃孫撰　清光緒三十四年至宣統二年(1908－1910)寶華盦刻本　四十册

360000－1901－0005757　240277
東坡集選五十卷　(宋)蘇軾撰　(明)陳繼儒(明)陳夢槐輯　明萬曆刻本　十二册

360000－1901－0005758　164285
東坡集選五十卷集餘一卷　(宋)蘇軾撰(明)陳夢槐輯　明刻本　三册　存十四卷(二十一至三十四)

360000－1901－0005759　240276
東坡集選五十卷集餘一卷　(宋)蘇軾撰(明)陳夢槐輯　**年譜一卷**　(宋)王宗稷撰　**外紀二卷**　(明)王世貞撰　**外紀逸編一卷**　(明)璩之璞撰　明刻本　四册　存二十卷(八至二十、三十五至四十一)

360000－1901－0005760　240268
東坡全集一百十五卷目録七卷　(宋)蘇軾撰　**年譜一卷**　(宋)王宗稷撰　**墓志銘一卷**　(宋)蘇轍撰　明刻本　三十五册　缺十三卷(一至四、目録七卷、年譜一卷、墓志銘一卷)

360000－1901－0005761　413977
東坡詩鈔十八卷　(宋)蘇軾撰　清雍正五年(1727)遂安堂刻本　一册　存三卷(一至三)

360000－1901－0005762　163724
東坡詩鈔一卷　(宋)蘇軾撰　清刻本　一册

360000－1901－0005763　900745
東坡詩選十二卷　(宋)蘇軾撰　(明)譚元春輯　清刻本　一册　存二卷(十一至十二)

360000－1901－0005764　240282
東坡詩選十二卷　(宋)蘇軾撰　(明)譚元春輯　(明)袁宏道評　**東坡先生年譜一卷**(宋)王宗稷撰　明天啓元年(1621)文盛堂刻本　二册　存四卷(一、五至七)

360000－1901－0005765　240279
東坡詩選十二卷　(宋)蘇軾撰　(明)譚元春輯　**東坡先生年譜一卷**　(宋)王宗稷撰　明天啓元年(1621)文盛堂刻本　六册

360000－1901－0005766　240280
東坡詩選十二卷　(宋)蘇軾撰　(明)譚元春輯　**東坡先生年譜一卷**　(宋)王宗稷撰　明天啓元年(1621)文盛堂刻本　五册

360000－1901－0005767　164685
[印譜]不分卷　(清)□□輯　清鈐印本　一册

360000－1901－0005768　240281
東坡詩選十二卷　(宋)蘇軾撰　(明)譚元春選　(明)袁宏道評　**東坡先生年譜一卷**

(宋)王宗稷撰　明天啓元年(1621)文盛堂刻本　四册　缺三卷(十至十二)

360000－1901－0005769　304181
東坡事類二十二卷　(清)梁廷枏撰　清道光十年(1830)刻本　十二册

360000－1901－0005770　240303
東坡文選二十卷　(宋)蘇軾撰　(明)鍾惺輯並評　明末刻本　四册

360000－1901－0005771　240302
東坡文選二十卷　(宋)蘇軾撰　(明)鍾惺輯並評　明萬曆四十八年(1620)烏程閔齊伋刻朱墨套印本　八册

360000－1901－0005772　240304
東坡文選二十卷　(宋)蘇軾撰　(明)鍾惺輯並評　清乾隆八年(1743)刻本　四册

360000－1901－0005773　803728
[雜録]不分卷　(□)□□輯　清抄本　一册

360000－1901－0005774　413998
東坡先生編年詩五十卷年表一卷　(宋)蘇軾撰　(清)查慎行補注　清乾隆二十六年(1761)香雨齋刻本　十三册　存三十五卷(一至四、七至二十、二十七至二十八、三十六至五十)

360000－1901－0005775　413999
東坡先生編年詩五十卷年表一卷　(宋)蘇軾撰　(清)查慎行補注　清乾隆二十六年(1761)香雨齋刻本　十一册　存二十五卷(十一至十四、十六至二十、二十六至三十、四十至五十)

360000－1901－0005776　240297
東坡先生編年詩五十卷年表一卷　(宋)蘇軾撰　(清)查慎行補注　清乾隆二十六年(1761)香雨齋刻本　二十册

360000－1901－0005777　722502
東坡先生全集録九卷　(宋)蘇軾撰　清刻本　二册　存三卷(七至九)

360000－1901－0005778　240263
東坡先生全集七十五卷　(宋)蘇軾撰　明萬曆刻本　三十五册　缺二卷(六十至六十一)

360000－1901－0005779　240264
東坡先生全集七十五卷　(宋)蘇軾撰　**年譜一卷**　(宋)王宗稷撰　明萬曆刻本　十九册　缺十五卷(一、二十九至三十、四十二至四十三、五十至五十二、五十六至五十九、六十七至六十九)

360000－1901－0005780　240265
東坡先生全集七十五卷　(宋)蘇軾撰　**年譜一卷**　(宋)王宗稷撰　明萬曆刻本　十三册　存三十七卷(七至九、十四至二十七、三十二至三十八、四十五至四十七、五十四至五十六、六十五至六十七、七十二至七十五)

360000－1901－0005781　240266
東坡先生全集七十五卷　(宋)蘇軾撰　**年譜一卷**　(宋)王宗稷撰　明萬曆刻本　五册　存十四卷(十六至十九、二十四至二十八、五十五至五十六、七十三至七十五)

360000－1901－0005782　240286
東坡先生詩集註三十二卷　(宋)蘇軾撰　題(宋)王十朋纂集　明崇禎陳仁錫刻本　四册　存十二卷(四至十、十三至十四、十九至二十一)

360000－1901－0005783　240284
東坡先生詩集註三十二卷　(宋)蘇軾撰　題(宋)王十朋纂集　明刻本　十册

360000－1901－0005784　240285
東坡先生詩集註三十二卷　(宋)蘇軾撰　題(宋)王十朋纂集　明刻本　三册　存八卷(八至十、十七至二十一)

360000－1901－0005785　240267
東坡先生文集七十五卷　(宋)蘇軾撰　**年譜一卷**　(宋)王宗稷撰　明末刻本　三十二册

360000－1901－0005786　309872
東坡樂府三卷　(宋)蘇軾撰　朱祖謀輯　清宣統三年(1911)吳興朱祖謀刻本　二册

360000－1901－0005787　418452
東坡樂府三卷　(宋)蘇軾撰　朱祖謀輯　清宣統三年(1911)吳興朱祖謀刻本　二册

360000－1901－0005788　400983
東三省韓俄交界道里表一卷　(清)聶士成撰　清光緒三十四年(1908)新昌胡氏京師鉛印本　一册

360000－1901－0005789　306663
東三省鹽法志十四卷　(清)載澤等修　(清)陳爲鎰等纂　清宣統三年(1911)鉛印本　四册　存九卷(三至九、十三至十四)

360000－1901－0005790　400859
東三省政略十卷　(清)東三省諮議廳編　清宣統鉛印本　八册　存六卷(一、三至六、十)

360000－1901－0005791　405295
東山草堂邇言六卷　(清)邱嘉穗撰　清光緒七年(1881)漢陽耕餘堂刻本　一册　存二卷(一至二)

360000－1901－0005792　120773
東山草堂集九卷　(清)潘安禮撰　清道光二十年(1840)刻本　四册

360000－1901－0005793　316145
東山草堂詩集八卷詩集續編一卷考定大學經傳解一卷原傳附録一卷邇言六卷陶詩箋五卷首一卷　(清)邱嘉穗撰　清光緒八年(1882)漢陽邱氏刻本　七册　存二卷(陶詩箋四至五)

360000－1901－0005794　902513
東山草堂陶詩箋五卷　(清)邱嘉穗撰　清刻本　一册　存二卷(四至五)

360000－1901－0005795　163725
東山詩選二卷　(宋)葛紹體撰　清光緒二十七年(1901)太平陳氏刻本　一册

360000－1901－0005796　401002
東社讀史隨筆二卷　(清)獨醒主人撰　清刻本　一册

360000－1901－0005797　401003
東社讀史隨筆二卷　(清)獨醒主人撰　清末上海鴻文書局石印本　一册

360000－1901－0005798　401004
東社讀史隨筆二卷　(清)獨醒主人撰　清末石印本　一册　存一卷(下)

360000－1901－0005799　400999
東社讀史隨筆二卷　(清)獨醒主人撰　清宣統二年(1910)上海鑄記石印本　一册

360000－1901－0005800　401000
東社讀史隨筆二卷　(清)獨醒主人撰　清宣統三年(1911)刻本　一册

360000－1901－0005801　400998
東社讀史隨筆二卷　(清)獨醒主人撰　清宣統元年(1909)刻本　二册

360000－1901－0005802　303321
東使紀程一卷附東使吟草一卷　(清)花沙納撰　清道光三十年(1850)刻本　一册

360000－1901－0005803　313850
東塾讀書記二十五卷　(清)陳澧撰　清光緒二十七年(1901)湖南官書局刻本　六册　存二十一卷(一至二十一)

360000－1901－0005804　306304
東塾讀書記二十五卷　(清)陳澧撰　清光緒二十四年(1898)琉璃廠文瀾堂書坊刻本　五册　存十五卷(一至十二、十五至十六、二十一)

360000－1901－0005805　314057
東塾讀書記二十五卷　(清)陳澧撰　清光緒刻本　四册　存十九卷(一至十二、十五至二十一)

360000－1901－0005806　410440
東塾讀書記二十五卷　(清)陳澧撰　清光緒刻本　一册　存三卷(十至十二)

360000－1901－0005807　313652
東塾讀書記二十五卷　(清)陳澧撰　清光緒三十四年(1908)山西師範學堂鉛印本　五册　存十九卷(一至十二、十五至二十一)

360000－1901－0005808　418010
東塾讀書記十五卷　(清)陳澧撰　清光緒二十四年(1898)紉蘭館刻本　二册　存六卷(一至六)

360000－1901－0005809　308430
東塾讀書記十五卷　(清)陳澧撰　清光緒二十四年(1898)上海江左書林石印本　四册

360000－1901－0005810　710779
東塾讀書記十五卷　(清)陳澧撰　清光緒二十四年(1898)上海江左書林石印本　三册　存十二卷(一至十二)

360000－1901－0005811　418009
東塾讀書記十五卷　(清)陳澧撰　清光緒刻本　二册　存六卷(四至九)

360000－1901－0005812　303326
東塾集六卷　(清)陳澧撰　清光緒十八年(1892)菊坡精舍刻本　三册

360000－1901－0005813　303327
東塾集六卷　(清)陳澧撰　清光緒十八年(1892)菊坡精舍刻本　三册

360000－1901－0005814　315770
東塾集六卷　(清)陳澧撰　清光緒十八年(1892)菊坡精舍刻本　三册

360000－1901－0005815　306308
東塾遺書　(清)陳澧撰　清光緒廣雅書局刻廣雅書局叢書本　二册　存三種

360000－1901－0005816　310868
東塾遺書　(清)陳澧撰　清光緒廣雅書局刻廣雅書局叢書本　二册

360000－1901－0005817　240593
東塘集十卷　(明)毛伯溫撰　明嘉靖十九年(1540)王儀吳郡刻本　二册　缺一卷(一)

360000－1901－0005818　405299
東武詩存十卷　(清)王庚言撰　清嘉慶二十五年(1820)刻本　二册　存二卷(三、十)

360000－1901－0005819　417006
東西學書錄二卷附錄一卷　(清)徐維則輯　清光緒二十五年(1899)石印本　一册　存一卷(上)

360000－1901－0005820　303744
東西學書錄總敘二卷　(清)沈桐生撰　清光緒二十三年(1897)讀有用書齋刻本　二册

360000－1901－0005821　418126
東喦艸堂評訂唐詩鼓吹十卷　(金)元好問輯　(元)郝天挺注　(明)廖文炳解　(清)朱三錫評　清康熙刻本　三册　存五卷(三、六至七、九至十)

360000－1901－0005822　418126－1
東喦艸堂評訂唐詩鼓吹十卷　(金)元好問輯　(元)郝天挺注　(明)廖文炳解　(清)朱三錫評　清康熙刻本(卷九至十配清刻本)　二册　存四卷(五至六、九至十)

360000－1901－0005823　603380
東巖周禮訂義八十卷　(宋)王與之撰　清康熙十九年(1680)納蘭成德刻通志堂經解本　二册　存九卷(六十八至七十六)

360000－1901－0005824　161721
東洋史要二卷　(日本)桑原騭藏撰　樊炳清譯　清光緒二十五年(1899)東文學社石印本　四册

360000－1901－0005825　400991
東洋史要二卷　(日本)桑原騭藏撰　樊炳清譯　清光緒二十五年(1899)東文學社石印本　四册

360000－1901－0005826　400992
東洋史要二卷　(日本)桑原騭藏撰　樊炳清譯　清光緒二十五年(1899)東文學社石印本　二册

360000－1901－0005827　400993
東洋史要二卷　(日本)桑原騭藏撰　樊炳清譯　清光緒二十五年(1899)東文學社石印本　二册

360000－1901－0005828　400993－1
東洋史要二卷　(日本)桑原騭藏撰　樊炳清

譯　清光緒二十五年(1899)東文學社石印本　二册

360000－1901－0005829　400993－2
東洋史要二卷　(日本)桑原鷺藏撰　樊炳清譯　清光緒二十五年(1899)東文學社石印本　一册　存一卷(下)

360000－1901－0005830　400993－3
東洋史要二卷　(日本)桑原鷺藏撰　樊炳清譯　清光緒二十五年(1899)東文學社石印本　一册　存一卷(下)

360000－1901－0005831　303329
東洋史要二卷　(日本)桑原鷺藏撰　樊炳清譯　清光緒二十五年(1899)上海中西書局石印本　四册

360000－1901－0005832　313487
東洋史要二卷　(日本)桑原鷺藏撰　樊炳清譯　清光緒二十五年(1899)上海中西書局石印本　四册

360000－1901－0005833　400990
東洋史要二卷　(日本)桑原鷺藏撰　樊炳清譯　清光緒二十五年(1899)上海中西書局石印本　四册

360000－1901－0005834　303328
東洋史要二卷　(日本)桑原鷺藏撰　樊炳清譯　清光緒二十五年(1899)石印本　二册

360000－1901－0005835　400987
東洋史要二卷　(日本)桑原鷺藏撰　樊炳清譯　清光緒鉛印本　二册

360000－1901－0005836　400988
東洋史要二卷　(日本)桑原鷺藏撰　樊炳清譯　清光緒鉛印本　二册

360000－1901－0005837　400989
東洋史要二卷　(日本)桑原鷺藏撰　樊炳清譯　清光緒鉛印本　二册

360000－1901－0005838　400989－1
東洋史要二卷　(日本)桑原鷺藏撰　樊炳清譯　清光緒鉛印本　一册　存一卷(下)

360000－1901－0005839　420754
東醫寶鑑二十三卷目錄二卷　(朝鮮)許浚撰　清嘉慶元年(1796)刻本　二十二册　存二十三卷(内景篇四卷、外形篇四卷、雜病篇一至九、湯液篇三卷、鍼灸篇一卷,目錄二卷)

360000－1901－0005840　420756
東醫寶鑑二十三卷目錄二卷　(朝鮮)許浚撰　清嘉慶元年(1796)刻本　十六册　存十五卷(内景篇四卷,外形篇四卷,雜病篇一、七至八、十一,湯液篇二,鍼灸篇一卷;目錄上)

360000－1901－0005841　420756－1
東醫寶鑑二十三卷目錄二卷　(朝鮮)許浚撰　清嘉慶元年(1796)刻本　五册　存六卷(外形篇二至三,雜病篇二、四、十一,湯液篇二)

360000－1901－0005842　420756－2
東醫寶鑑二十三卷目錄二卷　(朝鮮)許浚撰　清嘉慶元年(1796)刻本　一册　存一卷(鍼灸篇一卷)

360000－1901－0005843　164793
東醫寶鑑二十三卷目錄二卷　(朝鮮)許浚撰　清刻本　八册

360000－1901－0005844　420757
東醫寶鑑二十三卷目錄二卷　(朝鮮)許浚撰　清刻本　十四册　存十二卷(内景篇一、四,外形篇一至二、四,雜病篇三、六至八、十至十一,鍼灸篇一卷)

360000－1901－0005845　420758
東醫寶鑑二十三卷目錄二卷　(朝鮮)許浚撰　清刻本　五册　存六卷(内景篇四,外形篇一、四,雜病篇八,湯液篇一,鍼灸篇一卷)

360000－1901－0005846　420759
東醫寶鑑二十三卷目錄二卷　(朝鮮)許浚撰　清刻本　二十一册　存二十三卷(内景篇一、三至四,外形篇四卷,雜病篇十一卷,湯液篇三卷,鍼灸篇一卷;目錄下)

360000－1901－0005847　420760
東醫寶鑑二十三卷目錄二卷　(朝鮮)許浚撰

清刻本　十冊　存十卷（內景篇一、三，外形篇一至二，雜病篇三、六、八至九，鍼灸篇一卷；目錄下）

360000－1901－0005848　800889
東醫寶鑑二十三卷目錄二卷　（朝鮮）許浚撰　清刻本　一冊　存一卷（湯液篇一）

360000－1901－0005849　800890
東醫寶鑑二十三卷目錄二卷　（朝鮮）許浚撰　清刻本　一冊　存一卷（雜病篇七）

360000－1901－0005850　802637
東醫寶鑑二十三卷目錄二卷　（朝鮮）許浚撰　清刻本　二冊　存二卷（外形篇二、雜病篇七）

360000－1901－0005851　901931
東醫寶鑑二十三卷目錄二卷　（朝鮮）許浚撰　清刻本　一冊　存二卷（雜病篇四至五）

360000－1901－0005852　420755
東醫寶鑑二十三卷目錄二卷　（朝鮮）許浚撰　清乾隆二十八年（1763）刻本　二十五冊

360000－1901－0005853　420755－1
東醫寶鑑二十三卷目錄二卷　（朝鮮）許浚撰　清乾隆二十八年（1763）刻本　四冊　存四卷（內景篇一、外形篇一、湯液篇二至三）

360000－1901－0005854　220712
東夷考略一卷東事答問一卷　（明）茅瑞徵撰　明末刻本　一冊

360000－1901－0005855　303324
東瀛識畧八卷　（清）丁紹儀撰　清同治十二年（1873）福州吳玉田刻本　一冊　存四卷（一至四）

360000－1901－0005856　309870
東遊叢錄四卷　（清）吳汝綸撰　清光緒二十八年（1902）石印本　四冊

360000－1901－0005857　303330
東遊紀程四卷　（清）聶士成撰　清光緒二十一年（1895）石印本　四冊

360000－1901－0005858　120788
東遊紀程一卷　（清）朱綬撰　清光緒二十五年（1899）鴻寶堂刻本　二冊

360000－1901－0005859　411028
東遊紀程一卷　（清）朱綬撰　清光緒二十五年（1899）鴻寶堂刻本　一冊

360000－1901－0005860　411028－1
東遊紀程一卷　（清）朱綬撰　清光緒二十五年（1899）鴻寶堂刻本　一冊

360000－1901－0005861　420177
東遊紀程一卷　（清）朱綬撰　清末刻本　一冊

360000－1901－0005862　413970
東游草一卷　（清）汪培撰　清道光二十三年（1843）刻本　三冊

360000－1901－0005863　420752
東垣十書　（明）□□輯　清初刻本　四冊　存五種

360000－1901－0005864　421378
東垣十書　（明）□□輯　清初刻本　五冊　存八種

360000－1901－0005865　801577－1
東垣十書　（明）□□輯　清初刻本　一冊　存二種

360000－1901－0005866　420753
東垣十書　（明）□□輯　清光緒刻本　五冊　存五種

360000－1901－0005867　150677
東垣十書　（明）□□輯　清光緒三十三年（1907）上海書局石印本　五冊

360000－1901－0005868　420751
東垣十書　（明）□□輯　清刻本　十一冊　存十一種

360000－1901－0005869　421377
東垣十書　（明）□□輯　清刻本　一冊　存二種

360000－1901－0005870　421377－1

東垣十書 （明）□□輯　清刻本　一冊　存三種

360000－1901－0005871　801577－2
東垣十書 （明）□□輯　清刻本　一冊　存二種

360000－1901－0005872　230216
東垣先生此事難知集二卷 （元）王好古撰　明刻本　一冊

360000－1901－0005873　801577
東垣先生此事難知集二卷 （元）王好古撰　明刻本　一冊　存一卷（上）

360000－1901－0005874　161720
東征集六卷 （清）藍鼎元撰　（清）王者輔評　清光緒四年（1878）上海申報館鉛印申報館叢書本　二冊

360000－1901－0005875　417547－2
東征集六卷 （清）藍鼎元撰　（清）王者輔評　清光緒四年（1878）上海申報館鉛印申報館叢書本　一冊　存三卷（四至六）

360000－1901－0005876　306309
東征集六卷 （清）藍鼎元撰　（清）王者輔評　清刻本　一冊　存三卷（四至六）

360000－1901－0005877　220238
東征集六卷 （清）藍鼎元撰　（清）王者輔評　清雍正十年（1732）刻鹿洲全集本　一冊　存三卷（一至三）

360000－1901－0005878　900604
東州賓興堂冊三卷 （清）□□編　清光緒七年（1881）賓興堂刻本　三冊

360000－1901－0005879　900605
東州賓興堂冊三卷 （清）□□編　清光緒七年（1881）賓興堂刻本　二冊　存二卷（一、三）

360000－1901－0005880　900602
東州登瀛堂冊三卷 （清）東州書院編　清光緒三十二年（1906）刻本　三冊

360000－1901－0005881　900603
東州登瀛堂冊三卷 （清）東州書院編　清光緒三十二年（1906）刻本　一冊　存一卷（一）

360000－1901－0005882　900601
東州敬教堂冊不分卷 （清）□□編　清光緒木活字印本　二冊

360000－1901－0005883　900601－1
東州舒翹堂冊不分卷 （清）□□編　清末木活字印本　一冊

360000－1901－0005884　220207
東周紀年一卷 （清）張坊撰　清乾隆二十三年（1758）刻本　一冊

360000－1901－0005885　800881
東周列國全志八卷一百八回 （清）蔡界評點　清末石印本　一冊　存一卷（三）十六回（二十五至四十）

360000－1901－0005886　803017
東周列國全志八卷一百八回 （清）蔡界評點　清末石印本　一冊　存一卷（二）回（九至二十四）

360000－1901－0005887　902151
康熙字典十二集三十六卷總目一卷檢字一卷辨似一卷等韻一卷補遺一卷備考一卷 （清）張玉書等纂修　清刻本　三十八冊

360000－1901－0005888　902148
東周列國全志二十三卷一百八回 （清）蔡界評點　清刻本　五冊　存十四卷（八至二十一）六十三回（三十五至九十七）

360000－1901－0005889　902149
東周列國全志二十三卷一百八回 （清）蔡界評點　清刻本　十二冊

360000－1901－0005890　902149－2
東周列國全志二十三卷一百八回 （清）蔡界評點　清刻本　十三冊　存十七卷（三至六、八至十八、二十二至二十三）八十回（十一至二十九、三十五至八十四、九十八至一百八）

360000－1901－0005891　902149－3
東周列國全志二十三卷一百八回 （清）蔡界

評點　清刻本　七冊　存七卷(七至八、十、十三至十四、十六、二十一)三十一回(三十至三十八、四十三至四十七、五十八至六十七、七十三至七十六、九十五至九十七)

360000－1901－0005892　902149－4
東周列國全志二十三卷一百八回　(清)蔡昇評點　清刻本　八冊　存八卷(一、七至十、十六、二十至二十一)三十八回(一至四、三十至四十七、七十三至七十五、八十九至一百一)

360000－1901－0005893　902150
東周列國全志二十三卷一百八回　(清)蔡昇評點　清刻本　八冊　存十三卷(一至六、十六至二十二)五十九回(一至二十九、七十三至一百二)

360000－1901－0005894　902150－1
東周列國全志二十三卷一百八回　(清)蔡昇評點　清刻本　五冊　存二十卷(四至二十三)九十一回(十六至一百六)

360000－1901－0005895　902150－2
東周列國全志二十三卷一百八回　(清)蔡昇評點　清刻本　五冊　存十卷(四至五、九至十二、十四至十五、二十一至二十二)五十九回(四至二十四、三十九至五十七、六十三至七十二、九十四至一百二)

360000－1901－0005896　902150－3
東周列國全志二十三卷一百八回　(清)蔡昇評點　清刻本　五冊　存八卷(一至六、二十二至二十三)四十回(一至二十九、九十八至一百八)

360000－1901－0005897　902149－1
東周列國全志二十三卷一百八回　(清)蔡昇評點　清刻本(卷一配清芥子園刻本)　十冊　存十三卷(一、六至十、十二、十五至十九、二十一)五十八回(一至五、二十五至四十七、五十三至五十七、六十八至八十八、九十四至九十七)

360000－1901－0005898　421256
東周列國全志二十三卷一百八回　(清)蔡昇評點　清光緒九年(1883)上海筑墅書屋刻本　八冊　存十五卷(一至十一、十九至二十、二十二至二十三)七十二回(一至五十二、八十五至九十三、九十八至一百八)

360000－1901－0005899　162401
東周列國全志二十三卷一百八回　(清)蔡昇評點　清光緒三十年(1904)上海永記石印本　八冊

360000－1901－0005900　162400
東周列國全志二十三卷一百八回　(清)蔡昇評點　清光緒三十一年(1905)章福記書局石印本　八冊

360000－1901－0005901　421248
東周列國全志二十三卷一百八回　(清)蔡昇評點　清懷德堂刻本　三冊　存六卷(四至五、十四至十七)二十七回(十六至二十四、六十三至八十)

360000－1901－0005902　721290－1
東周列國全志二十三卷一百八回　(清)蔡昇評點　清懷德堂刻本　一冊　存二卷(八至九)八回(三十五至四十二)

360000－1901－0005903　722228
東周列國全志二十三卷一百八回　(清)蔡昇評點　清積秀堂刻本　二冊　存二卷(八、十)九回(三十五至三十八、四十三至四十七)

360000－1901－0005904　901941
東周列國全志二十三卷一百八回　(清)蔡昇評點　清積秀堂刻本　三冊　存三卷(三、九、十一)十四回(十一至十五、三十九至四十二、四十八至五十二)

360000－1901－0005905　161437
東周列國全志二十三卷一百八回　(清)蔡昇評點　清經綸堂刻本　二十四冊

360000－1901－0005906　421238
東周列國全志二十三卷一百八回　(清)蔡昇評點　清刻本　十一冊　存十一卷(八至十一、十四、十六至十七、十九至二十二)四十九

回(三十五至五十二、六十三至六十七、七十三至八十、八十五至一百二)

360000－1901－0005907　421239
東周列國全志二十三卷一百八回　(清)蔡昇評點　清刻本　十一册　存二十一卷(一至十九、二十二至二十三)九十九回(一至八十八、九十八至一百八)

360000－1901－0005908　421240
東周列國全志二十三卷一百八回　(清)蔡昇評點　清刻本　十一册　存二十一卷(一至十九、二十二至二十三)九十九回(一至八十八、九十八至一百八)

360000－1901－0005909　421241
東周列國全志二十三卷一百八回　(清)蔡昇評點　清刻本　二十三册　存二十二卷(一至十、十二至二十三)九十八回(一至四十二、五十三至一百八)

360000－1901－0005910　421242
東周列國全志二十三卷一百八回　(清)蔡昇評點　清刻本　二十册　存二十卷(二至八、十、十二至二十三)九十五回(五至三十八、四十三至四十七、五十三至一百八)

360000－1901－0005911　421243
東周列國全志二十三卷一百八回　(清)蔡昇評點　清刻本　十二册

360000－1901－0005912　421246
東周列國全志二十三卷一百八回　(清)蔡昇評點　清刻本　十二册

360000－1901－0005913　421247
東周列國全志二十三卷一百八回　(清)蔡昇評點　清刻本　九册　存十七卷(二至十五、二十至二十二)八十一回(六至七十二、八十九至一百二)

360000－1901－0005914　421255
東周列國全志二十三卷一百八回　(清)蔡昇評點　清刻本　二十四册

360000－1901－0005915　721289
東周列國全志二十三卷一百八回　(清)蔡昇評點　清刻本　七册　存十三卷(一至三、八至九、十四至二十一)五十八回(一至十五、三十五至四十二、六十三至九十七)

360000－1901－0005916　721290－2
東周列國全志二十三卷一百八回　(清)蔡昇評點　清刻本　二册　存二卷(十二至十三)十回(五十三至六十二)

360000－1901－0005917　721296
東周列國全志二十三卷一百八回　(清)蔡昇評點　清刻本　八册　存十五卷(一至四、七至八、十一至十四、十九至二十三)七十二回(一至十九、三十至三十八、四十八至六十七、八十五至一百八)

360000－1901－0005918　722227
東周列國全志二十三卷一百八回　(清)蔡昇評點　清刻本　十册　存十卷(十二至十七、二十至二十三)四十八回(五十三至八十、八十九至一百八)

360000－1901－0005919　722228－1
東周列國全志二十三卷一百八回　(清)蔡昇評點　清刻本　二册　存四卷(十一至十二、十五至十六)十九回(四十八至五十七、六十八至七十六)

360000－1901－0005920　722228－2
東周列國全志二十三卷一百八回　(清)蔡昇評點　清刻本　一册　存一卷(二)六回(五至十)

360000－1901－0005921　722228－3
東周列國全志二十三卷一百八回　(清)蔡昇評點　清刻本　一册　存一卷(二)六回(五至十)

360000－1901－0005922　722228－4
東周列國全志二十三卷一百八回　(清)蔡昇評點　清刻本　一册　存一卷(十一)五回(四十八至五十二)

360000－1901－0005923　722228－5
東周列國全志二十三卷一百八回　(清)蔡昇

評點　清刻本　一冊　存二卷(十二至十三)十回(五十三至六十二)

360000－1901－0005924　722229
東周列國全志二十三卷一百八回　(清)蔡界評點　清刻本　四冊　存四卷(六至八、二十一)二十二回(二十五至四十二、九十四至九十七)

360000－1901－0005925　722229－1
東周列國全志二十三卷一百八回　(清)蔡界評點　清刻本　二冊　存二卷(五、十四)八回(二十一至二十四、六十三至六十六)

360000－1901－0005926　722229－2
東周列國全志二十三卷一百八回　(清)蔡界評點　清刻本　七冊　存十一卷(九至十九)五十回(三十九至八十八)

360000－1901－0005927　722229－3
東周列國全志二十三卷一百八回　(清)蔡界評點　清刻本　一冊　存一卷(二十)五回(八十九至九十三)

360000－1901－0005928　800656
東周列國全志二十三卷一百八回　(清)蔡界評點　清刻本　一冊　存二卷(四至五)九回(十六至二十四)

360000－1901－0005929　901101
東周列國全志二十三卷一百八回　(清)蔡界評點　清刻本　三冊　存三卷(十八、二十二至二十三)十一回(九十八至一百八)

360000－1901－0005930　901102
東周列國全志二十三卷一百八回　(清)蔡界評點　清刻本　三冊　存六卷(十二至十五、二十一至二十二)二十九回(五十三至七十二、九十四至一百二)

360000－1901－0005931　901103
東周列國全志二十三卷一百八回　(清)蔡界評點　清刻本　二冊　存二卷(十四、十七)七回(六十三至六十六、七十七至七十九)

360000－1901－0005932　901104
東周列國全志二十三卷一百八回　(清)蔡界評點　清刻本　四冊　存五卷(十二、十四、十六、十八至十九)二十一回(五十三至五十七、六十三至六十七、七十三至七十五、八十一至八十八)

360000－1901－0005933　901105
東周列國全志二十三卷一百八回　(清)蔡界評點　清刻本　二冊　存二卷(十五、二十二)十回(六十八至七十二、九十八至一百二)

360000－1901－0005934　901106
東周列國全志二十三卷一百八回　(清)蔡界評點　清刻本　二冊　存二卷(六、二十二)十回(二十五至二十九、九十八至一百二)

360000－1901－0005935　901107
東周列國全志二十三卷一百八回　(清)蔡界評點　清刻本　四冊　存五卷(七至八、十一、十七、二十)二十三回(三十至三十八、四十八至五十二、七十七至八十、八十九至九十三)

360000－1901－0005936　901109
東周列國全志二十三卷一百八回　(清)蔡界評點　清刻本　一冊　存一卷(二十)五回(八十九至九十三)

360000－1901－0005937　901110
東周列國全志二十三卷一百八回　(清)蔡界評點　清刻本　一冊　存一卷(二十)五回(八十九至九十三)

360000－1901－0005938　901111
東周列國全志二十三卷一百八回　(清)蔡界評點　清刻本　二冊　存三卷(十六至十八)十二回(七十三至八十四)

360000－1901－0005939　901112
東周列國全志二十三卷一百八回　(清)蔡界評點　清刻本　一冊　存二卷(十六至十七)八回(七十三至八十)

360000－1901－0005940　901113
東周列國全志二十三卷一百八回　(清)蔡界評點　清刻本　一冊　存二卷(十六至十七)

八回(七十三至八十)

360000－1901－0005941　901114
東周列國全志二十三卷一百八回　(清)蔡昇評點　清刻本　一册　存二卷(十至十一)九回(四十三至五十一)

360000－1901－0005942　901939
東周列國全志二十三卷一百八回　(清)蔡昇評點　清刻本　五册　存十二卷(十二至二十三)五十六回(五十三至一百八)

360000－1901－0005943　901940
東周列國全志二十三卷一百八回　(清)蔡昇評點　清刻本　五册　存十卷(五至十四)四十七回(二十一至六十七)

360000－1901－0005944　901942
東周列國全志二十三卷一百八回　(清)蔡昇評點　清刻本　二册　存二卷(十、十九)九回(四十三至四十七、八十五至八十八)

360000－1901－0005945　901943
東周列國全志二十三卷一百八回　(清)蔡昇評點　清刻本　六册　存六卷(四、十三、十七、二十、二十二至二十三)三十回(十六至二十、五十八至六十二、七十七至八十、八十九至九十三、九十八至一百八)

360000－1901－0005946　901944
東周列國全志二十三卷一百八回　(清)蔡昇評點　清刻本　三册　存四卷(十七至十九、二十二)十七回(七十七至八十八、九十八至一百二)

360000－1901－0005947　901945
東周列國全志二十三卷一百八回　(清)蔡昇評點　清刻本　二册　存四卷(十四至十五、二十至二十一)十九回(六十三至七十二、八十九至九十七)

360000－1901－0005948　901946
東周列國全志二十三卷一百八回　(清)蔡昇評點　清刻本　二册　存二卷(二至三)十一回(五至十五)

360000－1901－0005949　901947
東周列國全志二十三卷一百八回　(清)蔡昇評點　清刻本　一册　存二卷(十六至十七)八回(七十三至八十)

360000－1901－0005950　901948
東周列國全志二十三卷一百八回　(清)蔡昇評點　清刻本　一册　存二卷(一至二)十回(一至十)

360000－1901－0005951　901949
東周列國全志二十三卷一百八回　(清)蔡昇評點　清刻本　一册　存一卷(二十一)四回(九十四至九十七)

360000－1901－0005952　901950
東周列國全志二十三卷一百八回　(清)蔡昇評點　清刻本　一册　存一卷(二十一)四回(九十四至九十七)

360000－1901－0005953　901951
東周列國全志二十三卷一百八回　(清)蔡昇評點　清刻本　一册　存一卷(一)四回(一至四)

360000－1901－0005954　901952
東周列國全志二十三卷一百八回　(清)蔡昇評點　清刻本　一册　存一卷(二十二)五回(九十八至一百二)

360000－1901－0005955　901953
東周列國全志二十三卷一百八回　(清)蔡昇評點　清刻本　一册　存一卷(十四)五回(六十三至六十七)

360000－1901－0005956　162404
東周列國全志二十三卷一百八回　(清)蔡昇評點　清乾隆刻本　二十四册

360000－1901－0005957　421249
東周列國全志二十三卷一百八回　(清)蔡昇評點　清乾隆刻本　八册　存十六卷(四至九、十二至十三、十六至二十三)七十三回(十六至四十二、五十三至六十二、七十三至一百八)

360000－1901－0005958　241607
東周列國全志二十三卷一百八回　（清）蔡昇評點　清乾隆五年（1740）刻朱墨套印本　二十四册

360000－1901－0005959　421244
東周列國全志二十三卷一百八回　（清）蔡昇評點　清三讓堂刻本　十八册　存二十二卷（一至二十、二十二至二十三）一百四回（一至九十三、九十八至一百八）

360000－1901－0005960　722227－1
東周列國全志二十三卷一百八回　（清）蔡昇評點　清三讓堂刻本　三册　存六卷（四至七、十八至十九）二十七回（十六至三十四、八十一至八十八）

360000－1901－0005961　901099
東周列國全志二十三卷一百八回　（清）蔡昇評點　清同治三年（1864）刻本　二册　存一卷（十七）四回（七十七至八十）

360000－1901－0005962　901100
東周列國全志二十三卷一百八回　（清）蔡昇評點　清同治十一年（1872）刻本　一册　存讀法、地圖考、目録、像

360000－1901－0005963　721290
東周列國全志二十三卷一百八回　（清）蔡昇評點　清五雲堂刻本　五冊　存五卷（六、十二、十四至十五、十七）二十四回（二十五至二十九、五十三至五十七、六十三至七十二、七十七至八十）

360000－1901－0005964　421245
東周列國全志二十三卷一百八回　（清）蔡昇評點　清英德堂刻本　十册

360000－1901－0005965　902150－4
東周列國志二十七卷一百八回　（清）蔡昇評點　清光緒九年（1883）益元堂刻本　二册　存四卷（一至二、七至八）十九回（一至十、三十至三十八）

360000－1901－0005966　317313
東周列國志二十七卷一百八回　（清）蔡昇評點　清光緒三十一年（1905）上海順成書局石印本　八册

360000－1901－0005967　313307
東周列國志二十七卷一百八回　（清）蔡昇評點　清末石印本　五册　存十五卷（七至十二、十九至二十七）六十回（二十五至四十八、七十三至一百八）

360000－1901－0005968　603319
東周列國志二十七卷一百八回　（清）蔡昇評點　清末石印本　一册　存二卷（十四至十五）十回（六十三至七十二）

360000－1901－0005969　800657
東周列國志二十七卷一百八回　（清）蔡昇評點　清末石印本　一册　存一卷（一）四回（一至四）

360000－1901－0005970　241608
東周列國志輯要八卷　（清）楊庸輯　清乾隆四知堂刻本　四册

360000－1901－0005971　240583
東洲初稿十四卷　（明）夏良勝撰　清抄本　八册

360000－1901－0005972　120782
東洲剩稿二卷附録一卷　（明）夏良勝撰　清光緒十三年（1887）刻本　一册

360000－1901－0005973　120783
東洲剩稿二卷附録一卷　（明）夏良勝撰　清光緒十三年（1887）刻本　一册

360000－1901－0005974　241126
董白鄉全集三十四卷　（清）董元憲撰　清道光二十九年（1849）梅花吟館刻本　十册

360000－1901－0005975　302689
董方立遺書　（清）董祐誠撰　清道光十年（1830）刻本　三册

360000－1901－0005976　162751
董公選吉不分卷　（明）董潛撰　清光緒九年（1883）刻本　一册

360000－1901－0005977　162752

董公選吉不分卷 （明）董濬撰 清光緒九年(1883)刻本 一册

360000－1901－0005978 603679
董公選吉不分卷 （明）董濬撰 清光緒九年(1883)刻本 一册

360000－1901－0005979 603679－1
董公選吉不分卷 （明）董濬撰 清光緒九年(1883)刻本 一册

360000－1901－0005980 409949
董臨淳化閣帖 （明）董其昌書 清末影印本 二册

360000－1901－0005981 302697
董氏小兒斑疹備急方論一卷 （宋）董汲撰 清刻本 一册

360000－1901－0005982 417323
董氏諏吉新書一卷續編一卷 （清）董濬撰（清）蔣雲續 清光緒十八年(1892)刻本 二册

360000－1901－0005983 220525
董司寇疏草十五卷首一卷 （明）董裕撰 清雍正十三年(1735)刻本 八册

360000－1901－0005984 240688
董司寇文集二十卷 （明）董裕撰 清乾隆元年(1736)宸翰閣刻本 八册

360000－1901－0005985 240689
董司寇文集二十卷 （明）董裕撰 清乾隆元年(1736)宸翰閣刻本 一册 存一卷(一)

360000－1901－0005986 302690
董文友全集文不分卷詩不分卷 （清）董以寧撰 清刻本 七册

360000－1901－0005987 712032
董子春秋繁露十七卷 （漢）董仲舒撰 清光緒二十三年(1897)圖書集成局鉛印子書二十二種本 一册 存八卷(一至八)

360000－1901－0005988 301609
峒谿織志三卷志餘一卷 （清）陸次雲撰 清刻本 一册

360000－1901－0005989 801146
洞房詞一卷 （清）吳國昌撰 清抄本 一册

360000－1901－0005990 121053
洞麓堂續集二十八卷首一卷 （明）尹臺撰 清光緒八年(1882)刻本 七册

360000－1901－0005991 420584
洞天奥旨十六卷 （清）陳士鐸撰 （清）陶式玉評 清大雅堂刻本 一册 存五卷(七至十一)

360000－1901－0005992 420588
洞天奥旨十六卷 （清）陳士鐸撰 （清）陶式玉評 清聚賢堂刻本 六册

360000－1901－0005993 311719
洞庭湖志十四卷 （清）綦世基原撰 （清）夏大觀補輯 （清）萬年淳再訂 清道光八年(1828)刻本 十册

360000－1901－0005994 311718
洞庭湖志十四卷 （清）綦世基原撰 （清）夏大觀補輯 （清）萬年淳再訂 清道光五年(1825)刻本 四册 存四卷(十至十一、十三至十四)

360000－1901－0005995 302098
洞庭上下石磯圖說不分卷 （清）任鶚撰 清光緒八年(1882)刻本 一册

360000－1901－0005996 413173
洞庭遊草一卷 （清）陳大謨撰 清乾隆五十五年(1790)刻本 一册

360000－1901－0005997 413173－1
洞庭遊草一卷 （清）陳大謨撰 清乾隆五十五年(1790)刻本 一册

360000－1901－0005998 802153
洞淵葫蘆讃燈科一卷 （□）□□撰 清抄本 一册

360000－1901－0005999 408597
洞主仙師白喉治法忌表抉微一卷 （清）耐修子輯 清光緒二十三年(1897)江西書局刻本 一册

360000－1901－0006000　408596
洞主仙師白喉治法忌表抉微一卷　(清)耐修子輯　清光緒二十一年(1895)刻本　一册

360000－1901－0006001　408596－1
洞主仙師白喉治法忌表抉微一卷　(清)耐修子輯　清光緒二十一年(1895)刻本　一册

360000－1901－0006002　408596－2
洞主仙師白喉治法忌表抉微一卷　(清)耐修子輯　清光緒二十一年(1895)刻本　一册

360000－1901－0006003　408596－3
洞主仙師白喉治法忌表抉微一卷　(清)耐修子輯　清光緒二十一年(1895)刻本　一册

360000－1901－0006004　408596－4
洞主仙師白喉治法忌表抉微一卷　(清)耐修子輯　清光緒二十一年(1895)刻本　一册

360000－1901－0006005　408598
洞主仙師白喉治法忌表抉微一卷　(清)耐修子輯　清光緒十八年(1892)湖北官書局刻本　一册

360000－1901－0006006　408598－1
洞主仙師白喉治法忌表抉微一卷　(清)耐修子輯　清光緒十八年(1892)湖北官書局刻本　一册

360000－1901－0006007　408598－2
洞主仙師白喉治法忌表抉微一卷　(清)耐修子輯　清光緒十八年(1892)湖北官書局刻本　一册

360000－1901－0006008　408595
洞主仙師白喉治法忌表抉微一卷　(清)耐修子輯　清光緒十七年(1891)上海掃葉山房刻本　一册

360000－1901－0006009　408599
洞主仙師白喉治法忌表抉微一卷　(清)耐修子輯　清刻本　一册

360000－1901－0006010　408599－1
洞主仙師白喉治法忌表抉微一卷　(清)耐修子輯　清刻本　一册

360000－1901－0006011　408599－2
洞主仙師白喉治法忌表抉微一卷　(清)耐修子輯　清刻本　二册

360000－1901－0006012　408599－3
洞主仙師白喉治法忌表抉微一卷　(清)耐修子輯　清刻本　一册

360000－1901－0006013　408599－4
洞主仙師白喉治法忌表抉微一卷　(清)耐修子輯　清刻本　一册

360000－1901－0006014　162086
洞主仙師白喉治法忌表抉微一卷附增補配方　(清)耐修子輯　清光緒十七年(1891)上海點石齋石印本　一册

360000－1901－0006015　412765
動物淺說一卷　(□)□□撰　清宣統三年(1911)上海廣學會館鉛印本　一册

360000－1901－0006016　410612
都門彙纂一卷　(清)楊士安編　(清)李靜山增補　清同治十一年(1872)刻本　一册

360000－1901－0006017　410613
都門紀略四卷附天下路程一卷　(清)楊士安編　**菊部羣英一卷**　(清)小遊仙客撰　清光緒六年(1880)刻本　五册

360000－1901－0006018　410617
都門送行編不分卷　(清)何疇輯　清乾隆十年(1745)刻本　一册

360000－1901－0006019　410614
都門雜記不分卷　(清)楊士安編　(清)張棨增補　清同治四年(1865)琉璃廠書坊刻本　一册

360000－1901－0006020　303092
都仙真君神功妙濟方一卷淨明堂神功妙濟諸方一卷　(清)胡之玫輯　清刻本　一册

360000－1901－0006021　241445
斗間寶氣集二卷　(明)雷暎輯　明萬曆四十六年(1618)徐鑒刻本　二册

360000－1901－0006022　805181

斗石山房賦存不分卷　(清)吳承炳撰　清道光十一年(1831)刻本　一册

360000－1901－0006023　411285

斗齋詩選二卷　(清)張文光撰　清乾隆二十七年(1762)刻本　一册　存一卷(一)

360000－1901－0006024　803595

豆苒仙方不分卷　(□)□□撰　清張載陽抄本　一册

360000－1901－0006025　162630

痘訣二卷　(清)許豫和撰　清乾隆四十八年(1783)刻本　二册

360000－1901－0006026　162631

痘訣餘義一卷　(清)許豫和撰　清嘉慶元年(1796)刻本　一册

360000－1901－0006027　802122

痘科不分卷　(□)□□輯　清抄本　一册

360000－1901－0006028　164936

痘科定論三卷　(明)聶尚恒撰　清光緒六年(1880)羊城森寶閣鉛印本　二册

360000－1901－0006029　408364

痘科扼要一卷　(清)陳奇生撰　清乾隆刻本　一册

360000－1901－0006030　803808

痘科活動書不分卷　(清)□□輯　清抄本　一册

360000－1901－0006031　408366

痘科救劫論一卷　(清)李敷榮撰　清道光二十六年(1846)英華齋刻本　一册

360000－1901－0006032　408367

痘科類編釋意三卷　(明)翟良輯　清嘉慶十七年(1812)刻本　三册

360000－1901－0006033　408368

痘科類編釋意三卷　(明)翟良輯　清刻本　三册

360000－1901－0006034　408369

痘科類編釋意三卷　(明)翟良輯　清刻本　一册　存二卷(中、下)

360000－1901－0006035　800407

痘科問答一卷　(□)□□撰　清抄本　一册

360000－1901－0006036　801976

痘科要覽一卷　(清)秋岐石氏錄　清抄本　一册

360000－1901－0006037　801486

痘科一卷　(□)□□撰　清抄本　一册

360000－1901－0006038　803529

痘科摘秘不分卷　(□)□□輯　清抄本　四册

360000－1901－0006039　408347

痘麻定論四卷　(清)朱純嘏撰　(清)徐安瀾增補　清光緒九年(1883)刻本　一册　存二卷(三至四)

360000－1901－0006040　802148

痘書不分卷　(清)□□輯　清抄本　一册

360000－1901－0006041　408358

痘疹辨正二卷　(清)余國珮撰　清道光三十年(1850)金陵文英堂刻本　二册

360000－1901－0006042　164852

痘疹不求人不分卷附不出天花經驗奇方一卷　(明)朱棟隆撰　清光緒三年(1877)刻本　一册

360000－1901－0006043　408359

痘疹慈航二卷治痧要略一卷　(清)歐陽調律撰　清嘉慶十五年(1810)徐東皐刻本　一册

360000－1901－0006044　408341

痘疹定論四卷　(清)朱純嘏撰　清抄本　一册

360000－1901－0006045　408338

痘疹定論四卷　(清)朱純嘏撰　清道光二十五年(1845)刻本　二册

360000－1901－0006046　121625

痘疹定論四卷　(清)朱純嘏撰　清光緒二年(1876)兩儀堂刻本　一册

360000－1901－0006047　408342
痘疹定論四卷　(清)朱純嘏撰　清光緒十五年(1889)刻本　一册　存二卷(一至二)

360000－1901－0006048　408339
痘疹定論四卷　(清)朱純嘏撰　清嘉慶二十五年(1820)紫文堂刻本　二册

360000－1901－0006049　800406
痘疹定論四卷　(清)朱純嘏撰　清嘉慶十六年(1811)曉湖程善長抄本　一册　存二卷(三至四)

360000－1901－0006050　408340
痘疹定論四卷　(清)朱純嘏撰　清刻本　一册

360000－1901－0006051　408343
痘疹定論四卷　(清)朱純嘏撰　清刻本　一册

360000－1901－0006052　408345
痘疹定論四卷　(清)朱純嘏撰　清刻本　二册

360000－1901－0006053　408346
痘疹定論四卷　(清)朱純嘏撰　清刻本　一册　存二卷(三至四)

360000－1901－0006054　408346－1
痘疹定論四卷　(清)朱純嘏撰　清刻本　一册　存二卷(三至四)

360000－1901－0006055　408346－2
痘疹定論四卷　(清)朱純嘏撰　清刻本　一册　存二卷(三至四)

360000－1901－0006056　408349
痘疹定論四卷　(清)朱純嘏撰　清刻本　一册　存二卷(三至四)

360000－1901－0006057　408349－1
痘疹定論四卷　(清)朱純嘏撰　清刻本　二册　存二卷(二至三)

360000－1901－0006058　802573
痘疹定論四卷　(清)朱純嘏撰　清刻本　一册　存二卷(三至四)

360000－1901－0006059　802574
痘疹定論四卷　(清)朱純嘏撰　清刻本　一册　存二卷(三至四)

360000－1901－0006060　164853
痘疹定論四卷　(清)朱純嘏撰　清兩儀堂刻本　三册

360000－1901－0006061　408337
痘疹定論四卷　(清)朱純嘏撰　清乾隆四十四年(1779)上元陳堯典刻本　二册　存二卷(一、四)

360000－1901－0006062　408344
痘疹定論四卷　(清)朱純嘏撰　清咸豐二年(1852)刻本　二册

360000－1901－0006063　408348
痘疹定論四卷　(清)朱純嘏撰　清咸豐四年(1854)角山樓刻本　一册　存二卷(三至四)

360000－1901－0006064　121626
痘疹會通五卷　(清)曾鼎輯　**附霍亂轉筋治法一卷**　(清)枕善居士參訂　清光緒三十一年(1905)天心善堂刻本　五册

360000－1901－0006065　408353－2
痘疹會通五卷　(清)曾鼎撰　清刻本　一册　存二卷(二至三)

360000－1901－0006066　408360
痘疹集要一卷　(清)李代棃撰　清光緒二十年(1894)瀏陽小桃源里刻本　一册

360000－1901－0006067　408360－1
痘疹集要一卷　(清)李代棃撰　清光緒二十年(1894)瀏陽小桃源里刻本　一册

360000－1901－0006068　408381
痘疹金鏡録四卷　(明)翁仲仁撰　(清)許豫和注釋　清同治十一年(1872)刻本　三册

360000－1901－0006069　408357
痘疹精言四卷　(清)袁句撰　清刻本　一册

360000－1901－0006070　408352
痘疹理學八卷　(清)蕭華祖撰　清道光二十八年(1848)刻本　一册　存二卷(一至二)

360000－1901－0006071　230260
痘疹世醫心法十二卷碎金賦二卷　(明)萬全撰　明萬曆三十八年(1610)彭端吾刻本　一冊　存四卷(三至六)

360000－1901－0006072　408354
痘疹摘要一卷　(清)文晟輯　清刻本　一冊

360000－1901－0006073　408350
痘疹真傳一卷　(清)舒詔撰　(清)楊育英輯　清嘉慶十六年(1811)常德雅言堂刻本　一冊

360000－1901－0006074　230259
痘治理辨一卷附方一卷　(明)汪機撰　明萬曆刻本　三冊

360000－1901－0006075　250210
竇靜庵先生遺書　(清)竇克勤撰　清康熙朱陽竇氏刻本　三冊　存五種

360000－1901－0006076　800239
竇氏正道救人活命書五卷附錄一卷　(宋)竇材撰　清抄本　一冊

360000－1901－0006077　722342
督捕則例附纂二卷　清刻本　一冊

360000－1901－0006078　800915
督捕則例附纂二卷　清刻本　一冊

360000－1901－0006079　220526
督撫奏議六卷　(明)李尚思撰　明萬曆十九年(1591)余一龍刻本　一冊　存一卷(一)

360000－1901－0006080　410563
督河奏疏十卷　(清)許振禕撰　清光緒元年(1875)廣州刻本　四冊

360000－1901－0006081　418395
獨旦集八卷　(清)高士奇撰　清康熙刻本　一冊

360000－1901－0006082　164529
獨斷二卷　(漢)蔡邕撰　清抄本　一冊

360000－1901－0006083　303051
獨漉堂詩集十五卷文集十五卷續編一卷　(清)陳恭尹撰　清道光五年(1825)刻本　八冊

360000－1901－0006084　804283
[雜錄]不分卷　(□)□□輯　清抄本　一冊

360000－1901－0006085　303045
獨笑齋金石考略四卷　(清)鄭業斅撰　清光緒十二年(1886)刻本　二冊

360000－1901－0006086　150483
獨學廬全稿　(清)石韞玉撰　清刻本　一冊　存三種

360000－1901－0006087　304015
櫝山類藁　(清)周鎬撰　清嘉慶二十二年(1817)刻本　四冊

360000－1901－0006088　413168
櫝山文稿不分卷　(清)周鎬撰　清光緒十八年(1892)學庫山房刻本　三冊

360000－1901－0006089　304014
櫝山文稿不分卷　(清)周鎬撰　清同治四年(1865)種福堂刻本　二冊

360000－1901－0006090　306586
櫝山文稿一卷　(清)周鎬撰　清光緒二十年(1894)湖南書局刻本　一冊

360000－1901－0006091　803296
讀本不分卷　(清)□□輯　清抄本　一冊

360000－1901－0006092　122695
讀讀書錄二卷　(清)汪紱撰　清光緒二十一年(1895)刻汪雙池先生叢書本　二冊

360000－1901－0006093　410900
讀讀書錄二卷　(清)汪紱撰　清光緒二十一年(1895)刻汪雙池先生叢書本　二冊

360000－1901－0006094　410901
讀讀書錄二卷　(清)汪紱撰　清光緒二十一年(1895)刻汪雙池先生叢書本　二冊

360000－1901－0006095　410902
讀讀書錄二卷　(清)汪紱撰　清光緒二十一年(1895)刻汪雙池先生叢書本　二冊

360000－1901－0006096　410903
讀讀書錄二卷　(清)汪紱撰　清光緒二十一年(1895)刻汪雙池先生叢書本　三冊

360000－1901－0006097　722421
讀讀書錄二卷　(清)汪紱撰　清光緒二十一年(1895)刻汪雙池先生叢書本　二冊

360000－1901－0006098　417772
讀杜小箋三卷讀杜二箋二卷　(清)錢謙益箋　清宣統三年(1911)國學扶輪社石印本　一冊

360000－1901－0006099　308465
讀杜心解六卷首二卷　(清)浦起龍撰　清靜寄東軒刻本　十一冊

360000－1901－0006100　415394
讀杜心解六卷首二卷　(清)浦起龍撰　清靜寄東軒刻本　八冊

360000－1901－0006101　415395
讀杜心解六卷首二卷　(清)浦起龍撰　清靜寄東軒刻本　八冊

360000－1901－0006102　415396
讀杜心解六卷首二卷　(清)浦起龍撰　清靜寄東軒刻本　四冊

360000－1901－0006103　415397
讀杜心解六卷首二卷　(清)浦起龍撰　清靜寄東軒刻本　七冊

360000－1901－0006104　415398
讀杜心解六卷首二卷　(清)浦起龍撰　清靜寄東軒刻本　十冊

360000－1901－0006105　415399
讀杜心解六卷首二卷　(清)浦起龍撰　清靜寄東軒刻本　七冊

360000－1901－0006106　415400
讀杜心解六卷首二卷　(清)浦起龍撰　清靜寄東軒刻本　十二冊

360000－1901－0006107　415401
讀杜心解六卷首二卷　(清)浦起龍撰　清靜寄東軒刻本　五冊　存四卷(三至六)

360000－1901－0006108　415402
讀杜心解六卷首二卷　(清)浦起龍撰　清靜寄東軒刻本　四冊　存四卷(三至六)

360000－1901－0006109　309352
讀杜心解六卷首二卷　(清)浦起龍撰　清刻本　十二冊

360000－1901－0006110　240075
讀杜心解六卷首二卷　(清)浦起龍撰　清雍正二年至三年(1724－1725)浦氏寧我齋刻本　十二冊

360000－1901－0006111　240076
讀杜心解六卷首二卷　(清)浦起龍撰　清雍正二年至三年(1724－1725)浦氏寧我齋刻本　八冊

360000－1901－0006112　240077
讀杜心解六卷首二卷　(清)浦起龍撰　清雍正二年至三年(1724－1725)浦氏寧我齋刻本　八冊　缺一卷(首上)

360000－1901－0006113　316160
讀杜心解六卷首二卷　(清)浦起龍撰　清雍正二年至三年(1724－1725)浦氏寧我齋刻本　十冊

360000－1901－0006114　316247
讀杜心解六卷首二卷　(清)浦起龍撰　清雍正二年至三年(1724－1725)浦氏寧我齋刻本　八冊

360000－1901－0006115　412927
讀杜心解六卷首二卷　(清)浦起龍撰　清雍正二年至三年(1724－1725)浦氏寧我齋刻本　一冊　存二卷(讀杜心解一至二)

360000－1901－0006116　240074
讀杜心解六卷首二卷　(清)浦起龍撰　清雍正二年至三年(1724－1725)浦氏寧我齋刻本　佚名批注　六冊

360000－1901－0006117　404814
讀法圖存四卷　(清)邵繩清編　清道光十六年(1836)刻二十六年(1846)增修本　四冊

360000－1901－0006118　161694
讀法圖存四卷　(清)邵繩清編　清光緒七年(1881)刻本　四册

360000－1901－0006119　404813
讀法圖存四卷　(清)邵繩清編　清咸豐十年(1860)刻本　三册　存三卷(一至三)

360000－1901－0006120　210119
讀風臆評不分卷　(明)戴君恩撰　明萬曆四十八年(1620)閔齊伋刻朱墨套印本　一册

360000－1901－0006121　250079
讀古紀源不分卷　(清)何晫永輯　稿本　四册

360000－1901－0006122　712841
讀海外奇書室雜著一卷　姚文棟撰　清光緒鉛印本　一册

360000－1901－0006123　150522
讀畫齋叢書　(清)顧修輯　清嘉慶四年至十六年(1799－1811)桐川顧氏刻本　十五册　存五種

360000－1901－0006124　412727
讀畫齋叢書　(清)顧修輯　清嘉慶四年至十六年(1799－1811)桐川顧氏刻本　二册　存三種

360000－1901－0006125　804698
讀近思錄一卷　(清)汪紱撰　清抄本　一册

360000－1901－0006126　122689
讀近思錄一卷　(清)汪紱撰　清光緒二十二年(1896)刻本　一册

360000－1901－0006127　722376
讀近思錄一卷　(清)汪紱撰　清光緒十年(1884)刻本　一册

360000－1901－0006128　123099
讀近思錄一卷　(清)汪紱撰　清光緒十年(1884)紫陽書院刻本　一册

360000－1901－0006129　123100
讀近思錄一卷　(清)汪紱撰　清光緒十年(1884)紫陽書院刻本　一册

360000－1901－0006130　123101
讀近思錄一卷　(清)汪紱撰　清光緒十年(1884)紫陽書院刻本　一册

360000－1901－0006131　410928
讀近思錄一卷　(清)汪紱撰　清光緒十年(1884)紫陽書院刻本　一册

360000－1901－0006132　410928－1
讀近思錄一卷　(清)汪紱撰　清光緒十年(1884)紫陽書院刻本　一册

360000－1901－0006133　403837
讀經遺法臆略一卷　(清)黄金山輯　清光緒六年(1880)刻本　一册

360000－1901－0006134　122688
讀困知記三卷　(清)汪紱撰　清光緒二十一年(1895)刻汪雙池先生叢書本　一册

360000－1901－0006135　410942
讀困知記三卷　(清)汪紱撰　清光緒二十一年(1895)刻汪雙池先生叢書本　一册

360000－1901－0006136　410942－1
讀困知記三卷　(清)汪紱撰　清光緒二十一年(1895)刻汪雙池先生叢書本　一册

360000－1901－0006137　410942－2
讀困知記三卷　(清)汪紱撰　清光緒二十一年(1895)刻汪雙池先生叢書本　一册　存二卷(一至二)

360000－1901－0006138　123102
讀困知記三卷讀問學錄一卷　(清)汪紱撰　清光緒二十一年(1895)刻汪雙池先生叢書本　二册

360000－1901－0006139　410952
讀禮條考二十卷　(清)王曜南撰　清道光二十九年(1849)刻本　六册

360000－1901－0006140　410953
讀禮條考二十卷　(清)王曜南撰　清道光二十九年(1849)刻本　六册

360000－1901－0006141　410954
讀禮條考二十卷　(清)王曜南撰　清道光二

十九年(1849)刻本　六冊

360000－1901－0006142　410955
讀禮條考二十卷　(清)王曜南撰　清道光二十九年(1849)刻本　六冊

360000－1901－0006143　410956
讀禮條考二十卷　(清)王曜南撰　清道光二十九年(1849)刻本　五冊　存十五卷(一至十二、十八至二十)

360000－1901－0006144　410957
讀禮條考二十卷　(清)王曜南撰　清道光二十九年(1849)刻本　五冊　存十五卷(一至十二、十八至二十)

360000－1901－0006145　410957－1
讀禮條考二十卷　(清)王曜南撰　清道光二十九年(1849)刻本　四冊　存九卷(一至九)

360000－1901－0006146　161341
讀禮通考一百二十卷　(清)徐乾學撰　清光緒二十四年(1898)新化三味堂刻本　四十冊

360000－1901－0006147　210201
讀禮通考一百二十卷　(清)徐乾學撰　清康熙三十五年(1696)崑山徐氏冠山堂刻本　二十四冊

360000－1901－0006148　210202
讀禮通考一百二十卷　(清)徐乾學撰　清康熙三十五年(1696)崑山徐氏冠山堂刻本　三十二冊

360000－1901－0006149　210203
讀禮通考一百二十卷　(清)徐乾學撰　清康熙三十五年(1696)崑山徐氏冠山堂刻本　二十五冊　缺二十八卷(九十三至一百二十)

360000－1901－0006150　403836
讀禮通考一百二十卷　(清)徐乾學撰　清康熙三十五年(1696)崑山徐氏冠山堂刻本　四冊　存十七卷(一至十七)

360000－1901－0006151　421732
讀禮通考一百二十卷　(清)徐乾學撰　清康熙三十五年(1696)崑山徐氏冠山堂刻本　一冊　存三卷(十七至十九)

360000－1901－0006152　722029
讀禮通考一百二十卷　(清)徐乾學撰　清康熙三十五年(1696)崑山徐氏冠山堂刻本　二十冊　存九十九卷(二十二至一百二十)

360000－1901－0006153　800456
讀禮通考一百二十卷　(清)徐乾學撰　清康熙三十五年(1696)崑山徐氏冠山堂刻本　七冊　存二十八卷(九十三至一百二十)

360000－1901－0006154　603958
讀禮通考一百二十卷　(清)徐乾學撰　清刻本　十六冊　存六十六卷(二十一至八十六)

360000－1901－0006155　406407
讀例存疑五十四卷　(清)薛允升撰　清光緒三十一年(1905)京師刻本　三冊　存五卷(三十四、四十九至五十二)

360000－1901－0006156　414086
讀律心得三卷　(清)劉衡撰　清道光十六年(1836)刻本　一冊

360000－1901－0006157　414086－1
讀律心得三卷　(清)劉衡撰　清道光十六年(1836)刻本　一冊

360000－1901－0006158　804894－1
讀律心得三卷　(清)劉衡撰　清同治七年(1868)楚北崇文書局刻本　一冊

360000－1901－0006159　404812
讀律一得歌四卷　(清)宗繼增編　清光緒十六年(1890)江蘇書局刻本　二冊

360000－1901－0006160　413169
讀孟居文集六卷　(清)蔣汾功撰　清嘉慶二十五年(1820)陽湖蔣方增刻本　三冊

360000－1901－0006161　403376
讀孟子劄記二卷　(清)李光地撰　清刻本　一冊

360000－1901－0006162　801814
讀袼兩集指錄一卷　(清)□□輯　清抄本　一冊

360000－1901－0006163　165141－1
讀南史鈔不分卷　(□)□□輯　清抄本　一冊

360000－1901－0006164　400338
讀三國志書後一卷　(清)李祖陶撰　清同治十年(1871)敖陽李氏尚友樓刻史論五種本　一冊

360000－1901－0006165　400338－1
讀三國志書後一卷　(清)李祖陶撰　清同治十年(1871)敖陽李氏尚友樓刻史論五種本　一冊

360000－1901－0006166　161338
讀詩辨字略三卷　(清)韓怡撰　清嘉慶直之堂刻本　一冊　存一卷(上)

360000－1901－0006167　161335
讀詩鈔說四卷附統論一卷　(清)張澍撰　清光緒十三年(1887)刻本　二冊

360000－1901－0006168　122694
讀詩釋物二十一卷　(清)方瑍輯　清道光四年(1824)刻本　六冊

360000－1901－0006169　415350
讀詩釋物二十一卷　(清)方瑍輯　清道光四年(1824)刻本　三冊　存九卷(三、十至十七)

360000－1901－0006170　161336
讀詩劄記八卷附詩章句攷一卷詩樂存亡譜一卷詩經集傳校勘記一卷詩古韻表二十二部集說二卷　(清)夏炘撰　清咸豐三年(1853)刻景紫堂全書本　一冊　存五卷(詩章句攷一卷、詩樂存亡譜一卷、詩經集傳校勘記一卷、詩古韻表二十二部集說二卷)

360000－1901－0006171　161337
讀詩劄記八卷附詩章句攷一卷詩樂存亡譜一卷詩經集傳校勘記一卷詩古韻表二十二部集說二卷　(清)夏炘撰　清咸豐三年(1853)刻景紫堂全書本　一冊　存五卷(詩章句攷一卷、詩樂存亡譜一卷、詩經集傳校勘記一卷、詩古韻表二十二部集說二卷)

360000－1901－0006172　162051
讀史兵略十二卷　(清)胡林翼撰　清光緒二十七年(1901)上海紹先書局石印本　十二冊

360000－1901－0006173　300424
讀史兵略四十六卷　(清)胡林翼撰　清光緒元年(1875)湖北崇文書局刻本　十六冊

360000－1901－0006174　300419
讀史兵略四十六卷　(清)胡林翼撰　清咸豐十一年(1861)武昌節署刻本　十六冊

360000－1901－0006175　300421
讀史兵略四十六卷　(清)胡林翼撰　清咸豐十一年(1861)武昌節署刻本　十六冊

360000－1901－0006176　300423
讀史兵略四十六卷　(清)胡林翼撰　清咸豐十一年(1861)武昌節署刻本　十六冊

360000－1901－0006177　304705
讀史兵略四十六卷　(清)胡林翼撰　清咸豐十一年(1861)武昌節署刻本　六冊　存十五卷(十二至十七、二十一至二十四、四十至四十四)

360000－1901－0006178　308376
讀史兵略四十六卷　(清)胡林翼撰　清咸豐十一年(1861)武昌節署刻本　十六冊

360000－1901－0006179　310945
讀史兵略四十六卷　(清)胡林翼撰　清咸豐十一年(1861)武昌節署刻本　十六冊

360000－1901－0006180　400393
讀史兵略四十六卷　(清)胡林翼撰　清咸豐十一年(1861)武昌節署刻本　十五冊　存四十三卷(一至二、六至四十六)

360000－1901－0006181　310946
讀史兵略續編十卷　(清)胡林翼撰　清光緒二十八年(1902)湘省學堂刻本　十冊

360000－1901－0006182　300420
讀史兵略續編十卷　(清)胡林翼撰　清光緒二十六年(1900)上海圖書集成印書局鉛印本　十冊

360000－1901－0006183　312730
讀史大略六十卷首一卷　(清)沙張白撰　清光緒三十年(1904)石印本　三冊

360000－1901－0006184　400384
讀史大略六十卷首一卷　(清)沙張白撰　**附小沙子史略一卷**　(清)沙晉撰　清道光二十五年(1845)刻本　一冊　存六卷(四十七至五十二)

360000－1901－0006185　300416
讀史大略六十卷首一卷　(清)沙張白撰　**小沙子史略一卷**　(清)沙晉撰　清道光二十五年(1845)刻本　十二冊

360000－1901－0006186　300415
讀史大略六十卷首一卷　(清)沙張白撰　**小沙子史略一卷**　(清)沙晉撰　清光緒二十六年(1900)石印本　二冊

360000－1901－0006187　304708
讀史大略六十卷首一卷　(清)沙張白撰　**小沙子史略一卷**　(清)沙晉撰　清咸豐七年(1857)刻本　四冊　存二十三卷(十六至二十三、三十一至四十、五十三至五十七)

360000－1901－0006188　220557
讀史方輿紀要不分卷　(清)顧祖禹撰　清抄本　佚名校　十八冊

360000－1901－0006189　300408
讀史方輿紀要九卷　(清)顧祖禹撰　清嘉慶十年(1805)當塗彭萬程刻本　八冊

360000－1901－0006190　312666
讀史方輿紀要歷代州域形勢九卷　(清)顧祖禹撰　清康熙五年(1666)刻本　四冊

360000－1901－0006191　300404
讀史方輿紀要十卷　(清)顧祖禹撰　清光緒二十八年(1902)湖南書局刻本　六冊

360000－1901－0006192　312662
讀史方輿紀要十卷　(清)顧祖禹撰　清光緒二十八年(1902)湖南書局刻本　六冊

360000－1901－0006193　420119
讀史方輿紀要十卷　(清)顧祖禹撰　清光緒二十八年(1902)湖南書局刻本　一冊　存一卷(一)

360000－1901－0006194　307741
讀史方輿紀要十卷　(清)顧祖禹撰　清光緒二十二年(1896)澹雅書局刻本　八冊

360000－1901－0006195　400560
讀史方輿紀要十卷　(清)顧祖禹撰　清光緒二十二年(1896)澹雅書局刻本　十冊

360000－1901－0006196　400561
讀史方輿紀要十卷　(清)顧祖禹撰　清刻本　二冊　存二卷(二至三)

360000－1901－0006197　400562
讀史方輿紀要十卷　(清)顧祖禹撰　清刻本　九冊　存九卷(二至十)

360000－1901－0006198　308495
讀史方輿紀要十卷　(清)顧祖禹撰　**附統論歷朝形勢一卷**　(清)朱棠撰　清嘉慶十年(1805)友蘭堂刻道光增刻道光三十年(1850)續增刻光緒十五年(1889)長沙傳忠書局印本　九冊　存十卷(一至八、十,統論歷朝形勢一卷)

360000－1901－0006199　304701
讀史方輿紀要一百三十卷　(清)顧祖禹撰　清敷文閣刻本　四十四冊

360000－1901－0006200　310684
讀史方輿紀要一百三十卷　(清)顧祖禹撰　清光緒二十九年(1903)上海益吾齋石印本　二十四冊

360000－1901－0006201　300405
讀史方輿紀要一百三十卷　(清)顧祖禹撰　清嘉慶十六年(1811)龍萬育敷文閣刻本　五十冊

360000－1901－0006202　304704
讀史方輿紀要一百三十卷　(清)顧祖禹撰　清刻本　五冊　存八卷(三至十)

360000－1901－0006203　304700

讀史方輿紀要一百三十卷方輿全圖總說四卷　(清)顧祖禹撰　清光緒二十九年(1903)上海益吾齋石印本　二十册　存一百十三卷(一至九、十六至二十一、三十至三十八、四十六至一百三十,方輿全圖總說四卷)

360000－1901－0006204　308512
讀史方輿紀要一百三十卷方輿全圖總說四卷　(清)顧祖禹撰　清光緒二十九年(1903)上海益吾齋石印本　十三册　存七十三卷(一至四、十至十五、二十二至二十九、四十六至五十一、六十六至六十九、七十九至九十四、一百六至一百三十,方輿全圖總說四卷)

360000－1901－0006205　400559
讀史方輿紀要一百三十卷方輿全圖總說四卷　(清)顧祖禹撰　清光緒二十九年(1903)上海益吾齋石印本　六册　存二十二卷(一百十三至一百三十、方輿全圖總說四卷)

360000－1901－0006206　805079
讀史方輿紀要一百三十卷方輿全圖總說四卷　(清)顧祖禹撰　清刻本　一册　存一卷(讀史方輿紀要二)

360000－1901－0006207　304696
讀史方輿紀要一百三十卷方輿全圖總說五卷　(清)顧祖禹撰　清光緒二十七年(1901)上海圖書集成局鉛印本　十七册　存七十六卷(六十至一百三十、方輿全圖總說五卷)

360000－1901－0006208　308661
讀史方輿紀要一百三十卷輿圖要覽四卷　(清)顧祖禹撰　清道光龍萬育敷文閣刻本　七十三册　存一百二十二卷(二至二十一、二十四至二十九、三十九至一百三十,輿圖要覽四卷)

360000－1901－0006209　313317
讀史方輿紀要一百三十卷輿圖要覽四卷　(清)顧祖禹撰　清道光龍萬育敷文閣刻本　十八册　存三十四卷(三十四至六十七)

360000－1901－0006210　400554
讀史方輿紀要一百三十卷輿圖要覽四卷　(清)顧祖禹撰　清道光龍萬育敷文閣刻光緒五年(1879)桐華書屋重修本　三十七册　存一百五卷(一至六十五、六十八至六十九、七十三至八十、八十三至九十二、一百十三至一百三十,輿圖要覽一至二)

360000－1901－0006211　400555
讀史方輿紀要一百三十卷輿圖要覽四卷　(清)顧祖禹撰　清道光龍萬育敷文閣刻光緒五年(1879)桐華書屋重修本　三十七册　存八十四卷(一至十九、二十五至二十六、三十二至四十、四十六至四十九、五十三至五十六、五十八至六十一、六十五至七十、七十四至七十五、七十八至七十九、八十二至八十九、九十二至一百十五)

360000－1901－0006212　313629
讀史方輿紀要一百三十卷輿圖要覽四卷　(清)顧祖禹撰　清敷文閣刻本　七十二册

360000－1901－0006213　300403
讀史方輿紀要一百三十卷輿圖要覽四卷　(清)顧祖禹撰　清光緒二十五年(1899)慎記書莊石印本　三十二册

360000－1901－0006214　317547
讀史方輿紀要一百三十卷輿圖要覽四卷　(清)顧祖禹撰　清光緒二十五年(1899)慎記書莊石印本　三十二册

360000－1901－0006215　400556
讀史方輿紀要一百三十卷輿圖要覽四卷　(清)顧祖禹撰　清光緒二十五年(1899)慎記書莊石印本　三十二册

360000－1901－0006216　400557
讀史方輿紀要一百三十卷輿圖要覽四卷　(清)顧祖禹撰　清光緒二十五年(1899)慎記書莊石印本　二十册　存八十六卷(十至十四、十九至二十五、三十至三十三、三十九至四十一、四十六至五十四、六十六至七十四、七十八至一百二十三,輿圖要覽一、三至四)

360000－1901－0006217　400558
讀史方輿紀要一百三十卷輿圖要覽四卷

(清)顧祖禹撰　清光緒二十五年(1899)慎記書莊石印本　七冊　存二十九卷(十九至二十四、五十二至七十四)

360000－1901－0006218　304697
讀史方輿紀要一百三十卷輿圖要覽四卷　(清)顧祖禹撰　清光緒五年(1879)蜀南桐華書屋薛氏家塾刻本　五冊　存十三卷(一至四、一百十五至一百二十三)

360000－1901－0006219　304697－1
讀史方輿紀要一百三十卷輿圖要覽四卷　(清)顧祖禹撰　清光緒五年(1879)蜀南桐華書屋薛氏家塾刻本　三冊　存三卷(讀史方輿紀要一至三)

360000－1901－0006220　304698
讀史方輿紀要一百三十卷輿圖要覽四卷　(清)顧祖禹撰　清光緒五年(1879)蜀南桐華書屋薛氏家塾刻本　四十七冊　存一百一卷(一至五十七、六十四至八十、八十三至一百九)

360000－1901－0006221　304699
讀史方輿紀要一百三十卷輿圖要覽四卷　(清)顧祖禹撰　清嘉慶敷文閣刻本　五十七冊　存九十三卷(一至十四、四十四至一百五、一百十七至一百三十,輿圖要覽一至三)

360000－1901－0006222　400553
讀史方輿紀要一百三十卷輿圖要覽四卷　(清)顧祖禹撰　清嘉慶十七年(1812)成都龍氏敷文閣刻本　一百一冊

360000－1901－0006223　220558
讀史方輿紀要輿圖要覽四卷　(清)顧祖禹撰　清抄本　四冊

360000－1901－0006224　220559
讀史方輿紀要輿圖要覽四卷　(清)顧祖禹撰　清抄本　四冊

360000－1901－0006225　220307
讀史管見三十卷目錄二卷　(宋)胡寅撰　(明)張溥評　清康熙五十三年(1714)刻本　十六冊

360000－1901－0006226　300413
讀史紀畧四卷　(清)蕭濬撰　清道光二十年(1840)靈石楊氏澹靜齋刻本　一冊

360000－1901－0006227　220271
讀史記十表十卷　(清)汪越輯　(清)徐克范補　清雍正元年(1723)治古堂刻本　十冊

360000－1901－0006228　122687
讀史簡要錄二卷　(清)劉倬編　清同治八年(1869)木活字印本　一冊

360000－1901－0006229　313186
讀史鏡古編三十二卷　(清)潘世恩輯　清道光四年(1824)刻本　八冊

360000－1901－0006230　300426
讀史鏡古編三十二卷　(清)潘世恩輯　清刻本　八冊

360000－1901－0006231　300425
讀史鏡古編三十二卷　(清)潘世恩輯　清同治十三年(1874)冶城飛霞閣刻本　六冊

360000－1901－0006232　304703
讀史鏡古編三十二卷　(清)潘世恩輯　清同治十三年(1874)冶城飛霞閣刻本　三冊　存十五卷(一至十一、十八至二十一)

360000－1901－0006233　310582
讀史鏡古編三十二卷　(清)潘世恩輯　清同治十三年(1874)冶城飛霞閣刻本　六冊

360000－1901－0006234　318120
[雜項鈔本]不分卷　(□)□□輯　清抄本　一冊

360000－1901－0006235　400397
讀史鏡古編三十二卷　(清)潘世恩輯　清同治十三年(1874)冶城飛霞閣刻本　六冊

360000－1901－0006236　304702
讀史糾繆十五卷　(清)牛運震撰　清嘉慶二十三年(1818)空山堂刻本　三冊　存八卷(四至五、九至十、十二至十五)

360000－1901－0006237　164070
讀史舉正八卷　(清)張熷撰　清光緒廣雅書

局刻本　二册

360000－1901－0006238　803205
讀史論略不分卷　(清)杜詔撰　清咸豐三年(1853)張衡抄本　一册

360000－1901－0006239　803317
讀史論略二卷　(清)杜詔撰　清抄本　一册　存一卷(下)

360000－1901－0006240　400390
讀史論略二卷　(清)杜詔撰　清嘉慶十三年(1808)刻本　二册

360000－1901－0006241　400390－1
讀史論略二卷　(清)杜詔撰　清嘉慶十三年(1808)刻本　一册　存一卷(下)

360000－1901－0006242　311082
讀史論略二卷　(清)杜詔撰　清刻本　二册

360000－1901－0006243　400389
讀史論略二卷　(清)杜詔撰　清同治七年(1868)刻本　二册

360000－1901－0006244　400389－1
讀史論略二卷　(清)杜詔撰　清同治七年(1868)刻本　一册　存一卷(下)

360000－1901－0006245　220328
讀史論略詳註一卷　(清)杜詔撰　(清)唐桂注　清乾隆四十六年(1781)刻本　一册

360000－1901－0006246　800352
讀史論略一卷　(明)顧充撰　清抄本　一册

360000－1901－0006247　220327
讀史論略一卷　(清)杜詔撰　清光緒三十年(1904)新吴式穀山房謝恒吉氏抄本　一册

360000－1901－0006248　400386
讀史論略一卷　(清)杜詔撰　清光緒十一年(1885)刻本　一册

360000－1901－0006249　603952
讀史論略一卷　(清)杜詔撰　清光緒元年(1875)旌德朱德蕃刻本　一册

360000－1901－0006250　400385
讀史論略一卷　(清)杜詔撰　清光緒元年(1875)刻本　一册

360000－1901－0006251　304707
讀史論略一卷　(清)杜詔撰　清刻本　一册

360000－1901－0006252　400379
讀史論略一卷　(清)杜詔撰　清李光明莊刻本　一册

360000－1901－0006253　400378
讀史論略一卷　(清)杜詔撰　**綱鑑總評一卷**　(清)潘寅軒撰　清刻本　一册

360000－1901－0006254　400378－1
讀史論略一卷　(清)杜詔撰　**綱鑑總評一卷**　(清)潘寅軒撰　清刻本　一册

360000－1901－0006255　400378－2
讀史論略一卷　(清)杜詔撰　**綱鑑總評一卷**　(清)潘寅軒撰　清刻本　一册

360000－1901－0006256　311917
讀史論略一卷附綱鑑總評一卷　(清)杜詔撰　清刻本　一册

360000－1901－0006257　300409
讀史論畧二卷　(清)杜詔撰　清刻本　二册

360000－1901－0006258　400382
讀史論畧二卷　(清)杜詔撰　清刻本　二册

360000－1901－0006259　400377
讀史論畧一卷　(清)杜詔撰　清刻本　一册

360000－1901－0006260　400377－1
讀史論畧一卷　(清)杜詔撰　清刻本　一册

360000－1901－0006261　802804
讀史論畧一卷　(清)杜詔撰　清俞煥章抄本　一册

360000－1901－0006262　400380－1
讀史論畧一卷　(清)杜詔撰　(清)王孫芸　(清)莫健箋　(清)王澍評閲　清刻本　一册

360000－1901－0006263　400387
讀史論畧一卷　(清)杜詔撰　(清)王孫芸　(清)莫健箋　(清)王澍評閲　清乾隆刻本

一冊

360000－1901－0006264　400380
讀史論畧一卷　（清）杜詔撰　（清）王孫芸（清）莫健箋　（清）王澍評閲　清同治八年（1869）衡陽魏純爐刻本　一冊

360000－1901－0006265　400381
讀史論畧增註二卷　（清）杜詔撰　（清）唐桂注　（清）傅傳增注　清光緒七年（1881）永嘉徐氏刻本　二冊

360000－1901－0006266　400381－1
讀史論畧增註二卷　（清）杜詔撰　（清）唐桂注　（清）傅傳增注　清光緒七年（1881）永嘉徐氏刻本　一冊　存一卷（下）

360000－1901－0006267　220320
讀史漫錄十四卷　（明）于慎行撰　明萬曆四十二年（1614）于緯刻本　八冊

360000－1901－0006268　220321
讀史漫錄十四卷　（明）于慎行撰　明萬曆四十二年（1614）于緯刻本　五冊　缺二卷（一至二）

360000－1901－0006269　300414
讀史任子自鏡錄二十二卷首一卷　（清）胡季堂輯　清道光元年（1821）培蔭軒刻本　十二冊

360000－1901－0006270　122681
讀史四集四卷　（明）楊以任輯　清道光三十年（1850）豐城萬氏防未然齋刻本　四冊

360000－1901－0006271　122682
讀史四集四卷　（明）楊以任輯　清道光三十年（1850）豐城萬氏防未然齋刻本　四冊

360000－1901－0006272　122683
讀史四集四卷　（明）楊以任輯　清道光三十年（1850）豐城萬氏防未然齋刻本　四冊

360000－1901－0006273　401417
讀史四集四卷　（明）楊以任輯　清道光三十年（1850）豐城萬氏防未然齋刻本　三冊

360000－1901－0006274　122684
讀史四集四卷　（明）楊以任輯　清西楊家塾刻本　四冊

360000－1901－0006275　122686
讀史隨筆一卷　（清）黄文成撰　清刻本　一冊

360000－1901－0006276　312653
讀史碎金六卷　（清）胡文炳輯　清光緒元年（1875）刻本　六冊

360000－1901－0006277　311856
讀史碎金六卷註八十卷　（清）胡文炳輯　清光緒元年至二年（1875－1876）蘭石齋刻本　八十七冊

360000－1901－0006278　161957
讀史碎金四卷　（清）胡文炳輯　清同治六年（1867）蘭石齋刻本　四冊

360000－1901－0006279　310361
讀史碎金註八十卷　（清）胡文炳輯　清光緒二年（1876）刻本　八十冊

360000－1901－0006280　400399
讀史提要錄十二卷　（清）夏之蓉撰　清道光二年（1822）刻本　四冊

360000－1901－0006281　400398
讀史提要錄十二卷　（清）夏之蓉撰　清光緒二十八年（1902）上海書局石印本　一冊

360000－1901－0006282　220329
讀史提要錄十二卷　（清）夏之蓉撰　清乾隆三十七年（1772）半舫齋刻本　四冊

360000－1901－0006283　801386
讀史摘批不分卷　（□）□□編　清抄本　一冊

360000－1901－0006284　400565
讀史正氣錄十八卷　（清）姚德鈞　（清）劉秉衡輯　清光緒十五年（1889）刻本　二冊　存七卷（一至七）

360000－1901－0006285　413722
讀史正氣錄十八卷　（清）姚德鈞　（清）劉秉衡輯　清光緒十五年（1889）刻本　一冊　存

三卷(一至三)

360000－1901－0006286　802805
讀史巵言二卷　(□)今癡氏撰　稿本　一册

360000－1901－0006287　300433
讀書叢錄二十四卷　(清)洪頤煊撰　清光緒十三年(1887)吴氏醉六堂刻本　六册

360000－1901－0006288　300436
讀書脞錄七卷　(清)孫志祖撰　清光緒十三年(1887)醉六堂刻本　二册

360000－1901－0006289　404790
讀書鐙一卷　(清)鄒福保撰　清宣統元年(1909)江蘇存古學堂鉛印本　一册

360000－1901－0006290　710951
讀書紀數略五十四卷　(清)宫夢仁輯　清光緒六年(1880)宋澤元刻本　七册　存三十卷(一至十一、十三至三十一)

360000－1901－0006291　410949
讀書紀數略五十四卷　(清)宫夢仁輯　清康熙刻本　十册

360000－1901－0006292　710950
讀書紀數略五十四卷　(清)宫夢仁輯　清康熙刻本　十一册　存五十一卷(一至五十一)

360000－1901－0006293　250074
讀書紀數略五十四卷　(清)宫夢仁輯　清康熙五十年(1711)刻本　十二册　缺八卷(三十五至四十二)

360000－1901－0006294　313840
讀書紀數略五十四卷　(清)宫夢仁輯　清刻本　十二册

360000－1901－0006295　410923－1
讀書紀數略五十四卷　(清)宫夢仁輯　清刻本　四册　存二十四卷(一至十一、二十至二十三、二十五至三十三)

360000－1901－0006296　721850
讀書紀數略五十四卷　(清)宫夢仁輯　清刻本　一册　存三卷(五十二至五十四)

360000－1901－0006297　803045
讀書紀數略五十四卷　(清)宫夢仁輯　清刻本　一册　存三卷(三十八至四十)

360000－1901－0006298　409795
讀書記疑十六卷　(清)王懋竑撰　清同治十一年(1872)福建撫署刻本　八册

360000－1901－0006299　413490
讀書錄十一卷續錄十二卷　(明)薛瑄撰　清康熙天蓋樓本刻本　四册

360000－1901－0006300　413491
讀書錄十一卷續錄十二卷　(明)薛瑄撰　清康熙天蓋樓本刻本　五册　存十二卷(讀書錄一至三、七至十一,續錄一至四)

360000－1901－0006301　305985
讀書錄十一卷續錄十二卷　(明)薛瑄撰　清刻本　四册　存十三卷(讀書錄四至十一、續錄一至五)

360000－1901－0006302　302934
讀書錄十一卷續錄十二卷　(明)薛瑄撰　清乾隆四十五年(1780)刻本　八册

360000－1901－0006303　220806
讀書敏求記四卷　(清)錢曾撰　清雍正四年(1726)趙孟升松雪齋刻乾隆十年(1745)沈尚傑雙桂草堂剜版乾隆六十年(1795)沈炎耆英堂重修本　二册

360000－1901－0006304　418544
讀書偶筆二十卷　(清)董桂新撰　清同治五年(1866)婺源董氏賜硯堂刻本　四册

360000－1901－0006305　418545
讀書偶筆二十卷　(清)董桂新撰　清同治五年(1866)婺源董氏賜硯堂刻本　三册　存十五卷(一至五、十一至二十)

360000－1901－0006306　418545－1
讀書偶筆二十卷　(清)董桂新撰　清同治五年(1866)婺源董氏賜硯堂刻本　一册　存五卷(十一至十五)

360000－1901－0006307　803245

讀書隨筆□□卷　(□)□□撰　清抄本　一冊　存七卷(三至九)

360000－1901－0006308　713674
讀書隨筆十二卷　(清)江永撰　清乾隆五十七年(1792)江起泰等刻本　一冊　存八卷(羣經補義五卷、周禮疑義舉要一至三)

360000－1901－0006309　415196
讀書隨筆一卷　(清)費熙撰　清光緒二十二年(1896)歸安周氏刻本　一冊

360000－1901－0006310　315862
讀書堂綵衣全集四十六卷　(清)趙士麟撰　清光緒十九年(1893)浙江書局刻本　十二冊

360000－1901－0006311　902511
讀書堂杜工部詩集註解二十卷文集註解二卷杜工部編年詩史譜目一卷　(唐)杜甫撰　(清)張溍注　清康熙三十七年(1698)張氏讀書堂刻本　一冊　存二卷(讀書堂杜工部詩集註解一至二)

360000－1901－0006312　415425
讀書堂杜工部詩集註解二十卷文集註解二卷首一卷　(唐)杜甫撰　(清)張溍注　清康熙刻本　四冊　存九卷(一至八、首一卷)

360000－1901－0006313　163296
讀書堂杜工部文集註解二卷　(唐)杜甫撰　(清)張溍注　清刻本　一冊

360000－1901－0006314　415418
讀書堂杜工部文集註解二卷　(唐)杜甫撰　(清)張溍注　清末著易堂石印本　一冊

360000－1901－0006315　405125
讀書堂精選古文晨書十二卷　(清)徐陳發　(清)宋景琛輯　清刻本　一冊　存二卷(九至十)

360000－1901－0006316　220810
讀書引十二卷　(清)王謨輯　清乾隆四十八年(1783)刻本　四冊

360000－1901－0006317　220811
讀書引十二卷　(清)王謨輯　清乾隆四十八年(1783)刻本　五冊

360000－1901－0006318　220812
讀書引十二卷　(清)王謨輯　清乾隆四十八年(1783)刻本　六冊

360000－1901－0006319　413720
讀書引十二卷　(清)王謨輯　清乾隆四十八年(1783)刻本　六冊

360000－1901－0006320　413721
讀書引十二卷　(清)王謨輯　清乾隆四十八年(1783)刻本　三冊　存六卷(四至九)

360000－1901－0006321　713443
讀書樂趣八卷　(清)伍涵芬撰　清康熙三十七年(1698)伍氏華日堂刻本　四冊

360000－1901－0006322　415164
讀書樂趣八卷　(清)伍涵芬撰　清刻本　五冊　存七卷(一至五、七至八)

360000－1901－0006323　415129
讀書雜識十二卷　(清)勞格撰　清光緒四年(1878)苕溪丁氏刻月河精舍叢抄本　四冊　存八卷(一至六、十一至十二)

360000－1901－0006324　712840
讀書雜釋十四卷　(清)徐鼒撰　清咸豐十一年(1861)刻本　二冊　存七卷(五至七、十一至十四)

360000－1901－0006325　413379
讀書雜志八十二卷餘編二卷　(清)王念孫撰　清道光十二年(1832)刻本　十三冊　存五十卷(志四:八至十三,志五:一至十二,志六:一至二,志七:一至六,志八:一至二、七至八,志九:一至二十)

360000－1901－0006326　300430
讀書雜志八十二卷餘編二卷　(清)王念孫撰　清光緒二十年(1894)上海醉六堂石印本　八冊

360000－1901－0006327　717635
讀書雜志八十二卷餘編二卷　(清)王念孫撰　清光緒二十年(1894)上海醉六堂石印本

二册　存十八卷(詩集雜志五至六、漢書雜志十六卷)

360000－1901－0006328　417631
讀書雜志八十二卷餘編二卷　(清)王念孫撰　清嘉慶十七年至道光十二年(1812－1832)刻本　二十四册

360000－1901－0006329　717632
讀書雜志八十二卷餘編二卷　(清)王念孫撰　清嘉慶十七年至道光十二年(1812－1832)刻本　三册　存二十二卷(淮南內篇雜志一至二十二)

360000－1901－0006330　314066
讀書雜志八十二卷餘編二卷　(清)王念孫撰　清刻本　二十四册

360000－1901－0006331　161471
讀書雜志八十二卷餘編二卷　(清)王念孫撰　清同治九年(1870)金陵書局刻本　二十四册

360000－1901－0006332　300431
讀書雜志八十二卷餘編二卷　(清)王念孫撰　清同治九年(1870)金陵書局刻本　二十四册

360000－1901－0006333　300432
讀書雜志八十二卷餘編二卷　(清)王念孫撰　清同治九年(1870)金陵書局刻本　二十四册

360000－1901－0006334　309559
讀書雜志八十二卷餘編二卷　(清)王念孫撰　清同治九年(1870)金陵書局刻本　一册　存四卷(逸周書雜志四卷)

360000－1901－0006335　314048
讀書雜志八十二卷餘編二卷　(清)王念孫撰　清同治九年(1870)金陵書局刻本　二十三册　缺三卷(戰國策雜志三卷)

360000－1901－0006336　717633
讀書雜志八十二卷餘編二卷　(清)王念孫撰　清同治九年(1870)金陵書局刻本　二十二册　存七十六卷(逸周書四卷,戰國策雜志三卷,史記雜志六卷,漢書雜志一至十三,管子雜志六至十二,晏子春秋雜志二卷,墨子雜志六卷,荀子雜志八卷、補遺一卷,淮南內篇雜志二十二卷、補遺一卷,漢隸拾遺一卷;餘編二卷)

360000－1901－0006337　717634
讀書雜志八十二卷餘編二卷　(清)王念孫撰　清同治九年(1870)金陵書局刻本　二十四册

360000－1901－0006338　704798
讀書作文譜十二卷　(清)唐彪撰　清嘉慶二十一年(1816)素心堂刻本　四册　存四卷(一至二、六至七)

360000－1901－0006339　712823
讀書作文譜十二卷　(清)唐彪撰　清刻本　一册　存六卷(七至十二)

360000－1901－0006340　717174
讀書作文譜十二卷　(清)唐彪撰　清刻本　一册　存三卷(三至五)

360000－1901－0006341　704319
讀書作文譜十二卷父師善誘法二卷　(清)唐彪撰　清大文堂刻本　一册　存八卷(讀書作文譜一至六、父師善誘法二卷)

360000－1901－0006342　404799
讀書作文譜十二卷父師善誘法二卷　(清)唐彪撰　清康熙刻本　二册

360000－1901－0006343　404801
讀書作文譜十二卷父師善誘法二卷　(清)唐彪撰　清康熙刻本　一册

360000－1901－0006344　404800
讀書作文譜十二卷父師善誘法二卷　(清)唐彪撰　清康熙四十七年(1708)刻本　二册

360000－1901－0006345　404801－1
讀書作文譜十二卷父師善誘法二卷　(清)唐彪撰　清刻本　三册　存十一卷(讀書作文譜一至四、八至十二,父師善誘法二卷)

360000－1901－0006346　404802
讀書作文譜十二卷父師善誘法二卷　(清)唐彪撰　清刻本　一册　存二卷(讀書作文譜一至二)

360000－1901－0006347　404802－1
讀書作文譜十二卷父師善誘法二卷　(清)唐彪撰　清刻本　一册　存二卷(父師善誘法二卷)

360000－1901－0006348　803829
讀書作文要訣不分卷　(清)鄭棟撰　清抄本　一册

360000－1901－0006349　161339
讀說文雜識一卷　(清)許棫撰　清光緒七年(1881)刻本　一册

360000－1901－0006350　161340
讀說文雜識一卷　(清)許棫撰　清光緒七年(1881)刻本　一册

360000－1901－0006351　161332
讀四書叢說八卷　(元)許謙撰　清同治十一年(1872)永康胡氏退補齋刻金華叢書本　六册

360000－1901－0006352　410660－1
讀四書大全說十卷　(清)王夫之撰　清同治四年(1865)湘鄉曾氏金陵刻船山遺書本　十册

360000－1901－0006353　165141
讀宋書鈔不分卷　(□)□□輯　清抄本　一册

360000－1901－0006354　230198
讀素問鈔三卷補遺一卷　(元)滑壽輯　(明)汪機續注　明刻本　一册　存一卷(上)

360000－1901－0006355　162049
讀通鑒論十卷末一卷附宋論五卷　(清)王夫之撰　清光緒二十六年(1900)祥記書莊石印本　八册

360000－1901－0006356　304694
讀通鑑綱目條記二十卷首一卷　(清)李述來撰　清光緒八年(1882)羣玉山房刻本　六册　存十三卷(一至二、九至十、十三至二十,首一卷)

360000－1901－0006357　304695
讀通鑑綱目條記二十卷首一卷　(清)李述來撰　清光緒八年(1882)羣玉山房刻本　三册　存九卷(十二至二十)

360000－1901－0006358　415756
讀通鑑綱目劄記二十卷　(清)章邦元撰　清光緒二十八年(1902)刻本　三册　存八卷(十三至二十)

360000－1901－0006359　312728
讀通鑑綱目劄記二十卷　(清)章邦元撰　清光緒二十八年(1902)鑄記書局石印本　四册

360000－1901－0006360　162050
讀通鑑論三十卷末一卷　(清)王夫之撰　清光緒二十六年(1900)集益學社刻本　十六册

360000－1901－0006361　400357
讀通鑑論三十卷末一卷　(清)王夫之撰　清光緒二十七年(1901)簡青書局石印本　六册　存六卷(一至六)

360000－1901－0006362　801032
讀通鑑論三十卷末一卷　(清)王夫之撰　清光緒二十七年(1901)簡青書局石印船山遺書本　四册　存四卷(三至六)

360000－1901－0006363　161627
讀通鑑論三十卷末一卷　(清)王夫之撰　清光緒二十四年(1898)上海申昌書莊石印本　六册

360000－1901－0006364　400358
讀通鑑論三十卷末一卷　(清)王夫之撰　清光緒二十四年(1898)申昌書莊石印本　六册

360000－1901－0006365　600244
讀通鑑論三十卷末一卷　(清)王夫之撰　清刻船山遺書本　十一册　存二十二卷(五至二十六)

360000－1901－0006366　400359

讀通鑑論三十卷末一卷　(清)王夫之撰　清同治四年(1865)湘鄉曾氏金陵刻船山遺書本　十四冊

360000－1901－0006367　603955
讀通鑑論三十卷末一卷　(清)王夫之撰　清同治四年(1865)湘鄉曾氏金陵刻船山遺書本　一冊　存四卷(十四至十七)

360000－1901－0006368　300624
讀通鑑論十卷　(清)王夫之撰　清光緒二十四年(1898)上海書局鉛印船山遺書本　八冊

360000－1901－0006369　400368
讀通鑑論十卷末一卷附宋論五卷　(清)王夫之撰　清光緒二十九年(1903)上海書局石印本　七冊　存十三卷(讀通鑑論十卷、末一卷、宋論一至二)

360000－1901－0006370　400370
讀通鑑論十卷末一卷附宋論五卷　(清)王夫之撰　清光緒二十六年(1900)山西書業昌書莊石印本　六冊　存十四卷(讀通鑑論一至三、六至十,末一卷,宋論五卷)

360000－1901－0006371　400371
讀通鑑論十卷末一卷附宋論五卷　(清)王夫之撰　清光緒二十六年(1900)山西書業昌書莊石印本　七冊　存十三卷(讀通鑑論一至八、宋論五卷)

360000－1901－0006372　400369
讀通鑑論十卷末一卷附宋論五卷　(清)王夫之撰　清光緒二十四年(1898)上海書局鉛印本　七冊　存十三卷(讀通鑑論一至六、十,末一卷,宋論五卷)

360000－1901－0006373　400360
讀通鑑論十六卷附宋論十五卷　(清)王夫之撰　清光緒三十年(1904)上海商務印書館鉛印本　十冊

360000－1901－0006374　400361
讀通鑑論十六卷附宋論十五卷　(清)王夫之撰　清光緒三十年(1904)上海商務印書館鉛印本　十冊

360000－1901－0006375　400362
讀通鑑論十六卷附宋論十五卷　(清)王夫之撰　清光緒三十年(1904)上海商務印書館鉛印本　十冊

360000－1901－0006376　400363
讀通鑑論十六卷附宋論十五卷　(清)王夫之撰　清光緒三十年(1904)上海商務印書館鉛印本　十冊

360000－1901－0006377　400364
讀通鑑論十六卷附宋論十五卷　(清)王夫之撰　清光緒三十年(1904)上海商務印書館鉛印本　十冊

360000－1901－0006378　400365
讀通鑑論十六卷附宋論十五卷　(清)王夫之撰　清光緒三十年(1904)上海商務印書館鉛印本　九冊　存二十九卷(讀通鑑論一至十、十三至十六,宋論十五卷)

360000－1901－0006379　400366
讀通鑑論十六卷附宋論十五卷　(清)王夫之撰　清光緒三十年(1904)上海商務印書館鉛印本　七冊　存二十六卷(讀通鑑論一至三、六至十三,宋論十五卷)

360000－1901－0006380　400367
讀通鑑論十六卷附宋論十五卷　(清)王夫之撰　清光緒三十年(1904)上海商務印書館鉛印本　四冊　存十三卷(讀通鑑論一至二、五至八,宋論一至七)

360000－1901－0006381　400367－1
讀通鑑論十六卷附宋論十五卷　(清)王夫之撰　清光緒三十年(1904)上海商務印書館鉛印本　二冊　存四卷(讀通鑑論五至八)

360000－1901－0006382　400367－2
讀通鑑論十六卷附宋論十五卷　(清)王夫之撰　清光緒三十年(1904)上海商務印書館鉛印本　二冊　存四卷(讀通鑑論五至八)

360000－1901－0006383　400367－3
讀通鑑論十六卷附宋論十五卷　(清)王夫之撰　清光緒三十年(1904)上海商務印書館鉛

印本　一册　存二卷(讀通鑑論五至六)

360000－1901－0006384　800383
讀未見書之樓藏一卷　(清)朗如氏輯　清抄本　一册

360000－1901－0006385　803792
讀文不分卷　(清)丁錫齡輯　清抄本　一册

360000－1901－0006386　123105
讀問學錄一卷　(清)汪紱撰　清光緒二十年(1894)刻汪雙池先生叢書本　一册

360000－1901－0006387　123106
讀問學錄一卷　(清)汪紱撰　清光緒二十年(1894)刻汪雙池先生叢書本　一册

360000－1901－0006388　601809
讀問學錄一卷　(清)汪紱撰　清光緒二十年(1894)刻汪雙池先生叢書本　一册

360000－1901－0006389　601810
讀問學錄一卷　(清)汪紱撰　清光緒二十年(1894)刻汪雙池先生叢書本　一册

360000－1901－0006390　601810－1
讀問學錄一卷　(清)汪紱撰　清光緒二十年(1894)刻汪雙池先生叢書本　一册

360000－1901－0006391　110556
[正德]武功縣志三卷首一卷　(明)康海纂　(清)孫景烈評注　清光緒十三年(1887)張世英刻本　一册

360000－1901－0006392　300397
讀選二種二卷　(清)徐攀鳳撰　清嘉慶刻本　一册

360000－1901－0006393　163122
讀選樓詩稿十卷　(清)王采蘋撰　清光緒二十年(1894)東河督署刻本　二册

360000－1901－0006394　300406
讀選樓詩稿十卷　(清)王采蘋撰　清光緒二十年(1894)東河督署刻本　二册

360000－1901－0006395　413240
讀選樓詩稿十卷　(清)王采蘋撰　清光緒二十年(1894)東河督署刻本　二册

360000－1901－0006396　603956
讀選樓詩稿十卷　(清)王采蘋撰　清光緒二十年(1894)東河督署刻本　二册

360000－1901－0006397　603956－1
讀選樓詩稿十卷　(清)王采蘋撰　清光緒二十年(1894)東河督署刻本　二册

360000－1901－0006398　603956－10
讀選樓詩稿十卷　(清)王采蘋撰　清光緒二十年(1894)東河督署刻本　二册

360000－1901－0006399　603956－11
讀選樓詩稿十卷　(清)王采蘋撰　清光緒二十年(1894)東河督署刻本　二册

360000－1901－0006400　603956－12
讀選樓詩稿十卷　(清)王采蘋撰　清光緒二十年(1894)東河督署刻本　二册

360000－1901－0006401　603956－13
讀選樓詩稿十卷　(清)王采蘋撰　清光緒二十年(1894)東河督署刻本　二册

360000－1901－0006402　603956－14
讀選樓詩稿十卷　(清)王采蘋撰　清光緒二十年(1894)東河督署刻本　二册

360000－1901－0006403　603956－15
讀選樓詩稿十卷　(清)王采蘋撰　清光緒二十年(1894)東河督署刻本　二册

360000－1901－0006404　603956－16
讀選樓詩稿十卷　(清)王采蘋撰　清光緒二十年(1894)東河督署刻本　二册

360000－1901－0006405　603956－17
讀選樓詩稿十卷　(清)王采蘋撰　清光緒二十年(1894)東河督署刻本　二册

360000－1901－0006406　603956－18
讀選樓詩稿十卷　(清)王采蘋撰　清光緒二十年(1894)東河督署刻本　二册

360000－1901－0006407　603956－19
讀選樓詩稿十卷　(清)王采蘋撰　清光緒二

十年(1894)東河督署刻本　一册　存四卷(一至四)

360000－1901－0006408　603956－2
讀選樓詩稿十卷　(清)王采蘋撰　清光緒二十年(1894)東河督署刻本　二册

360000－1901－0006409　603956－20
讀選樓詩稿十卷　(清)王采蘋撰　清光緒二十年(1894)東河督署刻本　二册

360000－1901－0006410　603956－21
讀選樓詩稿十卷　(清)王采蘋撰　清光緒二十年(1894)東河督署刻本　二册

360000－1901－0006411　603956－22
讀選樓詩稿十卷　(清)王采蘋撰　清光緒二十年(1894)東河督署刻本　二册

360000－1901－0006412　603956－23
讀選樓詩稿十卷　(清)王采蘋撰　清光緒二十年(1894)東河督署刻本　二册

360000－1901－0006413　603956－24
讀選樓詩稿十卷　(清)王采蘋撰　清光緒二十年(1894)東河督署刻本　二册

360000－1901－0006414　603956－25
讀選樓詩稿十卷　(清)王采蘋撰　清光緒二十年(1894)東河督署刻本　二册

360000－1901－0006415　603956－26
讀選樓詩稿十卷　(清)王采蘋撰　清光緒二十年(1894)東河督署刻本　二册

360000－1901－0006416　603956－27
讀選樓詩稿十卷　(清)王采蘋撰　清光緒二十年(1894)東河督署刻本　二册

360000－1901－0006417　603956－28
讀選樓詩稿十卷　(清)王采蘋撰　清光緒二十年(1894)東河督署刻本　二册

360000－1901－0006418　603956－29
讀選樓詩稿十卷　(清)王采蘋撰　清光緒二十年(1894)東河督署刻本　二册

360000－1901－0006419　603956－3
讀選樓詩稿十卷　(清)王采蘋撰　清光緒二十年(1894)東河督署刻本　二册

360000－1901－0006420　603956－30
讀選樓詩稿十卷　(清)王采蘋撰　清光緒二十年(1894)東河督署刻本　二册

360000－1901－0006421　603956－31
讀選樓詩稿十卷　(清)王采蘋撰　清光緒二十年(1894)東河督署刻本　二册

360000－1901－0006422　603956－32
讀選樓詩稿十卷　(清)王采蘋撰　清光緒二十年(1894)東河督署刻本　二册

360000－1901－0006423　603956－33
讀選樓詩稿十卷　(清)王采蘋撰　清光緒二十年(1894)東河督署刻本　二册

360000－1901－0006424　603956－34
讀選樓詩稿十卷　(清)王采蘋撰　清光緒二十年(1894)東河督署刻本　二册

360000－1901－0006425　603956－35
讀選樓詩稿十卷　(清)王采蘋撰　清光緒二十年(1894)東河督署刻本　二册

360000－1901－0006426　603956－36
讀選樓詩稿十卷　(清)王采蘋撰　清光緒二十年(1894)東河督署刻本　二册

360000－1901－0006427　603956－37
讀選樓詩稿十卷　(清)王采蘋撰　清光緒二十年(1894)東河督署刻本　二册

360000－1901－0006428　603956－38
讀選樓詩稿十卷　(清)王采蘋撰　清光緒二十年(1894)東河督署刻本　二册

360000－1901－0006429　603956－39
讀選樓詩稿十卷　(清)王采蘋撰　清光緒二十年(1894)東河督署刻本　二册

360000－1901－0006430　603956－4
讀選樓詩稿十卷　(清)王采蘋撰　清光緒二十年(1894)東河督署刻本　二册

360000－1901－0006431　603956－40

讀選樓詩稿十卷　(清)王采蘋撰　清光緒二十年(1894)東河督署刻本　二册

360000－1901－0006432　603956－41
讀選樓詩稿十卷　(清)王采蘋撰　清光緒二十年(1894)東河督署刻本　二册

360000－1901－0006433　603956－42
讀選樓詩稿十卷　(清)王采蘋撰　清光緒二十年(1894)東河督署刻本　二册

360000－1901－0006434　603956－43
讀選樓詩稿十卷　(清)王采蘋撰　清光緒二十年(1894)東河督署刻本　二册

360000－1901－0006435　603956－44
讀選樓詩稿十卷　(清)王采蘋撰　清光緒二十年(1894)東河督署刻本　二册

360000－1901－0006436　603956－45
讀選樓詩稿十卷　(清)王采蘋撰　清光緒二十年(1894)東河督署刻本　二册

360000－1901－0006437　603956－46
讀選樓詩稿十卷　(清)王采蘋撰　清光緒二十年(1894)東河督署刻本　二册

360000－1901－0006438　603956－47
讀選樓詩稿十卷　(清)王采蘋撰　清光緒二十年(1894)東河督署刻本　二册

360000－1901－0006439　603956－5
讀選樓詩稿十卷　(清)王采蘋撰　清光緒二十年(1894)東河督署刻本　二册

360000－1901－0006440　603956－6
讀選樓詩稿十卷　(清)王采蘋撰　清光緒二十年(1894)東河督署刻本　二册

360000－1901－0006441　603956－7
讀選樓詩稿十卷　(清)王采蘋撰　清光緒二十年(1894)東河督署刻本　二册

360000－1901－0006442　603956－8
讀選樓詩稿十卷　(清)王采蘋撰　清光緒二十年(1894)東河督署刻本　二册

360000－1901－0006443　603956－9
讀選樓詩稿十卷　(清)王采蘋撰　清光緒二十年(1894)東河督署刻本　二册

360000－1901－0006444　805150
讀選樓詩稿十卷　(清)王采蘋撰　清光緒二十年(1894)東河督署刻本　一册　存四卷(一至四)

360000－1901－0006445　805151
讀選樓詩稿十卷　(清)王采蘋撰　清光緒二十年(1894)東河督署刻本　一册　存四卷(一至四)

360000－1901－0006446　805240
讀選樓詩稿十卷　(清)王采蘋撰　清光緒二十年(1894)東河督署刻本　二册

360000－1901－0006447　300393
讀雪山房唐詩三十四卷　(清)管世銘輯　清光緒十二年(1886)湖北官書處刻本　十二册

360000－1901－0006448　309530
讀雪山房唐詩三十四卷　(清)管世銘輯　清光緒十二年(1886)湖北官書處刻本　七册　存二十卷(一至十三、十六至十七、二十二至二十六)

360000－1901－0006449　316649
讀雪山房唐詩三十四卷　(清)管世銘輯　清光緒十二年(1886)湖北官書處刻本　十二册

360000－1901－0006450　413309
讀儀禮彙編四卷　(清)王煥奎編　清道光二十八年(1848)半畝家塾刻本　二册

360000－1901－0006451　413310
讀儀禮彙編四卷　(清)王煥奎編　清道光二十八年(1848)半畝家塾刻本　二册

360000－1901－0006452　413311
讀儀禮彙編四卷　(清)王煥奎編　清道光二十八年(1848)半畝家塾刻本　一册　存二卷(三至四)

360000－1901－0006453　413311－1
讀儀禮彙編四卷　(清)王煥奎編　清道光二十八年(1848)半畝家塾刻本　一册　存二卷

（三至四）

360000－1901－0006454　603954
讀易大旨五卷　（清）孫奇逢撰　清康熙二十七年（1688）刻孫夏峰先生全集本　四册

360000－1901－0006455　210029
讀易述十七卷　（明）潘士藻撰　明萬曆三十四年（1606）潘師魯刻本　三册　存六卷（一、七、十四至十七）

360000－1901－0006456　800342
讀易質疑八卷　（清）黄印撰　清抄本　三册　存六卷（三至八）

360000－1901－0006457　123107
讀陰符經一卷讀參同契三卷　（清）汪紱撰　清光緒二十一年（1895）刻汪雙池先生叢書本　一册

360000－1901－0006458　707184
讀陰符經一卷讀參同契三卷　（清）汪紱撰　清光緒二十一年（1895）刻汪雙池先生叢書本　一册

360000－1901－0006459　404796
讀織錦回文法不分卷　（明）釋起宗撰　清刻本　一册

360000－1901－0006460　160164
讀中庸私解答問不分卷敦艮齋答問不分卷敦艮齋贈言不分卷　（清）徐潤第撰　清抄本　一册

360000－1901－0006461　161334
讀周易記六卷　（清）范泰衡撰　清同治十三年（1874）刻本　六册

360000－1901－0006462　802257
讀左補義五十卷首一卷　（清）姜炳璋輯　清刻本　一册　存二卷（一、首一卷）

360000－1901－0006463　405883
讀左補義五十卷首一卷　（清）姜炳璋輯　清乾隆金閶多文堂刻本　十六册

360000－1901－0006464　405880
讀左補義五十卷首一卷　（清）姜炳璋輯　清乾隆刻本　十二册

360000－1901－0006465　405881
讀左補義五十卷首一卷　（清）姜炳璋輯　清乾隆刻本　十二册　存三十八卷（一、五至十、十二至二十九、三十三至四十、四十四至四十七，首一卷）

360000－1901－0006466　210250
讀左補義五十卷首一卷　（清）姜炳璋輯　清乾隆三十八年（1773）刻本（卷四十四至五十配清光緒二十一年奉新帥氏抄本）　十册

360000－1901－0006467　210251
讀左補義五十卷首一卷　（清）姜炳璋輯　清乾隆三十八年（1773）三多堂刻本　十六册

360000－1901－0006468　210252
讀左補義五十卷首一卷　（清）姜炳璋輯　清乾隆四十七年（1782）同文堂刻本　十四册

360000－1901－0006469　165100
讀左一隅不分卷　（□）□□輯　清抄本　二册　存襄公、昭公

360000－1901－0006470　165100－1
讀左一隅不分卷　（□）□□輯　清抄本　四册

360000－1901－0006471　308015
賭棋山莊筆記　（清）謝章鋌撰　清光緒二十七年（1901）刻賭棋山莊全集本　八册

360000－1901－0006472　303733
賭棋山莊集文七卷　（清）謝章鋌撰　清光緒十年（1884）閩縣陳寶璐南昌使廨刻賭棋山莊全集本　四册

360000－1901－0006473　404847
賭棋山莊集文七卷　（清）謝章鋌撰　清光緒十年（1884）閩縣陳寶璐南昌使廨刻賭棋山莊全集本　一册　存二卷（六至七）

360000－1901－0006474　304443
篤舊集十八卷　（清）劉存仁編　清咸豐九年（1859）蘭州刻本　八册

360000－1901－0006475　405337

篤慎堂燼餘詩稿二卷 (清)金譔撰 清光緒十一年(1885)廣州刻本 一册

360000－1901－0006476 801969
篤生課草不分卷 (清)□□撰 清抄本 一册

360000－1901－0006477 804812
篤生餘事不分卷 (□)□□撰 清抄本 一册

360000－1901－0006478 304446
篤實堂文集八卷 (清)吕永輝撰 清光緒三十二年(1906)大梁明道書院刻本 四册

360000－1901－0006479 301080
篤素堂文集四卷 (清)張英撰 清光緒二十六年(1900)張紹華刻本 一册

360000－1901－0006480 405339
篤素堂文集四卷 (清)張英撰 清光緒九年(1883)上海文瑞樓石印本 一册

360000－1901－0006481 405343
篤素堂文集四卷 (清)張英撰 清光緒刻本 一册 存一卷(一)

360000－1901－0006482 306630
篤素堂文集四卷 (清)張英撰 清光緒六年(1880)龐山刻本 一册

360000－1901－0006483 405340
篤素堂文集四卷 (清)張英撰 清光緒六年(1880)龐山刻本 一册

360000－1901－0006484 405341
篤素堂文集四卷 (清)張英撰 清光緒鉛印本 一册

360000－1901－0006485 405338
篤信集一卷 (清)黄承谷撰 清同治元年(1862)粤東省城學院前廣文堂刻本 一册

360000－1901－0006486 122407
篤志堂古文存稿二卷 (清)游楫撰 清同治七年(1868)刻本 一册

360000－1901－0006487 303021
杜樊川集十七卷 (唐)杜牧撰 (清)朱一是(清)吳璵評 明末吳氏西爽堂刻本 八册

360000－1901－0006488 415426
杜工部草堂詩箋二十二卷 (唐)杜甫撰 (宋)魯訔輯 (宋)蔡夢弼會箋 **年譜二卷** (宋)趙子櫟撰 **詩話二卷** (宋)蔡夢弼集錄 清光緒元年(1875)巴陵方氏碧琳琅館刻本 五册

360000－1901－0006489 305847－1
杜工部草堂詩箋四十卷外集一卷 (唐)杜甫撰 (宋)魯訔輯 (宋)蔡夢弼會箋 **傳序碑銘一卷目錄二卷詩話二卷** (宋)蔡夢弼集錄 **年譜二卷** (宋)趙子櫟撰 **補遺十卷** (宋)黄鶴集注 清光緒十年(1884)遵義黎氏日本東京使署刻古逸叢書本 七册 缺九卷(三十三至四十、外集一卷)

360000－1901－0006490 306129
杜工部草堂詩箋四十卷外集一卷 (唐)杜甫撰 (宋)魯訔輯 (宋)蔡夢弼會箋 **傳序碑銘一卷目錄二卷詩話二卷** (宋)蔡夢弼集錄 **年譜二卷** (宋)趙子櫟撰 **補遺十卷** (宋)黄鶴集注 清光緒十年(1884)遵義黎氏日本東京使署刻古逸叢書本 一册 存八卷(三十三至四十)

360000－1901－0006491 309101
杜工部草堂詩箋四十卷外集一卷 (唐)杜甫撰 (宋)魯訔輯 (宋)蔡夢弼會箋 **傳序碑銘一卷目錄二卷詩話二卷** (宋)蔡夢弼集錄 **年譜二卷** (宋)趙子櫟撰 **補遺十卷** (宋)黄鶴集注 清光緒十年(1884)遵義黎氏日本東京使署刻古逸叢書本 八册

360000－1901－0006492 303010
杜工部集二十卷 (清)錢謙益箋注 **附錄一卷年譜一卷** 清刻本 十册

360000－1901－0006493 315966
杜工部集二十卷 (唐)杜甫撰 (清)錢謙益箋注 **附錄一卷年譜一卷附諸家詩話一卷唱酬題詠附錄一卷** 清康熙六年(1667)季氏靜思堂刻本 四册

360000－1901－0006494　316265
杜工部集二十卷　(唐)杜甫撰　(清)錢謙益箋注　**附録一卷年譜一卷附諸家詩話一卷唱酬題詠附録一卷**　清康熙六年(1667)季氏静思堂刻本　八册

360000－1901－0006495　417730
杜工部集二十卷　(唐)杜甫撰　(清)錢謙益箋注　**附録一卷年譜一卷附諸家詩話一卷唱酬題詠附録一卷**　清康熙六年(1667)季氏静思堂刻本　七册　存二十卷(杜工部集二十卷)

360000－1901－0006496　417731
杜工部集二十卷　(唐)杜甫撰　(清)錢謙益箋注　**附録一卷年譜一卷附諸家詩話一卷唱酬題詠附録一卷**　清康熙六年(1667)季氏静思堂刻本　五册　存十三卷(一至二、六至九、十四至二十)

360000－1901－0006497　417732
杜工部集二十卷　(唐)杜甫撰　(清)錢謙益箋注　**附録一卷年譜一卷附諸家詩話一卷唱酬題詠附録一卷**　清康熙六年(1667)季氏静思堂刻本　十五册　存二十一卷(一至十八、附録一卷、諸家詩話一卷、唱酬題詠附録一卷)

360000－1901－0006498　240062
杜工部集二十卷　(唐)杜甫撰　(清)錢謙益箋注　**附録一卷年譜一卷附諸家詩話一卷唱酬題詠附録一卷**　清康熙六年(1667)季氏静思堂刻本　佚名録清李因篤、汪琬、王士禛評點　六册

360000－1901－0006499　308707
杜工部集二十卷　(唐)杜甫撰　(清)錢謙益箋注　**附録一卷年譜一卷附諸家詩話一卷唱酬題詠附録一卷**　清宣統二年(1910)上海鉛印本　四册

360000－1901－0006500　417727
杜工部集二十卷　(唐)杜甫撰　(清)錢謙益箋注　**附録一卷年譜一卷附諸家詩話一卷唱酬題詠附録一卷**　清宣統三年(1911)時中書局石印本　五册　存十四卷(一至十四)

360000－1901－0006501　315981
杜工部集二十卷　(唐)杜甫撰　(清)錢謙益箋注　**諸家詩話一卷**　清刻本　六册

360000－1901－0006502　315967
杜工部集二十卷首一卷　(唐)杜甫撰　清同治十一年(1872)致一齋刻本　十册

360000－1901－0006503　163679
杜工部集二十卷首一卷　(唐)杜甫撰　(明)王世貞等評　清道光十四年(1834)盧氏芸葉盦刻六色套印本　八册

360000－1901－0006504　163680
杜工部集二十卷首一卷　(唐)杜甫撰　(明)王世貞等評　清道光十四年(1834)盧氏芸葉盦刻六色套印本　十一册　缺二卷(四至五)

360000－1901－0006505　303012
杜工部集二十卷首一卷　(唐)杜甫撰　(明)王世貞等評　清道光十四年(1834)盧氏芸葉盦刻六色套印本　二十册

360000－1901－0006506　163884
杜工部集二十卷首一卷　(唐)杜甫撰　(明)王世貞等評　清光緒二年(1876)粵東翰墨園刻五色套印本　十册

360000－1901－0006507　163885
杜工部集二十卷首一卷　(唐)杜甫撰　(明)王世貞等評　清光緒二年(1876)粵東翰墨園刻五色套印本　十册

360000－1901－0006508　163886
杜工部集二十卷首一卷　(唐)杜甫撰　(明)王世貞等評　清光緒二年(1876)粵東翰墨園刻五色套印本　八册

360000－1901－0006509　163883
杜工部集二十卷首一卷　(唐)杜甫撰　(明)王世貞等評　清刻六色套印本　五册　存十卷(七至十六)

360000－1901－0006510　240068
杜工部七言律詩二卷　(唐)杜甫撰　(元)虞

集注　明鄧秀夫刻本　六册

360000－1901－0006511　415419
杜工部詩鈔不分卷　(唐)杜甫撰　清刻本　一册

360000－1901－0006512　421836
杜工部詩話一卷　(清)劉鳳誥撰　清宣統三年(1911)上海掃葉山房石印本　一册

360000－1901－0006513　412736
杜工部詩話一卷　(清)劉鳳誥撰　清宣統元年(1909)上海掃葉山房石印本　一册

360000－1901－0006514　240064
杜工部詩集二十卷外詩一卷文集二卷　(唐)杜甫撰　(清)朱鶴齡輯注　**年譜一卷**　(清)朱鶴齡撰　清康熙九年(1670)刻本　八册

360000－1901－0006515　240063
杜工部詩集二十卷文集二卷　(唐)杜甫撰　明末海虞毛氏汲古閣刻本　六册

360000－1901－0006516　415421
杜工部詩選初學讀本八卷　(唐)杜甫撰　(清)孫人龍輯評　清刻本　一册　存二卷(五至六)

360000－1901－0006517　415352
杜韓詩句集韻三卷　(清)汪文柏輯　清光緒八年(1882)姑蘇來青閣刻本　六册

360000－1901－0006518　415412
杜韓詩句集韻三卷　(清)汪文柏輯　清康熙古香樓刻本　三册　存二卷(上、下)

360000－1901－0006519　415423
杜解通元四卷　(清)席樹馨撰　清刻本　二册

360000－1901－0006520　123286
杜律蒙求二卷　(清)徐文弼撰　清武進瞿樹蔭刻本　一册

360000－1901－0006521　240069
杜律七言註解四卷附詩法家數一卷　(唐)杜甫撰　(元)虞集注　明萬曆十六年(1588)吳懷保七松居刻本　一册

360000－1901－0006522　163048
杜律通解四卷　(唐)杜甫撰　(清)李文煒箋釋　清刻本　一册　存一卷(四)

360000－1901－0006523　415413
杜律通解四卷　(唐)杜甫撰　(清)李文煒箋釋　清刻本　四册

360000－1901－0006524　415414
杜律通解四卷　(唐)杜甫撰　(清)李文煒箋釋　清刻本　四册

360000－1901－0006525　415415
杜律通解四卷　(唐)杜甫撰　(清)李文煒箋釋　清刻本　二册　存二卷(一至二)

360000－1901－0006526　163586
杜律通解四卷　(唐)杜甫撰　(清)李文煒箋釋　清雍正三年(1725)刻本　二册

360000－1901－0006527　240070
杜律五言註解三卷　(唐)杜甫撰　(元)趙汸注　明萬曆十六年(1588)吳懷保七松居刻本　一册

360000－1901－0006528　303018
杜清獻公集十九卷首一卷末一卷附錄一卷　(宋)杜範撰　清同治九年(1870)吳縣孫氏九峰書院刻本　四册

360000－1901－0006529　413827－1
杜少陵詩選□□卷　(唐)杜甫撰　(清)□□編　清刻本　一册　存二卷(三至四)

360000－1901－0006530　413827－2
杜少陵詩選□□卷　(唐)杜甫撰　(清)□□編　清刻本　一册　存二卷(三至四)

360000－1901－0006531　412705
杜詩本義二卷　(唐)杜甫撰　(清)齊翀集注　清刻本　二册

360000－1901－0006532　415422
杜詩本義二卷　(唐)杜甫撰　(清)齊翀集注　清刻本　一册　存一卷(下)

360000－1901－0006533　415416
杜詩會粹二十四卷　(唐)杜甫撰　(清)張遠

箋　清康熙二十七年(1688)文蔚堂刻本　九冊　存二十二卷(一至二十、二十三至二十四)

360000－1901－0006534　415417
杜詩會粹二十四卷　(唐)杜甫撰　(清)張遠箋　清康熙二十七年(1688)文蔚堂刻本　二冊　存六卷(七至九、十九至二十一)

360000－1901－0006535　415427
杜詩集說二十卷末一卷　(唐)杜甫撰　(清)江浩然輯　清刻本　五冊　存十一卷(一至二、五至七、十一至十六)

360000－1901－0006536　303013
杜詩鏡銓二十卷　(清)楊倫撰　**讀書堂杜工部文集註解二卷**　(清)張溍撰　清光緒十八年(1892)上海著易堂鉛印本　六冊

360000－1901－0006537　307884
杜詩鏡銓二十卷　(清)楊倫撰　**讀書堂杜工部文集註解二卷**　(清)張溍撰　清光緒十八年(1892)上海著易堂鉛印本　六冊　存二十卷(杜詩鏡銓二十卷)

360000－1901－0006538　417776
杜詩鏡銓二十卷　(清)楊倫撰　**讀書堂杜工部文集註解二卷**　(清)張溍撰　清光緒十八年(1892)上海著易堂鉛印本　五冊　存十八卷(杜詩鏡銓一至七、十二至二十,讀書堂杜工部文集註解二卷)

360000－1901－0006539　303011
杜詩鏡銓二十卷　(清)楊倫撰　**讀書堂杜工部文集註解二卷**　(清)張溍撰　清同治十一年(1872)望三益齋刻本　十冊

360000－1901－0006540　307714
杜詩鏡銓二十卷　(清)楊倫撰　**讀書堂杜工部文集註解二卷**　(清)張溍撰　清同治十一年(1872)望三益齋刻本　十冊　存二十卷(杜詩鏡銓二十卷)

360000－1901－0006541　417775
杜詩鏡銓二十卷　(清)楊倫撰　**讀書堂杜工部文集註解二卷**　(清)張溍撰　清同治十一年(1872)望三益齋刻本　二冊　存五卷(八至十二)

360000－1901－0006542　711838
杜詩鏡銓二十卷　(清)楊倫撰　**讀書堂杜工部文集註解二卷**　(清)張溍撰　清同治十一年(1872)望三益齋刻本　十冊

360000－1901－0006543　801576
杜詩鏡銓二十卷附錄一卷年譜一卷　(清)楊倫撰　清刻本　一冊　存三卷(十一至十三)

360000－1901－0006544　717773
杜詩鏡銓二十卷附錄一卷年譜一卷　(清)楊倫撰　清乾隆五十七年(1792)刻本　六冊　存十六卷(一至十五、年譜一卷)

360000－1901－0006545　415435
杜詩論文五十六卷　(清)吳見思撰　(清)潘眉評　清康熙十一年(1672)岱淵堂刻本　十冊

360000－1901－0006546　417729
杜詩偶評四卷　(清)沈德潛撰　清刻本　二冊　存二卷(一至二)

360000－1901－0006547　303015
杜詩偶評四卷　(清)沈德潛撰　清末石印本　二冊

360000－1901－0006548　316500
杜詩偶評四卷　(清)沈德潛撰　清乾隆十二年(1747)潘承松賦閒草堂刻本　四冊

360000－1901－0006549　316836
杜詩偶評四卷　(清)沈德潛撰　清乾隆十二年(1747)潘承松賦閒草堂刻本　二冊

360000－1901－0006550　417728
杜詩偶評四卷　(清)沈德潛撰　清乾隆十二年(1747)潘承松賦閒草堂刻本　二冊

360000－1901－0006551　415393
杜詩培風讀本不分卷　(清)席樹馨編　清刻本　三冊

360000－1901－0006552　240071
杜詩詳註二十五卷首一卷附編二卷　(唐)杜

甫撰　(清)仇兆鰲輯注　清康熙刻本　二十八册

360000－1901－0006553　240072
杜詩詳註二十五卷首一卷附編二卷　(唐)杜甫撰　(清)仇兆鰲輯注　清康熙刻本　二十六册　缺二卷(二、首一卷)

360000－1901－0006554　240073
杜詩詳註二十五卷首一卷附編二卷　(唐)杜甫撰　(清)仇兆鰲輯注　清康熙刻本　十六册　缺六卷(一至五、首一卷)

360000－1901－0006555　415379
杜詩詳註二十五卷首一卷附編二卷　(唐)杜甫撰　(清)仇兆鰲輯注　清康熙刻本　二十册

360000－1901－0006556　415380
杜詩詳註二十五卷首一卷附編二卷　(唐)杜甫撰　(清)仇兆鰲輯注　清康熙刻本　二十八册

360000－1901－0006557　415381
杜詩詳註二十五卷首一卷附編二卷　(唐)杜甫撰　(清)仇兆鰲輯注　清康熙刻本　二十五册

360000－1901－0006558　415382
杜詩詳註二十五卷首一卷附編二卷　(唐)杜甫撰　(清)仇兆鰲輯注　清康熙刻本　二十五册

360000－1901－0006559　415383
杜詩詳註二十五卷首一卷附編二卷　(唐)杜甫撰　(清)仇兆鰲輯注　清康熙刻本　十五册

360000－1901－0006560　415384
杜詩詳註二十五卷首一卷附編二卷　(唐)杜甫撰　(清)仇兆鰲輯注　清康熙刻本　十六册

360000－1901－0006561　415385
杜詩詳註二十五卷首一卷附編二卷　(唐)杜甫撰　(清)仇兆鰲輯注　清康熙刻本　二十二册

360000－1901－0006562　415386
杜詩詳註二十五卷首一卷附編二卷　(唐)杜甫撰　(清)仇兆鰲輯注　清康熙刻本　十三册

360000－1901－0006563　415387
杜詩詳註二十五卷首一卷附編二卷　(唐)杜甫撰　(清)仇兆鰲輯注　清康熙刻本　十一册

360000－1901－0006564　415388
杜詩詳註二十五卷首一卷附編二卷　(唐)杜甫撰　(清)仇兆鰲輯注　清康熙刻本　十一册　存二十卷(一至四、六至十一、十四至十五、十七至十九、二十一至二十五)

360000－1901－0006565　415389
杜詩詳註二十五卷首一卷附編二卷　(唐)杜甫撰　(清)仇兆鰲輯注　清康熙刻本　九册　存十二卷(一、四、七、九、十四至十五、十八、二十一、二十四至二十五,附編二卷)

360000－1901－0006566　415390
杜詩詳註二十五卷首一卷附編二卷　(唐)杜甫撰　(清)仇兆鰲輯注　清康熙刻本　六册　存四卷(一、十四、十八、二十一)

360000－1901－0006567　415434
杜詩選讀六卷　(唐)杜甫撰　(清)何化南　(清)朱煜編　清乾隆二十四年(1759)逸園刻本　二册

360000－1901－0006568　240065
杜詩選六卷　(唐)杜甫撰　(明)閔暎璧集評　明閔氏刻朱墨套印李杜詩選本　一册　存三卷(一至三)

360000－1901－0006569　306130
杜詩虞箋四卷　(清)虞伯生注　(清)友琴堂輯　清友琴堂刻本　一册

360000－1901－0006570　220458
杜氏通典二百卷　(唐)杜佑撰　明嘉靖李元陽刻本(卷一百五十二至一百五十三配明抄

本）　二册　存六卷（二十三至二十五、一百五十一至一百五十三）

360000－1901－0006571　603571
杜氏通典二百卷附考證　（唐）杜佑撰　清光緒二十七年（1901）上海圖書集成局鉛印本　十六册

360000－1901－0006572　407714
妬律一卷　（清）廣野居士撰　**閨律一卷**（清）芙蓉外史編　清光緒三年（1877）鉛印本　一册

360000－1901－0006573　705268
度隴記四卷　（清）董醇撰　清咸豐刻隨軺載筆本　三册

360000－1901－0006574　300074
度鍼編一卷　（清）聞人均評選　清光緒四年（1878）靖安舒氏刻本　一册

360000－1901－0006575　406415
度支部幣制奏案輯要不分卷　清宣統二年（1910）刻本　一册

360000－1901－0006576　240378
蠹齋先生鉛刀編三十二卷拾遺詩一卷目錄二卷　（宋）周孚撰　清抄本　二册

360000－1901－0006577　240624
端簡鄭公文集十二卷　（明）鄭曉撰　明嘉靖、萬曆刻鄭端簡公全集本　八册

360000－1901－0006578　401546
端敏公集奏議二十卷函牘二卷首二卷　（清）袁甲三撰　清宣統三年（1911）清芬閣鉛印項城袁氏家集本　三册　存三卷（十一、十三，首一）

360000－1901－0006579　402278
端敏公集奏議二十卷函牘二卷首二卷　（清）袁甲三撰　清宣統三年（1911）清芬閣鉛印項城袁氏家集本　三册　存三卷（一、八、十五）

360000－1901－0006580　412974
端石擬三卷　（清）陳齡撰　清同治十二年（1873）木活字印靜園叢書本　一册

360000－1901－0006581　800781
短筆雜錄不分卷　（清）□□輯　清抄本　一册

360000－1901－0006582　161011
段氏說文注訂八卷　（清）鈕樹玉撰　清同治十三年（1874）湖北崇文書局刻本　二册

360000－1901－0006583　161012
段氏說文注訂八卷　（清）鈕樹玉撰　清同治十三年（1874）湖北崇文書局刻本　二册

360000－1901－0006584　161013
段氏說文注訂八卷　（清）鈕樹玉撰　清同治十三年（1874）湖北崇文書局刻本　二册

360000－1901－0006585　413745
斷水詞三卷　（清）樂鈞撰　清刻本　一册

360000－1901－0006586　301960
對策六卷　（清）陳鱣撰　清光緒五年（1879）刻本　二册

360000－1901－0006587　710754
對聯匯海十四卷　（清）邱日誩輯　清光緒十八年（1892）兩儀堂刻本　四册

360000－1901－0006588　710755
對聯匯海十四卷　（清）邱日誩輯　清光緒十八年（1892）兩儀堂刻本　一册　存三卷（一至三）

360000－1901－0006589　710756
對聯匯海十四卷　（清）邱日誩輯　清光緒十八年（1892）兩儀堂刻本　一册　存十一卷（一至三、七至十四）

360000－1901－0006590　122923
對聯匯海十四卷　（清）邱日誩輯　清光緒十八年（1892）文奎堂刻本　一册　存四卷（一至四）

360000－1901－0006591　710757
對聯匯海十四卷　（清）邱日誩輯　清光緒十八年（1892）文奎堂刻本　三册　存十卷（一至六、十一至十四）

360000－1901－0006592　710757－1

對聯匯海十四卷　(清)邱日訌輯　清刻本　一冊　存八卷(七至十四)

360000－1901－0006593　710752
對聯匯海十四卷　(清)邱日訌輯　清同治六年(1867)經綸堂刻本　三冊　存九卷(一至五、十一至十四)

360000－1901－0006594　710753
對聯匯海十四卷　(清)邱日訌輯　清同治六年(1867)刻本　五冊　存七卷(一至六、十一)

360000－1901－0006595　710751
對聯匯海十四卷　(清)邱日訌輯　清同治七年(1868)刻本　一冊　存三卷(一至三)

360000－1901－0006596　710742
對聯精華一卷集唐精華一卷　(清)黃圖輯　清和雲堂刻本　一冊

360000－1901－0006597　410705
對聯同善一卷　(清)董允燮輯　清道光二十二年(1842)刻本　一冊

360000－1901－0006598　405077
對山書屋墨餘錄十六卷　(清)毛祥麟撰　清同治九年(1870)杭州文元堂楊氏刻本　五冊　存八卷(一至二、五至六、九至十、十三至十四)

360000－1901－0006599　305524
對山書屋墨餘錄十六卷　(清)毛祥麟撰　清同治九年(1870)湖州醉六堂吳氏刻本　五冊　存十三卷(一至十、十四至十六)

360000－1901－0006600　417441
對數表四卷　(清)賈步緯撰　清光緒江南製造局鉛印本　三冊　存三卷(一至三)

360000－1901－0006601　317689
對數表一卷　(美國)路密司編　(美國)赫士口譯　(清)朱葆琛筆述　清光緒二十四年(1898)上海益智書會石印本　一冊

360000－1901－0006602　417440
對數表一卷　(美國)路密司編　(美國)赫士口譯　(清)朱葆琛筆述　清光緒二十五年(1899)上海美華書館鉛印本　一冊

360000－1901－0006603　309948
對數表一卷　(美國)路密司編　(美國)赫士口譯　(清)朱葆琛筆述　清光緒十九年(1893)上海美華書館鉛印本　一冊

360000－1901－0006604　410722
對語四種　(清)章慶輯　清嘉慶二十二年(1817)刻本　四冊　存二種

360000－1901－0006605　122112
對語四種　(清)章慶輯　清嘉慶二十一年(1816)茶坨主人刻本　四冊

360000－1901－0006606　405446
敦復堂稿四集　(清)王步青撰　清刻本　一冊　存一集(亨)

360000－1901－0006607　300472
敦艮吉齋詩存二卷文存四卷　(清)徐子苓撰　清光緒三十二年(1906)集虛草堂刻本　六冊

360000－1901－0006608　304716
敦艮吉齋詩存二卷文存四卷　(清)徐子苓撰　清同治五年(1866)刻本　四冊　存四卷(敦艮吉齋詩存一、文存一至三)

360000－1901－0006609　409696
敦煌石室真蹟錄五卷附一卷　王仁俊輯　清宣統元年(1909)吳趨王氏石印本　二冊

360000－1901－0006610　300471
敦夙好齋詩初編十二卷首一卷續編十一卷首一卷　(清)葉名灃撰　清光緒十六年(1890)刻本　八冊

360000－1901－0006611　801471
敦素齋讀書隨筆不分卷　(清)□□撰　清抄本　一冊

360000－1901－0006612　901210
敦敘堂崇祀錄不分卷　(清)□□撰　清咸豐十年(1860)刻本　一冊

360000－1901－0006613　121622

敦拙堂詩集十三卷 (清)陳奉兹撰 清光緒二年(1876)刻本 四册

360000－1901－0006614 241099
敦拙堂詩集十三卷 (清)陳奉兹撰 清乾隆六十年(1795)自刻本 四册

360000－1901－0006615 121623
敦拙堂詩集十三卷 (清)陳奉兹撰 **附九十九峰草堂詩鈔二卷** (清)陳世慶撰 **附養花軒詩鈔一卷** (清)吴芸華撰 清光緒二年(1876)廣州節署刻本 四册

360000－1901－0006616 306499
盾墨拾餘十四卷 易順鼎撰 清光緒二十二年(1896)慕皐廬刻哭盦叢書本 四册

360000－1901－0006617 303923
盾墨四卷 (清)湯彝撰 清刻本 一册

360000－1901－0006618 305492
遁翁隨筆二卷 (清)祁駿佳撰 清光緒刻本 一册 存一卷(下)

360000－1901－0006619 705465
鈍翁前後類稿六十二卷首一卷 (清)汪琬撰 清康熙刻本 三册 存十六卷(一至九、二十三至二十九)

360000－1901－0006620 163557
鈍翁文集十六卷 (清)汪琬撰 清宣統二年(1910)上海國學扶輪社石印本 八册

360000－1901－0006621 304383
鈍翁文録十六卷 (清)汪琬撰 (清)金吴瀾選 清光緒十三年(1887)鋤月種梅室木活字印本 六册

360000－1901－0006622 163125
鈍吟集三卷 (清)馮班撰 清光緒三十四年(1908)新昌胡氏問影樓鉛印問影樓叢刻初編本 一册

360000－1901－0006623 163126
鈍吟集三卷 (清)馮班撰 清光緒三十四年(1908)新昌胡氏問影樓鉛印問影樓叢刻初編本 一册

360000－1901－0006624 164072
鈍吟集三卷 (清)馮班撰 清光緒三十四年(1908)新昌胡氏問影樓鉛印問影樓叢刻初編本 一册

360000－1901－0006625 164073
鈍吟集三卷 (清)馮班撰 清光緒三十四年(1908)新昌胡氏問影樓鉛印問影樓叢刻初編本 一册

360000－1901－0006626 306883
鈍吟集三卷 (清)馮班撰 清光緒三十四年(1908)新昌胡氏問影樓鉛印問影樓叢刻初編本 一册

360000－1901－0006627 419834
鈍吟集三卷 (清)馮班撰 清光緒三十四年(1908)新昌胡氏問影樓鉛印問影樓叢刻初編本 一册

360000－1901－0006628 603619
鈍吟集三卷 (清)馮班撰 清光緒三十四年(1908)新昌胡氏問影樓鉛印問影樓叢刻初編本 一册

360000－1901－0006629 603619－1
鈍吟集三卷 (清)馮班撰 清光緒三十四年(1908)新昌胡氏問影樓鉛印問影樓叢刻初編本 一册

360000－1901－0006630 603619－10
鈍吟集三卷 (清)馮班撰 清光緒三十四年(1908)新昌胡氏問影樓鉛印問影樓叢刻初編本 一册

360000－1901－0006631 603619－11
鈍吟集三卷 (清)馮班撰 清光緒三十四年(1908)新昌胡氏問影樓鉛印問影樓叢刻初編本 一册

360000－1901－0006632 603619－12
鈍吟集三卷 (清)馮班撰 清光緒三十四年(1908)新昌胡氏問影樓鉛印問影樓叢刻初編本 一册

360000－1901－0006633 603619－13

鈍吟集三卷　(清)馮班撰　清光緒三十四年(1908)新昌胡氏問影樓鉛印問影樓叢刻初編本　一册

360000－1901－0006634　603619－14
鈍吟集三卷　(清)馮班撰　清光緒三十四年(1908)新昌胡氏問影樓鉛印問影樓叢刻初編本　一册

360000－1901－0006635　603619－15
鈍吟集三卷　(清)馮班撰　清光緒三十四年(1908)新昌胡氏問影樓鉛印問影樓叢刻初編本　一册

360000－1901－0006636　603619－16
鈍吟集三卷　(清)馮班撰　清光緒三十四年(1908)新昌胡氏問影樓鉛印問影樓叢刻初編本　一册

360000－1901－0006637　603619－17
鈍吟集三卷　(清)馮班撰　清光緒三十四年(1908)新昌胡氏問影樓鉛印問影樓叢刻初編本　一册

360000－1901－0006638　603619－18
鈍吟集三卷　(清)馮班撰　清光緒三十四年(1908)新昌胡氏問影樓鉛印問影樓叢刻初編本　一册

360000－1901－0006639　603619－19
鈍吟集三卷　(清)馮班撰　清光緒三十四年(1908)新昌胡氏問影樓鉛印問影樓叢刻初編本　一册

360000－1901－0006640　603619－2
鈍吟集三卷　(清)馮班撰　清光緒三十四年(1908)新昌胡氏問影樓鉛印問影樓叢刻初編本　一册

360000－1901－0006641　603619－20
鈍吟集三卷　(清)馮班撰　清光緒三十四年(1908)新昌胡氏問影樓鉛印問影樓叢刻初編本　一册

360000－1901－0006642　603619－21
鈍吟集三卷　(清)馮班撰　清光緒三十四年(1908)新昌胡氏問影樓鉛印問影樓叢刻初編本　一册

360000－1901－0006643　603619－22
鈍吟集三卷　(清)馮班撰　清光緒三十四年(1908)新昌胡氏問影樓鉛印問影樓叢刻初編本　一册

360000－1901－0006644　603619－23
鈍吟集三卷　(清)馮班撰　清光緒三十四年(1908)新昌胡氏問影樓鉛印問影樓叢刻初編本　一册

360000－1901－0006645　603619－24
鈍吟集三卷　(清)馮班撰　清光緒三十四年(1908)新昌胡氏問影樓鉛印問影樓叢刻初編本　一册

360000－1901－0006646　603619－25
鈍吟集三卷　(清)馮班撰　清光緒三十四年(1908)新昌胡氏問影樓鉛印問影樓叢刻初編本　一册

360000－1901－0006647　603619－26
鈍吟集三卷　(清)馮班撰　清光緒三十四年(1908)新昌胡氏問影樓鉛印問影樓叢刻初編本　一册

360000－1901－0006648　603619－27
鈍吟集三卷　(清)馮班撰　清光緒三十四年(1908)新昌胡氏問影樓鉛印問影樓叢刻初編本　一册

360000－1901－0006649　603619－28
鈍吟集三卷　(清)馮班撰　清光緒三十四年(1908)新昌胡氏問影樓鉛印問影樓叢刻初編本　一册

360000－1901－0006650　603619－29
鈍吟集三卷　(清)馮班撰　清光緒三十四年(1908)新昌胡氏問影樓鉛印問影樓叢刻初編本　一册

360000－1901－0006651　603619－3
鈍吟集三卷　(清)馮班撰　清光緒三十四年(1908)新昌胡氏問影樓鉛印問影樓叢刻初編

本　一册

360000－1901－0006652　603619－30
鈍吟集三卷　(清)馮班撰　清光緒三十四年(1908)新昌胡氏問影樓鉛印問影樓叢刻初編本　一册

360000－1901－0006653　603619－31
鈍吟集三卷　(清)馮班撰　清光緒三十四年(1908)新昌胡氏問影樓鉛印問影樓叢刻初編本　一册

360000－1901－0006654　603619－32
鈍吟集三卷　(清)馮班撰　清光緒三十四年(1908)新昌胡氏問影樓鉛印問影樓叢刻初編本　一册

360000－1901－0006655　603619－33
鈍吟集三卷　(清)馮班撰　清光緒三十四年(1908)新昌胡氏問影樓鉛印問影樓叢刻初編本　一册

360000－1901－0006656　603619－34
鈍吟集三卷　(清)馮班撰　清光緒三十四年(1908)新昌胡氏問影樓鉛印問影樓叢刻初編本　一册

360000－1901－0006657　603619－35
鈍吟集三卷　(清)馮班撰　清光緒三十四年(1908)新昌胡氏問影樓鉛印問影樓叢刻初編本　一册

360000－1901－0006658　603619－36
鈍吟集三卷　(清)馮班撰　清光緒三十四年(1908)新昌胡氏問影樓鉛印問影樓叢刻初編本　一册

360000－1901－0006659　603619－37
鈍吟集三卷　(清)馮班撰　清光緒三十四年(1908)新昌胡氏問影樓鉛印問影樓叢刻初編本　一册

360000－1901－0006660　603619－38
鈍吟集三卷　(清)馮班撰　清光緒三十四年(1908)新昌胡氏問影樓鉛印問影樓叢刻初編本　一册

360000－1901－0006661　603619－39
鈍吟集三卷　(清)馮班撰　清光緒三十四年(1908)新昌胡氏問影樓鉛印問影樓叢刻初編本　一册

360000－1901－0006662　603619－4
鈍吟集三卷　(清)馮班撰　清光緒三十四年(1908)新昌胡氏問影樓鉛印問影樓叢刻初編本　一册

360000－1901－0006663　603619－40
鈍吟集三卷　(清)馮班撰　清光緒三十四年(1908)新昌胡氏問影樓鉛印問影樓叢刻初編本　一册

360000－1901－0006664　603619－41
鈍吟集三卷　(清)馮班撰　清光緒三十四年(1908)新昌胡氏問影樓鉛印問影樓叢刻初編本　一册

360000－1901－0006665　603619－42
鈍吟集三卷　(清)馮班撰　清光緒三十四年(1908)新昌胡氏問影樓鉛印問影樓叢刻初編本　一册

360000－1901－0006666　603619－43
鈍吟集三卷　(清)馮班撰　清光緒三十四年(1908)新昌胡氏問影樓鉛印問影樓叢刻初編本　一册

360000－1901－0006667　603619－44
鈍吟集三卷　(清)馮班撰　清光緒三十四年(1908)新昌胡氏問影樓鉛印問影樓叢刻初編本　一册

360000－1901－0006668　603619－45
鈍吟集三卷　(清)馮班撰　清光緒三十四年(1908)新昌胡氏問影樓鉛印問影樓叢刻初編本　一册

360000－1901－0006669　603619－46
鈍吟集三卷　(清)馮班撰　清光緒三十四年(1908)新昌胡氏問影樓鉛印問影樓叢刻初編本　一册

360000－1901－0006670　603619－47

鈍吟集三卷　(清)馮班撰　清光緒三十四年(1908)新昌胡氏問影樓鉛印問影樓叢刻初編本　一冊

360000－1901－0006671　603619－5
鈍吟集三卷　(清)馮班撰　清光緒三十四年(1908)新昌胡氏問影樓鉛印問影樓叢刻初編本　一冊

360000－1901－0006672　603619－6
鈍吟集三卷　(清)馮班撰　清光緒三十四年(1908)新昌胡氏問影樓鉛印問影樓叢刻初編本　一冊

360000－1901－0006673　603619－7
鈍吟集三卷　(清)馮班撰　清光緒三十四年(1908)新昌胡氏問影樓鉛印問影樓叢刻初編本　一冊

360000－1901－0006674　603619－8
鈍吟集三卷　(清)馮班撰　清光緒三十四年(1908)新昌胡氏問影樓鉛印問影樓叢刻初編本　一冊

360000－1901－0006675　603619－9
鈍吟集三卷　(清)馮班撰　清光緒三十四年(1908)新昌胡氏問影樓鉛印問影樓叢刻初編本　一冊

360000－1901－0006676　406936
頓悟入道要門論二卷　(唐)釋慧海撰　清刻本　一冊

360000－1901－0006677　405353
遯窟讕言十二卷　(清)王韜撰　清光緒鉛印本　二冊　存六卷(四至九)

360000－1901－0006678　407821
多福集不分卷　(清)集義堂編　清道光十五年(1835)集義堂刻本　一冊

360000－1901－0006679　802845－5
多福通書不分卷　(清)羅傳烈編　清刻本　二冊

360000－1901－0006680　804786－9
多福通書不分卷　(清)羅傳烈編　清刻本　一冊

360000－1901－0006681　419017
多文堂重訂古文釋義新編八卷　(清)余誠評注　清嘉慶十八年(1813)多文堂刻本　二冊　存四卷(一至四)

360000－1901－0006682　305300
多忠勇公[多隆阿]勤勞錄四卷　(清)雷正綰編　清光緒三年(1877)敬恕堂刻本　二冊　存二卷(一、三)

360000－1901－0006683　163876
朵雲山房遺稿十二卷　(明)韓上桂撰　清嘉慶二十一年(1816)朵雲山房刻本　四冊

360000－1901－0006684　163534
惰窳龕初稿四卷　(清)胡蕃撰　清道光十五年(1835)刻本(卷二配抄本)　一冊

360000－1901－0006685　420164
俄國疆界風俗誌三卷　(清)吳大澂編　清光緒十五年(1889)五湖草廬刻本　一冊

360000－1901－0006686　306321
俄國西伯利東偏紀要一卷　(清)曹廷杰撰　清光緒錢塘汪氏刻振綺堂叢書本　一冊

360000－1901－0006687　313207
俄國新志八卷　(英國)陔勒低撰　(英國)傅蘭雅　(清)潘松譯　清光緒二十四年(1898)上海製造總局刻本　三冊

360000－1901－0006688　305279
俄國新志八卷　(英國)陔勒低撰　(英國)傅蘭雅　(清)潘松譯　清末石印本　二冊　存四卷(五至八)

360000－1901－0006689　413161－1
俄國新志八卷　(英國)陔勒低撰　(英國)傅蘭雅譯　(清)潘松譯　清光緒二十四年(1898)上海製造總局刻本　三冊

360000－1901－0006690　309640
俄羅斯三卷　(法國)波留撰　(日本)林毅陸原譯　(日本)中島端重譯　清宣統元年(1909)商務印書館鉛印本　三冊

360000－1901－0006691　401597
俄史輯譯四卷　(英國)闞斐迪譯　(清)徐景羅重譯　清末石印本　三冊

360000－1901－0006692　401598
俄史輯譯四卷　(英國)闞斐迪譯　(清)徐景羅重譯　清末石印西學富強叢書本　一冊　存二卷(一至二)

360000－1901－0006693　301341
俄史輯譯四卷　(英國)闞裴迪譯　(清)徐景羅重譯　清光緒十四年(1888)上海益智書會刻本　四冊

360000－1901－0006694　301346
俄史輯譯四卷　(英國)闞裴迪譯　(清)徐景羅重譯　清光緒十四年(1888)上海益智書會刻本　四冊

360000－1901－0006695　305237
俄事新書二卷　(清)陳俠君輯　清光緒二十二年(1896)上海書局石印本　一冊　存一卷(上)

360000－1901－0006696　301345
俄土兵記四卷　(清)余澍疇輯　清光緒十年(1884)刻本　四冊

360000－1901－0006697　301342
俄遊彙編十二卷　(清)繆祐孫撰　清光緒十五年(1889)海上秀文書局石印本　四冊

360000－1901－0006698　161847
峨眉山志十八卷　(清)蔣超纂　清道光十四年(1834)胡林秀補刻本　六冊

360000－1901－0006699　303380
蛾術編八十二卷　(清)王鳴盛撰　清道光二十一年(1841)刻本　二十冊

360000－1901－0006700　900181
蛾術齋試帖一卷　(清)李如筠撰　清刻本　一冊

360000－1901－0006701　123300
蛾術齋試帖一卷　(清)李如筠撰　**雙籐書屋試帖一卷**　(清)何道生撰　清刻本　一冊

360000－1901－0006702　900224
鵝峯書院冊不分卷　(清)辛銘恭等纂修　清光緒二十八年(1902)木活字印本　一冊

360000－1901－0006703　220702
鵝湖講學會編十二卷　(清)鄭之僑輯　清乾隆九年(1744)刻本　四冊

360000－1901－0006704　413307
鵝湖講學會編十二卷　(清)鄭之僑輯　清乾隆九年(1744)述堂刻本　四冊

360000－1901－0006705　413308
鵝湖講學會編十二卷　(清)鄭之僑輯　清乾隆九年(1744)述堂刻本　三冊　存六卷(四至九)

360000－1901－0006706　804951
鵝湖客話四卷　(清)謝蘭生撰　清道光十六年(1836)觀我堂刻本　一冊

360000－1901－0006707　122521
鵝湖客話四卷　(清)謝蘭生撰　清刻本　一冊

360000－1901－0006708　122522
鵝湖課士錄不分卷　(清)徐謙　(清)周兆熊輯　清道光二十六年(1846)明月軒刻本　三冊

360000－1901－0006709　901612
鵞湖遊草二卷　(清)謝蘭生撰　清道光十六年(1836)刻本　一冊

360000－1901－0006710　413129
鄂不齋叢書　(清)唐贊衮撰並輯　清光緒二十七年(1901)桐園鄂不齋刻本　十一冊　存五種

360000－1901－0006711　307934
鄂國金佗稡編二十八卷續編三十卷　(宋)岳珂輯　清光緒九年(1883)浙江書局刻本　六冊　存二十八卷(鄂國金佗稡編二十八卷)

360000－1901－0006712　415144
鄂渚同聲集初編七卷二編二十卷　(清)胡鳳丹輯　清退補齋刻本　三冊

360000－1901－0006713　162755
遏淫敦孝篇二卷　（清）石璿撰　清光緒二年（1876）刻本　一册

360000－1901－0006714　161567
鱺渚迴瀾記八卷　（清）陳坤撰　清咸豐七年（1857）刻本　一册

360000－1901－0006715　303638
恩福堂筆記二卷　（清）英和撰　清道光十七年（1837）刻本　一册

360000－1901－0006716　410518
恩餘堂經進初藁十二卷續藁二十二卷三藁十一卷策問存課二卷知聖道齋讀書跋尾二卷（清）彭元瑞撰　清刻本　八册　存二十三卷（恩餘堂經進初藁十二卷、續藁一至十一）

360000－1901－0006717　241108
恩餘堂經進初藁十二卷續藁二十二卷三藁十一卷策問存課二卷知聖道齋讀書跋尾二卷（清）彭元瑞撰　清乾隆、嘉慶刻本　十七册　缺二卷（知聖道齋讀書跋尾二卷）

360000－1901－0006718　121361
恩餘堂經進初藁十二卷續藁二十二卷三藁十一卷策問存課二卷知聖道齋讀書跋尾二卷（清）彭元瑞撰　清乾隆刻本　八册　存二十一卷（恩餘堂經進初藁一至二，續藁一至三、十至十五，三藁一至八，策問存課二卷）

360000－1901－0006719　121362
恩餘堂經進初藁十二卷續藁二十二卷三藁十一卷策問存課二卷知聖道齋讀書跋尾二卷（清）彭元瑞撰　清乾隆刻本　十三册　缺八卷（續藁一至二、十二至十四，三藁三至五）

360000－1901－0006720　715526
而菴説唐詩二十二卷首一卷　（清）徐增撰　清乾隆二十三年（1758）刻本　二册　存七卷（一至六、首一卷）

360000－1901－0006721　715527
而菴説唐詩二十二卷首一卷　（清）徐增撰　清乾隆二十三年（1758）刻本　四册　存九卷（一至六、十七至十八，首一卷）

360000－1901－0006722　721277
兒女英雄傳評話八卷四十回　（清）文康撰（清）董恂評　清光緒三十二年（1906）石印本　六册

360000－1901－0006723　721276
兒女英雄傳評話八卷四十回首一回　（清）文康撰　（清）董恂評　清末上海茂記書莊石印本　八册

360000－1901－0006724　162451
兒童矯弊論七章　（日本）大村仁太郎編（清）京師編書局譯　清光緒三十一年（1905）京師學務處官書局鉛印本　一册

360000－1901－0006725　414596
兒童矯弊論七章　（日本）大村仁太郎編（清）京師編書局譯　清光緒三十一年（1905）京師學務處官書局鉛印本　一册

360000－1901－0006726　901339
兒童教育鑑二卷　徐傳霖譯　清光緒三十一年（1905）文明書局鉛印本　三册

360000－1901－0006727　413701
耳食錄十二卷　（清）樂鈞撰　清同治七年（1868）藏脩堂刻本　一册　存三卷（一至三）

360000－1901－0006728　407847
耳新八卷　（明）鄭仲夔撰　清末鉛印本　一册

360000－1901－0006729　801446
爾雅□□卷　（晉）郭璞注　（唐）陸德明音義　清抄本　一册　存一卷（上）

360000－1901－0006730　161135
爾雅補注殘本一卷　（清）劉玉麐撰　清光緒十四年（1888）廣雅書局刻廣雅書局叢書本　一册

360000－1901－0006731　161136
爾雅補注殘本一卷　（清）劉玉麐撰　清光緒十四年（1888）廣雅書局刻廣雅書局叢書本　一册

360000－1901－0006732　210476

爾雅二卷 （晉）郭璞注 **小爾雅一卷** 題（漢）孔鮒撰 （宋）宋咸注 清乾隆十年（1745）刻本 二册

360000－1901－0006733 406190
爾雅廣義十一卷 （晉）郭璞注 （宋）邢昺疏 （清）周蕖莊等輯 清刻本 一册

360000－1901－0006734 603030－3
爾雅郭注義疏二十卷 （清）郝懿行撰 清光緒十四年（1888）湖北官書處刻本 八册

360000－1901－0006735 161129
爾雅郭注義疏十九卷 （清）郝懿行撰 清道光三十年（1850）沔陽陸建瀛木犀香館刻本 八册

360000－1901－0006736 406194
爾雅郭註佚存補訂二十卷 王樹枏撰 清光緒十八年（1892）新城王樹枏文莫室刻本 一册 存三卷（四至六）

360000－1901－0006737 803528
爾雅講義一卷漢書藝文志補注講義一卷 （清）姚詒慶編 清末影印本 一册

360000－1901－0006738 406178
爾雅節訓一卷 （清）王廷燮撰 清光緒九年（1883）刻本 一册

360000－1901－0006739 406178－1
爾雅節訓一卷 （清）王廷燮撰 清光緒九年（1883）刻本 一册

360000－1901－0006740 161137
爾雅經注三卷 （晉）郭璞撰 **音釋一卷** （唐）陸德明撰 **爾雅經注集證三卷** （清）龍起瑞撰 清光緒七年（1881）京師刻本 二册

360000－1901－0006741 161118
爾雅匡名二十卷 （清）嚴元照撰 清光緒十六年（1890）廣雅書局刻廣雅書局叢書本 四册

360000－1901－0006742 161117
爾雅匡名二十卷 （清）嚴元照撰 清嘉慶二十五年（1820）唐棲勞氏震無咎齋刻本 六册

360000－1901－0006743 406170
爾雅註疏參義六卷 （清）姜兆錫撰 清刻本 一册 存三卷（四至六）

360000－1901－0006744 406169
爾雅註疏參義六卷 （清）姜兆錫撰 清雍正十年（1732）寅清樓刻九經補注本 二册

360000－1901－0006745 603805
爾雅註疏參義六卷 （清）姜兆錫撰 清雍正十年（1732）寅清樓刻九經補注本 二册

360000－1901－0006746 161138
爾雅蒙求二卷 （清）李拔式撰 清嘉慶三年（1798）刻本 二册

360000－1901－0006747 406177
爾雅蒙求二卷 （清）李拔式撰 清嘉慶三年（1798）七映堂刻本 四册

360000－1901－0006748 161111
爾雅三卷 （晉）郭璞注 清光緒九年（1883）遵義黎氏日本東京使署影宋刻古逸叢書本 一册

360000－1901－0006749 165127
爾雅三卷 （晉）郭璞注 清嘉慶六年（1801）曾燠藝學軒刻本 一册 存一卷（下）

360000－1901－0006750 603787
爾雅三卷 （晉）郭璞注 （唐）陸德明音義 清光緒三年（1877）永康胡氏退補齋刻本 二册 存二卷（上、下）

360000－1901－0006751 161110
爾雅三卷 （晉）郭璞注 （唐）陸德明音義 清光緒十二年（1886）湖北官書處刻本 三册

360000－1901－0006752 406159
爾雅三卷 （晉）郭璞注 （唐）陸德明音義 清光緒十二年（1886）湖北官書處刻本 三册

360000－1901－0006753 406160
爾雅三卷 （晉）郭璞注 （唐）陸德明音義 清光緒十二年（1886）湖北官書處刻本 三册

360000－1901－0006754 603788
爾雅三卷 （晉）郭璞注 （唐）陸德明音義

清光緒十二年(1886)湖北官書處刻本　三冊

360000－1901－0006755　603786
爾雅三卷　(晉)郭璞注　(唐)陸德明音義　清嘉慶二十二年(1817)順德張青選清芬閣刻本　二冊

360000－1901－0006756　406156
爾雅三卷　(晉)郭璞注　(唐)陸德明音義　清刻本　二冊　存二卷(上、中)

360000－1901－0006757　406172
爾雅三卷　(晉)郭璞注　(唐)陸德明音義　清刻本　一冊　存一卷(下)

360000－1901－0006758　406171
爾雅三卷　(晉)郭璞注　(唐)陸德明音義　清刻本　四冊

360000－1901－0006759　406161
爾雅三卷　(晉)郭璞注　(唐)陸德明音義　清同治七年(1868)湖北崇文書局刻本　三冊

360000－1901－0006760　406162
爾雅三卷　(晉)郭璞注　(唐)陸德明音義　清同治七年(1868)湖北崇文書局刻本　三冊

360000－1901－0006761　161109
爾雅三卷　(晉)郭璞注　(唐)陸德明音義　清同治十三年(1874)湖南書局刻本　三冊

360000－1901－0006762　406157
爾雅三卷　(晉)郭璞注　(唐)陸德明音義　清同治十三年(1874)湖南書局刻本　三冊

360000－1901－0006763　406158
爾雅三卷　(晉)郭璞注　(唐)陸德明音義　清同治十三年(1874)湖南書局刻本　四冊

360000－1901－0006764　406163
爾雅三卷　(晉)郭璞注　(唐)陸德明音義　**孝經一卷**　(唐)玄宗李隆基注　(唐)陸德明音義　清光緒山西濬文書局刻本　四冊

360000－1901－0006765　161113
爾雅三卷　(晉)郭璞注　**音釋三卷**　(唐)陸德明撰　清道光四年(1824)金陵陳氏刊謬齋刻本　一冊

360000－1901－0006766　603789
爾雅三卷　(晉)郭璞注　**音釋三卷**　(唐)陸德明撰　清道光四年(1824)金陵陳氏刊謬齋刻本　一冊

360000－1901－0006767　161108
爾雅三卷　(晉)郭璞注　**音義三卷**　(唐)陸德明撰　清嘉慶十一年(1806)顧廣圻刻本　五冊

360000－1901－0006768　803365
爾雅十九卷　清嘉慶四年(1799)抄本　一冊

360000－1901－0006769　406168
爾雅十九卷　清刻本　一冊

360000－1901－0006770　603794
爾雅十九卷附音釋十九卷　(清)干朝梧輯　清嘉慶六年(1801)星子干氏刻本　四冊

360000－1901－0006771　406165
爾雅十一卷　(晉)郭璞注　清稽古樓刻本　五冊　存八卷(一至五、九至十一)

360000－1901－0006772　406166
爾雅十一卷　(晉)郭璞注　清稽古樓刻本　四冊

360000－1901－0006773　803195
爾雅十一卷　(晉)郭璞注　清刻本　一冊　存三卷(九至十一)

360000－1901－0006774　406164
爾雅十一卷　(晉)郭璞注　清三秀堂刻本　四冊

360000－1901－0006775　603790
爾雅十一卷　(晉)郭璞注　清同治八年(1869)浙江書局刻十三經古注本　四冊

360000－1901－0006776　210477
爾雅釋地四篇注一卷　(清)錢坫撰　清乾隆四十六年(1781)刻本　一冊

360000－1901－0006777　603834
爾雅釋文三卷　(唐)陸德明撰　清刻本　一冊

360000－1901－0006778　161132
爾雅疏十卷　（宋）邢昺撰　清光緒四年（1878）吳興陸氏十萬卷樓刻本　二冊

360000－1901－0006779　161114
爾雅小箋三卷　（清）江藩撰　清光緒十九年（1893）南陵徐氏刻本　二冊

360000－1901－0006780　161134
爾雅新義二十卷　（宋）陸佃撰　（清）宋大樽校　**敘錄一卷**　（清）宋大樽輯　清嘉慶十三年（1808）陸芝榮三間草堂刻本　四冊

360000－1901－0006781　160728
爾雅訓纂一卷　（清）周繪藻撰　清光緒三十一年（1905）百柱堂石印本　一冊

360000－1901－0006782　406180
爾雅義疏二十卷　（清）郝懿行撰　清同治四年（1865）刻本　八冊

360000－1901－0006783　406179
爾雅義疏二十卷　（清）郝懿行撰　清咸豐六年（1856）刻本　八冊

360000－1901－0006784　161131
爾雅義疏十九卷　（清）郝懿行撰　清光緒十年（1884）榮縣蜀南閣刻本　十四冊

360000－1901－0006785　161130
爾雅義疏十九卷　（清）郝懿行撰　清光緒十四年（1888）湖北官書處刻本　四冊

360000－1901－0006786　161121
爾雅音圖三卷　（晉）郭璞注　（清）姚之麟摹圖　清嘉慶六年（1801）南城曾氏藝學軒摹刻道光二十九年（1849）燕山德林印本　三冊

360000－1901－0006787　161119
爾雅音圖三卷　（晉）郭璞注　（清）姚之麟摹圖　清嘉慶六年（1801）南城曾氏藝學軒影宋刻本　三冊

360000－1901－0006788　161120
爾雅音圖三卷　（晉）郭璞注　（清）姚之麟摹圖　清嘉慶六年（1801）南城曾氏藝學軒影宋刻本　四冊

360000－1901－0006789　161115
爾雅正郭三卷　（清）潘衍桐撰　清光緒十七年（1891）刻本　一冊

360000－1901－0006790　603791
爾雅正郭三卷　（清）潘衍桐撰　清光緒十七年（1891）刻本　一冊

360000－1901－0006791　603792
爾雅正郭三卷　（清）潘衍桐撰　清光緒十七年（1891）刻本　一冊

360000－1901－0006792　406173
爾雅正義二十卷　（清）邵晉涵撰　**釋文三卷**　（唐）陸德明撰　清乾隆五十三年（1788）邵氏家塾刻本　八冊

360000－1901－0006793　406174
爾雅正義二十卷　（清）邵晉涵撰　**釋文三卷**　（唐）陸德明撰　清乾隆五十三年（1788）邵氏家塾刻本　八冊

360000－1901－0006794　406175
爾雅正義二十卷　（清）邵晉涵撰　**釋文三卷**　（唐）陸德明撰　清乾隆五十三年（1788）邵氏家塾刻本　六冊　存十七卷（一至十四、釋文三卷）

360000－1901－0006795　406176
爾雅正義二十卷　（清）邵晉涵撰　**釋文三卷**　（唐）陸德明撰　清乾隆五十三年（1788）邵氏家塾刻本　二冊　存七卷（八至十四）

360000－1901－0006796　603793
爾雅正義二十卷　（清）邵晉涵撰　**釋文三卷**　（唐）陸德明撰　清乾隆五十三年（1788）餘姚邵氏刻本　七冊　存二十卷（爾雅正義二十卷）

360000－1901－0006797　210478
爾雅正義二十卷　（清）邵晉涵撰　**釋文三卷**　（唐）陸德明撰　清乾隆五十三年（1788）餘姚邵氏面水層軒刻本　八冊

360000－1901－0006798　603807
爾雅直音二卷　（清）孫偘撰　清光緒二十一

年(1895)錫山日昇山房刻本　二册

360000－1901－0006799　406186
爾雅直音二卷　(清)孫偘撰　清光緒六年(1880)常熟抱芳齋刻本　二册

360000－1901－0006800　406184
爾雅直音二卷　(清)孫偘撰　清光緒十三年(1887)南昌文德堂刻本　一册

360000－1901－0006801　406185
爾雅直音二卷　(清)孫偘撰　清光緒十三年(1887)三徑書屋刻本　二册

360000－1901－0006802　406189
爾雅直音二卷　(清)孫偘撰　清嘉慶九年(1804)懷經堂刻本　二册

360000－1901－0006803　603808
爾雅直音二卷　(清)孫偘撰　清嘉慶五年(1800)刻本　二册

360000－1901－0006804　406181
爾雅直音二卷　(清)孫偘撰　清刻本　一册

360000－1901－0006805　406183
爾雅直音二卷　(清)孫偘撰　清刻本　一册

360000－1901－0006806　406182
爾雅直音二卷　(清)孫偘撰　清太乙樓刻本　一册

360000－1901－0006807　406187
爾雅直音二卷　(清)孫偘撰　清同治九年(1870)京江文成堂刻本　二册

360000－1901－0006808　406188
爾雅直音二卷　(清)孫偘撰　清同治九年(1870)京江文成堂刻本　二册

360000－1901－0006809　161124
爾雅直音二卷　(清)孫偘撰　(清)王祖源校　清光緒六年(1880)福山王氏刻天壤閣叢書本　二册

360000－1901－0006810　164183
爾雅注疏十卷　(晉)郭璞注　(宋)邢昺疏　**附校勘記十卷**　(清)阮元撰　(清)盧宣旬摘録　清嘉慶二十年(1815)江西南昌府學刻重刊宋本十三經注疏本　二册　存八卷(一至四、校勘記一至四)

360000－1901－0006811　603802
爾雅注疏十卷　(晉)郭璞注　(宋)邢昺疏　**附校勘記十卷**　(清)阮元撰　(清)盧宣旬摘録　清嘉慶二十年(1815)江西南昌府學刻重刊宋本十三經注疏本　三册　存十二卷(一至六、校勘記一至六)

360000－1901－0006812　603803
爾雅注疏十卷　(晉)郭璞注　(宋)邢昺疏　**附校勘記十卷**　(清)阮元撰　(清)盧宣旬摘録　清嘉慶二十年(1815)江西南昌府學刻重刊宋本十三經注疏本　六册

360000－1901－0006813　603804
爾雅注疏十卷　(晉)郭璞注　(宋)邢昺疏　**附校勘記十卷**　(清)阮元撰　(清)盧宣旬摘録　清嘉慶二十年(1815)江西南昌府學刻重刊宋本十三經注疏本　六册

360000－1901－0006814　161128
爾雅注疏十卷　(晉)郭璞注　(宋)邢昺疏　**附校勘記十卷**　(清)阮元撰　(清)盧宣旬摘録　清同治十二年(1873)江西書局刻重刊宋本十三經注疏本　六册

360000　1901　0006815　417477－7
爾雅注疏十卷　(晉)郭璞注　(宋)邢昺疏　**附校勘記十卷**　(清)阮元撰　(清)盧宣旬摘録　清同治十二年(1873)江西書局刻重刊宋本十三經注疏本　六册

360000－1901－0006816　161127
爾雅注疏十卷　(晉)郭璞注　(宋)邢昺疏　**附校勘記十卷**　(清)阮元撰　(清)盧宣旬摘録　清光緒二十年(1894)陜甘味經刊書處刻本　八册

360000－1901－0006817　161126
爾雅注疏十一卷　(晉)郭璞注　(宋)邢昺疏　清嘉慶二年(1797)玉軸樓刻本　四册

360000－1901－0006818　603036－3

爾雅注疏十一卷　（晉）郭璞注　（宋）邢昺疏　清嘉慶七年（1802）英德堂刻本　四册

360000－1901－0006819　603801

爾雅注疏十一卷　（晉）郭璞注　（宋）邢昺疏　清大文堂刻本　四册

360000－1901－0006820　603800

爾雅注疏十一卷　（晉）郭璞注　（宋）邢昺疏　清嘉慶十九年（1814）刻本　四册

360000－1901－0006821　603799

爾雅注疏十一卷　（晉）郭璞注　（宋）邢昺疏　清嘉慶十一年（1806）刻本　三册

360000－1901－0006822　603795

爾雅注疏十一卷　（晉）郭璞注　（宋）邢昺疏　清刻本　三册　存十卷（二至十一）

360000－1901－0006823　603796

爾雅注疏十一卷　（晉）郭璞注　（宋）邢昺疏　清刻本　二册　存五卷（一至二、五至七）

360000－1901－0006824　603796－1

爾雅注疏十一卷　（晉）郭璞注　（宋）邢昺疏　清刻本　一册　存一卷（一）

360000－1901－0006825　603797

爾雅注疏十一卷　（晉）郭璞注　（宋）邢昺疏　清刻本　四册

360000－1901－0006826　603798

爾雅注疏十一卷　（晉）郭璞注　（宋）邢昺疏　清乾隆十年（1745）三樂齋刻本　四册

360000－1901－0006827　603806

爾雅註疏節錄一卷　（晉）郭璞注　（宋）邢昺疏　清同治十三年（1874）刻本　一册

360000－1901－0006828　406195

爾雅註疏十一卷　（晉）郭璞注　（宋）邢昺疏　明崇禎元年（1628）刻本　二册

360000－1901－0006829　406208

爾雅註疏十一卷　（晉）郭璞注　（宋）邢昺疏　明末立遠堂刻本　三册

360000－1901－0006830　406200

爾雅註疏十一卷　（晉）郭璞注　（宋）邢昺疏　清光緒八年（1882）刻本　一册　存一卷（一）

360000－1901－0006831　406206

爾雅註疏十一卷　（晉）郭璞注　（宋）邢昺疏　清光緒十五年（1889）文奎堂刻本　三册

360000－1901－0006832　406209

爾雅註疏十一卷　（晉）郭璞注　（宋）邢昺疏　清嘉慶六年（1801）刻本　一册　存二卷（一至二）

360000－1901－0006833　406210

爾雅註疏十一卷　（晉）郭璞注　（宋）邢昺疏　清嘉慶七年（1802）英德堂刻本　一册　存二卷（一至二）

360000－1901－0006834　406202

爾雅註疏十一卷　（晉）郭璞注　（宋）邢昺疏　清嘉慶十九年（1814）經文堂刻本　三册

360000－1901－0006835　406196

爾雅註疏十一卷　（晉）郭璞注　（宋）邢昺疏　清嘉慶十一年（1806）桂華樓刻本　一册　存二卷（一至二）

360000－1901－0006836　406196－1

爾雅註疏十一卷　（晉）郭璞注　（宋）邢昺疏　清刻本　二册　存六卷（六至十一）

360000－1901－0006837　406196－2

爾雅註疏十一卷　（晉）郭璞注　（宋）邢昺疏　清刻本　一册　存三卷（三至五）

360000－1901－0006838　406200－1

爾雅註疏十一卷　（晉）郭璞注　（宋）邢昺疏　清刻本　一册　存二卷（二至三）

360000－1901－0006839　406200－2

爾雅註疏十一卷　（晉）郭璞注　（宋）邢昺疏　清刻本　二册　存八卷（四至十一）

360000－1901－0006840　406203

爾雅註疏十一卷　（晉）郭璞注　（宋）邢昺疏　清刻本　三册　存九卷（三至十一）

360000－1901－0006841　406204

爾雅註疏十一卷 (晉)郭璞注 (宋)邢昺疏 清刻本 二冊 存六卷(六至十一)

360000－1901－0006842 406204－1
爾雅註疏十一卷 (晉)郭璞注 (宋)邢昺疏 清刻本 一冊 存四卷(五至八)

360000－1901－0006843 406205
爾雅註疏十一卷 (晉)郭璞注 (宋)邢昺疏 清刻本 二冊 存八卷(四至十一)

360000－1901－0006844 406211
爾雅註疏十一卷 (晉)郭璞注 (宋)邢昺疏 清刻本 一冊 存二卷(一至二)

360000－1901－0006845 406211－1
爾雅註疏十一卷 (晉)郭璞注 (宋)邢昺疏 清刻本 一冊 存二卷(一至二)

360000－1901－0006846 406211－2
爾雅註疏十一卷 (晉)郭璞注 (宋)邢昺疏 清刻本 一冊 存三卷(三至五)

360000－1901－0006847 406211－3
爾雅註疏十一卷 (晉)郭璞注 (宋)邢昺疏 清刻本 一冊 存三卷(三至五)

360000－1901－0006848 406211－4
爾雅註疏十一卷 (晉)郭璞注 (宋)邢昺疏 清刻本 一冊 存三卷(三至五)

360000－1901－0006849 406211－5
爾雅註疏十一卷 (晉)郭璞注 (宋)邢昺疏 清刻本 一冊

360000－1901－0006850 720820
爾雅註疏十一卷 (晉)郭璞注 (宋)邢昺疏 清刻本 二冊 存七卷(一至七)

360000－1901－0006851 803192
爾雅註疏十一卷 (晉)郭璞注 (宋)邢昺疏 清刻本 二冊

360000－1901－0006852 803192－1
爾雅註疏十一卷 (晉)郭璞注 (宋)邢昺疏 清刻本 一冊 存四卷(八至十一)

360000－1901－0006853 803193
爾雅註疏十一卷 (晉)郭璞注 (宋)邢昺疏 清刻本 一冊 存十卷(一至十)

360000－1901－0006854 803194
爾雅註疏十一卷 (晉)郭璞注 (宋)邢昺疏 清刻本 一冊 存四卷(一至四)

360000－1901－0006855 406197
爾雅註疏十一卷 (晉)郭璞注 (宋)邢昺疏 清乾隆十年(1745)三樂齋刻本 四冊

360000－1901－0006856 406198
爾雅註疏十一卷 (晉)郭璞注 (宋)邢昺疏 清乾隆五十一年(1786)金閶書業堂刻本 四冊

360000－1901－0006857 406199
爾雅註疏十一卷 (晉)郭璞注 (宋)邢昺疏 清乾隆五十一年(1786)金閶書業堂刻本 四冊

360000－1901－0006858 406207
爾雅註疏十一卷 (晉)郭璞注 (宋)邢昺疏 清尚論堂刻本 三冊

360000－1901－0006859 406201
爾雅註疏十一卷 (晉)郭璞注 (宋)邢昺疏 清遠古堂刻本 二冊 存七卷(一至七)

360000－1901－0006860 161302
邇言六卷 (清)錢大昭撰 清光緒四年(1878)仁和葛氏刻本 二冊

360000－1901－0006861 411032
二百十五科鄉試會文統不分卷 (清)舒家堉編 清光緒二十三年(1897)上海書局石印本 二冊

360000－1901－0006862 902345
二程全書六十二卷 (宋)程顥 (宋)程頤撰 清刻本 一冊 存八卷(伊川先生文集一至八)

360000－1901－0006863 150035
二程全書六十六卷 (宋)程顥 (宋)程頤撰 清同治十年(1871)六安涂氏求我齋刻本 十六冊

360000－1901－0006864　150202
二程全書六十六卷　(宋)程顥　(宋)程頤撰　清同治十年(1871)六安涂氏求我齋刻本　十四冊

360000－1901－0006865　421379
二程全書六十六卷　(宋)程顥　(宋)程頤撰　清同治十年(1871)六安涂氏求我齋刻本　十六冊

360000－1901－0006866　309019
二程全書六十七卷　(宋)程顥　(宋)程頤撰　清刻本　四冊　存二十三卷(河南程氏外書十二卷、伊川文集八卷、伊川經說一至三)

360000－1901－0006867　421397
二程全書六十七卷　(宋)程顥　(宋)程頤撰　清刻本　六冊　存二十五卷(三至十八、三十八至四十六)

360000－1901－0006868　150034
二程全書六十七卷　(宋)程顥　(宋)程頤撰　清小嫏嬛山館刻本　二十冊

360000－1901－0006869　902347
二程全書五十一卷　(宋)程顥　(宋)程頤撰　清刻本　二冊　存十五卷(一至十五)

360000－1901－0006870　421396
二程文集十二卷　(宋)程顥　(宋)程頤撰　清康熙四十七年(1708)正誼堂刻本　四冊

360000－1901－0006871　421395
二程文集十二卷　(宋)程顥　(宋)程頤撰　清同治五年(1866)福州正誼書院刻正誼堂全書本　一冊　存二卷(一至二)

360000－1901－0006872　230074
二程先生書五十一卷　(宋)程顥　(宋)程頤撰　明隆慶四年(1570)金立敬刻本　十冊

360000－1901－0006873　902181
二都四圖堂冊不分卷　(清)□□編　清同治木活字印本　一冊

360000－1901－0006874　163881
二段詩集八卷補遺一卷　(金)段克已　(金)段成已撰　清抄本　一冊　存四卷(段克已集四卷)

360000－1901－0006875　163452
二峩草堂遺稿二卷　(清)任承恩撰　清嘉慶九年(1804)刻本　二冊

360000－1901－0006876　150647
二馮詩集　胡思敬輯　清光緒三十四年(1908)問影樓鉛印本　二冊

360000－1901－0006877　714643
二家詞鈔五卷　樊增祥輯　清光緒二十八年(1902)刻本　一冊　存三卷(三至五)

360000－1901－0006878　414779
二家宮詞二卷　(明)毛晉輯　清末影印本　一冊

360000－1901－0006879　241175
二家詩鈔　(清)邵長蘅編　清康熙三十四年(1695)刻本　五冊

360000－1901－0006880　241176
二家詩鈔　(清)邵長蘅編　清康熙三十四年(1695)刻本　五冊

360000－1901－0006881　410610
二金蝶堂尺牘一卷　(清)趙之謙撰　清光緒三十一年(1905)嚴氏小長蘆館石印本　一冊

360000－1901－0006882　406084
二刻增訂釋義經書便用通考雜字一卷　(清)徐三省輯　(清)戴啓達增訂　清乾隆二十年(1755)書林二酉堂刻本　一冊

360000－1901－0006883　308398
二林居集二十四卷　(清)彭紹升撰　清光緒七年(1881)彭祖賢刻本　六冊

360000－1901－0006884　300547
二林居集二十四卷　(清)彭紹升撰　清嘉慶刻本　四冊

360000－1901－0006885　401387
二論備旨童子進學解二卷　(清)孫子未撰　清英德堂刻本　二冊

360000－1901－0006886　405882

二論引端四卷　（清）劉忠輯　清光緒十八年（1892）丹陽文星堂刻本　三册　存三卷（一、三至四）

360000－1901－0006887　800436

二妙鈔後編二卷　（清）□□輯　清刻本　一册

360000－1901－0006888　300551

二妙集八卷逸文一卷　（金）段克己　（金）段成己撰　清光緒三十二年（1906）海豐吳氏刻石蓮盦彙刻九金人集本　二册

360000－1901－0006889　314722

二銘艸堂金石聚十六卷　（清）張德容輯　清同治衢州張氏二銘艸堂刻本　十六册

360000－1901－0006890　304007

二南文集二卷　（清）周樂撰　清道光二十二年（1842）枕湖書屋刻本　一册　存一卷（上）

360000－1901－0006891　304765

二南文集二卷救世苦口吟一卷　（清）周樂撰　清道光三十年（1850）刻本　一册　存二卷（下、救世苦口吟一卷）

360000－1901－0006892　302348

二南制義一卷　（清）周樂撰　清道光十八年（1838）刻本　二册

360000－1901－0006893　800893

二樵樵者壯遊圖記四卷　（清）黄璟撰繪　清光緒二十六年（1900）點石齋石印本　四册

360000－1901－0006894　800894

二樵樵者壯遊圖記四卷　（清）黄璟撰繪　清光緒二十六年（1900）點石齋石印本　二册　存二卷（三至四）

360000－1901－0006895　240861

二曲集二十六卷　（清）李顒撰　清康熙三十三年（1694）刻本　八册

360000－1901－0006896　300555

二曲集二十六卷　（清）李顒撰　清咸豐四年（1854）刻本　四册

360000－1901－0006897　415304

二曲集二十四卷　（清）李顒撰　清光緒二年（1876）刻本　三册　存十七卷（一至八、十六至二十四）

360000－1901－0006898　308847

二曲集錄要四卷首一卷附歷年紀略一卷　（清）李顒撰　（清）倪元坦輯　清光緒十年（1884）簡易齋刻本　二册

360000－1901－0006899　316798

二曲集四十六卷　（清）李顒撰　清光緒三年（1877）石泉彭懋謙刻本　十六册

360000－1901－0006900　304773

二曲集四十六卷　（清）李顒撰　清刻本　四册　存十三卷（二十八至三十八、四十五至四十六）

360000－1901－0006901　414783

二曲先生集二十二卷　（清）李顒撰　清光緒二年（1876）長白清安氏刻本　一册　存七卷（九至十五）

360000－1901－0006902　230177

二如亭羣芳譜二十八卷首一卷　（明）王象晉撰　明末刻清修本　二十四册

360000－1901－0006903　230178

二如亭羣芳譜二十八卷首一卷　（明）王象晉撰　清初刻本　十六册

360000－1901－0006904　230179

二如亭羣芳譜二十八卷首一卷　（明）王象晉撰　清初刻本　二十册

360000－1901－0006905　230180

二如亭羣芳譜二十八卷首一卷　（明）王象晉撰　清初刻本　四十册

360000－1901－0006906　164595

二如亭群芳譜三十卷首一卷　（明）王象晉撰　清刻本　二十四册

360000－1901－0006907　416819

二如亭群芳譜三十卷首一卷　（明）王象晉撰　清刻本　二十一册　存二十七卷（歲譜四

卷、穀譜一卷、蔬譜二卷、果譜四卷、茶譜一卷、竹譜一卷、桑麻葛譜一卷、棉譜一卷、藥譜三卷、木譜二卷、花譜四卷、卉譜二卷、鶴魚譜一卷）

360000－1901－0006908　416820－1
二如亭群芳譜三十卷首一卷　（明）王象晉撰　清刻本　三冊　存七卷（穀譜一卷、蔬譜一、果譜二至四、茶譜一卷、竹譜一卷）

360000－1901－0006909　416821
二如亭群芳譜三十卷首一卷　（明）王象晉撰　清刻本　六冊　存十卷（果譜一至二、茶譜一卷、竹譜一卷、藥譜三、木譜二卷、花譜三至四、卉譜一）

360000－1901－0006910　416821－1
二如亭群芳譜三十卷首一卷　（明）王象晉撰　清刻本　三冊　存五卷（天譜二至三、桑麻葛譜一卷、棉譜一卷、藥譜一）

360000－1901－0006911　416821－2
二如亭群芳譜三十卷首一卷　（明）王象晉撰　清刻本　三冊　存四卷（穀譜一卷，花譜一、三至四）

360000－1901－0006912　416823
二如亭群芳譜三十卷首一卷　（明）王象晉撰　清刻本　二冊　存五卷（天譜一至二、花譜一至三）

360000－1901－0006913　416823－1
二如亭群芳譜三十卷首一卷　（明）王象晉撰　清刻本　二冊　存二卷（蔬譜一、木譜一）

360000－1901－0006914　416823－2
二如亭群芳譜三十卷首一卷　（明）王象晉撰　清刻本　一冊　存三卷（天譜一至二、首一卷）

360000－1901－0006915　416823－3
二如亭群芳譜三十卷首一卷　（明）王象晉撰　清刻本　一冊　存二卷（花譜一至二）

360000－1901－0006916　416823－4
二如亭群芳譜三十卷首一卷　（明）王象晉撰　清刻本　一冊　存一卷（歲譜一）

360000－1901－0006917　416823－5
二如亭群芳譜三十卷首一卷　（明）王象晉撰　清刻本　一冊　存一卷（果譜四）

360000－1901－0006918　704325
二如亭群芳譜三十卷首一卷　（明）王象晉撰　清刻本　一冊　存二卷（歲譜三至四）

360000－1901－0006919　716822
二如亭群芳譜三十卷首一卷　（明）王象晉撰　清刻本　八冊　存十七卷（天譜一至二，歲譜一至二，穀譜一卷，蔬譜二卷，桑麻葛譜一卷，藥譜一至二，木譜一，花譜一至二、四，卉譜二卷；首一卷）

360000－1901－0006920　716823
二如亭群芳譜三十卷首一卷　（明）王象晉撰　清刻本　八冊　存十一卷（天譜三卷、歲譜一至二、蔬譜二卷、果譜一至三，首一卷）

360000－1901－0006921　716824
二如亭群芳譜三十卷首一卷　（明）王象晉撰　清刻本　一冊　存二卷（穀譜一卷、蔬譜二）

360000－1901－0006922　416820
二如亭群芳譜三十卷首一卷　（明）王象晉撰　清沙村草堂刻本　七冊　存十三卷（天譜三卷、歲譜四卷、穀譜一卷、蔬譜二卷、果譜一至二，首一卷）

360000－1901－0006923　416821－3
二如亭群芳譜三十卷首一卷　（明）王象晉撰　清沙村草堂刻本　四冊　存八卷（天譜一、藥譜三卷、卉譜二卷、鶴魚譜一卷，首一卷）

360000－1901－0006924　300554
二申野錄八卷　（清）孫之騄撰　清康熙六十年（1721）吟香館刻本　四冊

360000－1901－0006925　400186
二十二史感應錄二卷　（清）彭希涑輯　清光緒八年（1882）刻本　一冊

360000－1901－0006926　400184

二十二史感應錄二卷首一卷 （清）彭希涑輯 清光緒九年(1883)刻本 一册

360000－1901－0006927 400185
二十二史感應錄二卷緒論一卷 （清）彭希涑輯 清同治刻本 二册

360000－1901－0006928 302952
二十二史感應錄二卷緒論一卷 （清）彭希涑輯 清宣統元年(1909)刻本 二册

360000－1901－0006929 313941
二十二史感應錄二卷緒論一卷 （清）彭希涑輯 清宣統元年(1909)榮恒刻本 二册

360000－1901－0006930 161362
二十二史紀事提要八卷 （清）吳綏撰 清刻本 一册 存二卷(四至五)

360000－1901－0006931 400180
二十二史文鈔一百九卷 （清）納蘭常安輯 清乾隆刻本 二十九册 缺十三卷(史記一至六,前漢書一至四、七,後漢書九至十)

360000－1901－0006932 220279
二十二史文鈔一百九卷 （清）納蘭常安輯 清乾隆十二年(1747)受宜堂刻本 三十四册

360000－1901－0006933 220280
二十二史文鈔一百九卷 （清）納蘭常安輯 清乾隆十二年(1747)受宜堂刻本 二十六册

360000－1901－0006934 220281
二十二史文鈔一百九卷 （清）納蘭常安輯 清乾隆十二年(1747)受宜堂刻本 三十八册

360000－1901－0006935 150007
二十二子 （清）浙江書局輯 清光緒二十三年(1897)新化三味書局刻本 六十五册 存十九種

360000－1901－0006936 416217
二十二子 （清）浙江書局輯 清光緒元年至三年(1875－1877)浙江書局刻本 二十一册 存六種

360000－1901－0006937 416217－1
二十二子 （清）浙江書局輯 清光緒元年至三年(1875－1877)浙江書局刻本 八册 存三種

360000－1901－0006938 418559
二十二子 （清）浙江書局輯 清光緒元年至三年(1875－1877)浙江書局刻本 二十二册 存九種

360000－1901－0006939 718359
二十二子 （清）浙江書局輯 清光緒元年至三年(1875－1877)浙江書局刻本 二十八册 存七種

360000－1901－0006940 902519
二十二子 （清）浙江書局輯 清光緒元年至三年(1875－1877)浙江書局刻本 十一册 存三種

360000－1901－0006941 150005
二十二子 （清）浙江書局輯 清光緒元年至三年(1875－1877)浙江書局刻二十七年(1901)重修本 八十三册 存十九種

360000－1901－0006942 150006
二十二子 （清）浙江書局輯 清光緒元年至三年(1875－1877)浙江書局刻二十七年(1901)重修本 七十七册 存二十種

360000－1901－0006943 150009
二十二子合刻 （清）浙江書局輯 清光緒二十二年(1896)上海積山書局石印本 十六册

360000－1901－0006944 150008
二十二子合刻 （清）浙江書局輯 清光緒十九年(1893)上海鴻文書局石印本 十六册

360000－1901－0006945 416260
二十二子摘錦三十卷 （清）孫灝輯 清光緒二十三年(1897)積山書局石印本 六册

360000－1901－0006946 313879
二十二子摘錦三十卷 （清）孫灝輯 清光緒二十五年(1899)上海著易堂書局鉛印本 六册

360000－1901－0006947 240963
二十四泉草堂集十二卷 （清）王苹撰 清康

熙五十六年(1717)于熙學刻本　二册

360000－1901－0006948　803775

二十四山便覽不分卷　(□)□□撰　清抄本　一册

360000－1901－0006949　400130－1

二十四史附考證　清光緒二十八年(1902)上海文瀾書局石印本　九册　存四種

360000－1901－0006950　400134

二十四史　清光緒二十八年(1902)竢實齋石印本　十册　存二種

360000－1901－0006951　400133－1

二十四史　清光緒二十九年(1903)上海點石齋石印本　十四册　存二種

360000－1901－0006952　902388

二十四史　清光緒二十五年(1899)慎記書莊石印本　一百六十册　存十八種

360000－1901－0006953　400132－1

二十四史　清光緒史學會社石印本　六十一册　存五種

360000－1901－0006954　400143

二十四史附考證　清光緒同文書局影印本　十八册　存二種

360000－1901－0006955　400121

二十四史　清韓江書局刻本　六册　存二種

360000－1901－0006956　400144

二十四史　清末影印本　五册　存二種

360000－1901－0006957　400145

二十四史　清末影印本　十一册　存二種

360000－1901－0006958　307985

武英殿本二十四史附考證　清同治八年(1869)嶺南葄古堂刻本　八十三册　存二種

360000－1901－0006959　150013

二十四史　清同治至光緒五省官書局合刻光緒五年(1879)湖北書局彙印本　五百五十二册

360000－1901－0006960　150014

二十四史　清同治至光緒五省官書局合刻光緒五年(1879)湖北書局彙印本　五百六十九册

360000－1901－0006961　400004－2

二十四史　清同治至光緒五省官書局合刻光緒五年(1879)湖北書局彙印本　六百二十九册

360000－1901－0006962　400011

二十四史　清同治至光緒五省官書局合刻光緒五年(1879)湖北書局彙印本　二百三十册　存十四種

360000－1901－0006963　400012

二十四史　清同治至光緒五省官書局合刻光緒五年(1879)湖北書局彙印本　八十六册　存十五種

360000－1901－0006964　400013

二十四史　清同治至光緒五省官書局合刻光緒五年(1879)湖北書局彙印本　二十七册　存八種

360000－1901－0006965　400036

二十四史　清同治至光緒五省官書局合刻光緒五年(1879)湖北書局彙印本　三百五十九册　存十九種

360000－1901－0006966　402612－7

二十四史　清同治至光緒五省官書局合刻光緒五年(1879)湖北書局彙印本　二十册　存四種

360000－1901－0006967　411010－1

二十四史　清同治至光緒五省官書局合刻光緒五年(1879)湖北書局彙印本　四十五册

360000－1901－0006968　603011

二十四史　清同治至光緒五省官書局合刻光緒五年(1879)湖北書局彙印本　三十一册　存十二種

360000－1901－0006969　805488

二十四史　清同治至光緒五省官書局合刻光緒五年(1879)湖北書局彙印本　五百九十二

冊

360000－1901－0006970　803895
二十四史策案十二卷　(清)王鎏輯　清末石印本　一冊　存五卷(七至十一)

360000－1901－0006971　902389
二十四史附考證　清光緒二十八年(1902)上海文瀾書局石印本　一百三冊　存二十二種

360000－1901－0006972　150026
二十四史附考證　清光緒二十九年(1903)五洲同文書局影印本　七百十二冊

360000－1901－0006973　400136
二十四史附考證　清光緒三十年(1904)竹簡齋影印本　七十三冊　存十三種

360000－1901－0006974　800659
二十四史附考證　清光緒三十三年(1907)上海華商集成圖書公司鉛印本　二百一冊　存十六種

360000－1901－0006975　802424
二十四史附考證　清光緒三十三年(1907)上海華商集成圖書公司鉛印本　一百七十二冊　存十種

360000－1901－0006976　901015
二十四史附考證　清光緒三十三年(1907)上海華商集成圖書公司鉛印本　十二冊　存一種

360000－1901－0006977　901016
二十四史附考證　清光緒三十三年(1907)上海華商集成圖書公司鉛印本　十三冊　存一種

360000－1901－0006978　902010
二十四史附考證　清光緒三十三年(1907)上海華商集成圖書公司鉛印本　二十一冊　存二種

360000－1901－0006979　902416
二十四史附考證　清光緒三十三年(1907)上海華商集成圖書公司鉛印本　一百十一冊　存八種

360000－1901－0006980　902416－1
二十四史附考證　清光緒三十三年(1907)上海華商集成圖書公司鉛印本　四十六冊　存五種

360000－1901－0006981　400130
二十四史附考證　清光緒上海圖書集成公司鉛印本　一百九十五冊　存二十一種

360000－1901－0006982　400131
二十四史附考證　清光緒上海圖書集成局鉛印本　八十八冊　存十二種

360000－1901－0006983　400132
二十四史附考證　清光緒上海圖書集成局鉛印本　三十四冊　存六種

360000－1901－0006984　400138
二十四史附考證　清光緒上海圖書集成局鉛印本　十二冊　存三種

360000－1901－0006985　400138－1
二十四史附考證　清光緒上海圖書集成局鉛印本　四冊　存二種

360000－1901－0006986　400007
二十四史附考證　清光緒上海圖書集成印書局鉛印本　三百十七冊　存二十一種

360000－1901－0006987　150025
二十四史附考證　清光緒十年(1884)上海同文書局影印本　七百十一冊

360000－1901－0006988　802775
二十四史附考證　清光緒十年(1884)上海同文書局影印本　二十二冊　存三種

360000－1901－0006989　902390
二十四史附考證　清光緒十年(1884)上海同文書局影印本　九十四冊　存八種

360000－1901－0006990　150028
二十四史附考證　清光緒十四年(1888)上海蜚英館石印本　二百十二冊

360000－1901－0006991　150023
二十四史附考證　清光緒十四年(1888)上海圖書集成印書局鉛印本　三百九十二冊

360000－1901－0006992　802776
二十四史附考證　清光緒十四年(1888)上海圖書集成印書局鉛印本　二十五册　存二種

360000－1901－0006993　150024
二十四史附考證　清光緒十四年(1888)上海圖書集成印書局鉛印本(前漢書配清光緒十四年上海蜚英館石印本)　三百九十一册

360000－1901－0006994　150027
二十四史附考證　清光緒石印本　二百一册

360000－1901－0006995　311942
二十四史附考證　清光緒同文書局影印本　六十六册　存三種

360000－1901－0006996　400005
二十四史附考證　清光緒同文書局影印本　七百十三册　存二十四種

360000－1901－0006997　400006
二十四史附考證　清光緒同文書局影印本　五百四十册　存十六種

360000－1901－0006998　400117
二十四史附考證　清光緒同文書局影印本　二百八十六册　存十三種

360000－1901－0006999　400118
二十四史附考證　清光緒同文書局影印本　九十四册　存五種

360000－1901－0007000　308351
二十四史附考證　清光緒竹簡齋影印本　六十四册　存十四種

360000－1901－0007001　400008
二十四史附考證　清光緒竹簡齋影印本　一百三十九册　存二十種

360000－1901－0007002　400009
二十四史附考證　清光緒竹簡齋影印本　四十八册　存七種

360000－1901－0007003　400010
二十四史附考證　清光緒竹簡齋影印本　八册　存三種

360000－1901－0007004　902415
二十四史附考證　清末石印本　二十五册　存二種

360000－1901－0007005　220012
二十四史附考證　清乾隆武英殿刻本　四百七册　存九種

360000－1901－0007006　161376
二十四史九通政典類要合編三百二十卷　(清)黄書霖輯　清光緒二十八年(1902)約雅堂石印本　三十册　存一百四十六卷(七十四至一百七十六、二百二十七至二百六十九)

360000－1901－0007007　161377
二十四史九通政典類要合編三百二十卷　(清)黄書霖輯　清光緒二十八年(1902)約雅堂石印本　十册　存四十八卷(一百二十九至一百七十六)

360000－1901－0007008　400197
二十四史九通政典類要合編三百二十卷　(清)黄書霖輯　清光緒二十八年(1902)約雅堂石印本　四十九册　存二百六十六卷(一至六十六、七十四至一百三十二、一百五十八至一百六十二、一百六十九至二百二十六、二百三十至二百三十六、二百四十六至二百七十九、二百八十四至三百二十)

360000－1901－0007009　400196
二十四史論海三十二卷　(清)知新子輯　清光緒二十八年(1902)石印本　八册　存十卷(一至二、五至八、十五、十七至十八、二十五)

360000－1901－0007010　400193
二十四史論海三十二卷近科鄉會史事論海四卷　(清)知新子輯　清光緒三十一年(1905)美華鎰記石印本　三十二册　存三十二卷(二十四史論海三十二卷)

360000－1901－0007011　400195
二十四史論海三十二卷近科鄉會史事論海四卷　(清)知新子輯　清光緒三十一年(1905)美華鎰記石印本　二十三册　存三十四卷(二十四史論海三十二卷、近科鄉會史事論海

一至二)

360000－1901－0007012　402975
二十四史論新編二十三卷　(清)朱鈞輯　清光緒二十八年(1902)上海書局石印本　一冊　存九卷(一至九)

360000－1901－0007013　402976
二十四史論新編二十三卷　(清)朱鈞輯　清光緒二十八年(1902)自強學齋石印本　三冊　存十四卷(一至四、七至十六)

360000－1901－0007014　161380
二十四史論贊七十八卷　(清)陳闌輯　清光緒二十八年(1902)上海石印書局石印本　十冊

360000－1901－0007015　161381
二十四史論贊七十八卷　(清)陳闌輯　清光緒二十八年(1902)上海石印書局石印本　八冊　存五十二卷(一至七、二十三至四十六、五十二至六十、六十七至七十八)

360000－1901－0007016　402977
二十四史論贊七十八卷　(清)陳闌輯　清光緒二十八年(1902)文淵山房石印本　十二冊

360000－1901－0007017　402978
二十四史論贊七十八卷　(清)陳闌輯　清光緒二十八年(1902)文淵山房石印本　六冊　存三十八卷(一至十二、四十七至六十六、七十三至七十八)

360000－1901－0007018　402979
二十四史論贊七十八卷　(清)陳闌輯　清光緒二十八年(1902)文淵山房石印本　六冊　存四十六卷(十五至三十三、五十二至七十八)

360000－1901－0007019　402979－1
二十四史論贊七十八卷　(清)陳闌輯　清光緒二十八年(1902)文淵山房石印本　二冊　存三十六卷(二十九至四十六、六十一至七十八)

360000－1901－0007020　402981－1
二十四史論贊七十八卷　(清)陳闌輯　清光緒二十八年(1902)文淵山房石印本　一冊　存六卷(六十七至七十二)

360000－1901－0007021　402980
二十四史論贊七十八卷　(清)陳闌輯　清光緒二十九年(1903)上海慎記書莊石印本　十冊　存六十卷(八至六十、六十七至七十三)

360000－1901－0007022　402981
二十四史論贊七十八卷　(清)陳闌輯　清光緒二十九年(1903)上海慎記書莊石印本　二冊　存二十一卷(一至六、五十至六十四)

360000－1901－0007023　161375
二十四史人物類考四十六卷　(清)程之楨輯　清光緒二十九年(1903)上海緯文閣石印本　八冊

360000－1901－0007024　150030
二十四史三表　(清)段長基撰　(清)段搢書編注　清光緒元年(1875)刻本　四十八冊

360000－1901－0007025　150031
二十四史三表　(清)段長基撰　(清)段搢書編注　清光緒元年(1875)刻本　十八冊

360000－1901－0007026　150029
二十四史三表　(清)段長基撰　(清)段搢書編注　清同治四年(1865)曾守誠刻光緒元年(1875)紅杏山房印本　四十八冊

360000－1901－0007027　902432
二十四史三表　(清)段長基撰　(清)段搢書編注　清味古山房刻本　二十冊

360000－1901－0007028　902433
二十四史三表　(清)段長基撰　(清)段搢書編注　清味古山房刻本　二十四冊

360000－1901－0007029　312352
二十四史緯三百三十卷首一卷　(清)陳允錫輯　**明史緯六十八卷**　(清)鄭第衡輯　清光緒二十九年(1903)上海英商順成書局石印本　五十二冊

360000－1901－0007030　163746

二十四史姓氏韻編六十四卷　(清)汪輝祖輯　清光緒上海中西書局石印本　四冊

360000－1901－0007031　163747
二十四史姓氏韻編六十四卷　(清)汪輝祖輯　清光緒上海中西書局石印本　四冊

360000－1901－0007032　805241
二十四史姓氏韻編六十四卷　(清)汪輝祖輯　清末石印本　一冊　存十六卷(十五至三十)

360000－1901－0007033　302954
二十四孝詩鈔一卷　(清)□□輯　清同治十二年(1873)承蔭堂刻本　一冊

360000－1901－0007034　414104
二十四孝詩一卷　(清)齊學培撰　清道光二十一年(1841)刻本　一冊

360000－1901－0007035　414105
二十四孝圖説一卷　(清)金陵八十二老人編　清末石印本　一冊

360000－1901－0007036　150011
二十五子彙函　(清)鴻文書局輯　清光緒十九年(1893)上海鴻文書局石印本　十六冊

360000－1901－0007037　402988
二十五子彙函　(清)鴻文書局輯　清光緒十九年(1893)上海鴻文書局石印本　一冊　存二種

360000－1901－0007038　402988－1
二十五子彙函　(清)鴻文書局輯　清光緒十九年(1893)上海鴻文書局石印本　一冊　存二種

360000－1901－0007039　402988－2
二十五子彙函　(清)鴻文書局輯　清光緒十九年(1893)上海鴻文書局石印本　一冊　存二種

360000－1901－0007040　416266
二十五子彙函　(清)鴻文書局輯　清光緒十九年(1893)上海鴻文書局石印本　一冊　存二種

360000－1901－0007041　416889
二十五子彙函　(清)鴻文書局輯　清光緒十九年(1893)上海鴻文書局石印本　九冊　存十四種

360000－1901－0007042　416889－1
二十五子彙函　(清)鴻文書局輯　清光緒十九年(1893)上海鴻文書局石印本　九冊　存十六種

360000－1901－0007043　805451
二十五子彙函　(清)鴻文書局輯　清光緒十九年(1893)上海鴻文書局石印本　四冊　存七種

360000－1901－0007044　420303
二十一膏良方一卷　(清)吴師機撰　清光緒四年(1878)刻本　一冊

360000－1901－0007045　420303－1
二十一膏良方一卷　(清)吴師機撰　清光緒四年(1878)刻本　一冊

360000－1901－0007046　420303－2
二十一膏良方一卷　(清)吴師機撰　清光緒四年(1878)刻本　一冊

360000－1901－0007047　420303－3
二十一膏良方一卷　(清)吴師機撰　清光緒四年(1878)刻本　一冊

360000－1901－0007048　420303－4
二十一膏良方一卷　(清)吴師機撰　清光緒四年(1878)刻本　一冊

360000－1901－0007049　220009
二十一史　明刻明清遞修本　六十五冊　存六種

360000－1901－0007050　220008
二十一史　明刻明清遞修本(史記卷四十八至六十配清刻本,後漢書卷四十至四十三配明嘉靖七年至九年南京國子監刻本)　二百八十九冊　存十四種

360000－1901－0007051　220011
二十一史　明萬曆二十三年至三十四年

(1595－1606)北京國子監刻本(後漢書配明萬曆二十四年北京國子監刻清吳士元等重修本)　二十七册　存二種

360000－1901－0007052　220010
二十一史　明萬曆二十三年至三十四年(1595－1606)北京國子監刻本(金史配明萬曆二十六年北京國子監刻李勝芳等重修本)　一百三十二册　存七種

360000－1901－0007053　800920
二十一史論贊輯要三十六卷　(明)彭以明輯　明刻本　一册　存一卷(三十三)

360000－1901－0007054　800919
二十一史論贊三十六卷　(明)沈國元輯　明崇禎十年(1637)大來堂刻本　一册　存一卷(一)

360000－1901－0007055　800917
二十一史文選一百卷　(明)周鍾輯　明崇禎十五年(1642)刻本　三册　存四卷(四、十至十一、三十八)

360000－1901－0007056　230007
二十子全書　(明)吳勉學輯　明萬曆吳勉學刻本　三十六册　存十八種

360000－1901－0007057　601002
二水樓詩集十八卷　(清)李茹旻撰　清光緒十七年(1891)李鳴梧味憩廬刻本　四册　存十四卷(一至十四)

360000－1901－0007058　120003
二水樓詩集十八卷文集二十卷首一卷　(清)李茹旻撰　清光緒十七年(1891)李鳴梧味憩廬刻本　十册

360000－1901－0007059　120004
二水樓詩集十八卷文集二十卷首一卷　(清)李茹旻撰　清光緒十七年(1891)李鳴梧味憩廬刻本　十册

360000－1901－0007060　414127
二水樓詩集十八卷文集二十卷首一卷　(清)李茹旻撰　清光緒十七年(1891)李鳴梧味憩廬刻本　三册　存十三卷(二水樓詩集十一至十八、文集十六至二十)

360000－1901－0007061　601001
二水樓文集二十卷　(清)李茹旻撰　清光緒十七年(1891)李鳴梧味憩廬刻本　四册　存十九卷(二至二十)

360000－1901－0007062　150512
二思堂叢書　(清)梁章鉅撰　清光緒元年(1875)浙江書局刻本　二十册

360000－1901－0007063　241464
二文公文集　(明)□□輯　明嘉靖甲秀園刻本　四册

360000－1901－0007064　241012
二希堂文集十一卷首一卷　(清)蔡世遠撰　清雍正十年(1732)刻本　四册

360000－1901－0007065　421811
二希堂文録二卷　(清)蔡世遠撰　(清)李祖陶編　清道光十九年(1839)瑞州府鳳儀書院刻國朝文録本　一册

360000－1901－0007066　241088
二研齋遺藁四卷　(清)諸重光撰　清乾隆五十三年(1788)刻本　一册

360000－1901－0007067　901752
二西山房試帖四卷　(清)王士杰撰　清道光十九年(1839)刻本　二册

360000－1901－0007068　150032
二酉堂叢書　(清)張澍輯　清道光元年(1821)武威張氏二酉堂刻本　十册

360000－1901－0007069　150033
二酉堂叢書　(清)張澍輯　清道光元年(1821)武威張氏二酉堂刻本　八册

360000－1901－0007070　150315
二酉堂叢書　(清)張澍輯　清道光元年(1821)武威張氏二酉堂刻本　十册

360000－1901－0007071　410800
二酉堂叢書　(清)張澍輯　清道光元年(1821)武威張氏二酉堂刻本　一册　存二種

360000－1901－0007072　150036
二餘堂叢書　（清）師範輯　清嘉慶九年（1804）小停雲館刻本　七册　存十一種

360000－1901－0007073　163453
二餘堂詩稿一卷　（清）師範撰　清嘉慶十四年（1809）趙州師氏二餘堂刻本　一册

360000－1901－0007074　120007
二樂堂初稿二卷　（清）劉明良撰　清光緒十七年（1891）刻本　二册

360000－1901－0007075　120008
二樂堂初稿二卷　（清）劉明良撰　清光緒十七年（1891）刻本　二册

360000－1901－0007076　410606
二樟詩鈔四卷　（清）劉念拔撰　清乾隆五十二年（1787）刻本　三册　存三卷（一至三）

360000－1901－0007077　316922
二知軒詩鈔十四卷　（清）方濬頤撰　清同治五年（1866）廣州刻本　八册

360000－1901－0007078　414781
二竹齋詩鈔六卷文集二卷　（清）張井撰　清道光十五年（1835）刻本　二册　存二卷（二竹齋詩鈔一至二）

360000－1901－0007079　220212
二祖十四宗皇明通紀二十七卷　（明）陳建（明）陳龍可撰　明末刻本　一册　存二卷（二十四至二十五）

360000－1901－0007080　400716
貳臣傳八卷逆臣傳二卷　（清）國史館撰　清京都琉璃廠榮錦書坊刻本　九册　存九卷（貳臣傳一、三至八，逆臣傳二卷）

360000－1901－0007081　400717
貳臣傳八卷逆臣傳二卷　（清）國史館撰　清刻本　一册　存一卷（逆臣傳下）

360000－1901－0007082　400718
貳臣傳八卷逆臣傳二卷　（清）國史館撰　清刻本　二册　存二卷（逆臣傳二卷）

360000－1901－0007083　803719
貳臣傳名爵謚里抄錄不分卷　（清）□□輯　清抄本　一册

360000－1901－0007084　409712－2
白圭堂詩鈔八卷續鈔六卷　（清）江之紀撰　清同治三年（1864）刻本　一册　存六卷（續鈔六卷）

360000－1901－0007085　308255
貳臣傳十二卷　（清）國史館撰　清刻本　五册

360000－1901－0007086　309549
貳臣傳十二卷　（清）國史館撰　清刻本　六册

360000－1901－0007087　309828
貳臣傳十二卷　（清）國史館撰　清刻本　四册　存十卷（一至十）

360000－1901－0007088　308394
貳臣傳十二卷逆臣傳四卷　（清）國史館撰　清都城琉璃廠半松居士刻本　四册　存十二卷（貳臣傳十二卷）

360000－1901－0007089　400711
貳臣傳十二卷逆臣傳四卷　（清）國史館撰　清都城琉璃廠半松居士刻本　七册

360000－1901－0007090　400712
貳臣傳十二卷逆臣傳四卷　（清）國史館撰　清都城琉璃廠半松居士刻本　六册

360000－1901－0007091　400713
貳臣傳十二卷逆臣傳四卷　（清）國史館撰　清都城琉璃廠半松居士刻本　七册

360000－1901－0007092　400714
貳臣傳十二卷逆臣傳四卷　（清）國史館撰　清都城琉璃廠半松居士刻本　八册

360000－1901－0007093　400715
貳臣傳十二卷逆臣傳四卷　（清）國史館撰　清都城琉璃廠半松居士刻本　五册　存十四卷（貳臣傳一至十、逆臣傳四卷）

360000－1901－0007094　400715－1
貳臣傳十二卷逆臣傳四卷　（清）國史館撰

清都城琉璃廠半松居士刻本　二册　存四卷(貳臣傳九至十、逆臣傳一至二)

360000－1901－0007095　400724
貳臣傳十二卷逆臣傳四卷　(清)國史館撰　清都城琉璃廠半松居士刻本　一册　存二卷(逆臣傳一至二)

360000－1901－0007096　411114
發蒙小品初集六卷　(清)唐惟懋編　(清)吳鳳儀注　清刻本　二册　存二卷(二、四)

360000－1901－0007097　407743－1
發蒙小品初集六卷二集六卷　(清)唐惟懋編　(清)吳鳳儀注　清刻本　五册

360000－1901－0007098　316357
廢莪堂詩草六卷　(清)王槐撰　清嘉慶二十四年(1819)刻本　一册

360000－1901－0007099　313770
伐蛟說彙編一卷　(清)□□編　清光緒八年(1882)江西書局刻本　一册

360000－1901－0007100　313771
伐蛟說彙編一卷　(清)□□編　清光緒八年(1882)江西書局刻本　一册

360000－1901－0007101　805288
法部奏定提法司辦事劃一章程一卷　(清)法部編　清宣統三年(1911)石印本　一册

360000－1901－0007102　803250
法秤輕重貴賤命格總論不分卷　(清)□□輯　清抄本　一册

360000－1901－0007103　406419
法官考試任用暫行章程施行細則不分卷　(清)法部編　清宣統二年(1910)木活字印本　一册

360000－1901－0007104　301987
法國海軍職要一卷　(清)馬建忠撰　清光緒二十三年(1897)質學會刻本　一册

360000－1901－0007105　301988
法國海軍職要一卷　(清)馬建忠撰　清光緒刻本　一册

360000－1901－0007106　301990
法國水師考一卷　(美國)杜默能撰　(美國)羅亨利　(清)瞿昂來譯　清光緒鉛印本　一册

360000－1901－0007107　310235
法海觀瀾五卷　(清)釋智旭輯　清光緒二十三年(1897)揚州藏經禪院刻本　二册

360000－1901－0007108　230614
法華大成科文九卷　(清)際慶排錄　清康熙四十八年(1709)江寧王茂源刻本　一册

360000－1901－0007109　401716
法華大成音義九卷附懸談音義一卷　(清)釋淨昇輯　清刻本　一册

360000－1901－0007110　314825
法界安立圖三卷　(明)釋仁潮輯　清慧空經房刻本　二册

360000－1901－0007111　400905
法蘭西志六卷　(日本)高橋二郎譯述　(日本)岡千仞刪定　清光緒二十二年(1896)新學書局刻西史彙函本　二册

360000－1901－0007112　400906
法蘭西志六卷　(日本)高橋二郎譯述　(日本)岡千仞刪定　清光緒二十二年(1896)新學書局刻西史彙函本　一册　存三卷(一至三)

360000－1901－0007113　164786
法律醫學二十四卷首一卷附一卷　(英國)該惠連　(英國)弗里愛撰　(英國)傅蘭雅口譯　(清)徐壽筆述　(清)趙元益校錄　清光緒二十五年(1899)江南製造局刻本　十册

360000－1901－0007114　164787
法律醫學二十四卷首一卷附一卷　(英國)該惠連　(英國)弗里愛撰　(英國)傅蘭雅口譯　(清)徐壽筆述　(清)趙元益校錄　清光緒二十五年(1899)江南製造局刻本　四册　存十二卷(三至四、十五至二十四)

360000－1901－0007115　419813

法書攷八卷　(元)盛熙明撰　清康熙四十五年(1706)揚州詩局刻楝亭藏書十二種本　一冊

360000－1901－0007116　230586
法書要錄十卷　(唐)張彥遠輯　明崇禎虞山毛氏汲古閣刻津逮祕書本　二冊　存七卷(四至十)

360000－1901－0007117　407215
法壇拜書不分卷　(□)□□輯　清抄本　一冊

360000－1901－0007118　301985
法苑珠林一百卷　(唐)釋道世撰　清宣統二年(1910)毘陵天寧寺刻本　三十冊

360000－1901－0007119　120746
法雲詩錄不分卷　(清)釋慧霖編　清同治九年(1870)松雲精舍刻本　一冊

360000－1901－0007120　401363
法制科第一股調查條目不分卷　(清)江西法制科編　清光緒鉛印本　四冊

360000－1901－0007121　413247
番易姜夔堯章續書譜一卷　(宋)姜夔撰　(清)蔣衡書　清宣統元年(1909)國學保存會影印本　一冊

360000－1901－0007122　150370
番禺陳氏東塾叢書　(清)陳澧撰　清咸豐至光緒刻本　九冊　存五種

360000－1901－0007123　150553
番禺陳氏東塾叢書　(清)陳澧撰　清咸豐至光緒刻本　九冊

360000－1901－0007124　302904
蕃錦集二卷　(清)朱彝尊集句　(清)柯維楨編　清刻本　一冊

360000－1901－0007125　309505
翻譯名義集二十卷　(宋)釋法雲編　清光緒四年(1878)金陵刻經處刻本　二冊　存六卷(一至六)

360000－1901－0007126　309714
翻譯名義集二十卷　(宋)釋法雲編　清光緒四年(1878)金陵刻經處刻本　四冊　存十四卷(七至二十)

360000－1901－0007127　317820
翻譯名義集二十卷　(宋)釋法雲編　清光緒四年(1878)金陵刻經處刻本　六冊

360000－1901－0007128　310146
翻譯名義集選一卷　(宋)釋法雲編　(清)□□選　清同治十二年(1873)金陵刻經處刻本　一冊

360000－1901－0007129　803812
翻譯西洋教練炮隊操法口令不分卷　(清)沈鼎鍾譯　清同治十年(1871)抄本　一冊

360000－1901－0007130　801841
翻譯西洋教練槍隊操法口令不分卷　(清)沈鼎鍾譯　清抄本　一冊

360000－1901－0007131　803813
翻譯西洋教練槍隊操法口令不分卷　(清)沈鼎鍾譯　清同治十年(1871)抄本　一冊

360000－1901－0007132　303022
樊川詩集四卷別集一卷　(唐)杜牧撰　(清)馮集梧注　清嘉慶德裕堂刻本　三冊

360000－1901－0007133　315310
樊川詩集四卷別集一卷　(唐)杜牧撰　(清)馮集梧注　清嘉慶刻本　四冊

360000－1901－0007134　163212
樊川詩集四卷別集一卷外集一卷補遺一卷　(唐)杜牧撰　(清)馮集梧注　清光緒十六年(1890)湘南書局刻本　四冊

360000－1901－0007135　163213
樊川詩集四卷別集一卷外集一卷補遺一卷　(唐)杜牧撰　(清)馮集梧注　清光緒十六年(1890)湘南書局刻本　四冊

360000－1901－0007136　121759
樊紨石吟草一卷附趣園草一卷　(清)樊恭偉撰　清嘉慶十三年(1808)刻本　一冊

360000－1901－0007137　302849

樊南文集補編十二卷 （唐）李商隱撰 （清）錢振倫箋 （清）錢振常注 **玉谿生年譜訂誤一卷** （清）錢振倫撰 清同治五年（1866）望三益齋刻本 四册

360000－1901－0007138 415547
樊南文集補編十二卷 （唐）李商隱撰 （清）錢振倫箋 （清）錢振常注 **玉谿生年譜訂誤一卷** （清）錢振倫撰 清同治五年（1866）望三益齋刻本 四册

360000－1901－0007139 415548
樊南文集箋注八卷 （唐）李商隱撰 （清）馮浩注 清乾隆刻本 三册 存七卷（二至八）

360000－1901－0007140 315844
樊南文集箋註八卷 （唐）李商隱撰 （清）馮浩注 清德聚堂刻本 四册

360000－1901－0007141 163248
樊南文集評注八卷 （唐）李商隱撰 （清）馮浩注 清同治七年（1868）德聚堂刻本 四册

360000－1901－0007142 163249
樊南文集評注八卷 （唐）李商隱撰 （清）馮浩注 清同治七年（1868）德聚堂刻本 四册

360000－1901－0007143 409512
白嶽盦詩話二卷 （清）余楙撰 清宣統三年（1911）上海國學扶輪社鉛印本 一册

360000－1901－0007144 240153
樊南文集詳註八卷 （唐）李商隱撰 （清）馮浩注 清乾隆四十五年（1780）德聚堂刻同治七年（1868）桐鄉馮氏補刻本 四册

360000－1901－0007145 240154
樊南文集詳註八卷 （唐）李商隱撰 （清）馮浩注 清乾隆四十五年（1780）德聚堂刻同治七年（1868）桐鄉馮氏補刻本 四册

360000－1901－0007146 240152
樊南文集詳註八卷 （唐）李商隱撰 （清）馮浩注 清乾隆四十五年（1780）刻本 四册

360000－1901－0007147 415546
樊南文集詳註八卷 （唐）李商隱撰 （清）馮浩注 清同治七年（1868）馮寶圻刻本 四册

360000－1901－0007148 404217
樊山公牘三卷批判十四卷附一卷 樊增祥撰 清光緒二十年至二十三年（1894－1897）刻本 七册

360000－1901－0007149 302852
樊山公牘四卷 樊增祥撰 清宣統三年（1911）廣益書局石印本 四册

360000－1901－0007150 161963
樊山公牘四卷 樊增祥撰 清宣統三年（1911）石印本 四册

360000－1901－0007151 164217
樊山集二十四卷續集二十八卷詞鈔五卷時文一卷公牘三卷批判十四卷 樊增祥撰 清光緒十九年（1893）渭南縣署刻本 八册 存二十七卷（樊山集二十四卷、公牘三卷）

360000－1901－0007152 302851
樊山判牘續編四卷 樊增祥撰 清宣統三年（1911）大同書局石印本 四册

360000－1901－0007153 404216
樊山時文一卷 樊增祥撰 清光緒二十年（1894）渭南官舍刻本 一册

360000－1901－0007154 404216－1
樊山時文一卷 樊增祥撰 清光緒二十年（1894）渭南官舍刻本 一册

360000－1901－0007155 305975－1
樊山續集二十八卷 樊增祥撰 清光緒二十八年（1902）西安臬署刻本 二册 存十二卷（一至八、二十五至二十八）

360000－1901－0007156 305975
樊山續集二十八卷 樊增祥撰 **二家詠古詩一卷二家試帖二卷** （清）張之洞 樊增祥撰 **二家詞鈔五卷** （清）李慈銘 樊增祥撰 清光緒二十八年（1902）西安臬署刻本 七册 缺四卷（樊山續集二十三至二十四、二家詞鈔一至二）

360000－1901－0007157 161964

樊山政書二十卷　樊增祥撰　清宣統二年(1910)上海政學社石印本　十册

360000－1901－0007158　406433
樊山政書二十卷　樊增祥撰　清宣統二年(1910)上海政學社石印本　十册

360000－1901－0007159　406434
樊山政書二十卷　樊增祥撰　清宣統二年(1910)上海政學社石印本　三册　存六卷(九至十二、十七至十八)

360000－1901－0007160　718295
樊榭山房集十卷續集十卷文集八卷集外詩三卷又一卷集外詞四卷又一卷集外曲二卷　(清)厲鶚撰　清光緒十年(1884)錢唐汪氏振綺堂刻本　八册

360000－1901－0007161　718296
樊榭山房集十卷續集十卷文集八卷集外詩三卷又一卷集外詞四卷又一卷集外曲二卷　(清)厲鶚撰　清刻本　一册　存九卷(集外詩三卷、集外詞四卷、集外曲二卷)

360000－1901－0007162　302846
樊榭山房集十卷續集十卷文集八卷集外詩三卷又一卷集外詞四卷又一卷集外曲二卷　(清)厲鶚撰　**松聲池館詩存四卷**　(清)汪璐撰　**振綺堂詩存一卷**　(清)汪憲撰　清光緒十年(1884)、十五年(1889)錢唐汪氏振綺堂刻本　十二册

360000－1901－0007163　302847
樊榭山房集十卷續集十卷文集八卷集外詩三卷又一卷集外詞四卷又一卷集外曲二卷　(清)厲鶚撰　**松聲池館詩存四卷**　(清)汪璐撰　**振綺堂詩存一卷**　(清)汪憲撰　清光緒十年(1884)、十五年(1889)錢唐汪氏振綺堂刻本　十一册　缺四卷(松聲池館詩存四卷)

360000－1901－0007164　302853
樊榭山房游仙三百首詩註三卷　(清)厲鶚撰　(清)蔣坦注　清道光二十八年(1848)錢唐蔣氏刻本　三册

360000－1901－0007165　404479
返生香一卷附集一卷　(明)葉小鸞撰　**窃聞一卷續一卷**　(明)葉紹袁撰　清光緒二十二年(1896)石印本　四册

360000－1901－0007166　309310
返性圖初集十卷　(□)□□輯　清光緒二十一年(1895)刻本　十册

360000－1901－0007167　309353
返性圖初集十卷　(□)□□輯　清光緒二十一年(1895)刻本　十册

360000－1901－0007168　407225
返性圖輯要寶錄二卷　(清)洗心覺民輯　清同治十二年(1873)廣慶堂刻本　二册

360000－1901－0007169　120947
返性圖十卷　(清)符心耀輯　清光緒二十一年(1895)江西建昌府道生堂刻本　十册

360000－1901－0007170　411107
泛槎圖六集　(清)張寶繪　清嘉慶、道光刻本　四册　存四集(一、三至四、六)

360000－1901－0007171　301932
泛槎圖一卷　(清)張寶繪　清嘉慶二十四年(1819)刻本　一册

360000－1901－0007172　120642
泛梗集八卷　(清)吳之章撰　清光緒六年(1880)文謙堂刻本　四册

360000－1901－0007173　150257
范白舫所刊書　(清)范鍇輯　清道光十年至二十四年(1830－1844)烏程范氏刻本　一册　存七種

360000－1901－0007174　163360
范伯子詩集十九卷　(清)范當世撰　清光緒三十四年(1908)刻本　四册

360000－1901－0007175　302710
范伯子詩集十九卷　(清)范當世撰　清光緒三十四年(1908)刻本　四册

360000－1901－0007176　413886
范德機詩集七卷　(元)范梈撰　清刻朱印本　一册　存一卷(七)

360000－1901－0007177　413181
范石湖詩集注三卷　（宋）范成大撰　（清）沈欽韓注　清刻本　一册

360000－1901－0007178　220066
范氏後漢書批評一百卷　（明）顧起元撰　明萬曆四十七年（1619）刻本　二十四册

360000－1901－0007179　220067
范氏後漢書批評一百卷　（明）顧起元撰　明萬曆四十七年（1619）刻本　十九册　缺四卷（十四至十七）

360000－1901－0007180　722117
白雲先生許文懿公傳集四卷　（元）許謙撰（清）戴錡輯　清雍正十年（1732）金律刻本　二册

360000－1901－0007181　413185
范文正公集二十卷别集四卷政府奏議二卷尺牘三卷補編五卷　（宋）范仲淹撰　**范文正公年譜一卷**　（宋）樓鑰撰　**范文正公年譜補遺一卷**　（宋）范之柔撰　**范侍郎公遺文一卷**（宋）范純粹撰　**義莊規矩一卷褒賢祠記二卷鄱陽遺事錄一卷遺跡一卷言行拾遺事錄四卷**　（宋）范純仁　（宋）范純粹撰　**范文正公褒賢集五卷**　清康熙四十六年（1707）范氏歲寒堂刻本　八册　缺二卷（褒賢祠記二卷）

360000－1901－0007182　413186
范文正公集二十卷别集四卷政府奏議二卷尺牘三卷補編五卷　（宋）范仲淹撰　**范文正公年譜一卷**　（宋）樓鑰撰　**范文正公年譜補遺一卷**　（宋）范之柔撰　**范侍郎公遺文一卷**（宋）范純粹撰　**義莊規矩一卷褒賢祠記二卷鄱陽遺事錄一卷遺跡一卷言行拾遺事錄四卷**　（宋）范純仁　（宋）范純粹撰　**范文正公褒賢集五卷**　清康熙四十六年（1707）范氏歲寒堂刻本　三册　存十一卷（補編五卷、義莊規矩一卷、范文正公褒賢集五卷）

360000－1901－0007183　315974
范文正公集二十卷别集四卷政府奏議二卷尺牘三卷補編五卷　（宋）范仲淹撰　**范文正公年譜一卷**　（宋）樓鑰撰　**范文正公年譜補遺一卷**　（宋）范之柔撰　**范侍郎公遺文一卷**（宋）范純粹撰　**義莊規矩一卷褒賢祠記二卷鄱陽遺事錄一卷遺跡一卷言行拾遺事錄四卷**　（宋）范純仁　（宋）范純粹撰　**范文正公褒賢集五卷**　清康熙四十六年（1707）范氏歲寒堂刻本　十册

360000－1901－0007184　240166
范文正公集二十四卷　（宋）范仲淹撰　**年譜一卷**　（宋）樓鑰撰　**補遺一卷**　（宋）范之柔編　**附錄一卷**　明萬曆三十七年（1609）康丕揚刻本　十册

360000－1901－0007185　240165
范文正公集十二卷附錄七卷　（宋）范仲淹撰　明萬曆三十六年（1608）毛一鷺刻合刻范文正公忠宣公全集本　一册　存附錄三卷（鄱陽遺事一卷、褒賢詞錄二卷）

360000－1901－0007186　305923
范文正公忠宣公全集七十三卷　（宋）范仲淹（宋）范純仁撰　清宣統二年（1910）刻本　十册　缺二十三卷（范文正公集一至九、褒賢集一至三，范忠宣公集五至十五）

360000－1901－0007187　413180
范文正公言行錄三卷摘錄一卷　（清）崔廷璋輯　清光緒十三年（1887）刻本　一册

360000－1901－0007188　241461
范文正公忠宣公全集七十三卷　（宋）范仲淹（宋）范純仁撰　清康熙四十六年（1707）范氏歲寒堂刻本　十六册

360000－1901－0007189　241462
范文正公忠宣公全集七十三卷　（宋）范仲淹（宋）范純仁撰　清康熙四十六年（1707）范氏歲寒堂刻本　十四册

360000－1901－0007190　241463
范文正公忠宣公全集七十三卷　（宋）范仲淹（宋）范純仁撰　清康熙四十六年（1707）范氏歲寒堂刻本　十三册

360000－1901－0007191　313287
范文正公忠宣公全集七十三卷　（宋）范仲淹

(宋)范純仁撰　清康熙四十六年(1707)范氏歲寒堂刻本　十三冊　缺二十四卷(范文正公集二十卷、別集四卷)

360000－1901－0007192　722118
白雲先生許文懿公傳集四卷　(元)許謙撰　(清)戴錡輯　清雍正十年(1732)金律刻本　一冊　存二卷(三至四)

360000－1901－0007193　603278
百家姓一卷千字文一卷　(□)□□輯　清婺邑文和堂刻本　一冊

360000－1901－0007194　310129
百論疏十四卷　(唐)釋吉藏撰　清刻本　五冊　存十二卷(一至十二)

360000－1901－0007195　413183
范忠宣公集二十卷奏議二卷遺文一卷補編一卷附錄一卷　(宋)范純仁撰　清康熙四十六年(1707)范氏歲寒堂刻本　四冊

360000－1901－0007196　413184
范忠宣公集二十卷奏議二卷遺文一卷補編一卷附錄一卷　(宋)范純仁撰　清康熙四十六年(1707)范氏歲寒堂刻本　六冊

360000－1901－0007197　240261
范忠宣公集二十卷奏議二卷遺文一卷補編一卷附錄一卷　(宋)范純仁撰　清康熙四十六年(1707)歲寒堂刻范文正公忠宣公全集本　五冊

360000－1901－0007198　240262
范忠宣公集二十卷奏議二卷遺文一卷補編一卷附錄一卷　(宋)范純仁撰　清康熙四十六年(1707)歲寒堂刻范文正公忠宣公全集本　六冊

360000－1901－0007199　413187
范忠宣公集二十卷奏議二卷遺文一卷補編一卷附錄一卷　(宋)范純仁撰　清康熙四十六年(1707)歲寒堂刻范文正公忠宣公全集本　二冊　存七卷(一至五、奏議二卷)

360000－1901－0007200　417672
梵隱堂詩存十卷　(清)釋祖觀撰　清同治五年(1866)通濟盦刻本　一冊　存三卷(一至三)

360000－1901－0007201　417671
梵餘小草一卷　(清)釋啓怡撰　清道光二十八年(1848)西廊書屋木活字印本　一冊

360000－1901－0007202　722415
範家集畧六卷　(清)秦坊輯　清光緒十八年(1892)省克齋刻本　四冊

360000－1901－0007203　241519
範金詩話二卷　(清)謝鳴盛撰　清乾隆五十四年(1789)官崇刻本　二冊

360000－1901－0007204　241520
範金詩話二卷　(清)謝鳴盛撰　清乾隆五十四年(1789)官崇刻本　二冊

360000－1901－0007205　410110－2
柏梘山房文集十六卷續集一卷駢體文二卷詩集十卷續集二卷　(清)梅曾亮撰　清刻本　一冊　存四卷(四至七)

360000－1901－0007206　601730
範金詩話二卷　(清)謝鳴盛撰　清乾隆五十四年(1789)官崇刻本　二冊

360000－1901－0007207　601731
範金詩話二卷　(清)謝鳴盛撰　清乾隆五十四年(1789)官崇刻本　二冊

360000－1901－0007208　601732
範金詩話二卷　(清)謝鳴盛撰　清乾隆五十四年(1789)官崇刻本　二冊

360000－1901－0007209　601732－1
範金詩話二卷　(清)謝鳴盛撰　清乾隆五十四年(1789)官崇刻本　二冊

360000－1901－0007210　416730
範身集畧八卷　(清)秦坊輯　清刻本　一冊　存一卷(八)

360000－1901－0007211　801593
範心集不分卷二集不分卷　(清)□□編　清刻本　一冊

360000－1901－0007212　407609
方便集不分卷　(清)龔世錫編　清嘉慶十五年(1810)傳古齋刻本　一册

360000－1901－0007213　402924
方靈皋全稿不分卷　(清)方苞撰　清刻本　三册

360000－1901－0007214　163022
方脈辨症一卷　(□)吟舫氏編　清抄本　一册

360000－1901－0007215　304010
方泉先生詩集三卷　(宋)周文璞撰　清宣統元年(1909)國光社影印本　一册

360000－1901－0007216　410246
方石書話一卷　(清)于令淓撰　清刻本　一册

360000－1901－0007217　230608
方氏墨譜六卷首一卷　(明)方于魯撰　明萬曆方氏美蔭堂刻本　二册　存二卷(四、首一卷)

360000－1901－0007218　412102
方氏墨譜六卷首一卷　(明)方于魯撰　清刻本　一册　存二卷(三至四)

360000－1901－0007219　801442
方書　卷　(□)□□撰　清抄本　一册

360000－1901－0007220　414754
方田通法補例六卷　(清)張作楠撰　清嘉慶金華張氏翠微山房刻本　一册　存二卷(一至二)

360000－1901－0007221　316401
方望溪文鈔六卷　(清)方苞撰　清宣統二年(1910)上海國學扶輪社鉛印本　五册

360000－1901－0007222　800684
方雪齋試帖□□卷　(清)何元烺撰　清刻本　一册　存四卷(六至九)

360000－1901－0007223　902179
方雪齋試帖不分卷　(清)何元烺撰　清刻本　一册

360000－1901－0007224　165114
方輿紀要不分卷　(清)顧祖禹撰　清抄本　四册　存北直、南直、山東、山西、福建、浙江、湖廣、河南、江西、陝甘、廣東、廣西、四川、雲南、貴州

360000－1901－0007225　420171
方輿紀要簡覽三十四卷　(清)顧祖禹撰　(清)潘鐸輯　清光緒經元堂刻本　十四册　存二十六卷(三至四、七至十七、二十至二十八、三十一至三十四)

360000－1901－0007226　300029
方輿紀要簡覽三十四卷　(清)顧祖禹撰　(清)潘鐸輯　清咸豐八年(1858)紅杏書屋刻本　十六册

360000－1901－0007227　220556
方輿紀要五卷　(清)顧祖禹撰　清康熙五年(1666)顧氏職思堂刻本　二册

360000－1901－0007228　420169
方輿紀要形勢論略二卷　(清)顧祖禹撰　(清)杜文瀾輯　清同治六年(1867)刻曼陀羅華閣叢書本　一册　存一卷(下)

360000－1901－0007229　309681
方輿紀要序一卷　(清)顧祖禹撰　清光緒二十六年(1900)木活字印本　一册

360000－1901－0007230　309682
方輿紀要序一卷　(清)顧祖禹撰　清光緒二十六年(1900)木活字印本　一册

360000－1901－0007231　400563
方輿紀要序一卷　(清)顧祖禹撰　清光緒二十六年(1900)木活字印本　一册

360000－1901－0007232　240742
方玉堂集二十八卷　(明)宋應昇撰　明崇禎刻清乾隆二十四年(1759)宋瑾重修本　七册

360000－1901－0007233　000984
方玉堂文稿九卷　(明)宋應昇撰　明崇禎刻本　一册　存三卷(四至六)

360000－1901－0007234　300027

方正學先生遜志齋集七卷首一卷 (明)方孝孺撰 清同治三年(1864)刻本 七册

360000－1901－0007235 803768
方證雜録九卷 (清)□□輯 清抄本 一册

360000－1901－0007236 407656
芳閣人傑□□卷 (清)□□編 清刻本 一册 存一卷(三)

360000－1901－0007237 240432
芳谷集三卷 (元)徐明善撰 民國抄本(豫章叢書底本) 一册 存一卷(二)

360000－1901－0007238 302773
芳堅館題跋三卷 (清)郭尚先撰 清同治十三年(1874)晉江龔氏木活字印本 二册

360000－1901－0007239 302772
芳茂山人詩録九卷 (清)孫星衍撰 附長離閣集一卷 (清)王采薇撰 清刻本 二册

360000－1901－0007240 500308
芳溪熊氏青雲塔誌不分卷 (清)熊公軾纂修 清嘉慶十七年(1812)木活字印本 一册

360000－1901－0007241 121700
芳洲文集十卷附詩集一卷 (明)陳循撰 附芳洲先生年譜一卷 (明)王翔撰 清刻本 六册

360000－1901－0007242 240514
芳洲文集續編六卷 (明)陳循撰 明萬曆四十六年(1618)陳以躍刻本 四册

360000－1901－0007243 120850
芳紫草堂文鈔三卷 (清)吴士杭撰 清咸豐三年(1853)刻本 一册

360000－1901－0007244 306520
防海輯要十八卷首一卷 (清)俞昌會撰 清光緒十一年(1885)星沙明遠書局刻本 七册 存十四卷(一至十一、十四至十五,首一卷)

360000－1901－0007245 306524
防海輯要十八卷首一卷 (清)俞昌會撰 清光緒十一年(1885)星沙明遠書局刻本 十一册 存十五卷(四至十八)

360000－1901－0007246 161713
防海新論十八卷 (德國)希理哈撰 (英國)傅蘭雅口譯 (清)華蘅芳筆述 清末刻本 六册

360000－1901－0007247 160111
仿宋相臺五經附考證 清道光四年(1824)貴州刻本 三十册

360000－1901－0007248 160116
仿宋相臺五經附考證 清光緒八年(1882)長沙龍氏家塾刻本 四十册

360000－1901－0007249 160113
仿宋相臺五經附考證 清光緒二年(1876)江南書局刻本 三十二册

360000－1901－0007250 160114
仿宋相臺五經附考證 清光緒二年(1876)江南書局刻本 三十二册

360000－1901－0007251 160115
仿宋相臺五經附考證 清光緒二年(1876)江南書局刻本 三十册

360000－1901－0007252 401371
仿宋相臺五經附考證 清光緒尊經書院刻民國二年(1913)成都存古書局印本 七册 存二種

360000－1901－0007253 603124
仿宋相臺五經附考證 清刻本 一册 存二十一卷(周易考證九卷、尚書考證一至十二)

360000－1901－0007254 603384
仿宋相臺五經附考證 清乾隆四十八年(1783)武英殿刻本 四十五册

360000－1901－0007255 160112
仿宋相臺五經附考證 清同治三年(1864)南海鄺九我堂刻本 四十册

360000－1901－0007256 403906
仿唐寫本説文解字木部箋異一卷 (清)莫友芝撰 清刻本 一册

360000－1901－0007257 403906－1
仿唐寫本説文解字木部箋異一卷 (清)莫友

芝撰　清刻本　一冊

360000－1901－0007258　412457
仿唐寫本説文解字木部箋異一卷　（清）莫友芝撰　清同治二年（1863）刻本　一冊

360000－1901－0007259　161057
仿唐寫本説文解字木部箋異一卷　（清）莫友芝撰　清同治三年（1864）刻本　一冊

360000－1901－0007260　161058
仿唐寫本説文解字木部箋異一卷　（清）莫友芝撰　清同治三年（1864）刻本　一冊

360000－1901－0007261　705040
訪粵集一卷　（清）戴熙撰　清道光二十年（1840）刻本　一冊

360000－1901－0007262　416203
放翁先生詩鈔七卷　（宋）陸游撰　（清）周之鱗　（清）柴升編　清刻本　一冊　存一卷（七言律）

360000－1901－0007263　416203－1
放翁先生詩鈔七卷　（宋）陸游撰　（清）周之鱗　（清）柴升編　清刻本　一冊　存一卷（七言律）

360000－1901－0007264　241096
非醉詩抄一卷　（清）謝鳴盛撰　**鵬溪縫隱尺餘草一卷**　（清）黄松撰　清乾隆五十二年（1787）刻本　一冊

360000－1901－0007265　403926
飛鴻閣琴意二卷　（清）趙函撰　清道光十六年（1836）刻本　一冊

360000－1901－0007266　314955
飛鴻堂印譜初集八卷二集八卷三集八卷四集八卷五集八卷　（清）汪啓淑輯　清末影印本　二十冊

360000－1901－0007267　230602
飛鴻堂印譜初集八卷二集八卷三集八卷四集八卷五集八卷　（清）汪啓淑輯　清乾隆刻鈐印本　十六冊　缺八卷（五集八卷）

360000－1901－0007268　306471
飛獵濱獨立戰史十四章　（菲律賓）棒時撰　（清）同是傷心人譯　清光緒二十八年（1902）上海商務印書館鉛印本　一冊

360000－1901－0007269　403918
飛龍傳十六卷六十回　（清）吳璿撰　清嘉慶二十年（1815）刻本　十六冊

360000－1901－0007270　403919
飛龍全傳十二卷六十回　（清）吳璿撰　清同治九年（1870）翠隱山房刻本　七冊　缺一卷（四）五回（十六至二十）

360000－1901－0007271　160932
蜚雲閣凌氏叢書　（清）凌曙撰　清嘉慶十三年至道光六年（1808－1826）江都凌氏蜚雲閣刻本　六冊　存三種

360000－1901－0007272　409882
霏屑集八卷　（清）朱載颺撰　清雍正三年（1725）刻本　一冊

360000－1901－0007273　409883
霏屑集八卷　（清）朱載颺撰　清雍正三年（1725）刻本　四冊

360000－1901－0007274　400614
腓尼西亞史一卷　（日本）北村三郎撰　趙必振譯　清光緒二十九年（1903）廣智書局鉛印本　一冊

360000－1901－0007275　306336－1
斐利迭禮璽王農政要畧不分卷　（德國）師他代爾曼撰　（日本）和田維四郎譯　（清）樊炳清重譯　清光緒石印本　二冊

360000－1901－0007276　162494
肺病問答一卷　（日本）石神亨撰　（清）沙曾詒譯　清光緒三十一年（1905）文明書局鉛印本　一冊

360000－1901－0007277　411501
費氏古易訂文十二卷　王樹枏撰　清光緒十七年（1891）刻本　二冊　存五卷（一、四至七）

360000－1901－0007278　160902

費氏古易訂文十二卷　王樹枬撰　清光緒十七年(1891)文英堂刻本　四冊

360000－1901－0007279　708868
分法類編不分卷　(清)程應旒撰　清刻本　四冊

360000－1901－0007280　901739
分法小題拆字不分卷　(清)□□輯　清刻本　一冊

360000－1901－0007281　802891
分法小題拆字新本不分卷　(清)張錚評　(清)陳方平增輯　清刻本　一冊

360000－1901－0007282　802892
分法小題拆字新本不分卷　(清)張錚評　(清)陳方平增輯　清刻本　一冊

360000－1901－0007283　402847
分甘餘話四卷　(清)王士禛撰　清康熙四十九年(1710)刻本　一冊

360000－1901－0007284　304215
分甘餘話四卷　(清)王士禛撰　清刻本　一冊

360000－1901－0007285　304216
分甘餘話四卷　(清)王士禛撰　清刻本　二冊

360000－1901－0007286　402345
分國左傳十八卷　(清)曹基編　清刻本　三冊　存十四卷(五至十八)

360000－1901－0007287　240051
分類補注李太白詩二十五卷　(唐)李白撰　(宋)楊齊賢集注　(元)蕭士贇補注　明萬曆長洲許自昌刻李杜全集本　八冊　缺六卷(十二至十四、十七至十九)

360000－1901－0007288　316443
分類補注李太白詩二十五卷　(唐)李白撰　(宋)楊齊賢集注　(元)蕭士贇補注　明萬曆長洲許自昌刻李杜全集本　十二冊

360000－1901－0007289　240052
分類補註李太白詩二十五卷　(唐)李白撰　(宋)楊齊賢集注　(元)蕭士贇補注　**分類編次李太白文集五卷**　(唐)李白撰　(明)郭雲鵬編　明嘉靖二十二年(1543)吳會郭雲鵬寶善堂刻本　十二冊

360000－1901－0007290　712958
分類補註李太白詩二十五卷　(唐)李白撰　(宋)楊齊賢集注　(元)蕭士贇補注　**唐翰林李太白年譜一卷**　(宋)薛仲邕撰　明嘉靖二十五年(1546)玉几山人刻本　一冊　存二卷(九至十)

360000－1901－0007291　900646
分類尺牘備覽三十卷　(清)王虎榜輯　清光緒十六年(1890)上洋珍藝書局鉛印本　四冊　存十卷(一至三、八至十、十八至二十、二十八)

360000－1901－0007292　900668
分類尺牘備覽三十卷　(清)王虎榜輯　清光緒十六年(1890)上洋珍藝書局鉛印本　六冊

360000－1901－0007293　900669
分類尺牘備覽三十卷　(清)王虎榜輯　清光緒十六年(1890)上洋珍藝書局鉛印本　六冊

360000－1901－0007294　802185
分類尺牘備覽三十卷　(清)王虎榜輯　清末鉛印本　四冊　存二十卷(十一至三十)

360000－1901－0007295　900666
分類尺牘備覽十卷續分類尺牘備覽四卷　(清)王虎榜輯　清光緒三十年(1904)上海同文社鉛印本　八冊

360000－1901－0007296　900667
分類尺牘備覽十卷續分類尺牘備覽四卷　(清)王虎榜輯　清光緒三十年(1904)上海同文社鉛印本　七冊　存十二卷(分類尺牘備覽一、四至十,續分類尺牘備覽四卷)

360000－1901－0007297　902357
分類尺牘緘腋□□卷　(清)涂謙撰　清刻本　一冊　存一卷(五)

360000－1901－0007298　901466

分類尺牘新裁六卷 (清)涂謙撰 清同文堂刻本 一冊 存一卷(一)

360000-1901-0007299 802080
分類尺牘新語二十四卷 (清)徐士俊 (清)汪淇輯並評 清抄本 一冊 存八卷(十七至二十四)

360000-1901-0007300 404393
分類翡翠尺牘□□卷 (清)□□輯 清刻本 二冊 存二卷(三至四)

360000-1901-0007301 801014
分類賦學雞蹠集三十卷附錄一卷 (清)張維城輯 清道光三十年(1850)刻本 七冊 存十八卷(一至九、十九至二十一、二十六至三十,附錄一卷)

360000-1901-0007302 801015
分類賦學雞蹠集三十卷附錄一卷 (清)張維城輯 清道光三十年(1850)刻本 六冊 缺四卷(二至三、八至九)

360000-1901-0007303 303731
分類賦學雞蹠集三十卷附錄一卷 (清)張維城輯 清道光十二年(1832)粲花吟館刻本 六冊

360000-1901-0007304 805030
分類賦學雞蹠集三十卷附錄一卷 (清)張維城輯 清道光十二年(1832)粲花吟館刻本 八冊

360000-1901-0007305 801013
分類賦學雞蹠集三十卷附錄一卷 (清)張維城輯 清道光十二年(1832)刻本 八冊

360000-1901-0007306 801016
分類賦學雞蹠集三十卷附錄一卷 (清)張維城輯 清道光十七年(1837)刻本 六冊

360000-1901-0007307 801017-1
分類賦學雞蹠集三十卷附錄一卷 (清)張維城輯 清道光十七年(1837)刻本 一冊 存二卷(一、附錄一卷)

360000-1901-0007308 801009
分類賦學雞蹠集三十卷附錄一卷 (清)張維城輯 清刻本 四冊 存二十四卷(四至七、十一至三十)

360000-1901-0007309 801010
分類賦學雞蹠集三十卷附錄一卷 (清)張維城輯 清刻本 四冊 存二十一卷(四至七、十五至三十,附錄一卷)

360000-1901-0007310 801011
分類賦學雞蹠集三十卷附錄一卷 (清)張維城輯 清刻本 二冊 存九卷(六至九、十六至二十)

360000-1901-0007311 801012
分類賦學雞蹠集三十卷附錄一卷 (清)張維城輯 清刻本 一冊 存四卷(四至七)

360000-1901-0007312 801012-1
分類賦學雞蹠集三十卷附錄一卷 (清)張維城輯 清刻本 一冊 存五卷(十六至二十)

360000-1901-0007313 801017
分類賦學雞蹠集三十卷附錄一卷 (清)張維城輯 清刻本 五冊 存二十四卷(四至十七、二十二至三十,附錄一卷)

360000-1901-0007314 306248
分類賦學雞蹠集三十卷附錄一卷 (清)張維城輯 清末石印本 四冊 存二十四卷(二至二十五)

360000-1901-0007315 303725
分類賦學雞蹠集三十卷附錄一卷 (清)張維城輯 清善成堂刻本 六冊

360000-1901-0007316 901356
分類賦學雞蹠集三十卷附錄一卷 (清)張維城輯 清同治十二年(1873)京都刻本 六冊

360000-1901-0007317 805031
分類賦學雞蹠集三十卷附錄一卷 (清)張維城輯 清同治四年(1865)刻本 八冊

360000-1901-0007318 901635
分類緘腋四卷 (清)涂謙撰 清道光九年(1829)刻本 五冊

360000－1901－0007319　411014
分類緘腋四卷　(清)涂謙撰　清道光十五年(1835)乾元堂刻本　四册

360000－1901－0007320　900686
分類緘腋四卷　(清)涂謙撰　清道光五年(1825)刻本　三册　存三卷(一、三至四)

360000－1901－0007321　901636
分類緘腋四卷　(清)涂謙撰　清道光五年(1825)刻本　六册

360000－1901－0007322　900752
分類緘腋四卷　(清)涂謙撰　清嘉慶英德堂刻本　四册

360000－1901－0007323　411015
分類緘腋四卷　(清)涂謙撰　清刻本　四册

360000－1901－0007324　900686－1
分類緘腋四卷　(清)涂謙撰　清刻本　一册　存一卷(二)

360000－1901－0007325　901631
分類緘腋四卷　(清)涂謙撰　清刻本　三册　存三卷(二至四)

360000－1901－0007326　901634
分類緘腋四卷　(清)涂謙撰　清刻本　二册　存二卷(三至四)

360000－1901－0007327　901637
分類緘腋四卷　(清)涂謙撰　清刻本　三册　存三卷(一至三)

360000－1901－0007328　901914
分類緘腋四卷　(清)涂謙撰　清刻本　三册

360000－1901－0007329　901915
分類緘腋四卷　(清)涂謙撰　清刻本　二册　存二卷(一至二)

360000－1901－0007330　902211
分類緘腋四卷　(清)涂謙撰　清刻本　一册　存一卷(三)

360000－1901－0007331　901913
分類緘腋四卷　(清)涂謙撰　清刻本(卷一配清道光二十九年兩儀堂刻本)　四册

360000－1901－0007332　411013
分類緘腋四卷　(清)涂謙撰　清尚友堂刻本　四册

360000－1901－0007333　900753
分類緘腋四卷　(清)涂謙撰　清尚友堂刻本　一册　存一卷(一)

360000－1901－0007334　901632
分類緘腋四卷　(清)涂謙撰　清同治二年(1863)刻本　三册　存三卷(一至二、四)

360000－1901－0007335　901633
分類緘腋四卷　(清)涂謙撰　清同治二年(1863)刻本　二册　存二卷(一至二)

360000－1901－0007336　415751
分類歷代通鑑輯覽六十四卷歷代治亂興亡鏡一卷　(清)陳善撰　清光緒二十九年(1903)點石齋書局石印本　二十四册

360000－1901－0007337　900571
分類歷代通鑑輯覽六十四卷歷代治亂興亡鏡一卷　(清)陳善撰　清光緒二十九年(1903)點石齋書局石印本　二十三册　存六十四卷(分類歷代通鑑輯覽六十四卷)

360000－1901－0007338　161956
分類歷代通鑑輯覽六十四卷歷代治亂興亡鏡一卷　(清)陳善撰　清光緒二十九年(1903)上海文瀾書局石印本　二十四册

360000－1901－0007339　162018
分類歷代通鑑輯覽六十四卷歷代治亂興亡鏡一卷　(清)陳善撰　清光緒二十九年(1903)上海文瀾書局石印本　二十二册　存六十一卷(分類歷代通鑑輯覽一至八、十三至六十四,歷代治亂興亡鏡一卷)

360000－1901－0007340　415752
分類歷代通鑑輯覽六十四卷歷代治亂興亡鏡一卷　(清)陳善撰　清光緒二十九年(1903)上海文瀾書局石印本　十四册　存三十九卷(一至三、九至十、十三至十四、十八至二十

五、三十至三十四、四十二至五十、五十三至六十、六十三至六十四）

360000－1901－0007341　415753
分類歷代通鑑輯覽六十四卷歷代治亂興亡鏡一卷　（清）陳善撰　清光緒二十九年（1903）上海文瀾書局石印本　四冊　存八卷（五至六、十一至十二、四十九至五十、五十四至五十五）

360000－1901－0007342　900556
分類歷代通鑑輯覽六十四卷歷代治亂興亡鏡一卷　（清）陳善撰　清光緒二十九年（1903）上海文瀾書局石印本　二十冊　存五十二卷（分類歷代通鑑輯覽一至十二、十四至十七、二十二至五十五、六十四，歷代治亂興亡鏡一卷）

360000－1901－0007343　900571－1
分類歷代通鑑輯覽六十四卷歷代治亂興亡鏡一卷　（清）陳善撰　清光緒二十九年（1903）上海文瀾書局石印本　一冊　存一卷（歷代治亂興亡鏡一卷）

360000－1901－0007344　802658
分類評註百子金丹不分卷　（明）郭偉選注（明）郭中吉編　（明）王星聚校訂　清抄本　二冊

360000－1901－0007345　122759
分類詩話六卷　（清）王士禛撰　（清）喻端士編　清同治十三年（1874）盱南三餘書屋刻本　四冊

360000－1901－0007346　415044
分類詩話六卷　（清）王士禛撰　（清）喻端士編　清同治十三年（1874）盱南三餘書屋刻本　四冊

360000－1901－0007347　402850
分類詩選註釋八卷　（清）俞琰輯　（清）易開縉　（清）孫溶鳴注　清刻本　四冊

360000－1901－0007348　414965
分類詩腋八卷　（清）李楨編　清崇文堂刻本　三冊

360000－1901－0007349　414973
分類詩腋八卷　（清）李楨編　清道光二十七年（1847）英德堂刻本　二冊

360000－1901－0007350　414974
分類詩腋八卷　（清）李楨編　清道光二十七年（1847）英德堂刻本　一冊　存五卷（一至五）

360000－1901－0007351　414974－1
分類詩腋八卷　（清）李楨編　清道光二十七年（1847）英德堂刻本　一冊　存四卷（一至四）

360000－1901－0007352　414978
分類詩腋八卷　（清）李楨編　清道光七年（1827）務本堂刻本　二冊

360000－1901－0007353　414979
分類詩腋八卷　（清）李楨編　清道光七年（1827）務本堂刻本　二冊

360000－1901－0007354　414980
分類詩腋八卷　（清）李楨編　清道光七年（1827）務本堂刻本　二冊

360000－1901－0007355　414981
分類詩腋八卷　（清）李楨編　清道光七年（1827）務本堂刻本　二冊

360000－1901－0007356　414982
分類詩腋八卷　（清）李楨編　清道光七年（1827）務本堂刻本　三冊

360000－1901－0007357　414983
分類詩腋八卷　（清）李楨編　清道光七年（1827）務本堂刻本　四冊

360000－1901－0007358　414984
分類詩腋八卷　（清）李楨編　清道光七年（1827）務本堂刻本　二冊　存六卷（一至四、七至八）

360000－1901－0007359　414984－1
分類詩腋八卷　（清）李楨編　清道光七年（1827）務本堂刻本　一冊　存四卷（一至四）

360000－1901－0007360　414984－2

分類詩腋八卷　(清)李楨編　清道光七年(1827)務本堂刻本　一册　存二卷(一至二)

360000－1901－0007361　414971
分類詩腋八卷　(清)李楨編　清道光十一年(1831)英德堂刻本　二册

360000－1901－0007362　414972
分類詩腋八卷　(清)李楨編　清道光十一年(1831)英德堂刻本　二册

360000－1901－0007363　414968
分類詩腋八卷　(清)李楨編　清道光十一年(1831)芸生堂刻本　四册

360000－1901－0007364　414969
分類詩腋八卷　(清)李楨編　清道光十一年(1831)芸生堂刻本　三册　存六卷(一至四、七至八)

360000－1901－0007365　414970
分類詩腋八卷　(清)李楨編　清道光十一年(1831)芸生堂刻本　一册　存四卷(一至四)

360000－1901－0007366　414970－1
分類詩腋八卷　(清)李楨編　清道光十一年(1831)芸生堂刻本　一册　存四卷(一至四)

360000－1901－0007367　414970－2
分類詩腋八卷　(清)李楨編　清道光十一年(1831)芸生堂刻本　一册　存四卷(一至四)

360000－1901－0007368　414966
分類詩腋八卷　(清)李楨編　清道光元年(1821)富有堂刻本　三册

360000－1901－0007369　414977
分類詩腋八卷　(清)李楨編　清道光元年(1821)三元堂刻本　四册

360000－1901－0007370　414985
分類詩腋八卷　(清)李楨編　清道光元年(1821)昭德堂刻本　二册

360000－1901－0007371　414986
分類詩腋八卷　(清)李楨編　清道光元年(1821)昭德堂刻本　四册

360000－1901－0007372　414987
分類詩腋八卷　(清)李楨編　清道光元年(1821)昭德堂刻本　四册

360000－1901－0007373　414988
分類詩腋八卷　(清)李楨編　清道光元年(1821)昭德堂刻本　四册

360000－1901－0007374　414989
分類詩腋八卷　(清)李楨編　清道光元年(1821)昭德堂刻本　一册　存二卷(一至二)

360000－1901－0007375　414989－1
分類詩腋八卷　(清)李楨編　清道光元年(1821)昭德堂刻本　一册　存二卷(一至二)

360000－1901－0007376　308579
分類詩腋八卷　(清)李楨編　清嘉慶二十二年(1817)刻本　四册

360000－1901－0007377　414943
分類詩腋八卷　(清)李楨編　清嘉慶二十二年(1817)芸生堂刻本　二册

360000－1901－0007378　414944
分類詩腋八卷　(清)李楨編　清嘉慶二十二年(1817)芸生堂刻本　三册

360000－1901－0007379　414959
分類詩腋八卷　(清)李楨編　清嘉慶二十二年(1817)雲竇山房刻本　四册

360000－1901－0007380　414960
分類詩腋八卷　(清)李楨編　清嘉慶二十二年(1817)雲竇山房刻本　二册

360000－1901－0007381　414961
分類詩腋八卷　(清)李楨編　清嘉慶二十二年(1817)雲竇山房刻本　四册

360000－1901－0007382　414962
分類詩腋八卷　(清)李楨編　清嘉慶二十二年(1817)雲竇山房刻本　四册

360000－1901－0007383　414963
分類詩腋八卷　(清)李楨編　清嘉慶二十二年(1817)雲竇山房刻本　四册

360000－1901－0007384　414964
分類詩腋八卷　(清)李楨編　清嘉慶二十二年(1817)雲賓山房刻本　三册　存四卷(一至二、五至六)

360000－1901－0007385　414967
分類詩腋八卷　(清)李楨編　清經元升記刻本　四册

360000－1901－0007386　414939
分類詩腋八卷　(清)李楨編　清刻本　二册　存四卷(三至六)

360000－1901－0007387　414975
分類詩腋八卷　(清)李楨編　清刻本　二册　存四卷(二至四)

360000－1901－0007388　414976
分類詩腋八卷　(清)李楨編　清刻本　四册

360000－1901－0007389　414990
分類詩腋八卷　(清)李楨編　清刻本　三册

360000－1901－0007390　414990－1
分類詩腋八卷　(清)李楨編　清刻本　三册　存七卷(一至四、六至八)

360000－1901－0007391　414990－2
分類詩腋八卷　(清)李楨編　清刻本　二册　存六卷(一至四、七至八)

360000－1901－0007392　414990－3
分類詩腋八卷　(清)李楨編　清刻本　一册　存二卷(七至八)

360000－1901－0007393　414938
分類詩腋八卷　(清)李楨編　清四德堂刻本　二册　存六卷(一至四、七至八)

360000－1901－0007394　414942
分類詩腋八卷　(清)李楨編　清四友堂刻本　三册　存七卷(一至五、七至八)

360000－1901－0007395　414727
分類詩腋八卷　(清)李楨編　清松盛堂刻本　二册

360000－1901－0007396　414727－1
分類詩腋八卷　(清)李楨編　清松盛堂刻本　一册　存四卷(一至四)

360000－1901－0007397　603154
分類詩腋八卷　(清)李楨編　清文發堂刻本　二册

360000－1901－0007398　306486
分類時務通纂三百卷　(清)陳昌紳輯　清光緒二十八年(1902)上海文瀾書局石印本　十三册　存九十三卷(四十一至四十三、六十四至八十二、一百三十七至一百五十七、一百八十七至二百、二百六十五至三百)

360000－1901－0007399　401741
分類史事政治論海十六卷　(清)王樹劼輯　清光緒三十年(1904)海陵鑑古齋石印本　三十册　存十五卷(一至十三、十五至十六)

360000－1901－0007400　401742
分類史事政治論海十六卷　(清)王樹劼輯　清光緒三十年(1904)海陵鑑古齋石印本　八册　存七卷(二、七至八、十、十三、十五至十六)

360000－1901－0007401　603152
分類史事政治論海十六卷　(清)王樹劼輯　清末石印本　一册　存一卷(十一)

360000－1901－0007402　900319
分類試帖連珠六卷　(清)楊菘圃輯　清刻本　一册　存一卷(二)

360000－1901－0007403　900320
分類試帖連珠六卷　(清)楊菘圃輯　清刻本　二册　存一卷(五)

360000－1901－0007404　801053
分類文編不分卷　(清)向日貞撰　清刻本　一册

360000－1901－0007405　802618
分類文編不分卷　(清)向日貞撰　清刻本　一册

360000－1901－0007406　414940
分類文腋八卷　(清)李楨編　清令德堂刻本

八冊

360000－1901－0007407　414941
分類文腋八卷　(清)李楨編　清咸豐八年(1858)刻本　五冊　存七卷(一至七)

360000－1901－0007408　414931
分類文腋八卷　(清)李楨編　清咸豐元年(1851)遺墨軒刻本　三冊

360000－1901－0007409　404656
分類詳註飲香尺牘四卷　(清)飲香居士編　(清)白下慵隱子箋釋　清道光二十三年(1843)刻本　二冊

360000－1901－0007410　900205
分類詳註飲香尺牘四卷　(清)飲香居士編　(清)白下慵隱子箋釋　清刻本　三冊　存三卷(一至三)

360000－1901－0007411　241485
分類詳註飲香尺牘四卷　(清)飲香居士編　(清)白下慵隱子箋釋　清乾隆五十二年(1787)刻本　四冊

360000－1901－0007412　404655
分類詳註飲香尺牘四卷　(清)飲香居士編　(清)白下慵隱子箋釋　清乾隆五十三年(1788)刻本　四冊

360000－1901－0007413　160181
分類韻錦十二卷　(清)郭化霖輯　清道光二十三年(1843)喜雨山房刻本　五冊　存十卷(一至四、七至十二)

360000－1901－0007414　402831
分類韻錦十二卷　(清)郭化霖輯　清道光二十三年(1843)喜雨山房刻本　八冊

360000－1901－0007415　402831－1
分類韻錦十二卷　(清)郭化霖輯　清道光二十三年(1843)喜雨山房刻本　一冊　存二卷(十一至十二)

360000－1901－0007416　300349
分類韻錦十二卷　(清)郭化霖輯　清光緒三年(1877)刻本　六冊　存八卷(一至二、四至七、十至十一)

360000－1901－0007417　803061
分類韻錦十二卷　(清)郭化霖輯　清刻本　一冊　存一卷(十一)

360000－1901－0007418　250143
分類字錦六十四卷　(清)何焯等撰　清康熙六十一年(1722)武英殿刻本　六十四冊

360000－1901－0007419　250144
分類字錦六十四卷　(清)何焯等撰　清康熙六十一年(1722)武英殿刻本　六十四冊

360000－1901－0007420　250145
分類字錦六十四卷　(清)何焯等撰　清康熙六十一年(1722)武英殿刻本　六十四冊

360000－1901－0007421　309006
分類字錦六十四卷　(清)何焯等撰　清康熙六十一年(1722)武英殿刻本　四十八冊

360000－1901－0007422　902456
分類字錦六十四卷　(清)何焯等撰　清康熙六十一年(1722)武英殿刻本　一冊　存一卷(九)

360000－1901－0007423　306721
分類字錦六十四卷　(清)何焯等撰　清刻本　四十八冊　存四十八卷(一至六、十五至四十四、五十二、五十四至六十四)

360000－1901－0007424　308067
分類字錦六十四卷　(清)何焯等撰　清刻本　三十二冊　存三十二卷(三十三至六十四)

360000－1901－0007425　402839
分類字錦六十四卷　(清)何焯等撰　清刻本　六十二冊　缺二卷(七、九)

360000－1901－0007426　402840
分類字錦六十四卷　(清)何焯等撰　清刻本　二十三冊　存二十二卷(三至五、八、十三至十四、十六、十八至二十二、三十一至三十二、三十六、四十一至四十二、四十五、五十、五十二至五十三、五十六)

360000－1901－0007427　402841

分類字錦六十四卷　（清）何焯等撰　清刻本　十四册　存十五卷（三十三、五十一至六十四）

360000－1901－0007428　803494

分門錦字□□卷　（清）□□輯　清刻本　一册　存一卷（二）

360000－1901－0007429　404987

分體利試詩法入門十九卷　（清）鄭錫瀛輯評　清刻本　二册　存六卷（五至七、十一至十三）

360000－1901－0007430　801086

分體利試詩法入門十九卷　（清）鄭錫瀛輯評　清刻本　三册　存六卷（二至三、十二至十五）

360000－1901－0007431　402844

分宜課士詩一卷宜春課士詩一卷　（清）錫榮輯　清咸豐五年（1855）刻本　一册

360000－1901－0007432　402849

分韻撮要字彙二卷　（清）溫儀鳳輯　（清）溫繼聖訂　清刻本　一册

360000－1901－0007433　163060

分韻詩賦題解統編一百六卷　（清）王景曾輯　清光緒二十年（1894）上海寶善書局石印本　六册

360000－1901－0007434　801006

分韻詩賦題解統編一百六卷　（清）王景曾輯　清光緒二十年（1894）上海寶善書局石印本　六册

360000－1901－0007435　306246

分韻詩賦題解統編一百六卷　（清）王景曾輯　清光緒石印本　一册　存十卷（十至十九）

360000－1901－0007436　802561

分韻詩賦題解統編一百六卷　（清）王景曾輯　清光緒石印本　一册　存二十四卷（二十七至五十）

360000－1901－0007437　402842

分韻詩鵠二卷　（清）□□輯　清刻本　一册　存一卷（下）

360000－1901－0007438　900343

分韻試帖清雅集二卷　（清）□□輯　清道光十八年（1838）刻本　一册　存一卷（上）

360000－1901－0007439　803493

分韻字彙撮要四卷　（清）溫儀鳳輯　（清）溫繼聖訂　**江湖輯要四卷**　（清）□□編　清刻本　一册　存二卷（分韻字彙撮要二、江湖輯要二）

360000－1901－0007440　417960

芬響閣初藁十卷　（清）王褧之撰　**芬響閣附存稾一卷**　（清）陳瑤撰　清同治七年（1868）刻本　二册

360000－1901－0007441　417960－1

芬響閣初藁十卷　（清）王褧之撰　**芬響閣附存稾一卷**　（清）陳瑤撰　清同治七年（1868）刻本　二册

360000－1901－0007442　417960－2

芬響閣初藁十卷　（清）王褧之撰　**芬響閣附存稾一卷**　（清）陳瑤撰　清同治七年（1868）刻本　二册

360000－1901－0007443　417960－3

芬響閣初藁十卷　（清）王褧之撰　**芬響閣附存稾一卷**　（清）陳瑤撰　清同治七年（1868）刻本　二册

360000－1901－0007444　417960－4

芬響閣初藁十卷　（清）王褧之撰　**芬響閣附存稾一卷**　（清）陳瑤撰　清同治七年（1868）刻本　二册

360000－1901－0007445　417960－5

芬響閣初藁十卷　（清）王褧之撰　**芬響閣附存稾一卷**　（清）陳瑤撰　清同治七年（1868）刻本　二册

360000－1901－0007446　417960－6

芬響閣初藁十卷　（清）王褧之撰　**芬響閣附存稾一卷**　（清）陳瑤撰　清同治七年（1868）刻本　二册

360000－1901－0007447　230422
汾上續談一卷　(明)朱孟震撰　明萬曆刻朱秉器全集本　一册

360000－1901－0007448　121713
焚餘集十二卷　(清)魏應桂撰　清刻本　二册

360000－1901－0007449　121712
焚餘小草一卷　(清)甘啓華撰　清道光十二年(1832)刻本　一册

360000－1901－0007450　230396
封氏聞見記十卷　(唐)封演撰　清乾隆二十一年(1756)盧見曾刻雅雨堂叢書本　二册

360000－1901－0007451　410843
風滿樓詩稿十二卷　(清)胡道南撰　清乾隆二十六年(1761)風滿樓刻本　一册　存五卷(一至五)

360000－1901－0007452　803908
風門坳案不分卷　(清)□□輯　清乾隆四年(1739)抄本　一册

360000－1901－0007453　210118
風評四卷　(明)戴君恩撰　明萬曆四十七年(1619)刻本　一册

360000－1901－0007454　303994
風水二書形氣類則四卷　(清)歐陽純撰　清南山歐陽書院刻本　四册

360000－1901－0007455　800547
風水一書不分卷　(清)歐陽純撰　清抄本　一册

360000－1901－0007456　416613
風俗通姓氏篇二卷　(漢)應劭撰　(清)張澍輯並注　清道光元年(1821)武威張氏二酉堂刻二酉堂叢書本　一册

360000－1901－0007457　314908
風俗通義十卷　(漢)應劭撰　清道光六年(1826)喜聞過齋刻本　二册

360000－1901－0007458　303995
風俗通義十卷　(漢)應劭撰　清刻本　四册

360000－1901－0007459　416308
風俗通義十卷　(漢)應劭撰　(明)鍾惺評　清刻本　一册　存二卷(一至二)

360000－1901－0007460　722453
風俗通義十卷　(漢)應劭撰　(明)鍾惺評　清刻本　一册　存五卷(三至七)

360000－1901－0007461　306589
風希堂詩集六卷　(清)戴殿泗撰　清道光八年(1828)九靈山房刻本　二册

360000－1901－0007462　306588
風希堂文集四卷　(清)戴殿泗撰　清道光八年(1828)九靈山房刻本　二册

360000－1901－0007463　603456
風雅逸篇十卷　(明)楊慎輯　清刻本　一册

360000－1901－0007464　805011
風雨懷人館詞抄二卷　(清)陳爾茀撰　清刻本　一册

360000－1901－0007465　163984
風月夢三十二回　(清)邗上蒙人撰　清光緒九年(1883)上海申報館鉛印本　二册　存十六回(一至十六)

360000－1901－0007466　609537
風雲會二卷二十三齣　(清)許善長撰　清刻本　二册

360000－1901－0007467　121949
楓江詩鈔　(清)蔡珍煥撰　清嘉慶五年(1800)六順堂刻本　四册

360000－1901－0007468　121950
楓江詩鈔　(清)蔡珍煥撰　清嘉慶五年(1800)六順堂刻本　四册

360000－1901－0007469　000987
楓江漁父圖題詞一卷重題楓江漁父圖一卷青門集一卷　(清)徐釚輯　清康熙刻本　一册

360000－1901－0007470　317212
楓山章先生集九卷　(明)章懋撰　**楓山章先生實紀八卷**　(明)章接輯　**楓山章文懿公年譜二卷**　(明)阮鶚撰　清同治至光緒永康胡

鳳丹退補齋刻金華叢書本　十二冊

360000－1901－0007471　122060
瘋門全書二卷　（清）蕭曉亭撰　清道光十六年（1836）刻本　一冊

360000－1901－0007472　720337
瘋門全書二卷　（清）蕭曉亭撰　清道光十年（1830）刻本　一冊

360000－1901－0007473　720337－1
瘋門全書二卷　（清）蕭曉亭撰　清道光十年（1830）刻本　一冊

360000－1901－0007474　413182
豐川續集三十四卷　（清）王心敬撰　清刻本　七冊　存十四卷（十一至二十四）

360000－1901－0007475　305197
豐鎬考信録八卷　（清）崔述撰　清刻本　一冊　存二卷（七至八）

360000－1901－0007476　123186
豐溪瓣香集四卷　（清）徐謙撰　清光緒十五年（1889）刻本　四冊

360000－1901－0007477　122505
豐陽人文紀略十卷　（清）聶芳聲輯　清刻本　十冊

360000－1901－0007478　405480
馮林一稿一卷　（清）馮桂芬撰　清光緒二年（1876）鉛印本　一冊

360000－1901－0007479　164074
馮舍人集六卷　（清）馮廷櫆撰　清光緒三十年（1904）新昌胡氏問影樓鉛印本　一冊

360000－1901－0007480　164075
馮舍人集六卷　（清）馮廷櫆撰　清光緒三十年（1904）新昌胡氏問影樓鉛印本　一冊

360000－1901－0007481　163128
馮舍人遺詩六卷　（清）馮廷櫆撰　清光緒三十四年（1908）新昌胡氏問影樓鉛印本　一冊

360000－1901－0007482　410442
馮舍人遺詩六卷　（清）馮廷櫆撰　清光緒三十四年（1908）新昌胡氏問影樓鉛印本　一冊

360000－1901－0007483　603600
馮舍人遺詩六卷　（清）馮廷櫆撰　清光緒三十四年（1908）新昌胡氏問影樓鉛印本　一冊

360000－1901－0007484　603600－1
馮舍人遺詩六卷　（清）馮廷櫆撰　清光緒三十四年（1908）新昌胡氏問影樓鉛印本　一冊

360000－1901－0007485　603600－10
馮舍人遺詩六卷　（清）馮廷櫆撰　清光緒三十四年（1908）新昌胡氏問影樓鉛印本　一冊

360000－1901－0007486　603600－11
馮舍人遺詩六卷　（清）馮廷櫆撰　清光緒三十四年（1908）新昌胡氏問影樓鉛印本　一冊

360000－1901－0007487　603600－12
馮舍人遺詩六卷　（清）馮廷櫆撰　清光緒三十四年（1908）新昌胡氏問影樓鉛印本　一冊

360000－1901－0007488　603600－13
馮舍人遺詩六卷　（清）馮廷櫆撰　清光緒三十四年（1908）新昌胡氏問影樓鉛印本　一冊

360000－1901－0007489　603600－14
馮舍人遺詩六卷　（清）馮廷櫆撰　清光緒三十四年（1908）新昌胡氏問影樓鉛印本　一冊

360000－1901－0007490　603600－15
馮舍人遺詩六卷　（清）馮廷櫆撰　清光緒三十四年（1908）新昌胡氏問影樓鉛印本　一冊

360000－1901－0007491　603600－16
馮舍人遺詩六卷　（清）馮廷櫆撰　清光緒三十四年（1908）新昌胡氏問影樓鉛印本　一冊

360000－1901－0007492　603600－17
馮舍人遺詩六卷　（清）馮廷櫆撰　清光緒三十四年（1908）新昌胡氏問影樓鉛印本　一冊

360000－1901－0007493　603600－18
馮舍人遺詩六卷　（清）馮廷櫆撰　清光緒三十四年（1908）新昌胡氏問影樓鉛印本　一冊

360000－1901－0007494　603600－19
馮舍人遺詩六卷　（清）馮廷櫆撰　清光緒三

十四年(1908)新昌胡氏問影樓鉛印本　一册

360000－1901－0007495　603600－2
馮舍人遺詩六卷　(清)馮廷櫆撰　清光緒三十四年(1908)新昌胡氏問影樓鉛印本　一册

360000－1901－0007496　603600－20
馮舍人遺詩六卷　(清)馮廷櫆撰　清光緒三十四年(1908)新昌胡氏問影樓鉛印本　一册

360000－1901－0007497　603600－21
馮舍人遺詩六卷　(清)馮廷櫆撰　清光緒三十四年(1908)新昌胡氏問影樓鉛印本　一册

360000－1901－0007498　603600－22
馮舍人遺詩六卷　(清)馮廷櫆撰　清光緒三十四年(1908)新昌胡氏問影樓鉛印本　一册

360000－1901－0007499　603600－23
馮舍人遺詩六卷　(清)馮廷櫆撰　清光緒三十四年(1908)新昌胡氏問影樓鉛印本　一册

360000－1901－0007500　603600－24
馮舍人遺詩六卷　(清)馮廷櫆撰　清光緒三十四年(1908)新昌胡氏問影樓鉛印本　一册

360000－1901－0007501　603600－25
馮舍人遺詩六卷　(清)馮廷櫆撰　清光緒三十四年(1908)新昌胡氏問影樓鉛印本　一册

360000－1901－0007502　603600－26
馮舍人遺詩六卷　(清)馮廷櫆撰　清光緒三十四年(1908)新昌胡氏問影樓鉛印本　一册

360000－1901－0007503　603600－27
馮舍人遺詩六卷　(清)馮廷櫆撰　清光緒三十四年(1908)新昌胡氏問影樓鉛印本　一册

360000－1901－0007504　603600－28
馮舍人遺詩六卷　(清)馮廷櫆撰　清光緒三十四年(1908)新昌胡氏問影樓鉛印本　一册

360000－1901－0007505　603600－29
馮舍人遺詩六卷　(清)馮廷櫆撰　清光緒三十四年(1908)新昌胡氏問影樓鉛印本　一册

360000－1901－0007506　603600－3
馮舍人遺詩六卷　(清)馮廷櫆撰　清光緒三十四年(1908)新昌胡氏問影樓鉛印本　一册

360000－1901－0007507　603600－30
馮舍人遺詩六卷　(清)馮廷櫆撰　清光緒三十四年(1908)新昌胡氏問影樓鉛印本　一册

360000－1901－0007508　603600－31
馮舍人遺詩六卷　(清)馮廷櫆撰　清光緒三十四年(1908)新昌胡氏問影樓鉛印本　一册

360000－1901－0007509　603600－32
馮舍人遺詩六卷　(清)馮廷櫆撰　清光緒三十四年(1908)新昌胡氏問影樓鉛印本　一册

360000－1901－0007510　603600－33
馮舍人遺詩六卷　(清)馮廷櫆撰　清光緒三十四年(1908)新昌胡氏問影樓鉛印本　一册

360000－1901－0007511　603600－34
馮舍人遺詩六卷　(清)馮廷櫆撰　清光緒三十四年(1908)新昌胡氏問影樓鉛印本　一册

360000－1901－0007512　603600－35
馮舍人遺詩六卷　(清)馮廷櫆撰　清光緒三十四年(1908)新昌胡氏問影樓鉛印本　一册

360000－1901－0007513　603600－36
馮舍人遺詩六卷　(清)馮廷櫆撰　清光緒三十四年(1908)新昌胡氏問影樓鉛印本　一册

360000－1901－0007514　603600－37
馮舍人遺詩六卷　(清)馮廷櫆撰　清光緒三十四年(1908)新昌胡氏問影樓鉛印本　一册

360000－1901－0007515　603600－38
馮舍人遺詩六卷　(清)馮廷櫆撰　清光緒三十四年(1908)新昌胡氏問影樓鉛印本　一册

360000－1901－0007516　603600－4
馮舍人遺詩六卷　(清)馮廷櫆撰　清光緒三十四年(1908)新昌胡氏問影樓鉛印本　一册

360000－1901－0007517　603600－5
馮舍人遺詩六卷　(清)馮廷櫆撰　清光緒三十四年(1908)新昌胡氏問影樓鉛印本　一册

360000－1901－0007518　603600－6
馮舍人遺詩六卷　(清)馮廷櫆撰　清光緒三

十四年(1908)新昌胡氏問影樓鉛印本　一冊

360000－1901－0007519　603600－7
馮舍人遺詩六卷　(清)馮廷櫆撰　清光緒三十四年(1908)新昌胡氏問影樓鉛印本　一冊

360000－1901－0007520　603600－8
馮舍人遺詩六卷　(清)馮廷櫆撰　清光緒三十四年(1908)新昌胡氏問影樓鉛印本　一冊

360000－1901－0007521　603600－9
馮舍人遺詩六卷　(清)馮廷櫆撰　清光緒三十四年(1908)新昌胡氏問影樓鉛印本　一冊

360000－1901－0007522　900273
馮氏祠誌□□卷　(清)□□輯　清餘慶堂木活字印本　一冊　存二卷(一至二)

360000－1901－0007523　900272
馮氏大宗祠崇祀錄不分卷　(清)□□輯　清惇典堂木活字印本　二冊

360000－1901－0007524　165083
馮氏錦囊秘錄　(清)馮兆張撰　清集賢堂刻本　十七冊　存二種

360000－1901－0007525　165082
馮氏錦囊秘錄　(清)馮兆張撰　清嘉慶二十三年(1818)大文堂刻本　十九冊　存三種

360000－1901－0007526　420516
馮氏錦囊秘錄　(清)馮兆張撰　清康熙四十一年(1702)刻本　五冊　存三種

360000－1901－0007527　420517
馮氏錦囊秘錄　(清)馮兆張撰　清刻本　六冊　存三種

360000－1901－0007528　420518
馮氏錦囊秘錄　(清)馮兆張撰　清刻本　十一冊　存五種

360000－1901－0007529　420519
馮氏錦囊秘錄　(清)馮兆張撰　清刻本　十三冊　存四種

360000－1901－0007530　722107
馮氏錦囊秘錄　(清)馮兆張撰　清刻本　五冊　存二種

360000－1901－0007531　721858－1
馮氏錦囊秘錄痘疹全集十五卷　(清)馮兆張撰　清刻本　一冊　存六卷(九至十四)

360000－1901－0007532　722337
馮氏錦囊秘錄雜症大小合參二十卷首二卷　(清)馮兆張撰　清刻本　二冊　存二卷(九至十)

360000－1901－0007533　805212
馮氏錦囊秘錄雜症大小合參二十卷首二卷　(清)馮兆張撰　清刻本　一冊　存二卷(十至十一)

360000－1901－0007534　721858
馮氏錦囊秘錄雜症痘疹藥性主治合參十二卷首一卷　(清)馮兆張撰　清刻本　二冊　存十卷(一至三、七至十二,首一卷)

360000－1901－0007535　722288
馮氏錦囊秘錄雜症痘疹藥性主治合參十二卷首一卷　(清)馮兆張撰　清刻本　一冊　存四卷(一至三、首一卷)

360000－1901－0007536　417077
奉慈正義二卷　(清)李枤撰　清光緒二十一年(1895)上海慈母堂鉛印本　一冊

360000－1901－0007537　407213
奉聖回劫顯化錄二卷首一卷後一卷附刊一卷　(清)徐謙編　清光緒二十九年(1903)建城北鄉積福壇刻本　一冊　存二卷(上、首一卷)

360000－1901－0007538　308687
奉天錄四卷　(唐)趙元一撰　清道光十年(1830)江都秦氏享帚精舍刻石研齋四種本　一冊

360000－1901－0007539　901589
奉新馮川岐峯書院租冊不分卷　(清)趙啓閶輯　清木活字印本　一冊

360000－1901－0007540　241540
奉新帥氏制藝不分卷　(清)帥我撰　清抄本

一冊

360000－1901－0007541　120771
奉新宋氏詩鈔　(清)宋鳴琦輯　清嘉慶世恩堂刻本　六冊

360000－1901－0007542　315766
鳳巢山樵求是錄六卷二錄四卷　(清)吳慈鶴撰　清道光五年(1825)刻本　四冊

360000－1901－0007543　718290
鳳池吟稿十卷　(明)汪廣洋撰　明萬曆四十五年(1617)王百祥刻本　二冊

360000－1901－0007544　718290－1
鳳池吟稿十卷　(明)汪廣洋撰　明萬曆四十五年(1617)王百祥刻本　一冊　存四卷(一至四)

360000－1901－0007545　122897
鳳筠詩集二卷　(明)鄒謫撰　(□)楊侃選　清刻本　一冊

360000－1901－0007546　123530
鳳巘書院志五卷首一卷末一卷　(清)朱點易等纂修　清光緒元年(1875)木活字印本　六冊

360000－1901－0007547　802447
鳳陽府學附生不分卷　(清)□□輯　清抄本　一冊

360000－1901－0007548　419631－1
鳳儀詩經正韻旁音八卷　(□)□□纂　清儒興堂刻本　一冊　存二卷(四至五)

360000－1901－0007549　419631
鳳儀詩經正韻旁音八卷　(□)□□纂　清文淵堂刻本　二冊

360000－1901－0007550　901051
鳳真閣老大保堂記不分卷　(清)鮑敬琳等撰　清咸豐八年(1858)錦衣坊刻本　一冊

360000－1901－0007551　406815
佛本行集經六十卷　(隋)釋闍那崛多譯　清光緒三十年(1904)南昌刻經處刻本　二冊　存十卷(五十一至六十)

360000－1901－0007552　310223
佛頂光明摩訶薩怛多般怛囉無上神咒一卷　(清)釋續法輯　清同治十年(1871)半畝園刻本　一冊

360000－1901－0007553　309928
佛爾雅八卷　(清)周春撰　清宣統二年(1910)國學扶輪社鉛印本　二冊

360000－1901－0007554　406706
佛教初學課本一卷注一卷　(清)楊文會撰　清光緒三十二年(1906)金陵刻經處刻本　一冊

360000－1901－0007555　406706－1
佛教初學課本一卷注一卷　(清)楊文會撰　清光緒三十二年(1906)金陵刻經處刻本　一冊

360000－1901－0007556　406706－2
佛教初學課本一卷注一卷　(清)楊文會撰　清光緒三十二年(1906)金陵刻經處刻本　一冊

360000－1901－0007557　230619
佛日普照慧辯楚石禪師語錄二十卷　(元)釋梵琦撰　明萬曆十八年(1590)五臺山妙德庵刻本　四冊

360000－1901－0007558　313750
佛說阿彌陀經疏鈔四卷　(明)釋袾宏撰　清光緒金陵刻經處刻本　四冊

360000－1901－0007559　406853
佛說阿彌陀經疏鈔四卷　(明)釋袾宏撰　清刻本　四冊

360000－1901－0007560　310151
佛說阿彌陀經疏鈔四卷阿彌陀經疏鈔事義三卷問辯一卷續問答一卷答淨土四十八問一卷淨土疑辯一卷　(明)釋袾宏撰　清光緒二十九年(1903)浙寧實康齋刻印經房刻本　五冊

360000－1901－0007561　406848
佛說阿彌陀經要解一卷　(清)釋智旭撰　清光緒十一年(1885)金陵刻經處刻本　一冊

360000－1901－0007562　802161
佛說阿彌陀經一卷　（後秦）釋鳩摩羅什譯　清抄本　一冊

360000－1901－0007563　162374
佛說梵網經二卷　（後秦）釋鳩摩羅什譯　清光緒十九年（1893）正覺寺刻本　一冊

360000－1901－0007564　310189
佛說梵網經二卷　（後秦）釋鳩摩羅什譯　清光緒十年（1884）金陵刻經處刻本　一冊

360000－1901－0007565　310217
佛說觀無量壽佛經略論一卷　（南朝宋）釋畺良耶舍譯　（清）楊文會論　清刻本　一冊

360000－1901－0007566　162694
佛說觀無量壽佛經疏四卷　（唐）釋善導撰　清光緒二十年（1894）金陵刻經處刻本　二冊

360000－1901－0007567　310178
佛說觀無量壽佛經疏四卷　（唐）釋善導撰　清光緒二十年（1894）金陵刻經處刻本　二冊

360000－1901－0007568　706892
佛說觀無量壽佛經一卷　（南朝宋）釋畺良耶舍譯　清光緒七年（1881）金陵刻經處刻本　一冊

360000－1901－0007569　406850
佛說觀無量壽佛經　卷　（南朝宋）釋畺良耶舍譯　清同治七年（1868）刻本　一冊

360000－1901－0007570　310244
佛說巨力長者所問大乘經三卷　（宋）釋智吉祥等譯　清光緒元年（1875）江北刻經處刻本　一冊

360000－1901－0007571　301405
佛說龍華經一卷　清末石印本　一冊

360000－1901－0007572　804311
佛說柰女耆域因緣經一卷　（漢）釋安清譯　清刻本　一冊

360000－1901－0007573　310196
佛說菩薩念佛三昧經六卷　（南朝宋）釋功德直　（南朝齊）釋玄暢譯　清同治十一年（1872）常熟刻經處刻本　二冊

360000－1901－0007574　406731
佛說千手千眼觀世音菩薩廣大圓滿無礙大悲心陀羅尼經一卷　（唐）釋伽梵達摩譯　清光緒十年（1884）上海同文書局石印本　一冊

360000－1901－0007575　310171
佛說四十二章經註一卷佛遺教經註一卷　（宋）釋守遂注　（明）釋了童補注　清光緒十六年（1890）金陵刻經處刻本　一冊

360000－1901－0007576　406842
佛說無量清淨平等覺經三卷　（漢）釋支婁迦讖譯　清同治十年（1871）金陵刻經處刻本　一冊

360000－1901－0007577　310243
佛說無量壽經二卷　（三國魏）釋康僧鎧譯　**佛說觀無量壽佛經一卷**　（南朝宋）釋畺良耶舍譯　**佛說阿彌陀經一卷**　（後秦）釋鳩摩羅什譯　**大方廣佛華嚴經入不思議解脱境界普賢行願品一卷**　（唐）釋般若譯　清刻本　一冊

360000－1901－0007578　310117
佛祖歷代通載三十六卷　（元）釋念常撰　清宣統元年（1909）江北刻經處刻本　八冊

360000　1901　0007579　309503
佛祖心燈一卷宗教律諸家演派一卷摘錄聖武記之卷五溯查西藏剌麻來源一卷　（清）釋守一編　清光緒十六年（1890）金陵刻經處刻本　一冊

360000－1901－0007580　305150
缶廬詩四卷缶廬別存三卷　吳俊卿撰　清光緒十九年（1893）刻本　二冊

360000－1901－0007581　316499
缶廬詩四卷缶廬別存三卷　吳俊卿撰　清光緒十九年（1893）刻本　一冊

360000－1901－0007582　900164
敷文課藝不分卷　（清）□□輯　清刻本　一冊

360000－1901－0007583　801467
伏案錄不分卷　(清)今瘀氏摘　清抄本　一冊

360000－1901－0007584　413075
伏羲易義一卷歸藏易占一卷　(清)王繩祖撰　**王元圃古大學石經合考定本一卷附論文理脈絡**　(清)王繩祖訂　**周子太極圖說註一卷**　(宋)周敦頤撰　(清)王繩祖注　**恒言三卷**　(清)王繩祖撰　清光緒二十二年(1896)正學莊刻本　二冊

360000－1901－0007585　413076
伏羲易義一卷歸藏易占一卷　(清)王繩祖撰　**王元圃古大學石經合考定本一卷附論文理脈絡**　(清)王繩祖訂　**周子太極圖說註一卷**　(宋)周敦頤撰　(清)王繩祖注　**恒言三卷**　(清)王繩祖撰　清光緒二十二年(1896)正學莊刻本　二冊

360000－1901－0007586　300654
伏羲易義一卷歸藏易占一卷　(清)王繩祖撰　**王元圃古大學石經合考定本一卷附論文理脈絡**　(清)王繩祖訂　**周子太極圖說註一卷**　(宋)周敦頤撰　(清)王繩祖注　**恒言三卷**　(清)王繩祖撰　清光緒刻本　二冊

360000－1901－0007587　301337
伏敔堂詩錄十五卷續錄四卷　(清)江湜撰　清同治元年(1862)刻本　四冊

360000－1901－0007588　405165
伏敔堂詩錄十五卷續四卷首一卷　(清)江湜撰　清同治元年至二年(1862－1863)刻本　四冊

360000－1901－0007589　420179
扶桑兩月記一卷(辛丑十一月至壬寅元月)　羅振玉撰　清光緒二十八年(1902)教育世界社石印本　一冊

360000－1901－0007590　302867
芙蓉碣傳奇二卷十四齣　(清)張雲驤撰　(清)王以慜評點　(清)吳孝緒按拍　清光緒九年(1883)刻本　一冊

360000－1901－0007591　409669
芙蓉山館師友尺牘一卷　(清)楊芳燦輯　清光緒十二年(1886)木活字印本　一冊

360000－1901－0007592　302868
芙蓉山館詩鈔八卷補鈔一卷詞二卷文鈔一卷　(清)楊芳燦撰　清刻本　四冊

360000－1901－0007593　409668
芙蓉山館詩稿六卷詞稿二卷　(清)楊芳燦撰　清乾隆五十七年(1792)刻本　一冊

360000－1901－0007594　407237
孚佑帝君十王經一卷　題(唐)呂嵒撰　清光緒三十一年(1905)萬載同善書社木活字印本　一冊

360000－1901－0007595　308558－2
皃鄉公[陶樑]行述一卷　(清)陶璋等撰　清刻本　一冊

360000－1901－0007596　230487
浮白錄二卷　(清)彭良輔撰　稿本　一冊

360000－1901－0007597　404761－6
浮白山房詩草□卷　(清)胡元撰　清道光十八年(1838)刻本　一冊　存一卷(上)

360000－1901－0007598　410417
浮邱閣詩初刻□□卷　(清)湯鵬撰　清道光刻本　一冊　存二卷(古體詩之一、今體詩之一)

360000－1901－0007599　301928
浮邱子十二卷　(清)湯鵬撰　清同治四年(1865)湘陰李黼堂刻本　四冊

360000－1901－0007600　301929
浮邱子十二卷　(清)湯鵬撰　清同治四年(1865)湘陰李黼堂刻本　四冊

360000－1901－0007601　316538
浮邱子十二卷　(清)湯鵬撰　清同治四年(1865)湘陰李黼堂刻本　四冊

360000－1901－0007602　416838
浮邱子十二卷　(清)湯鵬撰　清同治四年(1865)湘陰李黼堂刻本　四冊

360000－1901－0007603　162528
浮邱子十二卷　(清)湯鵬撰　清宣統二年(1910)掃葉山房石印本　六册

360000－1901－0007604　162529
浮邱子十二卷　(清)湯鵬撰　清宣統二年(1910)掃葉山房石印本　六册

360000－1901－0007605　162530
浮邱子十二卷　(清)湯鵬撰　清宣統二年(1910)掃葉山房石印本　六册

360000－1901－0007606　162531
浮邱子十二卷　(清)湯鵬撰　清宣統二年(1910)掃葉山房石印本　六册

360000－1901－0007607　416838－1
浮邱子十二卷　(清)湯鵬撰　清宣統二年(1910)掃葉山房石印本　一册　存二卷(五至六)

360000－1901－0007608　413513
浮溪集三十二卷　(宋)汪藻撰　清刻本　一册　存四卷(二十九至三十二)

360000－1901－0007609　305472
浮湘訪學集　(清)朱克敬輯　清光緒三年(1877)刻本　二册

360000－1901－0007610　303938
桴亭先生文鈔六卷詩鈔八卷　(清)陸世儀撰　(清)葉裕仁編　**確菴先生文鈔六卷詩鈔八卷**　(清)陳瑚撰　(清)葉裕仁編　清光緒二年(1876)安道書院刻本　八册

360000－1901－0007611　313567
梟氏爲鍾圖説補義一卷　陳矩撰　清光緒貴陽陳氏刻靈峰草堂叢書本　一册

360000－1901－0007612　410205
福惠全書三十二卷　(清)黄六鴻撰　清懷德堂刻本　十一册　存二十九卷(一至五、九至三十二)

360000－1901－0007613　710203
福惠全書三十二卷　(清)黄六鴻撰　清康熙三十三年(1694)黄六鴻刻本　十二册

360000－1901－0007614　710204
福惠全書三十二卷　(清)黄六鴻撰　清康熙三十三年(1694)黄六鴻刻本　一册　存三卷(三十至三十二)

360000－1901－0007615　220506
福惠全書三十二卷　(清)黄六鴻撰　清康熙三十三年(1694)刻本　八册

360000－1901－0007616　410206
福惠全書三十二卷　(清)黄六鴻撰　清刻本　五册　存十六卷(一至三、十二至十九、二十四至二十五、三十至三十二)

360000－1901－0007617　410209
福惠全書三十二卷　(清)黄六鴻撰　清刻本　十二册

360000－1901－0007618　710202
福惠全書三十二卷　(清)黄六鴻撰　清刻本　五册　存十三卷(一至八、十二至十三、二十八至三十)

360000－1901－0007619　710202－1
福惠全書三十二卷　(清)黄六鴻撰　清刻本　二册　存六卷(五至七、九至十一)

360000－1901－0007620　710205
福惠全書三十二卷　(清)黄六鴻撰　清刻本　二册　存五卷(一至五)

360000－1901－0007621　710206
福惠全書三十二卷　(清)黄六鴻撰　清刻本　三册　存十九卷(八至二十六)

360000－1901－0007622　710207
福惠全書三十二卷　(清)黄六鴻撰　清刻本　一册　存三卷(二十六至二十八)

360000－1901－0007623　722230
福惠全書三十二卷　(清)黄六鴻撰　清刻本　一册　存二卷(十八至十九)

360000－1901－0007624　710201
福惠全書三十二卷　(清)黄六鴻撰　清文英堂刻本　九册　存二十八卷(一至九、十四至三十二)

360000－1901－0007625　410206－1
福惠全書三十二卷　（清）黄六鴻撰　清種書堂刻本　三册　存七卷（一至二、二十二至二十六）

360000－1901－0007626　301888
福建內地府州縣總圖一卷　（清）朱寶善繪　清刻本　一册

360000－1901－0007627　801600
福建全省地輿圖不分卷　（清）傅以禮等纂修　清光緒三十一年（1905）石印本　一册

360000－1901－0007628　900316
福建闈墨一卷　（清）□□輯　清光緒二十八年（1902）上海焕文書局石印本　一册

360000－1901－0007629　123054
福寧從政紀略二卷　（清）程榮春撰　清同治五年（1866）吟雨樓刻本　二册

360000－1901－0007630　805286
福寧紀事二卷泉州從政紀略二卷　（清）程榮春撰　清刻本　一册　存二卷（福寧紀事二、泉州從政紀略二）

360000－1901－0007631　162781
福蔭錄不分卷　（清）李斌賢輯　清光緒二十年（1894）徽州程氏刻本　一册

360000－1901－0007632　407536
福幼編一卷　（清）莊一夔撰　清道光二十三年（1843）刻本　一册

360000－1901－0007633　407538
福幼編一卷　（清）莊一夔撰　清光緒二十八年（1902）荆溪任氏刻本　一册

360000－1901－0007634　407537
福幼編一卷　（清）莊一夔撰　清光緒十一年（1885）掃葉山房刻本　一册

360000－1901－0007635　162780
福幼編一卷　（清）莊一夔撰　清刻本　一册

360000－1901－0007636　407539
福幼編一卷　（清）莊一夔撰　清同治十二年（1873）刻本　一册

360000－1901－0007637　240848
甫里集六卷　（清）計東撰　清康熙五年（1666）刻本　一册　存一卷（四）

360000－1901－0007638　240549
甫田集三十五卷　（明）文徵明撰　**附錄一卷**　（明）文嘉撰　明刻清文然印本　十一册　缺三卷（十七至十九）

360000－1901－0007639　405455
腐譚集一卷　（清）陋巷居士輯　清道光二十年（1840）刻本　一册

360000－1901－0007640　161284
撫本禮記鄭注考異二卷　（清）張敦仁撰　清嘉慶十一年（1806）陽城張氏影宋刻本　二册

360000－1901－0007641　317483
撫郡農產攷畧一卷　（清）何剛德撰　**種田雜說一卷**　（清）江召棠撰　清光緒木活字印本　一册

360000－1901－0007642　317518
撫吴公牘五十卷　（清）丁日昌撰　（清）沈葆楨評選　清光緒三年（1877）林達泉刻本　十册

360000－1901－0007643　165169
撫豫宣化錄四卷　（清）田文鏡撰　清抄本　八册

360000－1901－0007644　902071
撫豫宣化錄四卷　（清）田文鏡撰　清抄本　一册　存一卷（四下）

360000－1901－0007645　404367
附刊王簡齋三字經翼一卷　（清）王言綸撰　清咸豐元年（1851）刻本　一册

360000－1901－0007646　802582
附刻壽世傳真一卷　（清）徐文弼編　清刻本　一册

360000－1901－0007647　402745
附釋音春秋左傳注疏六十卷　（晉）杜預注　（唐）陸德明音義　（唐）孔穎達疏　**附校勘記六十卷**　（清）阮元撰　（清）盧宣旬摘錄　清

嘉慶二十年(1815)江西南昌府學刻道光六年(1826)盱江朱華臨重校印重刊宋本十三經注疏本　三冊　存十卷(一至五、校勘記一至五)

360000－1901－0007648　402746

附釋音春秋左傳注疏六十卷　(晉)杜預注　(唐)陸德明音義　(唐)孔穎達疏　**附校勘記六十卷**　(清)阮元撰　(清)盧宣旬摘錄　清嘉慶二十年(1815)江西南昌府學刻道光六年(1826)盱江朱華臨重校印重刊宋本十三經注疏本　十八冊　存七十卷(一、六至三十九,校勘記一、六至三十九)

360000－1901－0007649　800455

附釋音春秋左傳注疏六十卷　(晉)杜預注　(唐)陸德明音義　(唐)孔穎達疏　**附校勘記六十卷**　(清)阮元撰　(清)盧宣旬摘錄　清嘉慶二十年(1815)江西南昌府學刻道光六年(1826)盱江朱華臨重校印重刊宋本十三經注疏本　五冊　存二十二卷(一至七、十至十三,校勘記一至七、十至十三)

360000－1901－0007650　402743

附釋音春秋左傳注疏六十卷　(晉)杜預注　(唐)陸德明音義　(唐)孔穎達疏　**附校勘記六十卷**　(清)阮元撰　(清)盧宣旬摘錄　清嘉慶二十年(1815)江西南昌府學刻重刊宋本十三經注疏本　二十八冊　存九十二卷(一、四至二十、二十五至三十八、四十一至四十七、五十至五十六,校勘記一、四至二十、二十五至三十八、四十一至四十七、五十至五十六)

360000－1901－0007651　402744

附釋音春秋左傳注疏六十卷　(晉)杜預注　(唐)陸德明音義　(唐)孔穎達疏　**附校勘記六十卷**　(清)阮元撰　(清)盧宣旬摘錄　清嘉慶二十年(1815)江西南昌府學刻重刊宋本十三經注疏本　七冊　存三十四卷(十八至二十九、五十四至五十六、五十九至六十,校勘記十八至二十九、五十四至五十六、五十九至六十)

360000－1901－0007652　603032－1

附釋音春秋左傳注疏六十卷　(晉)杜預注　(唐)陸德明音義　(唐)孔穎達疏　**附校勘記六十卷**　(清)阮元撰　(清)盧宣旬摘錄　清嘉慶二十年(1815)江西南昌府學刻重刊宋本十三經注疏本　二十八冊　存一百四卷(一至五十二、校勘記一至五十二)

360000－1901－0007653　603423

附釋音春秋左傳注疏六十卷　(晉)杜預注　(唐)陸德明音義　(唐)孔穎達疏　**附校勘記六十卷**　(清)阮元撰　(清)盧宣旬摘錄　清嘉慶二十年(1815)江西南昌府學刻重刊宋本十三經注疏本　十一冊　存四十卷(一至十五、四十二至四十三、五十八至六十,校勘記一至十五、四十二至四十三、五十八至六十)

360000－1901－0007654　720825

附釋音春秋左傳注疏六十卷　(晉)杜預注　(唐)陸德明音義　(唐)孔穎達疏　**附校勘記六十卷**　(清)阮元撰　(清)盧宣旬摘錄　清嘉慶二十年(1815)江西南昌府學刻重刊宋本十三經注疏本　四冊　存十八卷(三十七至四十五、校勘記三十七至四十五)

360000－1901－0007655　800496

附釋音春秋左傳注疏六十卷　(晉)杜預注　(唐)陸德明音義　(唐)孔穎達疏　**附校勘記六十卷**　(清)阮元撰　(清)盧宣旬摘錄　清嘉慶二十年(1815)江西南昌府學刻重刊宋本十三經注疏本　一冊　存四卷(十六至十七、校勘記十六至十七)

360000－1901－0007656　402744－1

附釋音春秋左傳注疏六十卷　(晉)杜預注　(唐)陸德明音義　(唐)孔穎達疏　**附校勘記六十卷**　(清)阮元撰　(清)盧宣旬摘錄　清刻本　一冊　存六卷(二十至二十二、校勘記二十至二十二)

360000－1901－0007657　402745－1

附釋音春秋左傳注疏六十卷　(晉)杜預注　(唐)陸德明音義　(唐)孔穎達疏　**附校勘記六十卷**　(清)阮元撰　(清)盧宣旬摘錄　清

刻本　二十九册　存一百十二卷(五至六十、校勘記五至六十)

360000－1901－0007658　603037－1
附釋音春秋左傳注疏六十卷　(晉)杜預注　(唐)陸德明音義　(唐)孔穎達疏　**附校勘記六十卷**　(清)阮元撰　(清)盧宣旬摘錄　清刻本　三十册　存一百十四卷(二至五十八、校勘記二至五十八)

360000－1901－0007659　402714
附釋音春秋左傳注疏六十卷　(晉)杜預注　(唐)陸德明音義　(唐)孔穎達疏　**附校勘記六十卷**　(清)阮元撰　(清)盧宣旬摘錄　清末石印本　二册

360000－1901－0007660　402676
附釋音春秋左傳注疏六十卷　(晉)杜預注　(唐)陸德明音義　(唐)孔穎達疏　**附校勘記六十卷**　(清)阮元撰　(清)盧宣旬摘錄　清同治十二年(1873)江西書局刻重刊宋本十三經注疏本　三十二册

360000－1901－0007661　805199
附釋音春秋左傳注疏六十卷　(晉)杜預注　(唐)陸德明音義　(唐)孔穎達疏　**附校勘記六十卷**　(清)阮元撰　(清)盧宣旬摘錄　清同治十二年(1873)江西書局刻重刊宋本十三經注疏本　八册　存二十六卷(一、四至五、十二至十三、十八至二十四、三十一,校勘記一、四至五、十二至十三、十八至二十四、三十一)

360000－1901－0007662　805340
附釋音春秋左傳注疏六十卷　(晉)杜預注　(唐)陸德明音義　(唐)孔穎達疏　**附校勘記六十卷**　(清)阮元撰　(清)盧宣旬摘錄　清同治十二年(1873)江西書局刻重刊宋本十三經注疏本　十九册　存七十二卷(一、六至十九、二十五至三十二、三十五至三十六、三十九至四十一、四十五至四十八、五十一至五十二、五十五至五十六,校勘記一、六至十九、二十五至三十二、三十五至三十六、三十九至四十一、四十五至四十八、五十一至五十二、五十五至五十六)

360000－1901－0007663　603898
附釋音禮記注疏六十三卷　(漢)鄭玄注　(唐)陸德明音義　(唐)孔穎達疏　**附校勘記六十三卷**　(清)阮元撰　(清)盧宣旬摘錄　清嘉慶二十年(1815)江西南昌府學刻重刊宋本十三經注疏本　三十一册　存一百二十四卷(附釋音禮記注疏六十三卷,校勘記一至五十八、六十一至六十三)

360000－1901－0007664　714852
附釋音禮記注疏六十三卷　(漢)鄭玄注　(唐)陸德明音義　(唐)孔穎達疏　**附校勘記六十三卷**　(清)阮元撰　(清)盧宣旬摘錄　清嘉慶二十年(1815)江西南昌府學刻重刊宋本十三經注疏本　四册　存十四卷(一至七、校勘記一至七)

360000－1901－0007665　720808
附釋音禮記注疏六十三卷　(漢)鄭玄注　(唐)陸德明音義　(唐)孔穎達疏　**附校勘記六十三卷**　(清)阮元撰　(清)盧宣旬摘錄　清嘉慶二十年(1815)江西南昌府學刻重刊宋本十三經注疏本　六册　存三十卷(三十六至五十、校勘記三十六至五十)

360000－1901－0007666　720809
附釋音禮記注疏六十三卷　(漢)鄭玄注　(唐)陸德明音義　(唐)孔穎達疏　**附校勘記六十三卷**　(清)阮元撰　(清)盧宣旬摘錄　清嘉慶二十年(1815)江西南昌府學刻重刊宋本十三經注疏本　三册　存十八卷(三至五、十三至十八,校勘記三至五、十三至十八)

360000－1901－0007667　720810
附釋音禮記注疏六十三卷　(漢)鄭玄注　(唐)陸德明音義　(唐)孔穎達疏　**附校勘記六十三卷**　(清)阮元撰　(清)盧宣旬摘錄　清嘉慶二十年(1815)江西南昌府學刻重刊宋本十三經注疏本　二册　存八卷(八至十一、校勘記八至十一)

360000－1901－0007668　720998
附釋音禮記注疏六十三卷　(漢)鄭玄注

(唐)陸德明音義　(唐)孔穎達疏　**附校勘記六十三卷**　(清)阮元撰　(清)盧宣旬摘錄　清嘉慶二十年(1815)江西南昌府學刻重刊宋本十三經注疏本　十五册　存六十八卷(八至九、二十九至六十、校勘記八至九、二十九至六十)

360000－1901－0007669　721997－1
附釋音禮記注疏六十三卷　(漢)鄭玄注　(唐)陸德明音義　(唐)孔穎達疏　**附校勘記六十三卷**　(清)阮元撰　(清)盧宣旬摘錄　清嘉慶二十年(1815)江西南昌府學刻重刊宋本十三經注疏本　八册　存二十六卷(十六至二十八、校勘記十六至二十八)

360000－1901－0007670　722218
附釋音禮記注疏六十三卷　(漢)鄭玄注　(唐)陸德明音義　(唐)孔穎達疏　**附校勘記六十三卷**　(清)阮元撰　(清)盧宣旬摘錄　清嘉慶二十年(1815)江西南昌府學刻重刊宋本十三經注疏本　一册　存六卷(二十二至二十四、校勘記二十二至二十四)

360000－1901－0007671　800454
附釋音禮記注疏六十三卷　(漢)鄭玄注　(唐)陸德明音義　(唐)孔穎達疏　**附校勘記六十三卷**　(清)阮元撰　(清)盧宣旬摘錄　清嘉慶二十年(1815)江西南昌府學刻重刊宋本十三經注疏本　二十五册　存一百卷(二至八、十至十二、十四至五十三,校勘記二至八、十至十二、十四至五十三)

360000－1901－0007672　804953
附釋音禮記注疏六十三卷　(漢)鄭玄注　(唐)陸德明音義　(唐)孔穎達疏　**附校勘記六十三卷**　(清)阮元撰　(清)盧宣旬摘錄　清嘉慶二十年(1815)江西南昌府學刻重刊宋本十三經注疏本　九册　存四十二卷(三十五至四十、四十六至六十,校勘記三十五至四十、四十六至六十)

360000－1901－0007673　805339
附釋音禮記注疏六十三卷　(漢)鄭玄注　(唐)陸德明音義　(唐)孔穎達疏　**附校勘記六十三卷**　(清)阮元撰　(清)盧宣旬摘錄　清嘉慶二十年(1815)江西南昌府學刻重刊宋本十三經注疏本　二十六册

360000－1901－0007674　603899
附釋音禮記注疏六十三卷　(漢)鄭玄注　(唐)陸德明音義　(唐)孔穎達疏　**附校勘記六十三卷**　(清)阮元撰　(清)盧宣旬摘錄　清刻本　四册　存十八卷(五至六、十七至十八、三十六至三十七、五十九至六十一,校勘記五至六、十七至十八、三十六至三十七、五十九至六十一)

360000－1901－0007675　161229
附釋音禮記注疏六十三卷　(漢)鄭玄注　(唐)陸德明音義　(唐)孔穎達疏　**附校勘記六十三卷**　(清)阮元撰　(清)盧宣旬摘錄　清同治十二年(1873)江西書局刻重刊宋本十三經注疏本　三十二册

360000－1901－0007676　161230
附釋音禮記注疏六十三卷　(漢)鄭玄注　(唐)陸德明音義　(唐)孔穎達疏　**附校勘記六十三卷**　(清)阮元撰　(清)盧宣旬摘錄　清同治十二年(1873)江西書局刻重刊宋本十三經注疏本　三十二册

360000－1901－0007677　603028－1
附釋音禮記注疏六十三卷　(漢)鄭玄注　(唐)陸德明音義　(唐)孔穎達疏　**附校勘記六十三卷**　(清)阮元撰　(清)盧宣旬摘錄　清同治十二年(1873)江西書局刻重刊宋本十三經注疏本　十七册　存六十二卷(一、六至七、九至十、十六至二十三、二十八至三十一、三十八至三十九、四十七至四十九、五十二至六十,校勘記一、六至七、九至十、十六至二十三、二十八至三十一、三十八至三十九、四十七至四十九、五十二至六十)

360000－1901－0007678　603028－2
附釋音禮記注疏六十三卷　(漢)鄭玄注　(唐)陸德明音義　(唐)孔穎達疏　**附校勘記六十三卷**　(清)阮元撰　(清)盧宣旬摘錄　清同治十二年(1873)江西書局刻重刊宋本十

三經注疏本　二册　存六卷(一、十六至十七,校勘記一、十六至十七)

360000－1901－0007679　603037－2
附釋音禮記注疏六十三卷　(漢)鄭玄注　(唐)陸德明音義　(唐)孔穎達疏　**附校勘記六十三卷**　(清)阮元撰　(清)盧宣旬摘錄　清同治十二年(1873)江西書局刻重刊宋本十三經注疏本　十一册　存四十二卷(一、四至五、三十二至三十七、四十二至四十四、四十七至五十五,校勘記一、四至五、三十二至三十七、四十二至四十四、四十七至五十五)

360000－1901－0007680　800909
附釋音禮記注疏六十三卷　(漢)鄭玄注　(唐)陸德明音義　(唐)孔穎達疏　**附校勘記六十三卷**　(清)阮元撰　(清)盧宣旬摘錄　清同治十二年(1873)江西書局刻重刊宋本十三經注疏本　一册　存二卷(一、校勘記一)

360000－1901－0007681　805344
附釋音禮記注疏六十三卷　(漢)鄭玄注　(唐)陸德明音義　(唐)孔穎達疏　**附校勘記六十三卷**　(清)阮元撰　(清)盧宣旬摘錄　清同治十二年(1873)江西書局刻重刊宋本十三經注疏本　十一册　存四十八卷(一至五、三十四至三十五、四十至四十一、四十七至五十三、五十六至六十三,校勘記一至五、三十四至三十五、四十至四十一、四十七至五十三、五十六至六十三)

360000－1901－0007682　160226
附釋音毛詩注疏七十卷　(漢)毛亨傳　(漢)鄭玄箋　(唐)陸德明音義　(唐)孔穎達疏　**附校勘記七十卷**　(清)阮元撰　(清)盧宣旬摘錄　清光緒十九年(1893)陝甘味經刊書處刻本　三十二册

360000－1901－0007683　720818
附釋音毛詩注疏七十卷　(漢)毛亨傳　(漢)鄭玄箋　(唐)陸德明音義　(唐)孔穎達疏　**附校勘記七十卷**　(清)阮元撰　(清)盧宣旬摘錄　清嘉慶二十年(1815)江西南昌府學刻重刊宋本十三經注疏本　六册　存四十二卷(五至二十五、校勘記五至二十五)

360000－1901－0007684　720819
附釋音毛詩注疏七十卷　(漢)毛亨傳　(漢)鄭玄箋　(唐)陸德明音義　(唐)孔穎達疏　**附校勘記七十卷**　(清)阮元撰　(清)盧宣旬摘錄　清嘉慶二十年(1815)江西南昌府學刻重刊宋本十三經注疏本　一册　存六卷(五十八至六十、校勘記五十八至六十)

360000－1901－0007685　720997
附釋音毛詩注疏七十卷　(漢)毛亨傳　(漢)鄭玄箋　(唐)陸德明音義　(唐)孔穎達疏　**附校勘記七十卷**　(清)阮元撰　(清)盧宣旬摘錄　清嘉慶二十年(1815)江西南昌府學刻重刊宋本十三經注疏本　九册　存五十八卷(九至三十七、校勘記九至三十七)

360000－1901－0007686　603031－1
附釋音毛詩注疏七十卷　(漢)毛亨傳　(漢)鄭玄箋　(唐)陸德明音義　(唐)孔穎達疏　**附校勘記七十卷**　(清)阮元撰　(清)盧宣旬摘錄　清刻本　七册　存四十八卷(十二至十五、十九至三十八,校勘記十二至十五、十九至三十八)

360000－1901－0007687　603031－2
附釋音毛詩注疏七十卷　(漢)毛亨傳　(漢)鄭玄箋　(唐)陸德明音義　(唐)孔穎達疏　**附校勘記七十卷**　(清)阮元撰　(清)盧宣旬摘錄　清刻本　二册　存十六卷(十三至二十、校勘記十三至二十)

360000－1901－0007688　801043
附釋音毛詩注疏七十卷　(漢)毛亨傳　(漢)鄭玄箋　(唐)陸德明音義　(唐)孔穎達疏　**附校勘記七十卷**　(清)阮元撰　(清)盧宣旬摘錄　清刻本　十册　存六十四卷(九至四十、校勘記九至四十)

360000－1901－0007689　804996
附釋音毛詩注疏七十卷　(漢)毛亨傳　(漢)鄭玄箋　(唐)陸德明音義　(唐)孔穎達疏　**附校勘記七十卷**　(清)阮元撰　(清)盧宣旬摘錄　清刻本　十册　存五十四卷(四十一

至四十二、四十六至七十，校勘記四十一至四十二、四十六至七十）

360000－1901－0007690　805199－1
附釋音毛詩注疏七十卷　（漢）毛亨傳　（漢）鄭玄箋　（唐）陸德明音義　（唐）孔穎達疏　**附校勘記七十卷**　（清）阮元撰　（清）盧宣旬摘錄　清刻本　十冊　存六十四卷（三至二十五、三十二至三十八、四十一至四十二，校勘記三至二十五、三十二至三十八、四十一至四十二）

360000－1901－0007691　411986
附釋音毛詩注疏七十卷　（漢）毛亨傳　（漢）鄭玄箋　（唐）陸德明音義　（唐）孔穎達疏　**附校勘記七十卷**　（清）阮元撰　（清）盧宣旬摘錄　清同治十二年（1873）江西書局刻重刊宋本十三經注疏本　十九冊　存一百十四卷（一至五十七、校勘一至五十七）

360000－1901－0007692　603031－3
附釋音尚書注疏二十卷　（漢）孔安國傳　（唐）陸德明音義　（唐）孔穎達疏　**附校勘記二十卷**　（清）阮元撰　（清）盧宣旬摘錄　清嘉慶二十年（1815）江西南昌府學刻重刊宋本十三經注疏本　五冊　存三十二卷（一至四、九至二十，校勘記一至三、八至二十）

360000－1901－0007693　720996
附釋音尚書注疏二十卷　（漢）孔安國傳　（唐）陸德明音義　（唐）孔穎達疏　**附校勘記二十卷**　（清）阮元撰　（清）盧宣旬摘錄　清嘉慶二十年（1815）江西南昌府學刻重刊宋本十三經注疏本　五冊　存十八卷（七至八、十四至二十，校勘記七至八、十四至二十）

360000－1901－0007694　603036－1
附釋音尚書注疏二十卷　（漢）孔安國傳　（唐）陸德明音義　（唐）孔穎達疏　**附校勘記二十卷**　（清）阮元撰　（清）盧宣旬摘錄　清同治十二年（1873）江西書局刻重刊宋本十三經注疏本　十冊

360000－1901－0007695　603330
附釋音尚書注疏二十卷　（漢）孔安國傳　（唐）陸德明音義　（唐）孔穎達疏　**附校勘記二十卷**　（清）阮元撰　（清）盧宣旬摘錄　清同治十二年（1873）江西書局刻重刊宋本十三經注疏本　十冊

360000－1901－0007696　720812
附釋音周禮注疏四十二卷　（漢）鄭玄注　（唐）陸德明音義　（唐）賈公彥疏　**附校勘記四十二卷**　（清）阮元撰　（清）盧宣旬摘錄　清光緒十八年（1892）湖南寶慶務本書局刻重刊宋本十三經注疏本　十四冊

360000－1901－0007697　902458
附釋音周禮注疏四十二卷　（漢）鄭玄注　（唐）陸德明音義　（唐）賈公彥疏　**附校勘記四十二卷**　（清）阮元撰　（清）盧宣旬摘錄　清光緒十三年（1887）上海脈望仙館石印重刊宋本十三經注疏本　三冊

360000－1901－0007698　160748
附釋音周禮注疏四十二卷　（漢）鄭玄注　（唐）陸德明音義　（唐）賈公彥疏　**附校勘記四十二卷**　（清）阮元撰　（清）盧宣旬摘錄　清嘉慶二十年（1815）江西南昌府學刻道光六年（1826）盱江朱華臨重校印重刊宋本十三經注疏本　十六冊

360000－1901－0007699　805239
附釋音周禮注疏四十二卷　（漢）鄭玄注　（唐）陸德明音義　（唐）賈公彥疏　**附校勘記四十二卷**　（清）阮元撰　（清）盧宣旬摘錄　清嘉慶二十年（1815）江西南昌府學刻重刊宋本十三經注疏本　六冊　存二十六卷（十五至二十四、二十七至二十九，校勘記十五至二十四、二十七至二十九）

360000－1901－0007700　603032－2
附釋音周禮注疏四十二卷　（漢）鄭玄注　（唐）陸德明音義　（唐）賈公彥疏　**附校勘記四十二卷**　（清）阮元撰　（清）盧宣旬摘錄　清刻本　三冊　存十四卷（三十至三十六、校勘記三十至三十六）

360000－1901－0007701　160749
附釋音周禮注疏四十二卷　（漢）鄭玄注

(唐)陸德明音義　(唐)賈公彦疏　**附校勘記四十二卷**　(清)阮元撰　(清)盧宣旬摘錄　清同治十二年(1873)江西書局刻重刊宋本十三經注疏本　二十冊

360000－1901－0007702　160750
附釋音周禮注疏四十二卷　(漢)鄭玄注　(唐)陸德明音義　(唐)賈公彦疏　**附校勘記四十二卷**　(清)阮元撰　(清)盧宣旬摘錄　清同治十二年(1873)江西書局刻重刊宋本十三經注疏本　二十冊

360000－1901－0007703　417477－8
附釋音周禮注疏四十二卷　(漢)鄭玄注　(唐)陸德明音義　(唐)賈公彦疏　**附校勘記四十二卷**　(清)阮元撰　(清)盧宣旬摘錄　清同治十二年(1873)江西書局刻重刊宋本十三經注疏本　一冊　存四卷(四十一至四十二、校勘記四十一至四十二)

360000－1901－0007704　121399
婦科指歸四卷幼科指歸二卷　(清)曾鼎撰　清嘉慶十九年(1814)南城曾氏忠恕堂刻本　五冊

360000－1901－0007705　408551
婦科指歸四卷幼科指歸二卷　(清)曾鼎撰　清嘉慶十九年(1814)南城曾氏忠恕堂刻本　三冊　存三卷(二至四)

360000－1901－0007706　408560
婦科宗主四卷　(清)崔秉銑撰　清刻本　一冊　存三卷(一至三)

360000－1901－0007707　804645
婦人規一卷小兒則一卷　(□)□□輯　清抄本　一冊

360000－1901－0007708　408893
婦人良方二十四卷　(宋)陳自明撰　(明)薛己注　清嘉慶刻本　七冊　存二十一卷(一至三、七至二十四)

360000－1901－0007709　801236
婦嬰至寶　(清)亟齋居士編　(清)三農老人附注　清程少農刻本　一冊　存五卷(達生篇三卷、種痘法一卷、保命延生戒期一卷)

360000－1901－0007710　408548
婦嬰至寶六卷　(清)亟齋居士編　(清)三農老人附注　(清)拜松居士增訂　清同治五年(1866)刻本　一冊

360000－1901－0007711　408549
婦嬰至寶六卷　(清)亟齋居士編　(清)三農老人附注　(清)拜松居士增訂　清同治五年(1866)刻本　一冊

360000－1901－0007712　408550
婦嬰至寶六卷　(清)亟齋居士編　(清)三農老人附注　(清)拜松居士增訂　清同治五年(1866)刻本　一冊

360000－1901－0007713　162623
婦嬰至寶六卷　(清)亟齋居士等編　(清)三農老人附注　(清)拜松居士增訂　清道光十一年(1831)三松堂刻本　一冊

360000－1901－0007714　408545
婦嬰至寶六卷附催生符一卷　(清)亟齋居士編　(清)三農老人附注　(清)拜松居士增訂　清光緒八年(1882)刻本　一冊

360000－1901－0007715　408546
婦嬰至寶六卷附催生符一卷　(清)亟齋居士編　(清)三農老人附注　(清)拜松居士增訂　清光緒八年(1882)刻本　一冊

360000－1901－0007716　408547
婦嬰至寶六卷附催生符一卷　(清)亟齋居士編　(清)三農老人附注　(清)拜松居士增訂　清光緒八年(1882)刻本　一冊

360000－1901－0007717　303076
婦嬰至寶六卷附催生符一卷　(清)亟齋居士編　(清)三農老人附注　(清)拜松居士增訂　清光緒元年(1875)刻本　一冊

360000－1901－0007718　802461
傅長虞集一卷　(晉)傅咸撰　清抄本　一冊

360000－1901－0007719　316692
傅鶉觚集五卷補遺一卷　(晉)傅玄撰　**傅子**

校勘記一卷　(清)方濬師撰　清光緒二年(1876)廣州書局刻本　二冊

360000－1901－0007720　301349
傅青主先生[山]年譜一卷　丁寶銓輯　清宣統三年(1911)刻本　一冊

360000－1901－0007721　163124
傅氏眼科審視瑤函六卷首一卷　(明)傅仁宇撰　明崇禎十七年(1644)大文堂刻本　五冊　存六卷(一至五、首一卷)

360000－1901－0007722　164991
傅氏眼科審視瑤函六卷首一卷　(明)傅仁宇撰　(清)林長生校補　清濟世堂刻本　六冊

360000－1901－0007723　803701
傅氏眼科審視瑤函六卷首一卷　(明)傅仁宇撰　(清)林長生校補　清刻本　一冊　存一卷(四)

360000－1901－0007724　408292
傅氏眼科審視瑤函六卷首一卷　(明)傅仁宇撰　(清)林長生校補　清宣統元年(1909)上海會文書局石印本　二冊　存三卷(一、六,首一卷)

360000－1901－0007725　408284
傅氏眼科審視瑤函六卷首一卷前賢醫案一卷　(明)傅仁宇撰　(清)林長生校補　清匯源堂刻本　三冊　存三卷(三、五至六)

360000－1901－0007726　408285
傅氏眼科審視瑤函六卷首一卷前賢醫案一卷　(明)傅仁宇撰　(清)林長生校補　清刻本　三冊　存二卷(五至六)

360000－1901－0007727　408287
傅氏眼科審視瑤函六卷首一卷前賢醫案一卷　(明)傅仁宇撰　(清)林長生校補　清刻本　六冊

360000－1901－0007728　408288
傅氏眼科審視瑤函六卷首一卷前賢醫案一卷　(明)傅仁宇撰　(清)林長生校補　清刻本　三冊

360000－1901－0007729　408289
傅氏眼科審視瑤函六卷首一卷前賢醫案一卷　(明)傅仁宇撰　(清)林長生校補　清刻本　二冊　存四卷(三至六)

360000－1901－0007730　408290
傅氏眼科審視瑤函六卷首一卷前賢醫案一卷　(明)傅仁宇撰　(清)林長生校補　清刻本　四冊　存七卷(一至四、六,首一卷,前賢醫案一卷)

360000－1901－0007731　408291
傅氏眼科審視瑤函六卷首一卷前賢醫案一卷　(明)傅仁宇撰　(清)林長生校補　清刻本　三冊　存五卷(一、三至四,首一卷,前賢醫案一卷)

360000－1901－0007732　408279
傅氏眼科審視瑤函六卷首一卷前賢醫案一卷　(明)傅仁宇撰　(清)林長生校補　清文德堂刻本　六冊

360000－1901－0007733　408280
傅氏眼科審視瑤函六卷首一卷前賢醫案一卷　(明)傅仁宇撰　(清)林長生校補　清文德堂刻本　六冊

360000－1901－0007734　408286
傅氏眼科審視瑤函六卷首一卷前賢醫案一卷　(明)傅仁宇撰　(清)林長生校補　清務本堂刻本　六冊

360000－1901－0007735　408281
傅氏眼科審視瑤函六卷首一卷前賢醫案一卷　(明)傅仁宇撰　(清)林長生校補　清醉耕堂刻本　六冊

360000－1901－0007736　408282
傅氏眼科審視瑤函六卷首一卷前賢醫案一卷　(明)傅仁宇撰　(清)林長生校補　清醉耕堂刻本　六冊

360000－1901－0007737　408283
傅氏眼科審視瑤函六卷首一卷前賢醫案一卷　(明)傅仁宇撰　(清)林長生校補　清醉耕堂刻本　四冊　存六卷(一、三、五至六,首一

卷,前賢醫案一卷)

360000－1901－0007738　802467
傅休奕集四卷　(晉)傅玄撰　清抄本　二册

360000－1901－0007739　800371
傅休奕集一卷　(晉)傅玄撰　清抄本　一册

360000－1901－0007740　240576
傅遠度集　(明)傅汝舟撰　明萬曆、天啓刻本　二册　存七種

360000－1901－0007741　121776
傅忠毅公全集八卷首一卷　(清)傅宏烈撰　清咸豐元年(1851)刻本　四册

360000－1901－0007742　121777
傅忠毅公全集八卷首一卷　(清)傅宏烈撰　清咸豐元年(1851)刻本　四册

360000－1901－0007743　230027
傅子五卷　(晉)傅玄撰　(清)傅以禮輯　清末楊浚抄本　一册

360000－1901－0007744　305047
傅子一卷　(晉)傅玄撰　清刻本　一册

360000－1901－0007745　301652
復初錄二卷　(明)黄道周撰　清光緒十五年(1889)刻本　一册

360000－1901－0007746　315820
復初堂文集二卷　(清)秦東來撰　清刻本　一册　存一卷(一)

360000－1901－0007747　301653
復初齋文集三十五卷　(清)翁方綱撰　清道光十六年(1836)侯官李彦章刻光緒三年(1877)修補本　八册

360000－1901－0007748　305374
復初齋文集三十五卷　(清)翁方綱撰　清道光十六年(1836)侯官李彦章刻光緒三年(1877)修補本　七册

360000－1901－0007749　317109
復初齋文集三十五卷　(清)翁方綱撰　清道光十六年(1836)侯官李彦章刻光緒三年(1877)修補本　八册

360000－1901－0007750　210438
復古編二卷　(宋)張有撰　清乾隆四十五年(1780)京師琉璃廠安邑葛氏刻本　二册

360000－1901－0007751　160909
復古編二卷附録一卷　(宋)張有撰　清光緒八年(1882)淮南書局刻本　五册

360000－1901－0007752　407878
復古編二卷附録一卷　(宋)張有撰　**安陸集一卷**　(宋)張先撰　**曾樂軒稿一卷**　(宋)張維撰　清光緒八年(1882)淮南書局刻本　三册

360000－1901－0007753　407879
復見心齋詩草六卷　(清)孫人鳳撰　清光緒四年(1878)刻本　一册

360000－1901－0007754　316079
復堂日記八卷　(清)譚獻撰　清光緒十三年(1887)刻本　二册

360000－1901－0007755　902440
復興允升義倉志不分卷　(清)□□撰　清宣統木活字印本　一册

360000－1901－0007756　316638
復莊詩問三十四卷　(清)姚燮撰　清道光二十八年(1848)刻本　八册

360000－1901－0007757　404680
富貴捷徑不分卷　(清)蘭堂主人輯　清道光二十五年(1845)刻本　一册

360000－1901－0007758　401831
富國策三卷　(英國)法思德撰　汪鳳藻譯　清光緒六年(1880)鉛印本　三册

360000－1901－0007759　401834
富國學問答一卷　(清)陳乾生撰　清光緒三十四年(1908)上海商務印書館鉛印本　一册

360000－1901－0007760　301833
富國養民策十六章　(英國)哲分斯撰　清光緒十二年(1886)總稅務司署刻本　一册

360000－1901－0007761　401830

富國養民策十六章　(英國)哲分斯撰　清光緒石印本　一册

360000－1901－0007762　402970

富強叢書　(清)袁俊德輯　清光緒二十五年(1899)、二十七年(1901)小倉山房石印本　七十四册

360000－1901－0007763　402971

富強叢書　(清)袁俊德輯　清光緒二十五年(1899)、二十七年(1901)小倉山房石印本　二十五册

360000－1901－0007764　305429

富強叢書續集　(清)袁俊德輯　清光緒二十七年(1901)小倉山房石印本　三十二册　存一百十五種

360000－1901－0007765　305431

富強叢書正集　(清)袁俊德輯　清光緒二十三年(1897)小倉山房石印本　八册　存三種

360000－1901－0007766　309010

富強叢書正集　(清)袁俊德輯　清光緒二十五年(1899)、二十七年(1901)小倉山房石印本　四十册

360000－1901－0007767　309097

富強叢書正集　(清)袁俊德輯　清光緒二十五年(1899)、二十七年(1901)小倉山房石印本　六十四册

360000－1901－0007768　402969

富強叢書正集　(清)袁俊德輯　清光緒二十五年(1899)、二十七年(1901)小倉山房石印本　四十一册

360000－1901－0007769　308633

富文堂綱鑑易知錄九十二卷　(清)吳乘權等輯　清富文堂刻本　三十五册　存九十卷(一至九十)

360000－1901－0007770　722299

富文堂綱鑑易知錄九十二卷　(清)吳乘權等輯　清刻本　一册　存三卷(六十一至六十三)

360000－1901－0007771　411768

富文堂綱鑑易知錄九十二卷明鑑易知錄十五卷　(清)吳乘權等輯　清刻本　四十八册

360000－1901－0007772　411769

富文堂綱鑑易知錄九十二卷明鑑易知錄十五卷　(清)吳乘權等輯　清刻本　五册　存十三卷(十八至二十六、三十七至三十八、四十八至四十九)

360000－1901－0007773　241246

賦鈔箋畧十五卷　(清)雷琳　(清)張杏濱撰　清乾隆三十一年(1766)刻本　八册

360000－1901－0007774　241247

賦鈔箋畧十五卷　(清)雷琳　(清)張杏濱撰　清乾隆三十一年(1766)刻本　六册

360000－1901－0007775　901291

賦鈔箋畧十五卷　(清)雷琳　(清)張杏濱撰　清乾隆三十一年(1766)刻本　二册　存七卷(一至七)

360000－1901－0007776　901292

賦鈔箋畧十五卷　(清)雷琳　(清)張杏濱撰　清乾隆三十一年(1766)刻本　六册　存十二卷(一至八、十至十一、十三至十四)

360000－1901－0007777　901293

賦鈔箋畧十五卷　(清)雷琳　(清)張杏濱撰　清乾隆三十一年(1766)刻本　二册　存七卷(一至七)

360000－1901－0007778　801496

賦鈔一卷　(清)□□輯　清抄本　一册

360000－1901－0007779　900670

賦海大觀三十二卷　(清)鴻寶齋主人編　清光緒二十年(1894)鴻寶齋石印本　二十四册　存二十八卷(一至四、六至十一、十三至二十二、二十五至三十二)

360000－1901－0007780　306477

賦海大觀三十二卷　(清)鴻寶齋主人編　清光緒十九年(1893)鴻寶齋石印本　十八册

存二十卷(一至五、八至十一、十三至十五、十九至二十一、二十六至三十)

360000－1901－0007781　900671
賦海大觀三十二卷　(清)鴻寶齋主人編　清末鴻寶齋石印本　十一冊　存十四卷(一至二、四、六至八、十、十三至十四、十九至二十、二十五至二十七)

360000－1901－0007782　900672
賦海大觀三十二卷　(清)鴻寶齋主人編　清末鴻寶齋石印本　七冊　存七卷(三、十五至十六、二十一、三十至三十二)

360000－1901－0007783　901267
賦海大觀三十二卷　(清)鴻寶齋主人編　清末鴻寶齋石印本　三冊　存五卷(五至七、二十六至二十七)

360000－1901－0007784　901048
賦彙錄要二十八卷補遺一卷外集一卷　(清)吳光昭　(清)陳書注　清刻本　十六冊

360000－1901－0007785　901049
賦彙錄要二十八卷補遺一卷外集一卷　(清)吳光昭　(清)陳書注　清刻本　五冊　存九卷(二至三、十一、二十至二十三、二十六至二十七)

360000－1901－0007786　901300
賦彙題解十卷　(清)倪一擎編　清乾隆二十三年(1758)刻本　一冊　存五卷(一至五)

360000－1901－0007787　303723
賦梅書屋詩初集六卷　(清)宋廷樑撰　清光緒十七年(1891)西江刻本　二冊

360000－1901－0007788　900291
賦說解雜不分卷　(清)□□輯　清抄本　一冊

360000－1901－0007789　802858
賦體雲蒸後集不分卷　(清)燕毅輯　清南州亦政書齋刻本　一冊

360000－1901－0007790　318117－10
賦選不分卷　(清)□□輯　清熊誠過、熊思勤抄本　二冊

360000－1901－0007791　901295
賦學仙丹一卷　(清)徐斗光編　清刻本　一冊

360000－1901－0007792　901296
賦學仙丹一卷　(清)徐斗光編　清刻本　一冊

360000－1901－0007793　901298
賦學仙丹一卷　(清)徐斗光編　清刻本　一冊

360000－1901－0007794　303720
賦學仙丹一卷　(清)徐斗光編　清英德堂刻本　一冊

360000－1901－0007795　901294
賦學仙丹一卷　(清)徐斗光編　清英德堂刻本　一冊

360000－1901－0007796　901297
賦學仙丹一卷　(清)徐斗光編　清英德堂刻本　一冊

360000－1901－0007797　901289
賦學正鵠集釋十一卷　(清)李元度輯　清光緒二十年(1894)上海文瑞樓石印本　三冊　存三卷(一至三)

360000－1901－0007798　901282
賦學正鵠集釋十一卷　(清)李元度輯　清光緒七年(1881)長沙金光樓刻本　八冊

360000－1901－0007799　901278
賦學正鵠集釋十一卷　(清)李元度輯　清光緒十八年(1892)上海瀚文閣石印本　二冊

360000－1901－0007800　901280
賦學正鵠集釋十一卷　(清)李元度輯　清光緒十八年(1892)上海煥文局石印本　二冊

360000－1901－0007801　901279
賦學正鵠集釋十一卷　(清)李元度輯　清光緒十八年(1892)上海淩雲閣石印本　二冊

360000－1901－0007802　901281

賦學正鵠集釋十一卷 (清)李元度輯 清光緒十八年(1892)上海凌雲閣石印本 一册 存五卷(一至五)

360000－1901－0007803 901277
賦學正鵠集釋十一卷 (清)李元度輯 清光緒十五年(1889)積山書局石印本 二册

360000－1901－0007804 315909
賦學正鵠集釋十一卷 (清)李元度輯 清刻本 五册

360000－1901－0007805 901290
賦學正鵠集釋十一卷 (清)李元度輯 清末石印本 二册 存二卷(二至三)

360000－1901－0007806 901285
賦學正鵠十卷 (清)李元度輯 清光緒十一年(1885)石渠山房刻本 四册

360000－1901－0007807 303726
賦學正鵠十卷 (清)李元度輯 清光緒十一年(1885)文昌書局刻本 六册

360000－1901－0007808 901287
賦學正鵠十卷 (清)李元度輯 清光緒十一年(1885)文昌書局刻本 八册

360000－1901－0007809 901288
賦學正鵠十卷 (清)李元度輯 清光緒十一年(1885)文昌書局刻本 册 存八卷(一至四、六至九)

360000－1901－0007810 901284
賦學正鵠十卷 (清)李元度輯 清同治九年(1870)爽谿書院刻本 四册

360000－1901－0007811 901283
賦學正鵠十卷 (清)李元度輯 清同治十二年(1873)爽谿書院刻本 四册

360000－1901－0007812 901286
賦學正鵠十卷 (清)李元度輯 清同治十年(1871)爽谿書院刻本 四册

360000－1901－0007813 901357
賦學指南十卷 (清)余丙照輯 清道光二十四年(1844)刻本 四册

360000－1901－0007814 901361
賦學指南十卷 (清)余丙照輯 清道光十五年(1835)英德堂刻本 二册

360000－1901－0007815 901360
賦學指南十卷 (清)余丙照輯 清道光十五年(1835)醉經堂刻本 二册

360000－1901－0007816 901358
賦學指南十卷 (清)余丙照輯 清刻本 一册 存一卷(十)

360000－1901－0007817 901359
賦學指南十卷 (清)余丙照輯 清刻本 一册 存四卷(七至十)

360000－1901－0007818 901362
賦學指南十卷 (清)余丙照輯 清刻本 二册

360000－1901－0007819 901275
賦學指南十卷二集六卷 (清)余丙照輯 清刻本 三册 存五卷(賦學指南八至九、二集二至四)

360000－1901－0007820 901274
賦學指南十卷二集六卷 (清)余丙照輯 清同治六年(1867)聚奎堂刻本 七册

360000－1901－0007821 901273
賦學指南十六卷 (清)余丙照輯 清大經堂刻本 三册 存十卷(一至四、七至九、十二至十四)

360000－1901－0007822 901271
賦學指南十六卷 (清)余丙照輯 清立文堂刻本 四册

360000－1901－0007823 901272
賦學指南十六卷 (清)余丙照輯 清製錦堂刻本 三册 存六卷(四至九)

360000－1901－0007824 901270
賦學指南十六卷 (清)余丙照輯 清醉經堂刻本 四册

360000－1901－0007825 407437
賦苑類選八卷 (清)潛兆穀輯 清刻本 一

册　存二卷(五至六)

360000-1901-0007826　122232
賦苑類選八卷　(清)潛兆穀輯　清乾隆三十五年(1770)寶研堂刻本　八册

360000-1901-0007827　901703
賦苑類選八卷　(清)潛兆穀輯　清乾隆三十五年(1770)刻本　七册　存七卷(一至四、六至八)

360000-1901-0007828　901704
賦苑類選八卷　(清)潛兆穀輯　清乾隆三十五年(1770)刻本　二册　存二卷(三至四)

360000-1901-0007829　800997
賦韻海不分卷　(清)黄逢甲輯　清光緒十四年(1888)上海點石齋石印本　八册

360000-1901-0007830　315881
賦則四卷　(清)鮑桂星評選　清道光二年(1822)刻本　二册

360000-1901-0007831　901299
賦則四卷　(清)鮑桂星評選　清道光二年(1822)刻本　二册

360000-1901-0007832　303724
賦則四卷　(清)鮑桂星評選　清光緒九年(1883)湖北督學節署刻本　二册

360000-1901-0007833　122473
覆瓿草一卷　(清)楊希閔撰　清刻本　一册

360000-1901-0007834　122474
覆瓿餘草二卷　(清)彭玉雯撰　清咸豐二年(1852)刻本　一册

360000-1901-0007835　162498
陔餘叢考四十三卷　(清)趙翼撰　清乾隆五十五年(1790)趙翼湛貽堂刻本　十册

360000-1901-0007836　162499
陔餘叢考四十三卷　(清)趙翼撰　清乾隆五十五年(1790)趙翼湛貽堂刻本　五册

360000-1901-0007837　230373
陔餘叢考四十三卷　(清)趙翼撰　清乾隆五十五年(1790)趙翼湛貽堂刻本　十二册

360000-1901-0007838　230374
陔餘叢考四十三卷　(清)趙翼撰　清乾隆五十五年(1790)趙翼湛貽堂刻本　八册　存三十六卷(一至三十二、三十六至三十九)

360000-1901-0007839　417883
陔餘叢考四十三卷　(清)趙翼撰　清乾隆五十五年(1790)趙翼湛貽堂刻本　五册　存二十一卷(一至五、二十四至三十九)

360000-1901-0007840　301158
改亭集十六卷　(清)計東撰　清刻本　十二册

360000-1901-0007841　705188
改亭集十六卷　(清)計東撰　清乾隆十三年(1748)計瓊刻本　三册　存十一卷(一至七、九至十二)

360000-1901-0007842　705186
改吟齋詩四卷　(清)葉樹枚撰　清嘉慶十三年(1808)葉樹枚刻本　一册

360000-1901-0007843　302707
改正世界地理學六卷首一卷　(日本)矢津昌永撰　(清)吳啓孫編譯　清光緒二十九年(1903)上海文明書局鉛印本　二册

360000-1901-0007844　240830
溉堂前集九卷後集六卷續集六卷文集五卷詩餘二卷　(清)孫枝蔚撰　清康熙刻本　七册　缺三卷(後集一至三)

360000-1901-0007845　240831
溉堂前集九卷後集六卷續集六卷文集五卷詩餘二卷　(清)孫枝蔚撰　清康熙刻本　五册　存十四卷(溉堂前集九卷、文集五卷)

360000-1901-0007846　304615
溉亭述古録二卷　(清)錢塘撰　(清)阮元敘録　清嘉慶、道光儀徵阮氏刻文選樓叢書本　一册

360000-1901-0007847　230415
甘露園長書九卷　(明)陳汝錡撰　清抄本

四册

360000－1901－0007848　405146

甘露園長書九卷　(明)陳汝錡撰　清抄本　一册　存二卷(三至四)

360000－1901－0007849　230416

甘露園短書十一卷　(明)陳汝錡撰　明萬曆三十八年(1610)刻清康熙六年(1667)劉願人重修本　六册

360000－1901－0007850　302938

甘泉鄉人稿二十四卷曝書雜記三卷　(清)錢泰吉撰　清同治刻本　五册

360000－1901－0007851　230519

甘氏奇門一得二卷　(明)甘霖撰　清初刻本　一册

360000－1901－0007852　409545

甘適生先生賦稿一卷　(清)甘時若撰　清刻本　一册

360000－1901－0007853　241013

甘莊恪公全集十六卷　(清)甘汝來撰　清乾隆五十六年(1791)奉新甘氏賜福堂刻本　四册

360000－1901－0007854　241014

甘莊恪公全集十六卷　(清)甘汝來撰　清乾隆五十六年(1791)奉新甘氏賜福堂刻本　四册

360000－1901－0007855　241015

甘莊恪公全集十六卷　(清)甘汝來撰　清乾隆五十六年(1791)奉新甘氏賜福堂刻本　四册

360000－1901－0007856　710341

甘莊恪公全集十六卷　(清)甘汝來撰　清乾隆五十六年(1791)奉新甘氏賜福堂刻本　三册　存十一卷(一至七、十三至十六)

360000－1901－0007857　710341－1

甘莊恪公全集十六卷　(清)甘汝來撰　清乾隆五十六年(1791)奉新甘氏賜福堂刻本　一册　存四卷(一至四)

360000－1901－0007858　800602

肝經論一卷　(□)□□撰　清抄本　一册

360000－1901－0007859　308683

感舊集十六卷　(清)王士禛輯　(清)盧見曾補傳　清乾隆十七年(1752)盧見曾雅雨堂刻本　八册

360000－1901－0007860　407024

感應篇讀一卷　(清)王元喬箋注　(清)周文炯節解　清槐蔭堂刻本　一册

360000－1901－0007861　405505

感知集二卷　(清)劉炳照撰　清光緒三十一年(1905)潯谿劉氏刻本　一册

360000－1901－0007862　414718

干支集錦二十四卷　(清)秦嘉謨輯　清嘉慶二十年(1815)鋤經堂刻本　二册

360000－1901－0007863　414719

干支集錦二十四卷　(清)秦嘉謨輯　清嘉慶二十年(1815)鋤經堂刻本　一册

360000－1901－0007864　300783

干支集錦二十四卷　(清)秦嘉謨輯　清嘉慶刻本　二册

360000－1901－0007865　412738

贛關税則例照錄一卷　(清)□□錄　清抄本　一册

360000－1901－0007866　413317

贛州府學堂讀書錄初編二卷　(清)汪寶輯　清光緒三十年(1904)木活字印本　二册

360000－1901－0007867　413317－1

贛州府學堂讀書錄初編二卷　(清)汪寶輯　清光緒三十年(1904)木活字印本　二册

360000－1901－0007868　413317－2

贛州府學堂讀書錄初編二卷　(清)汪寶輯　清光緒三十年(1904)木活字印本　二册

360000－1901－0007869　413317－3

贛州府學堂讀書錄初編二卷　(清)汪寶輯　清光緒三十年(1904)木活字印本　一册　存一卷(上)

360000－1901－0007870　413317－4
贛州府學堂讀書錄初編二卷　（清）汪寶輯　清光緒三十年（1904）木活字印本　一册　存一卷（上）

360000－1901－0007871　230438
綱常懿範十卷　（明）周是修撰　明崇禎三年（1630）周應鰲刻本　五册　存八卷（三至十）

360000－1901－0007872　220200
綱鑑策題會纂四卷　（清）葛元福撰　清初刻本　四册　存三卷（二至四）

360000－1901－0007873　802966
綱鑑策題會纂四卷　（清）葛元福撰　清刻本　一册　存一卷（二）

360000－1901－0007874　415814
綱鑑典要註釋四卷　（清）袁壯行纂注　（清）袁時行編輯　清康熙三十八年（1699）刻本　三册　存三卷（一至三）

360000－1901－0007875　220201
綱鑑會編九十八卷歷代統系表略三卷歷代官制考略二卷歷代郡國考略三卷　（清）葉澐輯　清康熙刻本　三十四册　缺五卷（歷代官制考略二卷、歷代郡國考略三卷）

360000－1901－0007876　220202
綱鑑會編九十八卷歷代統系表略三卷歷代官制考略二卷歷代郡國考略三卷　（清）葉澐輯　清康熙刻本　四十七册　缺十九卷（綱鑑會編十四至十六、二十至二十一、三十三至三十四、六十一至六十二、九十七至九十八，歷代統系表略三卷，歷代官制考略二卷，歷代郡國考略三卷）

360000－1901－0007877　411898
綱鑑會編九十八卷歷代統系表略三卷歷代官制考略二卷歷代郡國考略三卷　（清）葉澐輯　清康熙刻本　六册　存十九卷（三至四、三十一至三十二、六十五至六十九、七十六至七十九、八十六至八十八、九十六至九十八）

360000－1901－0007878　220185
綱鑑會纂三十九卷首一卷　（明）王世貞編　清初刻本　三十六册　缺四卷（六、二十一至二十三）

360000－1901－0007879　720621
綱鑑會纂三十九卷首一卷　（明）王世貞編　清光緒二十八年（1902）煥文書局石印本　一册　存四卷（二十四至二十七）

360000－1901－0007880　722457
綱鑑會纂三十九卷首一卷　（明）王世貞編　清光緒二十八年（1902）煥文書局石印本　五册　存二十卷（十六至二十三、二十八至三十九）

360000－1901－0007881　722458
綱鑑會纂三十九卷首一卷　（明）王世貞編　清光緒二十八年（1902）煥文書局石印本　二册　存七卷（八至十一、二十八至三十）

360000－1901－0007882　308325
綱鑑會纂三十九卷首一卷　（明）王世貞編　清刻本　三十四册

360000－1901－0007883　309701
綱鑑會纂三十九卷首一卷　（明）王世貞編　清刻本　十六册　存十八卷（四至五、十八、二十三至三十三、三十五至三十八）

360000－1901－0007884　719975
綱鑑會纂三十九卷首一卷　（明）王世貞編　清刻本　一册　存一卷（三十六）

360000－1901－0007885　722172
綱鑑會纂三十九卷首一卷　（明）王世貞編　清刻本　三册　存四卷（十二至十四、十六）

360000－1901－0007886　411905
綱鑑會纂三十九卷首一卷　（明）王世貞編　**御撰資治通鑑綱目三編二十卷**　（清）張廷玉等撰　清刻本　二十六册　存三十七卷（一至十四、十六至三十三、三十六至三十九，首一卷）

360000－1901－0007887　411905－1
綱鑑會纂三十九卷首一卷　（明）王世貞編　**御撰資治通鑑綱目三編二十卷**　（清）張廷玉

等撰　清刻本　二冊　存二卷(二十一至二十二)

360000－1901－0007888　411906
綱鑑會纂三十九卷首一卷　(明)王世貞編　**御撰資治通鑑綱目三編二十卷**　(清)張廷玉等撰　清刻本　三十七冊　缺一卷(首一卷)

360000－1901－0007889　711909
綱鑑會纂三十九卷首一卷　(明)王世貞編　**御撰資治通鑑綱目三編六卷**　(清)張廷玉等撰　清光緒二十五年(1899)上海美華書局石印本　十二冊

360000－1901－0007890　161939
綱鑑易知錄二十卷　(清)吳乘權等輯　**附御選資治通鑑綱目三編四卷**　(清)張廷玉等撰　清光緒十三年(1887)上海點石齋石印本　十二冊

360000－1901－0007891　411756
綱鑑易知錄九十二卷　(清)吳乘權等輯　清道光三十年(1850)金鑑堂刻本　三十三冊

360000－1901－0007892　417556－1
綱鑑易知錄九十二卷　(清)吳乘權等輯　清刻本　十二冊　存三十卷(八至二十三、三十九至五十二)

360000－1901－0007893　721577
綱鑑易知錄九十二卷　(清)吳乘權等輯　清刻本　二冊　存七卷(四十八至五十四)

360000－1901－0007894　721578
綱鑑易知錄九十二卷　(清)吳乘權等輯　清刻本　一冊　存三卷(五十八至六十)

360000－1901－0007895　722030
綱鑑易知錄九十二卷　(清)吳乘權等輯　清刻本　三冊　存九卷(五十一至五十九)

360000－1901－0007896　722295
綱鑑易知錄九十二卷　(清)吳乘權等輯　清刻本　二冊　存四卷(六十九至七十、七十七至七十八)

360000－1901－0007897　722296
綱鑑易知錄九十二卷　(清)吳乘權等輯　清刻本　三冊　存七卷(五十八至六十、六十三至六十六)

360000－1901－0007898　722298
綱鑑易知錄九十二卷　(清)吳乘權等輯　清刻本　一冊　存二卷(七十五至七十六)

360000－1901－0007899　800710
綱鑑易知錄九十二卷　(清)吳乘權等輯　清刻本　一冊　存二卷(四十八至四十九)

360000－1901－0007900　161937
綱鑑易知錄九十二卷明鑑易知錄十五卷　(清)吳乘權等輯　清道光十五年(1835)刻本　四十冊

360000－1901－0007901　161938
綱鑑易知錄九十二卷明鑑易知錄十五卷　(清)吳乘權等輯　清光緒十三年(1887)上海同文書局石印本　八冊

360000－1901－0007902　411801
綱鑑易知錄九十二卷明鑑易知錄十五卷　(清)吳乘權等輯　清光緒十三年(1887)上海同文書局石印本　八冊

360000－1901－0007903　411802
綱鑑易知錄九十二卷明鑑易知錄十五卷　(清)吳乘權等輯　清光緒十三年(1887)上海同文書局石印本　八冊

360000－1901－0007904　411803
綱鑑易知錄九十二卷明鑑易知錄十五卷　(清)吳乘權等輯　清光緒十三年(1887)上海同文書局石印本　五冊　存六十五卷(一至十四、四十二至九十二)

360000－1901－0007905　411757
綱鑑易知錄九十二卷明鑑易知錄十五卷　(清)吳乘權等輯　清刻本　二十二冊　存五十五卷(綱鑑易知錄五十三至九十二、明鑑易知錄十五卷)

360000－1901－0007906　411763
綱鑑易知錄九十二卷明鑑易知錄十五卷

(清)吴乘權等輯　清刻本　三十一冊　存七十卷(一至二、六至六十九、七十九至八十、九十一至九十二)

360000－1901－0007907　411764
綱鑑易知錄九十二卷明鑑易知錄十五卷
(清)吴乘權等輯　清刻本　二十一冊　存六十七卷(綱鑑易知錄一至八、十四至十七、二十七至三十四、三十七至四十七、五十八至八十三、八十五至八十九、九十一至九十二,明鑑易知錄一至三)

360000－1901－0007908　411765
綱鑑易知錄九十二卷明鑑易知錄十五卷
(清)吴乘權等輯　清刻本　三十一冊　存五十六卷(一至四、七至十七、二十至二十三、二十九至三十四、三十八至五十、五十三至六十八、九十一至九十二)

360000－1901－0007909　411770
綱鑑易知錄九十二卷明鑑易知錄十五卷
(清)吴乘權等輯　清刻本　十五冊　存三十一卷(一至十七、二十至二十八、三十一至三十三、七十六至七十七)

360000－1901－0007910　411771
綱鑑易知錄九十二卷明鑑易知錄十五卷
(清)吴乘權等輯　清刻本　十三冊　存三十三卷(一至七、二十四至二十六、三十二至四十二、四十八至五十、五十二至五十六、六十九至七十、七十四至七十五)

360000－1901－0007911　411773
綱鑑易知錄九十二卷明鑑易知錄十五卷
(清)吴乘權等輯　清刻本　八冊　存二十一卷(一至五、九至十一、十四至二十、五十一至五十三、五十七至五十九)

360000－1901－0007912　411778
綱鑑易知錄九十二卷明鑑易知錄十五卷
(清)吴乘權等輯　清刻本　二十九冊　存七十三卷(一至二十七、三十六至六十三、六十五至六十六、七十三至七十五、七十七至八十一、八十五至九十二)

360000－1901－0007913　411779
綱鑑易知錄九十二卷明鑑易知錄十五卷
(清)吴乘權等輯　清刻本　三十七冊　存九十四卷(綱鑑易知錄九十二卷、明鑑易知錄一至二)

360000－1901－0007914　411780
綱鑑易知錄九十二卷明鑑易知錄十五卷
(清)吴乘權等輯　清刻本　三十八冊　存九十三卷(綱鑑易知錄一至五十、五十二至九十二,明鑑易知錄一至二)

360000－1901－0007915　411781
綱鑑易知錄九十二卷明鑑易知錄十五卷
(清)吴乘權等輯　清刻本　四十六冊　存一百四卷(綱鑑易知錄一至二十六、二十八至九十二,明鑑易知錄一至十三)

360000－1901－0007916　411782
綱鑑易知錄九十二卷明鑑易知錄十五卷
(清)吴乘權等輯　清刻本　二十八冊　存七十四卷(綱鑑易知錄二十八至三十六、三十八至九十二,明鑑易知錄一至十)

360000－1901－0007917　411783
綱鑑易知錄九十二卷明鑑易知錄十五卷
(清)吴乘權等輯　清刻本　十二冊　存二十六卷(一、三十三至三十五、四十一至四十三、四十五至四十七、五十至五十六、七十六至七十七、七十九至八十二、九十至九十二)

360000－1901－0007918　411784
綱鑑易知錄九十二卷明鑑易知錄十五卷
(清)吴乘權等輯　清刻本　十冊　存二十三卷(一、三十二至三十三、四十至四十一、四十八至四十九、五十三至五十八、七十五至八十二、九十一至九十二)

360000－1901－0007919　411785
綱鑑易知錄九十二卷明鑑易知錄十五卷
(清)吴乘權等輯　清刻本　二十二冊　存五十卷(綱鑑易知錄一、八至九、二十一至二十六、三十二至三十四、四十至四十三、四十九至五十、五十三至五十八、六十至六十二、七十四至八十六、八十八至九十二,明鑑易知錄

一至五）

360000－1901－0007920　413137
稗海　（明）商濬輯　明萬曆會稽商氏半埜堂刻本　四冊　存二種

360000－1901－0007921　711744
綱鑑易知錄九十二卷明鑑易知錄十五卷（清）吳乘權等輯　清刻本　三十五冊　存七十六卷（綱鑑易知錄一至二十五、二十八至五十七、七十四至九十二，明鑑易知錄一至二）

360000－1901－0007922　711745
綱鑑易知錄九十二卷明鑑易知錄十五卷（清）吳乘權等輯　清刻本　九冊　存二十五卷（綱鑑易知錄一至二、六十至六十五、七十九至八十一、八十八至九十二，明鑑易知錄一至九）

360000－1901－0007923　711746
綱鑑易知錄九十二卷明鑑易知錄十五卷（清）吳乘權等輯　清刻本　一冊　存三卷（八十一至八十三）

360000－1901－0007924　711747
綱鑑易知錄九十二卷明鑑易知錄十五卷（清）吳乘權等輯　清刻本　一冊　存三卷（八十七至八十九）

360000　1901　0007925　711748
綱鑑易知錄九十二卷明鑑易知錄十五卷（清）吳乘權等輯　清刻本　一冊　存三卷（二十六至二十八）

360000－1901－0007926　309479
綱鑑易知錄九十二卷明鑑易知錄十五卷（清）吳乘權等輯　清末石印本　四十八冊

360000－1901－0007927　411755
綱鑑易知錄九十二卷明鑑易知錄十五卷（清）吳乘權等輯　清同治八年（1869）松盛堂刻本　九冊　存二十五卷（綱鑑易知錄一至七、十四至十五、二十四至三十五、四十四至四十五，明鑑易知錄五至六）

360000－1901－0007928　415831
綱鑑擇語十卷　（清）司徒修輯　清道光十六年（1836）刻本　六冊

360000－1901－0007929　309700
綱鑑擇語十卷　（清）司徒修輯　清刻本　三冊　存四卷（五、八至十）

360000－1901－0007930　418392
綱鑑擇語十卷　（清）司徒修輯　清刻本　五冊　存八卷（三至十）

360000－1901－0007931　415834
綱鑑擇語十卷　（清）司徒修輯　清同治八年（1869）江右本立堂刻本　六冊

360000－1901－0007932　415833
綱鑑擇語十卷　（清）司徒修輯　清同治八年（1869）江右五柳堂刻本　八冊

360000－1901－0007933　305359
綱鑑擇語十卷　（清）司徒修輯　清同治八年（1869）刻本　五冊　存八卷（一至二、五至十）

360000－1901－0007934　303162
綱鑑擇語十卷　（清）司徒修輯　清同治六年（1867）品蓮書屋刻本　六冊

360000－1901－0007935　415832
綱鑑擇語十卷　（清）司徒修輯　清同治六年（1867）品蓮書屋刻本　四冊

360000－1901－0007936　220197
綱鑑正史約三十六卷　（明）顧錫疇撰　明崇禎刻本　十二冊

360000－1901－0007937　415815
綱鑑正史約三十六卷　（明）顧錫疇撰　（清）陳弘謀增訂　**甲子紀元一卷**　（清）陳弘謀撰　清乾隆二年（1737）刻本　十八冊　存二十九卷（四至十五、十八至二十六、二十九至三十六）

360000－1901－0007938　301626
綱鑑正史約三十六卷　（明）顧錫疇撰　（清）陳弘謀增訂　**甲子紀元一卷**　（清）陳弘謀撰　清同治八年（1869）浙江書局刻本　二十冊

360000－1901－0007939　301636
綱鑑正史約三十六卷　(明)顧錫疇撰　(清)陳弘謀增訂　**甲子紀元一卷**　(清)陳弘謀撰　清同治八年(1869)浙江書局刻本　二十册

360000－1901－0007940　312881
綱鑑正史約三十六卷　(明)顧錫疇撰　(清)陳弘謀增訂　**甲子紀元一卷**　(清)陳弘謀撰　清同治八年(1869)浙江書局刻本　二十册

360000－1901－0007941　415816
綱鑑正史約三十六卷　(明)顧錫疇撰　(清)陳弘謀增訂　**甲子紀元一卷**　(清)陳弘謀撰　清同治八年(1869)浙江書局刻本　五册　存十卷(三至四、十九至二十、二十八至三十、三十四至三十六)

360000－1901－0007942　401384
綱鑑總論不分卷　(清)□□撰　清抄本　一册

360000－1901－0007943　309579
綱鑑總論不分卷　(清)□□撰　清光緒二十六年(1900)刻本　二册

360000－1901－0007944　401385
綱鑑總論不分卷　(清)□□撰　清刻本　三册

360000－1901－0007945　415830
綱鑑總論二卷　(清)周茂才撰　清光緒二十八年(1902)長沙英華書局刻本　二册

360000－1901－0007946　418404
綱鑑總論二卷　(清)周茂才撰　清光緒二十八年(1902)上海書局石印本　二册

360000－1901－0007947　418407
綱鑑總論二卷　(清)周茂才撰　清光緒二十八年(1902)上海書局石印本　一册

360000－1901－0007948　415827
綱鑑總論二卷　(清)周茂才撰　清光緒二十九年(1903)兩儀堂刻本　二册

360000－1901－0007949　415825
綱鑑總論二卷　(清)周茂才撰　清光緒二十六年(1900)兩儀堂刻本　二册

360000－1901－0007950　415826
綱鑑總論二卷　(清)周茂才撰　清光緒二十六年(1900)兩儀堂刻本　二册

360000－1901－0007951　415828
綱鑑總論二卷　(清)周茂才撰　清光緒二十七年(1901)會文堂刻本　二册

360000－1901－0007952　415829
綱鑑總論二卷　(清)周茂才撰　清光緒二十七年(1901)會文堂刻本　二册

360000－1901－0007953　415820
綱鑑總論二卷　(清)周茂才撰　清光緒二十七年(1901)善餘堂刻本　二册

360000－1901－0007954　415822
綱鑑總論二卷　(清)周茂才撰　清光緒二十七年(1901)善餘堂刻本　二册

360000－1901－0007955　415823
綱鑑總論二卷　(清)周茂才撰　清光緒二十七年(1901)善餘堂刻本　二册

360000－1901－0007956　415824
綱鑑總論二卷　(清)周茂才撰　清光緒二十三年(1897)澹雅書局刻本　二册

360000－1901－0007957　418409
綱鑑總論二卷　(清)周茂才撰　清光緒三十年(1904)上海書局石印本　二册

360000－1901－0007958　418410
綱鑑總論二卷　(清)周茂才撰　清光緒三十年(1904)上海書局石印本　一册

360000－1901－0007959　418410－1
綱鑑總論二卷　(清)周茂才撰　清光緒三十年(1904)上海書局石印本　一册

360000－1901－0007960　418408
綱鑑總論二卷　(清)周茂才撰　清光緒三十年(1904)上海書局石印本(卷下配清末鑄記書局石印本)　二册

360000－1901－0007961　415821

綱鑑總論二卷　(清)周茂才撰　清光緒師古堂刻本　二册

360000－1901－0007962　418405
綱鑑總論二卷　(清)周茂才撰　清末石印本　一册

360000－1901－0007963　418406
綱鑑總論二卷　(清)周茂才撰　清末石印本　一册

360000－1901－0007964　803041
綱鑑總論二卷　(清)周茂才撰　清末石印本　一册　存一卷(下)

360000－1901－0007965　301635
綱鑑總論二卷　(清)周茂才撰　清師古堂刻本　二册

360000－1901－0007966　800573
綱鑑總論一卷附孝經一卷　(清)□□輯　清抄本　一册

360000－1901－0007967　801872
綱目不分卷　(□)□□輯　清抄本　一册

360000－1901－0007968　220163
綱目訂誤四卷　(清)陳景雲撰　清乾隆十九年(1754)陳黄中樸茂齋刻文道十書本　一册

360000－1901－0007969　301632
綱目續議二卷　(清)胡爾梅撰　清同治十年(1871)胡承志堂刻本　二册

360000－1901－0007970　405002
皋軒文編五卷　(清)李光坡撰　清清溪李氏清白堂刻本　二册

360000－1901－0007971　710281
高安三傳合編五十六卷　(清)朱軾　(清)蔡世遠輯　清光緒二十一年(1895)江蘇書局刻本　七册　存十四卷(歷代名儒傳一至六、歷代名臣傳三至八、歷代循吏傳一至二)

360000－1901－0007972　601830
高安三傳合編五十六卷　(清)朱軾　(清)蔡世遠輯　清光緒務本堂刻本　二十一册　存四十五卷(歷代名儒傳三至八,歷代名臣傳一至十六、十九至三十五,歷代循吏傳一至六)

360000－1901－0007973　601831
高安三傳合編五十六卷　(清)朱軾　(清)蔡世遠輯　清光緒務本堂刻本　九册　存二十卷(歷代名儒傳六至七、歷代名臣傳十八至三十五)

360000－1901－0007974　121278
高才女遺詩一卷附刻一卷　(清)高淑宜撰　清光緒十四年(1888)雙井草堂刻本　一册

360000－1901－0007975　412906
高常侍集十卷　(唐)高適撰　清光緒十年(1884)上海同文書局石印本　二册

360000－1901－0007976　800620
高等小學農業教科書不分卷　(清)學部編譯圖書局編　清宣統三年(1911)京華印書局鉛印本　一册

360000－1901－0007977　800629
高等小學文法教科書不分卷　(清)李思慎編　清光緒三十二年(1906)上海震東學社石印本　一册

360000－1901－0007978　800634
高等小學西洋歷史教科書不分卷　(清)黄朝鑑編　清光緒三十二年(1906)上海震東學社石印本　一册

360000－1901－0007979　310134
高峯大師語錄一卷　(元)釋原妙撰　(明)釋袾宏輯　清光緒十五年(1889)金陵刻經處刻本　一册

360000－1901－0007980　309565
高厚蒙求　(清)徐朝俊撰　清嘉慶刻本　一册　存二種

360000－1901－0007981　162538
高厚蒙求　(清)徐朝俊撰　清嘉慶雲間徐氏刻本　四册

360000－1901－0007982　162539
高厚蒙求　(清)徐朝俊撰　清嘉慶雲間徐氏刻本　六册

360000－1901－0007983　603496
高厚蒙求　(清)徐朝俊撰　清嘉慶雲間徐氏刻本　三册　存六種

360000－1901－0007984　404586
高厚蒙求　(清)徐朝俊撰　清刻本　四册　存六種

360000－1901－0007985　404587
高厚蒙求　(清)徐朝俊撰　清刻本　三册　存四種

360000－1901－0007986　404587－1
高厚蒙求　(清)徐朝俊撰　清刻本　一册　存二種

360000－1901－0007987　300037
高厚蒙求　(清)徐朝俊撰　清同治五年(1866)雲間徐氏刻本　四册　存八種

360000－1901－0007988　417446
高弧細草一卷　(清)張作楠撰　清道光刻本　二册

360000－1901－0007989　240475
高季迪先生大全集十八卷　(明)高啓撰　清康熙長洲許廷鑅竹素園刻本　八册

360000－1901－0007990　240476
高季迪先生大全集十八卷　(明)高啓撰　清康熙長洲許廷鑅竹素園刻本　五册

360000－1901－0007991　418155
高季迪先生大全集十八卷　(明)高啓撰　清末鉛印本　一册　存三卷(四至六)

360000－1901－0007992　318547
高麗好太王碑六卷　楊守敬摹字　清宣統元年(1909)刻本　六册

360000－1901－0007993　121279
高林詩鈔不分卷　(清)林有席撰　清道光十一年(1831)刻本　一册

360000－1901－0007994　900162
高梅邨時藝不分卷　(清)高華撰　清乾隆六十年(1795)刻本　一册

360000－1901－0007995　161807
高僧傳初集十五卷　(南朝梁)釋慧皎撰　清光緒十年(1884)金陵刻經處刻本　四册

360000－1901－0007996　161993
高僧傳初集十五卷　(南朝梁)釋慧皎撰　清光緒十年(1884)金陵刻經處刻本　四册

360000－1901－0007997　161994
高僧傳初集十五卷　(南朝梁)釋慧皎撰　清光緒十年(1884)金陵刻經處刻本　四册

360000－1901－0007998　161808
高僧傳二集四十卷　(唐)釋道宣撰　清光緒十六年(1890)江北刻經處刻本　十一册

360000－1901－0007999　161809
高僧傳三集三十卷　(宋)釋贊寧等撰　清光緒十三年(1887)江北刻經處刻本　八册

360000－1901－0008000　161810
高僧傳四集六卷　(明)釋如惺撰　清光緒十八年(1892)江北刻經處刻本　二册

360000－1901－0008001　720522
高山醫案四卷　(清)張鵬翥撰　清抄本　一册　存一卷(二)

360000－1901－0008002　420554－1
高山醫案四卷　(清)張鵬翥撰　清刻本　一册　存一卷(三)

360000－1901－0008003　718292
高山醫案四卷　(清)張鵬翥撰　清刻本　一册　存二卷(三至四)

360000－1901－0008004　220419
高士傳三卷　(晉)皇甫謐撰　明刻古今逸史本　一册

360000－1901－0008005　600221－1
高士傳三卷　(晉)皇甫謐撰　清光緒元年(1875)湖北崇文書局刻本　一册

360000－1901－0008006　600221－2
高士傳三卷　(晉)皇甫謐撰　清光緒元年(1875)湖北崇文書局刻本　一册

360000－1901－0008007　405772
高士傳三卷　（晉）皇甫謐撰　清刻本　一册

360000－1901－0008008　414875
高士傳三卷　（晉）皇甫謐撰　**博異記一卷**　（唐）鄭還古撰　清刻本　一册

360000－1901－0008009　900283
高氏大宗祠煙灶崇祀會錄一卷　（清）高自南等編　清木活字印本　一册

360000－1901－0008010　900284
高氏大宗祠煙灶崇祀會錄一卷　（清）高自南等編　清木活字印本　一册

360000－1901－0008011　900285
高氏大宗祠煙灶崇祀會錄一卷　（清）高自南等編　清木活字印本　一册

360000－1901－0008012　900290
高氏大宗祠煙灶崇祀會錄一卷　（清）高自南等編　清木活字印本　一册

360000－1901－0008013　407785
高塘龍眠集一卷　（明）李騰芳撰　清同治十二年（1873）李光瑩刻本　一册

360000－1901－0008014　163356
高塘龍眠集一卷　（明）李騰芳撰　清同治十三年（1874）刻本　一册

360000－1901－0008015　121280
高陶堂遺集　（清）高心夔撰　清光緒八年（1882）平湖朱氏經注經齋刻本　四册

360000－1901－0008016　121281
高陶堂遺集　（清）高心夔撰　清光緒八年（1882）平湖朱氏經注經齋刻本　四册

360000－1901－0008017　121282
高陶堂遺集　（清）高心夔撰　清光緒八年（1882）平湖朱氏經注經齋刻本　四册

360000－1901－0008018　417800
高陶堂遺集　（清）高心夔撰　清光緒八年（1882）平湖朱氏經注經齋刻本　四册

360000－1901－0008019　417801
高陶堂遺集　（清）高心夔撰　清光緒八年（1882）平湖朱氏經注經齋刻本　四册

360000－1901－0008020　417802
高陶堂遺集　（清）高心夔撰　清光緒八年（1882）平湖朱氏經注經齋刻本　三册　存二種

360000－1901－0008021　601466
高陶堂遺集　（清）高心夔撰　清光緒八年（1882）平湖朱氏經注經齋刻本　四册

360000－1901－0008022　601469
高陶堂遺集　（清）高心夔撰　清光緒八年（1882）平湖朱氏經注經齋刻本　四册

360000－1901－0008023　316651
高陽山人詩集二十卷附錄一卷補遺一卷文集十二卷補遺一卷　（清）劉青藜撰　清康熙傳經堂刻本　十册

360000－1901－0008024　150407
高齋叢刻　（清）趙元益輯　清光緒十一年至二十八年（1885－1902）新陽趙氏刻本　十三册　存八種

360000－1901－0008025　250202
高子全書　（明）高攀龍撰　明崇禎刻清乾隆七年（1742）華希閔劍光閣重修本　二册　存四種

360000－1901－0008026　000953
皐鶴堂批評第一奇書金瓶梅一百回　題（清）李笠翁先生撰　（清）張竹坡評　清康熙三十四年（1695）刻本（第十四回至十六回配抄本）　二十册

360000－1901－0008027　803074
皐蘭課業經訓約編不分卷　（清）盛元珍輯　清刻本　一册　存性理

360000－1901－0008028　402929
皐蘭課業經訓約編不分卷皐蘭課業詩賦約編不分卷　（清）盛元珍輯　清乾隆四十二年（1777）刻本　十一册

360000－1901－0008029　407894

皐蘭課業詩賦約編不分卷 （清）盛元珍輯 清刻本 二册

360000－1901－0008030 240832
杲堂詩鈔七卷 （清）李鄴嗣撰 清康熙十七年(1678)刻本 一册 存三卷(五至七)

360000－1901－0008031 165106
革除編年一卷革除遺事一卷 （明）黄佐撰 清抄本 二册

360000－1901－0008032 164552
革除逸史二卷 （明）朱睦㮮撰 清抄本 一册

360000－1901－0008033 902112
格林礮操法一卷 （美國）傅蘭克令撰 （英國）傅蘭雅譯 （清）徐建寅筆述 清光緒上海江南機器製造總局刻本 一册

360000－1901－0008034 416785
格物淺説一卷 （美國）范約翰輯 清光緒二十九年(1903)上海商務印書館鉛印本 一册

360000－1901－0008035 162561
格物入門七卷 （美國）丁韙良撰 清光緒二十一年(1895)杭州竹簡齋石印本 四册 存四卷(一至四)

360000－1901－0008036 416781
格物入門七卷 （美國）丁韙良撰 清光緒十五年(1889)同文館鉛印本 一册 存一卷(一)

360000－1901－0008037 416778
格物入門七卷 （美國）丁韙良撰 清末石印本 四册 存四卷(二、五至七)

360000－1901－0008038 416779
格物入門七卷 （美國）丁韙良撰 清末石印本 三册 存三卷(四、六至七)

360000－1901－0008039 416790
格物探原六卷 （英國）韋廉臣撰 清光緒二年(1876)鉛印本 三册 存三卷(一至三)

360000－1901－0008040 416782
格物學一卷 （英國）司都藿撰 （美國）林樂知 （清）鄭昌棪譯 清刻本 一册

360000－1901－0008041 416788
格物質學一卷 （美國）史砥爾撰 （美國）潘慎文譯 （清）謝洪賚筆述 清光緒二十四年(1898)上海美華書館鉛印本 一册

360000－1901－0008042 313759
格物中法十二卷 （清）劉嶽雲撰 清刻本 三册 存三卷(一至三)

360000－1901－0008043 416679
格言類纂三卷 （清）楊廷鑑輯 清刻本 一册

360000－1901－0008044 416665
格言聯璧二卷 （清）金纓輯 清光緒十六年(1890)黄霖刻本 二册

360000－1901－0008045 416669
格言聯璧二卷 （清）金纓輯 清同治二年(1863)刻本 二册

360000－1901－0008046 162558
格言聯璧節抄一卷 （清）金纓輯 清同治九年(1870)刻本 一册

360000－1901－0008047 416664
格言聯璧一卷 （清）金纓輯 清光緒二十四年(1898)善化堂刻本 一册

360000－1901－0008048 416671－8
格言聯璧一卷 （清）金纓輯 清光緒十四年(1888)刻本 一册

360000－1901－0008049 303112
格言聯璧一卷 （清）金纓輯 清光緒十一年(1885)刻本 一册

360000－1901－0008050 416666
格言聯璧一卷 （清）金纓輯 清光緒十一年(1885)刻本 一册

360000－1901－0008051 162557
格言聯璧一卷 （清）金纓輯 清光緒元年(1875)刻本 一册

360000－1901－0008052 416670

格言聯璧一卷 (清)金纓輯 清刻本 一册

360000－1901－0008053 416670－1

格言聯璧一卷 (清)金纓輯 清刻本 一册

360000－1901－0008054 416671－6

格言聯璧一卷 (清)金纓輯 清刻本 一册

360000－1901－0008055 416671－7

格言聯璧一卷 (清)金纓輯 清刻本 一册

360000－1901－0008056 801504

格言聯璧一卷 (清)金纓輯 清刻本 二册

360000－1901－0008057 804207

格言聯璧一卷 (清)金纓輯 清刻本 一册

360000－1901－0008058 900948

格言聯璧一卷 (清)金纓輯 清刻本 一册

360000－1901－0008059 416671－1

格言聯璧一卷 (清)金纓輯 清同治七年(1868)刻本 一册

360000－1901－0008060 416671－2

格言聯璧一卷 (清)金纓輯 清同治七年(1868)刻本 一册

360000－1901－0008061 416671－3

格言聯璧一卷 (清)金纓輯 清同治七年(1868)刻本 一册

360000－1901－0008062 416671－4

格言聯璧一卷 (清)金纓輯 清同治七年(1868)刻本 一册

360000－1901－0008063 416671－5

格言聯璧一卷 (清)金纓輯 清同治十年(1871)刻本 一册

360000－1901－0008064 416667

格言聯璧一卷 (清)金纓輯 清同治十一年(1872)羊城運署刻本 一册

360000－1901－0008065 416671

格言聯璧一卷 (清)金纓輯 清同治五年(1866)刻本 一册

360000－1901－0008066 416668

格言聯璧一卷 (清)金纓輯 清咸豐十年(1860)刻本 一册

360000－1901－0008067 307669

格言聯璧一卷 (清)金纓輯 清咸豐元年(1851)刻本 二册

360000－1901－0008068 805461

格言聯璧一卷附陸地仙經一卷 (清)金纓輯 清光緒三十四年(1908)刻本 一册

360000－1901－0008069 801503

格言聯璧一卷附陸地仙經一卷 (清)金纓輯 清咸豐十年(1860)刻本 一册

360000－1901－0008070 240350

格齋四六不分卷 (宋)王子俊撰 清抄本 一册

360000－1901－0008071 240348

格齋先生四六一卷 (宋)王子俊撰 清四明盧氏抱經樓抄本 一册

360000－1901－0008072 240349

格齋先生四六一卷 (宋)王子俊撰 清四明盧氏抱經樓抄本 一册

360000－1901－0008073 800277

格致不分卷 (清)□□撰 清抄本 一册

360000－1901－0008074 600185

格致叢書 (清)徐建寅輯 清光緒石印本 八册 存三十七種

360000－1901－0008075 150279

格致叢書 (清)徐建寅輯 清光緒譯書公學石印本 三十二册

360000－1901－0008076 416787

格致讀本二卷 (英國)莫爾顯撰 (清)南洋公學譯書院譯 清光緒二十八年(1902)南洋公學譯書院鉛印本 一册 存一卷(二)

360000－1901－0008077 303108

格致古微六卷 王仁俊撰 清光緒二十二年(1896)吴縣王仁俊籀鄦誃刻本 四册

360000－1901－0008078 307905

格致精華錄四卷　王仁俊撰　(清)江標編　**德國議院章程一卷德國合盟紀事本末一卷**　(清)徐建寅譯述　清光緒二十二年(1896)石印本　三冊　存四卷(格致精華錄四卷)

360000－1901－0008079　416783
格致精華錄四卷　王仁俊撰　(清)江標編　**德國議院章程一卷德國合盟紀事本末一卷**　(清)徐建寅譯述　清光緒石印本　三冊

360000－1901－0008080　416783－1
格致精華錄四卷　王仁俊撰　(清)江標編　**德國議院章程一卷德國合盟紀事本末一卷**　(清)徐建寅譯述　清光緒石印本　二冊　存三卷(二至四)

360000－1901－0008081　805285
格致精華錄四卷　王仁俊撰　(清)江標編　**德國議院章程一卷德國合盟紀事本末一卷**　(清)徐建寅譯述　清末石印本　一冊　存一卷(德國合盟紀事本末一卷)

360000－1901－0008082　716791
格致鏡原一百卷　(清)陳元龍輯　清光緒十四年(1888)上海大同書局石印本　六冊　存四十卷(一至十、十九至三十六、四十三至五十四)

360000－1901－0008083　250118
格致鏡原一百卷　(清)陳元龍輯　清康熙五十六年(1717)刻雍正十三年(1735)印本　二十四冊

360000－1901－0008084　250119
格致鏡原一百卷　(清)陳元龍輯　清康熙五十六年(1717)刻雍正十三年(1735)印本　二十四冊

360000－1901－0008085　250120
格致鏡原一百卷　(清)陳元龍輯　清康熙五十六年(1717)刻雍正十三年(1735)印本　三十二冊

360000－1901－0008086　250121
格致鏡原一百卷　(清)陳元龍輯　清康熙五十六年(1717)刻雍正十三年(1735)印本　二十冊

360000－1901－0008087　250122
格致鏡原一百卷　(清)陳元龍輯　清康熙五十六年(1717)刻雍正十三年(1735)印本　十七冊　缺三十一卷(七十至一百)

360000－1901－0008088　416768
格致鏡原一百卷　(清)陳元龍輯　清康熙五十六年(1717)刻雍正十三年(1735)印本　二十冊

360000－1901－0008089　416769
格致鏡原一百卷　(清)陳元龍輯　清康熙五十六年(1717)刻雍正十三年(1735)印本　三十二冊

360000－1901－0008090　416770
格致鏡原一百卷　(清)陳元龍輯　清康熙五十六年(1717)刻雍正十三年(1735)印本　二十一冊

360000－1901－0008091　716792
格致鏡原一百卷　(清)陳元龍輯　清刻本　四冊　存十七卷(十五至十八、二十一至二十五、八十至八十七)

360000－1901－0008092　721657
格致鏡原一百卷　(清)陳元龍輯　清刻本　一冊　存三卷(九十七至九十九)

360000－1901－0008093　722182
格致鏡原一百卷　(清)陳元龍輯　清刻本　十三冊　存五十七卷(十二至六十八)

360000－1901－0008094　722307
格致鏡原一百卷　(清)陳元龍輯　清刻本　六冊　存二十八卷(三十八至四十五、五十四至六十七、六十九至七十四)

360000－1901－0008095　722308
格致鏡原一百卷　(清)陳元龍輯　清刻本　三冊　存九卷(四十九至五十五、六十八至六十九)

360000－1901－0008096　722388
格致鏡原一百卷　(清)陳元龍輯　清刻本

十一册　存三十九卷(二十六至三十五、四十二至五十七、六十一至六十三、六十七至七十三、七十七至七十九)

360000－1901－0008097　722445
格致鏡原一百卷　(清)陳元龍輯　清刻本　五册　存二十五卷(三十四至三十八、五十一至五十五、七十二至七十六、八十七至九十六)

360000－1901－0008098　722446
格致鏡原一百卷　(清)陳元龍輯　清刻本　二册　存八卷(六十四至六十七、九十七至一百)

360000－1901－0008099　801582
格致鏡原一百卷　(清)陳元龍輯　清刻本　一册　存四卷(二十五至二十八)

360000－1901－0008100　805146
格致鏡原一百卷　(清)陳元龍輯　清刻本　七册　存三十一卷(七十至一百)

360000－1901－0008101　309755
格致鏡原一百卷　(清)陳元龍輯　清末石印本　八册　存四十六卷(五十五至一百)

360000－1901－0008102　722443
格致鏡原一百卷　(清)陳元龍輯　清末石印本　三册　存十八卷(五十五至六十一、六十八至七十三、七十九至八十三)

360000－1901－0008103　722444
格致鏡原一百卷　(清)陳元龍輯　清末石印本　一册　存五卷(二十七至三十一)

360000－1901－0008104　716771
格致鏡原一百卷　(清)陳元龍輯　清雍正十三年(1735)刻本　十册　存四十八卷(一至十七、六十九至七十七、七十九至一百)

360000－1901－0008105　716772
格致鏡原一百卷　(清)陳元龍輯　清雍正十三年(1735)刻本　十五册　存六十二卷(一至二十六、三十至四十八、七十一至八十七)

360000－1901－0008106　716793
格致鏡原一百卷　(清)陳元龍輯　清雍正十三年(1735)刻本　十一册　存三十二卷(六十四至六十七、七十至七十三、七十五至八十一、八十四至一百)

360000－1901－0008107　716794
格致鏡原一百卷　(清)陳元龍輯　清雍正十三年(1735)刻本　一册　存三卷(七十七至七十九)

360000－1901－0008108　416784
格致啓蒙四卷　(英國)羅斯古等撰　(美國)林樂知　(清)鄭昌棪譯　清光緒二十四年(1898)上海六先書局石印本　四册

360000－1901－0008109　416789
格致啓蒙四卷　(英國)羅斯古等撰　(美國)林樂知　(清)鄭昌棪譯　清光緒江南機器製造總局刻本　四册

360000－1901－0008110　306166
格致啓蒙四卷　(英國)羅斯古等撰　(美國)林樂知　(清)鄭昌棪譯　清光緒五年(1879)上海江南製造局刻本　一册　存一卷(三)

360000－1901－0008111　901670
格致書院課藝不分卷　(清)王韜輯　清光緒二十三年(1897)可讀山房刻本　一册

360000－1901－0008112　900143
格致書院課藝不分卷　(清)王韜輯　清光緒二十三年(1897)上海書局石印本　八册

360000－1901－0008113　900144
格致書院課藝不分卷　(清)王韜輯　清光緒二十三年(1897)上海書局石印本　八册

360000－1901－0008114　900145
格致書院課藝不分卷　(清)王韜輯　清光緒二十三年(1897)上海書局石印本　六册

360000－1901－0008115　901671
格致書院課藝不分卷　(清)王韜輯　清光緒二十四年(1898)上海富強齋書局石印本　一册

360000－1901－0008116　901666

格致書院課藝不分卷 （清）王韜輯 清光緒二十四年(1898)上海圖書集成印書局鉛印本 九冊

360000－1901－0008117 901667

格致書院課藝不分卷 （清）王韜輯 清光緒二十四年(1898)上海圖書集成印書局鉛印本 七冊

360000－1901－0008118 901668

格致書院課藝不分卷 （清）王韜輯 清光緒二十四年(1898)上海圖書集成印書局鉛印本 五冊

360000－1901－0008119 901669

格致書院課藝不分卷 （清）王韜輯 清光緒石印本 二冊

360000－1901－0008120 900148

格致書院課藝不分卷 （清）王韜輯 清末刻本 六冊

360000－1901－0008121 900149

格致書院課藝不分卷 （清）王韜輯 清末刻本 九冊

360000－1901－0008122 900145－1

格致書院課藝不分卷 （清）王韜輯 清末鉛印本 一冊

360000－1901－0008123 603153

格致書院課藝不分卷 （清）王韜輯 清末石印本 一冊

360000－1901－0008124 803484

格致書院課藝不分卷 （清）王韜輯 清末石印本 二冊

360000－1901－0008125 303109

格致書院課藝初集四卷二集二卷三集二卷 （清）王韜輯 清光緒二十一年(1895)刻本 六冊

360000－1901－0008126 900142

格致書院課藝彙編十三卷 （清）王韜輯 清光緒二十三年(1897)上海書局石印本 十三冊

360000－1901－0008127 900146

格致書院課藝彙編十三卷 （清）王韜輯 清光緒二十三年(1897)上海書局石印本 五冊 存五卷(一、五、八至九、十三)

360000－1901－0008128 900147

格致書院課藝彙編十三卷 （清）王韜輯 清光緒二十三年(1897)上海書局石印本 五冊 存七卷(一至三、五、九至十一)

360000－1901－0008129 900146－1

格致書院課藝十三卷 （清）王韜輯 清末石印本 一冊 存一卷(十三)

360000－1901－0008130 416780

格致治平通議二十六卷 （清）楊毓煇撰 清末石印本 一冊 存二卷(二十五至二十六)

360000－1901－0008131 306165

格致質學啓蒙十一章 （英國）艾約瑟譯 清光緒十二年(1886)總稅務司署刻本 一冊

360000－1901－0008132 240956

鬲津草堂詩不分卷 （清）田雯撰 （清）王士禛評 清康熙、雍正刻本 六冊

360000－1901－0008133 309377

閣鈔彙編不分卷 （清）□□輯 清末鉛印本 八十冊

360000－1901－0008134 421711

閣鈔彙編不分卷(清光緒二十九年七至十月) （清）□□輯 清光緒鉛印本 十五冊

360000－1901－0008135 421712

閣鈔彙編不分卷(清光緒三十三年三至五、七至九月) （清）□□輯 清光緒鉛印本 十五冊

360000－1901－0008136 711184

閣學公公牘十卷書劄四卷錄遺一卷文稿拾遺一卷詩稿拾遺一卷雪鴻吟社詩鍾二卷聯語錄存一卷首一卷 （清）袁保齡撰 清宣統三年(1911)天津華新印書局鉛印本 五冊 存五卷(閣學公公牘六、八,書劄二至三,文稿拾遺一卷)

360000－1901－0008137　302922

葛仙翁肘後備急方八卷　（晉）葛洪撰　清光緒十一年（1885）刻本　四冊

360000－1901－0008138　408848

葛祖回生集二卷　（清）陳杰輯　清刻本　一冊　存一卷（上）

360000－1901－0008139　803974

各病藥物摘錄古方臨症運用便記不分卷　（□）□□輯　清抄本　一冊

360000－1901－0008140　308630

各國交涉公法論初集四卷二集四卷三集八卷　（英國）費利摩羅巴德撰　（英國）傅蘭雅口譯　（清）俞世爵筆述　清光緒二十二年（1896）慎記書莊石印本　七冊

360000－1901－0008141　401767

各國交涉公法論初集四卷二集四卷三集八卷　（英國）費利摩羅巴德撰　（英國）傅蘭雅口譯　（清）俞世爵筆述　清光緒二十二年（1896）慎記書莊石印本　三冊　缺四卷（各國交涉公法論初集一至二、二集一至二）

360000－1901－0008142　401766

各國交涉公法論初集四卷二集四卷三集八卷　（英國）費利摩羅巴德撰　（英國）傅蘭雅口譯　（清）俞世爵筆述　清光緒二十二年（1896）小倉山房石印本　六冊　缺二卷（各國交涉公法論初集一至二）

360000－1901－0008143　401766－1

各國交涉公法論初集四卷二集四卷三集八卷　（英國）費利摩羅巴德撰　（英國）傅蘭雅口譯　（清）俞世爵筆述　清光緒二十二年（1896）小倉山房石印本　一冊　存二卷（各國交涉公法論初集三至四）

360000－1901－0008144　401761

各國交涉公法論初集四卷二集四卷三集八卷附校勘記一卷中西紀年一卷　（英國）費利摩羅巴德撰　（英國）傅蘭雅口譯　（清）俞世爵筆述　清光緒二十年（1894）江南機器製造總局鉛印本　十六冊

360000－1901－0008145　301601

各國交涉公法論初集四卷二集四卷三集八卷附校勘記一卷中西紀年一卷　（英國）費利摩羅巴德撰　（英國）傅蘭雅口譯　（清）俞世爵筆述　清光緒二十四年（1898）江南機器製造總局鉛印本　十六冊

360000－1901－0008146　310419

各國交涉公法論初集四卷二集四卷三集八卷附校勘記一卷中西紀年一卷　（英國）費利摩羅巴德撰　（英國）傅蘭雅口譯　（清）俞世爵筆述　清光緒二十四年（1898）江南機器製造總局鉛印本　十六冊

360000－1901－0008147　902107

各國鎗砲操練圖說不分卷　（清）王韜撰　清末石印本　一冊

360000－1901－0008148　150591

各國日記彙編　（清）萬選樓主人輯　清光緒二十二年（1896）上海書局石印本　四冊　存七種

360000－1901－0008149　401763

各國時事類編十八卷　（清）沈純輯　清光緒二十一年（1895）上海書局石印本　四冊

360000－1901－0008150　401768

各國稅則條款　（清）總理各國事務衙門編　清光緒刻本　十六冊

360000－1901－0008151　161872

各國通商始末記二十卷　（清）王之春輯　清光緒二十一年（1895）寶善書局石印本　六冊

360000－1901－0008152　305341

各國通商條約　（清）總理各國事務衙門編　清刻本　五十六冊

360000－1901－0008153　305337

各國通商條約　（清）總理各國事務衙門編　清末鉛印本　九冊

360000－1901－0008154　401760

各國通商條約稅則章程　（清）總理各國事務衙門編　清光緒刻本　二十一冊

360000－1901－0008155　308802

各國通商條約稅則章程　(清)總理各國事務衙門編　清同治刻本　九册

360000－1901－0008156　401764

各國政藝通考六十卷　(清)王振輯　清光緒二十九年(1903)上海文盛堂石印本　六册　存十五卷(七至八、十一至十二、十八至二十、二十七至二十九、四十八至四十九、五十五至五十七)

360000－1901－0008157　401765

各國政藝通考六十卷　(清)王振輯　清光緒二十九年(1903)上海文盛堂石印本　三册　存十六卷(十一至二十六)

360000－1901－0008158　804241

各國政治一卷　(清)顧厚焜輯　清末石印本　一册

360000－1901－0008159　801097

各國政治藝學通考□□卷　(清)陳輔相　(清)朱大文輯　清光緒石印萬國政治藝學全書本　一册　存二卷(七至八)

360000－1901－0008160　804000

各名號流水簿不分卷(清光緒十年)　(清)□□輯　稿本　一册

360000－1901－0008161　901402

各省課藝匯海不分卷　(清)□□輯　清光緒十一年(1885)選青書屋銅版印本　四册

360000－1901－0008162　901402－1

各省課藝匯海不分卷　(清)□□輯　清光緒十一年(1885)選青書屋銅版印本　一册

360000－1901－0008163　801136

各項字意不分卷　(清)劉光永輯　清抄本　一册

360000－1901－0008164　803208

各樣工尺手抄不分卷　(□)□□輯　清抄本　一册

360000－1901－0008165　601052

個山遺集七卷　(明)劉淑英撰　清刻本　二册　存五卷(一至三、六至七)

360000－1901－0008166　801512

個山遺集七卷　(明)劉淑英撰　清刻本　一册　存二卷(四至五)

360000－1901－0008167　121325

根心寄草一卷雜俎一卷　(清)黄紹仁撰　清光緒二十五年(1899)刻本　一册

360000－1901－0008168　121326

根心詠月卅首一卷　(清)黄紹仁撰　清刻本　一册

360000－1901－0008169　411359

艮齋先生薛常州浪語集三十五卷　(宋)薛季宣撰　清刻本　一册　存四卷(十五至十八)

360000－1901－0008170　302933

艮齋先生薛常州浪語集三十五卷　(宋)薛季宣撰　清同治十年(1871)金陵書局刻本　六册

360000－1901－0008171　309855

艮齋先生薛常州浪語集三十五卷　(宋)薛季宣撰　清同治十年(1871)金陵書局刻本　四册　存二十一卷(一至十四、二十九至三十五)

360000－1901－0008172　302932

艮齋先生薛常州浪語集三十五卷　(宋)薛季宣撰　清同治十一年(1872)瑞安孫氏詒善祠塾刻本　六册

360000－1901－0008173　410047

庚辰集五卷　(清)紀昀編　清嘉慶二年(1797)刻本　五册

360000－1901－0008174　410042

庚辰集五卷　(清)紀昀編　清京都琉璃廠文盛堂刻本　四册　存四卷(一、三至五)

360000－1901－0008175　410040

庚辰集五卷　(清)紀昀編　清刻本　四册

360000－1901－0008176　410046－1

庚辰集五卷　(清)紀昀編　清刻本　三册　存二卷(二至三)

360000－1901－0008177　410048
庚辰集五卷　(清)紀昀編　清刻本　五冊

360000－1901－0008178　410049
庚辰集五卷　(清)紀昀編　清刻本　五冊

360000－1901－0008179　410050
庚辰集五卷　(清)紀昀編　清刻本　五冊

360000－1901－0008180　410051
庚辰集五卷　(清)紀昀編　清刻本　五冊

360000－1901－0008181　410052
庚辰集五卷　(清)紀昀編　清刻本　二冊　存四卷(一至四)

360000－1901－0008182　722065
庚辰集五卷　(清)紀昀編　清刻本　一冊　存一卷(二)

360000－1901－0008183　410041
庚辰集五卷　(清)紀昀編　清老會賢堂刻本　五冊

360000－1901－0008184　241488
庚辰集五卷　(清)紀昀編　清乾隆積秀堂刻本　三冊　缺二卷(四至五)

360000－1901－0008185　410043
庚辰集五卷　(清)紀昀編　清嵩山書院刻本　二冊　存二卷(一至二)

360000－1901－0008186　410046
庚辰集五卷　(清)紀昀編　清同人堂刻本　三冊　存三卷(一至三)

360000－1901－0008187　410044
庚辰集五卷　(清)紀昀編　清芸生堂刻本　五冊

360000－1901－0008188　410045
庚辰集五卷　(清)紀昀編　清芸生堂刻本　四冊　存四卷(一至三、五)

360000－1901－0008189　241487
庚辰集五卷附唐人試律說一卷　(清)紀昀編　清乾隆刻本　四冊

360000－1901－0008190　241486
庚辰集五卷附唐人試律說一卷　(清)紀昀編　清乾隆太和堂刻本　四冊

360000－1901－0008191　412795
庚辰集五卷附唐人試律說一卷　(清)紀昀編　清同人堂刻本　二冊　存三卷(四至五、唐人試律說一卷)

360000－1901－0008192　409311
庚訂箋釋批評古詩直解十二卷首一卷　(明)葉羲昂選解　(明)詹廷對箋釋　(明)鍾惺　(明)譚元春評　清博古齋刻本　一冊

360000－1901－0008193　409311－1
庚訂箋釋批評古詩直解十二卷首一卷　(明)葉羲昂選解　(明)詹廷對箋釋　(明)鍾惺　(明)譚元春評　清博古齋刻本　一冊　存四卷(一至四)

360000－1901－0008194　409313－3
庚訂箋釋批評古詩直解十二卷首一卷　(明)葉羲昂選解　(明)詹廷對箋釋　(明)鍾惺　(明)譚元春評　清刻本　二冊　存五卷(一至四、首一卷)

360000－1901－0008195　409312
庚訂箋釋批評古詩直解十二卷首一卷　(明)葉羲昂選解　(明)詹廷對箋釋　(明)鍾惺　(明)譚元春評　清雙峰堂刻本　二冊

360000－1901－0008196　409313
庚訂箋釋批評古詩直解十二卷首一卷　(明)葉羲昂選解　(明)詹廷對箋釋　(明)鍾惺　(明)譚元春評　清雙峰堂刻本　一冊

360000－1901－0008197　409313－1
庚訂箋釋批評古詩直解十二卷首一卷　(明)葉羲昂選解　(明)詹廷對箋釋　(明)鍾惺　(明)譚元春評　清雙峰堂刻本　一冊

360000－1901－0008198　409313－2
庚訂箋釋批評古詩直解十二卷首一卷　(明)葉羲昂選解　(明)詹廷對箋釋　(明)鍾惺　(明)譚元春評　清雙峰堂刻本　一冊　存四卷(一至三、首一卷)

360000－1901－0008199　803868
庚申課徒草不分卷　(清)□□輯　清抄本　一册

360000－1901－0008200　161728
庚辛泣杭録十六卷　(清)丁丙輯　清光緒二十一年(1895)錢塘丁氏嘉惠堂刻武林掌故叢編本　六册

360000－1901－0008201　420105
庚辛泣杭録十六卷　(清)丁丙輯　清光緒二十一年(1895)錢塘丁氏嘉惠堂刻武林掌故叢編本　五册　存十五卷(一至二、四至十六)

360000－1901－0008202　300064
庚辛之際月表一卷　(清)王延釗撰　清光緒三十三年(1907)京華印書局鉛印本　一册

360000－1901－0008203　161858
庚戌年官商快覽不分卷　(清)上海書業公所編　清宣統二年(1910)上海書業公所石印本　一册

360000－1901－0008204　309521
庚戌年官商快覽不分卷　(清)上海書業公所編　清宣統二年(1910)上海書業公所石印本　一册

360000－1901－0008205　803569
庚子國變彈詞四十卷四十回　(清)李伯元撰　清光緒二十八年(1902)上海世界繁華報館鉛印本　二册　存十三卷(十三至二十五)十三回(十三至二十五)

360000－1901－0008206　401857
庚子教會受難記二卷　(英國)季理斐輯譯　(清)任廷旭筆述　清光緒二十九年(1903)鉛印本　一册　存一卷(上)

360000－1901－0008207　164140
庚子秋詞二卷　(清)王鵬運等撰　清光緒石印本　一册　存一卷(甲)

360000－1901－0008208　300063
庚子銷夏記八卷　(清)孫承澤撰　清光緒四年(1878)崇川鄒氏刻本　三册

360000－1901－0008209　307892
庚子銷夏記八卷　(清)孫承澤撰　清光緒四年(1878)刻本　四册

360000－1901－0008210　000356
庚子銷夏記八卷　(清)孫承澤撰　清乾隆二十五年至二十六年(1760－1761)鮑廷博、鄭竺刻本　二册

360000－1901－0008211　314179
庚子銷夏記八卷　(清)孫承澤撰　清宣統三年(1911)掃葉山房石印本　四册

360000－1901－0008212　409306
庚子銷夏記八卷　(清)孫承澤撰　清宣統三年(1911)掃葉山房石印本　四册

360000－1901－0008213　121366
耕雪詩鈔初集一卷二集一卷　(清)蔡紘撰　清六順堂刻本　二册

360000－1901－0008214　316539
耕煙草堂詩鈔二卷　(清)平疇撰　清同治十年(1871)安越堂刻本　一册

360000－1901－0008215　404616
耕硯芻言一卷附士林賦贈一卷　(清)張兆焜撰　清道光二年(1822)刻本　一册

360000－1901－0008216　240486
耕隱集二卷　(明)鄧定撰　清嘉慶十七年(1812)抄本　一册

360000－1901－0008217　409573
班孟堅兩都賦并序不分卷　(清)曾紀澤書　清刻本　一册

360000－1901－0008218　405706
耕腴齋古文稿四卷　(清)梁鳳輝撰　清光緒元年(1875)刻本　一册

360000－1901－0008219　705184
更生詩草一卷　(清)田興恕撰　清同治十二年(1873)刻本　一册

360000－1901－0008220　404296－1
更生齋文録一卷　(清)洪亮吉撰　(清)李祖陶輯　清刻國朝文録續編本　一册

360000－1901－0008221　163767
工部局衛生清冊一卷　（清）工部局編　清光緒三十三年(1907)上海商務印書館鉛印本　一冊

360000－1901－0008222　800428
工程做法七十四卷　（清）允禮等纂　清雍正十二年(1734)内府刻本　二十六冊　存六十三卷(一至四十一、五十三至七十四)

360000－1901－0008223　402147
工業與國政相關論二卷　（英國）司旦離遮風司撰　（美國）衛理　（清）王汝聃譯　清光緒二十六年(1900)江南製造局鉛印本　一冊　存一卷(上)

360000－1901－0008224　161602
公車上書記一卷　康有爲撰　清光緒二十一年(1895)上海石印本　一冊

360000－1901－0008225　304361
公法會通十卷　（德國）步倫撰　（美國）丁韙良譯　清光緒二十四年(1898)長沙南學會刻本　四冊

360000－1901－0008226　303801
公法會通十卷　（德國）步倫撰　（美國）丁韙良譯　清光緒二十四年(1898)湘西怡怡書室刻本　六冊

360000－1901－0008227　401841
公法會通十卷　（德國）步倫撰　（美國）丁韙良譯　清光緒二十五年(1899)上海美華書館鉛印本　一冊

360000－1901－0008228　401842
公法總論一卷　（英國）羅柏村撰　（英國）傅蘭雅　（清）汪振聲譯　清末石印本　一冊

360000－1901－0008229　401855
公立江西法政講習所講義不分卷　（清）公立江西法政講習所輯　清宣統二年(1910)鉛印本　二冊

360000－1901－0008230　401855－1
公立江西法政講習所講義不分卷　（清）公立江西法政講習所輯　清宣統二年(1910)鉛印本　一冊

360000－1901－0008231　901590
公美公會田冊不分卷　（清）□□撰　清光緒二十一年(1895)明照堂木活字印本　一冊

360000－1901－0008232　413940
公門果報錄一卷　（清）宋楚望輯　清光緒二十三年(1897)建昌府署刻本　一冊

360000－1901－0008233　162191
公門果報錄一卷　（清）宋楚望輯　清光緒十九年(1893)江西書局刻本　一冊

360000－1901－0008234　162190
公民必讀初編不分卷　孟昭常編　清光緒三十三年(1907)預備立憲公會事務所鉛印本　一冊

360000－1901－0008235　120285
公是弟子記四卷　（宋）劉敞撰　清乾隆四十三年(1778)武英殿木活字印本　一冊

360000－1901－0008236　120286
公是集五十四卷　（宋）劉敞撰　清光緒三年(1877)刻本　十二冊

360000－1901－0008237　121697
公是集五十四卷　（宋）劉敞撰　清光緒三年(1877)刻本　十二冊

360000－1901－0008238　410004
公是集五十四卷　（宋）劉敞撰　清光緒三年(1877)刻本　二冊　存九卷(一至四、二十至二十四)

360000－1901－0008239　210368
公是遺書　（宋）劉敞撰　清乾隆十六年(1751)水西劉氏刻本　十冊

360000－1901－0008240　210369
公是遺書　（宋）劉敞撰　清乾隆十六年(1751)水西劉氏刻本　十冊

360000－1901－0008241　210370
公是遺書　（宋）劉敞撰　清乾隆十六年(1751)水西劉氏刻本　十冊

360000－1901－0008242　210371
公是遺書　(宋)劉敞撰　清乾隆十六年(1751)水西劉氏刻本　十一册　存三種

360000－1901－0008243　410005
公是遺書　(宋)劉敞撰　清乾隆十六年(1751)水西劉氏刻本　七册　存三種

360000－1901－0008244　410006
公是遺書　(宋)劉敞撰　清乾隆十六年(1751)水西劉氏刻本　八册

360000－1901－0008245　305121
公孫龍子三卷　(宋)謝希深注　清光緒二十二年(1896)蘇州刻佞漢齋叢書本　一册

360000－1901－0008246　121696
公孫龍子注一卷　(清)辛從益撰　**附辛筠谷年譜一卷吳中遺愛錄一卷**　(清)辛桂雲等輯　清道光三十年(1850)刻本　一册

360000－1901－0008247　410826
公孫龍子注一卷　(清)辛從益撰　**附辛筠谷年譜一卷吳中遺愛錄一卷**　(清)辛桂雲等輯　清道光三十年(1850)刻本　一册

360000－1901－0008248　413945
公言集三卷續編一卷　沈同芳撰　清光緒三十四年(1908)鉛印本　一册

360000－1901－0008249　402668
公羊傳初學讀本不分卷　(清)萬廷蘭編　清崇仁謝氏刻十一經初學讀本本　二册

360000－1901－0008250　160188
公羊傳初學讀本不分卷　(清)萬廷蘭輯　清嘉慶元年(1796)計樹園刻本　二册

360000－1901－0008251　406640
公羊傳評二卷穀梁傳評一卷　(清)王源評訂　清康熙五十五年(1716)漣水程氏刻本　三册

360000－1901－0008252　706644
公羊傳選二卷穀梁傳選二卷　(清)儲欣評　清乾隆五十年(1785)二南堂刻本　一册

360000－1901－0008253　706644－1
公羊傳選二卷穀梁傳選二卷　(清)儲欣評　清乾隆五十年(1785)二南堂刻本　一册

360000－1901－0008254　706644－2
公羊傳選二卷穀梁傳選二卷　(清)儲欣評　清乾隆五十年(1785)二南堂刻本　一册　存二卷(公羊傳選二卷)

360000－1901－0008255　706642
公羊傳選一卷　(清)儲欣評　清乾隆十年(1745)受祉堂刻本　一册

360000－1901－0008256　160197
公羊春秋經傳驗推補證十一卷首一卷　廖平撰　清光緒三十二年(1906)則柯軒刻本　九册

360000－1901－0008257　160200
公羊穀梁春秋合編附註疏纂十二卷　(漢)何休注　(晉)范甯集解　(唐)楊士勛疏　(明)朱泰禎纂述　清刻本　六册

360000－1901－0008258　406649
公羊穀梁春秋合編附註疏纂十二卷　(漢)何休注　(晉)范甯集解　(唐)楊士勛疏　(明)朱泰禎纂述　清刻本　三册

360000－1901－0008259　210266
公羊穀梁春秋合編附註疏纂十二卷　(漢)何休注　(晉)范甯集解　(唐)楊士勛疏　(明)朱泰禎纂述　清乾隆五十八年(1793)敦本堂刻本　四册

360000－1901－0008260　406652
公羊穀梁春秋合編附註疏纂十二卷　(漢)何休注　(晉)范甯集解　(唐)楊士勛疏　(明)朱泰禎纂述　清乾隆五十八年(1793)刻本　四册

360000－1901－0008261　406650
公羊穀梁春秋合編附註疏纂十二卷　(漢)何休注　(晉)范甯集解　(唐)楊士勛疏　(明)朱泰禎纂述　清乾隆五十六年(1791)刻本　六册

360000－1901－0008262　210265

公羊穀梁春秋合編附註疏纂十二卷　(漢)何休注　(晉)范甯集解　(唐)楊士勛疏　(明)朱泰禎纂述　清乾隆五十六年(1791)友益齋刻本　三冊

360000－1901－0008263　406651
公羊穀梁春秋合編附註疏纂十二卷　(漢)何休注　(晉)范甯集解　(唐)楊士勛疏　(明)朱泰禎纂述　清三讓堂刻本　一冊　存三卷(一至三)

360000－1901－0008264　413938
公餘閒吟一卷　(清)朱之幹撰　清光緒二十九年(1903)刻本　一冊

360000－1901－0008265　150156
功順堂叢書　(清)潘祖蔭輯　清光緒吴縣潘氏刻本　十三冊　存十二種

360000－1901－0008266　417959
功順堂叢書　(清)潘祖蔭輯　清光緒吴縣潘氏刻本　四冊　存二種

360000－1901－0008267　120329
功餘拾唾四卷首一卷　(清)楊凝露撰　清道光十年(1830)春暉堂刻本　四冊

360000－1901－0008268　902118
攻守礮法一卷克虜伯腰箍礮說一卷礮架譜一卷腰箍礮圖一卷船礮操法一卷螺繩礮架法一卷　(美國)金楷理口譯　(清)李鳳苞筆述　清刻本　一冊

360000－1901－0008269　301570
躬恥齋文鈔二十卷　(清)宗稷辰撰　清咸豐越峴山館刻本　十冊　存十七卷(一至十七)

360000－1901－0008270　405363
躬厚堂集二十五卷　(清)張金鏞撰　清同治三年至光緒四年(1864－1878)刻本　二冊　存八卷(詩初錄四卷、雜文一至四)

360000－1901－0008271　404601
宫閨聯名譜二十二卷　(清)董恂撰　(清)陸纘補輯　清光緒二年(1876)申報館鉛印本　十冊

360000－1901－0008272　404602
宫閨聯名譜二十二卷　(清)董恂撰　(清)陸纘補輯　清光緒二年(1876)申報館鉛印本　五冊　存十一卷(二至三、八至十六)

360000－1901－0008273　307808
宫閨聯名譜二十二卷　(清)董恂撰　(清)陸纘補輯　清光緒鉛印本　九冊　存二十卷(一至三、六至二十二)

360000－1901－0008274　305426
宫閨文選二十六卷　(清)周壽昌輯　清道光二十六年(1846)刻本　八冊　存二十五卷(二至二十六)

360000－1901－0008275　220422
宫閨小名錄四卷　(清)尤侗撰　**後錄一卷**　(清)余懷輯　清刻本　一冊

360000－1901－0008276　306517
龔安節公野古集三卷　(明)龔詡撰　清光緒二十八年(1902)新陽趙氏刻本　一冊　存二卷(上、中)

360000－1901－0008277　304649
龔安節公野古集三卷附錄一卷　(明)龔詡撰　清光緒二十八年(1902)新陽趙氏刻本　一冊　存二卷(下、附錄一卷)

360000－1901　0008278　407975
龔大興方書不分卷　(清)龔大興藥室編　清光緒十五年(1889)刻本　一冊

360000－1901－0008279　802729
勾股舉隅一卷　(□)□□輯　清葆真子氏抄本　一冊

360000－1901－0008280　417443
勾股六術一卷　(清)項名達撰　**弧角拾遺一卷**　(清)賈步緯撰　清光緒江南機器製造總局刻本　一冊

360000－1901－0008281　304935
勾股六術一卷　(清)項名達撰　**弧角拾遺一卷**　(清)賈步緯撰　清同治十一年(1872)刻本　一冊

360000－1901－0008282　417445
勾股算術細草一卷　(清)李鋭撰　清同治十一年(1872)長沙刻本　一冊

360000－1901－0008283　411091
沽上題襟集八卷　(清)查爲仁　(清)查學禮輯　清乾隆六年(1741)查氏刻本　一冊　存四卷(陳皐、萬光泰、胡睿烈、朱彝尊詩)

360000－1901－0008284　412785
姑妄聽之四卷　(清)紀昀撰　清刻本　二冊

360000－1901－0008285　412785－1
姑妄聽之四卷　(清)紀昀撰　清刻本　二冊　存二卷(三至四)

360000－1901－0008286　302899
姑溪居士文集五十卷後集二十卷　(宋)李之儀撰　**附録一卷校勘記一卷**　(清)吳對撰　清宣統三年(1911)金陵督糧道署刻本　八冊

360000－1901－0008287　415489
菰中隨筆一卷　(清)顧炎武撰　清宣統三年(1911)上海文瑞樓石印本　二冊

360000－1901－0008288　415489－1
菰中隨筆一卷　(清)顧炎武撰　清宣統三年(1911)上海文瑞樓石印本　一冊

360000－1901－0008289　230484
觚賸八卷續編四卷　(清)鈕琇輯　清康熙臨野堂刻本　六冊

360000－1901－0008290　800228
觚賸一卷　(清)鈕琇輯　清刻説鈴本　一冊

360000－1901－0008291　162251
古本難經闡注二卷　(清)丁錦撰　清同治三年(1864)刻本　二冊

360000－1901－0008292　301325
古本周易參同契集注二卷　(清)仇兆鰲輯　清康熙四十三年(1704)刻本　四冊

360000－1901－0008293　409514
古城文集六卷首一卷補遺一卷　(明)張吉撰　清康熙三十年(1691)刻本　三冊　存五卷(一、四至六,首一卷)

360000－1901－0008294　240542
古城文集六卷首一卷補遺一卷　(明)張吉撰　清康熙三十年(1691)楊榆刻四十九年(1710)增修本　四冊

360000－1901－0008295　240543
古城文集六卷首一卷補遺一卷　(明)張吉撰　清康熙三十年(1691)楊榆刻四十九年(1710)增修本　四冊

360000－1901－0008296　163599
古春軒詩鈔二卷　(清)梁德繩撰　清道光二十六年(1846)刻本　一冊

360000－1901－0008297　405118
古春軒詩鈔二卷　(清)梁德繩撰　清咸豐二年(1852)鳳城刻本　一冊

360000－1901－0008298　405122
古椿軒詩鈔二卷　(清)莊善孫撰　清光緒二十六年(1900)鉛印本　一冊

360000－1901－0008299　900935
古祠主譜五卷　(清)□□撰　清光緒二十七年(1901)刻本　一冊

360000－1901－0008300　900935－1
古祠主譜五卷　(清)□□撰　清光緒二十七年(1901)刻本　一冊

360000－1901－0008301　800310
古方八陣八卷　(明)張介賓撰　清抄本　一冊

360000－1901－0008302　417402
古佛應驗明聖經三卷　(□)□□撰　清同治十二年(1873)上海翼化堂刻本　一冊

360000－1901－0008303　411138
古夫于亭雜録五卷　(清)王士禛撰　清康熙刻本　一冊

360000－1901－0008304　411139
古夫于亭雜録五卷　(清)王士禛撰　清康熙刻雍正印本　四冊

360000－1901－0008305　241241
古賦辨體十卷　(元)祝堯輯　明嘉靖二十一

年(1542)蘇祐刻本　一册　存一卷(四)

360000－1901－0008306　241240
古賦辨體十卷　(元)祝堯輯　明嘉靖十六年(1537)顧可久、吴子貞刻本　民國羅振常跋　八册

360000－1901－0008307　405124
古賦識小録八卷　(清)王芑孫輯　清嘉慶刻本　一册　存四卷(五至八)

360000－1901－0008308　302583
古格言十二卷　(清)梁章鉅輯　清道光四年(1824)刻本　二册

360000－1901－0008309　302574
古紅梅閣集八卷附録一卷　(清)劉履芬撰　清光緒六年(1880)刻本　二册

360000－1901－0008310　405121
古紅梅閣集八卷附録一卷　(清)劉履芬撰　清光緒六年(1880)刻本　二册　存七卷(一至四、七至八,附録一卷)

360000－1901－0008311　316306
古紅梅閣集八卷附録一卷　(清)劉履芬撰　**紫藤花館詩餘一卷**　(清)劉觀藻撰　清光緒六年(1880)刻本　一册　缺六卷(一至六)

360000－1901－0008312　220420
古懽録八卷　(清)王士禛撰　清康熙三十九年(1700)快宜堂刻王漁洋遺書本　二册

360000－1901－0008313　220421
古懽録八卷　(清)王士禛撰　清康熙三十九年(1700)快宜堂刻王漁洋遺書本　二册

360000－1901－0008314　409423
古懽齋文録不分卷　(清)朱舲撰　清光緒十一年(1885)古塘朱氏刻本　一册

360000－1901－0008315　409423－1
古懽齋文録不分卷　(清)朱舲撰　清光緒十一年(1885)古塘朱氏刻本　一册

360000－1901－0008316　409423－2
古懽齋文録不分卷　(清)朱舲撰　清光緒十一年(1885)古塘朱氏刻本　一册

360000－1901－0008317　122765
古懽齋文録四卷　(清)朱舲撰　清光緒十一年(1885)古塘朱氏刻本　二册

360000－1901－0008318　409421
古懽齋文録四卷　(清)朱舲撰　清光緒十一年(1885)古塘朱氏刻本　二册

360000－1901－0008319　409422
古懽齋文録四卷　(清)朱舲撰　清光緒十一年(1885)古塘朱氏刻本　二册

360000－1901－0008320　240896
古歡堂集二十二卷　(清)田雯撰　清康熙刻本　二册　缺八卷(雜著八卷)

360000－1901－0008321　308152
板橋題畫一卷板橋家書(與舍弟書十六通)一卷　(清)鄭燮撰　清乾隆司徒文膏刻本　一册

360000－1901－0008322　415500
古歡堂集二十二卷　(清)田雯撰　清康熙刻本　三册　存十二卷(序四卷、題辭一卷、記二卷、傳一卷、跋一卷、雜文三卷)

360000－1901－0008323　415501
古歡堂集二十二卷　(清)田雯撰　清康熙刻本　三册　存十五卷(雜著八卷、銘表二卷、傳一卷、跋一卷、雜文三卷)

360000－1901－0008324　302582
古歡堂集二十二卷　(清)田雯撰　清刻本　四册

360000－1901－0008325　302584
古歡堂集二十二卷　(清)田雯撰　清刻本　一册　存十二卷(序四卷、題辭一卷、記二卷、傳一卷、跋一卷、雜文三卷)

360000－1901－0008326　415503
古歡堂詩集十五卷　(清)田雯撰　清刻本　一册　存三卷(一至三)

360000－1901－0008327　415503－1
古歡堂詩集十五卷　(清)田雯撰　清刻本　一册　存二卷(一至二)

360000－1901－0008328　220346
古今長者錄八卷　(明)丁明登撰　(清)彭士望評　**附筆疇一卷**　(明)王達撰　**讀書簡要一卷**　(明)蔣永撰　清乾隆七年(1742)曾洲刻本　二冊

360000－1901－0008329　406085
古今經義□□卷　(□)□□輯　清光緒二十七年(1901)刻本　一冊　存一卷(一)

360000－1901－0008330　800321
古今酒令二卷　(□)□□輯　清抄本　一冊

360000－1901－0008331　411299
古今敓對一卷　(清)□□撰　清抄本　一冊

360000－1901－0008332　230454
古今快事二十八卷　(明)沈胤芳撰　明末餘清堂刻本　一冊　存一卷(十九)

360000－1901－0008333　603202
古今類傳四卷　(清)董穀士　(清)董炳文輯　清道光七年(1827)刻本　四冊

360000－1901－0008334　162692
古今類傳四卷　(清)董穀士　(清)董炳文輯　清康熙三十一年(1692)刻本　四冊

360000－1901－0008335　401337
古今類傳四卷　(清)董穀士　(清)董炳文輯　清康熙三十一年(1692)未學齋刻本　四冊

360000－1901－0008336　401338
古今類傳四卷　(清)董穀士　(清)董炳文輯　清康熙三十一年(1692)未學齋刻本　四冊

360000－1901－0008337　401339
古今類傳四卷　(清)董穀士　(清)董炳文輯　清康熙三十一年(1692)未學齋刻本　二冊　存二卷(一、三)

360000－1901－0008338　401340
古今類傳四卷　(清)董穀士　(清)董炳文輯　清康熙三十一年(1692)未學齋刻本　三冊　存三卷(一至三)

360000－1901－0008339　401340－1
古今類傳四卷　(清)董穀士　(清)董炳文輯　清康熙三十一年(1692)未學齋刻本　一冊　存一卷(一)

360000－1901－0008340　901957
古今類傳四卷　(清)董穀士　(清)董炳文輯　清刻本　二冊　存一卷(三)

360000－1901－0008341　220538
古今類傳歲時類四卷　(清)董穀士　(清)董炳文輯　清康熙三十一年(1692)未學齋刻本　四冊

360000－1901－0008342　220539
古今類傳歲時類四卷　(清)董穀士　(清)董炳文輯　清康熙三十一年(1692)未學齋刻本　四冊

360000－1901－0008343　220540
古今類傳歲時類四卷　(清)董穀士　(清)董炳文輯　清康熙三十一年(1692)未學齋刻本　二冊

360000－1901－0008344　421262
古今歷驗奇方二十三卷首一卷　(清)徒能言輯　清嘉慶二十年(1815)木活字印本　十冊　存十六卷(一至五、七至十四、十六至十七，首一卷)

360000－1901－0008345　421262－1
古今歷驗奇方二十三卷首一卷　(清)徒能言輯　清嘉慶二十年(1815)木活字印本　一冊　存一卷(十四)

360000－1901－0008346　421263
古今歷驗奇方二十三卷首一卷　(清)徒能言輯　清嘉慶二十年(1815)木活字印本　八冊　存十二卷(六至十七)

360000－1901－0008347　408813
古今歷驗奇方二十三卷首一卷　(清)徒能言輯　清嘉慶木活字印本　六冊　存十卷(一至五、十至十三,首一卷)

360000－1901－0008348　161612
古今列女傳三卷　(漢)劉向撰　(明)解縉補　清光緒二十四年(1898)鏡清書屋刻本　二

冊

360000－1901－0008349　122766

古今列女傳四卷　(漢)劉向撰　(明)解縉補　清嘉慶七年(1802)掃葉山房刻本　二冊

360000－1901－0008350　411309

古今秘苑三十二卷　(清)墨磨主人編　清同治二年(1863)刻本　一冊　存十三卷(一至十三)

360000－1901－0008351　420578

古今名醫彙粹八卷　(清)羅美輯　清道光三年(1823)嘉興盛新甫刻本　二冊　存四卷(一至二、七至八)

360000－1901－0008352　420578－1

古今名醫彙粹八卷　(清)羅美輯　清道光三年(1823)嘉興盛新甫刻本　一冊　存一卷(八)

360000－1901－0008353　161618

古今錢略三十二卷首一卷末一卷　(清)倪模撰　清光緒五年(1879)望江倪氏兩彊勉齋刻本　十二冊　存二十七卷(一至二十七)

360000－1901－0008354　161616

古今錢文考略一卷　(清)酉州山人撰　清光緒二十一年(1895)清江東齋刻本　一冊

360000－1901－0008355　161617

古今錢文考略一卷　(清)酉州山人撰　清光緒二十一年(1895)清江東齋刻本　一冊

360000－1901－0008356　241289

古今濡削選章四十卷　(明)李國祥輯　明萬曆刻本　二十冊　缺七卷(一至三、九至十、三十二至三十三)

360000－1901－0008357　316600

古今詩話八卷　(清)稽留山樵輯　清初刻本　十二冊　存六卷(一至二、四至七)

360000－1901－0008358　803428

古今詩話選雋二卷　(清)盧衍仁輯　清刻本　一冊　存一卷(上)

360000－1901－0008359　305850

古今史論大觀前編十五卷後編十七卷　(清)雷瑨輯　清光緒二十七年(1901)硯耕山莊石印本　七冊　存二十卷(古今史論大觀前編一至二、六至十五,後編八至十五)

360000－1901－0008360　401344

古今史論大觀前編十五卷後編十七卷　(清)雷瑨輯　清末石印本　五冊　存十四卷(古今史論大觀前編十一至十四,後編六至七、九至十六)

360000－1901－0008361　401345

古今史論大觀前編十五卷後編十七卷　(清)雷瑨輯　清末石印本　三冊　存九卷(古今史論大觀前編七至八、後編八至十四)

360000－1901－0008362　401345－1

古今史論大觀前編十五卷後編十七卷　(清)雷瑨輯　清末石印本　二冊　存五卷(古今史論大觀前編五至七、十一至十二)

360000－1901－0008363　802619

古今史論觀海甲編二十二卷乙編二十卷丙編二十六卷丁編二十二卷　(清)恥不逮齋主人編　清光緒石印本　一冊　存二卷(乙編十至十一)

360000－1901－0008364　161642

古今史論統編十六卷　(清)徐永隆輯　清光緒二十八年(1902)政學書社石印本　十二冊

360000－1901－0008365　401352

古今事物考八卷　(明)王三聘輯　清刻續知不足齋叢書本　一冊　存二卷(五至六)

360000－1901－0008366　902443

古今書刻二卷　(明)周弘祖撰　清光緒三十二年(1906)長沙葉氏觀古堂刻本　二冊

360000－1901－0008367　150603

古今説部叢書　國學扶輪社輯　清宣統二年至民國二年(1910－1913)上海國學扶輪社鉛印本　五十五冊　存二百五十三種

360000－1901－0008368　150604

古今説部叢書　國學扶輪社輯　清宣統二年

至民國二年(1910－1913)上海國學扶輪社鉛印本　三十冊　存一百十二種

360000－1901－0008369　230477
古今說海　(明)陸楫輯　明嘉靖二十三年(1544)雲間陸氏儼山書院、雲山書院刻本　一冊　存五種

360000－1901－0008370　300515
古今說海　(明)陸楫輯　清道光元年(1821)苕溪邵氏酉山堂刻本　一冊　存五種

360000－1901－0008371　300516
古今說海　(明)陸楫輯　清道光元年(1821)苕溪邵氏酉山堂刻本　四冊　存十六種

360000－1901－0008372　317306
古今說海　(明)陸楫輯　清道光元年(1821)苕溪邵氏酉山堂刻本　二十冊

360000－1901－0008373　415472
古今說海　(明)陸楫輯　清宣統元年(1909)上海集成圖書公司鉛印本　十一冊

360000－1901－0008374　405157
古今四大家策論十卷　(清)南浦子輯　清光緒二十八年(1902)上海書局石印本　四冊　存七卷(一至七)

360000－1901－0008375　405157－1
古今四大家策論十卷　(清)南浦子輯　清光緒二十八年(1902)上海書局石印本　一冊　存二卷(一至二)

360000－1901－0008376　405157－2
古今四大家策論十卷　(清)南浦子輯　清光緒二十八年(1902)上海書局石印本　一冊　存二卷(一至二)

360000－1901－0008377　716955
古今四大家策論十卷　(清)南浦子輯　清光緒二十七年(1901)上海煥文書局石印本　四冊　存八卷(一、四至十)

360000－1901－0008378　405156
古今四大家策論十卷　(清)南浦子輯　清光緒二十七年(1901)紹興會文堂石印本　五冊

360000－1901－0008379　305865
古今算學叢書　(清)劉鐸輯　清光緒石印本　十九冊　存二十三種

360000－1901－0008380　801019
古今圖書集成一萬卷目錄四十卷　(清)蔣廷錫　(清)陳夢雷等輯　清末鉛印本　十七冊　存九十一卷(藝術典三百五至三百二十八、三百四十至三百四十四、三百五十六至三百六十五、三百七十一至三百七十五、四百十二至四百十六、四百二十七至四百三十一、四百七十二至四百九十八、五百二十八至五百三十七)

360000－1901－0008381　801909
古今圖書集成一萬卷目錄四十卷　(清)蔣廷錫　(清)陳夢雷等輯　清末鉛印本　九冊　存五十卷(歲功典二十二至二十七、一百十至一百十六,庶徵典一百六十七至一百七十一,職方典七百七十五至七百八十三、一千九十七至一千一百三,人事典七至十一,食貨典六至十,禮儀典一百五十二至一百五十七)

360000－1901－0008382　801909－1
古今圖書集成一萬卷目錄四十卷　(清)蔣廷錫　(清)陳夢雷等輯　清末鉛印本　一冊　存四卷(曆法典九十至九十三)

360000－1901－0008383　801909－2
古今圖書集成一萬卷目錄四十卷　(清)蔣廷錫　(清)陳夢雷等輯　清末鉛印本　二十二冊　存一百十一卷(曆法典十七至十九、三十至四十,庶徵典二、一百五十一至一百五十五,乾象典八,歲功典十八,職方典二百八十四至二百九十、八百九十六至八百九十九、一千五十至一千五十一、一千一百六十三至一千一百六十九,經籍典三十四,官常典五百二十一至五百二十六、五百九十七,氏族典三百二十八至三百三十四、四百二十八至四百三十四,宮闈典二十三,閨媛典一百四十四,草木典二百五十三至二百五十八、二百三十一至二百三十二,神異典二十九,禮儀典五十二至五十七,戎政典十八至二十二、一百五十二至一百五十七,祥刑典九十七至一百一,考工

典五十四至五十八、一百二十至一百二十一、一百六十三至一百六十九）

360000－1901－0008384　803210

古今圖書集成一萬卷目錄四十卷　（清）蔣廷錫　（清）陳夢雷等輯　清末鉛印本　十三冊　存七十八卷（草木典二至十二、十九至二十三、六十六至七十、八十九至九十四、一百三十九至一百四十五、一百五十三至一百五十九、二百八十五至二百九十、二百九十七至三百八，文學典二十七至三十一、七十六至八十一，食貨典六，藝術典七百七十三至七百七十九）

360000－1901－0008385　803210－1

古今圖書集成一萬卷目錄四十卷　（清）蔣廷錫　（清）陳夢雷等輯　清末鉛印本　一冊　存七卷（草木典一百三十九至一百四十五）

360000－1901－0008386　804922

古今圖書集成一萬卷目錄四十卷　（清）蔣廷錫　（清）陳夢雷等輯　清末鉛印本　一冊　存八卷（山水典一百五十至一百五十七）

360000－1901－0008387　805453

古今圖書集成一萬卷目錄四十卷　（清）蔣廷錫　（清）陳夢雷等輯　清末鉛印本　十八冊　存三百三十六卷（家範典五十至八十三，戎政典一白九十八至二百二，皇極典二百二丨至二百二十三、二百五十八至二百六十八，神異典二百十三至二百十九，學行典一至六、十四至十七、四十至四十三、五十一至八十、九十三至一百二、一百十至一百四十二，職方典二百五十四至三百十八、五百七十至五百七十六，經籍典一百七十一至一百七十九、二百四十五至二百五十一、二百五十九至三百三十三、三百四十五至三百五十、三百五十六至三百六十一、三百六十八至三百七十四、三百九十至三百九十五）

360000－1901－0008388　805454

古今圖書集成一萬卷目錄四十卷　（清）蔣廷錫　（清）陳夢雷等輯　清末鉛印本　四百二十冊　存二千八百十六卷（家範典一百十六卷，戎政典一百八十二至二百六十七，皇極典一至一百十九、一百三十二至二百七十二、二百八十九至二百九十四，神異典一百八十三至二百八十，學行典十三至一百七十五，職方典一至三百七十七、三百九十二至四百八十四、五百三十五至五百四十一、五百五十六至六百八、六百十六至六百四十三、八百三十三至八百三十八、八百七十四至八百九十五、九百五十六至九百六十二、一千九十一至一千九十六、一千一百四至一千一百二十一、一千一百七十六至一千一百八十二、一千二百八十至一千三百六十九、一千四百六十六至一千五百二十二，經籍典一百四十二至四百六、四百十三至四百十七、四百二十三至四百五十四、四百六十三至五百，食貨典一百六十八至一百七十九、二百三十四至二百三十九，銓衡典六至十七、二十九至四十、五十七至六十二，樂律典三十六至四十二、八十至八十六，氏族典六百二十七至六百四十，庶徵典五十至五十五，閨媛典十二至十六、四十六至五十一、二百六十四至三百十二，坤輿典一百四十卷，宮闈典一百四十卷，官常典一百十六至四百五十九、五百八十六至七百九十五）

360000－1901－0008389　805455

古今圖書集成一萬卷目錄四十卷　（清）蔣廷錫　（清）陳夢雷等輯　清末鉛印本　九百九十一冊　存六千八百三十五卷（家範典一百十六卷，戎政典十二至十七、二十八至三十八、六十八至七十三、一百七十至三百，皇極典三百卷，神異典七至三百二十，學行典三百卷，職方典一至七百五十、七百六十七至一千三百、一千三百七十至一千五百四十四，經籍典一百二十三至五百，食貨典一至二十八、一百二十九至二百九十九，銓衡典一百二十卷，樂律典十四至八十六，氏族典六百四十卷，庶徵典一至五十五，閨媛典一至三百六十八，坤輿典一百四十卷，宮闈典一百四十卷，官常典九十至八百，草木典一至一百八十一，藝術典一至二十三、三十五至四十四、五十一至五十五、七十六至八十七、一百十二至一百二十五、一百七十七至三百四、六百三至七百九十一,曆法典七十九至八十四,歲功典六十八至七十三,邊裔典一百四十卷,文學典六十四至七十五、一百二至一百十二、二百二至二百五十九,禮儀典十七至一百二十一、三百二十九至三百三十四,禽蟲典十八至一百三十二,人事典一百十二卷,祥刑典一至七十九,選舉典三十一至六十六,交誼典一百二十卷)

360000－1901－0008390　164154
古今萬姓統譜一百四十卷歷代帝王姓系統譜六卷氏族博考十四卷　(明)淩迪知輯　明萬曆刻本　五册　存二十五卷(古今萬姓統譜四至七、七十二至七十四、八十八至九十二、一百三十二至一百四十,歷代帝王姓系統譜一至四)

360000－1901－0008391　411153
半舫草堂賦略不分卷　(清)翟立方　(清)翟鴻裁撰　清光緒四年(1878)刻本　二册

360000－1901－0008392　220386
古今萬姓統譜一百四十卷歷代帝王姓系統譜六卷氏族博考十四卷　(明)淩迪知撰　明萬曆刻本　三十九册

360000－1901－0008393　220387
古今萬姓統譜一百四十卷歷代帝王姓系統譜六卷氏族博考十四卷　(明)淩迪知撰　明萬曆刻本　三册　存二十卷(歷代帝王姓系統譜六卷、氏族博考十四卷)

360000－1901－0008394　161613
古今僞書考一卷　(清)姚際恒撰　清光緒十五年(1889)長沙章經濟堂刻本　一册

360000－1901－0008395　411300
古今小品八卷　(明)陳天定輯並評　清刻本　一册　存一卷(四)

360000－1901－0008396　420575
古今醫案按十卷　(清)俞震輯　(清)李齡壽重輯　清宣統元年(1909)上海會文堂書局石印本　八册　存八卷(一至七、十)

360000－1901－0008397　120343
古今醫詩五十三卷　(清)張望撰　清同治十二年(1873)刻本　四册　存二十三卷(一至四、十六至三十四)

360000－1901－0008398　230191
古今醫統正脈全書　(明)王肯堂編　明萬曆二十九年(1601)新安吳勉學刻本　四册　存六種

360000－1901－0008399　420636
古今醫統正脈全書　(明)王肯堂編　清二酉堂刻本　七册　存六種

360000－1901－0008400　721328
古今醫統正脈全書　(明)王肯堂編　清刻本　四册　存四種

360000－1901－0008401　721329
古今醫統正脈全書　(明)王肯堂編　清刻本　八册　存五種

360000－1901－0008402　721328－1
古今醫統正脈全書　(明)王肯堂編　清文奎堂刻本　五册　存五種

360000－1901－0008403　250157
古今逸史　(明)吳琯編　明吳琯刻本　一册　存二種

360000－1901－0008404　410710
古今楹聯彙刻小傳十二卷首集一卷外集一卷　吳隱輯　清光緒三十二年(1906)西泠印社刻本　二册

360000－1901－0008405　164553
古今游名山記三卷　(明)何鏜輯　清抄本　二册

360000－1901－0008406　220731
古今游名山記十七卷總錄三卷　(明)何鏜輯　明嘉靖四十四年(1565)刻萬曆二十五年(1597)重修本　十一册　缺七卷(七至八、十三至十四,總錄三卷)

360000－1901－0008407　160249
古今韻會舉要三十卷　(元)黃公紹撰　(元)熊忠舉要　清光緒九年(1883)安吉張氏刻本　十册

360000－1901－0008408　409702
古今韻會舉要三十卷　（元）黄公紹撰　（元）熊忠舉要　清刻本　三冊　存八卷（三至四、八至十、十四至十六）

360000－1901－0008409　210469
古今韻略五卷　（清）邵長蘅撰　清康熙三十五年（1696）刻本　二冊

360000－1901－0008410　210470
古今韻略五卷　（清）邵長蘅撰　清康熙三十五年（1696）刻本　五冊

360000－1901－0008411　409549
古今韻略五卷　（清）邵長蘅撰　清康熙三十五年（1696）商丘宋犖刻本　五冊

360000－1901－0008412　409550
古今韻略五卷　（清）邵長蘅撰　清康熙三十五年（1696）商丘宋犖刻本　五冊

360000－1901－0008413　409551
古今韻略五卷　（清）邵長蘅撰　清康熙三十五年（1696）商丘宋犖刻本　四冊　存四卷（一至二、四至五）

360000－1901－0008414　603203
古今韻略五卷　（清）邵長蘅撰　清刻本　三冊　存三卷（二至四）

360000－1901－0008415　802605
古今韻略五卷　（清）邵長蘅撰　清刻本　一冊　存一卷（二）

360000－1901－0008416　802609
古今韻略五卷　（清）邵長蘅撰　清恕堂刻本　一冊　存一卷（一）

360000－1901－0008417　800338
古今正宗賦一卷　（清）□□輯　清抄本　一冊

360000－1901－0008418　410582
古今治河要策四卷　（清）三友堂輯　清光緒十四年（1888）嗜古山房刻本　一冊　存二卷（一至二）

360000－1901－0008419　401341－1
古今治統二十卷　（明）徐奮鵬撰　清刻本　三冊　存十四卷（七至二十）

360000－1901－0008420　401342－1
古今治統二十卷　（明）徐奮鵬撰　清刻本　一冊　存三卷（十二至十四）

360000－1901－0008421　220324
古今治統二十卷　（明）徐奮鵬撰　清雍正元年（1723）槐柳齋刻本　八冊

360000－1901－0008422　401341
古今治統二十卷　（明）徐奮鵬撰　清雍正元年（1723）槐柳齋刻本　四冊　存十卷（一至七、十至十二）

360000－1901－0008423　401342
古今治統二十卷　（明）徐奮鵬撰　清雍正元年（1723）槐柳齋刻本　四冊　存十九卷（一至四、六至二十）

360000－1901－0008424　401342－2
古今治統二十卷　（明）徐奮鵬撰　清雍正元年（1723）槐柳齋刻本　三冊　存十一卷（四至九、十五至十九）

360000－1901－0008425　401343
古今治統二十卷　（明）徐奮鵬撰　清雍正元年（1723）槐柳齋刻本　五冊　存十七卷（一至十三、十七至二十）

360000－1901－0008426　164851
保赤彙編　（清）朱之榛輯　清光緒五年（1879）刻本　四冊

360000－1901－0008427　401351
古今治統二十卷　（明）徐奮鵬撰　清雍正元年（1723）槐柳齋刻本　二冊　存五卷（十至十四）

360000－1901－0008428　401351－1
古今治統二十卷　（明）徐奮鵬撰　清雍正元年（1723）槐柳齋刻本　二冊　存十卷（五至九、十二至十六）

360000－1901－0008429　401351－2
古今治統二十卷　（明）徐奮鵬撰　清雍正元

年(1723)槐柳齋刻本　四冊　存十二卷(一至四、七至九、十六至二十)

360000－1901－0008430　401351－3
古今治統二十卷　(明)徐奮鵬撰　清雍正元年(1723)槐柳齋刻本　一冊　存二卷(八至九)

360000－1901－0008431　220325
古今治統二十卷　(明)徐奮鵬撰　清雍正元年(1723)刻本　一冊　存二卷(一至二)

360000－1901－0008432　220323
古今治統二十卷附明治統一卷　(明)徐奮鵬撰　清雍正元年(1723)槐柳齋刻本　十冊

360000－1901－0008433　160254
古經解鉤沈三十卷　(清)余蕭客撰　清道光二十年(1840)刻本　八冊

360000－1901－0008434　160255
古經解鉤沈三十卷　(清)余蕭客撰　清道光二十年(1840)刻本　八冊

360000－1901－0008435　406089
古經解鉤沈三十卷　(清)余蕭客撰　清道光刻本　二冊　存五卷(一至二、二十八至三十)

360000－1901－0008436　160256
古經解鉤沈三十卷　(清)余蕭客撰　清嘉慶刻本　十五冊

360000－1901－0008437　160257
古經解鉤沈三十卷　(清)余蕭客撰　清嘉慶刻本　八冊

360000－1901－0008438　603209
古經解鉤沈三十卷　(清)余蕭客撰　清刻本　五冊　存二十一卷(三至十四、十九至二十七)

360000－1901－0008439　603210
古經解鉤沈三十卷　(清)余蕭客撰　清刻本　一冊　存二卷(一至二)

360000－1901－0008440　801044
古經解鉤沈三十卷　(清)余蕭客撰　清乾隆六十年(1795)刻道光二十年(1840)京江魯氏重修本　九冊　存二十八卷(三至三十)

360000－1901－0008441　160260
古經解彙函　(清)鍾謙鈞等輯　清光緒十四年(1888)上海蜚英館石印本　二十冊

360000－1901－0008442　713138
古經解彙函　(清)鍾謙鈞等輯　清光緒十四年(1888)上海蜚英館石印本　十二冊　存二十一種

360000－1901－0008443　722157
古經解彙函　(清)鍾謙鈞等輯　清光緒十四年(1888)上海蜚英館石印本　七冊　存六種

360000－1901－0008444　713140
古經解彙函　(清)鍾謙鈞等輯　清刻本　四冊　存二種

360000－1901－0008445　713139
古經解彙函　(清)鍾謙鈞等輯　清同治十二年(1873)粵東書局刻本　八冊　存四種

360000－1901－0008446　713139－1
古經解彙函　(清)鍾謙鈞等輯　清同治十二年(1873)粵東書局刻本　五冊　存二種

360000－1901－0008447　160259
古經解彙函　(清)鍾謙鈞等輯　清同治十二年(1873)粵東書局刻本　六十七冊

360000－1901－0008448　160258
古經解彙函　(清)鍾謙鈞等輯　清同治十二年(1873)粵東書局刻本　八十冊

360000－1901－0008449　406088
古經疑言四卷　(清)王廷植撰　清刻本　二冊

360000－1901－0008450　163598
古井遺忠集一卷　(清)陳坤輯　清同治、光緒刻如不及齋叢書本　一冊

360000－1901－0008451　307891
古刻叢鈔一卷　(明)陶宗儀輯　清光緒九年(1883)學古齋刻本　一冊

360000－1901－0008452　601148
古律經傳附考五卷　(清)紀大奎撰　清嘉慶十三年(1808)刻本　二册

360000－1901－0008453　413166
古梅家韻不分卷　(明)梅善等撰　清刻本　一册

360000－1901－0008454　413166－1
古梅家韻不分卷　(明)梅善等撰　清刻本　一册

360000－1901－0008455　120346
古南餘話五卷　(清)舒夢蘭撰　(清)黄慎言輯　清嘉慶十八年(1813)穀詒堂刻本　二册

360000－1901－0008456　120347
古南餘話五卷　(清)舒夢蘭撰　(清)黄慎言輯　清嘉慶十八年(1813)穀詒堂刻本　一册

360000－1901－0008457　120348
古南餘話五卷　(清)舒夢蘭撰　(清)黄慎言輯　清嘉慶十八年(1813)穀詒堂刻本　一册

360000－1901－0008458　601146
古南餘話五卷　(清)舒夢蘭撰　(清)黄慎言輯　清嘉慶十八年(1813)穀詒堂刻本　一册

360000－1901－0008459　601147
古南餘話五卷　(清)舒夢蘭撰　(清)黄慎言輯　清嘉慶十八年(1813)穀詒堂刻本　一册

360000－1901－0008460　314257
古泉叢話三卷　(清)戴熙撰　清同治十一年(1872)吳縣潘祖蔭滂喜齋刻本　一册

360000－1901－0008461　314937
古泉叢話三卷　(清)戴熙撰　清同治十一年(1872)吳縣潘祖蔭滂喜齋刻本　一册

360000－1901－0008462　604058
古泉匯首集四卷元集十四卷亨集十四卷利集十八卷貞集十四卷　(清)李佐賢輯　清同治三年(1864)利津李氏石泉書屋刻本　九册　存三十七卷(古泉匯首集四卷、元集一至九、亨集一至十、利集一至十四)

360000－1901－0008463　310335
古泉匯首集四卷元集十四卷亨集十四卷利集十八卷貞集十四卷首一卷　(清)李佐賢輯　**續古泉匯元集三卷亨集三卷利集三卷貞集五卷補遺二卷**　(清)李佐賢　(清)鮑康輯　清同治三年至光緒元年(1864－1875)利津李氏石泉書屋刻本　二十册

360000－1901－0008464　404490
古泉滙首集四卷元集十四卷亨集十四卷利集十八卷貞集十四卷首一卷　(清)李佐賢輯　清同治三年(1864)利津李氏石泉書屋刻本　一册　存五卷(元集十至十四)

360000－1901－0008465　305838
古聖賢像傳畧十六卷　(清)顧沅輯　清道光十年(1830)刻本　四册　存十一卷(三至十一、十五至十六)

360000－1901－0008466　241223
古詩鈔不分卷　(□)□□輯　清抄本　二册

360000－1901－0008467　308692
古詩歸十五卷　(明)鍾惺　(明)譚元春輯　明刻本　六册

360000－1901－0008468　164323
古詩歸十五卷　(明)鍾惺　(明)譚元春輯　明萬曆四十五年(1617)刻本　二册　存五卷(一至五)

360000－1901－0008469　241220
古詩歸十五卷唐詩歸三十六卷　(明)鍾惺　(明)譚元春輯　明萬曆四十五年(1617)刻本　十二册

360000－1901－0008470　410021
古詩箋三十二卷　(清)王士禛輯　(清)聞人倓箋　清乾隆三十一年(1766)芷蘭堂刻本　一册　存二卷(一至二)

360000－1901－0008471　417847
古詩箋三十二卷　(清)王士禛輯　(清)聞人倓箋　清乾隆三十一年(1766)芷蘭堂刻本　九册　存二十一卷(五言詩四至六、九至十、十六至十七,七言詩歌行鈔一至十二、十四至十五)

360000－1901－0008472　417848
古詩箋三十二卷　（清）王士禛輯　（清）聞人倓箋　清乾隆三十一年(1766)芷蘭堂刻本　四册　存八卷(七言詩歌行鈔一至八)

360000－1901－0008473　417848－1
古詩箋三十二卷　（清）王士禛輯　（清）聞人倓箋　清乾隆三十一年(1766)芷蘭堂刻本　一册　存二卷(七言詩歌行鈔五至六)

360000－1901－0008474　804033
古詩箋三十二卷　（清）王士禛輯　（清）聞人倓箋　清乾隆三十一年(1766)芷蘭堂刻本　十册　存二十五卷(五言古詩箋二至十七,七言古詩箋一至四、七至九、十二至十三)

360000－1901－0008475　409513
古詩箋意一卷　（清）曹學詩注　清刻本　一册

360000－1901－0008476　803226
古詩文集不分卷　（清）□□輯　清雪瀾氏抄本　一册

360000－1901－0008477　241222
古詩選十三卷　（明）曹學佺輯　明崇禎四年(1631)刻石倉十二代詩選本　四册

360000－1901－0008478　414897
古詩選四卷　（清）王國棟輯　清宣統二年(1910)上海廣益書局石印本　一册

360000－1901－0008479　414897－1
古詩選四卷　（清）王國棟輯　清宣統二年(1910)上海廣益書局石印本　一册

360000－1901－0008480　316167
古詩源十四卷　（清）沈德潛輯　清霽月山房刻本　四册

360000－1901－0008481　302564
古詩源十四卷　（清）沈德潛輯　清刻本　一册

360000－1901－0008482　309499
古詩源十四卷　（清）沈德潛輯　清刻本　四册

360000－1901－0008483　407497－1
古詩源十四卷　（清）沈德潛輯　清刻本　一册　存三卷(一至三)

360000－1901－0008484　407497－2
古詩源十四卷　（清）沈德潛輯　清刻本　一册　存三卷(十二至十四)

360000－1901－0008485　407500
古詩源十四卷　（清）沈德潛輯　清刻本　三册　存十一卷(一至十一)

360000－1901－0008486　407501
古詩源十四卷　（清）沈德潛輯　清刻本　二册　存七卷(一至七)

360000－1901－0008487　407502
古詩源十四卷　（清）沈德潛輯　清刻本　二册　存八卷(三至十)

360000－1901－0008488　163616
古詩源十四卷　（清）沈德潛輯　清同治十年(1871)聚英堂刻本　六册

360000－1901－0008489　163615
古詩源十四卷　（清）沈德潛輯　清竹嘯軒刻本　四册

360000－1901－0008490　407493
古詩源四卷　（清）沈德潛輯　清光緒十八年(1892)湘南文章書局刻本　四册

360000－1901－0008491　407494－1
古詩源四卷　（清）沈德潛輯　清刻本　一册　存一卷(一)

360000－1901－0008492　401347
古史輯要六卷首一卷　（清）□□撰　清刻海山仙館叢書本　一册　存二卷(三至四)

360000－1901－0008493　309754
古事比五十二卷　（清）方中德撰　清光緒二十一年(1895)上海寶善書局石印本　四册　存三十四卷(一至二十六、三十六至四十三)

360000－1901－0008494　302594
古事比五十二卷　（清）方中德撰　清光緒三十一年(1905)上海點石齋石印本　六册

360000－1901－0008495　415511
古事比五十二卷　(清)方中德撰　清光緒三十一年(1905)上海點石齋石印本　六冊

360000－1901－0008496　415512
古事比五十二卷　(清)方中德撰　清光緒三十一年(1905)上海點石齋石印本　五冊　存四十六卷(七至五十二)

360000－1901－0008497　415513
古事比五十二卷　(清)方中德撰　清光緒三十一年(1905)上海點石齋石印本　四冊　存三十五卷(十八至五十二)

360000－1901－0008498　415513－1
古事比五十二卷　(清)方中德撰　清光緒三十一年(1905)上海點石齋石印本　二冊　存十八卷(二十七至三十五、四十四至五十二)

360000－1901－0008499　415513－2
古事比五十二卷　(清)方中德撰　清光緒三十一年(1905)上海點石齋石印本　二冊　存十五卷(二十六至三十一、四十四至五十二)

360000－1901－0008500　305851
古事比五十二卷　(清)方中德撰　清光緒十九年(1893)上海寶善書局石印本　三冊　存二十三卷(一至六、十八至二十六、三十六至四十三)

360000－1901－0008501　305852
古事比五十二卷　(清)方中德撰　清末石印本　三冊　存二十五卷(一至十七、三十六至四十三)

360000－1901－0008502　404492
古事辨二卷　(清)劉希向撰　清乾隆三十年(1765)刻本　一冊

360000－1901－0008503　410698
古書疑義舉例七卷　(清)俞樾撰　清末木活字印本　二冊

360000－1901－0008504　603207
古書疑義舉例七卷　(清)俞樾撰　清末木活字印本　二冊

360000－1901－0008505　163618－2
古唐詩合解十二卷　(清)王堯衢注　清寶翰樓刻本　二冊　存六卷(一至四、十一至十二)

360000－1901－0008506　419303
古唐詩合解十二卷　(清)王堯衢注　清寶寧堂刻本　六冊

360000－1901－0008507　419304
古唐詩合解十二卷　(清)王堯衢注　清寶寧堂刻本　五冊

360000－1901－0008508　419309
古唐詩合解十二卷　(清)王堯衢注　清大文堂刻本　六冊

360000－1901－0008509　304549
古唐詩合解十二卷　(清)王堯衢注　清道光二十五年(1845)英德堂刻本　一冊　存二卷(一至二)

360000－1901－0008510　419305
古唐詩合解十二卷　(清)王堯衢注　清道光二十五年(1845)英德堂刻本　六冊

360000－1901－0008511　419306
古唐詩合解十二卷　(清)王堯衢注　清道光二十五年(1845)英德堂刻本　四冊

360000－1901－0008512　163618
古唐詩合解十二卷　(清)王堯衢注　清道光善成堂刻本　四冊

360000－1901－0008513　419308
古唐詩合解十二卷　(清)王堯衢注　清道光十年(1830)金閶步月樓刻本　六冊

360000－1901－0008514　419307
古唐詩合解十二卷　(清)王堯衢注　清松盛堂刻本　六冊

360000－1901－0008515　419300
古唐詩合解十二卷　(清)王堯衢注　清文德堂刻本　六冊

360000－1901－0008516　419301
古唐詩合解十二卷　(清)王堯衢注　清文德

堂刻本　六册

360000－1901－0008517　419302
古唐詩合解十二卷　（清）王堯衢注　清文富堂刻本　五册

360000－1901－0008518　162894
古唐詩合解十二卷　（清）王堯衢注　清益順堂刻本　五册

360000－1901－0008519　162893
古唐詩合解十二卷古詩四卷　（清）王堯衢注　清大文堂刻本　二册

360000－1901－0008520　419320
古唐詩合解十二卷古詩四卷　（清）王堯衢注　清光緒十八年（1892）江西兩儀堂刻本　四册

360000－1901－0008521　419321
古唐詩合解十二卷古詩四卷　（清）王堯衢注　清光緒十八年（1892）江西兩儀堂刻本　三册

360000－1901－0008522　419322
古唐詩合解十二卷古詩四卷　（清）王堯衢注　清光緒十八年（1892）江西兩儀堂刻本　五册

360000－1901－0008523　419323
古唐詩合解十二卷古詩四卷　（清）王堯衢注　清光緒十八年（1892）江西兩儀堂刻本　六册

360000－1901－0008524　419316
古唐詩合解十二卷古詩四卷　（清）王堯衢注　清光緒十二年（1886）紫文閣刻本　六册

360000－1901－0008525　419317
古唐詩合解十二卷古詩四卷　（清）王堯衢注　清光緒十二年（1886）紫文閣刻本　五册　存十二卷（古唐詩合解十二卷）

360000－1901－0008526　419318
古唐詩合解十二卷古詩四卷　（清）王堯衢注　清光緒十二年（1886）紫文閣刻本　五册　存十二卷（古唐詩合解十二卷）

360000－1901－0008527　419319
古唐詩合解十二卷古詩四卷　（清）王堯衢注　清光緒十二年（1886）紫文閣刻本　四册　存十卷（古唐詩合解三至十二）

360000－1901－0008528　419314
古唐詩合解十二卷古詩四卷　（清）王堯衢注　清會文堂刻本　六册

360000－1901－0008529　419315
古唐詩合解十二卷古詩四卷　（清）王堯衢注　清會文堂刻本　四册

360000－1901－0008530　403978
古唐詩合解十二卷古詩四卷　（清）王堯衢注　清積秀堂刻本　三册　存七卷（一至二、六至七、十至十二）

360000－1901－0008531　403976
古唐詩合解十二卷古詩四卷　（清）王堯衢注　清經國堂刻本　五册

360000－1901－0008532　403977
古唐詩合解十二卷古詩四卷　（清）王堯衢注　清經國堂刻本　三册　存八卷（古唐詩合解一至四、古詩四卷）

360000－1901－0008533　419310
古唐詩合解十二卷古詩四卷　（清）王堯衢注　清聚秀堂刻本　三册

360000－1901－0008534　305811
古唐詩合解十二卷古詩四卷　（清）王堯衢注　清刻本　五册　存十四卷（古唐詩合解三至十二、古詩四卷）

360000－1901－0008535　308650
古唐詩合解十二卷古詩四卷　（清）王堯衢注　清刻本　五册　存十四卷（古唐詩合解一至二、五至十二，古詩四卷）

360000－1901－0008536　309515
古唐詩合解十二卷古詩四卷　（清）王堯衢注　清刻本　六册

360000－1901－0008537　312111
古唐詩合解十二卷古詩四卷　（清）王堯衢注

清刻本　二冊　存四卷(古詩四卷)

360000－1901－0008538　403975
古唐詩合解十二卷古詩四卷　(清)王堯衢注
清刻本　六冊

360000－1901－0008539　403977－1
古唐詩合解十二卷古詩四卷　(清)王堯衢注
清刻本　一冊　存二卷(古詩一至二)

360000－1901－0008540　403981
古唐詩合解十二卷古詩四卷　(清)王堯衢注
清刻本　三冊　存九卷(古唐詩合解六至八、十一至十二,古詩四卷)

360000－1901－0008541　403984
古唐詩合解十二卷古詩四卷　(清)王堯衢注
清刻本　二冊　存七卷(古唐詩合解三至五、古詩四卷)

360000－1901－0008542　403985
古唐詩合解十二卷古詩四卷　(清)王堯衢注
清刻本　四冊

360000－1901－0008543　403985－1
古唐詩合解十二卷古詩四卷　(清)王堯衢注
清刻本　三冊　存八卷(一至二、四至九)

360000－1901－0008544　403985－2
古唐詩合解十二卷古詩四卷　(清)王堯衢注
清刻本　三冊　存九卷(一至六、八至十)

360000－1901－0008545　403985－3
古唐詩合解十二卷古詩四卷　(清)王堯衢注
清刻本　三冊　存八卷(古唐詩合解八至九、十一至十二,古詩四卷)

360000－1901－0008546　419324
古唐詩合解十二卷古詩四卷　(清)王堯衢注
清刻本　六冊

360000－1901－0008547　419325
古唐詩合解十二卷古詩四卷　(清)王堯衢注
清刻本　六冊

360000－1901－0008548　419326
古唐詩合解十二卷古詩四卷　(清)王堯衢注
清刻本　六冊

360000－1901－0008549　419327
古唐詩合解十二卷古詩四卷　(清)王堯衢注
清刻本　五冊　存十三卷(古唐詩合解一至九、古詩四卷)

360000－1901－0008550　419328
古唐詩合解十二卷古詩四卷　(清)王堯衢注
清刻本　五冊　存十四卷(古唐詩合解一至六、九至十二,古詩四卷)

360000－1901－0008551　419329
古唐詩合解十二卷古詩四卷　(清)王堯衢注
清刻本　六冊　存九卷(古唐詩合解一至七、十二,古詩一)

360000－1901－0008552　603206
古唐詩合解十二卷古詩四卷　(清)王堯衢注
清刻本　一冊　存五卷(古唐詩合解十二、古詩四卷)

360000－1901－0008553　900949
古唐詩合解十二卷古詩四卷　(清)王堯衢注
清刻本　三冊　存八卷(古唐詩合解三至十)

360000－1901－0008554　403979
古唐詩合解十二卷古詩四卷　(清)王堯衢注
清刻本(卷一至二配清寶翰樓刻本)　六冊

360000－1901－0008555　419311
古唐詩合解十二卷古詩四卷　(清)王堯衢注
清令德堂刻本　六冊

360000－1901－0008556　419312
古唐詩合解十二卷古詩四卷　(清)王堯衢注
清令德堂刻本　六冊

360000－1901－0008557　419313
古唐詩合解十二卷古詩四卷　(清)王堯衢注
清令德堂刻本　六冊

360000－1901－0008558　403983
古唐詩合解十二卷古詩四卷　(清)王堯衢注
清聖德堂刻本　四冊　存十三卷(古唐詩合解一至二、六至十二,古詩四卷)

360000－1901－0008559　805091

古唐詩合解十二卷古詩四卷　(清)王堯衢注　清文奎堂刻本　一册　存四卷(古唐詩合解一至四)

360000－1901－0008560　703982
古唐詩合解十二卷古詩四卷　(清)王堯衢注　清文餘堂刻本　一册　存三卷(古詩一至三)

360000－1901－0008561　163617
古唐詩合解十二卷古詩四卷　(清)王堯衢注　清永安堂刻本　五册

360000－1901－0008562　418154
古唐詩選七卷　(明)李攀龍輯　(清)吳人注　清康熙刻本　一册　存四卷(一至四)

360000－1901－0008563　800519
古汀碧山堂結訟案卷一卷　(清)□□輯　清抄本　一册

360000－1901－0008564　150160
古桐書屋六種　(清)劉熙載撰　清光緒刻本　八册

360000－1901－0008565　160253
古微書三十六卷　(明)孫穀輯　清光緒二十一年(1895)鴻文書局石印本　二册

360000－1901－0008566　409567
古微書三十六卷　(明)孫穀輯　清嘉慶對山問月樓刻本　一册　存十卷(十九至二十八)

360000－1901－0008567　305841
古微堂内集二卷外集八卷　(清)魏源撰　清光緒二十三年(1897)豐城寶墨齋刻本　四册　存九卷(古微堂内集二卷、外集一至七)

360000－1901－0008568　301506
古微堂内集二卷外集八卷　(清)魏源撰　清宣統二年(1910)國學扶輪社鉛印本　六册

360000－1901－0008569　409559
古微堂内集二卷外集八卷　(清)魏源撰　清宣統元年(1909)國學扶輪社鉛印本　六册

360000－1901－0008570　414910
古微堂内集三卷外集七卷　(清)魏源撰　清光緒三十一年(1905)余永慶堂刻本　二册　存三卷(古微堂内集三卷)

360000－1901－0008571　163319
古微堂内集三卷外集七卷　(清)魏源撰　清光緒四年(1878)淮南書局刻本　四册

360000－1901－0008572　302563
古微堂内集三卷外集七卷　(清)魏源撰　清光緒四年(1878)淮南書局刻本　四册

360000－1901－0008573　316334
古微堂内集三卷外集七卷　(清)魏源撰　清光緒四年(1878)淮南書局刻本　四册

360000－1901－0008574　316422
古微堂内集三卷外集七卷　(清)魏源撰　清光緒四年(1878)淮南書局刻本　四册

360000－1901－0008575　409560
古微堂内集三卷外集七卷　(清)魏源撰　清光緒四年(1878)淮南書局刻本　四册

360000－1901－0008576　409561
古微堂内集三卷外集七卷　(清)魏源撰　清光緒四年(1878)淮南書局刻本　四册

360000－1901－0008577　409562
古微堂内集三卷外集七卷　(清)魏源撰　清光緒四年(1878)淮南書局刻本　三册　存七卷(古微堂内集三卷,外集一至二、六至七)

360000－1901－0008578　409563
古微堂内集三卷外集七卷　(清)魏源撰　清光緒四年(1878)淮南書局刻本　二册　存五卷(古微堂内集三卷、外集六至七)

360000－1901－0008579　305842
古微堂内集三卷外集七卷　(清)魏源撰　清刻本　三册　存七卷(外集七卷)

360000－1901－0008580　418786
古文八大家公暇錄六卷　(清)李中簡鑒定　(清)王應鯨選評　清乾隆刻本　二册

360000－1901－0008581　419163
古文八卷　(清)杭永年　(清)王化遠評述　清乾隆二十一年(1756)會文堂刻本　七册

存六卷(一至六)

360000－1901－0008582　419146
古文筆法八卷首一卷　(清)李扶九輯　(清)黄仁黼注　清光緒二十九年(1903)石印本　三册　存七卷(一至六、首一卷)

360000－1901－0008583　419147
古文筆法八卷首一卷　(清)李扶九輯　(清)黄仁黼注　清光緒二十九年(1903)石印本　三册　存四卷(四至五、七至八)

360000－1901－0008584　419159
古文筆法八卷首一卷　(清)李扶九輯　(清)黄仁黼注　清光緒二十九年(1903)石印本　四册

360000－1901－0008585　419160
古文筆法八卷首一卷　(清)李扶九輯　(清)黄仁黼注　清光緒二十九年(1903)石印本　三册　存五卷(一至五)

360000－1901－0008586　419161
古文筆法八卷首一卷　(清)李扶九輯　(清)黄仁黼注　清光緒二十九年(1903)石印本　三册　存六卷(一至二、四至六,首一卷)

360000－1901－0008587　419134
古文筆法八卷首一卷　(清)李扶九輯　(清)黄仁黼注　清光緒三十年(1904)申江書局石印本　四册

360000－1901－0008588　419135
古文筆法八卷首一卷　(清)李扶九輯　(清)黄仁黼注　清光緒三十年(1904)申江書局石印本　四册

360000－1901－0008589　419150
古文筆法百篇八卷首一卷　(清)李扶九輯　(清)黄仁黼注　清光緒二十七年(1901)上海書局石印本　一册

360000－1901－0008590　419153
古文筆法百篇八卷首一卷　(清)李扶九輯　(清)黄仁黼注　清光緒二十七年(1901)上海書局石印本　五册　存八卷(一至二、四至八,首一卷)

360000－1901－0008591　419154
古文筆法百篇八卷首一卷　(清)李扶九輯　(清)黄仁黼注　清光緒二十七年(1901)上海書局石印本　四册

360000－1901－0008592　419155
古文筆法百篇八卷首一卷　(清)李扶九輯　(清)黄仁黼注　清光緒二十七年(1901)上海書局石印本　二册　存七卷(一至三、六至八,首一卷)

360000－1901－0008593　419151
古文筆法百篇八卷首一卷　(清)李扶九輯　(清)黄仁黼注　清光緒三十年(1904)上海書局石印本　一册

360000－1901－0008594　800877
古文筆法百篇八卷首一卷　(清)李扶九輯　(清)黄仁黼注　清宣統三年(1911)上海書局石印本　一册

360000－1901－0008595　302559
古文筆法百篇二十卷首一卷　(清)李扶九輯　(清)黄仁黼注　清光緒八年(1882)滇南書局刻本　四册

360000－1901－0008596　419120
古文筆法百篇二十卷首一卷　(清)李扶九輯　(清)黄仁黼注　清光緒八年(1882)滇南書局刻本　四册

360000－1901－0008597　419121
古文筆法百篇二十卷首一卷　(清)李扶九輯　(清)黄仁黼注　清光緒八年(1882)滇南書局刻本　三册　存十二卷(一至二、五至八、十五至二十)

360000－1901－0008598　419119
古文筆法百篇二十卷首一卷　(清)李扶九輯　(清)黄仁黼注　清光緒八年(1882)滇南書局刻本(卷十五至二十配清刻本)　四册

360000－1901－0008599　419123
古文筆法百篇二十卷首一卷　(清)李扶九輯

（清）黄仁黼注　清光緒八年（1882）善化黄氏刻本　六册

360000－1901－0008600　419124
古文筆法百篇二十卷首一卷　（清）李扶九輯（清）黄仁黼注　清光緒八年（1882）善化黄氏刻本　四册　存十五卷（一至二、六至十三、十六至二十）

360000－1901－0008601　308819
古文筆法百篇二十卷首一卷　（清）李扶九輯（清）黄仁黼注　清光緒二十八年（1902）湖南三希書局刻本　四册

360000－1901－0008602　419158
古文筆法百篇二十卷首一卷　（清）李扶九輯（清）黄仁黼注　清光緒二十九年（1903）日新書局石印本　四册　存十五卷（一至二、六至十二、十五至二十）

360000－1901－0008603　419125
古文筆法百篇二十卷首一卷　（清）李扶九輯（清）黄仁黼注　清光緒二十六年（1900）新化三味書屋刻本　六册

360000－1901－0008604　419130
古文筆法百篇二十卷首一卷　（清）李扶九輯（清）黄仁黼注　清光緒二十四年（1898）兩儀堂刻本　二册　存九卷（一至三、十五至二十）

360000－1901－0008605　419131
古文筆法百篇二十卷首一卷　（清）李扶九輯（清）黄仁黼注　清光緒二十四年（1898）兩儀堂刻本　二册　存九卷（一至三、十五至二十）

360000－1901－0008606　419129
古文筆法百篇二十卷首一卷　（清）李扶九輯（清）黄仁黼注　清光緒二十四年（1898）兩儀堂刻本（卷七至二十配清刻本）　三册

360000－1901－0008607　419128
古文筆法百篇二十卷首一卷　（清）李扶九輯（清）黄仁黼注　清光緒二十四年（1898）兩儀堂刻本（卷四至七配清刻本）　四册

360000－1901－0008608　419157
古文筆法百篇二十卷首一卷　（清）李扶九輯（清）黄仁黼注　清光緒二十四年（1898）上海餘記書莊石印本　二册　存七卷（一至二、十六至二十）

360000－1901－0008609　419127
古文筆法百篇二十卷首一卷　（清）李扶九輯（清）黄仁黼注　清光緒二十四年（1898）益元書局刻本　四册

360000－1901－0008610　419122
古文筆法百篇二十卷首一卷　（清）李扶九輯（清）黄仁黼注　清刻本　四册　存十五卷（三至五、九至二十）

360000－1901－0008611　419126
古文筆法百篇二十卷首一卷　（清）李扶九輯（清）黄仁黼注　清刻本　六册

360000－1901－0008612　419132
古文筆法百篇二十卷首一卷　（清）李扶九輯（清）黄仁黼注　清刻本　五册　存十八卷（三至二十）

360000－1901－0008613　419132－1
古文筆法百篇二十卷首一卷　（清）李扶九輯（清）黄仁黼注　清刻本　一册　存三卷（一至三）

360000－1901－0008614　419132－2
古文筆法百篇二十卷首一卷　（清）李扶九輯（清）黄仁黼注　清刻本　一册　存四卷（八至十一）

360000－1901－0008615　419132－3
古文筆法百篇二十卷首一卷　（清）李扶九輯（清）黄仁黼注　清刻本　一册　存八卷（七至十四）

360000－1901－0008616　163603
古文筆法二十卷首一卷　（清）李扶九輯（清）黄仁黼注　清光緒七年（1881）上海錦章圖書局石印本　一册

360000－1901－0008617　316154

古文詞略二十四卷　(清)梅曾亮輯　清光緒三十四年(1908)學部圖書局鉛印本　五册

360000－1901－0008618　316155
古文詞略二十四卷　(清)梅曾亮輯　清光緒三十四年(1908)學部圖書局鉛印本　五册

360000－1901－0008619　900817
古文詞略二十四卷　(清)梅曾亮輯　清光緒三十四年(1908)學部圖書局鉛印本　五册

360000－1901－0008620　302516
古文詞略二十四卷　(清)梅曾亮輯　清同治六年(1867)合肥李氏刻本　五册

360000－1901－0008621　302517
古文詞略二十四卷　(清)梅曾亮輯　清同治六年(1867)合肥李氏刻本　五册

360000－1901－0008622　302539
古文詞略二十四卷　(清)梅曾亮輯　清同治六年(1867)合肥李氏刻本　五册

360000－1901－0008623　415459
古文詞略二十四卷　(清)梅曾亮輯　清同治六年(1867)合肥李氏刻本　五册

360000－1901－0008624　415460
古文詞略二十四卷　(清)梅曾亮輯　清同治六年(1867)合肥李氏刻本　五册

360000－1901－0008625　419297－1
古文辭類纂七十四卷　(清)姚鼐輯　清抄本　一册　存序目

360000－1901－0008626　421298
古文辭類纂七十四卷　(清)姚鼐輯　清道光合河康氏家塾刻本　十二册

360000－1901－0008627　302528
古文辭類纂七十四卷　(清)姚鼐輯　清道光元年(1821)合河康氏霞蔭堂刻本　十二册

360000－1901－0008628　302529
古文辭類纂七十四卷　(清)姚鼐輯　清道光元年(1821)合河康氏霞蔭堂刻本　六册

360000－1901－0008629　302531
古文辭類纂七十四卷　(清)姚鼐輯　清道光元年(1821)合河康氏霞蔭堂刻本　十六册

360000－1901－0008630　305813
古文辭類纂七十四卷　(清)姚鼐輯　清道光元年(1821)合河康氏霞蔭堂刻本　八册　存四十四卷(一至四十四)

360000－1901－0008631　317108
古文辭類纂七十四卷　(清)姚鼐輯　清道光元年(1821)合河康氏霞蔭堂刻本　十六册

360000－1901－0008632　308789
古文辭類纂七十四卷　(清)姚鼐輯　清光緒二十年(1894)湖南書局刻本　十四册

360000－1901－0008633　421297
古文辭類纂七十四卷　(清)姚鼐輯　清光緒二十年(1894)湖南書局刻本　十二册

360000－1901－0008634　302536
古文辭類纂七十四卷　(清)姚鼐輯　清光緒十八年(1892)湖南文章書局刻本　十六册

360000－1901－0008635　307705
古文辭類纂七十四卷　(清)姚鼐輯　清光緒十八年(1892)湖南文章書局刻本　十三册

360000－1901－0008636　419275
古文辭類纂七十四卷　(清)姚鼐輯　清光緒十八年(1892)掃葉山房刻本　十二册　存七十卷(一至七十)

360000－1901－0008637　420057
古文辭類纂七十四卷　(清)姚鼐輯　清光緒十九年(1893)思賢講舍刻本　二册　存十二卷(三十一至四十二)

360000－1901－0008638　420057－2
古文辭類纂七十四卷　(清)姚鼐輯　清刻本　一册　存七卷(三十一至三十七)

360000－1901－0008639　308543
古文辭類纂七十四卷　(清)姚鼐輯　清同治八年(1869)江蘇書局刻本　十二册

360000－1901－0008640　316082
古文辭類纂七十四卷　(清)姚鼐輯　清同治

八年(1869)江蘇書局刻本　六冊

360000－1901－0008641　316101
古文辭類纂七十四卷　(清)姚鼐輯　清同治八年(1869)江蘇書局刻本　十二冊

360000－1901－0008642　420058
古文辭類纂七十四卷　(清)姚鼐輯　清同治八年(1869)問竹軒刻本　十六冊

360000－1901－0008643　316624
古文辭類纂七十四卷　(清)姚鼐輯　**續古文辭類纂二十八卷**　(清)黎庶昌輯　清光緒三十三年(1907)上海商務印書館鉛印本　二十四冊

360000－1901－0008644　309316
古文辭類纂七十四卷　(清)姚鼐輯　**續古文辭類纂三十四卷**　王先謙輯　清光緒二十六年(1900)新化三味書室刻本　二十冊　存九十一卷(古文辭類纂一至三、十四至四十三、四十八至七十四,續古文辭類纂一至十三、十七至三十四)

360000－1901－0008645　420048
古文辭類纂七十四卷　(清)姚鼐輯　**續古文辭類纂三十四卷**　王先謙輯　清光緒二十年(1894)湖南書局刻本　二十冊

360000－1901－0008646　420049
古文辭類纂七十四卷　(清)姚鼐輯　**續古文辭類纂三十四卷**　王先謙輯　清光緒二十年(1894)湖南書局刻本　二十四冊

360000－1901－0008647　420050
古文辭類纂七十四卷　(清)姚鼐輯　**續古文辭類纂三十四卷**　王先謙輯　清光緒二十年(1894)湖南書局刻本　十八冊　存九十一卷(古文辭類纂一至六十九、續古文辭類纂四至二十五)

360000－1901－0008648　420051
古文辭類纂七十四卷　(清)姚鼐輯　**續古文辭類纂三十四卷**　王先謙輯　清光緒二十年(1894)湖南書局刻本　十九冊　存一百五卷(古文辭類纂一至十二、十六至七十四,續古文辭類纂三十四卷)

360000－1901－0008649　420057－1
古文辭類纂七十四卷　(清)姚鼐輯　**續古文辭類纂三十四卷**　王先謙輯　清光緒二十年(1894)湖南書局刻本　四冊　存二十四卷(古文辭類纂三十二至四十三、四十八至五十四,續古文辭類纂十七至二十一)

360000－1901－0008650　719265
古文辭類纂七十四卷　(清)姚鼐輯　**續古文辭類纂三十四卷**　王先謙輯　清光緒三十年(1904)上海商務印書館鉛印本　六冊　存七十八卷(古文辭類纂一至五十五,續古文辭類纂一至八、二十至三十四)

360000－1901－0008651　320561
古文辭類纂七十四卷　(清)姚鼐輯　**續古文辭類纂三十四卷**　王先謙輯　清光緒三十三年(1907)上海商務印書館鉛印本　十二冊

360000－1901－0008652　719262
古文辭類纂七十四卷　(清)姚鼐輯　**續古文辭類纂三十四卷**　王先謙輯　清光緒三十三年(1907)上海商務印書館鉛印本　十二冊

360000－1901－0008653　719263
古文辭類纂七十四卷　(清)姚鼐輯　**續古文辭類纂三十四卷**　王先謙輯　清光緒三十三年(1907)上海商務印書館鉛印本　十冊　存八十八卷(古文辭類纂十一至二十、三十一至七十四,續古文辭類纂三十四卷)

360000－1901－0008654　719264
古文辭類纂七十四卷　(清)姚鼐輯　**續古文辭類纂三十四卷**　王先謙輯　清光緒三十三年(1907)上海商務印書館鉛印本　十一冊　存一百一卷(古文辭類纂一至六十七、續古文辭類纂三十四卷)

360000－1901－0008655　719266
古文辭類纂七十四卷　(清)姚鼐輯　**續古文辭類纂三十四卷**　王先謙輯　清光緒三十三年(1907)上海商務印書館鉛印本　六冊　存五十卷(古文辭類纂三十一至四十、五十一至

六十七，續古文辭類纂一至二十三）

360000－1901－0008656　719266－1

古文辭類纂七十四卷　（清）姚鼐輯　**續古文辭類纂三十四卷**　王先謙輯　清光緒三十三年（1907）上海商務印書館鉛印本　一冊　存七卷（六十一至六十七）

360000－1901－0008657　420052

古文辭類纂七十四卷　（清）姚鼐輯　**續古文辭類纂三十四卷**　王先謙輯　清光緒十九年（1893）思賢講舍刻本　二十四冊

360000－1901－0008658　420053

古文辭類纂七十四卷　（清）姚鼐輯　**續古文辭類纂三十四卷**　王先謙輯　清光緒十九年（1893）思賢講舍刻本　十九冊　存一百三卷（古文辭類纂七十四卷，續古文辭類纂一至九、十四至二十六、二十八至三十四）

360000－1901－0008659　420054

古文辭類纂七十四卷　（清）姚鼐輯　**續古文辭類纂三十四卷**　王先謙輯　清光緒十九年（1893）思賢講舍刻本　二十四冊

360000－1901－0008660　420055

古文辭類纂七十四卷　（清）姚鼐輯　**續古文辭類纂三十四卷**　王先謙輯　清光緒十九年（1893）思賢講舍刻本　十六冊　存六十九卷（古文辭類纂一至九、十五至四十三、四十五至五十六，續古文辭類纂一至六、十三至二十五）

360000－1901－0008661　420056

古文辭類纂七十四卷　（清）姚鼐輯　**續古文辭類纂三十四卷**　王先謙輯　清光緒十九年（1893）思賢講舍刻本　十四冊　存七十二卷（古文辭類纂一至五、十五至六十九，續古文辭類纂十四至二十五）

360000－1901－0008662　308787

古文辭類纂七十五卷　（清）姚鼐輯　清道光五年（1825）金陵吳氏刻本　十六冊

360000－1901－0008663　302535

古文辭類纂七十五卷　（清）姚鼐輯　清道光五年（1825）金陵吳氏刻本　十二冊

360000－1901－0008664　421305

古文辭類纂七十五卷　（清）姚鼐輯　清刻本　九冊　存五十三卷（十至二十九、三十二至三十九、四十七至七十一）

360000－1901－0008665　421306

古文辭類纂七十五卷　（清）姚鼐輯　清刻本　三冊　存二十三卷（四十六至六十八）

360000－1901－0008666　302532

古文辭類纂七十五卷　（清）姚鼐輯　**校勘記一卷**　（清）李承淵撰　清光緒二十七年（1901）滁州李氏求要堂刻本　十二冊

360000－1901－0008667　302533

古文辭類纂七十五卷　（清）姚鼐輯　**校勘記一卷**　（清）李承淵撰　清光緒二十七年（1901）滁州李氏求要堂刻本　十二冊

360000－1901－0008668　421307

古文辭類纂七十五卷　（清）姚鼐輯　**姚選古文真本五色標記表十五卷首一卷**　（清）張剛編纂　清宣統二年（1910）五色古文山房刻本　十一冊

360000－1901－0008669　421303

古文辭類纂七十五卷附錄一卷　（清）姚鼐輯　**校勘記一卷**　（清）李承淵撰　清光緒二十七年（1901）滁州李氏求要堂刻本　十二冊

360000－1901－0008670　421304

古文辭類纂七十五卷附錄一卷　（清）姚鼐輯　**校勘記一卷**　（清）李承淵撰　清光緒二十七年（1901）滁州李氏求要堂刻本　十一冊　存七十三卷（四至七十五、校勘記一卷）

360000－1901－0008671　719269

古文辭類纂三編二十八卷　（清）黎庶昌輯　清光緒二十六年（1900）晉省書業昌石印本　八冊

360000－1901－0008672　719239

古文辭類纂十五卷　（清）姚鼐輯　**續古文辭類纂十卷**　王先謙輯　清光緒二十年（1894）

上海圖書集成印書局鉛印本　六冊　存十五卷(古文辭類纂十五卷)

360000－1901－0008673　719240
古文辭類纂十五卷　(清)姚鼐輯　**續古文辭類纂十卷**　王先謙輯　清光緒二十年(1894)上海圖書集成印書局鉛印本　六冊　存十五卷(古文辭類纂十五卷)

360000－1901－0008674　719241
古文辭類纂十五卷　(清)姚鼐輯　**續古文辭類纂十卷**　王先謙輯　清光緒二十年(1894)上海圖書集成印書局鉛印本　五冊　存十一卷(古文辭類纂一至五、十至十五)

360000－1901－0008675　719242
古文辭類纂十五卷　(清)姚鼐輯　**續古文辭類纂十卷**　王先謙輯　清光緒二十年(1894)上海圖書集成印書局鉛印本　二冊　存六卷(古文辭類纂十至十五)

360000－1901－0008676　719248
古文辭類纂十五卷　(清)姚鼐輯　**續古文辭類纂十卷**　王先謙輯　清光緒二十年(1894)上海圖書集成印書局鉛印本　十冊

360000－1901－0008677　302527
古文辭類纂十五卷　(清)姚鼐輯　**續古文辭類纂十卷**　王先謙輯　清光緒十六年(1890)上海文瑞樓鉛印本　十冊

360000－1901－0008678　241169
古文瀆編　(明)王志堅編　明崇禎刻本　四冊　存三種

360000－1901－0008679　302524
古文讀本二卷　(清)吳汝綸評　清光緒二十九年(1903)直隸學校司排印局鉛印本　二冊

360000－1901－0008680　800331
古文讀本一卷　(□)□□輯　清抄本　一冊

360000－1901－0008681　803983
古文讀本一卷　(□)□□輯　清抄本　一冊

360000－1901－0008682　404268
古文分編集評初集五卷二集五卷三集八卷四集四卷　(清)于光華輯　清刻本　十二冊　缺三卷(古文分編集評初集上二、三集一、四集一)

360000－1901－0008683　404269
古文分編集評初集五卷二集五卷三集八卷四集四卷　(清)于光華輯　清刻本　八冊　存九卷(古文分編集評初集上一、下一,二集上一至二、下二,三集三至五,四集二)

360000－1901－0008684　404269－1
古文分編集評初集五卷二集五卷三集八卷四集四卷　(清)于光華輯　清刻本　一冊　存二卷(二集下一至二)

360000－1901－0008685　404270
古文分編集評初集五卷二集五卷三集八卷四集四卷　(清)于光華輯　清刻本　七冊　存九卷(古文分編集評初集下一至二;二集上一、三,下二;三集二至五)

360000－1901－0008686　404271
古文分編集評初集五卷二集五卷三集八卷四集四卷　(清)于光華輯　清刻本　三冊　存五卷(古文分編集評初集下一、二集下二、三集四至六)

360000－1901－0008687　404271－1
古文分編集評初集五卷二集五卷三集八卷四集四卷　(清)于光華輯　清刻本　一冊　存一卷(二集下二)

360000－1901－0008688　404272
古文分編集評初集五卷二集五卷三集八卷四集四卷　(清)于光華輯　清刻本　二十冊

360000－1901－0008689　404273
古文分編集評初集五卷二集五卷三集八卷四集四卷　(清)于光華輯　清刻本　十八冊　缺一卷(三集一)

360000－1901－0008690　404274
古文分編集評初集五卷二集五卷三集八卷四集四卷　(清)于光華輯　清刻本　十六冊　缺一卷(三集一)

360000－1901－0008691　404275

古文分編集評初集五卷二集五卷三集八卷四集四卷　(清)于光華輯　清刻本　十一册　存十六卷(古文分編集評初集上一至二、下二,二集一至二、下二,三集二至八,四集一至二、四)

360000－1901－0008692　707493

古文分編集評初集五卷二集五卷三集八卷四集四卷　(清)于光華輯　清刻本　一册　存一卷(三集四)

360000－1901－0008693　710153

古文分編集評初集五卷二集五卷三集八卷四集四卷　(清)于光華輯　清刻本　七册　存七卷(古文分編集評初集三、二集一至三、三集一至三)

360000－1901－0008694　710154

古文分編集評初集五卷二集五卷三集八卷四集四卷　(清)于光華輯　清刻本　一册　存一卷(二集一)

360000－1901－0008695　710155

古文分編集評初集五卷二集五卷三集八卷四集四卷　(清)于光華輯　清刻本　一册　存一卷(古文分編集評初集二)

360000－1901－0008696　721861

古文分編集評初集五卷二集五卷三集八卷四集四卷　(清)于光華輯　清刻本　七册　存七卷(三集五至八、四集二至四)

360000－1901－0008697　722014

古文分編集評初集五卷二集五卷三集八卷四集四卷　(清)于光華輯　清刻本　十册　存十五卷(二集一至三、三集八卷、四集四卷)

360000－1901－0008698　800700

古文分編集評初集五卷二集五卷三集八卷四集四卷　(清)于光華輯　清刻本　一册　存一卷(三集八)

360000－1901－0008699　800701

古文分編集評初集五卷二集五卷三集八卷四集四卷　(清)于光華輯　清刻本　一册　存一卷(二集二)

360000－1901－0008700　241297

古文分編集評初集五卷二集五卷三集八卷四集四卷　(清)于光華輯　清乾隆刻本　二十三册

360000－1901－0008701　404267

古文分編集評初集五卷二集五卷三集八卷四集四卷　(清)于光華輯　清乾隆刻本　十七册　缺四卷(三集一至四)

360000－1901－0008702　704264

古文分編集評初集五卷二集五卷三集八卷四集四卷　(清)于光華輯　清乾隆五十二年(1787)友于堂刻本　六册　存七卷(古文分編集評初集上一至二、下一至三,二集上一至二)

360000－1901－0008703　704265

古文分編集評初集五卷二集五卷三集八卷四集四卷　(清)于光華輯　清乾隆五十二年(1787)友于堂刻本　四册　存四卷(古文分編集評初集上一至二、下一至二)

360000－1901－0008704　704266

古文分編集評初集五卷二集五卷三集八卷四集四卷　(清)于光華輯　清乾隆五十二年(1787)友于堂刻本　十五册　缺二卷(二集上三、四集一)

360000－1901－0008705　163609

古文觀止十二卷　(清)吳乘權　(清)吳大職輯　清道光三十年(1850)掃葉山房刻本　六册

360000－1901－0008706　419167

古文觀止十二卷　(清)吳乘權　(清)吳大職輯　清光緒二十二年(1896)文富堂刻本　六册

360000－1901－0008707　419168

古文觀止十二卷　(清)吳乘權　(清)吳大職輯　清光緒二十六年(1900)刻本　六册

360000－1901－0008708　307716

古文觀止十二卷 (清)吳乘權 (清)吳大職輯 清光緒二十五年(1899)精宏書局刻本 六冊

360000－1901－0008709 419181
古文觀止十二卷 (清)吳乘權 (清)吳大職輯 清光緒二十五年(1899)舊學山房刻本 六冊

360000－1901－0008710 419190
古文觀止十二卷 (清)吳乘權 (清)吳大職輯 清光緒二十一年(1895)學庫山房刻本 六冊

360000－1901－0008711 419206
古文觀止十二卷 (清)吳乘權 (清)吳大職輯 清光緒九年(1883)掃葉山房刻本 六冊

360000－1901－0008712 163610
古文觀止十二卷 (清)吳乘權 (清)吳大職輯 清光緒十八年(1892)文奎堂刻本 六冊

360000－1901－0008713 419184
古文觀止十二卷 (清)吳乘權 (清)吳大職輯 清光緒十四年(1888)昆陵李氏麟玉山房刻本 六冊

360000－1901－0008714 419180
古文觀止十二卷 (清)吳乘權 (清)吳大職輯 清汲綆齋刻本 六冊

360000－1901－0008715 419192
古文觀止十二卷 (清)吳乘權 (清)吳大職輯 清兩儀堂刻本 六冊

360000－1901－0008716 419193
古文觀止十二卷 (清)吳乘權 (清)吳大職輯 清兩儀堂刻本 六冊

360000－1901－0008717 419194
古文觀止十二卷 (清)吳乘權 (清)吳大職輯 清兩儀堂刻本 二冊 存四卷(一至二、五至六)

360000－1901－0008718 419195
古文觀止十二卷 (清)吳乘權 (清)吳大職輯 清兩儀堂刻本 三冊 存六卷(一至六)

360000－1901－0008719 800699
古文觀止十二卷 (清)吳乘權 (清)吳大職輯 清末鉛印本 一冊 存二卷(十一至十二)

360000－1901－0008720 419188
古文觀止十二卷 (清)吳乘權 (清)吳大職輯 清掃葉山房刻本 六冊

360000－1901－0008721 419182
古文觀止十二卷 (清)吳乘權 (清)吳大職輯 清文奎堂刻本 四冊

360000－1901－0008722 419183
古文觀止十二卷 (清)吳乘權 (清)吳大職輯 清文奎堂刻本 五冊

360000－1901－0008723 603193
古文觀止十二卷 (清)吳乘權 (清)吳大職輯 清文奎堂刻本 六冊 存十卷(一至十)

360000－1901－0008724 804032
古文觀止十二卷 (清)吳乘權 (清)吳大職輯 清文奎堂刻本 一冊 存三卷(十至十二)

360000－1901－0008725 419205
古文觀止十二卷 (清)吳乘權 (清)吳大職輯 清文瑞樓刻本 一冊 存八卷(一、三至六、十至十二)

360000－1901－0008726 419197
古文觀止十二卷 (清)吳乘權 (清)吳大職輯 清宣統元年(1909)上海鑄記棧石印本 六冊

360000－1901－0008727 419198
古文觀止十二卷 (清)吳乘權 (清)吳大職輯 清宣統元年(1909)上海鑄記棧石印本 二冊 存二卷(九至十)

360000－1901－0008728 419196
古文觀止十二卷 (清)吳乘權 (清)吳大職輯 清宣統元年(1909)文瑞樓石印本 六冊

360000－1901－0008729 419170
古文觀止十二卷 (清)吳乘權 (清)吳大職

輯　清狀元閣刻本　六冊

360000－1901－0008730　419171
古文觀止十二卷　(清)吳乘權　(清)吳大職輯　清狀元閣刻本　六冊

360000－1901－0008731　419172
古文觀止十二卷　(清)吳乘權　(清)吳大職輯　清狀元閣刻本　六冊

360000－1901－0008732　419204
古文觀止詳注六卷　(清)王相選注　清嘉慶十六年(1811)刻本　三冊

360000－1901－0008733　421848
古文歸□□卷　(明)鍾惺輯　明刻本　一冊　存二卷(六至七)

360000－1901－0008734　241281
古文輯畧不分卷　(清)曹本榮編　清翰林院抄本　九十四冊

360000－1901－0008735　421846
古文輯註八卷　(清)朱良玉輯　清刻本　二冊　存四卷(三至六)

360000－1901－0008736　800681
古文喈鳳新編八卷　(清)汪基輯　清大盛堂刻本　一冊　存一卷(七)

360000－1901－0008737　163602
古文近道集八卷　(清)王贇元輯　清同治七年(1868)山陰王氏培槐軒刻本　二冊

360000－1901－0008738　805367
古文近道集八卷　(清)王贇元輯　清同治七年(1868)山陰王氏培槐軒刻本　一冊　存四卷(正學、洗心、篤親、明義)

360000－1901－0008739　163850
古文近道集不分卷　(清)王贇元輯　清同治七年(1868)刻本　一冊

360000－1901－0008740　800702
古文精言詳註旁訓合選十六卷　(清)馬寬裕輯　清末石印本　三冊　存十二卷(五至十六)

360000－1901－0008741　418789
古文精義十五卷　(清)劉元穎輯　清康熙二十五年(1686)刻本　四冊　存十二卷(一至十二)

360000－1901－0008742　404010
古文精藻二卷　(清)李光地輯　清道光九年(1829)李維迪刻榕村全書本　一冊

360000－1901－0008743　163606
古文精藻二卷　(清)李光地輯　清刻本　一冊

360000－1901－0008744　419118－4
古文快筆貫通解□□卷　(清)杭永年評解　清刻本　二冊　存二卷(二、五)

360000－1901－0008745　419118－5
古文快筆貫通解□□卷　(清)杭永年評解　清刻本　一冊　存一卷(五)

360000－1901－0008746　419118－6
古文快筆貫通解□□卷　(清)杭永年評解　清刻本　二冊　存二卷(二、十)

360000－1901－0008747　419109
古文快筆貫通解三卷　(清)杭永年評解　清道光二十七年(1847)經國堂刻本　三冊

360000－1901－0008748　419111
古文快筆貫通解三卷　(清)杭永年評解　清經元堂刻本　三冊

360000－1901－0008749　419112－1
古文快筆貫通解三卷　(清)杭永年評解　清經元堂刻本　一冊　存一卷(上)

360000－1901－0008750　419110
古文快筆貫通解三卷　(清)杭永年評解　清刻本(卷上配清經綸堂刻本)　三冊

360000－1901－0008751　419112
古文快筆貫通解三卷　(清)杭永年評解　清文光堂刻本　二冊　存二卷(上、中)

360000－1901－0008752　419108
古文快筆貫通解四卷　(清)杭永年評解　清嘉慶二十五年(1820)刻本　二冊

360000－1901－0008753　419094
古文快筆貫通解四卷　(清)杭永年評解　清嘉慶二十五年(1820)刻本(卷三至四配清刻本)　二冊

360000－1901－0008754　419103
古文快筆貫通解四卷　(清)杭永年評解　清嘉慶二十五年(1820)兩儀堂刻本　一冊

360000－1901－0008755　419104
古文快筆貫通解四卷　(清)杭永年評解　清嘉慶二十五年(1820)兩儀堂刻本　二冊

360000－1901－0008756　419105
古文快筆貫通解四卷　(清)杭永年評解　清嘉慶二十五年(1820)兩儀堂刻本　二冊

360000－1901－0008757　419106
古文快筆貫通解四卷　(清)杭永年評解　清嘉慶二十五年(1820)兩儀堂刻本　四冊

360000－1901－0008758　419107
古文快筆貫通解四卷　(清)杭永年評解　清嘉慶二十五年(1820)兩儀堂刻本(卷三至四配清刻本)　二冊

360000－1901－0008759　419096
古文快筆貫通解四卷　(清)杭永年評解　清嘉慶元年(1796)刻本　四冊

360000－1901－0008760　419100
古文快筆貫通解四卷　(清)杭永年評解　清嘉慶元年(1796)刻本　二冊

360000－1901－0008761　419101
古文快筆貫通解四卷　(清)杭永年評解　清嘉慶元年(1796)刻本　四冊

360000－1901－0008762　419097
古文快筆貫通解四卷　(清)杭永年評解　清嘉慶元年(1796)刻本(卷三至四配清刻本)　四冊

360000－1901－0008763　419102
古文快筆貫通解四卷　(清)杭永年評解　清嘉慶元年(1796)刻本(卷三至四配清刻本)　二冊

360000－1901－0008764　419095
古文快筆貫通解四卷　(清)杭永年評解　清刻本　二冊

360000－1901－0008765　419098
古文快筆貫通解四卷　(清)杭永年評解　清刻本　三冊

360000－1901－0008766　419099
古文快筆貫通解四卷　(清)杭永年評解　清刻本　二冊

360000－1901－0008767　419113
古文快筆貫通解四卷　(清)杭永年評解　清刻本　二冊

360000－1901－0008768　419114
古文快筆貫通解四卷　(清)杭永年評解　清刻本　二冊

360000－1901－0008769　419115
古文快筆貫通解四卷　(清)杭永年評解　清刻本　二冊　存二卷(三至四)

360000－1901－0008770　419116
古文快筆貫通解四卷　(清)杭永年評解　清刻本　一冊　存一卷(一)

360000－1901－0008771　419117
古文快筆貫通解四卷　(清)杭永年評解　清刻本　一冊　存一卷(二)

360000－1901－0008772　419118
古文快筆貫通解四卷　(清)杭永年評解　清刻本　一冊　存一卷(二)

360000－1901－0008773　419118－1
古文快筆貫通解四卷　(清)杭永年評解　清刻本　一冊　存一卷(三)

360000－1901－0008774　419118－2
古文快筆貫通解四卷　(清)杭永年評解　清刻本　一冊　存一卷(二)

360000－1901－0008775　419118－3
古文快筆貫通解四卷　(清)杭永年評解　清刻本　一冊　存一卷(三)

360000－1901－0008776　800671
古文快筆貫通解四卷　(清)杭永年評解　清刻本　一冊　存二卷(三至四)

360000－1901－0008777　419092
古文快筆貫通解四卷　(清)杭永年評解　清刻本(卷一配清乾隆四十七年刻本)　三冊

360000－1901－0008778　419093
古文快筆貫通解四卷　(清)杭永年評解　清乾隆五十四年(1789)刻本　四冊

360000－1901－0008779　800650
古文類編□□卷　(清)周世樟　(清)胡周禎評注　清刻本　一冊　存二卷(五至六)

360000－1901－0008780　401340－2
古文類編□□卷　(清)周世樟　(清)胡周禎評註　清刻本　一冊　存二卷(三至四)

360000－1901－0008781　165074
備急千金要方三十卷攷異一卷　(唐)孫思邈撰　清光緒四年(1878)上海長洲麟瑞堂影宋刻本　十二冊

360000－1901－0008782　418799
古文眉詮七十九卷首一卷　(清)浦起龍輯　清乾隆九年(1744)三吳書院刻本　十六冊

360000－1901－0008783　418800
古文眉詮七十九卷首一卷　(清)浦起龍輯　清乾隆九年(1744)三吳書院刻本　二十八冊　存七十八卷(一至四十四、四十六至七十九)

360000－1901－0008784　418801
古文眉詮七十九卷首一卷　(清)浦起龍輯　清乾隆九年(1744)三吳書院刻本　十二冊　存四十八卷(一至四、十一至二十六、三十二至三十六、四十一至四十五、五十五至五十九、六十六至六十九、七十一至七十九)

360000－1901－0008785　418802
古文眉詮七十九卷首一卷　(清)浦起龍輯　清乾隆九年(1744)三吳書院刻本　十冊　存四十八卷(一至八、十三至三十三、四十至四十二、六十四至七十九)

360000－1901－0008786　418803
古文眉詮七十九卷首一卷　(清)浦起龍輯　清乾隆九年(1744)三吳書院刻本　三冊　存十卷(十八至二十、七十三至七十九)

360000－1901－0008787　800758
古文眉詮七十九卷首一卷　(清)浦起龍輯　清乾隆九年(1744)三吳書院刻本　一冊　存三卷(二十一至二十三)

360000－1901－0008788　302555
古文眉詮七十九卷首一卷　(清)浦起龍輯　清三吳書院刻本　二十四冊

360000－1901－0008789　421772
古文品外錄二十四卷　(明)陳繼儒輯並評　明刻本　二冊　存六卷(五至七、十五至十七)

360000－1901－0008790　250174
古文七種　(清)儲欣評選　清乾隆三十八年(1773)謙牧堂刻本　二十冊

360000－1901－0008791　241268
古文奇賞二十二卷續古文奇賞三十四卷奇賞齋廣文苑英華二十六卷四續古文奇賞五十三卷明文奇賞四十卷　(明)陳仁錫輯　明萬曆四十六年(1618)至天啓刻本　十九冊　存三十二卷(古文奇賞二十二卷,續古文奇賞八至九、三十二至三十四,四續古文奇賞四十九至五十三)

360000－1901－0008792　800708
古文賞心集新編八卷　(清)張錚評注　清煥文堂刻本　一冊　存二卷(二、四)

360000－1901－0008793　800754
古文賞心集新編八卷　(清)張錚評注　清煥文堂刻本　一冊　存一卷(三)

360000－1901－0008794　421299
古文賞音十二卷　(清)謝有輝輯　清嘉慶三年(1798)刻本　七冊

360000－1901－0008795　421300

古文賞音十二卷　(清)謝有輝輯　清嘉慶三年(1798)刻本　四册　存八卷(一至六、九至十)

360000－1901－0008796　421301
古文賞音十二卷　(清)謝有輝輯　清嘉慶三年(1798)刻本　五册　存八卷(一至六、八至九)

360000－1901－0008797　421302
古文賞音十二卷　(清)謝有輝輯　清嘉慶三年(1798)刻本　一册　存二卷(一至二)

360000－1901－0008798　419381
古文尚書考二卷　(清)惠棟撰　清道光刻本　一册

360000－1901－0008799　160245
古文尚書十卷　(漢)馬融　(漢)鄭玄注　(宋)王應麟撰集　(清)孫星衍補集　**尚書逸文二卷**　(清)江聲撰集　(清)孫星衍補訂　清光緒六年(1880)綿竹墨池書舍刻本　二册

360000－1901－0008800　406087
古文尚書私議三卷　(清)張崇蘭撰　清光緒二十三年(1897)刻本　三册

360000－1901－0008801　160244
古文尚書冤詞平議二卷　(清)皮錫瑞撰　清光緒二十二年(1896)思賢書局刻本　一册

360000－1901－0008802　210090
古文尚書撰異三十二卷　(清)段玉裁撰　清乾隆七葉衍祥堂刻本　三册　缺十三卷(二十至三十二)

360000－1901－0008803　417479
古文尚書撰異三十二卷　(清)段玉裁撰　清乾隆至道光金壇段玉裁刻經韻樓叢書本　二册　存十五卷(二至四、十四至二十五)

360000－1901－0008804　722150
古文尚書撰異三十二卷　(清)段玉裁撰　清乾隆至道光金壇段玉裁刻經韻樓叢書本　七册

360000－1901－0008805　419382
古文尚書撰異三十二卷　(清)段玉撰撰　清道光刻本　一册　存七卷(二十六至三十二)

360000－1901－0008806　419010－3
古文釋義新編八卷　(清)余誠評注　清翠筠山房刻本　一册　存二卷(五至六)

360000－1901－0008807　718921
古文釋義新編八卷　(清)余誠評注　清光緒二十七年(1901)文奎堂刻本(卷三至八配清刻本)　八册

360000－1901－0008808　418994
古文釋義新編八卷　(清)余誠評注　清光緒江蘇寶文堂刻本　八册

360000－1901－0008809　418995
古文釋義新編八卷　(清)余誠評注　清光緒江蘇寶文堂刻本　八册

360000－1901－0008810　418996
古文釋義新編八卷　(清)余誠評注　清光緒江蘇寶文堂刻本　八册

360000－1901－0008811　418997
古文釋義新編八卷　(清)余誠評注　清光緒江蘇寶文堂刻本　八册

360000－1901－0008812　419025
古文釋義新編八卷　(清)余誠評注　清光緒十七年(1891)務本書局刻本　七册　存七卷(一至六、八)

360000－1901－0008813　163612
古文釋義新編八卷　(清)余誠評注　清光緒五年(1879)翠筠山房刻本　四册

360000－1901－0008814　718923
古文釋義新編八卷　(清)余誠評注　清光緒五年(1879)翠筠山房刻本　四册

360000－1901－0008815　305822
古文釋義新編八卷　(清)余誠評注　清貴文堂刻本　一册　存二卷(三至四)

360000－1901－0008816　418999
古文釋義新編八卷　(清)余誠評注　清刻本　四册

360000－1901－0008817　419001－1
古文釋義新編八卷　（清）余誠評注　清刻本　三冊　存四卷（一至三、五）

360000－1901－0008818　419008
古文釋義新編八卷　（清）余誠評注　清刻本　三冊　存三卷（一至二、六）

360000－1901－0008819　419010－1
古文釋義新編八卷　（清）余誠評注　清刻本　三冊　存三卷（三至四、六）

360000－1901－0008820　419020
古文釋義新編八卷　（清）余誠評注　清刻本　三冊　存六卷（一至四、七至八）

360000－1901－0008821　419021
古文釋義新編八卷　（清）余誠評注　清刻本　四冊

360000－1901－0008822　419022
古文釋義新編八卷　（清）余誠評注　清刻本　三冊　存六卷（一至六）

360000－1901－0008823　419023
古文釋義新編八卷　（清）余誠評注　清刻本　五冊

360000－1901－0008824　419029
古文釋義新編八卷　（清）余誠評注　清刻本　四冊　存六卷（三至八）

360000－1901－0008825　419030
古文釋義新編八卷　（清）余誠評注　清刻本　四冊　存四卷（三至四、六至七）

360000－1901－0008826　419031
古文釋義新編八卷　（清）余誠評注　清刻本　二冊　存二卷（三至四）

360000－1901－0008827　419032
古文釋義新編八卷　（清）余誠評注　清刻本　二冊　存二卷（三至四）

360000－1901－0008828　419033
古文釋義新編八卷　（清）余誠評注　清刻本　一冊　存二卷（三至四）

360000－1901－0008829　419034
古文釋義新編八卷　（清）余誠評注　清刻本　一冊　存二卷（三至四）

360000－1901－0008830　419035
古文釋義新編八卷　（清）余誠評注　清刻本　一冊　存二卷（三至四）

360000－1901－0008831　419037
古文釋義新編八卷　（清）余誠評注　清刻本　一冊　存二卷（三至四）

360000－1901－0008832　419059
古文釋義新編八卷　（清）余誠評注　清刻本　三冊　存六卷（三至八）

360000－1901－0008833　718922
古文釋義新編八卷　（清）余誠評注　清刻本　四冊

360000－1901－0008834　718925
古文釋義新編八卷　（清）余誠評注　清刻本　三冊　存六卷（一至四、七至八）

360000－1901－0008835　718927
古文釋義新編八卷　（清）余誠評注　清刻本　七冊

360000－1901－0008836　718930
古文釋義新編八卷　（清）余誠評注　清刻本　四冊

360000－1901－0008837　718931
古文釋義新編八卷　（清）余誠評注　清刻本　三冊　存五卷（一至四、八）

360000－1901－0008838　718932
古文釋義新編八卷　（清）余誠評注　清刻本　二冊　存四卷（一至四）

360000－1901－0008839　419024
古文釋義新編八卷　（清）余誠評注　清刻本（卷一至二配清慎修堂刻本）　六冊

360000－1901－0008840　419053
古文釋義新編八卷　（清）余誠評注　清乾隆古吳三槐堂刻本　四冊　存四卷（一、五至七）

360000－1901－0008841　419052
古文釋義新編八卷　(清)余誠評注　清乾隆六年(1741)古吳三槐堂刻本　一冊　存一卷(一)

360000－1901－0008842　419055
古文釋義新編八卷　(清)余誠評注　清乾隆十六年(1751)古吳三槐堂刻本　一冊　存一卷(一)

360000－1901－0008843　419054
古文釋義新編八卷　(清)余誠評注　清乾隆十六年(1751)古吳三槐堂刻本(卷三配清三槐堂刻本)　五冊　存五卷(一至四、六)

360000－1901－0008844　419026
古文釋義新編八卷　(清)余誠評注　清乾隆五十一年(1786)文會堂刻本　八冊

360000－1901－0008845　419001
古文釋義新編八卷　(清)余誠評注　清三槐堂刻本　五冊　存七卷(二至八)

360000－1901－0008846　419010－2
古文釋義新編八卷　(清)余誠評注　清四知堂刻本　二冊　存四卷(三至六)

360000－1901－0008847　419010－5
古文釋義新編八卷　(清)余誠評注　清四知堂刻本　四冊

360000－1901－0008848　419036
古文釋義新編八卷　(清)余誠評注　清四知堂刻本　二冊　存三卷(三至四、八)

360000－1901－0008849　718919
古文釋義新編八卷　(清)余誠評注　清四知堂刻本　四冊

360000－1901－0008850　718920
古文釋義新編八卷　(清)余誠評注　清四知堂刻本　二冊　存四卷(一至二、五至六)

360000－1901－0008851　718928
古文釋義新編八卷　(清)余誠評注　清味經堂刻本(卷一至二配清乾隆五十年古吳中和堂刻本)　七冊

360000－1901－0008852　718929
古文釋義新編八卷　(清)余誠評注　清文光堂刻本　六冊

360000－1901－0008853　419038
古文釋義新編八卷　(清)余誠評注　清文奎堂刻本　一冊　存一卷(三)

360000－1901－0008854　718926
古文釋義新編八卷　(清)余誠評注　清友于堂刻本(卷三至四、七至八配清刻本)　五冊

360000－1901－0008855　419016
古文釋義新編八卷　(清)余誠評注　清藻文堂、文光堂刻本　五冊

360000－1901－0008856　419013
古文釋義新編八卷　(清)余誠評注　清藻文堂刻本　四冊

360000－1901－0008857　419014
古文釋義新編八卷　(清)余誠評注　清藻文堂刻本　四冊

360000－1901－0008858　419015
古文釋義新編八卷　(清)余誠評注　清藻文堂刻本(卷五至六配清刻本)　四冊

360000－1901－0008859　302547
古文四象四卷　(清)曾國藩輯　清光緒三十四年(1908)鉛印本　四冊

360000－1901－0008860　163601
古文未曾有集八卷　(清)王甫白評選　清嘉慶十九年(1814)大酉堂刻本　三冊　缺六卷(一至二、五至八)

360000－1901－0008861　163600
古文未曾有集八卷　(清)王甫白評選　清康熙刻本　二冊

360000－1901－0008862　418640
古文未曾有集八卷　(清)王甫白評選　清留真書室刻本　三冊　存六卷(三至八)

360000－1901－0008863　418641
古文未曾有集八卷　(清)王甫白評選　清留真書室刻本　三冊　存六卷(三至八)

360000－1901－0008864　418642
古文未曾有集八卷　(清)王甫白評選　清留真書室刻本　二册　存二卷(四、七)

360000－1901－0008865　418642－1
古文未曾有集八卷　(清)王甫白評選　清留真書室刻本　一册　存一卷(七)

360000－1901－0008866　801462
古文析義不分卷　(清)林雲銘評注　清抄本　一册

360000－1901－0008867　802088
古文析義不分卷　(清)林雲銘評注　清抄本　二册

360000－1901－0008868　804625
古文析義不分卷　(清)林雲銘評注　清繼森氏抄本　二册

360000－1901－0008869　901656
古文析義不分卷　(清)林雲銘評注　清繼森氏抄本　一册

360000－1901－0008870　302543
古文析義初編六卷二編八卷　(清)林雲銘評注　清刻本　十四册

360000－1901－0008871　805368
古文析義初編六卷二編八卷　(清)林雲銘評注　清末上海錦章圖書局石印本　四册　存八卷(古文析義初編一至四、二編一至四)

360000－1901－0008872　418945
古文析義二編八卷　(清)林雲銘評注　清刻本　六册　存六卷(一、三至四、六至八)

360000－1901－0008873　418946
古文析義二編八卷　(清)林雲銘評注　清刻本　三册　存四卷(四、六至八)

360000－1901－0008874　418947
古文析義二編八卷　(清)林雲銘評注　清刻本　二册　存二卷(六至七)

360000－1901－0008875　418947－1
古文析義二編八卷　(清)林雲銘評注　清刻本　二册　存二卷(六至七)

360000－1901－0008876　418886
古文析義六卷　(清)林雲銘評注　清道光二十年(1840)刻本(卷三至四配清刻本)　六册

360000－1901－0008877　718860
古文析義六卷　(清)林雲銘評注　清道光三年(1823)刻本(卷三、五至六配清刻本)　六册

360000－1901－0008878　418894
古文析義六卷　(清)林雲銘評注　清道光元年(1821)刻本(卷三至五配清刻本)　六册

360000－1901－0008879　418895
古文析義六卷　(清)林雲銘評注　清道光元年(1821)刻本(卷四配清刻本)　六册

360000－1901－0008880　418848
古文析義六卷　(清)林雲銘評注　清光緒二十四年(1898)益元書局刻本(卷三至六配清刻本)　六册

360000－1901－0008881　418897－11
古文析義六卷　(清)林雲銘評注　清嘉慶二年(1797)溪環堂刻本(卷二配清刻本)　二册　存二卷(一至二)

360000－1901－0008882　418897－14
古文析義六卷　(清)林雲銘評注　清經綸堂刻本　二册　存二卷(一至二)

360000－1901－0008883　418889
古文析義六卷　(清)林雲銘評注　清經綸堂刻本(卷六配清刻本)　六册

360000－1901－0008884　418888
古文析義六卷　(清)林雲銘評注　清經綸堂刻本(卷五配清刻本)　六册

360000－1901－0008885　418845
古文析義六卷　(清)林雲銘評注　清刻本　六册

360000－1901－0008886　418849
古文析義六卷　(清)林雲銘評注　清刻本　六册

360000－1901－0008887　418851

古文析義六卷　(清)林雲銘評注　清刻本
六冊

360000－1901－0008888　418852

古文析義六卷　(清)林雲銘評注　清刻本
一冊　存二卷(一至二)

360000－1901－0008889　418855

古文析義六卷　(清)林雲銘評注　清刻本
六冊

360000－1901－0008890　418856

古文析義六卷　(清)林雲銘評注　清刻本
六冊

360000－1901－0008891　418857

古文析義六卷　(清)林雲銘評注　清刻本
六冊

360000－1901－0008892　418858

古文析義六卷　(清)林雲銘評注　清刻本
六冊

360000－1901－0008893　418880

古文析義六卷　(清)林雲銘評注　清刻本
三冊

360000－1901－0008894　418887

古文析義六卷　(清)林雲銘評注　清刻本
六冊

360000－1901－0008895　418890

古文析義六卷　(清)林雲銘評注　清刻本
六冊

360000－1901－0008896　418892

古文析義六卷　(清)林雲銘評注　清刻本
六冊

360000－1901－0008897　418893

古文析義六卷　(清)林雲銘評注　清刻本
六冊

360000－1901－0008898　418896

古文析義六卷　(清)林雲銘評注　清刻本
六冊

360000－1901－0008899　418897

古文析義六卷　(清)林雲銘評注　清刻本
一冊　存二卷(一至二)

360000－1901－0008900　418897－1

古文析義六卷　(清)林雲銘評注　清刻本
一冊　存二卷(一至二)

360000－1901－0008901　418897－10

古文析義六卷　(清)林雲銘評注　清刻本
二冊　存二卷(一至二)

360000－1901－0008902　418897－12

古文析義六卷　(清)林雲銘評注　清刻本
二冊　存二卷(一至二)

360000－1901－0008903　418897－13

古文析義六卷　(清)林雲銘評注　清刻本
二冊　存二卷(一至二)

360000－1901－0008904　418897－17

古文析義六卷　(清)林雲銘評注　清刻本
二冊　存二卷(一至二)

360000－1901－0008905　418897－18

古文析義六卷　(清)林雲銘評注　清刻本
一冊　存一卷(二)

360000－1901－0008906　418897－19

古文析義六卷　(清)林雲銘評注　清刻本
一冊　存一卷(二)

360000－1901－0008907　418897－2

古文析義六卷　(清)林雲銘評注　清刻本
一冊　存二卷(一至二)

360000－1901－0008908　418897－3

古文析義六卷　(清)林雲銘評注　清刻本
一冊　存二卷(一至二)

360000－1901－0008909　418897－4

古文析義六卷　(清)林雲銘評注　清刻本
一冊　存二卷(一至二)

360000－1901－0008910　418897－6

古文析義六卷　(清)林雲銘評注　清刻本
一冊　存二卷(一、三)

360000－1901－0008911　418897－7

古文析義六卷　(清)林雲銘評注　清刻本　一冊　存二卷(一至二)

360000－1901－0008912　418897－8
古文析義六卷　(清)林雲銘評注　清刻本　二冊　存二卷(一至二)

360000－1901－0008913　418897－9
古文析義六卷　(清)林雲銘評注　清刻本　二冊　存二卷(一至二)

360000－1901－0008914　418952
古文析義六卷　(清)林雲銘評注　清刻本　六冊

360000－1901－0008915　418953
古文析義六卷　(清)林雲銘評注　清刻本　三冊

360000－1901－0008916　418954
古文析義六卷　(清)林雲銘評注　清刻本　四冊　存五卷(一至二、四至六)

360000－1901－0008917　418955
古文析義六卷　(清)林雲銘評注　清刻本　三冊　存三卷(一至二、四)

360000－1901－0008918　418955－1
古文析義六卷　(清)林雲銘評注　清刻本　一冊　存一卷(四)

360000－1901－0008919　418955－2
古文析義六卷　(清)林雲銘評注　清刻本　一冊　存一卷(四)

360000－1901－0008920　718861
古文析義六卷　(清)林雲銘評注　清刻本　六冊

360000－1901－0008921　718865
古文析義六卷　(清)林雲銘評注　清刻本　四冊　存四卷(一至二、四至五)

360000－1901－0008922　718876
古文析義六卷　(清)林雲銘評注　清刻本　六冊

360000－1901－0008923　718877
古文析義六卷　(清)林雲銘評注　清刻本　三冊　存三卷(一至三)

360000－1901－0008924　718878
古文析義六卷　(清)林雲銘評注　清刻本　二冊　存二卷(一、三)

360000－1901－0008925　418884
古文析義六卷　(清)林雲銘評注　清刻本(卷一配清乾隆四十九年刻本)　六冊

360000－1901－0008926　718859
古文析義六卷　(清)林雲銘評注　清令德堂刻本(卷二至四、六配清刻本)　六冊

360000－1901－0008927　418853
古文析義六卷　(清)林雲銘評注　清乾隆三十二年(1767)刻本　六冊

360000－1901－0008928　418854
古文析義六卷　(清)林雲銘評注　清乾隆三十二年(1767)刻本　三冊　存四卷(一至二、四至五)

360000－1901－0008929　418846
古文析義六卷　(清)林雲銘評注　清乾隆三十九年(1774)鼎古堂刻本(卷五配清刻本)　六冊

360000－1901－0008930　418897－15
古文析義六卷　(清)林雲銘評注　清乾隆四十三年(1778)積秀堂刻本(卷二配清刻本)　二冊　存二卷(一至二)

360000－1901－0008931　418897－16
古文析義六卷　(清)林雲銘評注　清乾隆四十四年(1779)刻本　二冊　存二卷(一至二)

360000－1901－0008932　418885
古文析義六卷　(清)林雲銘評注　清乾隆四十四年(1779)刻本(卷二至三、五至六配清刻本)　六冊

360000－1901－0008933　418891
古文析義六卷　(清)林雲銘評注　清乾隆四十四年(1779)刻本(卷四至六配清刻本)　六冊

360000－1901－0008934　418844
古文析義六卷　(清)林雲銘評注　清求古堂刻本(卷三配清刻本)　六冊

360000－1901－0008935　418897－5
古文析義六卷　(清)林雲銘評注　清松盛堂刻本　一冊　存二卷(一至二)

360000－1901－0008936　718867
古文析義六卷　(清)林雲銘評注　清松盛堂刻本(卷三至六配清刻本)　四冊

360000－1901－0008937　718868
古文析義六卷　(清)林雲銘評注　清松盛堂刻本(卷四配清刻本)　二冊　存三卷(一至二、四)

360000－1901－0008938　718866
古文析義六卷　(清)林雲銘評注　清松盛堂刻本(卷五配清刻本)　六冊

360000－1901－0008939　718879
古文析義六卷　(清)林雲銘評注　清餘經堂刻本　二冊　存二卷(一至二)

360000－1901－0008940　418959－3
古文析義六卷二編八卷　(清)林雲銘評注　清寶文堂刻本　二冊　存四卷(古文析義四至五、二編四至五)

360000－1901－0008941　418847
古文析義六卷二編八卷　(清)林雲銘評注　清光緒二十四年(1898)益元書局刻本　十四冊

360000－1901－0008942　418882
古文析義六卷二編八卷　(清)林雲銘評注　清經綸堂刻本　十四冊

360000－1901－0008943　418883
古文析義六卷二編八卷　(清)林雲銘評注　清經綸堂刻本　十四冊

360000－1901－0008944　418842
古文析義六卷二編八卷　(清)林雲銘評注　清經元堂刻本　十二冊　存十二卷(古文析義六卷,二編一、三至七)

360000－1901－0008945　718864
古文析義六卷二編八卷　(清)林雲銘評注　清經元堂刻本　五冊　存五卷(二編二至三、六至八)

360000－1901－0008946　418843
古文析義六卷二編八卷　(清)林雲銘評注　清經元堂刻本(卷四至六配清刻本)　六冊　存六卷(古文析義六卷)

360000－1901－0008947　305825
古文析義六卷二編八卷　(清)林雲銘評注　清刻本　八冊　存八卷(古文析義二、六,二編二至六、八)

360000－1901－0008948　418850
古文析義六卷二編八卷　(清)林雲銘評注　清刻本　十三冊　存十三卷(古文析義六卷、二編一至七)

360000－1901－0008949　418881
古文析義六卷二編八卷　(清)林雲銘評注　清刻本　十四冊

360000－1901－0008950　418960
古文析義六卷二編八卷　(清)林雲銘評注　清宣統元年(1909)石印本　八冊

360000－1901－0008951　418961
古文析義六卷二編八卷　(清)林雲銘評注　清宣統元年(1909)石印本　三冊　存三卷(古文析義一、三、五)

360000－1901－0008952　418964－3
古文析義六卷二編八卷　(清)林雲銘評注　清宣統元年(1909)石印本　三冊　存四卷(古文析義三至六)

360000－1901－0008953　418964－4
古文析義六卷二編八卷　(清)林雲銘評注　清宣統元年(1909)石印本　一冊　存一卷(古文析義五)

360000－1901－0008954　418839
古文析義十六卷　(清)林雲銘評注　清嘉慶十四年(1809)經國堂刻本　十六冊

360000－1901－0008955　418838
古文析義十六卷　(清)林雲銘評注　清嘉慶十四年(1809)經國堂刻本(卷十六配清刻本)　十六册

360000－1901－0008956　302542
古文析義十六卷　(清)林雲銘評注　清嘉慶十四年(1809)刻本　十六册

360000－1901－0008957　718907
古文析義十六卷　(清)林雲銘評注　清嘉慶十一年(1806)廣新堂刻本　六册　存六卷(一至六)

360000－1901－0008958　721754
古文析義十六卷　(清)林雲銘評注　清嘉慶十一年(1806)廣新堂刻本　十六册

360000－1901－0008959　418809
古文析義十六卷　(清)林雲銘評注　清芥子園刻本　十六册

360000－1901－0008960　418811
古文析義十六卷　(清)林雲銘評注　清芥子園刻本　十六册

360000－1901－0008961　418820
古文析義十六卷　(清)林雲銘評注　清芥子園刻本　十六册

360000－1901－0008962　418836
古文析義十六卷　(清)林雲銘評注　清芥子園刻本　十三册

360000－1901－0008963　418837
古文析義十六卷　(清)林雲銘評注　清芥子園刻本　十二册

360000－1901－0008964　418821
古文析義十六卷　(清)林雲銘評注　清芥子園刻本(卷二、十三配清刻本)　十四册

360000－1901－0008965　418817
古文析義十六卷　(清)林雲銘評注　清芥子園刻本(卷三至五、八配清刻本)　十三册

360000－1901－0008966　418810
古文析義十六卷　(清)林雲銘評注　清芥子園刻本(卷十一至十四配清刻本)　十五册

360000－1901－0008967　418900
古文析義十六卷　(清)林雲銘評注　清康熙五十七年(1718)文元堂刻本(卷四配清刻本)　十六册

360000－1901－0008968　302546
古文析義十六卷　(清)林雲銘評注　清刻本　十六册

360000－1901－0008969　305827
古文析義十六卷　(清)林雲銘評注　清刻本　一册　存一卷(四)

360000－1901－0008970　305828
古文析義十六卷　(清)林雲銘評注　清刻本　七册　存七卷(五、七至八、十二至十五)

360000－1901－0008971　308834
古文析義十六卷　(清)林雲銘評注　清刻本　十六册

360000－1901－0008972　308850
古文析義十六卷　(清)林雲銘評注　清刻本　十六册

360000－1901－0008973　417477－2
古文析義十六卷　(清)林雲銘評注　清刻本　二册　存七卷(八至十四)

360000－1901－0008974　417477－3
古文析義十六卷　(清)林雲銘評注　清刻本　一册　存二卷(九至十)

360000－1901－0008975　417477－4
古文析義十六卷　(清)林雲銘評注　清刻本　一册　存四卷(四至七)

360000－1901－0008976　417477－5
古文析義十六卷　(清)林雲銘評注　清刻本　一册　存二卷(七至八)

360000－1901－0008977　417477－6
古文析義十六卷　(清)林雲銘評注　清刻本　一册　存一卷(十二)

360000－1901－0008978　418804

古文析義十六卷　(清)林雲銘評注　清刻本　八冊

360000－1901－0008979　418805
古文析義十六卷　(清)林雲銘評注　清刻本　十六冊

360000－1901－0008980　418806
古文析義十六卷　(清)林雲銘評注　清刻本　十三冊

360000－1901－0008981　418807
古文析義十六卷　(清)林雲銘評注　清刻本　十冊

360000－1901－0008982　418808
古文析義十六卷　(清)林雲銘評注　清刻本　十四冊

360000－1901－0008983　418813
古文析義十六卷　(清)林雲銘評注　清刻本　八冊

360000－1901－0008984　418814
古文析義十六卷　(清)林雲銘評注　清刻本　十六冊

360000－1901－0008985　418815
古文析義十六卷　(清)林雲銘評注　清刻本　十三冊　存十三卷(二至三、五至十一、十三至十六)

360000－1901－0008986　418816
古文析義十六卷　(清)林雲銘評注　清刻本　七冊　存七卷(二至七、十六)

360000－1901－0008987　418818
古文析義十六卷　(清)林雲銘評注　清刻本　十五冊

360000－1901－0008988　418819
古文析義十六卷　(清)林雲銘評注　清刻本　十一冊　存十卷(二至三、五、七、九至十、十三至十六)

360000－1901－0008989　418822
古文析義十六卷　(清)林雲銘評注　清刻本　十二冊

360000－1901－0008990　418823
古文析義十六卷　(清)林雲銘評注　清刻本　九冊　存十一卷(二至三、五至七、九至十、十三至十六)

360000－1901－0008991　418824
古文析義十六卷　(清)林雲銘評注　清刻本　十六冊

360000－1901－0008992　418825
古文析義十六卷　(清)林雲銘評注　清刻本　十三冊　存十二卷(二至三、五至十、十三至十六)

360000－1901－0008993　418826
古文析義十六卷　(清)林雲銘評注　清刻本　十冊　存十卷(三、五、七、九至十一、十三至十六)

360000－1901－0008994　418827
古文析義十六卷　(清)林雲銘評注　清刻本　十四冊　存十五卷(一至十一、十三至十六)

360000－1901－0008995　418828
古文析義十六卷　(清)林雲銘評注　清刻本　十四冊　存十五卷(一至三、五至十六)

360000－1901－0008996　418829
古文析義十六卷　(清)林雲銘評注　清刻本　九冊　存十卷(三、五至七、九至十、十三至十六)

360000－1901－0008997　418833
古文析義十六卷　(清)林雲銘評注　清刻本　十六冊

360000－1901－0008998　418834
古文析義十六卷　(清)林雲銘評注　清刻本　十四冊　存十五卷(一至三、五至十六)

360000－1901－0008999　418835
古文析義十六卷　(清)林雲銘評注　清刻本　六冊　存九卷(三、五至七、九、十三至十六)

360000－1901－0009000　418840

古文析義十六卷 (清)林雲銘評注 清刻本 五冊 存六卷(七、九、十三至十六)

360000－1901－0009001 418841
古文析義十六卷 (清)林雲銘評注 清刻本 四冊 存五卷(七、九、十三至十五)

360000－1901－0009002 418841－1
古文析義十六卷 (清)林雲銘評注 清刻本 二冊 存二卷(十四至十五)

360000－1901－0009003 418899
古文析義十六卷 (清)林雲銘評注 清刻本 十五冊 存十五卷(一至三、五至十六)

360000－1901－0009004 418907
古文析義十六卷 (清)林雲銘評注 清刻本 十六冊

360000－1901－0009005 418908
古文析義十六卷 (清)林雲銘評注 清刻本 九冊

360000－1901－0009006 418909
古文析義十六卷 (清)林雲銘評注 清刻本 十四冊

360000－1901－0009007 418912
古文析義十六卷 (清)林雲銘評注 清刻本 十一冊 存十二卷(二至三、六至十五)

360000－1901－0009008 418918
古文析義十六卷 (清)林雲銘評注 清刻本 六冊 存七卷(三至四、七、十二、十四至十六)

360000－1901－0009009 418919
古文析義十六卷 (清)林雲銘評注 清刻本 七冊 存八卷(二、七至八、十一至十二、十四至十六)

360000－1901－0009010 418920
古文析義十六卷 (清)林雲銘評注 清刻本 四冊 存四卷(七、十一、十四至十五)

360000－1901－0009011 418921
古文析義十六卷 (清)林雲銘評注 清刻本 二冊 存二卷(二、十五)

360000－1901－0009012 418921－1
古文析義十六卷 (清)林雲銘評注 清刻本 一冊 存一卷(十五)

360000－1901－0009013 418948
古文析義十六卷 (清)林雲銘評注 清刻本 八冊

360000－1901－0009014 418949
古文析義十六卷 (清)林雲銘評注 清刻本 三冊 存八卷(一至五、九至十一)

360000－1901－0009015 418950
古文析義十六卷 (清)林雲銘評注 清刻本 八冊

360000－1901－0009016 418951
古文析義十六卷 (清)林雲銘評注 清刻本 三冊 存六卷(一至二、九至十二)

360000－1901－0009017 418951－1
古文析義十六卷 (清)林雲銘評注 清刻本 一冊 存一卷(九)

360000－1901－0009018 418958
古文析義十六卷 (清)林雲銘評注 清刻本 四冊 存四卷(七至八、十至十一)

360000－1901－0009019 418959
古文析義十六卷 (清)林雲銘評注 清刻本 三冊 存三卷(八、十一至十二)

360000－1901－0009020 418959－1
古文析義十六卷 (清)林雲銘評注 清刻本 一冊 存一卷(十一)

360000－1901－0009021 418959－5
古文析義十六卷 (清)林雲銘評注 清刻本 二冊 存六卷(四至九)

360000－1901－0009022 418959－6
古文析義十六卷 (清)林雲銘評注 清刻本 一冊 存一卷(二)

360000－1901－0009023 718902
古文析義十六卷 (清)林雲銘評注 清刻本 九冊 存八卷(二至三、十一至十六)

360000－1901－0009024　718904
古文析義十六卷　(清)林雲銘評注　清刻本　七册　存十四卷(三至十六)

360000－1901－0009025　718905
古文析義十六卷　(清)林雲銘評注　清刻本　四册　存四卷(十一、十四至十六)

360000－1901－0009026　718906
古文析義十六卷　(清)林雲銘評注　清刻本　十三册　存十三卷(二至三、五、七至十六)

360000－1901－0009027　718910
古文析義十六卷　(清)林雲銘評注　清刻本　三册　存三卷(十四至十六)

360000－1901－0009028　718911
古文析義十六卷　(清)林雲銘評注　清刻本　三册　存三卷(三、十四、十六)

360000－1901－0009029　718912
古文析義十六卷　(清)林雲銘評注　清刻本　十一册　存十三卷(二至三、五、七至十六)

360000－1901－0009030　718913
古文析義十六卷　(清)林雲銘評注　清刻本　八册　存九卷(七至十三、十五至十六)

360000－1901－0009031　718914
古文析義十六卷　(清)林雲銘評注　清刻本　三册　存三卷(七至九)

360000－1901－0009032　719996
古文析義十六卷　(清)林雲銘評注　清刻本　二册　存二卷(七至八)

360000－1901－0009033　721752
古文析義十六卷　(清)林雲銘評注　清刻本　十册　存十卷(三至六、八至十三)

360000－1901－0009034　721752－1
古文析義十六卷　(清)林雲銘評注　清刻本　一册　存一卷(七)

360000－1901－0009035　721753
古文析義十六卷　(清)林雲銘評注　清刻本　四册　存四卷(九至十、十二至十三)

360000－1901－0009036　418910
古文析義十六卷　(清)林雲銘評注　清刻本(卷十三至十四配清五經樓刻本)　十一册

360000－1901－0009037　418812
古文析義十六卷　(清)林雲銘評注　清刻本(卷一配清愛蓮堂刻本)　十六册

360000－1901－0009038　418830
古文析義十六卷　(清)林雲銘評注　清刻本(卷一配清聚錦堂刻本)　九册

360000－1901－0009039　418831
古文析義十六卷　(清)林雲銘評注　清刻本(卷一配清聚錦堂刻本)　十六册

360000－1901－0009040　418832
古文析義十六卷　(清)林雲銘評注　清刻本(卷一至二、九配清芥子園刻本)　十二册

360000－1901－0009041　718908
古文析義十六卷　(清)林雲銘評注　清乾隆三十二年(1767)刻本　七册　存十卷(一至三、六、八、十一至十五)

360000－1901－0009042　718909
古文析義十六卷　(清)林雲銘評注　清乾隆三十二年(1767)刻本　十四册

360000－1901－0009043　718915
古文析義十六卷　(清)林雲銘評注　清乾隆三十二年(1767)刻本　一册　存二卷(一至二)

360000－1901－0009044　418898
古文析義十六卷　(清)林雲銘評注　清文選樓刻本　十六册

360000－1901－0009045　305826
古文析義十六卷　(清)林雲銘評注　清五經樓刻本　五册　存五卷(二、四、六至七、十一)

360000－1901－0009046　718901
古文析義十六卷　(清)林雲銘評注　清五經樓刻本　八册　存八卷(二、七、九至十二、十五至十六)

360000－1901－0009047　418911

古文析義十六卷　(清)林雲銘評注　清五經樓刻本(卷十五至十六配清刻本)　八冊

360000－1901－0009048　418959－4

古文析義十六卷　(清)林雲銘評注　清繡谷王茭刻本　一冊　存一卷(四)

360000－1901－0009049　718903

古文析義十六卷　(清)林雲銘評注　清雍正九年(1731)立達堂刻本　六冊　存六卷(一、三、六、十、十四至十五)

360000－1901－0009050　418959－2

古文析義十六卷　(清)林雲銘評注　清郁郁齋刻本　二冊　存六卷(三至五、九至十一)

360000－1901－0009051　418929

古文析義十四卷　(清)林雲銘評注　清芥子園刻本　八冊

360000－1901－0009052　418922

古文析義十四卷　(清)林雲銘評注　清刻本　三冊

360000－1901－0009053　418923

古文析義十四卷　(清)林雲銘評注　清刻本　二冊　存七卷(一至七)

360000－1901－0009054　418924

古文析義十四卷　(清)林雲銘評注　清刻本　七冊

360000－1901－0009055　418925

古文析義十四卷　(清)林雲銘評注　清刻本　三冊　存八卷(三至十)

360000－1901－0009056　418926

古文析義十四卷　(清)林雲銘評注　清刻本　五冊　存十卷(一至四、七至十二)

360000－1901－0009057　418927

古文析義十四卷　(清)林雲銘評注　清刻本　三冊　存六卷(五至六、九至十二)

360000－1901－0009058　418928

古文析義十四卷　(清)林雲銘評注　清刻本　二冊　存五卷(三至七)

360000－1901－0009059　418930

古文析義十四卷　(清)林雲銘評注　清刻本　三冊　存十一卷(四至十四)

360000－1901－0009060　418931

古文析義十四卷　(清)林雲銘評注　清刻本　六冊　存十一卷(四至十四)

360000－1901－0009061　418932

古文析義十四卷　(清)林雲銘評注　清刻本　二冊　存十卷(一至十)

360000－1901－0009062　418934

古文析義十四卷　(清)林雲銘評注　清刻本　二冊　存四卷(三至四、八至九)

360000－1901－0009063　418939

古文析義十四卷　(清)林雲銘評注　清刻本　二冊　存五卷(八至九、十二至十四)

360000－1901－0009064　418940

古文析義十四卷　(清)林雲銘評注　清刻本　二冊　存四卷(六至七、十一至十二)

360000－1901－0009065　418941

古文析義十四卷　(清)林雲銘評注　清刻本　三冊　存八卷(四至九、十三至十四)

360000－1901－0009066　418942

古文析義十四卷　(清)林雲銘評注　清刻本　一冊　存四卷(十一至十四)

360000－1901－0009067　418943

古文析義十四卷　(清)林雲銘評注　清刻本　六冊　存十一卷(二至六、九至十四)

360000－1901－0009068　418944

古文析義十四卷　(清)林雲銘評注　清刻本　七冊　存十二卷(一至六、九至十四)

360000－1901－0009069　418957

古文析義十四卷　(清)林雲銘評注　清刻本　一冊　存二卷(九至十)

360000－1901－0009070　418957－1

古文析義十四卷　(清)林雲銘評注　清刻本　一冊　存四卷(九至十二)

360000－1901－0009071　418935
古文析義十四卷　(清)林雲銘評注　清明軒刻本　五册

360000－1901－0009072　418937
古文析義十四卷　(清)林雲銘評注　清乾隆三十一年(1766)致和堂刻本　五册　存十二卷(一至九、十二至十四)

360000－1901－0009073　418938
古文析義十四卷　(清)林雲銘評注　清乾隆五十四年(1789)刻本　一册　存二卷(一至二)

360000－1901－0009074　418933
古文析義十四卷　(清)林雲銘評注　清書林大成堂刻本　一册　存五卷(一至五)

360000－1901－0009075　418936
古文析義十四卷　(清)林雲銘評注　清錫環堂刻本(卷二配清刻本)　六册

360000－1901－0009076　307720
古文析義十四卷　(清)林雲銘評注　清中和堂刻本　六册

360000－1901－0009077　302443
古文小品咀華四卷　(清)王符曾評　清刻本　四册

360000－1901－0009078　803784
古文選輯讀本不分卷　(清)王清宇輯　清抄本　一册

360000－1901－0009079　418795
古文雅正十四卷　(清)蔡世遠輯　清光緒二十八年(1902)湘鄉曾氏刻本　八册

360000－1901－0009080　316591
古文雅正十四卷　(清)蔡世遠輯　清光緒二十二年(1896)上海圖書集成印書局鉛印本　四册

360000－1901－0009081　316592
古文雅正十四卷　(清)蔡世遠輯　清光緒二十二年(1896)上海圖書集成印書局鉛印本　四册

360000－1901－0009082　418791
古文雅正十四卷　(清)蔡世遠輯　清光緒二十二年(1896)上海圖書集成印書局鉛印本　四册

360000－1901－0009083　418792
古文雅正十四卷　(清)蔡世遠輯　清光緒二十二年(1896)上海圖書集成印書局鉛印本　二册　存七卷(一至七)

360000－1901－0009084　305831
古文雅正十四卷　(清)蔡世遠輯　清刻本　二册　存四卷(六至九)

360000－1901－0009085　305832
古文雅正十四卷　(清)蔡世遠輯　清刻本　一册　存三卷(十至十二)

360000－1901－0009086　404895
古文雅正十四卷　(清)蔡世遠輯　清刻本　三册　存八卷(五至十、十三至十四)

360000－1901－0009087　418798－2
古文雅正十四卷　(清)蔡世遠輯　清乾隆四十二年(1777)刻本　一册　存二卷(六至七)

360000－1901－0009088　418796
古文雅正十四卷　(清)蔡世遠輯　清同治七年(1868)湘鄉曾氏刻本　五册　存十卷(一至二、六至八、十至十四)

360000－1901－0009089　418790
古文一隅三卷　(清)朱宗洛評選　清道光三十年(1850)刻本　二册

360000－1901－0009090　800703
古文怡情二集□□卷　(清)龔廷鈞　(清)錢永基輯　清刻本　一册　存二卷(七至八)

360000－1901－0009091　714043
古文翼八卷　(清)唐德宜輯　清光緒十九年(1893)湖南經國書局刻本　三册　存二卷(一、三)

360000－1901－0009092　722361
古文翼八卷　(清)唐德宜輯　清光緒十九年(1893)湖南經國書局刻本　十四册　存七卷

（二至八）

360000－1901－0009093　714046
古文翼八卷　（清）唐德宜輯　清刻本　十四冊

360000－1901－0009094　722239
古文翼八卷　（清）唐德宜輯　清末石印本　二冊　存四卷（三至四、七至八）

360000－1901－0009095　163605
古文翼八卷　（清）唐德宜輯　清乾隆六年（1741）刻本　八冊

360000－1901－0009096　414040
古文翼八卷　（清）唐德宜輯　清乾隆六年（1741）刻本　八冊

360000－1901－0009097　414041
古文翼八卷　（清）唐德宜輯　清乾隆六年（1741）刻本　八冊

360000－1901－0009098　414042
古文翼八卷　（清）唐德宜輯　清乾隆六年（1741）刻本　七冊　存七卷（一至七）

360000－1901－0009099　714042
古文翼八卷　（清）唐德宜輯　清乾隆六年（1741）刻本　八冊

360000－1901－0009100　714044
古文翼八卷　（清）唐德宜輯　清乾隆六年（1741）刻本　四冊　存四卷（一至四）

360000－1901－0009101　414052
古文翼八卷　（清）唐德宜輯　清秋曝堂刻本　八冊

360000－1901－0009102　414053
古文翼八卷　（清）唐德宜輯　清秋曝堂刻本　八冊

360000－1901－0009103　414054
古文翼八卷　（清）唐德宜輯　清秋曝堂刻本　六冊　存六卷（一至六）

360000－1901－0009104　414054－1
古文翼八卷　（清）唐德宜輯　清秋曝堂刻本　一冊　存三卷（四至五、八）

360000－1901－0009105　414055
古文翼八卷　（清）唐德宜輯　清秋曝堂刻本　二冊　存四卷（一至三、七）

360000－1901－0009106　241271
古文淵鑒六十四卷　（清）徐乾學等輯並注　清康熙二十四年（1685）内府刻五色套印本　二十四冊

360000－1901－0009107　241272
古文淵鑒六十四卷　（清）徐乾學等輯並注　清康熙二十四年（1685）内府刻五色套印本　四十冊

360000－1901－0009108　241273
古文淵鑒六十四卷　（清）徐乾學等輯並注　清康熙二十四年（1685）内府刻五色套印本　四十冊

360000－1901－0009109　241274
古文淵鑒六十四卷　（清）徐乾學等輯並注　清康熙二十四年（1685）内府刻五色套印本　二十四冊

360000－1901－0009110　241275
古文淵鑒六十四卷　（清）徐乾學等輯並注　清康熙二十四年（1685）内府刻五色套印本　二十八冊

360000－1901－0009111　241276
古文淵鑒六十四卷　（清）徐乾學等輯並注　清康熙二十四年（1685）内府刻五色套印本　三十二冊

360000－1901－0009112　241277
古文淵鑒六十四卷　（清）徐乾學等輯並注　清康熙二十四年（1685）内府刻五色套印本　九冊　存十四卷（十三、三十至三十一、三十九至四十、四十四、四十七至四十九、五十一至五十三、六十至六十一）

360000－1901－0009113　305823
古文淵鑒六十四卷　（清）徐乾學等輯並注　清康熙二十四年（1685）内府刻五色套印本

二册　存六卷(三十六至四十一)

360000－1901－0009114　417943

古文淵鑒六十四卷　(清)徐乾學等輯並注　清康熙二十四年(1685)内府刻五色套印本　三十册　存六十二卷(一至二、五至六十四)

360000－1901－0009115　417943－1

古文淵鑒六十四卷　(清)徐乾學等輯並注　清康熙二十四年(1685)内府刻五色套印本　二十六册　存五十卷(七至二十四、二十九至三十二、三十五至三十六、三十九至六十四)

360000－1901－0009116　417944

古文淵鑒六十四卷　(清)徐乾學等輯並注　清康熙二十四年(1685)内府刻五色套印本　二册　存六卷(一至六)

360000－1901－0009117　241278

古文淵鑒六十四卷　(清)徐乾學等輯並注　清康熙四十九年(1710)内府刻四色套印本　三十八册

360000－1901－0009118　241279

古文淵鑒六十四卷　(清)徐乾學等輯並注　清康熙四十九年(1710)内府刻四色套印本　四十册

360000－1901－0009119　241280

古文淵鑒六十四卷　(清)徐乾學等輯並注　清康熙四十九年(1710)内府刻四色套印本　四十八册

360000－1901－0009120　317268

古文淵鑒六十四卷　(清)徐乾學等輯並注　清刻本　三十二册

360000－1901－0009121　417941

古文淵鑒六十四卷　(清)徐乾學等輯並注　清刻本　十四册　存二十四卷(四至五、十一、十五至二十二、二十六至二十七、三十七、四十一至四十二、四十五、四十八至四十九、五十一至五十五)

360000－1901－0009122　417941－1

古文淵鑒六十四卷　(清)徐乾學等輯並注　清刻本　八册　存十六卷(四十九至六十四)

360000－1901－0009123　417941－2

古文淵鑒六十四卷　(清)徐乾學等輯並注　清刻本　八册　存十一卷(二十至二十三、二十六至二十七、三十一、五十一至五十二、五十九至六十)

360000－1901－0009124　315037

古文淵鑒六十四卷　(清)徐乾學等輯並注　清同治十二年(1873)浙江書局刻本　三十二册

360000－1901－0009125　417938

古文淵鑒六十四卷　(清)徐乾學等輯並注　清同治十二年(1873)浙江書局刻本　三十二册

360000－1901－0009126　307698

古文淵鑒六十四卷　(清)徐乾學等輯並注　清宣統二年(1910)學部圖書局石印本　二十三册　存六十一卷(一至二十二、二十六至六十四)

360000－1901－0009127　417939

古文淵鑒六十四卷　(清)徐乾學等輯並注　清宣統二年(1910)學部圖書局石印本　五册　存十二卷(二十至二十二、五十至五十二、五十六至六十一)

360000－1901－0009128　417940

古文淵鑒六十四卷　(清)徐乾學等輯並注　清淵鑑齋刻本　四册　存十一卷(一至三、十八至二十、二十八至三十、五十一至五十二)

360000－1901－0009129　417940－1

古文淵鑒六十四卷　(清)徐乾學等輯並注　清淵鑑齋刻本　二册　存六卷(五十二至五十四、五十八至六十)

360000－1901－0009130　417940－2

古文淵鑒六十四卷　(清)徐乾學等輯並注　清淵鑑齋刻本　三册　存八卷(三十一至三十二、三十五至三十七、五十六至五十八)

360000－1901－0009131　241206

古文苑二十一卷　(宋)章樵注　明刻本　四冊

360000－1901－0009132　304236
古文苑二十一卷　(宋)章樵注　清光緒十二年(1886)江蘇書局刻本　四冊

360000－1901－0009133　316369
古文苑二十一卷　(宋)章樵注　清刻本　一冊　存十二卷(九至二十)

360000－1901－0009134　302550
古文苑九卷　(□)□□輯　清光緒五年(1879)飛青閣刻本　三冊

360000－1901－0009135　302551
古文苑九卷　(□)□□輯　清光緒五年(1879)宏達堂刻本　二冊

360000－1901－0009136　409575
古文苑九卷　(□)□□輯　清嘉慶十四年(1809)蘭陵孫氏刻本　三冊

360000－1901－0009137　302549
古文苑九卷　(□)□□輯　清刻本　二冊

360000－1901－0009138　241286
古文約選不分卷　(清)允禮輯　清雍正十一年(1733)果親王府刻本　十冊

360000－1901－0009139　241287
古文約選不分卷　(清)允禮輯　清雍正十一年(1733)果親王府刻本　十冊

360000－1901－0009140　407841
古文約選不分卷　(清)允禮輯　清雍正十一年(1733)果親王府刻本　一冊　存西漢文約選

360000－1901－0009141　413963
古文約選不分卷　(清)允禮輯　清雍正十一年(1733)果親王府刻本　九冊

360000－1901－0009142　800360
古文約選讀本一卷　(清)□□輯　清抄本　一冊

360000－1901－0009143　241168
古文正集二編　(明)葛鼒　(明)葛鼏輯　明崇禎九年(1636)吳門葉碧山等刻本　十一冊　存十二種

360000－1901－0009144　720367
古吳童氏重校醫宗必讀十卷　(明)李中梓撰　清光緒三十三年(1907)上海集成圖書公司鉛印本　一冊　存二卷(一至二)

360000－1901－0009145　162877
古吳童氏重校醫宗必讀十卷　(明)李中梓撰　清光緒三十一年(1905)上海書局石印本　五冊

360000－1901－0009146　720364
古吳童氏重校醫宗必讀十卷　(明)李中梓撰　清光緒三十一年(1905)上海書局石印本　四冊　存八卷(一至四、七至十)

360000－1901－0009147　720363
古吳童氏重校醫宗必讀十卷　(明)李中梓撰　清末石印本　二冊　存四卷(三至四、九至十)

360000－1901－0009148　900124
古谿試帖□□卷　(清)潘琴軒編　清刻本　一冊　存一卷(三)

360000－1901－0009149　804984
古香樓遺稿十卷　(清)沈長春撰　清咸豐六年(1856)刻本　一冊　存二卷(一至二)

360000－1901－0009150　240977
古香樓吟稿三卷西山紀遊詩一卷詞稿一卷　(清)汪文柏撰　清康熙四十年(1701)刻本　一冊

360000－1901－0009151　405119
古香山館存稿十六卷　(清)彭洋中撰　清刻本　一冊　存三卷(七至九)

360000－1901－0009152　305839
古香齋鑒賞袖珍初學記三十卷　(唐)徐堅等撰　清刻本　五冊　存十三卷(十至十一、十四至二十四)

360000－1901－0009153　302572

古香齋鑒賞袖珍春明夢餘錄七十卷　(清)孫承澤撰　清刻本　二十四冊

360000－1901－0009154　400034
古香齋鑒賞袖珍史記一百三十卷　(漢)司馬遷撰　(南朝宋)裴駰集解　(唐)司馬貞索隱　(唐)張守節正義　清光緒八年(1882)刻本　十冊　存五十三卷(一至三、八至九、十八至十九、三十一至四十、六十一至六十八、七十六至八十四、九十三至一百二、一百二十二至一百三十)

360000－1901－0009155　400035
古香齋鑒賞袖珍史記一百三十卷　(漢)司馬遷撰　(南朝宋)裴駰集解　(唐)司馬貞索隱　(唐)張守節正義　清光緒八年(1882)刻本　九冊　存四十六卷(四至十三、十七至十八、三十一至三十六、四十一至五十二、七十至八十五)

360000－1901－0009156　120421
古香齋四書十九卷　(清)高宗弘曆編　清光緒十年(1884)刻本　二冊

360000－1901－0009157　120585
古香齋新刻袖珍御纂朱子全書六十六卷　(宋)朱熹撰　(清)李光地等輯　清光緒九年(1883)孔氏三十有三萬卷堂刻本　三十六冊

360000－1901－0009158　305840
古香齋新刻袖珍淵鑑類函四百五十卷目錄四卷　(清)張英　(清)王士禛等輯　清刻本　二百二十七冊　缺三十一卷(三十五至三十七、八十至八十四、一百十一、一百十八至一百十九、一百二十二、一百四十一至一百四十三、一百八十四、一百九十八至二百十、二百五十一至二百五十二)

360000－1901－0009159　309092
古香齋新刻袖珍淵鑑類函四百五十卷目錄四卷　(清)張英　(清)王士禛等輯　清刻本　一百六十冊

360000－1901－0009160　417928
古香齋新刻袖珍淵鑑類函四百五十卷目錄四卷　(清)張英　(清)王士禛等輯　清刻本　十二冊　存三十七卷(二十五至二十六、一百九至一百十、一百十四至一百十五、一百三十八至一百四十二、一百四十六至一百四十九、一百五十七至一百六十、二百五十六至二百五十九、三百二至三百六、三百五十三至三百五十四、三百六十九至三百七十一、四百八至四百十一)

360000－1901－0009161　417929
古香齋新刻袖珍淵鑑類函四百五十卷目錄四卷　(清)張英　(清)王士禛等輯　清刻本　十三冊　存三十二卷(十二至十四、三十七至三十九、五十一至五十二、六十、一百二至一百四、一百十一至一百十二、一百十五至一百十七、一百七十六至一百七十七、三百二至三百七、三百二十三至三百二十四、三百三十至三百三十一、四百五至四百七)

360000－1901－0009162　417929－1
古香齋新刻袖珍淵鑑類函四百五十卷目錄四卷　(清)張英　(清)王士禛等輯　清刻本　九十一冊　存二百六十六卷(二十三至三十九、一百七十三至一百八十三、二百十三至四百五十)

360000－1901－0009163　417930
古香齋新刻袖珍淵鑑類函四百五十卷目錄四卷　(清)張英　(清)王士禛等輯　清刻本　九十六冊　存三百十九卷(四十三至一百七十一、二百三十八至三百八、三百三十二至四百五十)

360000－1901－0009164　417930－1
古香齋新刻袖珍淵鑑類函四百五十卷目錄四卷　(清)張英　(清)王士禛等輯　清刻本　八十六冊　存一百六十八卷(一百三十八至一百四十二、一百四十六至一百四十九、一百五十五至一百五十八、一百六十三至一百六十四、一百六十八至一百六十九、一百七十七至一百九十七、一百九十九至二百四、二百七至二百十五、二百二十一至二百二十二、二百九十至二百九十五、二百九十八至三百五、三百七至三百八、三百十一至三百十二、三百四

十一至三百五十七、三百六十九至三百七十三、三百七十六至四百九、四百十二至四百五十）

360000－1901－0009165　405927
古香齋新刻袖珍淵鑑類函四百五十卷目錄四卷　（清）張英　（清）王士禛等輯　清同治刻本　十三冊　存二十二卷（三百六、三百九至三百十、三百十三至三百二十、三百三十至三百四十）

360000－1901－0009166　717800
古香齋新刻袖珍淵鑑類函四百五十卷目錄四卷　（清）張英　（清）王士禛等輯　清同治十三年至光緒六年（1874－1880）刻本　八十五冊　存二百四十一卷（一至二百三十七、目錄四卷）

360000－1901－0009167　603625
古香齋新刻袖珍資治通鑑綱目三編二十卷　（清）張廷玉等撰　清光緒八年（1882）刻古香齋袖珍十種本　四冊

360000－1901－0009168　405126
古學鴻裁十五卷詩學鴻裁二卷　（清）范樫　（清）周采輯　清順治刻本　一冊　存三卷（十三至十五）

360000　1901－0009169　405120
古學彙纂十卷　（明）周時雍輯　（清）錢謙益等評　明崇禎十五年（1642）周氏愛日齋刻本　三冊　存三卷（一、四、八）

360000－1901－0009170　417825
古學彙纂十卷　（明）周時雍輯　（清）錢謙益等評　明崇禎十五年（1642）周氏愛日齋刻本　一冊　存序及目錄

360000－1901－0009171　317565
古學記問錄十五卷　（清）吳蔚文撰　清同治刻本　六冊

360000－1901－0009172　160263
古學考一卷　廖平撰　清光緒二十三年（1897）尊經書局刻本　一冊

360000－1901－0009173　305837
古謠諺一百卷　（清）杜文瀾輯　清咸豐十一年（1861）秀水杜氏刻曼陀羅華閣叢書本　八冊　存三十八卷（一至二十、二十八至四十五）

360000－1901－0009174　417691
古謠諺一百卷　（清）杜文瀾輯　清咸豐十一年（1861）秀水杜氏刻曼陀羅華閣叢書本　十六冊

360000－1901－0009175　210044
古易匯詮不分卷　（清）劉文龍訂　清雍正十二年（1734）刻本　四冊

360000－1901－0009176　150162
古逸叢書　（清）黎庶昌輯　清光緒八年至十年（1882－1884）遵義黎氏日本東京使署影刻本　四十九冊

360000－1901－0009177　150163
古逸叢書　（清）黎庶昌輯　清光緒八年至十年（1882－1884）遵義黎氏日本東京使署影刻本　四十冊

360000－1901－0009178　320574
古逸叢書　（清）黎庶昌輯　清光緒八年至十年（1882－1884）遵義黎氏日本東京使署影刻本　三十九冊　存二十一種

360000－1901－0009179　900922
古逸叢書　（清）黎庶昌輯　清光緒八年至十年（1882－1884）遵義黎氏日本東京使署影刻本　四十冊　存二十一種

360000－1901－0009180　241266
古逸書三十卷首一卷末一卷　（明）潘基慶輯注　明萬曆三十九年（1611）刻本　十冊

360000－1901－0009181　409548
古音叢目五卷　（明）楊慎撰　清綿州李氏萬卷樓刻本　一冊

360000－1901－0009182　409699
古音類表九卷首一卷　（清）傅壽彤撰　清光緒二年（1876）大梁臬署刻本　四冊

360000－1901－0009183　409554

古音略例一卷　(明)楊慎撰　清光緒七年(1881)廣漢刻本　一册

360000－1901－0009184　150532－1

古愚老人消夏録　(清)汪汲撰　清刻本　一册　存二種

360000－1901－0009185　405576

古愚老人消夏録　(清)汪汲撰　清刻本　一册　存三種

360000－1901－0009186　150532

古愚老人消夏録　(清)汪汲撰　清乾隆、嘉慶間古愚山房刻本　十二册　存十種

360000－1901－0009187　164643

古玉圖考不分卷　(清)吳大澂撰　清光緒十五年(1889)上海同文書局石印本　四册

360000－1901－0009188　410595

古玉圖考不分卷　(清)吳大澂撰　清光緒十五年(1889)上海同文書局石印本　四册

360000－1901－0009189　317796

古月軒詩存五卷　(清)朱伸林撰　清光緒十年(1884)琴川書屋刻本　二册

360000－1901－0009190　405116

古月軒詩存五卷文存二卷　(清)朱伸林撰　清光緒十年(1884)琴川書屋刻本　三册　存五卷(古月軒詩存三至五、文存二卷)

360000－1901－0009191　317238

古月軒詩存五卷文存二卷西江泛宅集三卷　(清)朱伸林撰　**浣霞軒詩稿一卷寓草二卷試帖拾遺一卷**　(清)朱驤成撰　**過庭集一卷車笠同盟集一卷**　(清)朱駜成撰　清光緒十年(1884)琴川書屋刻本　八册

360000－1901－0009192　317797

古月軒文存二卷　(清)朱伸林撰　清光緒十年(1884)琴川書屋刻本　二册

360000－1901－0009193　405116－1

古月軒文存二卷　(清)朱伸林撰　清光緒十年(1884)琴川書屋刻本　一册　存一卷(上)

360000－1901－0009194　241213

古樂府十卷　(元)左克明輯　明嘉靖二十六年(1547)汪尚磨刻本　五册

360000－1901－0009195　241214

古樂府十卷　(元)左克明輯　明刻本　四册

360000－1901－0009196　210222

古樂經傳五卷　(清)李光地撰　清雍正五年(1727)刻李文貞公全集本　二册

360000－1901－0009197　210223

古樂經傳五卷　(清)李光地撰　清雍正五年(1727)刻李文貞公全集本　二册

360000－1901－0009198　413849

古韻標準四卷詩韻舉例一卷　(清)江永編　(清)戴震參定　清乾隆三十六年(1771)潮陽縣衙刻本　一册

360000－1901－0009199　160252

古韻通說二十卷　(清)龍啓瑞撰　清同治六年(1867)刻本　四册

360000－1901－0009200　161620

古志石華三十卷　(清)黄本驥輯　清道光二十七年(1847)刻三長物齋叢書本　四册

360000－1901－0009201　210138

古周禮釋評六卷　(明)孫攀撰　明萬曆三十一年(1603)刻本　一册　存二卷(一至二)

360000－1901－0009202　160264

古籀拾遺三卷附宋政和禮器文字考一卷　(清)孫詒讓撰　清光緒十六年(1890)刻本　二册

360000－1901－0009203　160267

古籀拾遺三卷附宋政和禮器文字考一卷　(清)孫詒讓撰　清光緒石印本　二册

360000－1901－0009204　901818

瀕湖脈學一卷奇經八脈攷一卷　(明)李時珍撰　明刻本　一册

360000－1901－0009205　230600

谷園印譜六卷　(清)許容篆刻　(清)胡介祉輯　清康熙二十五年(1686)刻鈐印本　四册

存四卷(一、四至六)

360000－1901－0009206　410333
詁經精舍三集經解二卷辭賦三卷戊辰己巳庚午年官師課合刻六卷　(清)俞樾編　清同治六年至九年(1867－1870)刻本　二册　存二卷(戊辰年下、己巳年下)

360000－1901－0009207　316104
詁經精舍四集十六卷續選一卷　(清)俞樾編　清光緒十一年(1885)刻本　十二册

360000－1901－0009208　300388
詁經精舍文集十四卷　(清)阮元輯　清嘉慶六年(1801)揚州阮氏琅嬛仙館刻本　十二册

360000－1901－0009209　304692
詁經精舍文集十四卷　(清)阮元輯　清嘉慶六年(1801)揚州阮氏琅嬛仙館刻本　五册　存八卷(一至八)

360000－1901－0009210　710337
詁經精舍文集十四卷　(清)阮元輯　清嘉慶六年(1801)揚州阮氏琅嬛仙館刻本　四册　存八卷(一至八)

360000－1901－0009211　722431
詁經精舍文集十四卷　(清)阮元輯　清嘉慶六年(1801)揚州阮氏琅嬛仙館刻本　二册　存六卷(九至十四)

360000－1901－0009212　710338
詁經精舍文續集八卷　(清)羅文俊輯　清道光刻本　一册　存三卷(六至八)

360000－1901－0009213　800386
詁經隨筆□□卷　(清)□□撰　清抄本　一册　存一卷(四書)

360000－1901－0009214　164484
鼓山志十四卷首一卷　(清)黄任纂　清刻本　二册　存四卷(九至十二)

360000－1901－0009215　160705
穀梁傳初學讀本不分卷　(清)萬廷蘭輯　清嘉慶元年(1796)計樹園刻本　二册

360000－1901－0009216　706643
穀梁傳一卷　(清)俞長城評點　清乾隆二十四年(1759)金閶書業堂刻本　一册

360000－1901－0009217　120731
穀平先生文集五卷附録一卷　(明)李中撰　清光緒十三年(1887)葆元堂刻本　四册

360000－1901－0009218　230423
穀山筆麈十八卷　(明)于慎行撰　(明)郭應寵編　明天啓五年(1625)于緯刻本　十册

360000－1901－0009219　900184
穀詒堂試帖四卷　(清)沈雲驤撰　清光緒十二年(1886)刻本　二册　存二卷(一至二)

360000－1901－0009220　250076
穀玉類編五十卷　(清)汪兆舒輯　清乾隆二十三年(1758)資履堂刻本　十册

360000－1901－0009221　405671
穀玉類編五十卷　(清)汪兆舒輯　清乾隆二十三年(1758)資履堂刻本　九册　存四十六卷(五至五十)

360000－1901－0009222　300094
故唐律疏議三十卷　(唐)長孫無忌等撰　(□)□□釋文　**纂例十二卷**　(元)王元亮撰　清嘉慶十二年(1807)孫星衍刻本　八册

360000－1901－0009223　300095
故唐律疏議三十卷　(唐)長孫無忌等撰　(□)□□釋文　**纂例十二卷**　(元)王元亮撰　**附律音義一卷**　(宋)孫奭等撰　**宋提刑洗冤集録五卷**　(宋)宋慈撰　**附聖朝頒降新例一卷**　(元)□□輯　清光緒十七年(1891)刻本　八册

360000－1901－0009224　121127
故友詩録　(清)蔡壽祺輯　清同治八年至九年(1869－1870)京師鄉嬛别館刻本　十册　存十四種

360000－1901－0009225　121128
故友詩録　(清)蔡壽祺輯　清同治八年至九年(1869－1870)京師鄉嬛别館刻本　四册　存六種

360000－1901－0009226　163077
故友詩錄　(清)蔡壽祺輯　清同治八年至九年(1869－1870)京師嫏嬛別館刻本　一冊　存二種

360000－1901－0009227　601438
故友詩錄　(清)蔡壽祺輯　清同治八年至九年(1869－1870)京師嫏嬛別館刻本　三冊　存四種

360000－1901－0009228　316720
顧祠聽雨閣詩錄一卷　(清)王鵠輯　清同治元年(1862)刻本　一冊

360000－1901－0009229　404788
顧端文公遺書　(明)顧憲成撰　清康熙刻本　二冊　存八種

360000－1901－0009230　405296
顧端文公遺書　(明)顧憲成撰　清刻本　一冊　存三種

360000－1901－0009231　803942
顧復初先生讀春秋偶筆不分卷　(清)顧棟高撰　清抄本　一冊

360000－1901－0009232　316290
顧華陽集三卷補遺一卷　(唐)顧況撰　清咸豐五年(1855)雙峰堂刻本　二冊

360000－1901－0009233　603944
顧涇陽稿一卷　(明)顧憲成撰　(清)俞長城選評　清康熙三十八年(1699)刻可儀堂一百二十名家制義本　一冊

360000－1901－0009234　418580
顧氏明朝四十家小說　(明)顧元慶輯　明正德嘉靖陽山顧氏家塾刻本　三冊　存六種

360000－1901－0009235　805012
顧太史時文稿不分卷　(清)顧元熙撰　清嘉慶二十一年(1816)刻本　一冊

360000－1901－0009236　301895
顧亭林先生[炎武]年譜一卷　(清)張穆編　清道光二十四年(1844)刻本　一冊

360000－1901－0009237　313922
顧亭林先生[炎武]年譜一卷　(清)張穆編　清道光刻本　四冊

360000－1901－0009238　416937
顧亭林先生[炎武]年譜一卷　(清)張穆編　清光緒八年(1882)刻本　一冊

360000－1901－0009239　410396
顧亭林先生年譜一卷　(清)吳映奎編　清光緒嘉興金吳瀾刻本　一冊

360000－1901－0009240　600364
顧亭林先生遺書　(清)顧炎武撰　清刻本　二冊　存四種

360000－1901－0009241　600356
顧亭林先生遺書　(清)顧炎武撰　清蓬瀛閣刻本　十二冊

360000－1901－0009242　150245
顧亭林先生遺書　(清)顧炎武撰　清蓬瀛閣刻吳縣朱記榮增刻光緒三十二年(1906)彙印本　十六冊

360000－1901－0009243　404787
顧震滄制義不分卷　(清)顧棟高撰　清萬卷樓刻本　一冊

360000－1901－0009244　163625
瓜廬詩一卷　(宋)薛師石撰　清讀畫齋刻本　一冊

360000－1901－0009245　315895
乖崖先生文集十二卷附錄一卷　(宋)張詠撰　清光緒八年(1882)獨山莫氏刻本　二冊

360000－1901－0009246　408804
怪疾奇方一卷　(清)費伯雄輯　清光緒十年(1884)刻本　二冊

360000－1901－0009247　230253
怪證奇方一卷　(明)李樓輯　**補抄一卷**　(□)端成氏集　清乾隆二十四年(1759)裔德堂柴國璉抄本　一冊

360000－1901－0009248　803570
官場現形記五編六十卷　(清)李寶嘉撰　清光緒三十二年(1906)世界繁華報館鉛印本

二冊　存四卷(十七至二十)

360000－1901－0009249　413483
官幕同舟録二卷附急救應驗良方一卷　(清)費山壽撰　清同治六年(1867)笠澤三省書屋刻本　二冊

360000－1901－0009250　413481
官幕同舟録三卷　(清)費山壽撰　清光緒十二年(1886)笠澤三省書屋刻本　四冊

360000－1901－0009251　413482
官幕同舟録三卷　(清)費山壽撰　清光緒十二年(1886)笠澤三省書屋刻本　四冊

360000－1901－0009252　406043
官韻檢字一卷　(清)許乃普輯　清道光十五年(1835)刻本　一冊

360000－1901－0009253　162391
官子譜不分卷　(清)□□輯　清刻本　一冊

360000－1901－0009254　900270
關帝廟育才莊圖冊八卷　(清)彭涵霖輯　清道光二十八年(1848)刻本　一冊　存二卷(一至二)

360000－1901－0009255　804797
關帝全録一卷　(□)□□輯　清刻本　一冊

360000－1901－0009256　417349
關帝全書四十卷　(清)黄啓曙輯　清光緒十四年(1888)京都刻本　十四冊　存三十二卷(一、三至七、十五至四十)

360000－1901－0009257　417347
關帝桃園明聖經一卷　(□)□□輯　清刻本　一冊

360000－1901－0009258　417348
關夫子實録不分卷　(清)惜陰堂輯　清刻本　一冊

360000－1901－0009259　417345
關聖大帝明聖經一卷移山經一卷　(清)徐謙校訂　清咸豐九年(1859)四香草堂刻本　一冊

360000－1901－0009260　417346
關聖帝君濟世救急文一卷　清光緒十九年(1893)刻二十三年(1897)印本　一冊

360000－1901－0009261　417346－1
關聖帝君濟世救急文一卷　清光緒十九年(1893)刻二十三年(1897)印本　一冊

360000－1901－0009262　417346－2
關聖帝君濟世救急文一卷　清光緒十九年(1893)刻二十三年(1897)印本　一冊

360000－1901－0009263　417346－3
關聖帝君濟世救急文一卷　清光緒十九年(1893)刻二十三年(1897)印本　一冊

360000－1901－0009264　417346－4
關聖帝君濟世救急文一卷　清光緒十九年(1893)刻二十三年(1897)印本　一冊

360000－1901－0009265　802594
關聖帝君覺世經一卷文昌帝君本願經一卷文昌帝君延嗣經一卷許真君淨明忠孝經一卷　清同治五年(1866)許振禕刻本　一冊

360000－1901－0009266　802595
關聖帝君覺世經一卷文昌帝君本願經一卷文昌帝君延嗣經一卷許真君淨明忠孝經一卷　清同治五年(1866)許振禕刻本　一冊

360000－1901－0009267　802596
關聖帝君覺世經一卷文昌帝君本願經一卷文昌帝君延嗣經一卷許真君淨明忠孝經一卷　清同治五年(1866)許振禕刻本　一冊

360000－1901－0009268　804794
關聖帝君覺世經一卷文昌帝君本願經一卷文昌帝君延嗣經一卷許真君淨明忠孝經一卷　清同治五年(1866)許振禕刻本　一冊

360000－1901－0009269　304151
關聖帝君聖蹟圖誌全集五卷　(清)盧湛輯　清道光十八年(1838)刻本　五冊

360000－1901－0009270　804798
關聖帝君聖諭十願十戒救劫寶訓一卷　清刻本　一冊

360000－1901－0009271　416801
關學編五卷　(明)馮從吾撰　(清)李元春補輯　清道光十年(1830)刻本　一册　存一卷(一)

360000－1901－0009272　304158
關學原編四卷首一卷　(明)馮從吾撰　**關學續編三卷**　(明)王爾緝等撰　清光緒十七年(1891)澧西草堂刻本　四册

360000－1901－0009273　304157
關尹子二卷　(宋)陳顯微注　清光緒七年(1881)刻本　二册

360000－1901－0009274　404246
關右經籍考十一卷　(清)邢澍撰　清刻本　四册

360000－1901－0009275　305476
關中漢唐存碑跋一卷　(清)王志沂撰　清道光七年(1827)刻本　一册

360000－1901－0009276　307882
關中金石文字存逸考十二卷首一卷　(清)毛鳳枝撰　清光緒二十七年(1901)會稽顧氏江西萍鄉縣署刻本　十册

360000－1901－0009277　800973
關中書院課士賦一卷課士詩一卷　(清)□□輯　清刻本　五册

360000－1901－0009278　801509
關中書院課士詩不分卷　(清)路德輯　清刻本　一册

360000－1901－0009279　901548
關中書院課士詩不分卷　(清)路德輯　清刻本　一册

360000－1901－0009280　600367
觀古閣叢稿三編二卷　(清)鮑康撰　清光緒二年(1876)觀古閣刻本　一册

360000－1901－0009281　150525
觀古閣叢刻　(清)鮑康輯　清嘉慶十一年至光緒二十一年(1806－1895)歙縣鮑氏刻本　八册　存六種

360000－1901－0009282　150526
觀古閣叢刻　(清)鮑康輯　清嘉慶十一年至光緒二十一年(1806－1895)歙縣鮑氏刻本　八册　存六種

360000－1901－0009283　311817
觀古閣叢刻　(清)鮑康輯　清嘉慶十一年至光緒二十一年(1806－1895)歙縣鮑氏刻本　二十二册　存十二種

360000－1901－0009284　163469
觀古閣詩鈔八卷　(清)鮑康撰　清光緒二十一年(1895)刻本　二册

360000－1901－0009285　150524
觀古堂彙刻書　葉德輝輯　清光緒二十八年(1902)湘潭葉氏刻三十三年(1907)印本　十七册　存二十一種

360000－1901－0009286　320255
觀古堂書目叢刻　葉德輝輯　清光緒至民國湘潭葉氏刻本　二十册　存十二種

360000－1901－0009287　150523
觀古堂所著書　葉德輝撰　清光緒湘潭葉氏刻本　十六册　存十六種

360000－1901－0009288　803959
觀畫絕珠不分卷　(□)□□撰　清抄本　一册

360000－1901－0009289　123112
觀穫堂文集一卷　(清)胡國濱撰　清道光十五年(1835)玉山署中刻本　一册

360000－1901－0009290　902498－1
觀劇絕句三卷　(清)金德瑛撰　清光緒三十四年(1908)葉氏觀古堂刻本　一册

360000－1901－0009291　801437
觀其所由不分卷　(清)江景皐記　清抄本　一册

360000－1901－0009292　122725
觀我生齋詩集十卷　(清)鍾秀撰　清光緒二十四年(1898)桂林縣署刻本　五册

360000－1901－0009293　412837

觀物博異八卷 （法國）普謝撰 （英國）季理斐譯 （清）李鼎星筆述 清光緒三十二年(1906)上海廣學會鉛印本 一冊

360000－1901－0009294 122726
觀象居詩鈔二卷 （清）陳蘭瑞撰 清道光二十三年(1843)陳大煥孝友堂刻本 一冊

360000－1901－0009295 803718
觀象玩占五十卷 題（唐）李淳風撰 清抄本 一冊 存三卷（十一至十三）

360000－1901－0009296 230532
觀象玩占五十卷 題（唐）李淳風撰 清道光至咸豐抄本 十六冊

360000－1901－0009297 601456－1
觀易外編六卷 （清）紀大奎撰 清嘉慶十三年(1808)刻本 三冊

360000－1901－0009298 601456－2
觀易外編六卷 （清）紀大奎撰 清嘉慶十三年(1808)刻本 一冊 存三卷（一至三）

360000－1901－0009299 601886
觀易外編六卷 （清）紀大奎撰 清刻本 一冊 存二卷（三至四）

360000－1901－0009300 803137
觀音大士戒溺女訓不分卷 （□）□□輯 清光緒二年(1877)刻本 一冊

360000－1901－0009301 801414
觀音濟渡本願真經二卷 （□）□□輯 清抄本 一冊

360000－1901－0009302 150527
觀自得齋叢書 （清）徐士愷輯 清光緒石埭徐氏刻本 二十二冊

360000－1901－0009303 241132
莞譚詩剩二卷 （清）帥壽昌撰 清抄本 一冊

360000－1901－0009304 417507
管城碩記三十卷 （清）徐文靖撰 清乾隆志寧堂刻徐位山先生叢書本 九冊 存二十八卷（三至三十）

360000－1901－0009305 802850
管城碩記三十卷 （清）徐文靖撰 清乾隆志寧堂刻徐位山先生叢書本 一冊 存一卷（一）

360000－1901－0009306 900461
管靜山時文彙編不分卷 （清）管靜山撰 清嘉慶二十二年(1817)三槐堂刻本 一冊 存學庸、論語

360000－1901－0009307 804778
管靜山先生全稿不分卷 （清）管靜山撰 清末鉛印本 一冊

360000－1901－0009308 401606
管刻洋務抉要易言二卷 （清）杞憂生撰 清光緒十三年(1887)管可壽齋刻本 一冊 存一卷（下）

360000－1901－0009309 306666
管窺輯要八十卷 （清）黄鼎撰 清刻本 五冊 存十五卷（四十九至五十九、七十七至八十）

360000－1901－0009310 417535－2
管窺輯要八十卷 （清）黄鼎撰 清刻本 四冊 存七卷（十至十一、二十、二十八至二十九、六十七至六十八）

360000－1901－0009311 417535－3
管窺輯要八十卷 （清）黄鼎撰 清刻本 一冊 存三卷（三十一至三十三）

360000－1901－0009312 308849
管窺輯要八十卷 （清）黄鼎撰 清順治十年(1653)刻本 八冊 存二十一卷（六十至八十）

360000－1901－0009313 317767
管窺輯要八十卷 （清）黄鼎撰 清順治十年(1653)刻本 二十八冊 存六十九卷（一至四十八、六十至八十）

360000－1901－0009314 417532
管窺輯要八十卷 （清）黄鼎撰 清順治十年(1653)刻本 四十冊

360000－1901－0009315　417533
管窺輯要八十卷　（清）黄鼎撰　清順治十年(1653)刻本　三十六册

360000－1901－0009316　417534
管窺輯要八十卷　（清）黄鼎撰　清順治十年(1653)刻本　十八册　存三十七卷(一至十三、十八、三十五至四十七、五十三至六十、七十九至八十)

360000－1901－0009317　301951
補學軒詩集十二卷文集外編四卷　（清）鄭獻甫撰　清光緒五年至八年(1879－1882)黔南節署刻本　八册

360000－1901－0009318　417535－1
管窺輯要八十卷　（清）黄鼎撰　清順治十年(1653)刻本　六册　存六卷(十至十一、十六至十七、三十七至三十八)

360000－1901－0009319　404543
管注合刻雪鴻軒尺牘四卷　（清）龔萼撰　（清）管斯駿重訂　清管氏可壽齋刻朱墨套印本　三册　存三卷(二至四)

360000－1901－0009320　421253
管注合刻雪鴻軒尺牘四卷　（清）龔萼撰　（清）管斯駿重訂　清光緒十七年(1891)越城奎照樓刻朱墨套印本　一册　存一卷(一)

360000－1901－0009321　418601
管注秋水軒尺牘四卷　（清）許思湄撰　（清）婁世瑞注　（清）管斯駿補注　清光緒十一年(1885)管氏可壽齋刻朱墨套印本　二册

360000－1901－0009322　230094
管子酬諮續錄四卷　（明）管志道撰　明萬曆三十三年(1605)周景儀刻本　三册　缺一卷(二)

360000－1901－0009323　303837
管子地員篇注四卷　（清）王紹蘭撰　清光緒十七年(1891)蕭山胡燏棻寄虹山館刻本　四册

360000－1901－0009324　307632
管子地員篇注四卷　（清）王紹蘭撰　清光緒十七年(1891)蕭山胡燏棻寄虹山館刻本　四册

360000－1901－0009325　314091
管子地員篇注四卷　（清）王紹蘭撰　清光緒十七年(1891)蕭山胡燏棻寄虹山館刻本　四册

360000－1901－0009326　230171
管子二十四卷　（唐）房玄齡注　明萬曆十年(1582)趙用賢刻管韓合刻本　十一册　缺二卷(七至八)

360000－1901－0009327　416217－3
管子二十四卷　（唐）房玄齡注　清光緒二十三年(1897)新化三味書局刻本　一册　存三卷(三至五)

360000－1901－0009328　417022
管子二十四卷　（唐）房玄齡注　清光緒二十三年(1897)新化三味書局刻本　五册　存十五卷(一至三、七至九、十六至二十四)

360000－1901－0009329　417022－1
管子二十四卷　（唐）房玄齡注　清光緒二十三年(1897)新化三味書局刻本　一册　存三卷(二十二至二十四)

360000－1901－0009330　417026
管子二十四卷　（唐）房玄齡注　清光緒十九年(1893)鴻文書局石印本　一册

360000－1901－0009331　304173
管子二十四卷　（唐）房玄齡注　清光緒五年(1879)刻本　四册

360000－1901－0009332　417023
管子二十四卷　（唐）房玄齡注　清光緒五年(1879)刻本　四册

360000－1901－0009333　417023－1
管子二十四卷　（唐）房玄齡注　清光緒五年(1879)刻本　一册　存四卷(一至四)

360000－1901－0009334　304172
管子二十四卷　（唐）房玄齡注　清光緒元年

(1875)湖北崇文書局刻子書百家本　四冊

360000－1901－0009335　308718
管子二十四卷　(唐)房玄齡注　清光緒元年(1875)湖北崇文書局刻子書百家本　四冊

360000－1901－0009336　416217－2
管子二十四卷　(唐)房玄齡注　清刻本　二冊　存十卷(八至十一、十六至二十一)

360000－1901－0009337　417021
管子二十四卷　(唐)房玄齡注　清刻本　一冊　存四卷(三至六)

360000－1901－0009338　603771
管子二十四卷　(唐)房玄齡注　清刻本　一冊　存六卷(六至十一)

360000－1901－0009339　314109
管子二十四卷　(唐)房玄齡注　(明)劉績補注　清光緒二年(1876)浙江書局刻本　六冊

360000－1901－0009340　314121
管子二十四卷　(唐)房玄齡注　(明)劉績補注　清光緒二年(1876)浙江書局刻本　八冊

360000－1901－0009341　303824
管子二十四卷　(唐)房玄齡注　(明)劉績補注　清光緒二十九年(1903)新政書局石印本　四冊

360000－1901－0009342　417027
管子二十四卷　(唐)房玄齡注　(明)劉績補注　清光緒二十九年(1903)新政書局石印本　四冊

360000－1901－0009343　417027－1
管子二十四卷　(唐)房玄齡注　(明)劉績補注　清光緒二十九年(1903)新政書局石印本　四冊

360000－1901－0009344　303823
管子二十四卷　(唐)房玄齡注　(明)劉績補注　清光緒二十三年(1897)上海圖書集成局鉛印本　三冊　存十九卷(一至十九)

360000－1901－0009345　417025
管子二十四卷　(唐)房玄齡注　(明)劉績補注　清光緒三十年(1904)采新石印局石印本　二冊　存十三卷(一至五、十二至十九)

360000－1901－0009346　230172
管子二十四卷　(唐)房玄齡注　(明)劉績增注　(明)沈鼎新　(明)朱養純評　明天啓五年(1625)朱養純花齋刻本　三冊　存九卷(十至十二、十六至十九、二十三至二十四)

360000－1901－0009347　304170
管子二十四卷　(唐)房玄齡注　(明)劉績增注　(明)朱長春通演　(明)沈鼎新　(明)朱養純評　(明)朱養和輯訂　清嘉慶九年(1804)姑蘇王氏聚文堂刻十子全書本　六冊

360000－1901－0009348　722015
管子二十四卷　(唐)房玄齡注　(明)劉績增注　(明)朱長春通演　(明)沈鼎新　(明)朱養純評　(明)朱養和輯訂　清嘉慶九年(1804)姑蘇王氏聚文堂刻十子全書本　五冊　存十二卷(一至十二)

360000－1901－0009349　805425
管子二十四卷　(唐)房玄齡注　(明)劉績增注　(明)朱長春通演　(明)沈鼎新　(明)朱養純評　(明)朱養和輯訂　清嘉慶九年(1804)姑蘇王氏聚文堂刻十子全書本　二冊　存七卷(一至四、二十二至二十四)

360000－1901－0009350　722405
管子二十四卷　(唐)房玄齡注　(明)劉績增注　(明)朱養純評　清刻本　一冊　存四卷(十三至十六)

360000－1901－0009351　306633
管子校正二十四卷　(清)戴望撰　清同治十一年(1872)刻本　二冊　存十二卷(十三至二十四)

360000－1901－0009352　314098
管子校正二十四卷　(清)戴望撰　清同治十一年(1872)刻本　六冊

360000－1901－0009353　314947
管子校正二十四卷　(清)戴望撰　清同治十一年(1872)刻本　四冊

360000－1901－0009354　717028
管子一卷　（清）方苞删定　清乾隆刻抗希堂十六種本　一册

360000－1901－0009355　717029
管子一卷　（清）方苞删定　清乾隆刻抗希堂十六種本　一册

360000－1901－0009356　717030
管子一卷　（清）方苞删定　清乾隆刻抗希堂十六種本　一册

360000－1901－0009357　405655
管子治畧真本八卷　（唐）房玄齡注　（明）劉績補注　（明）淩登嘉輯評　明刻本　一册　存四卷（一至四）

360000－1901－0009358　421740
館賦精選四卷　（清）綺蕙樓主人評注　清同治十年（1871）刻本　三册　存三卷（一至二、四）

360000－1901－0009359　421738
館賦宛虹集四卷　（清）陳士楨等輯　清嘉慶二十一年（1816）文光堂刻本　二册

360000－1901－0009360　421716
館賦新編一卷　（清）岳維城等撰　清刻本　一册

360000－1901－0009361　421739
館賦續箋二卷　（清）陳士楨　（清）丁鹿壽輯　清嘉慶刻本　一册

360000－1901－0009362　803044
館賦鴛鍼四卷　（清）蔣圻編　清刻本　一册　存一卷（四）

360000－1901－0009363　421737
館賦鴛鍼四卷　（清）蔣圻編　清咸豐四年（1854）掃葉山房刻本　四册

360000－1901－0009364　404860
館閣擡頭程式三卷　（清）館閣諸公編　清咸豐十年（1860）京都琉璃廠刻本　一册

360000－1901－0009365　803323
館課存稿詩鈔一卷　（清）紀昀撰　清抄本　一册

360000－1901－0009366　901592
館課存稿詩鈔一卷　（清）紀昀撰　清乾隆四十八年（1783）盱黎書屋刻本　一册

360000－1901－0009367　721580
館課賦鈔□□卷　（清）李振鈞等輯　清刻本　一册　存一卷（六）

360000－1901－0009368　421902
館課賦鈔八卷　（清）徐經等輯　清醉經書屋刻本　八册

360000－1901－0009369　421903
館課賦鈔十四卷　（清）翁心存等輯　清刻本　十三册　存十三卷（一至五、七至十四）

360000－1901－0009370　900300
館課賦稿一卷　（清）吳廷鈖撰　清道光十一年（1831）刻本　一册

360000－1901－0009371　901406
館課我法詩箋四卷　（清）紀昀撰　（清）郭斌評注　清嘉慶九年（1804）匯源堂刻本　一册　存二卷（一至二）

360000－1901－0009372　901407
館課我法詩箋四卷　（清）紀昀撰　（清）郭斌評注　清嘉慶九年（1804）匯源堂刻本　三册　存三卷（二至四）

360000－1901－0009373　901408
館課我法詩箋四卷　（清）紀昀撰　（清）郭斌評注　清嘉慶九年（1804）匯源堂刻本　二册

360000－1901－0009374　800831
館課我法詩箋四卷　（清）紀昀撰　（清）郭斌評注　清刻本　一册　存二卷（三至四）

360000－1901－0009375　902340
館律分韻初編六卷　（清）春暉閣主人輯　清末石印本　六册

360000－1901－0009376　800815
館律鴛鍼四卷　（清）蔣圻編　清咸豐四年（1854）掃葉山房刻本　三册

360000－1901－0009377　417837
冠璞齋吟草四卷　(清)章綬撰　清同治四年(1865)刻本　二册

360000－1901－0009378　317391
貫華堂第六才子書八卷　(元)王德信　(元)關漢卿撰　(清)金人瑞評　**才子西廂醉心篇一卷**　(清)陳維崧撰　清刻本　六册

360000－1901－0009379　421501
貫華堂第六才子書八卷西廂文一卷　(元)王德信　(元)關漢卿撰　(清)金人瑞評　清尚論堂刻本　六册

360000－1901－0009380　421498
貫華堂繪像第六才子西廂八卷　(元)王德信　(元)關漢卿撰　(清)金人瑞評　清刻本　二册　存二卷(四、六)

360000－1901－0009381　800182
貫華堂註釋第六才子書八卷　(元)王德信　(元)關漢卿撰　(清)金人瑞評　清刻本　一册　存一卷(四)

360000－1901－0009382　800796
貫華堂註釋第六才子書八卷　(元)王德信　(元)關漢卿撰　(清)金人瑞評　清刻本　六册　存六卷(一至六)

360000－1901－0009383　801578
貫華堂註釋第六才子書八卷　(元)王德信　(元)關漢卿撰　(清)金人瑞評　清刻本　二册　存二卷(三至四)

360000－1901－0009384　801581
貫華堂註釋第六才子書八卷　(元)王德信　(元)關漢卿撰　(清)金人瑞評　清刻本　一册　存二卷(三至四)

360000－1901－0009385　900953
貫華堂註釋第六才子書八卷　(元)王德信　(元)關漢卿撰　(清)金人瑞評　清刻本　一册　存一卷(六)

360000－1901－0009386　314206
貫通三教養真集二卷　(□)養真子撰　(清)王士端注　清光緒三十四年(1908)刻本　一册

360000－1901－0009387　317631
灌香草堂初稿一卷　(清)吳蘭畹撰　清同治五年(1866)刻本　一册

360000－1901－0009388　414031
灌園餘事八卷　(清)崔謨撰　清乾隆刻本　二册　存五卷(一至五)

360000－1901－0009389　419179
光霽堂古文觀止十二卷　(清)吳乘權　(清)吳大職輯　清光霽堂刻本　六册

360000－1901－0009390　315919
光緒丙戌科會試硃卷一卷　(清)曾福謙撰　清光緒十二年(1886)刻本　一册

360000－1901－0009391　315920
光緒丙戌科會試硃卷一卷　(清)曾福謙撰　清光緒十二年(1886)刻本　一册

360000－1901－0009392　401661
光緒大婚禮節一卷　(清)□□輯　清刻本　一册

360000－1901－0009393　901512
光緒丁酉科貴州闈墨不分卷　(清)□□輯　清刻本　一册

360000－1901－0009394　800933
光緒丁酉科江西鄉試硃卷一卷　(清)□□輯　清光緒刻本　一册

360000－1901－0009395　901795
光緒丁酉科順天鄉試硃卷一卷　(清)□□輯　清光緒刻本　一册

360000－1901－0009396　123407
光緒丁酉科鄉試硃卷一卷附龍鍾洢世系一卷　(清)龍鍾洢撰　清光緒二十三年(1897)述何堂刻朱墨套印本　一册

360000－1901－0009397　800929
光緒丁酉正科江西闈墨一卷　(清)崔湘等撰　清光緒奎宿堂刻本　一册

360000－1901－0009398　800605
光緒二年春月各鄉總簿不分卷　(清)□□輯　稿本　一册

360000－1901－0009399　802731－1
光緒二年二月分大建徵收釐金報銷底稿　(清)□□輯　稿本　一册

360000－1901－0009400　800930
光緒二十八年壬寅補行庚子恩科並辛丑正科江西闈墨一卷　(清)龍元勛等撰　清光緒奎宿堂刻本　一册

360000－1901－0009401　800930－1
光緒二十八年壬寅補行庚子恩科並辛丑正科江西闈墨一卷　(清)龍元勛等撰　清光緒奎宿堂刻本　一册

360000－1901－0009402　800930－2
光緒二十八年壬寅補行庚子恩科並辛丑正科江西闈墨一卷　(清)龍元勛等撰　清光緒奎宿堂刻本　一册

360000－1901－0009403　800930－3
光緒二十八年壬寅補行庚子恩科並辛丑正科江西闈墨一卷　(清)龍元勛等撰　清光緒奎宿堂刻本　一册

360000－1901－0009404　800926
光緒二十年甲午科江西闈墨一卷　(清)楊國璋等撰　清光緒奎宿堂刻本　一册

360000－1901－0009405　302140
光緒二十年通商各關華洋貿易總册不分卷　(清)上海通商海關造册處譯　清光緒二十一年(1895)鉛印本　一册

360000－1901－0009406　902337
光緒庚辰試藝不分卷　(清)鍾文祥撰　清刻本　一册

360000－1901－0009407　901721
光緒庚寅恩科會墨不分卷　(清)上海著易堂編　清末上海著易堂書局鉛印本　一册

360000－1901－0009408　901989
光緒庚寅恩科會試硃卷一卷　(清)□□輯　清光緒刻本　一册

360000－1901－0009409　901992
光緒庚寅恩科會試硃卷一卷　(清)□□輯　清光緒刻本　一册

360000－1901－0009410　800245
光緒庚寅恩科會試硃卷一卷　(清)□□輯　清光緒十六年(1890)刻本　一册

360000－1901－0009411　123367－1
光緒庚寅恩科會試硃卷一卷　(清)趙惟熙撰　清光緒刻本　一册

360000－1901－0009412　417229
光緒庚寅年續保龍全書不分卷　(清)婺源保龍局輯　清光緒十七年(1891)刻本　一册

360000－1901－0009413　417229－1
光緒庚寅年續保龍全書不分卷　(清)婺源保龍局輯　清光緒十七年(1891)刻本　一册

360000－1901－0009414　417229－2
光緒庚寅年續保龍全書不分卷　(清)婺源保龍局輯　清光緒十七年(1891)刻本　一册

360000－1901－0009415　800948
光緒庚子辛丑恩科江南闈墨一卷　(清)□□輯　清光緒鉛印本　一册

360000－1901－0009416　901734
光緒癸卯恩科湖北闈墨不分卷　(清)□□輯　清光緒圖書集成局鉛印本　一册

360000－1901－0009417　800949
光緒癸卯恩科江南闈墨一卷　(清)□□輯　清光緒上海文寶書局石印本　一册

360000－1901－0009418　800945
光緒癸卯恩科江南闈墨一卷　(清)□□輯　清光緒圖書集成局鉛印本　一册

360000－1901－0009419　901727
光緒癸卯恩科浙江闈墨不分卷　(清)□□輯　清光緒石印本　一册

360000－1901－0009420　901735
光緒癸卯直墨采真不分卷　(清)京都大學堂

評選　清光緒三十年(1904)上海玉麟書局石印本　一冊

360000－1901－0009421　901723
光緒癸巳恩科廣東闈墨不分卷　(清)□□輯　清光緒圖書集成局鉛印本　一冊

360000－1901－0009422　800947
光緒癸巳恩科江南闈墨一卷　(清)□□輯　清光緒鉛印本　一冊

360000－1901－0009423　902024
光緒癸巳恩科江南鄉試硃卷不分卷　(清)□□輯　清光緒刻本　一冊

360000－1901－0009424　902339
光緒癸巳科試藝不分卷　(清)施培麟撰　清刻本　一冊

360000－1901－0009425　901396
光緒癸未科會墨不分卷　(清)□□輯　清光緒刻本　一冊

360000－1901－0009426　902336
光緒癸未科試藝不分卷　(清)張恩溥撰　清刻本　一冊

360000－1901－0009427　161682
光緒會計表四卷　(清)劉嶽雲撰　清光緒二十七年(1901)教育世界社石印本　四冊

360000－1901－0009428　401660
光緒會計表四卷　(清)劉嶽雲撰　清末石印本　二冊　存二卷(三至四)

360000－1901－0009429　303618
光緒會計錄三卷　(清)李希聖纂　清光緒二十二年(1896)刻本　二冊

360000－1901－0009430　800952
光緒己丑恩科江南闈墨一卷　(清)蔡世保等撰　清光緒衡鑑堂刻本　一冊

360000－1901－0009431　800953
光緒己丑恩科江南闈墨一卷　(清)蔡世保等撰　清光緒衡鑑堂刻本　一冊

360000－1901－0009432　800954
光緒己丑恩科江南闈墨一卷　(清)蔡世保等撰　清光緒衡鑑堂刻本　一冊

360000－1901－0009433　800955
光緒己丑恩科江南闈墨一卷　(清)蔡世保等撰　清光緒衡鑑堂刻本　一冊

360000－1901－0009434　901797
光緒己丑恩科江南鄉試硃卷一卷　(清)□□輯　清光緒刻本　一冊

360000－1901－0009435　901995
光緒己丑科會試硃卷第六房同門姓氏一卷　(清)許葉芬等撰　清光緒刻本　一冊

360000－1901－0009436　901794
光緒己卯科順天鄉試硃卷一卷　(清)□□輯　清光緒刻本　一冊

360000－1901－0009437　900829
光緒甲辰會試闈墨不分卷　(清)□□輯　清光緒三十年(1904)石印本　一冊

360000－1901－0009438　305144
光緒甲午恩科會試同年齒錄不分卷　(清)□□輯　清光緒北京精華齋、元會齋、龍光齋、龍文齋刻本　一冊

360000－1901－0009439　901987
光緒甲午科會試硃卷不分卷　(清)□□輯　清光緒刻本　一冊

360000－1901－0009440　800950
光緒甲午科江南鄉試闈墨一卷　(清)□□輯　清光緒圖書集成局鉛印本　一冊

360000－1901－0009441　900803－1
光緒甲午科江南鄉試闈墨一卷　(清)□□輯　清末石印本　一冊

360000－1901－0009442　122949
光緒甲午科江南鄉試硃卷一卷　(清)□□輯　清光緒二十年(1894)淮南書局刻本　一冊

360000－1901－0009443　800943
光緒甲午科江西鄉試闈墨一卷　(清)□□輯　清光緒圖書集成局鉛印本　一冊

360000－1901－0009444　901998
光緒甲午科江西鄉試硃卷一卷　(清)□□輯　清光緒刻本　一册

360000－1901－0009445　902020
光緒甲午科江西鄉試硃卷一卷　(清)□□輯　清光緒刻本　一册

360000－1901－0009446　161628
光緒甲午科十八省正副榜同年全錄不分卷　(清)□□輯　清光緒二十年(1894)刻本　二册

360000－1901－0009447　900803
光緒甲午科順天鄉試闈墨一卷　(清)□□輯　清末石印本　一册

360000－1901－0009448　901726
光緒甲午科浙江鄉試闈墨不分卷　(清)圖書集成局編　清光緒圖書集成局鉛印本　一册

360000－1901－0009449　900802
光緒甲午科直省鄉墨二卷　(清)□□輯　清末上海寶文書局石印本　二册

360000－1901－0009450　800604
光緒九年賣客總簿不分卷　(清)□□輯　稿本　一册

360000－1901－0009451　402214
光緒六年庚辰科會試同年齒錄一卷　(清)□□輯　清光緒刻本　四册

360000－1901－0009452　800608
光緒廿三春月潘煥彩家記總錄不分卷　(清)□□輯　稿本　一册

360000－1901－0009453　901974
光緒壬辰科會試第六房同門姓氏一卷　(清)熊爾梅等撰　清光緒刻本　一册

360000－1901－0009454　901793
光緒壬辰科會試硃卷一卷　(清)□□輯　清光緒刻本　一册

360000－1901－0009455　901990
光緒壬辰科會試硃卷一卷　(清)□□輯　清光緒刻本　一册

360000－1901－0009456　901991
光緒壬辰科會試硃卷一卷　(清)□□輯　清光緒刻本　一册

360000－1901－0009457　901993
光緒壬辰科會試硃卷一卷　(清)□□輯　清光緒刻本　一册

360000－1901－0009458　901997
光緒壬寅年補行庚子恩科並辛丑正科江西鄉試硃卷不分卷　(清)□□輯　清光緒刻本　一册

360000－1901－0009459　901733
光緒壬寅年補行庚子辛丑恩正併科湖北闈墨不分卷　(清)□□輯　清光緒圖書集成局鉛印本　一册

360000－1901－0009460　901733－1
光緒壬寅年補行庚子辛丑恩正併科湖北闈墨不分卷　(清)□□輯　清光緒圖書集成局鉛印本　一册

360000－1901－0009461　800941
光緒壬寅年補行庚子辛丑恩正併科江西闈墨一卷　(清)□□輯　清光緒圖書集成局鉛印本　一册

360000－1901－0009462　800941－1
光緒壬寅年補行庚子辛丑恩正併科江西闈墨一卷　(清)□□輯　清光緒圖書集成局鉛印本　一册

360000－1901－0009463　800944
光緒十七年辛卯科江西闈墨一卷　(清)王錫三等撰　清光緒奎宿堂刻本　一册

360000－1901－0009464　802906
光緒十七年辛卯科浙江鄉試闈墨一卷　(清)李端遇等輯　清光緒鉛印本　一册

360000－1901－0009465　800607
光緒十四年孟春月十五年正月進出總簿不分卷　(清)□□輯　稿本　二册

360000－1901－0009466　800927
光緒十四年戊子科江西闈墨一卷　(清)胡鴻

澤等撰　清光緒奎宿堂刻本　一冊

360000－1901－0009467　800928

光緒十四年戊子科江西闈墨一卷　(清)胡鴻澤等撰　清光緒奎宿堂刻本　一冊

360000－1901－0009468　902018

光緒十五年己丑科江西闈墨一卷　(清)湯鼎煊等撰　清光緒奎宿堂刻本　一冊

360000－1901－0009469　800946

光緒十一年乙酉科江南鄉試闈墨一卷　(清)張庭瑞等撰　清光緒鉛印本　一冊

360000－1901－0009470　303619

光緒通商列表不分卷　(清)楊楷撰　清光緒十七年(1891)刻本　一冊

360000－1901－0009471　901800

光緒戊子科湖南鄉試硃卷一卷　(清)□□輯　清光緒刻本　一冊

360000－1901－0009472　901796

光緒戊子科江南鄉試硃卷一卷　(清)□□輯　清光緒刻本　一冊

360000－1901－0009473　901731

光緒戊子科順天闈墨不分卷　(清)□□輯　清光緒上海著易堂書局鉛印本　一冊

360000－1901－0009474　402209

光緒戊子正科江西鄉試硃卷不分卷　(清)程志曾撰　清光緒刻本　一冊

360000－1901－0009475　804014

光緒鄉市來往總錄不分卷(清光緒五年至六年)　(清)□□輯　稿本　一冊

360000－1901－0009476　900830

光緒辛丑壬寅恩正併科會試闈墨不分卷　(清)周蘊亮等撰　清末石印本　一冊

360000－1901－0009477　900828

光緒辛丑壬寅恩正併科會試闈墨不分卷增批直省鄉會闈墨不分卷　(清)周蘊亮等撰　清光緒二十九年(1903)石印本　一冊

360000－1901－0009478　800940

光緒辛卯科江西闈墨一卷　(清)王錫三等撰　清光緒鉛印本　一冊

360000－1901－0009479　800934

光緒辛卯科江西鄉試硃卷一卷　(清)羅廷桂撰　清光緒刻本　一冊

360000－1901－0009480　800935

光緒辛卯科江西鄉試硃卷一卷　(清)羅廷桂撰　清光緒刻本　一冊

360000－1901－0009481　800936

光緒辛卯科江西鄉試硃卷一卷　(清)羅廷桂撰　清光緒刻本　一冊

360000－1901－0009482　800937

光緒辛卯科江西鄉試硃卷一卷　(清)羅廷桂撰　清光緒刻本　一冊

360000－1901－0009483　901730

光緒辛卯科順天闈墨不分卷　(清)□□輯　清光緒上海著易堂書局鉛印本　一冊

360000－1901－0009484　901729

光緒辛卯直省闈墨不分卷　(清)□□輯　清光緒石印本　一冊

360000－1901－0009485　805097

光緒乙丑恩科順天鄉試闈墨一卷　(清)□□輯　清刻本　一冊

360000－1901－0009486　805370

光緒乙亥恩科直省鄉墨文萃不分卷　(清)夏獻馨評選　清光緒琉璃廠同文堂刻本　一冊

360000－1901－0009487　161681

光緒乙酉科拔貢同年全錄不分卷　(清)□□輯　清光緒十一年(1885)刻本　四冊

360000－1901－0009488　901799

光緒乙酉科河南鄉試硃卷一卷　(清)桂斌撰　清光緒刻本　一冊

360000－1901－0009489　900341

光緒元年乙亥恩科鄉試同年錄不分卷　(清)毛昶熙輯　清光緒刻本　一冊

360000－1901－0009490　800924

光緒元年乙亥科江南闈墨一卷　(清)周□□　(清)王□□輯　清光緒衡鑑堂刻本　一册

360000－1901－0009491　416509－1
光學不分卷　(清)王昭三撰　清光緒二十八年(1902)徽郡屯鎮抱吟館刻本　一册

360000－1901－0009492　413568
光學須知一卷　(英國)傅蘭雅撰　清光緒二十一年(1895)刻本　一册

360000－1901－0009493　900643
光州吴氏家墨二編家傳一卷　(清)吴貽棠輯　清光緒十四年(1888)刻本　三册

360000－1901－0009494　418467
廣百川學海　(明)馮可賓輯　明刻本　八册　存四十九種

360000－1901－0009495　150708
廣百川學海　(明)馮可賓輯　明刻本　九册　存五十七種

360000－1901－0009496　164160
廣博物志五十卷　(明)董斯張　(明)楊鶴輯　明萬曆高暉堂刻本　三十六册

360000－1901－0009497　164501
廣博物志五十卷　(明)董斯張　(明)楊鶴輯　明萬曆高暉堂刻本　三十二册

360000－1901－0009498　250109
廣博物志五十卷　(明)董斯張　(明)楊鶴輯　明萬曆高暉堂刻本　二十三册　缺十卷(一、二十九至三十一、三十三、三十六、三十八至四十、四十九)

360000－1901－0009499　250110
廣博物志五十卷　(明)董斯張　(明)楊鶴輯　明萬曆高暉堂刻本　十八册　存二十七卷(三至四、六至九、十二、十五至十九、二十二至二十八、三十一至三十二、四十一至四十三、四十六至四十八)

360000－1901－0009500　718242
廣博物志五十卷　(明)董斯張　(明)楊鶴輯　明萬曆高暉堂刻本　五册　存九卷(二十一至二十二、三十三至三十六、四十三至四十五)

360000－1901－0009501　250106
廣博物志五十卷　(明)董斯張　(明)楊鶴輯　明萬曆四十三年(1615)高暉堂刻本　三十三册

360000－1901－0009502　250107
廣博物志五十卷　(明)董斯張　(明)楊鶴輯　明萬曆四十五年(1617)高暉堂刻本　二十册

360000－1901－0009503　250108
廣博物志五十卷　(明)董斯張　(明)楊鶴輯　明萬曆四十五年(1617)高暉堂刻本　十六册

360000－1901－0009504　416436
廣博物志五十卷　(明)董斯張　(明)楊鶴輯　清光緒五年(1879)學海堂刻本　二十六册

360000－1901－0009505　416436－1
廣博物志五十卷　(明)董斯張　(明)楊鶴輯　清光緒五年(1879)學海堂刻本　十册　存十五卷(十七至三十一)

360000－1901－0009506　716435
廣博物志五十卷　(明)董斯張　(明)楊鶴輯　清光緒五年(1879)學海堂刻本　十册　存十六卷(一至十六)

360000－1901－0009507　721839
廣博物志五十卷　(明)董斯張　(明)楊鶴輯　清光緒五年(1879)學海堂刻本　十二册　存十九卷(三十二至五十)

360000－1901－0009508　162838
廣蠶桑説輯補二卷　(清)沈練撰　(清)仲昂庭輯補　清光緒三年(1877)刻本　一册

360000－1901－0009509　416445
廣蠶桑説輯補二卷　(清)沈練撰　(清)仲昂庭輯補　清光緒三年(1877)宗源瀚刻本　一册

360000－1901－0009510　805065

廣蠶桑說輯補二卷 (清)沈練撰 (清)仲昂庭輯補 清刻本 一冊

360000－1901－0009511 303851
廣蠶桑說輯補二卷 (清)沈練撰 (清)仲學輅輯補 **蠶桑說一卷** (清)趙敬如撰 清光緒二十三年(1897)桐廬袁氏刻漸西村舍彙刊本 一冊

360000－1901－0009512 416444
廣蠶桑說一卷 (清)沈練撰 清光緒八年(1882)婺源課桑局刻本 一冊

360000－1901－0009513 317464
廣蠶桑說一卷 (清)沈練撰 清光緒二十四年(1898)汀州府署刻本 一冊

360000－1901－0009514 416464
廣蠶桑說一卷 (清)沈練撰 清光緒毘陵公善堂刻本 一冊

360000－1901－0009515 416464－1
廣蠶桑說一卷 (清)沈練撰 清光緒毘陵公善堂刻本 一冊

360000－1901－0009516 805064
廣蠶桑說一卷 (清)沈練撰 清刻本 一冊

360000－1901－0009517 805064－1
廣蠶桑說一卷 (清)沈練撰 清刻本 一冊

360000－1901－0009518 162836
廣蠶桑說一卷 (清)沈練撰 清同治二年(1863)刻本 一冊

360000－1901－0009519 162837
廣蠶桑說一卷 (清)沈練撰 清同治二年(1863)刻本 一冊

360000－1901－0009520 314085
廣川書跋十卷 (宋)董逌撰 清光緒十三年(1887)吳縣朱氏行素草堂刻槐廬叢書本 二冊

360000－1901－0009521 603784
廣傳遺書 (清)□□輯 清光緒木活字印本 一冊

360000－1901－0009522 603784－1
廣傳遺書 (清)□□輯 清光緒木活字印本 一冊

360000－1901－0009523 301951－1
補學軒制藝四卷制藝雜話一卷 (清)鄭獻甫撰 清同治十年(1871)黔南臬署刻本 四冊

360000－1901－0009524 803005
廣東各廠上下水貨抽釐例則不分卷 □□輯 清刻本 一冊

360000－1901－0009525 405529
廣東古今名媛詩選二卷 (清)胡廷梁輯 清刻本 一冊 存一卷(一)

360000－1901－0009526 420203
廣東海圖說一卷 (清)張之洞撰 清光緒十五年(1889)廣雅書局刻本 一冊

360000－1901－0009527 420204
廣東海圖說一卷 (清)張之洞撰 清光緒十五年(1889)廣雅書局刻本 一冊

360000－1901－0009528 420205
廣東海圖說一卷 (清)張之洞撰 清光緒十五年(1889)廣雅書局刻本 一冊

360000－1901－0009529 220784
廣東全省總圖不分卷 (清)李夢松繪 清抄本 一冊

360000－1901－0009530 300142
廣東試牘八卷 (清)何廷謙輯 清同治十二年(1873)刻本 四冊

360000－1901－0009531 304590
廣東試牘八卷 (清)何廷謙輯 清同治十二年(1873)刻本 三冊 存三卷(一、五、八)

360000－1901－0009532 901370
廣東試牘八卷 (清)何廷謙輯 清同治十二年(1873)刻本 四冊 存四卷(一、三、六至七)

360000－1901－0009533 901370－1
廣東試牘八卷 (清)何廷謙輯 清同治十二年(1873)刻本 一冊 存一卷(七)

360000－1901－0009534　309557
廣東水道通考一卷　(清)汪日暐撰　清刻本　一册

360000－1901－0009535　900572
廣東隨宦學堂章程一卷　(清)廣東隨宦學堂編　清光緒三十年(1904)西湖街聚珍堂刻本　一册

360000－1901－0009536　300139
廣東圖二十三卷　(清)□□纂　清同治五年(1866)刻本　三册

360000－1901－0009537　300140
廣東圖説九十二卷首一卷　(清)毛鴻賓等修　(清)桂文燦等纂　清同治刻本　十八册

360000－1901－0009538　313062
廣東圖説九十二卷首一卷　(清)毛鴻賓等修　(清)桂文燦等纂　清同治刻本　十八册

360000－1901－0009539　405530
廣東闈墨一卷　(清)□□輯　清光緒申報館鉛印本　一册

360000－1901－0009540　405507
廣東闈墨一卷　(清)□□輯　清刻本　一册

360000－1901－0009541　405508
廣東文選四十卷　(清)屈大均輯　清刻本　一册　存一卷(二)

360000－1901－0009542　304591
廣東新語二十八卷　(清)屈大均撰　清刻本　三册　存六卷(一至二、二十二至二十五)

360000－1901－0009543　420104
廣東新語二十八卷　(清)屈大均撰　清刻本　四册　存十三卷(十六至二十八)

360000－1901－0009544　407381
廣廣事類賦三十二卷　(清)吳世旃撰　清道光十八年(1838)刻本　四册

360000－1901－0009545　407382
廣廣事類賦三十二卷　(清)吳世旃撰　清道光十八年(1838)刻本　四册

360000－1901－0009546　407383
廣廣事類賦三十二卷　(清)吳世旃撰　清道光十八年(1838)刻本　四册

360000－1901－0009547　407384
廣廣事類賦三十二卷　(清)吳世旃撰　清道光十八年(1838)刻本　二册

360000－1901－0009548　407385
廣廣事類賦三十二卷　(清)吳世旃撰　清道光十八年(1838)刻本　八册

360000－1901－0009549　303196
廣廣事類賦三十二卷　(清)吳世旃撰　清道光十八年(1838)務本堂刻本　六册

360000－1901－0009550　407392
廣廣事類賦三十二卷　(清)吳世旃撰　清嘉慶二十二年(1817)山淵堂刻本　三册　存十二卷(一至八、十三至十六)

360000－1901－0009551　303191
廣廣事類賦三十二卷　(清)吳世旃撰　清嘉慶十三年(1808)刻本　六册

360000－1901－0009552　303192
廣廣事類賦三十二卷　(清)吳世旃撰　清嘉慶十三年(1808)刻本　九册

360000－1901－0009553　162818
廣廣事類賦三十二卷　(清)吳世旃撰　清嘉慶元年(1796)聚錦繡堂刻本　八册

360000－1901－0009554　407378
廣廣事類賦三十二卷　(清)吳世旃撰　清嘉慶元年(1796)刻本　四册

360000－1901－0009555　407379
廣廣事類賦三十二卷　(清)吳世旃撰　清嘉慶元年(1796)刻本　六册

360000－1901－0009556　407380
廣廣事類賦三十二卷　(清)吳世旃撰　清嘉慶元年(1796)刻本　四册

360000－1901－0009557　407391
廣廣事類賦三十二卷　(清)吳世旃撰　清嘉慶元年(1796)刻本　四册　存三十卷(一至

二十二、二十五至三十二）

360000－1901－0009558　407393
廣廣事類賦三十二卷　（清）吳世旃撰　清嘉慶元年（1796）刻本　六冊　存二十五卷（一至九、十四至二十五、二十九至三十二）

360000－1901－0009559　407394
廣廣事類賦三十二卷　（清）吳世旃撰　清嘉慶元年（1796）刻本　八冊　存二十七卷（一至十四、二十至三十二）

360000－1901－0009560　315803
廣廣事類賦三十二卷　（清）吳世旃撰　清聚秀堂刻本　三冊　存二十四卷（一至二十四）

360000－1901－0009561　407386
廣廣事類賦三十二卷　（清）吳世旃撰　清聚秀堂刻本　四冊

360000－1901－0009562　407387
廣廣事類賦三十二卷　（清）吳世旃撰　清刻本　五冊　存二十四卷（九至三十二）

360000－1901－0009563　407388
廣廣事類賦三十二卷　（清）吳世旃撰　清刻本　三冊

360000－1901－0009564　407389
廣廣事類賦三十二卷　（清）吳世旃撰　清刻本　八冊

360000－1901－0009565　407390
廣廣事類賦三十二卷　（清）吳世旃撰　清刻本　四冊　存二十六卷（一至二十二、二十九至三十二）

360000－1901－0009566　407395
廣廣事類賦三十二卷　（清）吳世旃撰　清刻本　六冊　存二十二卷（一至四、六至十三、十八至二十三、二十九至三十二）

360000－1901－0009567　407395－1
廣廣事類賦三十二卷　（清）吳世旃撰　清刻本　二冊　存九卷（十二至十六、二十至二十三）

360000－1901－0009568　407395－2
廣廣事類賦三十二卷　（清）吳世旃撰　清刻本　二冊　存十四卷（八至十六、二十三至二十七）

360000－1901－0009569　407626
廣漢魏叢書　（明）何允中輯　明刻本　一冊　存三種

360000－1901－0009570　600332
廣漢魏叢書　（明）何允中輯　明刻本　九冊　存四種

360000－1901－0009571　150568
廣漢魏叢書　（明）何允中輯　明萬曆二十年（1592）刻本　四十六冊　存四十四種

360000－1901－0009572　150706
廣漢魏叢書　（明）何允中輯　明萬曆二十年（1592）刻本　二十冊　存三十種

360000－1901－0009573　419819
廣漢魏叢書　（明）何允中輯　明萬曆二十年（1592）刻本　二十二冊　存三十種

360000－1901－0009574　150707
廣漢魏叢書　（明）何允中輯　清刻本　一百四十七冊　存八十種

360000－1901－0009575　407627
廣漢魏叢書　（明）何允中輯　清刻本　三冊　存十種

360000－1901－0009576　161153
廣金石韻府五卷附玉篇字略一卷　（清）朱時望撰　（清）林尚葵廣輯　（清）張鳳藻增注　清咸豐七年（1857）張鳳藻理董軒刻本　十二冊

360000－1901－0009577　313918
廣金石韻府五卷附玉篇字略一卷　（清）朱時望撰　（清）林尚葵廣輯　（清）張鳳藻增注　清咸豐七年（1857）張鳳藻理董軒刻本　五冊

360000－1901－0009578　803940
廣進田莊不分卷　（清）□□輯　清咸豐十一年（1861）抄本　一冊

360000－1901－0009579　304587

廣經室文鈔一卷　(清)劉恭冕撰　清同治刻本　一冊

360000－1901－0009580　122167
廣類合編精蘊二十四卷　(清)甘定魁輯　清刻本　二冊　存九卷(四至八、十七至二十)

360000－1901－0009581　413707
廣類合編精蘊二十四卷　(清)甘定魁輯　清刻本　四冊　存十二卷(三至五、十三至十五、十九至二十四)

360000－1901－0009582　316305
廣陵詩事十卷　(清)阮元撰　清光緒十六年(1890)北京揚州老館刻本　二冊

360000－1901－0009583　300147
廣陵詩事十卷　(清)阮元撰　清光緒十六年(1890)刻本　二冊

360000－1901－0009584　300146
廣陵詩事十卷　(清)阮元撰　清嘉慶六年(1801)刻本　二冊

360000－1901－0009585　300148
廣陵通典十卷　(清)汪中撰　清同治八年(1869)揚州書局刻本　二冊

360000－1901－0009586　310646
廣陵通典十卷　(清)汪中撰　清同治八年(1869)揚州書局刻本　二冊

360000－1901－0009587　310647
廣陵通典十卷　(清)汪中撰　清同治八年(1869)揚州書局刻本　二冊

360000－1901－0009588　313298
廣陵通典十卷　(清)汪中撰　清同治八年(1869)揚州書局刻本　四冊　存五卷(一至五)

360000－1901－0009589　241580
廣陵續調四卷　(清)喻肇慶錄　清光緒三十年(1904)抄本　四冊

360000－1901－0009590　803355
廣槑氏草存不分卷　(清)□□輯　清抄本　一冊

360000－1901－0009591　803460
廣勤戶不分卷(清光緒八年至二十一年)　(清)□□輯　清光緒抄本　一冊

360000－1901－0009592　122157
廣仁類編四卷　(明)王時槐輯　清宣統二年(1910)友慶堂刻本　二冊

360000－1901－0009593　407262
廣仁要錄不分卷　(清)□□輯　清刻本　一冊

360000－1901－0009594　314026
廣潤門外沿河碼頭基地清冊一卷　(清)勞鼎勛等纂　清光緒三十三年(1907)木活字印本　二冊

360000－1901－0009595　300566
廣三字經一卷　(清)蕉軒氏撰　(清)王晉之張謐之重訂　清光緒七年(1881)文聚堂刻本　一冊

360000－1901－0009596　408976
廣生編一卷附十劑表二卷　(清)包誠撰　清同治七年(1868)蘊璞齋刻本　一冊

360000－1901－0009597　707368
廣事類賦四十卷　(清)華希閔撰　清大文堂刻本　十冊

360000－1901－0009598　308709
廣事類賦四十卷　(清)華希閔撰　清康熙劍光閣刻本　五冊　存三十一卷(一至十一、十八至二十五、二十七至三十一、三十四至四十)

360000－1901－0009599　407351
廣事類賦四十卷　(清)華希閔撰　清康熙刻本　八冊

360000－1901－0009600　407354
廣事類賦四十卷　(清)華希閔撰　清康熙刻本　五冊

360000－1901－0009601　407355
廣事類賦四十卷　(清)華希閔撰　清康熙刻本　五冊　存三十一卷(五至三十五)

360000－1901－0009602　407356
廣事類賦四十卷　(清)華希閔撰　清康熙刻本　六冊　存三十八卷(一至十八、二十一至四十)

360000－1901－0009603　250070
廣事類賦四十卷　(清)華希閔撰　清康熙三十八年(1699)刻本　八冊

360000－1901－0009604　250071
廣事類賦四十卷　(清)華希閔撰　清康熙三十八年(1699)刻本　八冊

360000－1901－0009605　250072
廣事類賦四十卷　(清)華希閔撰　清康熙三十八年(1699)刻本　八冊

360000－1901－0009606　250073
廣事類賦四十卷　(清)華希閔撰　清康熙三十八年(1699)刻本　八冊

360000－1901－0009607　406422
部頒科場條例不分卷　(清)禮部纂　清嘉慶刻本　一冊

360000－1901－0009608　421959
蔡恭靖公詩稿四卷　(明)蔡國珍撰　(清)蔡尚才輯　清乾隆十六年(1751)蔡尚才刻本　一冊　存一卷(二)

360000－1901－0009609　407347
廣事類賦四十卷　(清)華希閔撰　清康熙三十八年(1699)刻本　八冊

360000－1901－0009610　707324
廣事類賦四十卷　(清)華希閔撰　清康熙三十八年(1699)錫山華氏劍光閣刻本　七冊

360000－1901－0009611　707353
廣事類賦四十卷　(清)華希閔撰　清康熙三十八年(1699)錫山華氏劍光閣刻本　二冊　存十九卷(一至十四、三十六至四十)

360000－1901－0009612　707355
廣事類賦四十卷　(清)華希閔撰　清康熙三十八年(1699)錫山華氏劍光閣刻本　八冊

360000－1901－0009613　707359
廣事類賦四十卷　(清)華希閔撰　清康熙三十八年(1699)錫山華氏劍光閣刻本　二冊　存十七卷(一至十二、二十至二十四)

360000－1901－0009614　707360
廣事類賦四十卷　(清)華希閔撰　清康熙三十八年(1699)錫山華氏劍光閣刻本　六冊　存三十卷(一至十一、十八至三十六)

360000－1901－0009615　303197
廣事類賦四十卷　(清)華希閔撰　清刻本　十冊

360000－1901－0009616　407298
廣事類賦四十卷　(清)華希閔撰　清刻本　四冊　存十九卷(一至七、二十三至二十九、三十六至四十)

360000－1901－0009617　407298－1
廣事類賦四十卷　(清)華希閔撰　清刻本　二冊　存十四卷(七至二十)

360000－1901－0009618　407298－2
廣事類賦四十卷　(清)華希閔撰　清刻本　三冊　存十三卷(十二至十九、三十二至三十六)

360000－1901－0009619　407299
廣事類賦四十卷　(清)華希閔撰　清刻本　四冊　存十八卷(一至十八)

360000－1901－0009620　407357
廣事類賦四十卷　(清)華希閔撰　清刻本　五冊

360000－1901－0009621　407358－1
廣事類賦四十卷　(清)華希閔撰　清刻本　一冊　存七卷(十八至二十四)

360000－1901－0009622　706251
廣事類賦四十卷　(清)華希閔撰　清刻本　二冊　存八卷(二十六至三十三)

360000－1901－0009623　707361
廣事類賦四十卷　(清)華希閔撰　清刻本　四冊　存二十卷(四至六、十一至二十七)

360000－1901－0009624　707362

廣事類賦四十卷　(清)華希閔撰　清刻本　五冊　存二十二卷(三至六、十至十四、二十八至四十)

360000－1901－0009625　707369
廣事類賦四十卷　(清)華希閔撰　清刻本　四冊　存二十三卷(十八至四十)

360000－1901－0009626　720783
廣事類賦四十卷　(清)華希閔撰　清刻本　一冊　存九卷(二十至二十八)

360000－1901－0009627　721749
廣事類賦四十卷　(清)華希閔撰　清刻本　四冊

360000－1901－0009628　722005
廣事類賦四十卷　(清)華希閔撰　清刻本　三冊　存十六卷(一至十六)

360000－1901－0009629　722032
廣事類賦四十卷　(清)華希閔撰　清刻本　四冊　存二十九卷(六至十一、十八至四十)

360000－1901－0009630　722085
廣事類賦四十卷　(清)華希閔撰　清刻本　四冊

360000－1901－0009631　722085－1
廣事類賦四十卷　(清)華希閔撰　清刻本　一冊　存十卷(十至十九)

360000－1901－0009632　802960
廣事類賦四十卷　(清)華希閔撰　清刻本　三冊　存十一卷(十二至十五、二十八至三十、三十七至四十)

360000－1901－0009633　407348
廣事類賦四十卷　(清)華希閔撰　清乾隆二十九年(1764)刻本　八冊

360000－1901－0009634　407358
廣事類賦四十卷　(清)華希閔撰　清乾隆二十九年(1764)刻本　七冊　存二十九卷(一至十八、二十二至二十六、二十八至三十三)

360000－1901－0009635　707364
廣事類賦四十卷　(清)華希閔撰　清乾隆五十八年(1793)劍光閣刻本　五冊　存二十二卷(一至十三、二十五至二十九、三十七至四十)

360000－1901－0009636　407349
廣事類賦四十卷　(清)華希閔撰　清乾隆五十四年(1789)刻本　八冊

360000－1901－0009637　162819
廣事類賦四十卷　(清)華希閔撰　清尚論堂刻本　八冊

360000－1901－0009638　308108
廣事類賦四十卷　(清)華希閔撰　**事類賦三十卷**　(宋)吳淑撰並注　清刻本　十六冊

360000－1901－0009639　407543
廣遂生福幼達生合編三卷　(清)亟齋居士撰　(清)周毓齡增補　清道光十七年(1837)南昌熊氏藜照齋刻本　一冊

360000－1901－0009640　407543－1
廣遂生福幼達生合編三卷　(清)亟齋居士撰　(清)周毓齡增補　清道光十七年(1837)南昌熊氏藜照齋刻本　一冊

360000－1901－0009641　407543－2
廣遂生福幼達生合編三卷　(清)亟齋居士撰　(清)周毓齡增補　清道光十七年(1837)南昌熊氏藜照齋刻本　一冊

360000－1901－0009642　407543－3
廣遂生福幼達生合編三卷　(清)亟齋居士撰　(清)周毓齡增補　清道光十七年(1837)南昌熊氏藜照齋刻本　一冊

360000－1901－0009643　407542
廣遂生福幼達生合編三卷　(清)亟齋居士撰　(清)周毓齡增補　清道光十七年(1837)樟鎮朱紫巷張氏三餘堂刻本　一冊

360000－1901－0009644　407544
廣遂生福幼達生合編三卷　(清)亟齋居士撰　(清)周毓齡增補　清刻本　一冊

360000－1901－0009645　408516
廣瘟疫論四卷　(清)戴天章撰　清刻本　二

冊

360000－1901－0009646　241207
廣文選八十二卷目録二卷　(明)劉節輯　明嘉靖十二年(1533)侯秩刻本　十冊

360000－1901－0009647　241208
廣文選八十二卷目録二卷　(明)劉節輯　明嘉靖十二年(1533)侯秩刻本　二十冊

360000－1901－0009648　241209
廣文選刪十四卷　(明)劉節輯　(明)張溥刪　明末刻古文五刪本　四冊　存四卷(一至四)

360000－1901－0009649　304581
廣西全省地輿圖説不分卷　(清)蘇鳳文撰　清同治五年(1866)刻本　四冊

360000－1901－0009650　122158
廣西善後芻議一卷芻議之餘一卷　(清)蕭鳳韶撰　清光緒三十三年(1907)刻本　一冊

360000－1901－0009651　805019
廣西試牘不分卷　(清)□□輯　清刻本　三冊

360000－1901－0009652　414123
廣西團練事宜一卷　(清)朱孫詒輯　清咸豐九年(1859)桂林蔣存遠刻本　一冊

360000－1901－0009653　420230
廣西輿地全圖二卷　(清)北洋機器總局圖算學堂繪　清光緒二十一年(1895)石印本　一冊　存一卷(上)

360000－1901－0009654　300143
廣學類編十二卷　(英國)唐蘭孟編　(清)任廷旭譯　清光緒二十七年(1901)上海廣學會鉛印本　六冊

360000－1901－0009655　405774
廣雅十卷　(三國魏)張揖撰　(隋)曹憲音釋　明天啓六年(1626)郎氏堂策檻刻本　一冊

360000－1901－0009656　150445
廣雅書局叢書　(清)廣雅書局輯　清光緒廣雅書局刻本　二百八十三冊　存九十六種

360000－1901－0009657　164256
廣雅書局叢書　(清)廣雅書局輯　清光緒廣雅書局刻本　六冊　存二種

360000－1901－0009658　150444
廣雅書局叢書　(清)廣雅書局輯　清光緒廣雅書局刻民國九年(1920)番禺徐紹棨彙編重印本　五百冊

360000－1901－0009659　161154
廣雅疏證十卷　(清)王念孫撰　清嘉慶元年(1796)王氏刻本　六冊

360000－1901－0009660　414092
廣雅疏證十卷博雅音十卷　(清)王念孫撰　清嘉慶元年(1796)王氏刻本　九冊

360000－1901－0009661　220737
廣雁蕩山誌二十八卷首一卷末一卷　(清)曾唯輯　清乾隆五十五年(1790)曾唯依緑園刻嘉慶十三年(1808)增刻同治八年(1869)重修本　八冊

360000－1901－0009662　311761
廣雁蕩山誌二十八卷首一卷末一卷　(清)曾唯輯　清乾隆五十五年(1790)曾唯依緑園刻嘉慶十三年(1808)增刻同治八年(1869)重修本　七冊　存二十九卷(廣雁蕩山誌二十八卷、末一卷)

360000－1901－0009663　311762
廣雁蕩山誌二十八卷首一卷末一卷　(清)曾唯輯　清乾隆五十五年(1790)曾唯依緑園刻嘉慶十三年(1808)增刻同治八年(1869)重修本　七冊　存二十六卷(五至二十八、首一卷、末一卷)

360000－1901－0009664　417968
廣藝舟雙楫六卷　康有爲撰　清光緒二十八年(1902)刻本　二冊

360000－1901－0009665　300144
廣藝舟雙楫六卷　康有爲撰　清光緒十九年(1893)南海康氏萬木艸堂刻本　二冊

360000－1901－0009666　300145

廣英堂遺稾一卷 （清）包慎言撰　清同治八年（1869）刻本　一冊

360000－1901－0009667　312278
廣虞初新志四十卷 （清）黄承增輯　清嘉慶八年（1803）寄鷗閒舫刻本　九冊　存三十八卷（一至十二、十五至四十）

360000－1901－0009668　220542
廣輿古今鈔二卷 （清）程晴川撰　清乾隆十二年（1747）有誠堂刻本　二冊

360000－1901－0009669　300151
廣輿記二十四卷 （明）陸應陽輯　（清）蔡方炳增輯　清大文堂刻本　十四冊

360000－1901－0009670　320531
廣輿記二十四卷 （明）陸應陽輯　（清）蔡方炳增輯　清大文堂刻本　十二冊

360000－1901－0009671　420123
廣輿記二十四卷 （明）陸應陽輯　（清）蔡方炳增輯　清康熙刻本　十二冊

360000－1901－0009672　420136
廣輿記二十四卷 （明）陸應陽輯　（清）蔡方炳增輯　清康熙刻本　十二冊

360000－1901－0009673　420139
廣輿記二十四卷 （明）陸應陽輯　（清）蔡方炳增輯　清康熙刻本　十冊　存十五卷（一至三、六至八、十至十三、十六至二十）

360000－1901－0009674　420139－1
廣輿記二十四卷 （明）陸應陽輯　（清）蔡方炳增輯　清康熙刻本　二冊　存三卷（一、十二至十三）

360000－1901－0009675　420139－2
廣輿記二十四卷 （明）陸應陽輯　（清）蔡方炳增輯　清康熙刻本　一冊　存二卷（十六至十七）

360000－1901－0009676　420138
廣輿記二十四卷 （明）陸應陽輯　（清）蔡方炳增輯　清康熙刻本（卷一配清康熙五十六年光德堂刻本）　十三冊　存二十一卷（一至十四、十六至二十、二十三至二十四）

360000－1901－0009677　300150
廣輿記二十四卷 （明）陸應陽輯　（清）蔡方炳增輯　清康熙四十六年（1707）帶月樓刻本　十二冊

360000－1901－0009678　420137
廣輿記二十四卷 （明）陸應陽輯　（清）蔡方炳增輯　清康熙四十六年（1707）刻本　十冊

360000－1901－0009679　300149
廣輿記二十四卷 （明）陸應陽輯　（清）蔡方炳增輯　清刻本　十六冊

360000－1901－0009680　300152
廣輿記二十四卷 （明）陸應陽輯　（清）蔡方炳增輯　清刻本　十二冊

360000－1901－0009681　300153
廣輿記二十四卷 （明）陸應陽輯　（清）蔡方炳增輯　清刻本　十冊

360000－1901－0009682　310468
廣輿記二十四卷 （明）陸應陽輯　（清）蔡方炳增輯　清刻本　六冊

360000－1901－0009683　220555
廣輿記二十四卷 （明）陸應陽輯　（清）蔡方炳增輯　清刻本　一冊　存二卷（一至二）

360000－1901－0009684　220553
廣輿記二十四卷圖一卷 （明）陸應陽輯　明萬曆二十八年（1600）刻本　六冊

360000－1901－0009685　220554
廣輿記二十四卷圖一卷 （明）陸應陽輯　（明）閻光表增訂　明刻本　六冊

360000－1901－0009686　308597
廣輿記二十四卷圖一卷 （明）陸應陽輯　（清）蔡方炳增輯　清道光四年（1824）體元堂刻本　九冊　存十八卷（二至十一、十七至二十四）

360000－1901－0009687　308652
廣輿記二十四卷圖一卷 （明）陸應陽輯　（清）蔡方炳增輯　清道光四年（1824）體元堂

刻本　八冊

360000－1901－0009688　420120
廣輿記二十四卷圖一卷　(明)陸應陽輯　(清)蔡方炳增輯　清刻本　十六冊

360000－1901－0009689　420121
廣輿記二十四卷圖一卷　(明)陸應陽輯　(清)蔡方炳增輯　清刻本　九冊　存十九卷(二至三、八至二十四)

360000－1901－0009690　122164
廣韻五卷　(宋)陳彭年等重修　清道光三十年(1850)鄧氏東山精舍刻本　四冊

360000－1901－0009691　414058
廣韻五卷　(宋)陳彭年等重修　清光緒斐英館石印本　一冊　存一卷(三)

360000－1901－0009692　122165
廣韻五卷　(宋)陳彭年等重修　清光緒遵義黎氏刻古逸叢書本　一冊

360000－1901－0009693　122166
廣韻新編五卷　(□)□□輯　清刻本　一冊

360000－1901－0009694　403122
廣增四書典腋二十卷　(清)松軒主人撰　清刻本　六冊

360000－1901－0009695　403122－1
廣增四書典腋二十卷　(清)松軒主人撰　清咸豐三年(1853)刻本　一冊　存四卷(一至四)

360000－1901－0009696　161974
廣治平畧三十六卷　(清)蔡方炳撰　清光緒十年(1884)樂善堂石印本　四冊

360000－1901－0009697　401473
廣治平畧三十六卷　(清)蔡方炳撰　清刻本　八冊

360000－1901－0009698　401474
廣治平畧三十六卷　(清)蔡方炳撰　清刻本　六冊

360000－1901－0009699　401475
廣治平畧三十六卷　(清)蔡方炳撰　清刻本　六冊

360000－1901－0009700　401476
廣治平畧三十六卷　(清)蔡方炳撰　清刻本　二冊　存十二卷(一至六、十九至二十四)

360000－1901－0009701　401478
廣治平畧三十六卷　(清)蔡方炳撰　清刻本　五冊　存三十卷(一至十二、十九至三十六)

360000－1901－0009702　401479
廣治平畧三十六卷　(清)蔡方炳撰　清刻本　六冊　存二十七卷(六至三十二)

360000－1901－0009703　401480
廣治平畧三十六卷　(清)蔡方炳撰　清刻本　一冊　存五卷(七至十一)

360000－1901－0009704　401481
廣治平畧三十六卷　(清)蔡方炳撰　清刻本　三冊　存十七卷(八至十八、二十五至三十)

360000－1901－0009705　401481－1
廣治平畧三十六卷　(清)蔡方炳撰　清刻本　四冊　存二十四卷(七至二十三、三十至三十六)

360000－1901－0009706　401481－2
廣治平畧三十六卷　(清)蔡方炳撰　清刻本　二冊　存十三卷(二十四至三十六)

360000－1901－0009707　401481－3
廣治平畧三十六卷　(清)蔡方炳撰　清刻本　二冊　存十三卷(二十四至三十六)

360000－1901－0009708　401481－4
廣治平畧三十六卷　(清)蔡方炳撰　清刻本　一冊　存六卷(二十四至二十九)

360000－1901－0009709　401481－5
廣治平畧三十六卷　(清)蔡方炳撰　清刻本　二冊　存九卷(十至十三、十九至二十三)

360000－1901－0009710　401482
廣治平畧三十六卷　(清)蔡方炳撰　清刻本

一冊　存三卷(十至十二)

360000－1901－0009711　401482－1
廣治平畧三十六卷　(清)蔡方炳撰　清刻本　一冊　存十七卷(二十至三十六)

360000－1901－0009712　603783
廣治平畧三十六卷　(清)蔡方炳撰　清刻本　一冊　存五卷(六至十)

360000－1901－0009713　401470
廣治平畧三十六卷　(清)蔡方炳撰　清同治九年(1870)漁古山房刻本　八冊

360000－1901－0009714　161962
廣治平畧三十六卷　(清)蔡方炳撰　清小瑯嬛館刻本　八冊

360000－1901－0009715　401472
廣治平畧三十六卷　(清)蔡方炳撰　清小瑯嬛館刻本　七冊　存三十一卷(一至二十六、三十二至三十六)

360000－1901－0009716　401477
廣治平畧三十六卷　(清)蔡方炳撰　清小瑯嬛館刻本　五冊　存二十九卷(一至二十四、三十二至三十六)

360000－1901－0009717　401471
廣治平畧三十六卷　(清)蔡方炳撰　清漁古山房刻本　七冊　存二十六卷(一至十二、十七至二十、二十七至三十六)

360000－1901－0009718　300141
廣治平畧三十六卷補編八卷　(清)蔡方炳撰　清刻本　八冊

360000－1901－0009719　401483
廣治平畧三十六卷續集八卷　(清)蔡方炳撰　清光緒十六年(1890)上海廣百宋齋鉛印本　六冊

360000－1901－0009720　401484
廣治平畧三十六卷續集八卷　(清)蔡方炳撰　清光緒十六年(1890)上海廣百宋齋鉛印本　八冊

360000－1901－0009721　401485
廣治平畧三十六卷續集八卷　(清)蔡方炳撰　清光緒十六年(1890)上海廣百宋齋鉛印本　二冊　存十四卷(一至十二、三十二至三十三)

360000－1901－0009722　311887
廣治平畧四十四卷　(清)蔡方炳撰　清康熙刻本　八冊

360000－1901－0009723　401466
廣治平畧四十四卷　(清)蔡方炳撰　清康熙刻本　八冊

360000－1901－0009724　401467
廣治平畧四十四卷　(清)蔡方炳撰　清康熙刻本　六冊

360000－1901－0009725　401468－1
廣治平畧四十四卷　(清)蔡方炳撰　清康熙刻本　五冊　存十四卷(六至八、二十至二十二、二十六至二十八、三十一至三十二、三十六至三十八)

360000－1901－0009726　401469
廣治平畧四十四卷　(清)蔡方炳撰　清康熙刻本　七冊

360000－1901－0009727　304585
廣治平畧四十四卷　(清)蔡方炳撰　清刻本　十一冊　存四十一卷(四至四十四)

360000－1901－0009728　401468
廣治平畧四十四卷　(清)蔡方炳撰　清雍正二年(1724)聚奎堂刻本　十二冊　存三十一卷(一、五至十八、二十二至三十五、三十九至四十)

360000－1901－0009729　220479
廣治平畧四十四卷　(清)蔡方炳撰　清雍正二年(1724)刻本　八冊

360000－1901－0009730　401487
廣治平畧續集八卷　(清)蔡方炳撰　清刻本　一冊　存三卷(六至八)

360000－1901－0009731　401486
廣治平畧續集八卷　(清)蔡方炳撰　清同治

九年(1870)漁古山房刻本　四冊

360000－1901－0009732　317479
廣種柏樹興利除害條陳一卷　(清)徐紹基撰　清光緒八年(1882)江西書局刻本　一冊

360000－1901－0009733　317480
廣種柏樹興利除害條陳一卷　(清)徐紹基撰　清光緒八年(1882)江西書局刻本　一冊

360000－1901－0009734　802836
廣柱師題稿竹溪隅抄一卷　(清)□□撰　清抄本　一冊

360000－1901－0009735　901471
廣註駢文自修讀本四卷首一卷　陸翔評選　清末上海世界書局石印本　一冊　存三卷(一至二、首一卷)

360000－1901－0009736　122159
廣卓異記二十卷　(宋)樂史撰　清道光二十七年(1847)宜黄黄氏仙屏書屋木活字印本　四冊

360000－1901－0009737　122160
廣卓異記二十卷　(宋)樂史撰　清道光二十七年(1847)宜黄黄氏仙屏書屋木活字印本　二冊

360000－1901－0009738　122161
廣卓異記二十卷　(宋)樂史撰　清道光二十七年(1847)宜黄黄氏仙屏書屋木活字印本　二冊

360000－1901－0009739　302401
圭盦詩錄一卷　(清)吳觀禮撰　清光緒五年(1879)張佩倫蕢齋刻本　一冊

360000－1901－0009740　407693
圭山存牘一卷　(清)李鍾珏撰　清光緒二十一年(1895)寧陽官廨刻本　一冊

360000－1901－0009741　240447
圭齋文集十六卷　(元)歐陽玄撰　(明)歐陽銘　(明)歐陽鏞編　清乾隆十三年(1748)清洲紹文堂刻本　六冊

360000－1901－0009742　122090
閨範備覽三卷補遺一卷　(清)揭和衷輯　清光緒十三年(1887)刻本　三冊

360000－1901－0009743　802712
閨門女四書　(清)方夏定輯　清抄本　一冊

360000－1901－0009744　304058
閨秀詞鈔十六卷　徐乃昌輯　清宣統元年(1909)南陵徐乃昌小檀欒室刻本　八冊

360000－1901－0009745　301540
龜巢藁十卷補遺一卷　(元)謝應芳撰　清道光二十五年(1845)刻本　四冊

360000－1901－0009746　240333
龜山先生全集四十二卷　(宋)楊時撰　明萬曆十九年(1591)海陽林熙春刻本　六冊

360000－1901－0009747　240334
龜山先生全集四十二卷　(宋)楊時撰　明萬曆十九年(1591)海陽林熙春刻本　六冊

360000－1901－0009748　303002
歸盦文藁八卷　(清)葉裕仁撰　清光緒八年(1882)刻本　四冊

360000－1901－0009749　162992
歸方評點史記合筆六卷　(清)王拯撰　清光緒元年(1875)望三益齋刻本　二冊

360000－1901－0009750　405382
歸樸齋詩鈔戊集二卷己集二卷　(清)曾紀澤撰　清光緒十九年(1893)江南製造總局鉛印本　一冊

360000－1901－0009751　405382－1
歸樸齋詩鈔戊集二卷己集二卷　(清)曾紀澤撰　清光緒十九年(1893)江南製造總局鉛印本　一冊

360000－1901－0009752　405382－2
歸樸齋詩鈔戊集二卷己集二卷　(清)曾紀澤撰　清光緒十九年(1893)江南製造總局鉛印本　一冊

360000－1901－0009753　805265
歸潛志十四卷附錄一卷　(元)劉祁撰　清乾隆四十四年(1779)長塘鮑氏刻知不足齋叢書

本　一册　存四卷(七至十)

360000－1901－0009754　163265
歸田集十四卷　(清)高士奇撰　清刻本　二册

360000－1901－0009755　405384
歸田集十四卷　(清)高士奇撰　清刻本　一册　存八卷(七至十四)

360000－1901－0009756　163264
歸田集十四卷獨旦集八卷　(清)高士奇撰　清刻本　十册

360000－1901－0009757　163065
歸田詩話三卷　(明)瞿佑撰　清乾隆四十年(1775)長塘鮑氏刻知不足齋叢書本　一册

360000－1901－0009758　162908
歸田瑣記八卷　(清)梁章鉅撰　清道光二十五年(1845)北東園刻本　四册

360000－1901－0009759　301547
歸田瑣記八卷　(清)梁章鉅撰　清道光二十五年(1845)刻本　二册

360000－1901－0009760　405381
歸田瑣記八卷　(清)梁章鉅撰　清咸豐二年(1852)羊城同文堂刻本　二册　存四卷(一至四)

360000－1901－0009761　901231
歸仙二啚保甲局圖册不分卷　(清)□□撰　清刻本　一册

360000－1901－0009762　250212
歸愚集　(清)沈德潛撰　清乾隆刻本　二十册　存九種

360000－1901－0009763　240995
歸愚詩鈔二十卷餘集十卷　(清)沈德潛撰　清乾隆刻本　五册

360000－1901－0009764　240996
歸愚詩鈔六卷竹嘯軒詩鈔十八卷　(清)沈德潛撰　清乾隆刻本　四册

360000－1901－0009765　316250
歸愚詩鈔十四卷文鈔十二卷文續十二卷說詩晬語二卷黄山遊草一卷歸田集一卷南巡詩一卷浙江通省志圖說一卷　(清)沈德潛撰　清乾隆刻本　十四册

360000－1901－0009766　308600
歸愚文鈔二十卷餘集八卷　(清)沈德潛撰　清乾隆十八年至三十二年(1753－1767)教忠堂刻本　三册　存十二卷(歸愚文鈔一至五、十四至十七,餘集三至五)

360000－1901－0009767　240997
歸愚文鈔十二卷文續十二卷詩鈔十二卷　(清)沈德潛撰　清乾隆刻本　十二册

360000－1901－0009768　412641
歸愚文續十二卷　(清)沈德潛撰　(清)厲鶚評點　清乾隆刻本　一册　存二卷(五至六)

360000－1901－0009769　418180
歸愚文續十二卷　(清)沈德潛撰　(清)厲鶚評點　清乾隆刻本　四册　存十卷(二至十一)

360000－1901－0009770　418180－1
歸愚文續十二卷　(清)沈德潛撰　(清)厲鶚評點　清乾隆刻本　一册　存二卷(四至五)

360000－1901－0009771　720044
歸愚文續十二卷　(清)沈德潛撰　(清)厲鶚評點　清乾隆刻本　一册　存二卷(一至二)

360000－1901－0009772　804499
歸餘鈔四卷　(清)高塘集評　清刻本　一册　存一卷(四)

360000－1901－0009773　150492
歸雲別集　(明)陳士元撰　清道光十三年(1833)應城吳毓梅刻本　二十册

360000－1901－0009774　150493
歸雲別集　(明)陳士元撰　清道光十三年(1833)應城吳毓梅刻本　二十四册　存七種

360000－1901－0009775　304223
歸震川集十卷　(明)歸有光撰　(清)張汝瑚選　清康熙二十一年(1682)郢雪書林刻本

四冊

360000－1901－0009776　305202

歸震川先生[有光]年譜一卷　(清)孫岱編　清光緒五年(1879)嘉興金吳蘭刻本　一冊

360000－1901－0009777　163263

歸震川先生別集十卷　(明)歸有光撰　清刻本　四冊

360000－1901－0009778　417956

歸震川先生尺牘二卷　(明)歸有光撰　清康熙刻本　一冊　存一卷(一)

360000－1901－0009779　316788

歸震川先生尺牘二卷　(明)歸有光撰　清康熙三十八年(1699)虞山顧氏如月樓刻本　二冊

360000－1901－0009780　410236

歸震川先生文選六卷　(明)歸有光撰　(清)李祖陶評點　清道光二十五年(1845)刻本　三冊

360000－1901－0009781　123104

歸舟雜吟一卷　(清)舒夢蘭撰　清刻本　一冊

360000－1901－0009782　303387

軌政紀要五卷　陳毅編　清光緒三十三年(1907)鉛印本　二冊

360000－1901－0009783　230161

鬼谷子三卷　(南朝梁)陶弘景注　清乾隆五十四年(1789)刻本　三冊

360000－1901－0009784　420486

參補醫宗説約廣嗣良方三卷　(清)王念禧撰　清康熙五十三年(1714)刻本　一冊

360000－1901－0009785　314814

鬼谷子三卷　(南朝梁)陶弘景注　(清)秦恩復校　**篇目考一卷附錄一卷**　(清)秦恩復輯　清嘉慶十年(1805)江都秦氏石研齋刻本　一冊

360000－1901－0009786　314823

鬼谷子三卷　(南朝梁)陶弘景注　(清)秦恩復校　**篇目考一卷附錄一卷**　(清)秦恩復輯　清嘉慶十年(1805)江都秦氏石研齋刻本　二冊

360000－1901－0009787　801172

癸丑仝年燈謎不分卷　(□)□□輯　清抄本　一冊

360000－1901－0009788　802190

癸卯課藝日新六卷　(清)□□輯　清光緒廣州學院前麟書閣石印本　二冊　存二卷(一、六)

360000－1901－0009789　123156

癸卯時務策彙存一卷　江峰青撰　清宣統元年(1909)刻本　一冊

360000－1901－0009790　409798

癸巳存稿十五卷　(清)俞正燮撰　清道光二十八年(1848)靈石楊氏刻連筠簃叢書本　四冊　存十二卷(一至十二)

360000－1901－0009791　301013

癸巳存稿十五卷　(清)俞正燮撰　清光緒十年(1884)刻本　八冊

360000－1901－0009792　310872

癸巳存稿十五卷　(清)俞正燮撰　清光緒十年(1884)刻本　六冊

360000－1901－0009793　313631

癸巳存稿十五卷　(清)俞正燮撰　清光緒十年(1884)刻本　八冊

360000－1901－0009794　313632

癸巳存稿十五卷　(清)俞正燮撰　清光緒十年(1884)刻本　七冊　存十三卷(一至五、八至十五)

360000－1901－0009795　409796

癸巳存稿十五卷　(清)俞正燮撰　清刻本　一冊　存三卷(八至十)

360000－1901－0009796　803782

癸巳恩科經策存稿不分卷　(清)茀侯氏輯　清抄本　一冊

360000－1901－0009797　162484

癸巳類稿十五卷　(清)俞正燮撰　清道光十三年(1833)求日益齋刻本　五册

360000－1901－0009798　301014
癸巳類稿十五卷　(清)俞正燮撰　清道光十三年(1833)求日益齋刻本　八册

360000－1901－0009799　301050
癸巳類稿十五卷　(清)俞正燮撰　清道光十三年(1833)求日益齋刻本　五册

360000－1901－0009800　310873
癸巳類稿十五卷　(清)俞正燮撰　清道光十三年(1833)求日益齋刻本　五册

360000－1901－0009801　314050
癸巳類稿十五卷　(清)俞正燮撰　清道光十三年(1833)求日益齋刻本　十册

360000－1901－0009802　314246
癸巳類稿十五卷　(清)俞正燮撰　清道光十三年(1833)求日益齋刻本　八册

360000－1901－0009803　409797
癸巳類稿十五卷　(清)俞正燮撰　清道光十三年(1833)求日益齋刻本　一册　存二卷(一至二)

360000－1901－0009804　407787
癸未行程記不分卷　(清)汪元英撰　清道光十六年(1836)木活字印本　一册

360000－1901－0009805　407787－1
癸未行程記不分卷　(清)汪元英撰　清道光十六年(1836)木活字印本　一册

360000－1901－0009806　407787－2
癸未行程記不分卷　(清)汪元英撰　清道光十六年(1836)木活字印本　一册

360000－1901－0009807　317523
癸辛雜識别集二卷　(宋)周密撰　清刻本　二册

360000－1901－0009808　230476
癸辛雜識前集一卷後集一卷續集二卷别集二卷　(宋)周密撰　明崇禎毛氏汲古閣刻津逮祕書本　二册　存二卷(續集二卷)

360000－1901－0009809　301012
癸辛雜識前集一卷後集一卷續集二卷别集二卷　(宋)周密撰　明崇禎毛氏汲古閣刻津逮祕書本　六册

360000－1901－0009810　230475
癸辛雜識一卷外集一卷新集一卷後集一卷　(宋)周密撰　明萬曆會稽商濬半埜堂刻稗海本　一册　存一卷(新集一卷)

360000－1901－0009811　419039
桂芳齋重訂古文釋義新編八卷　(清)余誠評注　清桂芳齋刻本　一册　存二卷(三至四)

360000－1901－0009812　722354
桂芳齋重訂古文釋義新編八卷　(清)余誠評注　清桂芳齋刻本　一册　存二卷(三至四)

360000－1901－0009813　718933
桂芳齋重訂古文釋義新編八卷　(清)余誠評注　清嘉慶二十年(1815)桂芳齋刻本　一册　存二卷(一至二)

360000－1901－0009814　716735
桂芳齋重訂古文釋義新編八卷　(清)余誠評注　清嘉慶二十五年(1820)刻本(卷三至四、六配清刻本)　三册　存五卷(一至四、六)

360000－1901－0009815　163611
桂芳齋重訂古文釋義新編八卷　(清)余誠評注　清嘉慶五年(1800)聚秀堂刻本　八册

360000－1901－0009816　419028
桂芳齋重訂古文釋義新編八卷　(清)余誠評注　清刻本　二册　存四卷(一至二、五至六)

360000－1901－0009817　419028－1
桂芳齋重訂古文釋義新編八卷　(清)余誠評注　清刻本　一册　存二卷(五至六)

360000－1901－0009818　121323
桂宫梯二卷首一卷　(清)徐謙輯　清咸豐九年(1859)四香草堂刻本　二册

360000－1901－0009819　404409
桂宫梯六卷　(清)徐謙輯　清刻本　二册

存三卷(二至三、六)

360000－1901－0009820　163385
桂林風土記一卷　(唐)莫休符撰　清抄本　一冊

360000－1901－0009821　164567
桂林詩正八卷　(明)顧懋樊撰　明刻本　十冊

360000－1901－0009822　121319
桂林霜二卷　(清)蔣士銓撰　清刻紅雪樓九種曲本　二冊

360000－1901－0009823　404936
桂勝集一卷外集一卷　(清)張祥河撰　清道光二十五年(1845)刻本　一冊

360000－1901－0009824　404613
桂杏聯芳譜約編二卷　(清)高懷輯　清光緒五年(1879)刻本　一冊　存一卷(下)

360000－1901－0009825　122242
桂隱詩集二卷文集二卷　(元)劉詵撰　清同治六年(1867)木活字印本　四冊

360000－1901－0009826　122243
桂隱詩集四卷文集四卷　(元)劉詵撰　清同治六年(1867)木活字印本　三冊　存三卷(桂隱詩集一至二、文集四)

360000－1901－0009827　164029
桂苑筆耕集二十卷　(唐)崔致遠撰　清道光二十七年(1847)刻海山仙館叢書本　四冊

360000－1901－0009828　403298
桂月樓四書體註合講十九卷圖說一卷　(清)翁復編　清乾隆四十五年(1780)桂月樓刻本　三冊　存八卷(大學一、中庸一、孟子一至五,圖說一卷)

360000－1901－0009829　419012
桂月樓重訂古文釋義新編八卷　(清)余誠評注　清嘉慶二十五年(1820)刻本　二冊

360000－1901－0009830　121320
桂洲夏文愍公奏議二十一卷補遺一卷　(明)夏言撰　清光緒十七年(1891)江西書局刻本　十二冊

360000－1901－0009831　121321
桂洲夏文愍公奏議二十一卷補遺一卷　(明)夏言撰　清光緒十七年(1891)江西書局刻本　十一冊　存二十卷(一至十四、十七至二十一,補遺一卷)

360000－1901－0009832　121322
桂洲夏文愍公奏議二十一卷補遺一卷　(明)夏言撰　清光緒十七年(1891)江西書局刻本　八冊　存十七卷(二至三、六至十四、十七至二十一,補遺一卷)

360000－1901－0009833　300552
貴池二妙集五十一卷　劉世珩輯　清光緒二十六年(1900)貴池劉氏唐石簃刻貴池先哲遺書本　十二冊

360000－1901－0009834　230409
貴耳集三卷　(宋)張端義撰　明崇禎毛氏汲古閣刻津逮祕書本　三冊

360000－1901－0009835　900739－1
貴州闈墨不分卷　(清)□□輯　清刻本　二冊

360000－1901－0009836　402216
貴州鄉試同年齒錄一卷(同治八年補行己未辛酉壬戌三科)　清同治刻本　一冊

360000－1901－0009837　402216－1
貴州鄉試同年齒錄一卷(同治八年補行己未辛酉壬戌三科)　清同治刻本　一冊

360000－1901－0009838　402216－2
貴州鄉試同年齒錄一卷(同治八年補行己未辛酉壬戌三科)　清同治刻本　一冊

360000－1901－0009839　402216－3
貴州鄉試同年齒錄一卷(同治八年補行己未辛酉壬戌三科)　清同治刻本　一冊

360000－1901－0009840　402216－4
貴州鄉試同年齒錄一卷(同治八年補行己未辛酉壬戌三科)　清同治刻本　一冊

360000－1901－0009841　402216－5

貴州鄉試同年齒錄一卷(同治八年補行己未辛酉壬戌三科) 清同治刻本 一冊

360000－1901－0009842 402216－6
貴州鄉試同年齒錄一卷(同治八年補行己未辛酉壬戌三科) 清同治刻本 一冊

360000－1901－0009843 402216－7
貴州鄉試同年齒錄一卷(同治八年補行己未辛酉壬戌三科) 清同治刻本 一冊

360000－1901－0009844 402216－8
貴州鄉試同年齒錄一卷(同治八年補行己未辛酉壬戌三科) 清同治刻本 一冊

360000－1901－0009845 603718
滚盤珠一卷 (清)吕天玉選 清刻本 一冊

360000－1901－0009846 603718－1
滚盤珠一卷 (清)吕天玉選 清刻本 一冊

360000－1901－0009847 162769
滚盤珠一卷 (清)吕天玉選 清兩儀堂刻本 一冊

360000－1901－0009848 405552
滚盤珠一卷 (清)吕天玉選 (清)劉光遠訂 清刻本 一冊

360000－1901－0009849 901584
郭寵公祠月恒堂冊不分卷 (清)□□撰 清木活字印本 一冊

360000－1901－0009850 901585
郭烈公祠冊不分卷 (清)郭祥和等輯 清木活字印本 一冊

360000－1901－0009851 601302
郭青螺先生遺書三十五卷 (明)郭子章撰 (清)郭子仁輯 **資德大夫兵部尚書郭公青螺年譜一卷** (明)郭孔延撰 清光緒七年(1881)冠朝三樂堂刻本 十一冊 存三十三卷(一至三十二、資德大夫兵部尚書郭公青螺年譜一卷)

360000－1901－0009852 160858
郭氏傳家易說十一卷總論一卷 (宋)郭雍撰 清刻本 八冊

360000－1901－0009853 711502
郭氏傳家易說十一卷總論一卷 (宋)郭雍撰 清刻武英殿聚珍版書本 八冊

360000－1901－0009854 901967
郭氏傳家易說十一卷總論一卷 (宋)郭雍撰 清刻武英殿聚珍版書本 二冊 存二卷(四、六)

360000－1901－0009855 300459
郭氏佚書六種 (清)郭嵩燾撰 清光緒二十四年(1898)養知書屋刻本 一冊

360000－1901－0009856 900276
郭氏支祠題主錄不分卷 (清)□□輯 清木活字印本 一冊

360000－1901－0009857 901591
郭氏支祠題主錄不分卷 (清)□□撰 清道光五年(1825)木活字印本 二冊

360000－1901－0009858 300452
郭侍郎奏疏十二卷 (清)郭嵩燾撰 清光緒十八年(1892)刻本 十二冊

360000－1901－0009859 300453
郭侍郎奏疏十二卷 (清)郭嵩燾撰 清光緒十八年(1892)刻本 十二冊

360000－1901－0009860 421446
國朝八家四六文鈔 (清)吳鼒輯 清光緒五年(1879)紫文閣刻本 二冊 存四種

360000－1901－0009861 800374
國朝別裁集詩選一卷 (清)沈德潛纂評 清主靜軒主人抄本 一冊

360000－1901－0009862 410656
國朝別裁集摘鈔不分卷 (清)□□輯 清抄本 三冊

360000－1901－0009863 413594
國朝層級集文編不分卷 (清)□□撰 清刻本 一冊

360000－1901－0009864 306393
國朝常州詞錄三十一卷 繆荃孫輯 清光緒二十二年(1896)刻本 九冊 存二十二卷

（一至十、十四至十六、二十三至三十一）

360000－1901－0009865　303508
國朝常州駢體文錄三十一卷附結一宧駢體文一卷　（清）屠寄輯　清光緒十六年（1890）刻本　六冊

360000－1901－0009866　303509
國朝常州駢體文錄三十一卷附結一宧駢體文一卷　（清）屠寄輯　清光緒十六年（1890）刻本　六冊

360000－1901－0009867　303510
國朝常州駢體文錄三十一卷附結一宧駢體文一卷　（清）屠寄輯　清光緒十六年（1890）刻本　六冊

360000－1901－0009868　901638
國朝常州駢體文錄三十一卷附結一宧駢體文一卷　（清）屠寄輯　清光緒十六年（1890）刻本　一冊　存五卷（二十三至二十七）

360000－1901－0009869　710189
國朝詞綜四十八卷二集八卷　（清）王昶輯　清嘉慶八年（1803）三泖漁莊刻本　二冊　存十卷（國朝詞綜五至十、二集一至四）

360000－1901－0009870　316548
國朝詞綜四十八卷國朝詞綜二集八卷　（清）王昶輯　清同治四年（1865）亦西齋刻本　十冊

360000－1901－0009871　306381
國朝詞綜續編二十四卷　（清）黄爕清輯　清同治十二年（1873）武昌刻本　七冊　存二十卷（一至二、四至二十一）

360000－1901－0009872　710190
國朝詞綜續編二十四卷　（清）黄爕清輯　清同治十二年（1873）武昌刻本　一冊　存四卷（五至八）

360000－1901－0009873　250156
國朝典故　（明）朱當㴐編　明抄本　五冊　存二十一種

360000－1901－0009874　717766
國朝二十四家文鈔二十四卷　（清）徐斐然輯評　清道光十年（1830）三餘堂刻本　六冊　存十九卷（一至三、六至十、十四至二十四）

360000－1901－0009875　417765
國朝二十四家文鈔二十四卷　（清）徐斐然輯評　清道光十年（1830）文光堂刻本　八冊

360000－1901－0009876　303498
國朝二十四家文鈔二十四卷　（清）徐斐然輯評　清嘉慶元年（1796）刻本　六冊

360000－1901－0009877　308397
國朝二十四家文鈔二十四卷　（清）徐斐然輯評　清嘉慶元年（1796）刻本　八冊

360000－1901－0009878　417767
國朝二十四家文鈔二十四卷　（清）徐斐然輯評　清刻本　四冊　存十二卷（三至十、十五至十七、二十四）

360000－1901－0009879　164271
國朝二十四家文鈔二十四卷　（清）徐斐然輯評　清乾隆六十年（1795）刻本　三冊

360000－1901－0009880　411280
國朝分體文約不分卷　（清）□□輯　清刻本　二冊

360000－1901－0009881　901702
國朝賦選四卷　（清）洪鍾輯　（清）歐陽峋考注　清刻本　一冊　存一卷（三）

360000－1901－0009882　901701
國朝賦選四卷　（清）洪鍾輯　（清）歐陽峋考注　清乾隆二十七年（1762）刻本　四冊

360000－1901－0009883　402255
國朝貢舉考畧三卷　（清）黄崇蘭輯　清道光二十四年（1844）刻本　一冊　存一卷（一）

360000－1901－0009884　163069
國朝貢舉考畧三卷　（清）黄崇蘭輯　清刻本　二冊　存二卷（二至三）

360000－1901－0009885　401667
國朝貢舉年表三卷（清順治二年至光緒十二年）　（清）陳國霖　（清）顧錫中輯　清末石

印本　三冊

360000－1901－0009886　315828
國朝古文彙鈔初集一百七十六卷　(清)朱琦輯　清道光二十七年(1847)吴江沈氏世美堂刻本　六十四冊

360000－1901－0009887　315830
國朝古文彙鈔初集一百七十六卷　(清)朱琦輯　清道光二十七年(1847)吴江沈氏世美堂刻本　四十八冊　存一百五卷(一至一百五)

360000－1901－0009888　317000
國朝古文彙鈔初集一百七十六卷二集一百卷　(清)朱琦輯　清刻本　七十三冊　存一百六十九卷(國朝古文彙鈔初集一百六至一百七十六,二集一至七十五、七十八至一百)

360000－1901－0009889　164098
國朝古文彙鈔二集一百卷　(清)楊文蓀輯　清抄本　一冊　存目録

360000－1901－0009890　315829
國朝古文彙鈔二集一百卷　(清)朱琦輯　清道光二十七年(1847)吴江沈氏世美堂刻本　三十七冊

360000－1901－0009891　310312
國朝古文所見集十三卷　(清)陳兆麒輯　清道光二年(1822)刻本　四冊

360000－1901－0009892　414905
國朝古文所見集十三卷　(清)陳兆麒輯　清光緒十四年(1888)植桂軒刻本　四冊

360000－1901－0009893　407933
國朝古文所見集十三卷　(清)陳兆麒輯　清刻本　一冊　存六卷(八至十三)

360000－1901－0009894　413634
國朝古文正的五卷附録二卷　(清)楊彝珍輯　清光緒刻本　三冊　存三卷(一、三、五)

360000－1901－0009895　306377
國朝古文正的五卷附録二卷　(清)楊彝珍輯　清光緒鉛印本　二冊　存三卷(一至三)

360000－1901－0009896　802659
國朝官制不分卷　(清)□□輯　清抄本　一冊

360000－1901－0009897　802125
國朝館選爵里謚法考六卷　(清)吴鼎雯輯　(清)勞崇光等續輯　清抄本　一冊　存二卷(五至六)

360000－1901－0009898　304385
國朝館選爵里謚法考六卷　(清)吴鼎雯輯　(清)勞崇光等續輯　清刻本　二冊

360000－1901－0009899　312206
國朝館選爵里謚法考六卷　(清)吴鼎雯輯　(清)勞崇光等續輯　清刻本　六冊

360000－1901－0009900　405409
國朝閨閣詩鈔　(清)蔡殿齊編　清道光二十四年(1844)嫏嬛别館刻本　四冊

360000－1901－0009901　121575
國朝閨閣詩鈔　(清)蔡殿齊輯　清道光二十四年(1844)嫏嬛别館刻本　十冊

360000－1901－0009902　121576
國朝閨閣詩鈔　(清)蔡殿齊輯　清道光二十四年(1844)嫏嬛别館刻本　九冊

360000－1901－0009903　121573
國朝閨秀詩柳絮集五十卷補遺一卷續編一卷又續編一卷　(清)黄秩模輯　清咸豐三年(1853)蕉陰小梘刻本　十六冊

360000－1901－0009904　121574
國朝閨秀詩柳絮集五十卷補遺一卷續編一卷又續編一卷　(清)黄秩模輯　清咸豐三年(1853)蕉陰小梘刻本　十九冊　缺一卷(國朝閨秀詩柳絮集一)

360000－1901－0009905　417487
國朝閨秀正始集二十卷附録一卷補遺一卷題詞一卷續集十卷附録一卷補遺一卷輓詞一卷　(清)惲珠輯　清道光十一年至十六年(1831－1836)紅香館刻本　二十六冊

360000－1901－0009906　309678
國朝漢學師承記八卷附國朝經師經義目録一

卷　（清）江藩撰　清光緒二年（1876）木活字印本　二册

360000－1901－0009907　306388
國朝漢學師承記八卷附國朝經師經義目錄一卷　（清）江藩撰　清光緒二十一年（1895）滬上文海書局石印本　一册　存四卷（一至四）

360000－1901－0009908　303506
國朝漢學師承記八卷附國朝經師經義目錄一卷　（清）江藩撰　清嘉慶二十三年（1818）刻本　三册　存八卷（國朝漢學師承記八卷）

360000－1901－0009909　161874
國朝漢學師承記八卷國朝宋學淵源記二卷附國朝經師經義目錄一卷　（清）江藩撰　清咸豐四年（1854）刻本　六册

360000－1901－0009910　162006
國朝漢學師承記八卷國朝宋學淵源記二卷附國朝經師經義目錄一卷　（清）江藩撰　清咸豐四年（1854）刻本　四册

360000－1901－0009911　220418
國朝畫徵錄三卷續錄二卷　（清）張庚撰　**明人附錄一卷**　（明）黎遂球　（明）袁樞撰　清乾隆四年（1739）刻本　佚名批　二册

360000－1901－0009912　121550
常談叢錄九卷　（清）李元復撰　清道光二十八年（1848）敦仁堂刻本　八册

360000－1901－0009913　412645
國朝畫徵錄三卷續錄二卷　（清）張庚撰　**明人附錄一卷**　（明）黎遂球　（明）袁樞撰　清宣統二年（1910）上海中國書畫會石印本　一册

360000－1901－0009914　303496
國朝畿輔詩傳六十卷　（清）陶樑輯　清道光十九年（1839）紅豆樹館刻本　十六册

360000－1901－0009915　123520
國朝江西節孝錄八十七卷　（清）江西通志局輯　清光緒五年（1879）江西書局刻本　二十七册　存五十二卷（六至十一、十四至二十、二十六至二十八、四十四至六十一、六十五至七十八、八十二至八十三、八十六至八十七）

360000－1901－0009916　415017
國朝江西節孝錄八十七卷　（清）江西通志局輯　清光緒五年（1879）江西書局刻本　十一册　存二十卷（四至五、八至九、三十三至三十七、四十至四十一、四十四至四十七、五十至五十二、八十六至八十七）

360000－1901－0009917　413902
國朝江右八家詩八卷　（清）曾燠輯　清刻本　一册　存四卷（一至四）

360000－1901－0009918　241435
國朝江右八家詩八卷　（清）曾燠輯　清乾隆題襟館刻本　四册

360000－1901－0009919　412902
國朝金陵詩徵四十八卷　（清）朱緒曾輯　清光緒刻本　一册　存三卷（四十六至四十八）

360000－1901－0009920　805435
國朝歷科發蒙小品二集不分卷　（清）唐惟懋輯　（清）吳鳳儀注　清乾隆八年（1743）刻本　四册

360000－1901－0009921　901759－1
國朝歷科發蒙小品註釋不分卷　（清）唐惟懋輯　（清）吳鳳儀注　清雍正十三年（1735）裕元堂刻本　一册

360000－1901－0009922　901759
國朝歷科館選錄不分卷　（清）沈廷芳輯　（清）陸費墀　（清）沈世煒重訂　清咸豐刻本　二册

360000－1901－0009923　306467
國朝歷科進士題名碑錄不分卷　（清）□□輯　清刻本　五册

360000－1901－0009924　402256
國朝歷科題名碑錄初集不分卷明洪武至崇禎各科題名錄不分卷　（清）李周望等輯　清康熙五十九年（1720）刻雍正、乾隆遞增刻本　一册

360000－1901－0009925　402256－1

國朝歷科題名碑錄初集不分卷明洪武至崇禎各科題名錄不分卷　(清)李周望等輯　清康熙五十九年(1720)刻雍正、乾隆遞增刻本　一冊

360000－1901－0009926　901754

國朝歷科元墨正宗不分卷二編不分卷三編不分卷　(清)胡先琅輯　清務本堂刻本　十五冊

360000－1901－0009927　412825

國朝歷科注釋小品二集不分卷　(清)唐惟懋輯　(清)沈湖　(清)唐惟德增訂　(清)吳鳳儀注釋　清刻本　二冊

360000－1901－0009928　800993

國朝淩雲賦選二集箋注十二卷　(清)謝文若輯評　清刻本　五冊　存十卷(一至四、七至十二)

360000－1901－0009929　302047

國朝六家詩鈔　(清)劉執玉輯　清光緒九年(1883)汗青簃刻本　八冊

360000－1901－0009930　415504

國朝六家詩鈔　(清)劉執玉輯　清光緒刻本　六冊　存四種

360000－1901－0009931　415508

國朝六家詩鈔　(清)劉執玉輯　清光緒刻本　二冊　存三種

360000－1901－0009932　415509

國朝六家詩鈔　(清)劉執玉輯　清光緒刻本　一冊　存二種

360000－1901－0009933　303494

國朝六家詩鈔　(清)劉執玉輯　清光緒十三年(1887)成都刻本　八冊

360000－1901－0009934　603582－1

國朝六家詩鈔　(清)劉執玉輯　清刻本　二冊　存二種

360000－1901－0009935　163324

國朝六家詩鈔　(清)劉執玉輯　清乾隆三十二年(1767)劉執玉詒燕樓刻本　三冊

360000－1901－0009936　163325

國朝六家詩鈔　(清)劉執玉輯　清乾隆三十二年(1767)劉執玉詒燕樓刻本　三冊

360000－1901－0009937　241177

國朝六家詩鈔　(清)劉執玉輯　清乾隆三十二年(1767)劉執玉詒燕樓刻本　五冊

360000－1901－0009938　603582

國朝六家詩鈔　(清)劉執玉輯　清乾隆三十二年(1767)劉執玉詒燕樓刻本　五冊　存五種

360000－1901－0009939　317125

國朝六家詩鈔　(清)劉執玉輯　清乾隆三十二年(1767)詒燕樓刻本　六冊

360000－1901－0009940　415213

國朝六家詩鈔　(清)劉執玉輯　清宣統二年(1910)澄衷學堂石印本　六冊

360000－1901－0009941　900638

國朝六科漢給事中題名錄一卷　(清)戴璐輯　(清)王家相重訂　清光緒十三年(1887)刻本　一冊

360000－1901－0009942　901710

國朝律賦揀金錄註釋不分卷　(清)朱一飛輯　清乾隆刻本　一冊

360000－1901－0009943　901708

國朝律賦揀金錄註釋四卷　(清)朱一飛輯　清刻本　一冊　存一卷(一)

360000－1901－0009944　413630

國朝律賦麗則六卷　(清)鄒玉喦輯　清桂月樓刻本　六冊

360000－1901－0009945　413631

國朝律賦麗則六卷　(清)鄒玉喦輯　清桂月樓刻本　四冊　存四卷(一至四)

360000－1901－0009946　413633

國朝律賦麗則六卷　(清)鄒玉喦輯　清刻本　五冊　存五卷(二至六)

360000－1901－0009947　413633－1
國朝律賦麗則六卷　(清)鄒玉㽞輯　清刻本　三冊　存三卷(二、四、六)

360000－1901－0009948　413633－2
國朝律賦麗則六卷　(清)鄒玉㽞輯　清刻本　一冊　存一卷(四)

360000－1901－0009949　413633－3
國朝律賦麗則六卷　(清)鄒玉㽞輯　清刻本　一冊　存一卷(四)

360000－1901－0009950　413633－4
國朝律賦麗則六卷　(清)鄒玉㽞輯　清刻本　一冊　存一卷(四)

360000－1901－0009951　413632
國朝律賦麗則六卷　(清)鄒玉㽞輯　清乾隆刻本　六冊

360000－1901－0009952　241420
國朝律賦麗則六卷　(清)鄒玉㽞輯　清乾隆三十二年(1767)刻本　六冊

360000－1901－0009953　800994
國朝律賦麗則六卷　(清)鄒玉㽞輯　清乾隆三十二年(1767)刻本　二冊　存二卷(二、六)

360000－1901－0009954　800994－1
國朝律賦麗則六卷　(清)鄒玉㽞輯　清乾隆三十二年(1767)刻本　一冊　存一卷(六)

360000－1901－0009955　800996
國朝律賦偶箋四卷　(清)沈豐岐撰　清刻本　二冊　存二卷(三至四)

360000－1901－0009956　800995
國朝律賦偶箋四卷　(清)沈豐岐撰　清乾隆二十四年(1759)刻本　三冊　存三卷(一、三至四)

360000－1901－0009957　601893
國朝律賦茹涵集四卷　(清)黎尊三　(清)許廷標輯　(清)李騰芳　(清)夏塤考注　清乾隆四十一年(1776)思補堂刻本　一冊　存一卷(一)

360000－1901－0009958　800998
國朝律賦茹涵集註釋四卷　(清)黎尊三　(清)許廷標輯　(清)李騰芳　(清)夏塤考注　清嘉慶八年(1803)四友堂刻本　四冊

360000－1901－0009959　800999
國朝律賦茹涵集註釋四卷　(清)黎尊三　(清)許廷標輯　(清)李騰芳　(清)夏塤考注　清嘉慶八年(1803)四友堂刻本　一冊　存二卷(三至四)

360000－1901－0009960　801005
國朝律賦新機初集一卷　(清)孫理評輯　清刻本　一冊

360000－1901－0009961　301399
國朝律賦新機三集一卷　(清)孫理評輯　清嘉慶十七年(1812)芸生堂刻本　四冊

360000－1901－0009962　603490
國朝律賦新機三集一卷　(清)孫理評輯　清刻本　一冊

360000－1901－0009963　801004
國朝律賦新機續鈔四卷　(清)葛其仁等輯　清嘉慶刻本　一冊　存一卷(四)

360000－1901－0009964　400665
國朝名臣言行錄三十卷　(清)董壽輯　清光緒二十九年(1903)上海順成書局石印本　七冊　存二十七卷(一至二十六、三十)

360000－1901－0009965　164101
國朝名公詩選十二卷　(明)陳繼儒輯　(明)陳元素箋注　明天啓刻本　三冊　存六卷(五至十)

360000－1901－0009966　303500
國朝名家史論彙鈔二卷　(清)三知齋主人輯　清光緒二十七年(1901)刻本　二冊

360000－1901－0009967　400348
國朝名家史論彙鈔二卷　(清)三知齋主人輯　清光緒二十七年(1901)刻本　二冊

360000－1901－0009968　400349
國朝名家史論彙鈔二卷　(清)三知齋主人輯

清光緒二十七年(1901)刻本　二册

360000－1901－0009969　303504
國朝名家試律詩鈔四十三卷　(清)周壽昌評選　(清)王紹曾注釋　清同治十二年(1873)長沙王氏刻本　十二册

360000－1901－0009970　163509
國朝名人書札二卷　吴曾祺輯　清宣統三年(1911)上海商務印書館鉛印本　四册

360000－1901－0009971　409467
國朝名人書札二卷　吴曾祺輯　清宣統元年(1909)上海商務印書館鉛印本　四册

360000－1901－0009972　303501
國朝名人小簡二卷　吴曾祺輯　清宣統二年(1910)上海商務印書館鉛印本　二册

360000－1901－0009973　404723
國朝名文春霆集不分卷　(清)李鳴謙　(清)吴承緒輯　清光緒二十年(1894)經綸堂刻本　四册

360000－1901－0009974　404724
國朝名文春霆集不分卷　(清)李鳴謙　(清)吴承緒輯　清刻本　二册

360000－1901－0009975　404724－1
國朝名文春霆集不分卷　(清)李鳴謙　(清)吴承緒輯　清刻本　二册

360000－1901－0009976　404896
國朝名文春霆集不分卷　(清)李鳴謙　(清)吴承緒輯　清刻本　二册

360000－1901－0009977　603584
國朝名文續編四卷　(清)陳詩輯　清嘉慶六年(1801)刻本　二册

360000－1901－0009978　413611
國朝名媛詩繡鍼五卷　(清)蔣機秀輯評　清嘉慶二年(1797)懷恩堂刻本　一册

360000－1901－0009979　901130
國朝排律玉燭十二卷　(清)王令玿輯　清刻本　一册　存三卷(十至十二)

360000－1901－0009980　901616
國朝排律玉燭十二卷　(清)王令玿輯　清乾隆五十三年(1788)刻本　三册　存九卷(一至九)

360000－1901－0009981　800393
國朝駢體一卷　(清)□□輯　清抄本　一册

360000－1901－0009982　241417
國朝駢體正宗十二卷　(清)曾燠輯　清抄本　四册

360000－1901－0009983　413896
國朝駢體正宗十二卷　(清)曾燠輯　清光緒二十三年(1897)上海文淵山房石印本　四册　存八卷(一至二、五至十)

360000－1901－0009984　413897
國朝駢體正宗十二卷　(清)曾燠輯　清光緒二十三年(1897)上海文淵山房石印本　六册

360000－1901－0009985　413898
國朝駢體正宗十二卷　(清)曾燠輯　清光緒二十三年(1897)上海文淵山房石印本　五册　存八卷(五至十二)

360000－1901－0009986　413899
國朝駢體正宗十二卷　(清)曾燠輯　清光緒十九年(1893)善化章氏鴻運樓刻本　六册

360000－1901－0009987　121578
國朝駢體正宗十二卷　(清)曾燠輯　清光緒十三年(1887)上海蜚英館石印本　六册

360000－1901－0009988　121579
國朝駢體正宗十二卷　(清)曾燠輯　清光緒十三年(1887)上海蜚英館石印本　六册

360000－1901－0009989　601531
國朝駢體正宗十二卷　(清)曾燠輯　清嘉慶十一年(1806)刻本　一册　存三卷(一至三)

360000－1901－0009990　123026
國朝駢體正宗十二卷　(清)曾燠輯　清嘉慶十一年(1806)賞茆苑屋刻本　六册

360000－1901－0009991　123221
國朝駢體正宗十二卷　(清)曾燠輯　清嘉慶

十一年(1806)賞茆苑屋刻本　六冊

360000－1901－0009992　121577
國朝駢體正宗十二卷　(清)曾燠輯　清嘉慶十一年(1806)賞雨苑屋刻本　四冊

360000－1901－0009993　413900
國朝駢體正宗十二卷　(清)曾燠輯　清刻本　一冊　存三卷(十至十二)

360000－1901－0009994　413990
國朝駢體正宗十二卷　(清)曾燠輯　清刻本　一冊　存三卷(十至十二)

360000－1901－0009995　901134
國朝駢體正宗十二卷　(清)曾燠輯　清刻本　一冊　存二卷(三至四)

360000－1901－0009996　901135
國朝駢體正宗十二卷　(清)曾燠輯　清刻本　一冊　存二卷(九至十)

360000－1901－0009997　163508
國朝駢體正宗續編八卷　(清)張鳴珂輯　清光緒二十一年(1895)善化章氏刻本　四冊

360000－1901－0009998　303511
國朝駢體正宗續編八卷　(清)張鳴珂輯　清光緒二十一年(1895)善化章氏刻本　八冊

360000－1901－0009999　303512
國朝駢體正宗續編八卷　(清)張鳴珂輯　清光緒十四年(1888)寒松閣刻本　四冊

360000－1901－0010000　303517
國朝駢體正宗續編八卷　(清)張鳴珂輯　清光緒十四年(1888)寒松閣刻本　四冊

360000－1901－0010001　409764
國朝駢體正宗續編八卷　(清)張鳴珂輯　清光緒十四年(1888)寒松閣刻本　四冊

360000－1901－0010002　719997
國朝駢體正宗續編八卷　(清)張鳴珂輯　清刻本　一冊　存二卷(七至八)

360000－1901－0010003　303502
國朝七家詞選一卷　(清)孫麟趾輯　**國朝詞續選一卷**　(清)張鳴珂輯　清光緒二十四年(1898)豫章刻本　一冊

360000－1901－0010004　407868
國朝七排雲襄二集題解不分卷　(清)朱燾輯　清刻本　一冊

360000－1901－0010005　303507
國朝耆獻類徵初編四百八十四卷總目二十卷首二百四卷通檢十卷滿漢同姓名錄一卷國朝賢媛類徵初編十二卷　(清)李桓撰　清光緒十年至十六年(1884－1890)湘陰李氏刻十七年(1891)增刻本　三百冊

360000－1901－0010006　306378
國朝耆獻類徵初編總目十九卷　(清)李桓編　清光緒七年(1881)刻本　一冊

360000－1901－0010007　303495
國朝柔遠記二十卷　(清)王之春輯　清光緒十七年(1891)廣雅書局刻本　六冊

360000－1901－0010008　801000
國朝三十五科同館詩賦解題七卷首二卷　(清)魏茂林輯　清同治三年(1864)文光書屋刻本　六冊　存六卷(二至七)

360000－1901－0010009　801001
國朝三十五科同館詩賦解題七卷首二卷國朝十二科同館詩賦解題五卷首一卷　(清)魏茂林輯　清道光二十九年(1849)刻本　四冊　存十一卷(國朝三十五科同館詩賦解題三至五、首二卷,國朝十二科同館詩賦解題五卷、首一卷)

360000－1901－0010010　241449
國朝山左詩鈔六十卷　(清)盧見曾輯　清乾隆二十三年(1758)德州盧氏雅雨堂刻本　八冊

360000－1901－0010011　415507
國朝山左詩續鈔三十二卷　(清)張鵬展輯　清嘉慶十八年(1813)刻本　十七冊

360000－1901－0010012　415507－1
國朝山左詩續鈔三十二卷　(清)張鵬展輯

清嘉慶十八年(1813)刻本　一册　存三卷(二十四至二十六)

360000－1901－0010013　316465
國朝山左詩續鈔三十二卷　(清)張鵬展輯　清嘉慶十八年(1813)四照樓刻本　十六册

360000－1901－0010014　308429
國朝尚友錄八卷　(清)李佩芳　(清)孫鼎輯　清光緒二十八年(1902)上海南洋七日報館石印本　四册

360000－1901－0010015　402117
國朝尚友錄八卷　(清)李佩芳　(清)孫鼎輯　清光緒石印本　一册　存二卷(五至六)

360000－1901－0010016　410125
國朝詩別裁集三十六卷　(清)沈德潛輯並評　清光緒九年(1883)上海點石齋石印本　十册　存三十卷(一至二十四、三十一至三十六)

360000－1901－0010017　308107
國朝詩別裁集三十六卷　(清)沈德潛輯並評　清刻本　二册　存七卷(二十二至二十八)

360000－1901－0010018　603585
國朝詩別裁集三十六卷　(清)沈德潛輯並評　清刻本　十一册　存二十二卷(九至三十)

360000－1901－0010019　241410
國朝詩別裁集三十六卷　(清)沈德潛輯並評　清乾隆二十四年(1759)刻本　十九册

360000－1901－0010020　241411
國朝詩別裁集三十六卷　(清)沈德潛輯並評　清乾隆二十四年(1759)刻本　十八册

360000－1901－0010021　241412
國朝詩別裁集三十六卷　(清)沈德潛輯並評　清乾隆二十四年(1759)刻本　五册　存八卷(一至八)

360000－1901－0010022　241414
國朝詩觀十六卷　(清)王錫侯輯　清乾隆三十年(1765)三樹堂刻本　五册　缺六卷(九至十、十三至十六)

360000－1901－0010023　303493
國朝詩人徵略初編六十卷二編六十四卷　(清)張維屏輯　清道光二十二年(1842)刻本　十六册

360000－1901－0010024　316366
國朝詩十卷外編一卷補六卷　(清)吳翌鳳輯　清嘉慶新陽趙氏刻本　十册

360000－1901－0010025　303503
國朝十家四六文鈔　王先謙輯　清光緒十五年(1889)長沙王氏刻本　四册

360000－1901－0010026　304852
國朝十家四六文鈔　王先謙輯　清光緒十五年(1889)長沙王氏刻本　一册　存三種

360000－1901－0010027　306384
國朝十家四六文鈔　王先謙輯　清光緒十五年(1889)長沙王氏刻本　二册　存五種

360000－1901－0010028　220805
國朝史學叢書目錄不分卷　(清)文廷式輯　清末抄本　一册

360000－1901－0010029　420081－3
國朝試賦匯海續編前集六卷　(清)黄爵滋輯　清刻本　三册　存三卷(二、五至六)

360000－1901－0010030　901627
國朝試律摛藻集二卷　(清)程嘉訓輯　清嘉慶八年(1803)刻本　二册

360000－1901－0010031　901630
國朝試律摛藻集二卷　(清)程嘉訓輯　清刻本　一册　存一卷(下)

360000－1901－0010032　805436
國朝試律摛藻集二卷續編二卷　(清)程嘉訓輯　清刻本　四册

360000－1901－0010033　901628
國朝試律摛藻集續編二卷　(清)程嘉訓輯　清嘉慶四年(1799)刻本　二册

360000－1901－0010034　901629
國朝試律摛藻集續編二卷　(清)程嘉訓輯　清嘉慶四年(1799)刻本(卷下配清刻本)　二

册

360000－1901－0010035　420081
國朝試律匯海前集六卷後集六卷　(清)黄爵滋輯　清刻本　一册　存一卷(國朝試律匯海前集一)

360000－1901－0010036　420081－1
國朝試律匯海前集六卷後集六卷　(清)黄爵滋輯　清刻本　一册　存二卷(國朝試律匯海前集一至二)

360000－1901－0010037　420081－2
國朝試律匯海新選前集六卷後集六集　(清)黄爵滋輯　清刻本　一册　存三卷(後集一至三)

360000－1901－0010038　801003
國朝試律淺説靈通解二集二卷　(清)任福祐輯　清嘉慶刻本　一册

360000－1901－0010039　404582
國朝試律淺説靈通解二集二卷　(清)任福祐輯　清乾隆三十八年(1773)擁萬樓刻本　一册

360000－1901－0010040　404501
國朝試律淺説靈通解二集二卷　(清)任福祐輯　清乾隆四十九年(1784)二友堂刻本　一册　存一卷(一)

360000－1901－0010041　163510
國朝試律淺説靈通解二集二卷　(清)任福祐輯　清乾隆四十九年(1784)三畏堂刻本　一册

360000－1901－0010042　712330
國朝試帖分韻句解懸鵠集二卷　(清)陳煥箋釋　清博文堂刻本　一册　存一卷(下)

360000－1901－0010043　805430
國朝試帖分韻句解懸鵠集二卷　(清)陳煥箋釋　清道光十一年(1831)博文堂刻本　一册

360000－1901－0010044　900127
國朝試帖分韻句解懸鵠集二卷　(清)陳煥箋釋　清道光十一年(1831)博文堂刻本　一册　存一卷(上)

360000－1901－0010045　805032
國朝試帖分韻句解懸鵠集二卷　(清)陳煥箋釋　清道光五年(1825)博文堂刻本　二册

360000－1901－0010046　805033
國朝試帖分韻句解懸鵠集二卷　(清)陳煥箋釋　清道光五年(1825)博文堂刻本　一册

360000－1901－0010047　900122
國朝試帖分韻句解懸鵠集二卷　(清)陳煥箋釋　清道光五年(1825)博文堂刻本　二册

360000－1901－0010048　900126
國朝試帖分韻句解懸鵠集二卷　(清)陳煥箋釋　清道光五年(1825)博文堂刻本　二册

360000－1901－0010049　902252
國朝試帖分韻四卷　(清)龔懋琪輯　(清)譚晉廣選注　清乾隆二十八年(1763)刻本　四册

360000－1901－0010050　902253
國朝試帖分韻四卷　(清)龔懋琪輯　(清)譚晉廣選注　清乾隆二十八年(1763)刻本　二册

360000－1901－0010051　902254
國朝試帖分韻四卷　(清)龔懋琪輯　(清)譚晉廣選注　清乾隆二十八年(1763)刻本　二册　存二卷(二至三)

360000－1901－0010052　902255
國朝試帖分韻四卷　(清)龔懋琪輯　(清)譚晉廣選注　清乾隆二十八年(1763)刻本　二册　存二卷(二、四)

360000－1901－0010053　900892
國朝試帖風雅□□卷　(清)王延年等撰　清刻本　一册　存一卷(二)

360000－1901－0010054　409951
國朝書畫家筆錄四卷　竇鎮輯　清宣統三年(1911)木活字印本　四册

360000－1901－0010055　121571
國朝書畫名家考略八卷　(清)晏棣撰　清道

光十七年(1837)刻本　二册

360000－1901－0010056　121572
國朝書畫名家考略八卷　(清)晏棣撰　清道光十七年(1837)刻本　二册

360000－1901－0010057　409955
國朝書畫名家考略八卷　(清)晏棣撰　清道光十七年(1837)刻本　二册

360000－1901－0010058　413612
國朝書人輯略十一卷首一卷　震鈞輯　清光緒三十四年(1908)金陵刻本　五册　存六卷(一至五、首一卷)

360000－1901－0010059　421773
國朝書人輯略十一卷首一卷　震鈞輯　清光緒三十四年(1908)金陵刻本　六册　存八卷(一至七、首一卷)

360000－1901－0010060　802780
國朝書人輯略十一卷首一卷　震鈞輯　清光緒三十四年(1908)金陵刻本　二册　存四卷(八至十一)

360000－1901－0010061　412062
國朝四十名家墨蹟不分卷　(清)江開等書　(清)沈鈞輯　清光緒三十四年(1908)澄衷學堂影印本　二册

360000－1901－0010062　303860
國朝萬年書二卷　(清)陳松撰　清光緒十三年(1887)永新陳氏樹德堂刻本　二册

360000－1901－0010063　901332
國朝文才調集不分卷　(清)許振禕輯　清光緒二十年(1894)海上復古書齋石印本　二册

360000－1901－0010064　413596
國朝文才調集不分卷　(清)許振禕輯　清光緒二十年(1894)上海鴻文書局石印本　三册

360000－1901－0010065　705220
國朝文才調集不分卷　(清)許振禕輯　清光緒廣百宋齋鉛印本　六册

360000－1901－0010066　901334
國朝文才調集不分卷　(清)許振禕輯　清光緒廣百宋齋鉛印本　二册

360000－1901－0010067　713524
國朝文才調集不分卷　(清)許振禕輯　清光緒刻本　一册

360000－1901－0010068　713525
國朝文才調集不分卷　(清)許振禕輯　清光緒刻本　一册

360000－1901－0010069　713526
國朝文才調集不分卷　(清)許振禕輯　清光緒刻本　一册

360000－1901－0010070　901333
國朝文才調集不分卷　(清)許振禕輯　清光緒上海文海昌記書局石印本　三册

360000－1901－0010071　901335
國朝文才調集不分卷　(清)許振禕輯　清光緒十八年(1892)廣百宋齋鉛印本　四册

360000－1901－0010072　413597
國朝文才調集不分卷　(清)許振禕輯　清光緒十七年(1891)大梁東河行署刻本　八册

360000－1901－0010073　413598
國朝文才調集不分卷　(清)許振禕輯　清光緒十七年(1891)大梁東河行署刻本　四册

360000－1901－0010074　414690
國朝文才調集不分卷　(清)許振禕輯　清光緒十七年(1891)大梁東河行署刻本　八册

360000－1901－0010075　414691
國朝文才調集不分卷　(清)許振禕輯　清光緒十七年(1891)大梁東河行署刻本　九册

360000－1901－0010076　414692
國朝文才調集不分卷　(清)許振禕輯　清光緒十七年(1891)大梁東河行署刻本　五册

360000－1901－0010077　414693
國朝文才調集不分卷　(清)許振禕輯　清光緒十七年(1891)大梁東河行署刻本　六册

360000－1901－0010078　414694
國朝文才調集不分卷　(清)許振禕輯　清光

緒十七年(1891)大梁東河行署刻本　三冊

360000－1901－0010079　902120
國朝文才調集不分卷　(清)許振禕輯　清刻本　二冊

360000－1901－0010080　413629
國朝文鈔不分卷　(清)□□輯　清刻本　八冊

360000－1901－0010081　413624
國朝文楝八卷　(清)胡嘉銓輯　清光緒十二年(1886)刻本　二冊

360000－1901－0010082　413625
國朝文楝八卷　(清)胡嘉銓輯　清光緒十二年(1886)刻本　二冊

360000－1901－0010083　413626
國朝文楝八卷　(清)胡嘉銓輯　清光緒十二年(1886)刻本　二冊　存六卷(一至六)

360000－1901－0010084　315825
國朝文匯二百卷　(清)沈粹芬等輯　清宣統元年(1909)上海國學扶輪社石印本　一百一冊

360000－1901－0010085　303491
國朝文匯甲前集二十卷甲集六十卷乙集七十卷丙集三十卷丁集二十卷目錄一卷　(清)上海國學扶輪社輯　清宣統元年(1909)上海國學扶輪社石印本　三十二冊　存七十六卷(國朝文匯甲前集三至二十、甲集一至五十八)

360000－1901－0010086　306373
國朝文匯甲前集二十卷甲集六十卷乙集七十卷丙集三十卷丁集二十卷目錄一卷　(清)上海國學扶輪社輯　清宣統元年(1909)上海國學扶輪社石印本　五十三冊　存一百六卷(國朝文匯甲前集一至二,甲集五十九至六十,乙集一至八、十三至七十,丙集一至十、十三至十六、十九至二十四、二十七至二十八,丁集一至十二、十九至二十)

360000－1901－0010087　712780
國朝文匯甲前集二十卷甲集六十卷乙集七十卷丙集三十卷丁集二十卷目錄一卷　(清)上海國學扶輪社輯　清宣統元年(1909)上海國學扶輪社石印本　六冊　存十二卷(國朝文匯甲前集七至八、十一至十四、十七至十八,甲集三十三至三十六)

360000－1901－0010088　307352－1
國朝文錄　(清)李祖陶輯　清道光十九年(1839)瑞州府鳳儀書院刻本　二十三冊　存二十七種

360000－1901－0010089　307520
國朝文錄　(清)李祖陶輯　清道光十九年(1839)瑞州府鳳儀書院刻本　二十九冊　存三十六種

360000－1901－0010090　309189
國朝文錄　(清)李祖陶輯　清道光十九年(1839)瑞州府鳳儀書院刻本　三十六冊

360000－1901－0010091　704297
國朝文錄　(清)李祖陶輯　清道光十九年(1839)瑞州府鳳儀書院刻本　二十冊

360000－1901－0010092　704298
國朝文錄　(清)李祖陶輯　清道光十九年(1839)瑞州府鳳儀書院刻本　六冊

360000－1901－0010093　704298－1
國朝文錄　(清)李祖陶輯　清道光十九年(1839)瑞州府鳳儀書院刻本　十五冊

360000－1901－0010094　704303
國朝文錄　(清)李祖陶輯　清道光十九年(1839)瑞州府鳳儀書院刻本　十二冊

360000－1901－0010095　717802
國朝文錄　(清)李祖陶輯　清道光十九年(1839)瑞州府鳳儀書院刻本　六冊　存七種

360000－1901－0010096　307515
國朝文錄　(清)李祖陶輯　清刻本　八冊　存十種

360000－1901－0010097　318329
陳眉公訂正觚不觚錄一卷　(明)王世貞撰

清抄本　一册

360000－1901－0010098　404299
國朝文録　(清)李祖陶輯　清刻本　三十一册

360000－1901－0010099　404299－1
國朝文録　(清)李祖陶輯　清刻本　二十三册　存二十五種

360000－1901－0010100　404299－2
國朝文録　(清)李祖陶輯　清刻本　五册　存八種

360000－1901－0010101　404299－3
國朝文録　(清)李祖陶輯　清刻本　一册　存二種

360000－1901－0010102　404300
國朝文録　(清)李祖陶輯　清刻本　二十册　存二十五種

360000－1901－0010103　404301
國朝文録　(清)李祖陶輯　清刻本　十二册　存十七種

360000－1901－0010104　404302
國朝文録　(清)李祖陶輯　清刻本　十九册　存二十五種

360000－1901－0010105　706132
國朝文録　(清)李祖陶輯　清刻本　八册　存九種

360000－1901－0010106　163320
國朝文録八十二卷　(清)姚椿輯　清光緒二十六年(1900)上海掃葉山房石印本　十六册

360000－1901－0010107　163321
國朝文録八十二卷　(清)姚椿輯　清光緒二十六年(1900)上海掃葉山房石印本　八册

360000－1901－0010108　163322
國朝文録八十二卷　(清)姚椿輯　清光緒二十六年(1900)上海掃葉山房石印本　八册　存三十五卷(一至三十五)

360000－1901－0010109　163323
國朝文録八十二卷　(清)姚椿輯　清光緒二十六年(1900)上海掃葉山房石印本　八册　存三十五卷(一至三十五)

360000－1901－0010110　163539
國朝文録八十二卷　(清)姚椿輯　清光緒二十六年(1900)上海掃葉山房石印本　十册　缺三十二卷(三十六至五十六、六十四至七十四)

360000－1901－0010111　713288
國朝文録八十二卷　(清)姚椿輯　清光緒二十六年(1900)上海掃葉山房石印本　二册　存十三卷(七十至八十二)

360000－1901－0010112　164096
國朝文録八十二卷　(清)姚椿輯　清末石印本　五册　存二十八卷(四十至五十六、六十四至七十四)

360000－1901－0010113　804957
國朝文録八十二卷　(清)姚椿輯　清末石印本　一册　存四卷(三十六至三十九)

360000－1901－0010114　303492
國朝文録八十二卷　(清)姚椿輯　清咸豐元年(1851)終南山館刻本　三十二册

360000－1901－0010115　317236
國朝文録八十二卷　(清)姚椿輯　清咸豐元年(1851)終南山館刻本　二十四册

360000－1901－0010116　704304
國朝文録八十二卷　(清)姚椿輯　清咸豐元年(1851)終南山館刻本　五册　存十一卷(一至二、十六至二十一、六十六至六十八)

360000－1901－0010117　713287
國朝文録八十二卷　(清)姚椿輯　清咸豐元年(1851)終南山館刻本　六册　存十八卷(二十二至三十六、四十八至五十)

360000－1901－0010118　307317
國朝文録續編　(清)李祖陶輯　清刻本　十五册　存二十三種

360000－1901－0010119　404292

國朝文錄續編　(清)李祖陶輯　清刻本　二十七冊　存四十七種

360000－1901－0010120　404294
國朝文錄續編　(清)李祖陶輯　清刻本　三十二冊　存四十八種

360000－1901－0010121　404295
國朝文錄續編　(清)李祖陶輯　清刻本　二十一冊　存三十三種

360000－1901－0010122　404296
國朝文錄續編　(清)李祖陶輯　清刻本　九冊　存十二種

360000－1901－0010123　308043
國朝文錄續編　(清)李祖陶輯　清同治七年(1868)敖陽李氏刻本　二十八冊　存四十八種

360000－1901－0010124　308060
國朝文錄續編　(清)李祖陶輯　清同治七年(1868)敖陽李氏刻本　三十三冊　存四十九種

360000－1901－0010125　308416
國朝文錄續編　(清)李祖陶輯　清同治七年(1868)敖陽李氏刻本　二十六冊

360000－1901－0010126　320530
國朝文錄續編　(清)李祖陶輯　清同治七年(1868)敖陽李氏刻本　四冊　存二種

360000－1901－0010127　404288
國朝文錄續編　(清)李祖陶輯　清同治七年(1868)敖陽李氏刻本　二十冊

360000－1901－0010128　404289
國朝文錄續編　(清)李祖陶輯　清同治七年(1868)敖陽李氏刻本　二十八冊　存四十九種

360000－1901－0010129　404290
國朝文錄續編　(清)李祖陶輯　清同治七年(1868)敖陽李氏刻本　十四冊　存三十九種

360000－1901－0010130　404291
國朝文錄續編　(清)李祖陶輯　清同治七年(1868)敖陽李氏刻本　二十八冊　存四十八種

360000－1901－0010131　404293
國朝文錄續編　(清)李祖陶輯　清同治七年(1868)敖陽李氏刻本　三十冊　存四十八種

360000－1901－0010132　404293－1
國朝文錄續編　(清)李祖陶輯　清同治七年(1868)敖陽李氏刻本　三冊　存六種

360000－1901－0010133　404579
國朝文塾課初編一卷　(清)□□輯　清崇文堂刻本　一冊

360000－1901－0010134　409676
國朝文雅正所見集十六卷　(清)林有席評輯　清道光十年(1830)刻本　十冊　存十三卷(一至二、五至十一、十三至十六)

360000－1901－0010135　409677
國朝文雅正所見集十六卷　(清)林有席評輯　清道光十年(1830)刻本　十二冊

360000－1901－0010136　409678
國朝文雅正所見集十六卷　(清)林有席評輯　清道光十年(1830)刻本　十冊　存十四卷(一至十四)

360000－1901－0010137　409679
國朝文雅正所見集十六卷　(清)林有席評輯　清道光十年(1830)刻本　十一冊　存十四卷(一至十四)

360000－1901－0010138　409680
國朝文雅正所見集十六卷　(清)林有席評輯　清道光十年(1830)刻本　七冊　存十四卷(一至十四)

360000－1901－0010139　409681
國朝文雅正所見集十六卷　(清)林有席評輯　清道光十年(1830)刻本　七冊　存十一卷(一至十一)

360000－1901－0010140　409682
國朝文雅正所見集十六卷　(清)林有席評輯　清道光十年(1830)刻本　五冊　存九卷

(一至四、七至十一)

360000－1901－0010141　409682－1
國朝文雅正所見集十六卷　(清)林有席評輯　清道光十年(1830)刻本　二册　存三卷(二、七至八)

360000－1901－0010142　409682－2
國朝文雅正所見集十六卷　(清)林有席評輯　清道光十年(1830)刻本　一册　存二卷(七至八)

360000－1901－0010143　709675
國朝文雅正所見集十六卷　(清)林有席評輯　清道光十年(1830)刻本　一册　存一卷(一)

360000－1901－0010144　122910
國朝文雅正所見集十六卷　(清)林有席評輯　清嘉慶二十一年(1816)菜根樂刻本　十二册

360000－1901－0010145　122911
國朝文雅正所見集十六卷　(清)林有席評輯　清嘉慶二十一年(1816)菜根樂刻本　八册　存十二卷(三至十三、十五)

360000－1901－0010146　122912
國朝文雅正所見集十六卷　(清)林有席評輯　清嘉慶二十一年(1816)菜根樂刻本　七册　存十卷(七至十六)

360000－1901－0010147　413595
國朝文雅正所見集十六卷　(清)林有席評輯　清刻本　一册　存一卷(十五)

360000－1901－0010148　413627
國朝文英不分卷　(清)石韞玉輯　清光緒五年(1879)愛吾廬刻本　三册

360000－1901－0010149　317021
國朝文徵四十卷　(清)吳翌鳳輯　清咸豐元年(1851)吳江沈楙德世美堂刻本　四十册

360000－1901－0010150　309389
國朝先正事略六十卷　(清)李元度撰　清光緒二十八年(1902)廣益書局石印本　三册　存五卷(一至五)

360000－1901－0010151　401428
國朝先正事略六十卷　(清)李元度撰　清光緒二十八年(1902)石印本　五册　存四十九卷(一至二十九、四十一至六十)

360000－1901－0010152　303499
國朝先正事略六十卷　(清)李元度撰　清光緒二十八年(1902)益元書局刻本　二十四册

360000－1901－0010153　308578
國朝先正事略六十卷　(清)李元度撰　清光緒二十二年(1896)上海文盛書局石印本　六册　存四十二卷(一至二十五、四十四至六十)

360000－1901－0010154　401429
國朝先正事略六十卷　(清)李元度撰　清光緒二十二年(1896)上洋文盛書局石印本　八册

360000－1901－0010155　401430
國朝先正事略六十卷　(清)李元度撰　清光緒二十二年(1896)上洋文盛書局石印本　八册

360000－1901－0010156　401431
國朝先正事略六十卷　(清)李元度撰　清光緒二十二年(1896)上洋文盛書局石印本　八册

360000－1901－0010157　401432
國朝先正事略六十卷　(清)李元度撰　清光緒二十二年(1896)上洋文盛書局石印本　八册

360000－1901－0010158　308732
國朝先正事略六十卷　(清)李元度撰　清光緒二十六年(1900)兩儀堂刻本　十二册　存二十三卷(一至二十三)

360000－1901－0010159　306389
國朝先正事略六十卷　(清)李元度撰　清光緒二十四年(1898)上海書局石印本　六册　存四十七卷(一至四、十至二十五、三十四至

六十）

360000－1901－0010160　401433

國朝先正事略六十卷　（清）李元度撰　清光緒二十四年（1898）上海書局石印本　七册　存五十四卷（一至十四、二十一至六十）

360000－1901－0010161　401435

國朝先正事略六十卷　（清）李元度撰　清光緒二十五年（1899）仿泰西法石印本　一册　存五卷（一至五）

360000－1901－0010162　401426

國朝先正事略六十卷　（清）李元度撰　清光緒二十五年（1899）上海圖書集成印書局鉛印本　七册　存五十五卷（一至四、十至六十）

360000－1901－0010163　401427

國朝先正事略六十卷　（清）李元度撰　清光緒二十五年（1899）上海圖書集成印書局鉛印本　三册　存二十三卷（十至十四、二十六至四十三）

360000－1901－0010164　308674

國朝先正事略六十卷　（清）李元度撰　清光緒鉛印本　七册　存五十六卷（五至六十）

360000－1901－0010165　306390

國朝先正事略六十卷　（清）李元度撰　清光緒十二年（1886）鉛印本　八册　存四十三卷（一至八、十三至四十七）

360000－1901－0010166　401424

國朝先正事略六十卷　（清）李元度撰　清光緒十六年（1890）上海廣百宋齋鉛印本　六册　存四十三卷（一至四、二十二至六十）

360000－1901－0010167　307693

國朝先正事略六十卷　（清）李元度撰　清刻本　二十三册　存五十七卷（一至四十二、四十六至六十）

360000－1901－0010168　308111

國朝先正事略六十卷　（清）李元度撰　清刻本　十册　存三十卷（二十四至三十六、四十至四十六、五十一至六十）

360000－1901－0010169　401425

國朝先正事略六十卷　（清）李元度撰　清刻本　十一册　存十九卷（十至十一、十三、十九至二十八、四十至四十二、五十三至五十五）

360000－1901－0010170　401435－1

國朝先正事略六十卷　（清）李元度撰　清末漢讀樓書局石印本　一册　存十卷（十一至二十）

360000－1901－0010171　306391

國朝先正事略六十卷　（清）李元度撰　清末石印本　七册　存五十四卷（七至六十）

360000－1901－0010172　401434

國朝先正事略六十卷　（清）李元度撰　清末石印本　三册　存二十卷（五至九、二十一至二十五、三十四至四十三）

360000－1901－0010173　401434－1

國朝先正事略六十卷　（清）李元度撰　清末石印本　五册　存四十六卷（十至二十、二十六至六十）

360000－1901－0010174　401434－2

國朝先正事略六十卷　（清）李元度撰　清末石印本　二册　存十六卷（十五至二十、三十四至四十三）

360000－1901－0010175　401435－2

國朝先正事略六十卷　（清）李元度撰　清末石印本　一册　存三十九卷（二十二至六十）

360000－1901－0010176　306386

國朝先正事略六十卷　（清）李元度撰　清同治五年（1866）刻本　三十二册　存五十九卷（一至五十九）

360000－1901－0010177　303497

國朝先正事略六十卷　（清）李元度撰　清同治五年（1866）循陔草堂刻本　二十四册

360000－1901－0010178　310532

國朝先正事略六十卷　（清）李元度撰　清同治五年（1866）循陔草堂刻本　十六册

360000－1901－0010179　311879
國朝先正事略六十卷　(清)李元度撰　清同治五年(1866)循陔草堂刻本　二十四册

360000－1901－0010180　311880
國朝先正事略六十卷　(清)李元度撰　清同治五年(1866)循陔草堂刻本　二十册

360000－1901－0010181　312640
國朝先正事略六十卷　(清)李元度撰　清同治五年(1866)循陔草堂刻本　三十二册

360000－1901－0010182　401418
國朝先正事略六十卷　(清)李元度撰　清同治五年(1866)循陔草堂刻本　三十册

360000－1901－0010183　401419
國朝先正事略六十卷　(清)李元度撰　清同治五年(1866)循陔草堂刻本　二十四册

360000－1901－0010184　401420
國朝先正事略六十卷　(清)李元度撰　清同治五年(1866)循陔草堂刻本　二十四册

360000－1901－0010185　401421
國朝先正事略六十卷　(清)李元度撰　清同治五年(1866)循陔草堂刻本　十九册　存五十八卷(一至三十四、三十七至六十)

360000－1901－0010186　401422
國朝先正事略六十卷　(清)李元度撰　清同治五年(1866)循陔草堂刻本　二十一册　存五十九卷(一至十一、十三至六十)

360000－1901－0010187　401423
國朝先正事略六十卷　(清)李元度撰　清同治五年(1866)循陔草堂刻本　十五册　存三十九卷(六至十一、十五至二十六、二十九至三十六、四十至四十三、五十二至六十)

360000－1901－0010188　401423－1
國朝先正事略六十卷　(清)李元度撰　清同治五年(1866)循陔草堂刻本　四册　存九卷(十六至十七、二十至二十一、二十三至二十四、二十九至三十一)

360000－1901－0010189　401423－2
國朝先正事略六十卷　(清)李元度撰　清同治五年(1866)循陔草堂刻本　一册　存一卷(二十六)

360000－1901－0010190　401423－3
國朝先正事略六十卷　(清)李元度撰　清同治五年(1866)循陔草堂刻本　二册　存八卷(四十一至四十八)

360000－1901－0010191　401437
國朝先正事略六十卷　(清)李元度撰　清同治五年(1866)循陔草堂刻本　十九册　存四十九卷(一至二、七至二十四、三十至三十五、三十八至六十)

360000－1901－0010192　401438
國朝先正事略六十卷　(清)李元度撰　清同治五年(1866)循陔草堂刻本　二十册　存三十六卷(十五至十六、十九至二十四、二十七至五十、五十七至六十)

360000－1901－0010193　304156
國朝先正事略六十卷　(清)李元度撰　**中興名臣事略八卷**　朱孔彰撰　清光緒二十五年(1899)上海圖書集成印書局鉛印本　十册

360000－1901－0010194　308554
國朝先正事略六十卷首一卷　(清)李元度撰　清光緒二十五年(1899)石印本　五册　存四十一卷(一至六、十三至十七、二十三至二十六、三十五至六十)

360000－1901－0010195　312209
國朝先正事略六十卷首一卷　(清)李元度撰　清光緒十三年(1887)廣百宋齋鉛印本　十册

360000－1901－0010196　306392
國朝先正事略續編八卷　朱孔彰撰　清光緒二十六年(1900)石印本　一册　存二卷(一至二)